조경국
경제학원론

조경국 편저

1차 | **15년간 단원별 기출문제집** 제4판

8년 연속

★ 전 체 ★
수 석

합 격 자 배 출

박문각 감정평가사

브랜드만족
1위
박문각

감정평가사 등 각종 자격시험 1차에서 경제학이 차지하는 비중은 절대적이다. 다양한 시험에서 경제학은 미시, 거시 및 국제경제학의 다양한 분야별로 출제가 되고 있기 때문에 다른 과목들과 비교할 때 훨씬 방대한 분량을 자랑한다. 또한 경제학은 수험생들이 매우 기피하는 수식 및 그래프와 같은 수학적 기법의 사용이 필수적이기 때문에 난이도 면에서도 다른 과목들을 가히 압도하고도 남음이 있다. 결국 경제학은 각종 시험 준비에 있어서 최대의 걸림돌일 뿐만 아니라 수험생들에게 수험기간 내내 괴로움과 좌절을 안겨 주는 존재가 되고 있다.

그러나 이를 다른 관점에서 바라보자. 만일 경제학을 정복할 수만 있다면 합격으로 가는 길에 있어서 최대 난관을 제거할 수 있게 되고 고통스러운 수험생활을 보다 수월하게 극복해 낼 수 있다는 뜻이 된다. 다양한 시험과목 중에서 무엇보다도 경제학을 잘 마스터해 놓을 경우 그로 인한 긍정적 효과는 타과목 공부 및 전반적인 수험과정으로 파급되어 합격의 가능성을 더욱 높여줄 수 있다. 본서는 수험생들이 경제학에 보다 쉽게 접근하고 이를 통해 목표로 삼고 있는 각종 시험에서 원하는 성과를 얻을 수 있도록 도움을 주기 위해 집필되었다.

저자는 과거 행정고등고시 재경직에 합격하여 우리나라 미시경제정책의 핵심부서라고 할 수 있는 경쟁당국(공정거래위원회)에서 다양한 경험을 쌓았으며, 이후에는 숭실대학교 경제학과에서 교수로 근무하며 경제학을 강의해 왔다. 이를 통해 경제관료로서 경제정책 집행과 대학교수로서 경제이론 연구 및 강의라는 귀중한 경험을 쌓게 되었다. 본서는 그러한 과정에서 축적된 경제이론 및 정책에 대한 치열한 문제의식과 최선의 해법을 반영한 결과물임과 동시에 각종 시험을 준비하는 수험생들에게 합격으로 가는 길을 보여주는 가이드라인이다.

본서의 특징은 다음과 같다.

첫째, 오로지 "감정평가사 기출문제"만을 "단원별·이슈별"로 분류하여 제시하였다.
본서는 2011년부터 2025까지 15년 동안 출제된 감정평가사 1차 경제학 기출문제들을 단원별로 대분류하고 출제이슈별로 소분류하여 배치하였다. 이를 통해 수험생들은 감정평가사 시험의 출제경향을 쉽게 파악할 수 있음과 동시에 공부계획을 수립함에 있어서 투입시간 및 강도를 보다 전략적으로 결정할 수 있을 것이다.

둘째, "지면제약하에서 가장 상세한 최적의 해설"을 제시하였다.
저자의 모든 교재가 그러하듯이 본서도 다루고 있는 기출문제에 대하여 친절하고 상세한 해설을 제시하였다. 많은 수험생들이 이론을 제대로 공부하지도 않은 상태에서 성급하게 문제풀이에 진입한다. 더구나 문제에 대한 해설이 상세하지 못한 많은 교재들로 인해서 경제학 문제풀이에 좌절하고 이론과 문제의 갭이 크다며 고민을 토로하는 수험생들이 대다수이다. 저자는 이를 안타깝게 여겨서 "이보다 더 자세할 수는 없는 해설"을 담은 문제집을 이미 출간하여 이론에서 문제로의 자연스러운 연착륙 방법을 제시한 바 있다. 본서는 본

저자의 문제집 해설방식을 그대로 원용하되 지면의 제약을 고려하고 완벽하게 최적화시켜서 보다 진화된 해설로 재탄생하였다.

셋째, "기본서 – 요약서 – 문제집의 삼위일체"로서의 체계를 유기적으로 연계하였다.
기본서를 통해서 경제학의 논리적인 체계와 흐름을 테마 중심으로 제시하였다면, 요약서 교재인 단권화 합격노트를 통해서는 시험에 출제된 내용을 이슈 중심으로 압축하였다. 문제집의 역할을 하는 본서는 요약서의 목차와 완전히 동일하며, 목차별 출제이슈마다 13년간의 기출문제가 빠짐없이 배치되도록 하였다. 그뿐만 아니라 본서와 함께 출간된 **"경제학원론 베스트 기출정선"**과 기존에 출간된 본 저자의 **경제학원론 문제집**도 모두 동일한 목차를 공유함으로써 문제집 상호 간의 유기적인 체계를 도모하였다. 이를 통해 수험생들은 다양한 수험목적과 니즈에 따라 용이하게 저자의 교재들을 보완적으로 활용할 수 있을 것이다.

짧은 시간 동안에 합격가능한 점수를 만들어 내기 위한 가장 효율적인 문제풀이 공부를 하기 원한다면 **"경제학원론 베스트 기출정선"**을 집중적으로 마스터하라. 보다 풍부하고 기본서가 필요 없을 정도의 자세한 문제해설과 함께 다양한 유제들을 폭넓게 많이 풀고 싶다면 **"경제학원론 문제집"** 교재로 보완하라. 그동안 출제되었던 감정평가사 문제들만 마지막으로 집중정리하고 출제경향을 최종 체크하고 싶다면 본서인 **"경제학원론 15년간 단원별 기출문제집"**을 활용하라.

저자는 그동안 감정평가사 수험생들을 위해서 경제학 기본서, 문제집과 단권화 합격노트를 저술하였고 **"경제학원론 베스트 기출정선"**과 **경제학원론 15년간 단원별 기출문제집**으로 대미를 장식하게 되었다. 이제 **"조경국 경제학"**이란 브랜드 안에서 다양한 수험목적에 따른 저자의 여러 책들이 마치 한가족처럼 동일한 체계를 가지며 핵심적인 가치와 철학을 공유하는 이른바 **"패밀리룩"**으로 완성되었다. 이를 통해 수험생들은 저자직강의 강의와 교재 중에서 자신에게 가장 필요한 것만을 현명하게 선별하여 수강하고 공부할 수 있게 되었다. 뿐만 아니라 수험생들은 **"조경국 경제학"**이라는 가장 신뢰할 수 있는 **"수험경제학의 뉴패러다임"**을 통해 혼동 없이 일관되게 감정평가사 1차 시험을 쉽게 정복할 수 있을 것으로 저자는 믿어 의심치 않는다.

한정된 짧은 시간 동안 책을 집필한다는 것은 여전히 변함없이 고되면서도 희열 넘치는 일이다. 수험생들의 합격을 기원한다.

조경국

차례

CONTENTS | PREFACE |

PART 01 미시경제학

PART 02　　**거시경제학**

차례

CONTENTS | PREFACE |

PART 03　국제경제학

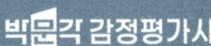
박문각 감정평가사

PART

01

미시경제학

경제학의 기초

기회비용

비용에 관한 설명으로 옳은 것을 모두 고른 것은? ▶ 2017년 감정평가사

ㄱ. 기회비용은 어떤 선택을 함에 따라 포기해야 하는 여러 대안들 중에 가치가 가장 큰 것이다.
ㄴ. 생산이 증가할수록 기회비용이 체감하는 경우에는 두 재화의 생산가능곡선이 원점에 대해 볼록한 형태이다.
ㄷ. 모든 고정비용은 매몰비용이다.
ㄹ. 동일한 수입이 기대되는 경우, 기회비용이 가장 작은 대안을 선택하는 것이 합리적이다.

① ㄱ, ㄴ   ② ㄱ, ㄹ   ③ ㄴ, ㄷ
④ ㄱ, ㄴ, ㄹ   ⑤ ㄴ, ㄷ, ㄹ

출제이슈 기회비용의 개념
핵심해설 정답 ④

ㄱ. 옳은 내용이다.
어느 대안을 선택함으로써 포기한 모든 자원의 가치가 그 대안의 기회비용이 된다. 기회비용은 어느 대안을 선택함으로써 포기할 수밖에 없는 다수의 다른 대안들 중에서 가장 가치 있는 것의 순편익으로 측정한다. 즉, 차선의 기회의 가치가 된다.

ㄴ. 옳은 내용이다.
생산가능곡선은 기회비용적 관점을 반영하고 있다. 특정생산자의 주관적 기술체계 내에서 생산의 파레토효율을 유지한다는 가정하에서 재화 간 선택은 특정재화를 선택하면 다른 재화의 일부는 포기해야 하는 관계가 되므로 기회비용 차원에서 접근이 가능하다. 일반적으로 원점에 대해 오목한 생산가능곡선은 자원의 희소성 및 기회비용 체증을 반영한다. 만일 생산가능곡선이 원점에 대해 볼록한 경우라면, 특정재화의 생산이 증가할수록 기회비용은 체감함을 의미한다.

ㄷ. 틀린 내용이다.
고정비용은 고정투입요소에 대한 비용(예 공장부지, 기계 임차에 따른 비용)으로서 회수가능한 비용과 회수불가능한 비용(매몰비용)으로 구성된다. 모든 고정비용이 매몰비용인 것은 아니다. 재판매가 가능한 생산시설에 소요된 비용의 경우, 고정비용으로서 일부는 회수가능한 비용이 된다. 따라서 고정비용이면서 회수불가능한 매몰비용인 경우도 있고 회수가능한 비용인 경우도 있다. 회수불가능한 매몰비용은 기회비용이 0이라는 것을 의미하므로 의사결정과정에 고려해서는 안 된다.

ㄹ. 옳은 내용이다.

선택가능한 각각의 대안에 대하여 편익과 비용을 구한 후 순편익이 가장 큰 대안을 선택하는 것이 합리적이다. 만일 모든 대안에 있어서 편익이 동일하고, 설문에서와 같이 동일한 수입이 기대된다면, 비용이 가장 작은 대안을 선택하는 것이 합리적이다. 특히, 주의할 것은 경제적 의사결정에서의 비용은 회계적 비용이 아니라 경제적 비용으로서 기회비용을 의미하며 명시적 비용과 함께 암묵적 비용을 포괄한다.

Issue 02 생산가능곡선

원점에 대해 오목한 생산가능곡선에 관한 설명으로 옳지 않은 것은? ▶ 2021년 감정평가사

① X축 상품생산이 늘어나면 기울기가 더 가팔라진다.
② 생산기술이 향상되면 생산가능곡선이 원점에서 더 멀어진다.
③ 기회비용 체증의 법칙이 성립한다.
④ 생산가능곡선 기울기의 절댓값이 한계변환율이다.
⑤ 생산가능곡선상의 점에서 파레토개선이 가능하다.

출제이슈 생산가능곡선
핵심해설 정답 ⑤

① 옳은 내용이다.
생산가능곡선은 우하향하며 그 기울기는 점점 커진다(원점에 대하여 오목). 이는 상품생산에 있어서 기회비용이 점점 커지는 것을 의미한다. 만일 생산가능곡선이 원점에 대해 오목한 경우 기회비용 체감을 반영하는 것이다.

② 옳은 내용이다.
생산기술이 향상되면 동일한 요소투입에도 더 많은 생산량의 산출을 달성할 수 있기 때문에 생산가능곡선이 원점에서 더 멀어진다.

③ 옳은 내용이다.
특정재화의 생산이 증가할수록 기회비용은 체증한다. 이는 자원의 희소성을 반영하고 있기 때문이다. 특정재화의 기회비용이 증가하는 경우 다른 재화의 기회비용은 상대적으로 감소한다.

④ 옳은 내용이다.
생산가능곡선의 기울기의 절댓값은 한계전환율 혹은 한계변환율이라고 하며 이는 한계비용의 비율로 표시할 수 있다.

⑤ 틀린 내용이다.
생산가능곡선상의 점에서 파레토개선이 불가능하다. 생산가능곡선상의 점은 생산의 효율성을 반영하고 있다. 생산가능곡선 바깥은 실현 불가능하며 내부는 비효율을 의미한다.

생산가능곡선에 관한 설명으로 옳은 것을 모두 고른 것은? ▶ 2025년 감정평가사

ㄱ. 곡선의 외부에 있는 점은 비효율적인 생산점이고, 내부에 있는 점은 실현불가능한 생산점이다.
ㄴ. 곡선이 원점에 대해 오목하면 한 재화의 생산을 늘릴수록 기회비용이 증가한다.
ㄷ. 곡선이 직선이면 한 재화의 생산을 늘릴수록 기회비용이 감소한다.

① ㄱ　　　　　　　② ㄴ　　　　　　　③ ㄱ, ㄷ
④ ㄴ, ㄷ　　　　　　⑤ ㄱ, ㄴ, ㄷ

출제이슈 기회비용과 생산가능곡선
핵심해설 정답 ②

생산가능곡선의 외부에 위치하는 점은 실현이 불가능한 생산점이며, 내부에 위치하는 점은 비효율적인 생산점이다.

생산가능곡선이 원점에 대해서 오목하면 기회비용체증을 반영하는 것이므로, 한 재화 생산이 늘어날수록 그 기회비용이 커짐을 의미한다.

생산가능곡선이 직선의 형태이면 특정재화의 생산에 대하여 기회비용이 일정함을 의미한다.

X재와 Y재를 생산하는 K국가의 생산가능곡선상에는 두 개의 재화생산조합점 $(x_1, \ y_1) = (200, \ 300)$과 $(x_2, \ y_2) = (240, \ 290)$이 있다. 다음 중 기회비용체증의 법칙이 성립하기 위한 이 생산가능곡선상의 재화생산조합점 $(x_3, \ y_3)$은? (단, $x_1, \ x_2, \ x_3$는 각각 X재의 생산량, $y_1, \ y_2, \ y_3$는 각각 Y재의 생산량)

▶ 2011년 감정평가사

① $(160, \ 310)$ ② $(160, \ 315)$ ③ $(280, \ 270)$
④ $(280, \ 280)$ ⑤ $(280, \ 285)$

출제이슈 기회비용과 생산가능곡선
핵심해설 정답 ③

생산가능곡선은 다음과 같은 성격을 가진다.

1) 생산가능곡선과 기회비용

특정생산자의 주관적 기술체계 내에서 생산의 파레토효율을 유지한다는 가정하에서 재화 간 선택은 특정재화를 선택하면 다른 재화의 일부는 포기해야 하는 관계로서 기회비용적 관점을 전제한다. 특히 생산가능곡선의 기울기의 절댓값은 이른바 한계전환율로서 X재 생산에 따라 포기해야 하는 Y재의 양이며 이는 X재의 기회비용이며 그 측정에 있어서 Y재라는 실물로 측정된 것이다.

2) 생산가능곡선은 자원의 희소성 및 기회비용 체증을 반영한다.

① 특정재화의 생산이 증가할수록 기회비용은 체증한다.
② 특정재화의 기회비용이 증가하는 경우 다른 재화의 기회비용은 상대적으로 감소한다.

3) 생산가능곡선은 생산의 파레토효율을 반영한다.

① 생산가능곡선상의 점은 생산의 효율성을 반영한다.
② 생산가능곡선 바깥은 실현 불가능하며 내부는 비효율을 의미한다.

설문을 검토하면 다음과 같다.

1) $(x_1, \ y_1) = (200, \ 300)$과 $(x_2, \ y_2) = (240, \ 290)$ 사이의 한계전환율

$$MRT_{X, \ Y} = -\frac{290 - 300}{240 - 200} = 0.25$$

2) $(x_2, \ y_2) = (240, \ 290)$과 $(x_3, \ y_3) = (280, \ 270)$ 사이의 한계전환율

$$MRT_{X, \ Y} = -\frac{270 - 290}{280 - 240} = 0.5$$

따라서 X재 생산에 따라 포기해야 하는 Y재의 양으로서의 X재 기회비용이 증가하게 됨을 알 수 있다.
(다른 경우의 수에 따른 기회비용 계산은 간단하므로 독자 여러분에게 맡긴다.)

01 수요함수와 수요곡선의 이동

발전회사들이 석탄이나 천연가스를 사용하여 전력을 생산하고 있다. 석탄보다 발전비용 측면에서 저렴한 셰일가스(shale gas : 퇴적암층에 있는 천연가스)를 채굴할 수 있는 기술이 개발되어 공급된다면 석탄의 시장가격과 생산량의 변화는? (단, 다른 조건은 일정하며 석탄시장의 수요곡선은 우하향, 공급곡선은 우상향이다.)

▶ 2013년 감정평가사

① 가격 : 하락, 생산량 : 증가
② 가격 : 하락, 생산량 : 감소
③ 가격 : 상승, 생산량 : 증가
④ 가격 : 상승, 생산량 : 감소
⑤ 가격 : 불변, 생산량 : 증가

출제이슈 수요곡선의 이동
핵심해설 정답 ②

수요곡선의 이동과 수요곡선상의 이동을 구분하는 것이 중요하다.

1) 수요곡선의 이동 및 수요 변화의 원인
  ① 수요곡선 자체의 이동은 수요의 변화가 일어났다고 한다.
  ② 가격이 불변일 때, 다른 요인(소득, 연관재화가격, 기호)이 변화하면 수요량이 변화한다.
  ③ 수리적 분석
  수요함수가 $Q = a + bP + cP' + dP'' + eI$ (P : 해당 재화가격, P', P'' : 연관재화가격, I : 소득)
  $I = I_0 \rightarrow I_1$ (소득 감소) or I_2 (소득 증가)
  $P' = P'_0 \rightarrow P'_1$ (연관재가격 상승) or P'_2 (연관재가격 하락)
  $Q = Q_0 \rightarrow Q_1$ (수요량 감소) or Q_2 (수요량 증가)

2) 수요곡선상의 이동 및 수요량 변화의 원인
  ① 수요곡선상의 이동은 수요량의 변화가 일어났다고 한다.
  ② 다른 요인이 불변일 때, 가격이 변화하면 수유량이 변화한다.
  ③ 수리적 분석
  수요함수가 $Q = a + bP + cP' + dP'' + eI$ (P : 해당 재화가격, P', P'' : 연관재화가격, I : 소득)
  $P = P_0 \rightarrow P_1$ (가격 상승) or P_2 (가격 하락)

$Q = Q_0 \rightarrow Q_1$ (수요량 감소) or Q_2 (수요량 증가)

설문을 검토하면 다음과 같다.

설문에서 석탄이나 천연가스는 전력생산의 원료가 되며, 대체재 관계에 있음을 알 수 있다. 셰일가스의 기술이 개발되는 경우 천연가스의 공급이 증가하여 천연가스의 가격이 하락하게 될 것이다. 천연가스의 가격 하락은 대체재 관계에 있는 석탄의 수요를 감소시킨다. 따라서 석탄의 수요곡선이 좌하방으로 이동하면서 석탄의 가격은 하락하고 석탄의 생산량은 감소한다.

수요함수와 재화의 성격

맥주시장의 수요함수가 $Q_D = 100 - 4P - P_C + 2I$ 일 때, 옳은 것을 모두 고른 것은? (단, Q_D는 맥주수요량, P는 맥주가격, P_C는 치킨가격, I는 소득) ▶ 2020년 감정평가사

> ㄱ. 맥주는 열등재이다.
> ㄴ. 맥주는 치킨의 보완재이다.
> ㄷ. 치킨가격이 인상되면 맥주수요는 감소한다.

① ㄱ   ② ㄷ   ③ ㄱ, ㄴ
④ ㄴ, ㄷ   ⑤ ㄱ, ㄴ, ㄷ

출제이슈 수요함수와 재화의 성격
핵심해설 정답 ④

ㄱ. 틀린 내용이다.

맥주시장의 수요함수 $Q_D = 100 - 4P - P_C + 2I$(단, Q_D는 맥주수요량, P는 맥주가격, P_C는 치킨가격, I는 소득)에서 소득이 증가하면 맥주수요가 증가함을 의미하므로 맥주는 정상재임을 알 수 있다.

참고로, 정상재란 소득이 증가할 때 소비가 증가하는 재화로서 소득탄력성이 0보다 큰 재화를 의미한다. 특히 소득탄력성이 0보다 크고 1보다 작은 경우에는 필수재라고 하며 소득탄력성이 1보다 큰 경우에는 사치재로 분류할 수 있다. 한편, 열등재란 소득이 증가할 때 소비가 감소하는 재화로서 소득탄력성이 0보다 작은 재화를 의미한다.

ㄴ, ㄷ. 둘 다 옳은 내용이다.

맥주시장의 수요함수 $Q_D = 100 - 4P - P_C + 2I$(단, Q_D는 맥주수요량, P는 맥주가격, P_C는 치킨가격, I는 소득)에서 치킨가격이 상승하면 맥주수요가 감소함을 의미한다. 치킨가격 상승으로 치킨수요량이 감소하면 맥주수요도 감소하므로 치킨과 맥주는 보완관계에 있음을 알 수 있다.

참고로, 대체재의 가격이 상승하는 경우 해당 재화에 대한 수요량이 증가할 것이므로 대체재의 교차탄력성은 0보다 크다. 반면, 보완재의 가격이 상승하는 경우 해당 재화에 대한 수요량도 보완재와 함께 감소할 것이므로 보완재의 교차탄력성은 0보다 작다. 해당 재화와 다른 재화 간에 대체나 보완의 관계가 성립하지 않고 서로 독립적일 경우에는 교차탄력성의 절댓값이 0에 가까워진다.

수요의 법칙과 공급의 법칙이 성립하는 선풍기 시장에서 선풍기 균형가격의 상승을 유발하는 요인이 아닌 것은? (단, 선풍기는 열등재이다.)　▶ 2012년 감정평가사

① 대체재인 에어컨 생산기술의 발전으로 좀 더 저렴한 비용으로 에어컨을 생산할 수 있게 되었다.

② 대체재인 에어컨 가격이 상승했다.

③ 여름 날씨가 무척 더워진다는 예보가 있다.

④ 선풍기 물품세가 인상되었다.

⑤ 최근 불황으로 인해 소득이 하락하였다.

출제이슈　수요함수와 재화의 성격

핵심해설　정답 ①

① 선풍기 가격 하락요인이다.

　에어컨 생산기술의 발전으로 좀 더 저렴한 비용으로 에어컨을 생산할 수 있게 되면 에어컨의 가격이 하락한다. 대체재인 에어컨의 가격이 하락하게 되면, 에어컨 수요량이 증가하고 선풍기에 대한 수요가 감소하여 선풍기의 가격이 하락한다.

② 선풍기 가격 상승요인이다.

　대체재인 에어컨 가격이 상승하게 되면, 에어컨 수요량이 감소하고 선풍기에 대한 수요가 증가하여 선풍기의 가격이 상승한다.

③ 선풍기 가격 상승요인이다.

　기후 변화 등에 의하여도 선풍기 수요가 영향을 받을 수 있다. 특히 여름 날씨가 더워질 경우 선풍기에 대한 수요가 증가하여 선풍기 가격이 상승한다.

④ 선풍기 가격 상승요인이다.

　선풍기 물품세가 인상되면 소비자 직면가격은 상승하고 생산자 직면가격은 하락하여 괴리가 발생한다.

⑤ 선풍기 가격 상승요인이다.

　소득이 하락하면, 열등재에 대한 선풍기 수요는 오히려 증가하여 선풍기 가격이 상승한다.

베이글과 크림치즈는 서로 보완재이고 베이글과 베이컨은 서로 대체재이다. 베이글의 원료인 밀가루 가격의 급등에 따라 베이글의 생산비용이 상승하였을 때, 각 시장의 변화로 옳지 않은 것은? (단, 베이글, 크림치즈, 베이컨 모두 수요와 공급의 법칙을 따르며 다른 조건은 일정하다.)

▶ 2015년 감정평가사

① 베이글의 가격은 상승한다.
② 크림치즈의 거래량은 감소한다.
③ 크림치즈 시장의 생산자잉여는 감소한다.
④ 베이컨의 판매수입은 증가한다.
⑤ 베이컨 시장의 총잉여는 변함이 없다.

출제이슈 수요함수와 재화의 성격
핵심해설 정답 ⑤

① 옳은 내용이다.
베이글의 원료인 밀가루 가격의 급등에 따라 베이글의 생산비용이 상승하게 되면, 베이글의 공급이 감소하게 되므로 베이글의 가격이 상승한다.

② 옳은 내용이다.
베이글 가격 상승은 베이글과 보완 또는 대체의 관계에 있는 연관재화의 수요 및 가격에 영향을 미칠 수 있다. 특히 베이글 가격 상승으로 인해서 베이글 수요량이 감소하면서 동시에 베이글과 보완관계에 있는 크림치즈의 수요를 감소시킨다. 따라서 크림치즈 시장에서 크림치즈의 거래량은 이전보다 감소한다.

③ 옳은 내용이다.
베이글 가격 상승으로 인해서 베이글과 보완관계에 있는 크림치즈의 수요가 감소하여 크림치즈의 가격이 하락한다. 결국 크림치즈 시장에서는 거래량이 감소하고 가격이 하락하게 되므로 생산자잉여는 이전보다 감소한다.

④ 옳은 내용이다.
베이글 가격 상승은 베이글과 보완 또는 대체의 관계에 있는 연관재화의 수요 및 가격에 영향을 미칠 수 있다. 특히 베이글 가격 상승은 베이글과 대체관계에 있는 베이컨의 수요를 증가시켜 결국 베이컨의 가격이 상승한다. 따라서 베이컨 시장에서는 거래량이 증가하고 가격이 상승하게 되므로 이전보다 판매수입은 증가한다.

⑤ 틀린 내용이다.
베이글 가격 상승으로 인하여 베이컨 시장에서는 거래량이 증가하고 가격이 상승하게 되므로 이전보다 총잉여는 증가한다.

X재와 Y재는 서로 대체재이고 X재와 Z재는 서로 보완재이다. X재의 가격이 상승할 때 균형의 변화에 관한 설명으로 옳은 것을 모두 고른 것은? (단, Y재와 Z재의 수요곡선은 우하향하고 공급곡선은 우상향하며 다른 조건은 일정하다) ▶ 2025년 감정평가사

ㄱ. Y재의 가격이 상승하고 거래량은 증가한다.
ㄴ. Y재의 가격이 하락하고 거래량은 감소한다.
ㄷ. Z재의 가격이 상승하고 거래량은 증가한다.
ㄹ. Z재의 가격이 하락하고 거래량은 감소한다.

① ㄱ   ② ㄱ, ㄷ   ③ ㄱ, ㄹ
④ ㄴ, ㄷ   ⑤ ㄴ, ㄹ

출제이슈 수요함수와 재화의 성격
핵심해설 정답 ③

1) X재와 Y재
    ① X재와 Y재는 서로 대체재이므로 X재 가격이 상승하면 Y재 수요는 증가한다.
    ② 이를 그래프로 분석할 경우 Y재 수요곡선이 우측으로 이동한다.
    ③ Y재 수요곡선 우측이동에 따라 Y재 가격은 상승하고 Y재 거래량은 증가한다.

2) X재와 Z재
    ① X재와 Z재는 서로 보완재이므로 X재 가격이 상승하면 Z재 수요는 감소한다.
    ② 이를 그래프로 분석할 경우 Z재 수요곡선이 좌측으로 이동한다.
    ③ Z재 수요곡선 좌측이동에 따라 Z재 가격은 하락하고 Z재 거래량은 감소한다.

시장수요이론에 관한 설명으로 옳지 않은 것을 모두 고른 것은? ▶ 2021년 감정평가사

ㄱ. 네트워크효과가 있는 경우 시장수요곡선은 개별 수요곡선의 수평합이다.
ㄴ. 상품 소비자의 수가 증가함에 따라 그 상품수요가 증가하는 효과를 속물효과(snob effect)라고 한다.
ㄷ. 열등재라도 대체효과의 절대적 크기가 소득효과의 절대적 크기보다 크면 수요곡선은 우하향한다.
ㄹ. 소득이 증가할 때, 소비가 증가하는 재화는 정상재이다.

① ㄱ, ㄴ   ② ㄱ, ㄷ   ③ ㄱ, ㄹ
④ ㄴ, ㄷ   ⑤ ㄴ, ㄹ

출제이슈 수요함수와 재화의 성격 및 네트워크 효과
핵심해설 정답 ①

ㄱ. 틀린 내용이다.
시장수요곡선은 개별수요곡선을 수평합하여 도출할 수 있다. 따라서 시장수요곡선은 개별수요곡선보다 더 완만하게 나타난다. 만일 특정수요가 다른 사람들의 수요에 영향을 받는 네트워크효과가 존재할 경우에는 시장수요곡선은 이를 반영하여 완만하거나 가파른 모습을 보인다. 특히 네트워크효과 중에서 bandwagon 효과가 있는 경우에는 다른 사람들의 수요량 증가로 인해 전체 수요가 오히려 더 늘게 되므로 시장수요곡선은 이를 반영하여 보다 완만하게 된다. 반대로 snob 효과가 있는 경우에는 다른 사람들의 소비와 차별화시키려는 경향이 나타나면서 다른 사람들의 수요량 증가로 인해 차별화된 소비를 원하는 이들의 수요는 감소하기 때문에 시장수요곡선은 보다 가파르게 된다. 정리하자면, 시장수요곡선은 개별수요곡선을 수평합하여 도출하지만 bandwagon 효과나 snob 효과와 같은 네트워크효과가 있는 경우에는 수평합된 수요곡선보다 더 완만하거나 가파르게 변화할 수 있다.

ㄴ. 틀린 내용이다.
상품 소비자의 수가 증가함에 따라 그 상품수요가 감소하는 효과를 속물효과(snob effect)라고 한다.

ㄷ. 옳은 내용이다.
열등재란 소득이 증가할 때 소비가 감소하는 재화로서 소득탄력성이 0보다 작은 재화를 의미한다. 특히 열등재의 일종인 기펜재의 경우 가격변화에 따른 대체효과의 절대적 크기보다 소득효과의 절대적 크기가 더 크기 때문에 수요곡선은 우상향하며 수요법칙이 성립하지 않는다. 그러나 기펜재가 아닌 열등재의 경우 대체효과의 절대적 크기가 소득효과의 절대적 크기보다 더 크기 때문에 수요곡선은 우하향하며 수요법칙은 성립한다.

ㄹ. 옳은 내용이다.
정상재란 소득이 증가할 때 소비가 증가하는 재화로서 소득탄력성이 0보다 큰 재화를 의미한다. 특히 소득탄력성이 0보다 크고 1보다 작은 경우에는 필수재라고 하며 소득탄력성이 1보다 큰 경우에는 사치재로 분류할 수 있다. 한편, 열등재란 소득이 증가할 때 소비가 감소하는 재화로서 소득탄력성이 0보다 작은 재화를 의미한다.

> **수요곡선에 관한 설명으로 옳지 않은 것은?** ▶ 2021년 감정평가사
>
> ① 우하향하는 수요곡선의 경우 수요의 법칙이 성립한다.
> ② 기펜재(Giffen goods)의 수요곡선은 대체효과보다 소득효과가 크기 때문에 우하향한다.
> ③ 사적재화의 시장수요는 개별수요의 수평합이다.
> ④ 우하향하는 수요곡선의 높이는 한계편익이다.
> ⑤ 소비자의 소득이 변하면 수요곡선이 이동한다.

출제이슈 수요함수의 특징
핵심해설 정답 ②

② 틀린 내용이다.

수요법칙에는 예외가 있을 수 있는데 가격이 오름에도 불구하고 수요량이 감소하지 않고 오히려 증가하는 현상을 보이는 것이 바로 그것이다. 예를 들어 기펜재의 경우 가격이 오르면 오히려 수요량이 늘어난다. 따라서 기펜재의 수요곡선은 우하향하지 않고 우상향한다. 기펜재는 소득 증가에도 불구하고 소비가 감소하는 이른바 열등재로서 매우 특이한 재화를 말하는데 가격변화에 따른 대체효과보다 소득효과가 더 큰 경우에 해당한다.

③ 옳은 내용이다.

먼저 사적재화 혹은 사용재란 시장에서 가격을 지불하고 구입하는 일체의 재화와 서비스를 의미한다. 단순히 민간부문에 의해서 생산되고 민간부문이 사용하는 재화와 서비스가 사용재인 것은 아니다. 사적재화는 배제성과 경합성의 특징을 갖는다. 사적재화에 있어 배제성이란 가격을 지불하지 않은 사람을 소비에서 배제시킬 수 있는 성격을 의미한다. 가격을 지불한 사람만이 그 재화를 소비할 수 있다는 뜻이다. 한편 사적재화에 있어 경합성이란 한 사람의 소비는 다른 사람이 소비할 수 있는 기회를 감소시킴을 의미한다. 구성원 간의 사적재화 소비는 경합적인 관계가 있기 때문에 소비의 제로섬이 된다.

이제 사적재화의 시장수요를 알아보자. 사용재의 소비에 있어서 개별 소비자들은 모두 동일한 가격에 직면하지만, 서로 상이한 양을 소비하게 된다. 이 과정에서 개별 소비자들은 진실한 선호를 표출(진실된 개별수요곡선)하게 되고 시장수요는 개별수요의 수평합으로 구할 수 있다.

④ 옳은 내용이다.

수요곡선의 높이는 수요자가 지불할 의향(willingness to pay)이 있는 최대가격으로서 수요가격이 된다. 이는 수요에 따른 한계편익의 크기를 의미한다.

⑤ 옳은 내용이다.

수요곡선 자체의 이동은 수요의 변화로 인하여 수요곡선 자체가 이동하는 것을 의미한다. 가격이 불변인 상황에서 수요량에 영향을 미치는 다른 요인이 변화할 때 수요량이 변화하는 것을 수요의 변화라고 한다. 수요곡선의 이동을 가져오는 수요변화의 원인으로는 소득의 변화, 다른 재화 가격의 변화, 기호의 변화 등을 들 수 있다. 예를 들어 해당 재화의 가격이 변하지 않는 상황에서 소득만 증가한 경우 해당 재화가 정상재라면 수요량이 늘어나는 것을 의미한다.

가격탄력성

X재의 수요곡선이 $Q=10-2P$일 때, 수요의 가격탄력성이 1이 되는 가격은? (단, Q는 수요량, P는 가격)

▶ 2020년 감정평가사

① 1 　　　　② 1.5 　　　　③ 2

④ 2.5 　　　　⑤ 5

출제이슈 가격탄력성의 계산
핵심해설 정답 ④

수요의 가격탄력성 및 공급의 가격탄력성을 기하적으로 도출하면 다음과 같다.

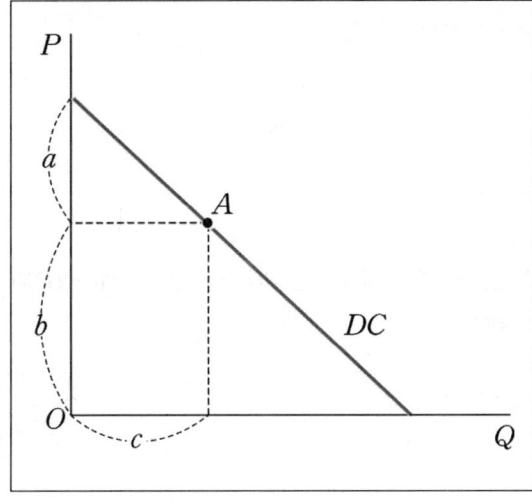

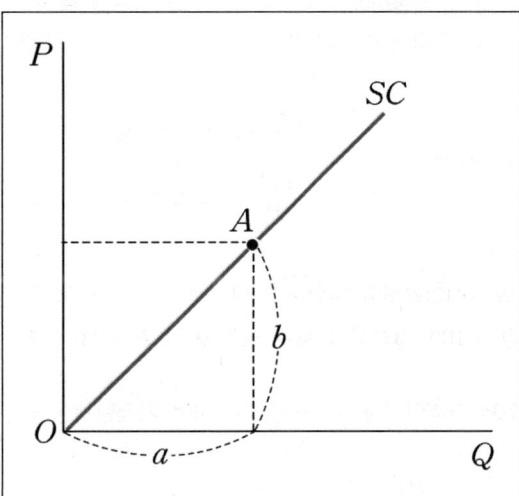

$$e_p = -\frac{\frac{dQ}{Q}}{\frac{dP}{P}} = -\frac{dQ}{dP} \cdot \frac{P}{Q} = \frac{c}{a} \cdot \frac{b}{c} = \frac{b}{a}$$

$$e = \frac{\frac{dQ}{Q}}{\frac{dP}{P}} = \frac{dQ}{dP} \cdot \frac{Q}{P} = \frac{a}{b} \cdot \frac{b}{a} = 1$$

설문에서 수요함수 $Q=10-2P$는 $P=5-0.5Q$로 위와 같이 그래프를 그릴 수 있다. 이때, 가격탄력성이 1이 되기 위해서는 위의 탄력성 산식에서 $a=b$가 되어야 한다. 따라서 수요곡선의 종축절편이 5임을 고려할 때 가격탄력성이 1이 되려면 $a=b=2.5$이므로 그때의 가격이 바로 2.5가 된다.

> X재의 수요함수와 공급함수가 각각 $Q_D = 200 - 2P$, $Q_S = 100 + 3P$ 이다. 시장균형에서 X재에 대한 수요의 가격탄력성은? (단, Q_D는 수요량, Q_S는 공급량, P는 가격이다. 수요의 가격탄력성은 절댓값으로 표시한다.)
>
> ▶ 2015년 감정평가사
>
> ① 0.25   ② 0.38   ③ 0.5
>
> ④ 1.0   ⑤ 16.0

출제이슈 가격탄력성의 계산
핵심해설 정답 ①

가격탄력성의 개념과 산식은 다음과 같다.

1) 개념
  ① 가격변화에 따른 수요량 변화 정도를 측정
  ② 가격이 변화할 때 그에 따른 수요량이 얼마나 민감하게 반응하는지 측정

2) 계산식 $\quad e_p = -\dfrac{\dfrac{dQ}{Q} \text{(수요량 변화율)}}{\dfrac{dP}{P} \text{(가격 변화율)}}$

먼저 시장균형을 도출하면 다음과 같다. 시장균형은 수요와 공급이 일치할 때 달성되므로 $Q_D = 200 - 2P$와 $Q_S = 100 + 3P$를 등치로 놓고 풀면 $P^* = 20$, $Q^* = 160$이 된다.

이제 가격탄력성의 산식을 이용하여 가격탄력성을 구하면 다음과 같다.

$$e_p = -\frac{\dfrac{dQ}{Q}}{\dfrac{dP}{P}} = -\frac{dQ}{dP}\frac{P}{Q} = -(-2) \times \frac{P}{Q} = 2 \times \frac{20}{160} = 0.25$$

> 소비자 갑은 담배가격의 변화에 관계없이 담배구매에 일정한 금액을 지출한다. 갑의 담배에 대한 수요의 가격탄력성 e는? (단, 담배에 대한 수요의 법칙이 성립하고, 수요의 가격탄력성 e는 절댓값으로 표시한다.)
>
> ▶ 2016년 감정평가사
>
> ① $e=0$　　　　　② $0<e<1$　　　　　③ $e=1$
>
> ④ $0<e<\infty$　　　　⑤ $e=\infty$

출제이슈 지출액이 일정한 경우 가격탄력성

핵심해설 정답 ③

가격탄력성의 개념과 산식은 다음과 같다.

1) 개념
   ① 가격변화에 따른 수요량 변화 정도를 측정
   ② 가격이 변화할 때 그에 따른 수요량이 얼마나 민감하게 반응하는지 측정

2) 계산식　$e_p = -\dfrac{\dfrac{dQ}{Q} \text{ (수요량 변화율)}}{\dfrac{dP}{P} \text{ (가격 변화율)}}$

설문에서 소비자 갑은 담배가격의 변화에 관계없이 담배구매에 일정한 금액을 지출하므로 $PQ=k$(일정)이라고 할 수 있다.

위의 산식을 이용하여 가격탄력성을 구하면 다음과 같다.

$$e_p = -\dfrac{\dfrac{dQ}{Q}}{\dfrac{dP}{P}} = -\dfrac{dQ}{dP}\dfrac{P}{Q} = \dfrac{k}{P^2}\dfrac{P}{\dfrac{k}{P}} = 1$$

특히 재화에 대한 지출액이 일정할 경우, 수요의 가격탄력성은 1이 된다는 것을 알 수 있다.

따라서 설문에서 해당 재화에 대한 지출액은 항상 일정하므로 위와 같이 수요의 가격탄력성은 1이다.

> X재 시장에 소비자는 갑과 을만이 존재하고 X재에 대한 갑과 을의 개별수요함수가 각각
> $Q_D = 10 - 2P$, $Q_D = 15 - 3P$ 이다. X재의 가격이 2.5일 때, 시장수요의 가격탄력성은?
> (단, Q_D는 수요량, P는 가격이고, 수요의 가격탄력성은 절댓값으로 표시한다.)
>
> ▶ 2016년 감정평가사
>
> ① 0.5   ② 0.75   ③ 1
> ④ 1.25   ⑤ 1.5

출제이슈 시장수요함수의 도출과 가격탄력성의 계산
핵심해설 정답 ③

수요의 가격탄력성을 기하적으로 도출하면 다음과 같다.

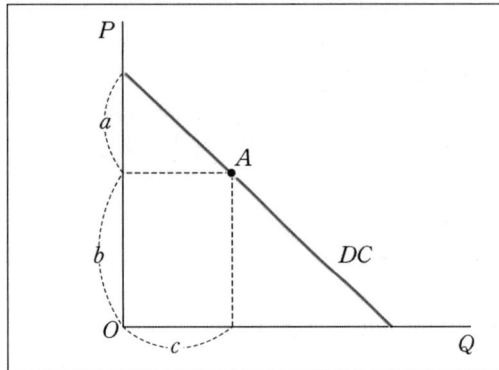

$$e_p = -\frac{\dfrac{dQ}{Q}}{\dfrac{dP}{P}} = -\frac{dQ}{dP} \cdot \frac{P}{Q} = \frac{c}{a} \cdot \frac{b}{c} = \frac{b}{a}$$

설문에서 주어진 자료를 이용하여 먼저 시장수요함수를 구한 후 가격탄력성을 구하면 다음과 같다.

1) 시장수요함수 구하기
   ① 개별수요함수가 $Q_D = 10 - 2P$, $Q_D = 15 - 3P$ 이므로 시장수요함수는 이들을 수평합하여 구한다.
   ② 개별수요함수를 수평합하면 $Q = (10 - 2P) + (15 - 3P) = 25 - 5P$, $P = 5 - 0.2Q$가 된다.

2) 가격탄력성 구하기
   ① 수요의 가격탄력성을 구하기 위한 기하적 산식에서 $a + b = 5$로 P축 절편이다.
   ② 가격이 $P = 2.5$이므로 $b = 2.5$가 된다.
   ③ 따라서 위 ①에서 $a + b = 5$, 위 ②에서 $b = 2.5$이므로 $a = 2.5$가 된다.
   ④ 수요의 가격탄력성은 $\dfrac{b}{a} = \dfrac{2.5}{2.5} = 1$이 된다.

수리적으로 도출하면, 가격 $P = 2.5$를 수요함수에 대입하면 $Q = 12.5$, 수요함수에서 $\dfrac{\Delta Q}{\Delta P} = -5$가 된다.

$$e_p = -\frac{\dfrac{\Delta Q}{Q} \text{(수요량 변화율)}}{\dfrac{\Delta P}{P} \text{(가격 변화율)}} = -\frac{\Delta Q}{\Delta P} \frac{P}{Q} = 5 \times \frac{2.5}{12.5} = 1$$

Issue 04 가격탄력성과 기업의 총수입

( )에 들어갈 내용으로 옳은 것은? (단, P는 가격, Q는 수요량이다.) ▶ 2022년 감정평가사

독점기업의 수요곡선은 $P = 30 - 2Q$이고 현재 가격이 10이다. 이때 수요의 가격탄력성은
(ㄱ)이고, 총수입을 증대시키기 위해 가격을 (ㄴ)해야 한다.

① ㄱ: 비탄력적,   ㄴ: 인하
② ㄱ: 비탄력적,   ㄴ: 인상
③ ㄱ: 단위탄력적,   ㄴ: 유지
④ ㄱ: 탄력적,   ㄴ: 인하
⑤ ㄱ: 탄력적,   ㄴ: 인상

출제이슈 가격탄력성과 기업의 총수입
핵심해설 정답 ②

수요가 탄력적인 구간에서는 가격이 하락하는 경우, 가격하락의 효과보다도 수요량 증가의 효과가 더 크기 때문에 총수입이 증가한다. 반대로 수요가 비탄력적인 구간에서는, 가격이 상승하는 경우, 가격상승의 효과가 수요량 감소의 효과보다 더 크기 때문에 총수입이 증가한다.

수리적으로 수요의 가격탄력성 산식을 이용하여 도출하면 다음과 같다.

현재 가격이 $P = 10$이고, 이를 수요함수에 대입하면 $Q = 10$이며, 수요함수에서 $\dfrac{dQ}{dP} = -0.5$가 된다.

따라서 수요의 가격탄력성은 다음과 같다.

$$c_p = -\frac{\dfrac{dQ}{Q} \text{ (수요량 변화율)}}{\dfrac{dP}{P} \text{ (가격 변화율)}} = -\frac{dQ}{dP}\frac{P}{Q} = 0.5 \times \frac{10}{10} = 0.5 \text{가 된다.}$$

가격탄력성이 0.5이므로 비탄력적이다. 비탄력적인 구간에서 가격을 인상하는 경우 가격인상의 효과가 수요량 감소의 효과가 더 클 것이므로 총수입은 이전보다 증가한다.

> 영화관 A의 티켓에 대한 수요함수가 $Q=160-2P$일 때, A의 판매수입이 극대화되는 티켓 가격은? (단, P는 가격, Q는 수량이다.)
> ▶ 2017년 감정평가사
>
> ① 0   ② 10   ③ 20
> ④ 40   ⑤ 80

출제이슈 가격탄력성과 기업의 총수입
핵심해설 정답 ④

가격변화에 따른 기업의 총수입 변화는 가격탄력성에 따라 다음과 같다.

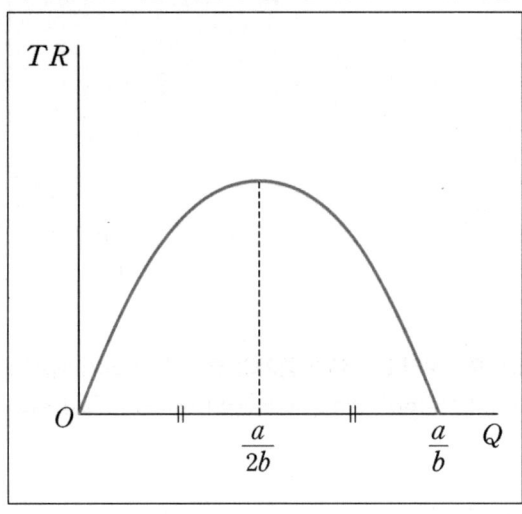

〈가격변화에 따른 총수입의 변화〉

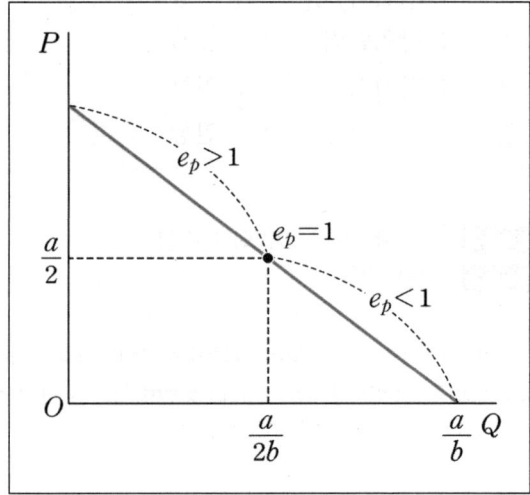

〈가격탄력성과 가격 및 수요량〉

위의 그래프에서 보는 바와 같이 독점기업의 생산물에 대한 수요의 가격탄력성이 1인 경우 한계수입(총수입곡선의 기울기)은 0이며, 총수입이 극대화된다. 한계수입이 0이라는 것은 수학적으로 총수입을 생산량으로 미분하여 구할 수 있다.

영화관 A의 티켓에 대한 수요함수가 $Q=160-2P$이므로, $P=80-0.5Q$이다. 따라서 A의 판매수입은 $TR=PQ$ $=(80-0.5Q)Q$이다. 이때, 판매수입의 극대화는 TR을 미분하여 0으로 둘 때 달성된다.

$$\frac{dTR}{dQ}=80-Q=0$$이므로 $Q=80$이고 이때, $P=40$이다.

참고로 기업의 총수입 극대화는 수요의 가격탄력성이 1일 때 달성된다는 것을 이용하면, 다음과 같다.
수요함수 $P=80-0.5Q$에서 P축 절편의 정확히 절반에서 가격탄력성이 1이므로 이때 가격은 40이다.

X재만 판매하는 A기업이 가격을 20% 인상하였더니 매출액이 10% 감소하였다. 다음 설명 중 옳은 것은?

▶ 2011년 감정평가사

① 판매량이 10% 감소하였다.
② 판매량이 50% 감소하였다.
③ 수요의 가격탄력성은 0.1이다.
④ 수요의 가격탄력성은 0.5이다.
⑤ 수요의 가격탄력성은 1보다 크다.

출제이슈 가격탄력성과 기업의 총수입
핵심해설 정답 ⑤

총수입 TR은 다음과 같이 계산된다.

$TR = PQ$ (P : 가격, Q : 거래량)

이를 변화율 형태로 근사하여 쓰면 다음과 같다.

총수입 변화율 = 가격변화율 + 거래량(수요량) 변화율

설문에서 가격이 20% 상승하고 판매 수입은 10% 감소한다고 하였으므로 수요량 변화율은 −30%를 의미한다. 따라서 수요의 가격탄력성은 1.5가 된다.

정상재 A, B의 가격이 각각 2% 상승할 때, A재의 소비지출액은 변화가 없었지만, B재의 소비지출액은 1% 감소하였다. 이때 두 재화에 대한 수요의 가격탄력성 ε_A, ε_B에 관한 설명으로 옳은 것은? (단, ε_A와 ε_B는 절댓값으로 표시한다.)

▶ 2019년 감정평가사

① $\varepsilon_A > 1$, $\varepsilon_B > 1$

② $\varepsilon_A = 1$, $\varepsilon_B > 1$

③ $\varepsilon_A = 0$, $\varepsilon_B < 1$

④ $\varepsilon_A = 1$, $\varepsilon_B < 1$

⑤ $\varepsilon_A < 1$, $\varepsilon_B < 1$

출제이슈 가격탄력성과 기업의 총수입

핵심해설 정답 ②

1) 총수입의 변화와 수요량(판매량)의 변화

 ① A재의 가격이 2% 상승할 때, A재의 매출액(소비지출액)은 변화하지 않았으므로
  A재 매출액(소비지출액) 변화율 = 가격변화율 + 거래량(수요량) 변화율 = 2% − 2% = 0%를 의미한다.
  따라서 A재의 가격이 2% 상승할 때, A재의 수요량은 2% 감소하였다.

 ② B재의 가격이 2% 상승할 때, B재의 매출액(소비지출액)은 1% 감소하였으므로
  B재 매출액(소비지출액) 변화율 = 가격변화율 + 거래량(수요량) 변화율 = 2% − 3% = −1%를 의미한다.
  따라서 B재의 가격이 2% 상승할 때, B재의 수요량은 3% 감소하였다.

2) A재의 가격탄력성
  위에서 A재의 가격이 2% 상승할 때, A재의 수요량은 2% 감소하였으므로 A재의 가격탄력성은 1이다.

3) B재의 가격탄력성
  위에서 B재의 가격이 2% 상승할 때, B재의 수요량은 3% 감소하였으므로 B재의 가격탄력성은 1.5이다.

X재의 수요곡선은 우하향하는 직선이고, 가로축 절편이 a이다. 공급곡선은 $\frac{a}{2}$에서 수직인 직선이라고 할 때, 시장균형에서의 설명으로 옳은 것을 모두 고른 것은? (단, $a > 0$)

▶ 2025년 감정평가사

ㄱ. 수요의 가격탄력성은 절대치로 1이다.
ㄴ. 공급이 증가하면 기업의 총수입이 감소한다.
ㄷ. 공급이 증가하면 수요의 가격탄력성이 커진다.
ㄹ. 생산자잉여는 0이다.

① ㄱ, ㄴ   ② ㄱ, ㄷ   ③ ㄴ, ㄷ
④ ㄴ, ㄹ   ⑤ ㄷ, ㄹ

출제이슈   가격탄력성과 기업의 총수입

핵심해설   정답 ①

1) 최초 시장균형

시장균형은 가로축 절편이 a인 우하향하는 직선인 수요곡선과 $\frac{a}{2}$에서 수직인 공급곡선의 교점에서 달성된다. 따라서 균형은 수요곡선의 중점에서 달성되므로 그 때, 수요의 가격탄력성은 1이 된다.

2) 공급증가시 시장균형

만일 공급이 증가하면 시장균형이 수요곡선의 중점에서 우하방으로 이동하므로 수요의 가격탄력성이 작아지고 가격은 하락한다.

3) 공급증가시 기업의 수입

가격이 하락함에 따라서 수요량 증가는 비탄력적인 반응을 보이게 되므로 이 두가지 요인을 동시에 고려하면 기업의 수입은 감소한다.

재화의 특성에 관한 설명으로 옳은 것은?

▶ 2024년 감정평가사

① 사치재는 수요의 가격탄력성이 1보다 큰 재화를 말한다.

② 열등재는 가격이 오르면 수요가 감소하는 재화를 말한다.

③ 절댓값으로 볼 때, 가격효과가 소득효과보다 큰 열등재를 기펜재(Giffen goods)라고 한다.

④ 두 상품이 완전 대체재이면 무차별 곡선은 원점에 대하여 볼록한 모양이다.

⑤ 수요가 가격 탄력적인 상품을 판매하는 기업이 가격을 내리면 판매수입은 증가한다.

출제이슈 재화의 성격 / 가격탄력성과 기업의 총수입

핵심해설 정답 ⑤

수요가 탄력적인 구간에서는 가격이 하락하는 경우, 가격하락의 효과보다도 수요량 증가의 효과가 더 크기 때문에 총수입이 증가한다. 반대로 수요가 비탄력적인 구간에서는, 가격이 상승하는 경우, 가격상승의 효과가 수요량 감소의 효과보다 더 크기 때문에 총수입 혹은 소비자의 지출액이 증가한다.

정상재란 소득이 증가할 때 소비가 증가하는 재화로서 소득탄력성이 0보다 큰 재화를 의미한다. 특히 소득탄력성이 0보다 크고 1보다 작은 경우에는 필수재라고 하며 소득탄력성이 1보다 큰 경우에는 사치재로 분류할 수 있다. 한편, 열등재란 소득이 증가할 때 소비가 감소하는 재화로서 소득탄력성이 0보다 작은 재화를 의미한다.

열등재란 소득이 증가할 때 소비가 감소하는 재화로서 소득탄력성이 0보다 작은 재화를 의미한다. 특히 열등재의 일종인 기펜재의 경우 가격변화에 따른 대체효과의 절대적 크기보다 소득효과의 절대적 크기가 더 크기 때문에 수요곡선은 우상향하며 수요법칙이 성립하지 않는다. 그러나 기펜재가 아닌 열등재의 경우 대체효과의 절대적 크기가 소득효과의 절대적 크기보다 더 크기 때문에 수요곡선은 우하향하며 수요법칙은 성립한다.

다음 그림은 X재에 대한 수요곡선이다. 다음 설명 중 옳은 것을 모두 고른 것은? (단, X재는 정상재이다.)

▶ 2014년 감정평가사

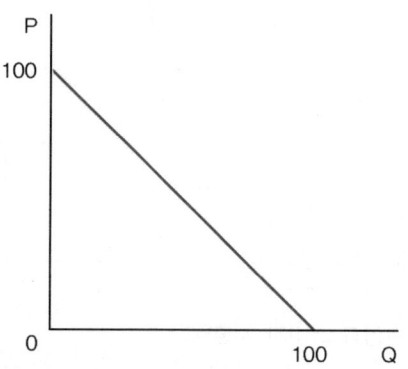

ㄱ. 가격이 30원이면 X재의 수요량은 70이다.
ㄴ. 가격에 상관없이 가격탄력성의 크기는 일정하다.
ㄷ. X재의 시장이 독점시장이라면 독점기업이 이윤극대화를 할 때 설정하는 가격은 50원 이상이다.
ㄹ. 소득이 증가하는 경우 수요곡선은 좌측으로 이동한다.

① ㄱ, ㄴ   ② ㄱ, ㄷ   ③ ㄴ, ㄷ
④ ㄴ, ㄹ   ⑤ ㄷ, ㄹ

출제이슈 수요곡선의 해석 및 가격탄력성
핵심해설 정답 ②

ㄱ. 옳은 내용이다.
주어진 수요곡선이 선형이므로 수요곡선의 식은 $P = 100 - Q$임을 알 수 있다. 이를 해석해보면, 가격이 30원일 때 수요량은 70이 된다.

ㄴ. 틀린 내용이다.
가격탄력성 특히 점탄력성은 수요곡선의 한 점에서 측정한 탄력성으로서 가격변화가 아주 미세한 미분개념을 사용하여 표현한다. 따라서 어느 점을 선택하느냐에 따라서 가격과 수요량이 달라지기 때문에 이에 따라서 점탄력성도 상이하게 된다.

ㄷ. 옳은 내용이다.
독점기업의 경우 이윤극대화를 위해서 한계수입과 한계비용을 일치시키는 이윤극대화 산출량을 선택할 것이다. 따라서 한계수입이 0 이상이라는 제약을 이용하면, 독점기업의 의사결정은 수요곡선 중 탄력성이 1보다 큰 영역에서 이루어짐을 알 수 있다. 따라서 해당 수요함수의 식이 $P = 100 - Q$이므로 탄력적인 구간은 가격이 50원보다 더 클 때이다.

ㄹ. 틀린 내용이다.
소득이 증가하는 경우 수요곡선은 우측으로 이동한다.

정상재 A에 대한 수요의 가격탄력성이 1보다 클 때, 이 재화에 대한 소비자의 지출액이 감소하는 원인으로 적절한 것은?

▶ 2013년 감정평가사

① 보완재의 가격 하락
② 소비자의 소득 증가
③ 대체재의 가격 상승
④ A재화의 가격 상승
⑤ A재화에 대한 선호 증가

출제이슈 수요곡선의 이동, 가격탄력성과 소비자 지출액
핵심해설 정답 ④

①, ②, ③, ⑤ 모두 틀린 내용이다.
보완재의 가격 하락, 소비자의 소득 증가, 대체재의 가격 상승, 재화에 대한 선호 증가는 모두 수요를 증가시키는 요인이 된다. 따라서 수요 증가로 인하여 가격이 상승하고 수요량이 증가하므로 소비자의 지출액은 증가한다. 수요곡선으로 보면, 수요곡선이 수요 증가로 인하여 우상방으로 이동하므로 새로운 균형점에서 소비자 지출액은 증가함을 쉽게 알 수 있다.

④ 옳은 내용이다.
가격변화에 따른 기업의 총수입, 즉 소비자의 지출액의 변화는 가격탄력성에 따라 다음과 같다.

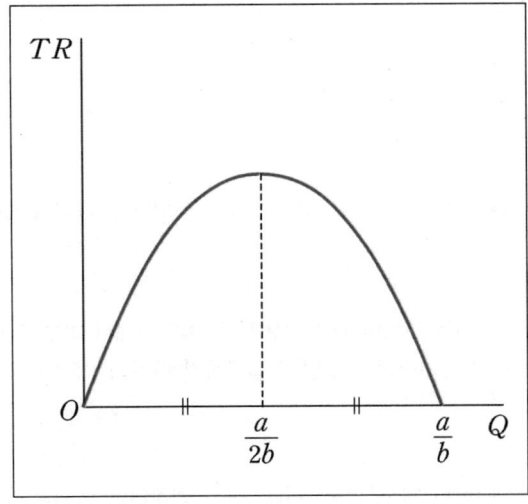

〈가격변화에 따른 총수입의 변화〉

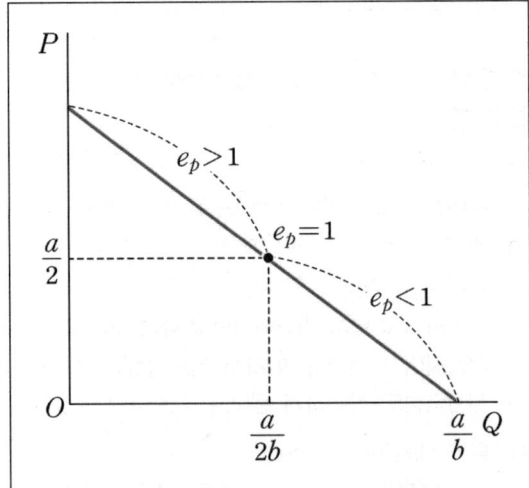

〈가격탄력성과 가격 및 수요량〉

위의 그래프에서 보는 바와 같이 수요의 가격탄력성이 1보다 더 큰 경우에는 재화의 가격이 상승할 때, 가격 상승의 효과보다 수요량 감소의 효과가 더 크기 때문에 기업의 총수입, 즉 소비자 지출액은 감소하게 된다.

05 소득탄력성과 교차탄력성

사과수요의 가격탄력성은 1.4, 사과수요의 감귤가격에 대한 교차탄력성은 0.9, 사과수요의 배가격에 대한 교차탄력성은 −1.5, 사과수요의 소득탄력성은 1.2이다. 다음 설명 중 옳은 것을 모두 고른 것은? (단, 수요의 가격탄력성은 절댓값으로 표시한다.) ▶ 2017년 감정평가사

ㄱ. 사과는 정상재이다.
ㄴ. 사과는 배와 대체재이다.
ㄷ. 사과는 감귤과 보완재이다.
ㄹ. 다른 조건이 불변일 때, 사과가격이 상승하면, 사과 판매자의 총수입은 감소한다.

① ㄱ, ㄴ ② ㄱ, ㄷ ③ ㄱ, ㄹ
④ ㄴ, ㄹ ⑤ ㄷ, ㄹ

출제이슈 소득탄력성과 교차탄력성
핵심해설 정답 ③

ㄱ. 옳은 내용이다.
소득탄력성을 이용하여 재화를 정상재와 열등재로 구분할 수 있다. 정상재의 경우 소득이 증가할 때 수요량이 증가하는 재화이므로 소득변화율과 수요량 변화율이 동일방향으로서 정상재의 소득탄력성은 0보다 크다. 반대로 열등재의 경우 소득이 증가할 때 수요량이 감소하는 재화이므로 소득변화율과 수요량 변화율이 반대방향으로서 열등재의 소득탄력성은 0보다 작다. 설문에서 사과수요의 소득탄력성은 1.2로서 사과는 정상재가 됨을 알 수 있다.

ㄴ. ㄷ. 모두 틀린 내용이다.
교차탄력성을 이용하여 재화를 대체재, 보완재로 구분할 수 있다. 대체재의 경우 교차탄력성이 양수이며, 보완재의 경우 교차탄력성이 음수이다. 한편 교차탄력성의 절댓값이 0에 가까우면 두 재화는 서로 독립적이다. 설문에서 사과수요의 감귤가격에 대한 교차탄력성은 0.9로서 사과와 감귤은 대체재임을 의미한다. 또한 사과수요의 배가격에 대한 교차탄력성은 −1.5로서 사과와 배는 보완재임을 의미한다.

ㄹ. 옳은 내용이다.
수요가 탄력적인 구간에서는 가격이 하락하는 경우, 가격하락의 효과보다도 수요량 증가의 효과가 더 크기 때문에 총수입이 증가한다. 반대로 수요가 비탄력적인 구간에서는, 가격이 상승하는 경우, 가격상승의 효과가 수요량 감소의 효과보다 더 크기 때문에 총수입이 증가한다. 설문에서 사과수요의 가격탄력성은 1.4이므로 다른 조건이 불변일 때, 사과가격이 상승하는 경우, 가격상승의 효과보다 수요량 감소의 효과가 더 크기 때문에 결국 사과 판매자의 총수입은 감소한다.

사과 수요의 가격탄력성은 0.4이고, 배 가격에 대한 교차탄력성은 0.2이다. 사과와 배 가격이 각각 5% 하락한다면 사과의 수요는 얼마만큼 변화하는가? (단, 사과는 정상재이고, 가격탄력성은 절댓값으로 표시한다.)

▶ 2014년 감정평가사

① 불변　　　　　　② 0.5% 증가　　　　　　③ 1% 증가
④ 1.5% 증가　　　　⑤ 2% 증가

출제이슈 가격탄력성과 교차탄력성
핵심해설 정답 ③

1. 가격탄력성
사과 수요의 가격탄력성이 0.4이므로 사과 가격이 5% 하락하면, 사과 수요량은 2% 증가한다.

2. 교차탄력성
배 가격에 대한 사과 수요의 교차탄력성이 0.2이므로 배 가격이 5% 하락하면, 사과 수요량은 1% 감소한다.

3. 종합
따라서 사과 수요량은 사과 가격의 5% 하락에 의하여 2% 증가하고, 배 가격의 5% 하락에 의하여 1% 감소하므로 결국 1% 증가한다.

X재 수요의 탄력성에 관한 설명으로 옳지 않은 것은? (단, 주어진 소득으로 X재와 Y재만 양 (+)의 소비를 한다)

▶ 2025년 감정평가사

① X재의 가격탄력성이 1일 때, X재 가격의 변동은 X재의 지출액을 변화시키지 않는다.
② X재 소득탄력성이 1이면, 소득소비곡선은 원점을 지나는 직선이다.
③ X재 소득탄력성이 1보다 크면, Y재 소득탄력성은 1보다 작다.
④ Y재의 X재 가격에 대한 교차탄력성이 1이면, X재의 가격탄력성은 1이다.
⑤ X재 소득탄력성이 1이면, Y재 소득탄력성도 1이다.

출제이슈 수요의 탄력성
핵심해설 정답 ④

Y재의 X재 가격에 대한 교차탄력성이 1이면, X재의 가격탄력성은 1이라는 것은 양립될 수 없다. 만일 X재의 가격탄력성이 1보다 큰 경우라면 X재 가격 상승시 X재 지출액이 감소할 것이므로 교차탄력성 1과 양립가능하다.

만일 X재의 가격탄력성이 1이라면, X재에 대한 지출액은 변화하지 않으므로 전체소득이 고정된 상황에서는 Y재에 대한 지출액은 변화하지 않는다. 결국 X재 가격 상승시에 Y재 가격이 변화하지 않는다면 Y재 수요량도 변화하지 않는다. 그런데 이러한 상황에서 Y재의 X재 가격에 대한 교차탄력성이 1이면 X재 가격 상승시에 Y재 수요량은 증가해야 하므로 앞의 내용과 모순된다.

Issue 06 공급탄력성과 시장공급곡선

완전경쟁시장에서 모든 기업이 이윤을 극대화하고 있는 산업 A는 비용곡선이 $C(Q) = 2 + \dfrac{Q^2}{2}$인 100개의 기업과 $C(Q) = \dfrac{Q^2}{10}$인 60개의 기업으로 구성되어 있다. 신규 기업의 진입이 없을 때, 가격이 2보다 큰 경우 산업 A의 공급곡선은? (단, Q는 생산량이다.)

▶ 2024년 감정평가사

① $Q = 200P$ ② $Q = 300P$ ③ $Q = 400P$

④ $Q = 415P$ ⑤ $Q = 435P$

출제이슈 시장공급의 도출
핵심해설 정답 ③

설문에서 한계비용함수가 $MC = Q$인 경우, 재화에 대한 개별공급함수는 $P = Q$이고, 동일한 개별공급함수를 가진 공급자가 100개일 때의 공급함수는 $Q_S = 100P$가 된다.

한편, 한계비용함수가 $MC = 0.2Q$인 경우 재화에 대한 개별공급함수는 $P = 0.2Q$, $Q = 5P$이고, 동일한 개별공급함수를 가진 공급자가 60개일 때의 공급함수는 $Q = 5P \times 60 = 300P$가 된다.

따라서 위 두 유형의 공급자들을 모두 포괄하는 시장공급함수는 $Q = 100P$와 $Q_S = 300P$의 수평합으로 구할 수 있으며, $Q = 400P$가 된다.

갑 기업의 공급함수는 $Q=100+2P$이다. $P>0$일 때, 갑의 공급에 대한 가격탄력성 e는? (단, P는 가격, Q는 수량이다.)

▶ 2016년 감정평가사

① $e=0$ ② $0<e<1$ ③ $e=1$
④ $1<e<2$ ⑤ $e=2$

출제이슈 공급의 가격탄력성
핵심해설 정답 ②

공급곡선이 횡축에서 출발하는 경우 공급의 가격탄력성은 1보다 작게 된다.

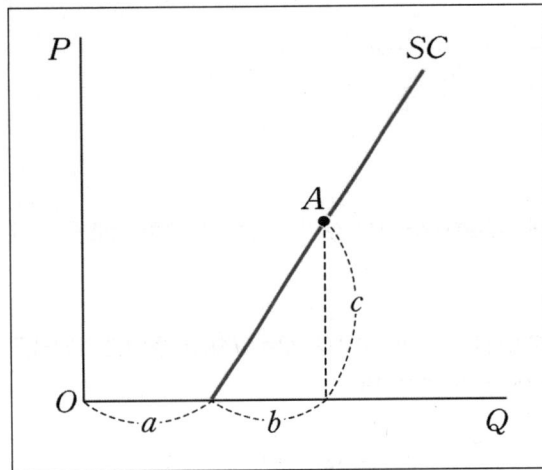

$$e = \frac{\frac{dQ}{Q}}{\frac{dP}{P}} = \frac{dQ}{dP} \cdot \frac{P}{Q} = \frac{b}{c} \cdot \frac{c}{a+b} = \frac{b}{a+b} < 1$$

설문에서 갑 기업의 공급함수는 $Q=100+2P$이므로 이를 변형하면 $P=0.5Q-50$이다. 따라서 $P>0$일 때, 해당 공급곡선은 횡축인 Q축에서 출발하게 된다. 이때 공급의 가격탄력성은 1보다 작다.
참고로, 공급곡선이 $Q=100+2P$인 상황에서 임의의 점에서 공급의 가격탄력성을 수리적으로 도출하면 다음과 같다.

$$e = \frac{\frac{dQ}{Q}}{\frac{dP}{P}} = \frac{dQ}{dP} \cdot \frac{P}{Q} = 2 \cdot \frac{0.5Q-50}{Q} = \frac{Q-100}{Q} = 1 - \frac{100}{Q} < 1$$

따라서 임의의 점에서 공급의 가격탄력성이 1보다 작음을 쉽게 알 수 있다.

수요와 공급의 가격탄력성에 관한 설명으로 옳은 것을 모두 고른 것은? ▶ 2019년 감정평가사

> ㄱ. 대체재를 쉽게 찾을 수 있을수록 수요의 가격탄력성은 작아진다.
> ㄴ. 동일한 수요곡선상에서 가격이 높을수록 수요의 가격탄력성은 항상 커진다.
> ㄷ. 상품의 저장에 드는 비용이 클수록 공급의 가격탄력성은 작아진다.
> ㄹ. 공급곡선이 원점을 지나고 우상향하는 직선형태일 경우, 공급의 가격탄력성은 항상 1이다.

① ㄱ, ㄴ   ② ㄱ, ㄷ   ③ ㄴ, ㄷ

④ ㄴ, ㄹ   ⑤ ㄷ, ㄹ

출제이슈 수요와 공급의 가격탄력성
핵심해설 정답 ⑤

ㄱ. 틀린 내용이다.

대체재를 쉽게 찾을 수 있을수록 가격이 상승함에 따라서 대체재로 수요의 전환이 쉽게 발생하게 된다. 따라서 대체재로의 수요의 전환이 커질수록 해당 재화에 대한 수요량의 감소폭이 커진다. 이는 가격상승에 따른 수요량 변화가 크다는 것이므로 수요의 가격탄력성이 커짐을 나타낸다.

ㄴ. 틀린 내용이다.

수요의 가격탄력성은 가격이 변화할 때 그에 따른 수요량이 얼마나 민감하게 반응하는지 측정하는 지표로서 다음과 같은 산식으로 계산된다.

계산식 $\quad e_p = - \dfrac{\dfrac{\Delta Q}{Q} \text{(수요량 변화율)}}{\dfrac{\Delta P}{P} \text{(가격 변화율)}}$

수요의 가격탄력성을 기하적으로 도출하면 다음과 같다.

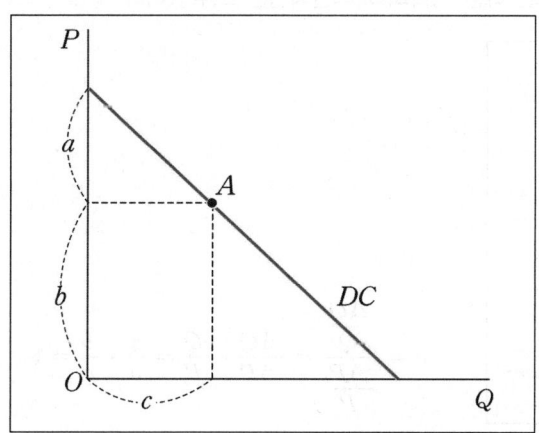

$$e_p = - \frac{\dfrac{dQ}{Q}}{\dfrac{dP}{P}} = - \frac{dQ}{dP} \cdot \frac{P}{Q} = \frac{c}{a} \cdot \frac{b}{c} = \frac{b}{a}$$

위의 산식에 따르면, 동일한 수요곡선상에서 가격이 높을수록 수요의 가격탄력성이 커지는 것을 알 수 있다. 그런데 주의할 점은 이러한 결론은 수요곡선이 직선의 형태인 경우에 해당하는 것이며, 만일 수요곡선이 우하향하는 직각쌍곡선의 형태인 경우에는 가격이 높다고 해서 수요의 가격탄력성이 커지는게 아니라 일정하다는 것이다.

수요곡선이 우하향하는 직각쌍곡선인 경우의 예로서 소비지출금액이 항상 일정한 경우를 들 수 있다. 이때, $PQ=k($일정$)$이라고 할 수 있다.

위의 수요의 가격탄력성 산식을 이용하여 이 경우의 가격탄력성을 구하면 다음과 같다.

$$e_p = -\frac{\dfrac{dQ}{Q}}{\dfrac{dP}{P}} = -\frac{dQ}{dP}\frac{P}{Q} = \frac{k}{P^2}\frac{P}{\dfrac{k}{P}} = 1$$

따라서 재화에 대한 지출액이 일정할 경우, 수요의 가격탄력성은 1이 된다는 것을 알 수 있다.

ㄷ. 옳은 내용이다.

상품의 저장에 드는 비용이 클수록 상품의 저장이 쉽지 않아서 충분한 재고의 확보가 어렵게 된다. 따라서 가격이 변화하는 경우에 공급량을 쉽게 바꿔가면서 대응하기가 어렵다. 즉, 가격이 변화하는 경우 공급량의 변화가 크지 않다는 의미로서 이는 공급의 가격탄력성이 작음을 나타낸다.

ㄹ. 옳은 내용이다.

공급의 가격탄력성은 가격 변화 시 공급량이 얼마나 민감하게 변화하는지 그 정도를 측정하는 지표로서 다음과 같은 산식으로 계산된다.

$$e = \frac{\dfrac{\Delta Q}{Q}\ (\text{공급량 변화율})}{\dfrac{\Delta P}{P}\ (\text{가격 변화율})}$$

특히, 공급곡선이 원점을 통과하는 경우, 공급의 가격탄력성은 임의의 모든 점에서 항상 1이 된다. 따라서 기울기가 다른 공급곡선이라도 원점을 통과한다면 공급의 가격탄력성은 모두 1이다.

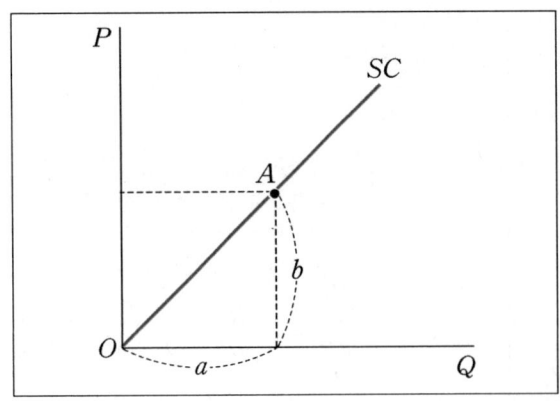

$$e = \frac{\dfrac{\Delta Q}{Q}}{\dfrac{\Delta P}{P}} = \frac{\Delta Q}{\Delta P}\cdot\frac{Q}{P} = \frac{a}{b}\cdot\frac{b}{a} = 1$$

수요와 공급의 가격탄력성에 관한 설명으로 옳은 것을 모두 고른 것은? ▶ 2024년 감정평가사

ㄱ. 수요곡선이 수직선인 경우, 수요의 가격탄력성은 수요곡선상의 모든 점에서 동일하다.
ㄴ. 수요곡선이 직각쌍곡선 형태인 경우, 수요의 가격탄력성은 수요곡선상의 모든 점에서 동일하다.
ㄷ. 공급곡선이 원점을 지나는 직선인 경우, 공급의 가격탄력성은 기울기와 관계없이 동일하다.
ㄹ. 수요곡선이 우하향하는 직선인 경우, 수요의 가격탄력성은 수요곡선상의 모든 점에서 동일하다.

① ㄱ
② ㄱ, ㄴ
③ ㄱ, ㄴ, ㄷ
④ ㄴ, ㄷ, ㄹ
⑤ ㄱ, ㄴ, ㄷ, ㄹ

출제이슈 수요와 공급의 가격탄력성
핵심해설 정답 ③

수요곡선이 우하향하는 직선인 경우, 수요곡선 상의 각 점에서 측정하는 가격탄력성은 모두 상이하다.

수요곡선이 수직선인 경우 가격이 변화하더라도 수요량은 언제나 일정함을 의미하므로 수요의 가격탄력성은 0으로 일정하다.

공급곡선이 원점을 통과하는 경우, 공급의 가격탄력성은 임의의 모든 점에서 항상 1이 된다.
따라서 기울기가 다른 공급곡선이라도 원점을 통과한다면 공급의 가격탄력성은 모두 1이다.

수요와 공급의 탄력성에 관한 설명으로 옳은 것은? ▶ 2021년 감정평가사

① 수요곡선이 수직이면 가격탄력성이 무한대이다.

② 우하향하는 직선의 수요곡선 상 모든 점에서 가격탄력성은 같다.

③ 가격탄력성이 1보다 크면 비탄력적이다.

④ 우상향 직선의 공급곡선 Y축 절편이 0보다 크면 가격탄력성은 무조건 1보다 크다.

⑤ 수요의 교차탄력성이 1보다 크면 두 상품은 보완재 관계이다.

출제이슈 수요와 공급의 탄력성 종합
핵심해설 정답 ④

① 틀린 내용이다.
　　수요곡선이 수직이면 가격의 변화에도 불구하고 수요량은 변화가 없기 때문에 가격탄력성은 0이 된다.

② 틀린 내용이다.
　　우하향하는 직선의 수요곡선에서 수요곡선상의 점의 위치에 따라서 수요의 가격탄력성은 상이하다.

③ 틀린 내용이다.
　　가격탄력성이 1보다 크면 탄력적이다.

④ 옳은 내용이다.
　　우상향 직선의 공급곡선 Y축 절편이 0보다 크면 가격탄력성은 무조건 1보다 크고, 반대로 우상향 직선의 공급
　　곡선 Y축 절편이 0보다 작으면 가격탄력성은 무조건 1보다 작다. 그리고 원점을 통과하는 우상향 공급곡선의
　　경우에는 가격탄력성이 1이다.

⑤ 틀린 내용이다.
　　두 재화 간의 교차탄력성이 1보다 크면 양수에 해당하므로 두 재화는 대체관계에 있다.

수요 및 공급의 탄력성에 관한 설명으로 옳은 것은? ▶ 2023년 감정평가사

① 수요의 교차탄력성이 양(+)이면 두 재화는 보완관계이다.
② 수요의 소득탄력성이 0보다 큰 상품은 사치재이다.
③ 수요곡선이 수평이면 수요곡선의 모든 점에서 가격탄력성은 0이다.
④ 공급곡선의 가격축 절편이 양(+)의 값을 갖는 경우에는 공급의 가격탄력성이 언제나 1보다 작다.
⑤ 원점에서 출발하는 우상향 직선의 공급의 가격탄력성은 언제나 1의 값을 갖는다.

출제이슈 수요와 공급의 탄력성 종합
핵심해설 정답 ⑤

① 틀린 내용이다.
　대체재의 가격이 상승하는 경우 해당 재화에 대한 수요량이 증가할 것이므로 대체재의 교차탄력성은 0보다 크다. 반면, 보완재의 가격이 상승하는 경우 해당 재화에 대한 수요량도 보완재와 함께 감소할 것이므로 보완재의 교차탄력성은 0보다 작다. 해당 재화와 다른 재화 간에 대체나 보완의 관계가 성립하지 않고 서로 독립적일 경우에는 교차탄력성의 절댓값이 0에 가까워진다.

② 틀린 내용이다.
　정상재의 경우 소득이 증가할 때 수요량이 증가하는 재화이므로 소득변화율과 수요량 변화율이 동일방향으로서 정상재의 소득탄력성은 0보다 크다. 반대로 열등재의 경우 소득이 증가할 때 수요량이 감소하는 재화이므로 소득변화율과 수요량 변화율이 반대방향으로서 열등재의 소득탄력성은 0보다 작다. 한편, 정상재는 다시 소득탄력성 1을 기준으로 하여 나눌 수 있는데, 1보다 더 큰 경우 사치재, 0보다 크고 1보다 작은 경우 필수재라고 한다.

③ 틀린 내용이다.
　수평의 수요곡선의 경우 가격변화가 없기 때문에 가격탄력성은 이론상 무한대가 된다. 이는 수요의 가격탄력성 산식이 수요량변화율을 가격변화율로 나누고 있음을 고려하면 쉽게 알 수 있다. 좀 더 직관적으로 설명하면 아주 작은 가격의 변화에도 수요량은 대단히 크게 변화하기 때문에 무한탄력적이 된다고 할 수 있다. 한편, 수직의 수요곡선의 경우 가격의 변화에도 불구하고 수요량은 변화하지 않으므로 가격탄력성은 0이 된다.

④ 틀린 내용이다.
　해당 재화의 가격이 변화함에 따라서 해당 재화의 공급량이 얼마나 민감하게 변화하는지 그 정도를 측정하는 지표를 공급의 가격탄력성이라고 한다. 공급의 가격탄력성은 공급량 변화율을 가격변화율로 나눈 값이 된다.

　공급곡선의 가격축 절편이 양(+)의 값을 가져서 종축에서부터 출발하는 공급곡선의 경우 공급의 가격탄력성은 공급곡선을 이용하여 다음과 같이 표시할 수 있으며 항상 1보다 큼을 알 수 있다.

$$e = \frac{\frac{dQ}{Q}}{\frac{dP}{P}} = \frac{dQ}{dP} \cdot \frac{P}{Q} = \frac{a}{c} \cdot \frac{b+c}{a} = \frac{b+c}{c} > 1$$

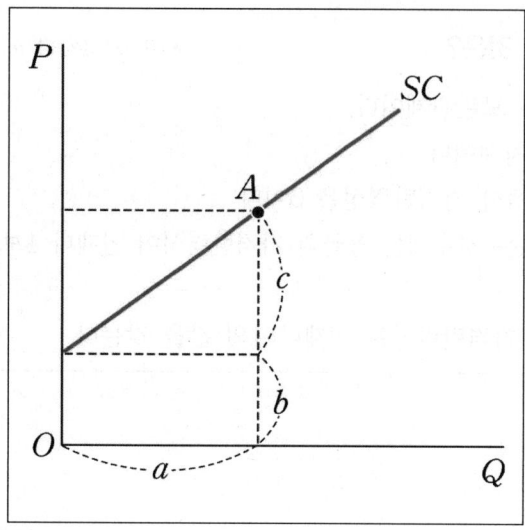

⑤ 옳은 내용이다.

원점에서 출발하는 공급곡선의 경우 공급의 가격탄력성은 공급곡선을 이용하여 기하적으로 다음과 같이 표시할 수 있으며 항상 1이 됨을 쉽게 확인할 수 있다.

$$e = \frac{\frac{\Delta Q}{Q}}{\frac{\Delta P}{P}} = \frac{\Delta Q}{\Delta P} \cdot \frac{P}{Q} = \frac{a}{b} \cdot \frac{b}{a} = 1$$

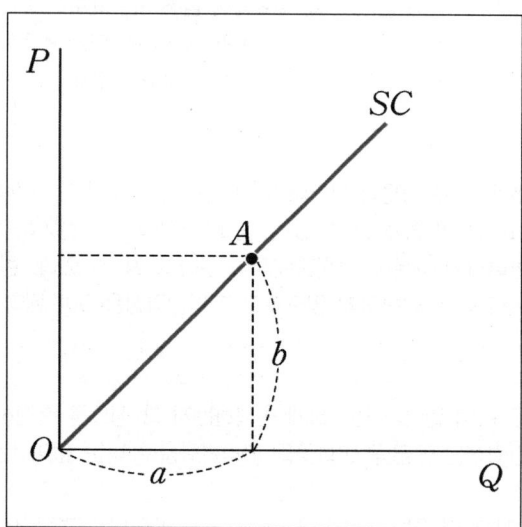

 **Issue 07** 시장균형 및 균형의 변화

 **Issue 08** 소비자잉여와 생산자잉여

재화 X의 시장수요곡선(D)과 시장공급곡선(S)이 아래 그림과 같을 때, 균형가격(P^*)과 균형거래량(Q^*)은? (단, 시장수요곡선과 시장공급곡선은 선형이며, 시장공급곡선은 수평이다.)

▶ 2022년 감정평가사

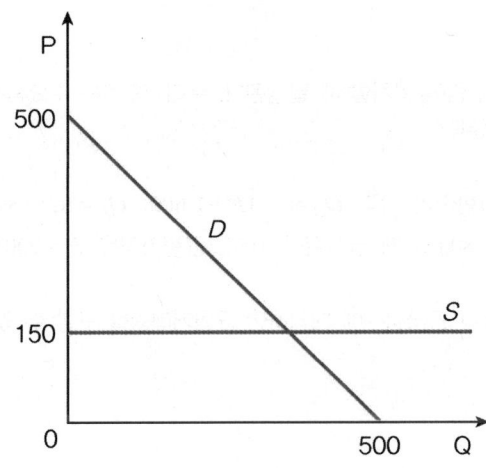

① $P^* = 150,\ Q^* = 150$ ② $P^* = 150,\ Q^* = 350$

③ $P^* = 150,\ Q^* = 500$ ④ $P^* = 350,\ Q^* = 150$

⑤ $P^* = 500,\ Q^* = 150$

출제이슈 시장균형의 도출
핵심해설 정답 ②

시장에서의 균형은 수요와 공급의 힘이 일치할 때 달성된다. 수리적으로는 수요함수의 수요량과 공급함수의 공급량이 일치할 때 시장균형이 달성된다.

설문에서 주어진 그래프를 통해서 시장수요함수가 $Q = -P + 500$이고, 시장공급함수가 $P = 150$임을 쉽게 알 수 있다. 시장균형은 수요와 공급이 일치하는 $Q = -P + 500 = -150 + 500 = 350$일 때 달성된다. 즉 균형거래량이 $Q = 350$이 되고, 균형가격은 $P = 150$이 된다.

재화 X에 대한 시장수요함수, 시장공급함수가 각각 $Q_D = -4P+1,600$, $Q_S = 8P-800$ 일 때, 균형가격(P^*)과 균형거래량(Q^*)은? (단, Q_D는 수요량, Q_S는 공급량, P는 가격이다.)

▶ 2018년 감정평가사

① $P^* = 190$, $Q^* = 840$　　　② $P^* = 195$, $Q^* = 820$

③ $P^* = 200$, $Q^* = 800$　　　④ $P^* = 205$, $Q^* = 780$

⑤ $P^* = 210$, $Q^* = 760$

출제이슈 시장균형의 도출

핵심해설 정답 ③

시장에서의 균형은 수요와 공급의 힘이 일치할 때 달성된다. 수리적으로는 수요함수의 수요량과 공급함수의 공급량이 일치할 때 시장균형이 달성된다.

설문에서 시장수요함수, 시장공급함수가 각각 $Q_D = -4P+1,600$, $Q_S = 8P-800$이므로
시장균형은 $-4P+1,600 = 8P-800$일 때 달성된다. 이때, 균형가격은 $P = 200$이 된다.

위에서 구한 균형가격을 수요함수나 공급함수에 대입하면 균형거래량을 구할 수 있으며 균형거래량은 $Q = 800$이된다.

시장수요함수와 시장공급함수가 각각 $Q_D = 36 - 4P$, $Q_S = -4 + 4P$일 때, 시장균형에서 (ㄱ) 생산자잉여와 (ㄴ) 소비자잉여는? (단, Q_D는 수요량, Q_S는 공급량, P는 가격이다.)

▶ 2023년 감정평가사

① ㄱ : 32, ㄴ : 32   ② ㄱ : 25, ㄴ : 25   ③ ㄱ : 25, ㄴ : 32

④ ㄱ : 32, ㄴ : 25   ⑤ ㄱ : 0, ㄴ : 64

출제이슈 시장균형의 도출 및 잉여의 계산

핵심해설 정답 ①

시장의 균형(균형가격과 균형거래량), 소비자잉여, 생산자잉여를 기하적으로 표시하면 아래와 같다.

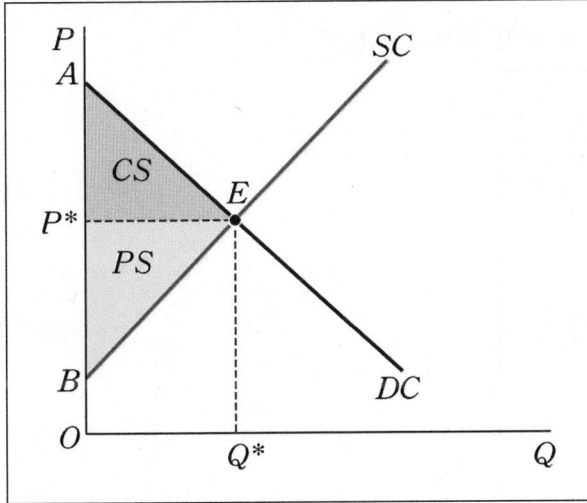

설문에서 주어진 수요함수와 공급함수를 이용하여 시장균형 및 소비자잉여(CS), 생산자잉여(PS) 그리고 사회총잉여($CS + PS$)를 구할 수 있다.

수요함수는 $Q_D = 36 - 4P$, 공급함수는 $Q_S = -4 + 4P$이므로 이를 변형하면, 수요함수와 공급함수는 각각 $P = 9 - 0.25Q$, $P = 0.25Q + 1$이다. 이때, 수요함수의 종축절편은 $A = 9$, 공급함수의 종축절편은 $B = 1$가 된다. 수요와 공급이 일치하는 시장균형은 $P = 5$, $Q = 16$이 된다.

$$CS = \frac{(A - P^*)Q^*}{2} = \frac{(9 - 5) \times 16}{2} = 32$$

$$PS = \frac{(P^* - B)Q^*}{2} = \frac{(5 - 1) \times 16}{2} = 32$$

> X재의 수요함수와 공급함수가 각각 $Q_D = 100 - 2P$, $Q_S = -80 + 4P$ 이다. 시장균형에서 소비자잉여(CS)와 생산자잉여(PS)는? (단, Q_D는 수요량, Q_S는 공급량, P는 가격이다.)
>
> ▶ 2015년 감정평가사
>
> ① $CS = 200$, $PS = 400$ ② $CS = 400$, $PS = 200$
>
> ③ $CS = 600$, $PS = 200$ ④ $CS = 600$, $PS = 300$
>
> ⑤ $CS = 800$, $PS = 400$

출제이슈 시장균형의 도출 및 잉여의 계산

핵심해설 정답 ②

시장의 균형과 소비자잉여, 생산자잉여를 기하적으로 표시하면 아래와 같다.

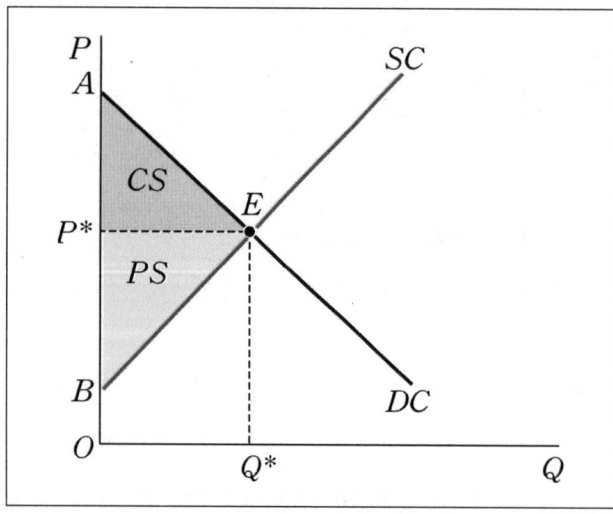

1) 시장균형 구하기

먼저 주어진 자료를 이용하여 시장균형을 구하면 수요량과 공급량이 일치하는 수준에서 $P^* = 30$, $Q^* = 40$이 된다. 그리고 수요곡선의 종축절편은 50(위의 그래프에서 A에 해당), 공급곡선의 종축절편은 20(위의 그래프에서 B에 해당)이 된다.

2) 소비자잉여와 생산자잉여 구하기

이때, 소비자잉여는 $CS = \dfrac{(50-30) \times 40}{2} = 400$, 생산자잉여는 $PS = \dfrac{(30-20) \times 40}{2} = 200$이다.

사적재화 X재의 개별수요함수가 $P = 7 - q$인 소비자가 10명이 있고, 개별공급함수가 $P = 2 + q$인 공급자가 15명 있다. X재 생산의 기술진보 이후 모든 공급자의 단위당 생산비가 1만큼 하락하는 경우, 새로운 시장균형가격 및 시장균형거래량은? (단, P는 가격, q는 수량이다.)

▶ 2017년 감정평가사

① 3.4, 36

② 3.8, 38

③ 4.0, 40

④ 4.5, 42

⑤ 5.0, 45

출제이슈 시장수요 및 공급의 도출과 시장균형의 계산

핵심해설 정답 ①

1) 시장수요의 도출

시장수요함수는 각각의 개별수요함수를 수평으로 합하여 도출할 수 있다. 시장수요함수를 수리적으로 도출함에 있어서 주의할 것은 반드시 가격이 일정한 수준에서 시장에 존재하는 개별주체들의 수요량을 합산하는 것이므로 개별수요함수를 $q_i = q_i(P)$로 정리한 후에, $q_i(P)$를 합산하여 시장수요를 도출한다. 즉, 주어진 가격 수준에서 시장수요 Q_D는 $\sum q_i$로 이루어지므로 $Q_D = \sum q_i = \sum q_i(P)$가 되는 것이다.

설문에서 재화 X에 대한 개별수요함수는 $q = 7 - P$이고, 동일한 개별수요함수를 가진 소비자가 10명일 때, X재의 시장수요함수는 $Q_D = 10q = 10(7 - P) = 70 - 10P$가 된다.

따라서 시장수요함수는 $Q_D = 70 - 10P$가 된다.

2) 시장공급의 도출

시장공급함수도 역시 시장수요함수와 마찬가지로 각각의 개별공급함수를 수평으로 합하여 도출할 수 있다. 시장공급함수를 수리적으로 도출함에 있어서 주의할 것은 반드시 가격이 일정한 수준에서 시장에 존재하는 개별주체들의 공급량을 합산하는 것이므로 개별공급함수를 $q_i = q_i(P)$로 정리한 후에, $q_i(P)$를 합산하여 시장공급을 도출한다. 즉, 주어진 가격 수준에서 시장공급 Q_S는 $\sum q_i$로 이루어지므로 $Q_S = \sum q_i = \sum q_i(P)$가 되는 것이다.

설문에서 재화 X에 대한 개별공급함수는 $q = P - 2$이고, 동일한 개별공급함수를 가진 공급자가 15명일 때, X재의 시장공급함수는 $Q_S = 15q = 15(P - 2) = 15P - 30$이 된다. 따라서 시장공급함수는 $Q_S = 15P - 30$이 된다.

그런데 해당 시장에서 기술진보로 인하여 모든 공급자의 단위당 생산비용이 1만큼씩 하락한다고 하였으므로 재화 X에 대한 개별공급함수는 $P = (2 + q) - 1$이므로 $q = P - 1$이고, 동일한 개별공급함수를 가진 공급자가 15명일 때, X재의 시장공급함수는 $Q_S = 15q = 15(P - 1) = 15P - 15$가 된다.

따라서 시장공급함수는 $Q_S = 15P - 15$가 된다.

3) 시장균형의 도출

시장에서의 균형은 수요와 공급의 힘이 일치할 때 달성된다. 수리적으로는 수요함수의 수요량과 공급함수의 공급량이 일치할 때 시장균형이 달성된다. 시장수요함수, 시장공급함수가 각각 $Q_D = 70 - 10P$, $Q_S = 15P - 15$이므로 시장균형은 $70 - 10P = 15P - 15$일 때 달성된다. 이때, 균형가격은 $P = 3.4$가 된다. 위에서 구한 균형가격을 수요함수나 공급함수에 대입하면 균형거래량을 구할 수 있으며 균형거래량은 $Q = 36$이 된다.

> 밑줄 친 변화에 따라 2018년 Y재 시장에서 예상되는 현상으로 옳지 않은 것은? (단, 수요곡선은 우하향, 공급곡선은 우상향하며, 다른 조건은 일정하다.) ▶2018년 감정평가사
>
> 2017년 Y재 시장의 균형가격은 70만 원이며, 균형거래량은 500만이다. 2018년에 <u>Y재 생산에 필요한 부품가격이 상승</u>하였다.
>
> ① 공급곡선은 왼쪽으로 이동한다.
> ② 균형가격은 낮아진다.
> ③ 균형거래량은 줄어든다.
> ④ 소비자잉여는 감소한다.
> ⑤ 사회적 후생은 감소한다.

출제이슈 부품가격 변화와 시장균형의 변화
핵심해설 정답 ②

시장의 균형은 수요나 공급에 영향을 주는 수요 측 혹은 공급 측 요인이 변화할 때 변하게 된다. 그 요인을 살펴보면 다음과 같다.

1) **수요 측 요인의 변화** : 수요곡선의 이동
   cf. 가격의 변화 : 수요곡선상의 이동

   ① 소득의 변화
   ② 선호의 변화

2) **공급 측 요인의 변화** : 공급곡선의 이동
   cf. 가격의 변화 : 공급곡선상의 이동

   ① 노동비용, 자본비용의 변화
   ② 기술의 변화

설문에서 Y재 시장의 공급 측면에서 부품가격이 상승하여 생산비용이 상승한 경우, 공급곡선은 좌상방으로 이동하게 된다. 이에 따라서 새로운 균형에서는 기존균형에 비해 가격은 상승하고 거래량은 감소하게 된다. 한편, 가격 상승 및 거래량 감소로 인하여 소비자잉여는 감소하고 사회총잉여도 감소한다.

주유소에서 휘발유를 구입하는 모든 소비자들은 항상 "5만 원어치 넣어주세요"라고 하는 반면, 경유를 구입하는 모든 소비자들은 항상 "40리터 넣어주세요"라고 한다. 현재의 균형상태에서 휘발유의 공급은 감소하고, 경유의 공급이 증가한다면, 휘발유 시장과 경유 시장에 나타나는 균형가격의 변화는? (단, 휘발유 시장과 경유 시장은 완전경쟁시장이며, 각 시장의 공급곡선은 우상향하고, 다른 조건은 일정하다.)
▶ 2018년 감정평가사

① 휘발유 시장 : 상승, 경유 시장 : 상승
② 휘발유 시장 : 상승, 경유 시장 : 하락
③ 휘발유 시장 : 하락, 경유 시장 : 불변
④ 휘발유 시장 : 하락, 경유 시장 : 하락
⑤ 휘발유 시장 : 불변, 경유 시장 : 불변

출제이슈 특수한 수요곡선과 시장균형의 변화
핵심해설 정답 ②

1) 항상 "5만 원어치 휘발유를 넣어주세요"의 경우

① 수요함수의 도출
소비자의 지출액은 휘발유의 가격이 상승하든, 하락하든 관계없이 5만 원으로 일정하다.
따라서 이 경우 $PQ = 50,000$으로서 이를 $Q_D = \dfrac{50,000}{P}$의 수요함수로 해석할 수 있다.
이는 우하향하는 직각쌍곡선 형태의 수요곡선을 의미한다.

② 시장균형의 도출
공급곡선이 우상향할 때, 현재의 균형상태에서 휘발유의 공급이 감소하게 되면, 휘발유 공급곡선이 좌상방으로 이동하게 되어 휘발유 균형가격은 상승하게 된다. 참고로 휘발유 균형거래량은 감소한다.

2) 항상 "40리터 경유를 넣어주세요"의 경우

① 수요함수의 도출
소비자의 구입량은 경유의 가격이 상승하든, 하락하든 관계없이 40리터로 일정하다.
따라서 이 경우 $Q = 40$으로서 이를 $Q_D = 40$의 수요함수로 해석할 수 있다.
이는 수직 형태의 수요곡선을 의미한다.

② 시장균형의 도출
공급곡선이 우상향할 때, 현재의 균형상태에서 경유의 공급이 증가하게 되면, 경유 공급곡선이 우하방으로 이동하게 되어 경유 균형가격은 하락하게 된다. 참고로 경유 균형거래량은 불변이다.

09 조세의 귀착과 탄력성

( )에 들어갈 내용으로 옳지 않은 것은? (단, 수요곡선은 우하향, 공급곡선은 우상향한다.)

▶ 2022년 감정평가사

정부는 X재에 대해 종량세를 부과하려고 한다. 동일한 세율로 판매자에게 부과하는 경우와 구매자에게 부과하는 경우를 비교할 때, ( )

① 구매자가 내는 가격은 동일하다.
② 판매자가 받는 가격은 동일하다.
③ 조세수입의 크기는 동일하다.
④ 균형거래량이 모두 증가한다.
⑤ 총잉여는 모두 감소한다.

출제이슈 조세부과의 효과(조세부과와 시장균형의 변화)
핵심해설 정답 ④

①, ② 옳은 내용이다.
공급자에게 종량세를 부과하면 공급곡선이 좌상방으로 이동하면서 균형가격은 상승한다. 수요자에게 종량세를 부과하면 수요곡선이 좌하방으로 이동하면서 균형가격은 하락한다. 그러나 소비자는 조세부담이 있으므로 실질적인 소비자부담은 균형가격의 하락에도 불구하고 상승한다. 결국 구매자가 내는 가격과 판매자가 받는 가격은 모두 동일하게 됨을 위의 분석을 통해서 알 수 있다.

③ 옳은 내용이다.
종량세를 공급자에게 부과하든 수요자에게 부과하든 납부의 주체만 차이가 있을 뿐, 과세 후 균형거래량은 동일하기 때문에 정부의 조세수입은 같다.

④ 틀린 내용이다.
공급자에게 종량세를 부과하면 공급곡선이 좌상방으로 이동하면서 균형거래량은 감소한다. 수요자에게 종량세를 부과하면 수요곡선이 좌하방으로 이동하면서 균형거래량은 감소한다.

⑤ 옳은 내용이다.
종량세를 공급자에게 부과하든 수요자에게 부과하든 소비자 직면가격, 생산자 직면가격 그리고 균형거래량 분석이 동일하므로 경제적 순손실(deadweight loss)도 동일하다. 특히 경제적 순손실이 생기므로 총잉여는 감소한다.

경쟁시장에서 공급곡선은 완전비탄력적이고 수요곡선은 우하향한다. 현재 시장균형가격이 20일 때, 정부가 판매되는 제품 1단위당 4만큼 세금을 부과할 경우 (ㄱ) 판매자가 받는 가격과 (ㄴ) 구입자가 내는 가격은?

▶ 2020년 감정평가사

① ㄱ : 16, ㄴ : 16
② ㄱ : 16, ㄴ : 20
③ ㄱ : 18, ㄴ : 22
④ ㄱ : 20, ㄴ : 20
⑤ ㄱ : 20, ㄴ : 24

출제이슈 공급이 완전비탄력적인 경우 조세부과의 효과
핵심해설 정답 ②

조세의 귀착과 탄력성은 다음과 같다.

1) 수요의 탄력성과 조세부담의 귀착

① 수요의 가격탄력성이 클수록 소비자부담은 작고, 생산자부담은 크다.

② 수요가 완전히 고정되어 수요곡선이 수직선(수요의 가격탄력성이 0, 완전비탄력적)인 경우
생산자에게 조세가 부과되면, 거래량은 불변이고 시장균형가격(소비자 직면가격)은 상승하며
생산자 직면가격은 불변이므로 생산자는 전혀 부담을 지지 않는다.
모든 부담은 소비자가 지게 되며, 소비자 직면가격은 이전보다 단위당 조세가 가산된 금액이 된다.

2) 공급의 탄력성과 조세부담의 귀착

① 공급의 가격탄력성이 클수록 생산자부담은 작고, 소비자부담은 크다.

② 공급이 완전히 고정되어 공급곡선이 수직선(공급의 가격탄력성이 0, 완전비탄력적)인 경우
생산자에게 조세가 부과되면, 거래량은 불변이고 생산자 직면가격은 하락하며
시장균형가격(소비자 직면가격)은 불변이므로 소비자는 전혀 부담을 지지 않는다.
모든 부담은 생산자가 지게 되며, 생산자 직면가격은 이전보다 단위당 조세가 차감된 금액이 된다.

위의 내용에 따라서 설문을 검토하면 다음과 같다.

경쟁시장에서 공급곡선이 완전비탄력적인 상황에서 현재 시장균형가격이 20일 때, 정부가 판매되는 제품 1단위당 4만큼 세금을 부과할 경우 거래량은 불변이고 시장균형가격(소비자 직면가격)은 불변이므로 소비자는 전혀 부담을 지지 않는다. 따라서 원래의 시장균형가격인 20이 구입자가 내는 가격이 된다. 한편 이 경우 모든 부담은 생산자가 지게 되며, 생산자 직면가격은 이전보다 단위당 조세가 차감된 금액이 된다. 따라서 원래의 시장균형가격인 20에서 단위당 조세 4를 차감한 16이 판매자가 받는 가격이 된다.

X재의 시장수요곡선과 시장공급곡선이 각각 $Q_D = 100 - 2P$, $Q_S = 20$이다. 정부가 X재 한 단위당 10의 세금을 공급자에게 부과한 이후 X재의 시장가격은? (단, Q_D는 수요량, Q_S는 공급량, P는 가격이다.)

▶ 2023년 감정평가사

① 10   ② 20   ③ 30

④ 40   ⑤ 50

출제이슈 공급이 완전비탄력적인 경우 조세부과의 효과

핵심해설 정답 ④

조세의 귀착과 탄력성은 다음과 같다.

1) 수요의 탄력성과 조세부담의 귀착

  ① 수요의 가격탄력성이 클수록 소비자부담은 작고, 생산자부담은 크다.

  ② 수요가 완전히 고정되어 수요곡선이 수직선(수요의 가격탄력성이 0, 완전비탄력적)인 경우 생산자에게 조세가 부과되면, 거래량은 불변이고 시장균형가격(소비자 직면가격)은 상승하며 생산자 직면가격은 불변이므로 생산자는 전혀 부담을 지지 않는다.
    모든 부담은 소비자가 지게 되며, 소비자 직면가격은 이전보다 단위당 조세가 가산된 금액이 된다.

2) 공급의 탄력성과 조세부담의 귀착

  ① 공급의 가격탄력성이 클수록 생산자부담은 작고, 소비자부담은 크다.

  ② 공급이 완전히 고정되어 공급곡선이 수직선(공급의 가격탄력성이 0, 완전비탄력적)인 경우 생산자에게 조세가 부과되면, 거래량은 불변이고 생산자 직면가격은 하락하며 시장균형가격(소비자 직면가격)은 불변이므로 소비자는 전혀 부담을 지지 않는다.
    모든 부담은 생산자가 지게 되며, 생산자 직면가격은 이전보다 단위당 조세가 차감된 금액이 된다.

위의 내용에 따라서 설문을 검토하면 다음과 같다.

경쟁시장에서 공급곡선이 완전비탄력적인 상황에서 현재 시장균형가격을 구해보면 40이 된다. 균형가격은 수요함수와 공급함수인 $Q_D = 100 - 2P$, $Q_S = 20$을 연립하여 풀면 쉽게 구할 수 있다. 이때, 정부가 X재 한 단위당 10의 세금을 공급자에게 부과할 경우, 거래량은 불변이고 시장균형가격(소비자 직면가격)도 40으로 불변이므로 소비자는 전혀 부담을 지지 않는다. 원래의 시장균형가격인 40이 구입자가 내는 가격이 된다. 한편 이 경우 모든 부담은 생산자가 지게 되며, 생산자 직면가격은 이전보다 단위당 조세가 차감된 금액이 된다. 따라서 원래의 시장균형가격인 40에서 단위당 조세 10을 차감한 30이 판매자가 받는 가격이 된다.

수요곡선은 $P = 10$, 공급곡선은 $Q_S = P$ 이다. 정부가 한 단위당 2원의 물품세를 소비자에게 부과한 결과로 옳은 것은? (단, Q_S 는 공급량, P 는 가격이다.) ▶ 2021년 감정평가사

① 소비자 대신 생산자에게 물품세를 부과하면 결과는 달라진다.

② 소비자잉여는 감소하였다.

③ 생산자잉여의 감소분은 24원이다.

④ 자중손실(deadweight loss)은 2원이다.

⑤ 조세수입은 20원 증가하였다.

출제이슈 수요가 완전탄력적인 경우 조세부과의 효과

핵심해설 정답 ④

① 틀린 내용이다.

조세를 소비자에게 부과하든 생산자에게 부과하든 그 효과는 동일하다.

② 틀린 내용이다.

수요가 완전탄력적이어서 수요곡선이 수평선(수요의 가격탄력성이 무한대)인 경우 소비자에게 조세가 부과되면 거래량은 감소하고 소비자 직면가격은 불변이며, 소비자 직면가격이 불변이므로 소비자는 전혀 부담을 지지 않는다. 소비자잉여는 변함없이 0으로 동일하다.

③ 틀린 내용이다.

조세부과 이전 가격이 10, 거래량이 10임을 고려하면 생산자잉여는 50이 된다. 소비자에게 조세부과 이후 가격이 8, 거래량이 8, 생산자 직면가격이 8임을 고려하면 생산자잉여는 32가 된다. 따라서 생산자잉여의 감소분은 18(원)이 된다.

④ 옳은 내용이다.

조세부과 이후 거래량이 8, 단위당 조세가 2원임을 고려할 때, 조세수입은 16(원)이 된다. 수요가 완전탄력적이므로 소비자잉여는 없으며 생산자잉여의 감소분이 18(원)임을 고려하면 사회총잉여의 감소분, 즉 자중손실은 2(원)가 된다.

⑤ 틀린 내용이다.

조세부과 이후 거래량이 8, 단위당 조세가 2(원)임을 고려할 때, 조세수입은 16(원)이 된다.

다음과 같이 시장수요곡선(D)와 시장공급곡선(S)이 주어졌을 때, 정부가 생산자에게 세금을 부과하여 공급곡선이 S에서 S'으로 이동하였다. 다음 중 옳은 것은? (단, 시장수요곡선은 완전탄력적이며, 시장공급곡선은 우상향한다.)

▶ 2015년 감정평가사

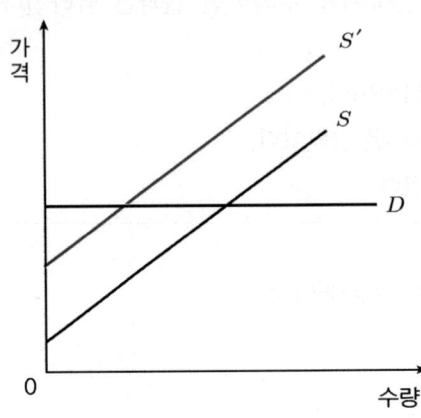

① 모든 세금은 소비자가 부담한다.
② 균형거래량은 변화가 없다.
③ 생산자잉여는 감소한다.
④ 소비자잉여는 증가한다.
⑤ 정부의 조세수입은 발생하지 않는다.

출제이슈 수요가 완전탄력적인 경우 조세부과의 효과
핵심해설 정답 ③

① 틀린 내용이다.
소비자 직면가격이 불변이므로 소비자는 전혀 부담을 지지 않으며 모든 부담은 생산자가 지게 된다.

② 틀린 내용이다.
수요가 완전탄력적이어서 수요곡선이 수평선(수요의 가격탄력성이 무한대)인 경우 생산자에게 조세가 부과되면 거래량은 감소한다.

③ 옳은 내용이다.
수요가 완전탄력적이어서 수요곡선이 수평선(수요의 가격탄력성이 무한대)인 경우 생산자에게 조세가 부과되면 생산자잉여는 감소한다.

④ 틀린 내용이다.
수요가 완전탄력적이어서 수요곡선이 수평선(수요의 가격탄력성이 무한대)인 경우 소비자잉여는 발생하지 않으므로 조세가 부과되어도 불변이다.

⑤ 틀린 내용이다.
조세부과 이후의 균형거래량에 단위당 조세를 곱한 만큼 정부의 조세수입은 발생한다.

Issue 10 조세의 귀착 계산

A사의 시장수요곡선은 $Q_D = 200 - P$이고 시장공급곡선은 $Q_S = P$이다. 이 수요곡선과 공급곡선이 일치하는 균형상태에서 정부가 단위당 100의 물품세를 부과할 때 정부의 조세수입 중 소비자가 부담하는 조세의 크기는? ▶ 2013년 감정평가사

① 0   ② 2,500   ③ 5,000

④ 7,500   ⑤ 9,000

출제이슈 조세부담의 귀착
핵심해설 정답 ②

1) 조세부과 이전의 균형

    ① 조세부과 이전 수요곡선이 $Q_D = 200 - P$이고 공급곡선은 $Q_S = P$이므로 시장균형은 수요와 공급이 일치하는 $200 - P = P$에서 달성된다.

    ② 따라서 균형가격은 $P = 100$이고, 균형거래량은 $Q = 100$이 된다.

2) 조세부과 이후의 균형

    ① 조세부과 이전 공급곡선은 $Q_S = P$이므로 단위당 100의 조세부과 이후 공급곡선은 $P = Q + 100$이 된다.

    ② 수요곡선이 $Q_D = 200 - P$이므로 시장균형은 수요와 공급이 일치하는 $Q + 100 = 200 - Q$에서 달성된다.

    ③ 따라서 균형거래량은 $Q = 50$이고, 균형가격은 $P = 150$이 된다.

    ④ 이때, 소비자 직면가격은 150이고, 생산자 직면가격은 균형가격 150에서 조세액 100을 차감한 50이 된다.

    ⑤ 조세부과 이전 균형가격은 $P = 100$이고 조세부과 이후 소비자 직면가격이 150, 생산자 직면가격이 50이므로 소비자 조세부담은 50, 생산자의 조세부담은 50이 되어 소비자와 생산자 부담의 합 100이 조세액 100과 일치한다.

    ⑥ 이때, 전체조세수입은 과세 후 균형거래량 50에 단위당 조세 100을 곱한 5,000이 된다. 소비자가 부담하는 조세부담액은 소비자의 단위당 부담 50에 균형거래량 50을 곱한 2,500이 된다.

Issue 11 조세의 초과부담과 탄력성

단위당 동일한 종량세율로 생산자 또는 소비자에게 부과하는 조세에 관한 설명으로 옳지 않은 것은? ▶ 2012년 감정평가사

① 생산자에게 부과할 때와 소비자에게 부과할 때의 경제적 순손실(deadweight loss)은 같다.

② 조세부담의 귀착(tax incidence)은 조세당국과 생산자 및 소비자 간의 협상능력에 의존한다.

③ 수요의 가격탄력성이 클수록 생산자의 조세부담이 커진다.

④ 수요의 가격탄력성이 공급의 가격탄력성보다 클수록 생산자의 조세부담분이 커진다.

⑤ 수요의 가격탄력성이 0인 재화에 조세를 부과해도 사회후생은 감소하지 않는다.

출제이슈 조세부담의 귀착과 초과부담
핵심해설 정답 ②

조세의 초과부담 및 귀착과 수요 및 공급의 가격탄력성의 관계는 다음과 같다.

1. 조세의 초과부담 및 귀착과 수요탄력성

1) 수요탄력성이 클수록 초과부담이 크다. 시장왜곡이 크다. 자원배분의 비효율성이 크다.
2) 수요가 완전비탄력적인 경우
① 조세부담은 소비자가 모두 부담
② 시장거래량은 불변, 소비자 직면가격(과세 후 시장가격)은 상승, 공급자 직면가격은 불변
③ 생산자잉여는 불변
④ 특히, 생산자잉여는 불변이고, 소비자잉여 감소분은 모두 정부조세수입으로 전환되기 때문에 사회후생감소는 없다. 따라서 조세의 자중손실은 0이 된다.

2. 조세의 초과부담 및 귀착과 공급탄력성

1) 공급탄력성이 클수록 초과부담이 크다. 시장왜곡이 크다. 자원배분의 비효율성이 크다.
2) 공급이 완전비탄력적인 경우
① 조세부담은 생산자가 모두 부담
② 시장거래량은 불변, 소비자 직면가격(과세 후 시장가격)은 불변, 공급자 직면가격은 하락
③ 소비자잉여는 불변
④ 특히, 소비자잉여는 불변이고, 생산자잉여 감소분은 모두 정부조세수입으로 전환되기 때문에 사회후생감소는 없다. 따라서 조세의 자중손실은 0이 된다.

위의 내용에 따라 설문 ②를 검토하면 조세부담의 귀착은 수요와 공급의 탄력성에 의존함을 알 수 있다. 나머지 설문은 모두 옳은 내용이다.

Issue 12 조세의 초과부담 계산

X재 시장에서 상품의 시장공급곡선은 $Q^s = -110 + 2P$이고 시장수요곡선은 $Q^d = 400 - 4P$이다. 이 수요곡선과 공급곡선이 일치하는 균형상태에서 정부가 X재에 대하여 단위당 6의 판매세를 부과하는 경우 조세부과로 인한 경제적 순손실(deadweight loss)은? (단, P는 가격, Q^s는 공급량, Q^d는 수요량)

▶ 2011년 감정평가사

① 6　　　　　② 12　　　　　③ 16
④ 20　　　　　⑤ 24

출제이슈 조세의 초과부담 계산
핵심해설 정답 ⑤

1) 조세부과 이전의 균형

① 조세부과 이전 수요곡선이 $Q^d = 400 - 4P$이고 공급곡선은 $Q^s = -110 + 2P$이므로 시장균형은 수요와 공급이 일치하는 $400 - 4P = -110 + 2P$에서 달성된다.

② 따라서 균형가격은 $P = 85$이고, 균형거래량은 $Q = 60$이 된다.

2) 조세부과 이후의 균형

① 조세부과 이전 공급곡선은 $Q^s = -110 + 2P$이므로 단위당 6의 조세부과 이후 공급곡선은 $Q^s = -110 + 2(P-6)$이 된다.

② 수요곡선이 $Q^d = 400 - 4P$이므로 시장균형은 수요와 공급이 일치하는 $400 - 4P = -110 + 2(P-6)$에서 달성된다.

③ 따라서 균형가격은 $P = 87$이고, 균형거래량은 $Q = 52$가 된다.

3) 자중손실 계산

설문에서 조세부과 이전의 균형은 $P = 85$, $Q = 60$이고, 조세부과 이후의 균형은 $P = 87$, $Q = 52$이다. 따라서 단위당 소세액 $T = 6$, 과세로 인한 기래량의 감소분 $\Delta Q = 8$이 된다.

따라서 사회총잉여의 순감소분은 $(b + d) = EB = \dfrac{T \times \Delta Q}{2} = \dfrac{6 \times 8}{2} = 24$가 된다.

수요함수는 $Q_D = 200 - P$이고 공급함수는 $P = 100$이다. 정부가 소비자에게 제품 1단위당 20원의 물품세를 부과할 때 소비자잉여는 얼마만큼 감소하는가? ▶ 2014년 감정평가사

① 1,200   ② 1,400   ③ 1,600
④ 1,800   ⑤ 2,000

출제이슈 조세의 초과부담 계산
핵심해설 정답 ④

1) 조세부과 이전의 균형

① 조세부과 이전 수요곡선이 $Q_D = 200 - P$이고 공급곡선은 $P = 100$이므로 시장균형은 수요와 공급이 일치하는 $200 - Q = 100$에서 달성된다.

② 따라서 균형가격은 $P = 100$이고, 균형거래량은 $Q = 100$이 된다.

2) 생산자에게 조세부과 이후의 균형

① 조세부과 이전 공급곡선은 $P = 100$이므로 단위당 20원의 조세부과 이후 공급곡선은 $P = 120$이 된다.

② 수요곡선이 $Q_D = 200 - P$이므로 시장균형은 수요와 공급이 일치하는 $200 - Q = 120$에서 달성된다.

③ 따라서 균형가격은 $P = 120$이고, 균형거래량은 $Q = 80$이 된다.

3) 소비자에게 조세부과 이후의 균형

① 조세부과 이전 수요곡선은 $Q_D = 200 - P$이므로 단위당 20원의 조세부과 이후 수요곡선은 $Q_D = 200 - (P + 20)$이 된다.

② 공급곡선이 $P = 100$이므로 시장균형은 수요와 공급이 일치하는 $180 - Q = 100$에서 달성된다.

③ 따라서 균형가격은 $P = 100$이고, 균형거래량은 $Q = 80$이 된다.

4) 소비자잉여 감소분 계산

① 생산자에게 조세부과된 경우

설문에서 조세부과 이전의 균형은 $P = 100$, $Q = 100$이고, 조세부과 이후의 균형은 $P = 120$, $Q = 80$이다. 따라서 단위당 조세액 $T = 20$, 과세로 인한 거래량의 감소분 $\Delta Q = 20$이 된다.

소비자잉여의 순감소분은 $\dfrac{(80 + 100) \times 20}{2} = 1,800$(원)이 된다.

② 소비자에게 조세부과된 경우

설문에서 조세부과 이전의 균형은 $P = 100$, $Q = 100$이고, 조세부과 이후의 균형은 $P = 100$, $Q = 80$이다. 따라서 조세부과 이전의 균형에서 소비자잉여는 $\dfrac{100 \times 100}{2} = 5,000$이고, 조세부과 이후의 균형에서 소비자잉여는 $\dfrac{80 \times 80}{2} = 3,200$이므로 소비자잉여의 감소분은 1,800이 된다.

③ 따라서 조세가 생산자에게 부과되든, 소비자에게 부과되든 관계없이 소비자잉여의 감소분은 1,800으로 동일함을 알 수 있다.

X재의 시장수요함수와 시장공급함수가 각각 $Q_D = 3,600 - 20P$, $Q_S = 300$이다. 정부가 X재 한 단위당 100원의 세금을 소비자에게 부과할 때, 자중손실(deadweight loss)은? (단, Q_D는 수요량, Q_S는 공급량, P는 가격이다.)

▶ 2016년 감정평가사

① 0원   ② 10,000원   ③ 20,000원

④ 30,000원   ⑤ 40,000원

출제이슈 공급이 완전비탄력적인 경우의 초과부담
핵심해설 정답 ①

조세의 초과부담 및 귀착과 수요 및 공급의 가격탄력성의 관계는 다음과 같다.

1. 조세의 초과부담 및 귀착과 수요탄력성

1) 수요탄력성이 클수록 초과부담이 크다, 시장왜곡이 크다, 자원배분의 비효율성이 크다.
2) 수요가 완전비탄력적인 경우
    ① 조세부담은 소비자가 모두 부담
    ② 시장거래량은 불변, 소비자 직면가격(과세 후 시장가격)은 상승, 공급자 직면가격은 불변
    ③ 생산자잉여는 불변
    ④ 특히, 생산자잉여는 불변이고, 소비자잉여 감소분은 모두 정부조세수입으로 전환되기 때문에 사회후생감소는 없다. 따라서 조세의 자중손실은 0이 된다.

2. 조세의 초과부담 및 귀착과 공급탄력성

1) 공급탄력성이 클수록 초과부담이 크다, 시장왜곡이 크다, 자원배분의 비효율성이 크다.
2) 공급이 완전비탄력적인 경우
    ① 조세부담은 생산자가 모두 부담
    ② 시장거래량은 불변, 소비자 직면가격(과세 후 시장가격)은 불변, 공급자 직면가격은 하락
    ③ 소비자잉여는 불변
    ④ 특히, 소비자잉여는 불변이고, 생산자잉여 감소분은 모두 정부조세수입으로 전환되기 때문에 사회후생감소는 없다. 따라서 조세의 자중손실은 0이 된다.

설문을 검토하면 다음과 같다.

설문에서 수요함수와 공급함수는 $Q_D = 3,600 - 20P$, $Q_S = 300$인데, 특히 공급곡선이 수직선 형태로서 공급이 고정되어 있음을 알 수 있다. 이 경우에는 공급이 완전비탄력적이기 때문에 조세가 부과될 경우, 소비자에게 부과되더라도, 소비자의 부담은 전혀 없으며 공급자가 모든 조세부담을 지게 된다. 또한 조세부과로 인한 거래량의 감소가 없기 때문에 조세의 초과부담은 0이 된다.

> X재에 부과되던 물품세가 단위당 t에서 $2t$로 증가하였다. X재에 대한 수요곡선은 우하향하는 직선이며, 공급곡선은 수평일 때 설명으로 옳은 것은? ▶ 2017년 감정평가사
>
> ① 조세수입이 2배 증가한다.
> ② 조세수입이 2배보다 더 증가한다.
> ③ 자중손실(deadweight loss)의 크기가 2배 증가한다.
> ④ 자중손실의 크기가 2배보다 더 증가한다.
> ⑤ 새로운 균형에서 수요의 가격탄력성은 작아진다.

출제이슈 조세증가에 따른 초과부담의 증가
핵심해설 정답 ④

1) 문제의 설정

① 수요함수의 설정
X재에 대한 수요곡선은 우하향하는 직선이므로 $P = a - bQ, \ a > 0, \ b > 0$이라고 하자.

② 공급함수의 설정
X재의 공급곡선은 수평이므로 $P = c, \ c > 0$이라고 하자.

2) 조세부과 이전의 균형

① 조세부과 이전 수요곡선이 $P = a - bQ$이고 공급곡선은 $P = c$이므로 시장균형은 수요와 공급이 일치하는 $a - bQ = c$에서 달성된다.

② 따라서 균형가격은 $P = c$이고, 균형거래량은 $Q = \dfrac{a-c}{b}$가 된다.

3) 단위당 t 조세부과 이후의 균형

① 조세부과 이전 공급곡선은 $P = c$이므로 단위당 t의 조세부과 이후 공급곡선은 $P = c + t$가 된다.

② 수요곡선이 $P = a - bQ$이므로 시장균형은 수요와 공급이 일치하는 $a - bQ = c + t$에서 달성된다.

③ 따라서 균형가격은 $P = c + t$이고, 균형거래량은 $Q = \dfrac{a-c-t}{b}$가 된다.

④ 이때, 단위당 조세액 $T = t$, 과세로 인한 거래량의 감소분 $\Delta Q = \dfrac{t}{b}$가 된다.

⑤ 따라서 사회총잉여의 순감소분은 $EB = \dfrac{T \times \Delta Q}{2} = \dfrac{t \times \dfrac{t}{b}}{2} = \dfrac{t^2}{2b}$ 이 된다.

⑥ 조세수입은 단위당 조세액 $T = t$에 과세 이후 균형거래량 $Q = \dfrac{a-c-t}{b}$를 곱하면 $\dfrac{(a-c-t)t}{b}$이다.

4) 단위당 $2t$ 조세부과 이후의 균형

① 조세부과 이전 공급곡선은 $P = c$이므로 단위당 $2t$의 조세부과 이후 공급곡선은 $P = c + 2t$가 된다.

② 수요곡선이 $P = a - bQ$이므로 시장균형은 수요와 공급이 일치하는 $a - bQ = c + 2t$에서 달성된다.

③ 따라서 균형가격은 $P = c + 2t$이고, 균형거래량은 $Q = \dfrac{a-c-2t}{b}$가 된다.

④ 이때, 단위당 조세액 $T = 2t$, 과세로 인한 거래량의 감소분 $\Delta Q = \dfrac{2t}{b}$가 된다.

⑤ 따라서 사회총잉여의 순감소분은 $EB = \dfrac{T \times \Delta Q}{2} = \dfrac{2t \times \dfrac{2t}{b}}{2} = \dfrac{4t^2}{2b}$ 이 된다.

⑥ 조세수입은 단위당 조세액 $T = 2t$에 과세 이후 균형거래량 $Q = \dfrac{a-c-2t}{b}$를 곱하면

$\dfrac{(a-c-2t)2t}{b}$ 이다.

설문을 검토하면 다음과 같다.

①, ② 모두 틀린 내용이다.

단위당 t 조세부과 시 조세수입은 $\dfrac{(a-c-t)t}{b}$이고, 단위당 $2t$ 조세부과 시 조세수입은 $\dfrac{(a-c-2t)2t}{b}$가 된다. 따라서 그 크기를 비교하면 $\dfrac{(a-c-t)t}{b} < \dfrac{(a-c-2t)2t}{b} < \dfrac{(a-c-t)2t}{b}$ 이므로 단위당 $2t$ 조세부과 시 조세수입은 단위당 t 조세부과 시 조세수입의 2배보다 작게 증가한다.

③은 틀린 내용이고, ④는 옳은 내용이다.

단위당 t 조세부과 시 자중손실은 $EB = \dfrac{T \times \Delta Q}{2} = \dfrac{t \times \dfrac{t}{b}}{2} = \dfrac{t^2}{2b}$이고, 단위당 $2t$ 조세부과 시 자중손실은

$EB = \dfrac{T \times \Delta Q}{2} = \dfrac{2t \times \dfrac{2t}{b}}{2} = \dfrac{4t^2}{2b}$ 이다. 따라서 그 크기를 비교하면, 단위당 $2t$ 조세부과 시 자중손실은 단위당 t 조세부과 시 자중손실의 4배이다.

⑤ 틀린 내용이다.

수요곡선이 우하향하는 직선 형태인 상황에서 수요의 가격탄력성은 새로운 균형에서 가격이 더욱 상승하기 때문에 가격탄력성이 커진다.

13 최고가격규제

14 최저가격규제

완전경쟁시장에서 거래되는 X재에 대한 시장균형 가격보다 낮은 수준에서 가격상한제를 실시하였다. 이로 인해 나타날 수 있는 일반적인 현상으로 옳은 것을 모두 고른 것은? (단, X재는 수요와 공급의 법칙을 따른다.)

▶ 2015년 감정평가사

ㄱ. X재의 품귀현상이 일어난다.　　　ㄴ. X재의 공급과잉이 발생한다.
ㄷ. X재의 암시장이 발생할 수 있다.　　ㄹ. X재의 품질이 좋아진다.

① ㄱ, ㄴ　　　　② ㄱ, ㄷ　　　　③ ㄴ, ㄷ
④ ㄴ, ㄷ, ㄹ　　　⑤ ㄱ, ㄴ, ㄷ, ㄹ

출제이슈 최고가격규제의 효과
핵심해설 정답 ②

ㄱ. 옳은 내용이다.
가격상한제를 실시할 경우 시장균형가격보다 낮은 수준에 상한가격이 설정되기 때문에 수요량이 늘어나서 초과수요가 발생하면서 품귀현상이 나타난다.

ㄴ. 틀린 내용이다.
가격상한제를 실시할 경우 시장균형가격보다 낮은 수준에 상한가격이 설정되기 때문에 수요량이 늘어나서 초과수요가 발생하므로 공급과잉과는 거리가 멀다.

ㄷ. 옳은 내용이다.
가격상한제로 초과수요가 발생함에도 여전히 가격은 최고가격수준에 고정되어 있기 때문에 초과수요로 인한 암시장이 발생할 가능성이 커진다.

ㄹ. 틀린 내용이다.
가격상한제로 초과수요가 발생함에도 여전히 가격은 최고가격수준에 고정되어 있기 때문에 공급자들은 높은 가격을 받을 수 없어 대신 재화의 품질을 떨어뜨릴 가능성이 커진다.

정부의 실효성 있는 가격규제의 효과에 관한 설명으로 옳은 것은? (단, 수요곡선은 우하향, 공급곡선은 우상향한다.)
▶ 2024년 감정평가사

① 가격상한제가 실시되면, 시장에서의 실제 거래량은 실시 이전보다 증가할 것이다.
② 가격하한제가 실시되면, 시장에서의 실제 거래량은 실시 이전보다 증가할 것이다.
③ 최저임금제는 가격상한제에 해당하는 가격규제이다.
④ 가격하한제가 실시되면, 초과수요가 발생하여 암시장이 형성된다.
⑤ 가격상한제와 가격하한제 모두 자중손실(deadweight loss)이 발생한다.

출제이슈 가격규제와 비효율성
핵심해설 정답 ⑤

정부가 시장에서 형성되는 균형가격이 사회적 관점에서 너무 높거나 혹은 너무 낮다고 판단할 경우에는 시장에 개입하여 가격의 하한 혹은 상한을 설정할 수 있는데, 이를 가격규제라고 한다. 가격규제에는 가격의 상한을 설정하는 최고가격제(가격상한제, Price Ceiling)와 하한을 설정하는 최저가격제(가격하한제, Price Floor)가 있다. 최고가격제로는 대표적으로 분양가상한제를 그리고 최저가격제로는 대표적으로 최저임금제를 예로 들 수 있다.

시장에서 자유롭게 형성되어야 할 가격에 제약을 가해서 거래가격의 상한이나 하한을 통제하게 되면 수급량이 괴리되고 이로 인해서 당연히 가격변화 압력이 나타난다. 그러나 가격은 통제되고 있기 때문에 가격변화의 압력은 다른 식으로 우회로를 찾게 된다. 결국 가격규제(시장에 대한 정부개입)로 인해서 사회총잉여는 감소하여 비효율을 노정하게 되고, 가격상한제든 가격하한제든 관계없이 자중손실이 발생한다.

어떤 재화의 시장수요함수는 $Q = 100 - P$이고, 시장공급함수는 $Q = -10 + P$이다. 정부가 $P = 40$에서 가격상한제를 실시할 경우, 생산자 잉여의 감소분 중 소비자 잉여로 이전(transfer)되는 크기는? (단, P는 가격, Q는 수량)
▶ 2025년 감정평가사

① 350　　② 400　　③ 450
④ 500　　⑤ 550

출제이슈 최고가격규제의 효과
핵심해설 정답 ③

1) 생산자잉여의 감소분
   최초 균형 P = 55, Q = 45에서 가격상한제로 인하여 균형이 P = 40, Q = 30으로 바뀜을 고려하면 생산자잉여의 감소분은 450 + 112.5가 된다.

2) 생산자잉여 감소분의 이전
   생산자잉여의 감소분 450 + 112.5 중에서 소비자에게 이전된 것은 450이고, 자중손실로 된 것은 112.5이다.

X재 시장의 수요곡선은 $Q_D = 500 - 4P$ 이고 공급곡선은 $Q_S = -100 + 2P$ 이다. 시장균형에서 정부가 $P = 80$ 의 가격상한을 설정할 때, (ㄱ) 소비자잉여의 변화와 (ㄴ) 생산자잉여의 변화는? (단, Q_D는 수요량, Q_S는 공급량 P는 가격) ▶ 2020년 감정평가사

① ㄱ : 증가, ㄴ : 증가   ② ㄱ : 증가, ㄴ : 감소

③ ㄱ : 불변, ㄴ : 불변   ④ ㄱ : 감소, ㄴ : 증가

⑤ ㄱ : 감소, ㄴ : 감소

출제이슈 최고가격규제의 효과
핵심해설 정답 ②

1) 최고가격규제 실시 이전

$Q_D = 500 - 4P$ 와 $Q_S = -100 + 2P$ 가 일치하는 $P^* = 100$, $Q^* = 100$ 수준에서 균형이 달성된다.

2) 최고가격규제 실시 이후

최고가격 $P = \overline{P} = 80$ 수준에서 수요는 $\overline{Q^D} = 180$, 공급은 $\overline{Q^S} = 60$으로 괴리가 발생하면서 초과수요가 $\overline{Q^D} - \overline{Q^S} = 180$ 나타난다.

3) 소비자잉여의 변화

최고가격규제로 인한 소비자잉여의 변화분은 $-b + c = -\dfrac{(10 \times 40)}{2} + (20 \times 60) = 1,000$이 된다.

따라서 소비자잉여는 최고가격규제로 인하여 증가한다.

4) 생산자잉여의 변화

최고가격규제로 인한 생산자잉여의 변화분은 $-c - d = -(20 \times 60) - \dfrac{(20 \times 40)}{2} = -1,600$이 된다.

따라서 생산자잉여는 최고가격규제로 인하여 감소한다.

5) 사회총잉여의 감소

최고가격설정으로 인하여 소비자잉여는 1,000만큼 증가하고 생산자잉여는 1,600만큼 감소하므로 사회총잉여는 600만큼 감소한다.

X재의 시장수요함수가 $P = 200 - Q$이고, 시장공급함수가 $P = -40 + 2Q$이다. 정부가 가격상한을 100으로 책정하는 경우 수요를 충족시키기 위하여 생산자에게 지급해야 하는 X재 1단위당 보조금은?

▶ 2014년 감정평가사

① 40   ② 60   ③ 80
④ 100   ⑤ 120

출제이슈 최고가격규제와 보조금 지급
핵심해설 정답 ②

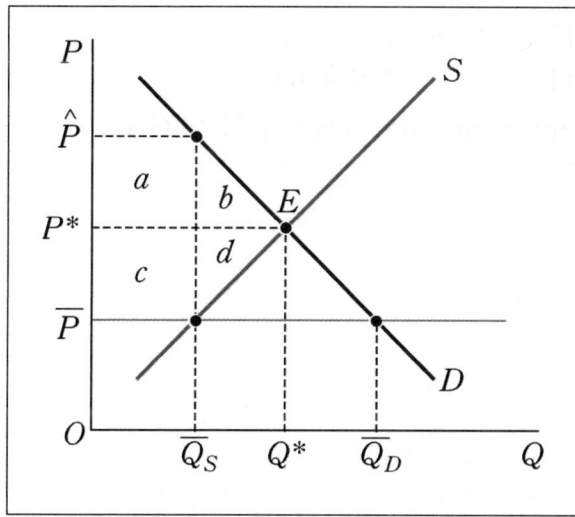

가격상한제로 인하여 발생한 초과수요는 $(\overline{Q_D} - Q^*) + (Q^* - \overline{Q_S}) = (\overline{Q_D} - \overline{Q_S})$이다.
이때, 정부는 초과수요 해소를 위하여 공급 측에 보조금을 지급할 수 있다.

규제 이전 시장가격 $P^* = 120$이고, 상한가격 $\overline{P} = 100$이다.
상한가격 100에서 수요 $\overline{Q_D} = 100$, 공급 $\overline{Q_S} = 70$으로서 초과수요는 30이 된다.

초과수요 30을 해소하기 위하여 정부는 보조금을 S만큼 지급하여 공급을 늘리도록 유인할 수 있다.

따라서 보조금 지급 이전 공급곡선 $P = -40 + 2Q$에서 보조금 S 지급 이후 공급곡선 $P = -40 + 2Q - S$가 된다.

이 공급곡선은 $\overline{Q_D} = 100$, 상한가격 $\overline{P} = 100$을 만족하므로 보조금 규모 S는 60이 된다.

무차별곡선과 예산선

무차별곡선에 관한 설명으로 옳지 않은 것은?   ▶ 2021년 감정평가사

① 무차별곡선은 동일한 효용 수준을 제공하는 상품묶음들의 궤적이다.

② 무차별곡선의 기울기는 한계대체율이며 두 재화의 교환비율이다.

③ 무차별곡선이 원점에 대해 오목하면 한계대체율은 체감한다.

④ 완전대체재 관계인 두 재화에 대한 무차별곡선은 직선의 형태이다.

⑤ 모서리해를 제외하면 무차별곡선과 예산선이 접하는 점이 소비자의 최적점이다.

출제이슈   무차별곡선
핵심해설   정답 ③

① 옳은 내용이다.
무차별곡선은 동일한 효용 수준을 제공하는 상품묶음들의 궤적이다.

② 옳은 내용이다.
무차별곡선의 기울기는 한계대체율이며 두 재화의 교환비율이다.

③ 틀린 내용이다.
일반적으로 무차별곡선은 원점에 대해 볼록하지만 만일 특정한 성질의 재화를 상정하여 무차별곡선이 원점에 대해 오목할 경우에는 한계대체율은 체감하는 것이 아니라 체증한다.

④ 옳은 내용이다.
완전대체재 관계인 두 재화에 대한 무차별곡선은 직선의 형태로서 한계대체율이 일정하다.

⑤ 옳은 내용이다.
소비자의 최적소비선택은 주어진 예산제약하에서 효용을 극대화할 때 달성된다. 이때 모서리해를 제외하면 무차별곡선과 예산선이 접하는 점이 바로 소비자의 최적선택이 된다.

두 재화 X, Y에 대해 효용을 극대화하는 갑의 효용함수가 $U(X, Y) = (X+2)(Y+1)$이다. 한계대체율이 4이고, X재 선택은 14일 때, Y재의 선택은? (단, 한계대체율은 $\left| \dfrac{dY}{dX} \right|$이다.)

▶ 2024년 감정평가사

① 10 　　　　② 18 　　　　③ 32

④ 63 　　　　⑤ 68

출제이슈 한계대체율
핵심해설 정답 ④

한계대체율은 두 재화 간의 주관적 교환비율로서 두 재화의 한계효용의 비율로 나타낼 수 있으며, 기하적으로는 무차별곡선의 기울기가 된다.

설문에서 한계대체율($\dfrac{MU_X}{MU_Y}$)을 구하면 $\dfrac{MU_X}{MU_Y} = \dfrac{Y+1}{X+2}$ 이 된다.

이때, 한계대체율이 4이며 X재 선택이 14임을 고려하여 다시 쓰면 아래와 같다.

$$\frac{MU_X}{MU_Y} = \frac{Y+1}{X+2} = \frac{Y+1}{14+2} = 4$$

이를 풀면 $Y = 63$이 된다.

( )에 들어갈 내용으로 옳은 것은?
▶ 2018년 감정평가사

위험자산에 대한 투자자의 무차별곡선을 그리고자 한다. 위험자산의 수익률 평균은 수직축, 수익률 표준편차는 수평축에 나타낼 때, 투자자의 무차별곡선 형태는 위험기피적인 경우 (ㄱ)하고, 위험애호적인 경우 (ㄴ)하며, 위험중립적인 경우에는 (ㄷ)이다.

① ㄱ : 우상향, ㄴ : 우상향, ㄷ : 수평
② ㄱ : 우상향, ㄴ : 우하향, ㄷ : 수평
③ ㄱ : 우상향, ㄴ : 우하향, ㄷ : 수직
④ ㄱ : 우하향, ㄴ : 우상향, ㄷ : 수평
⑤ ㄱ : 우하향, ㄴ : 우상향, ㄷ : 수직

출제이슈 비재화의 무차별곡선
핵심해설 정답 ②

위험기피자의 경우 수익률 평균의 증가에 따라서 효용이 증가하나 수익률의 표준편차의 증가는 효용감소를 가져온다. 따라서 수익률 평균은 재화, 수익률의 표준편차는 비재화의 성격을 가진다. 비재화는 원점에 가까워질수록 효용이 증가하고 재화는 원점에서 멀어질수록 효용이 증가한다. 따라서 이를 가로축에 수익률의 표준편차, 세로축에 수익률 평균을 표시한 평면에서 조합하여 그리면 우상향하는 형태이다.

위험애호자의 경우 수익률 평균의 증가 및 수익률의 표준편차의 증가에 따라서 효용이 증가한다. 따라서 수익률 평균은 재화, 수익률의 표준편차도 재화의 성격을 가진다. 재화는 원점에서 멀어질수록 효용이 증가한다. 따라서 이를 가로축에 수익률의 표준편차, 세로축에 수익률 평균을 표시한 평면에서 조합하여 그리면 우하향하는 형태이다.

위험중립자의 경우 수익률 평균의 증가에 따라서 효용이 증가하나 수익률의 표준편차의 증가는 효용과 무관하다. 따라서 수익률 평균은 재화, 수익률의 표준편차는 중립재의 성격을 가진다. 이 경우 효용은 재화에 의해서만 결정되므로 가로축에 수익률의 표준편차, 세로축에 수익률 평균을 표시한 평면에서 조합하여 그리면 수평의 형태이다.

효용극대화를 추구하는 소비자 갑의 효용함수는 $U(x, y) = x + y$이다. 갑의 무차별곡선에 관한 설명으로 옳지 않은 것은? (단, 갑은 X재와 Y재만 소비하고, x는 X재 소비량, y는 Y재 소비량이며, x, y는 양수이다.)

▶ 2015년 감정평가사

① 원점에서 멀리 있는 무차별곡선은 원점에서 가까이 있는 무차별곡선보다 선호된다.

② 무차별곡선은 우하향한다.

③ 무차별곡선들은 서로 교차하지 않는다.

④ 동일한 무차별곡선 상에서 한계대체율은 체감한다.

⑤ 무차별곡선의 기울기는 모든 소비조합(consumption bundle)에서 동일하다.

출제이슈 완전대체 무차별곡선
핵심해설 정답 ④

① 옳은 내용이다.
무차별곡선의 성질인 단조성에 따라 원점에서 멀리 있는 무차별곡선은 원점에서 가까이 있는 무차별곡선보다 선호된다.

② 옳은 내용이다.
무차별곡선의 성질인 대체성에 따라 무차별곡선은 우하향한다.

③ 옳은 내용이다.
무차별곡선의 성질인 이행성 및 단조성에 따라 무차별곡선은 교차하지 않는다.

④ 틀린 내용이다.
보통의 경우 무차별곡선은 그 기울기가 점차 감소하여 한계대체율이 체감한다. 그러나 완전한 대체가 가능한 재화의 경우에는 무차별곡선의 기울기가 항상 일정하여 한계대체율이 일정하다.

⑤ 옳은 내용이다.
완전한 대체가 가능한 재화의 경우에는 무차별곡선의 기울기가 항상 일정하다. 그러므로 모든 소비조합(consumption bundle)에서 그 기울기는 일정하다.

소비자 갑이 두 재화 X, Y를 소비하고 효용함수는 $U = \min\{x+2y, \ 2x+y\}$ 이다. 소비점 $(3,3)$을 지나는 무차별곡선의 형태는? (단, x는 X의 소비량, y는 Y의 소비량이다.)

▶ 2018년 감정평가사

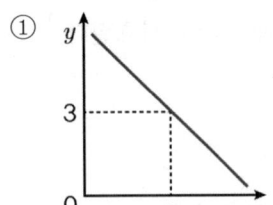
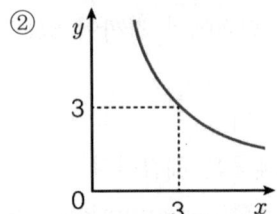
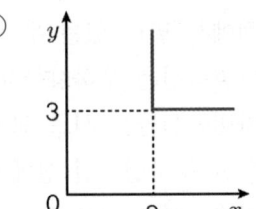

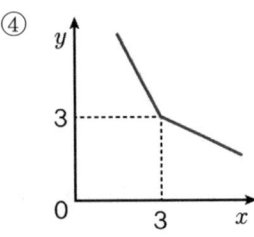
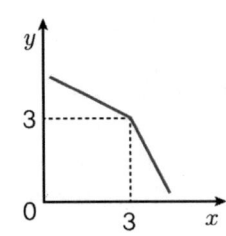

출제이슈 특수한 무차별곡선
핵심해설 정답 ④

다음과 같이 경우의 수를 나누어서 그리면 된다.

1) $x+2y > 2x+y$ 즉, $y > x$
   $U = 2x+y$, 따라서 $y > x$인 영역에서는 기울기가 -2인 우하향하는 직선이 된다.
   예를 들어 $U=9$인 경우 $y = -2x+9$를 그리면 된다.

2) $x+2y = 2x+y$ 즉, $y = x$
   $U = x+2y = 2x+y$, 따라서 $y = x$에서는 그 점 자체가 된다.
   예를 들어 $U=9$인 경우 $x=y=3$을 표시하면 된다.

3) $x+2y < 2x+y$ 즉, $y < x$
   $U = x+2y$, 따라서 $y < x$인 영역에서는 기울기가 -0.5인 우하향하는 직선이 된다.
   예를 들어 $U=9$인 경우 $y = -\dfrac{1}{2}x + \dfrac{9}{2}$를 그리면 된다.

위의 식에 따라 무차별곡선의 개형을 그리면 ④가 된다.

두 재화 X, Y에 대한 갑의 효용함수가 $U = X + Y + \min\{X, Y\}$일 때, 갑의 무차별 곡선으로 적절한 것은?

▶ 2024년 감정평가사

①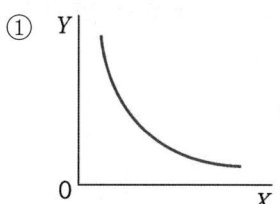

②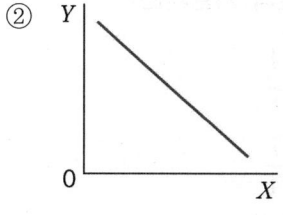

③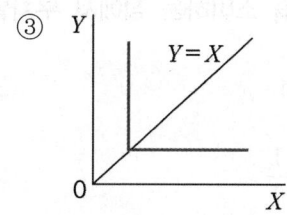

④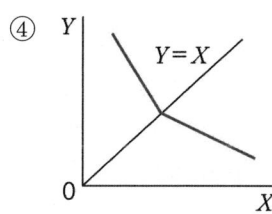

⑤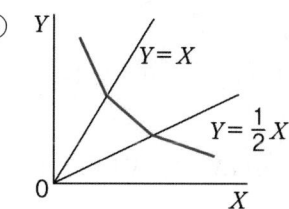

출제이슈 특수한 무차별곡선

핵심해설 정답 ④

다음과 같이 경우의 수를 나누어서 그리면 된다.

1) $X > Y$인 경우 $U = X + 2Y$

$X > Y$인 영역에서는 기울기가 $-\dfrac{1}{2}$인 우하향하는 직선이 된다.

예를 들어 $U = 1$인 경우 $1 = X + 2Y$ 즉, $Y = -\dfrac{1}{2}X + \dfrac{1}{2}$을 그리면 된다.

2) $X = Y$인 경우 $U = 3X = 3Y$

예를 들어 $U = 1$인 경우 $X = Y = \dfrac{1}{3}$ 즉, 점 자체를 표시하면 된다.

3) $X < Y$인 경우 $U = 2X + Y$

$X < Y$인 영역에서는 기울기가 -2인 우하향하는 직선이 된다.
예를 들어 $U = 1$인 경우 $1 = 2X + Y$ 즉, $Y = -2X + 1$을 그리면 된다.

위의 식에 따라 무차별곡선의 개형을 그리면 ④가 된다.

두 재화 X와 Y를 소비하고 있는 갑의 효용함수는 $U=(x, y)=\min(4x+y, \; x+7y)$이다. 수평축을 X의 소비량(x), 수직축을 Y의 소비량(y)이라고 할 때, 갑이 X재화 4단위, Y재화 7단위를 소비하는 점에서 무차별곡선의 기울기는?

▶ 2013년 감정평가사

① -4
② $-\dfrac{4}{7}$
③ $-\dfrac{1}{4}$

④ $-\dfrac{1}{7}$
⑤ $-\dfrac{7}{4}$

출제이슈 특수한 무차별곡선
핵심해설 정답 ①

다음과 같이 경우의 수를 나누어서 $U=\min\{4X+Y, \; X+7Y\}$의 무차별곡선을 그릴 수 있다.

1) $4X+Y > X+7Y$ 즉, $Y < \dfrac{1}{2}X$

$U=X+7Y$. 따라서 $Y < \dfrac{1}{2}X$인 영역에서는 기울기가 $-\dfrac{1}{7}$인 우하향하는 직선이 된다.

2) $4X+Y = X+7Y$ 즉, $Y = \dfrac{1}{2}X$

$U=4X+Y=X+7Y$, 따라서 $Y = \dfrac{1}{2}X$에서는 그 점 자체가 된다.

3) $4X+2Y < X+7Y$ 즉, $Y > \dfrac{1}{2}X$

$U=4X+Y$, 따라서 $Y > \dfrac{1}{2}X$인 영역에서는 기울기가 -4인 우하향하는 직선이 된다.

설문에서 갑이 X재화 4단위, Y재화 7단위를 소비하는 점은 $Y > \dfrac{1}{2}X$인 영역에 해당하므로 무차별곡선은 기울기가 -4인 우하향하는 직선이 된다.

( )에 들어갈 내용으로 옳은 것은? ▶ 2024년 감정평가사

아래 그림과 같이 두 재화 X, Y에 대한 갑의 예산선이 AC에서 BC로 변했을 때, Y재 가격이 변하지 않았다면, X재 가격은 (ㄱ)하고, 소득은 (ㄴ)한 것이다.

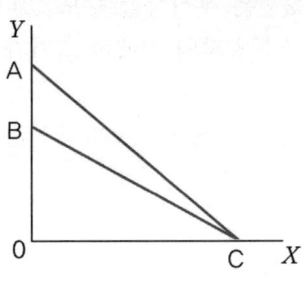

① ㄱ: 하락, ㄴ: 감소   ② ㄱ: 하락, ㄴ: 증가

③ ㄱ: 불변, ㄴ: 감소   ④ ㄱ: 상승, ㄴ: 증가

⑤ ㄱ: 상승, ㄴ: 불변

출제이슈 예산선의 이동
핵심해설 정답 ①

1) **Y재 가격의 상승**

Y재 가격이 상승하는 경우, 예산선은 횡축절편을 중심으로 시계 반대방향으로 회전이동하면서 예산집합이 축소된다.

2) **X재 가격의 하락**

X재 가격이 하락하는 경우, 예산선은 종축절편을 중심으로 시계 반대방향으로 회전이동하면서 예산집합이 확장된다.

3) **소득의 변화**

소득이 감소하는 경우, 예산선은 평행하게 원점을 향해서 이동하면서 예산집합이 축소된다.

따라서 Y재 가격이 절대적으로 상승하는 1)의 효과는 상대가격의 하락과 소득의 감소로 분해가능하다. 이는 2)와 3)의 조합으로 달성가능하다.

소비자이론에 관한 설명으로 옳은 것을 모두 고른 것은?

▶ 2023년 감정평가사

ㄱ. 무차별곡선은 효용을 구체적인 수치로 표현할 수 있다는 가정하에 같은 만족을 주는 점들을 연결한 것이다.

ㄴ. 상품의 특성에 따라 무차별곡선은 우상향할 수도 있다.

ㄷ. 열등재이면서 대체효과보다 소득효과의 절대적 크기가 매우 클 경우 그 재화는 기펜재(Giffen goods)이다.

ㄹ. 유행효과(bandwagon effect)가 존재하면 독자적으로 결정한 개별수요의 수평적 합은 시장수요이다.

① ㄱ, ㄴ   ② ㄱ, ㄷ   ③ ㄱ, ㄹ

④ ㄴ, ㄷ   ⑤ ㄴ, ㄹ

출제이슈 소비자이론 전반

핵심해설 정답 ④

ㄱ. 틀린 내용이다.

특정소비자에게 같은 수준의 효용을 주는 상품조합을 연결한 곡선을 무차별곡선이라고 한다. 이는 2상품 효용함수 $U = U(X, Y)$, $U = U_0, U_1, U_2, \cdots$의 기하적 표현이라고 할 수 있다. 원래는 이를 3차원 공간에서 효용곡면으로 나타내야 하지만 분석의 편이를 위해서 2차원 평면에서 무차별곡선으로 나타낸다. 무차별곡선은 기수적 효용함수에 단조변환을 거쳐 얻은 다양한 효용함수들을 의미하므로 서수적 효용이라고 할 수 있다. 서수적 효용은 선호순서에만 관심을 가질 뿐 효용의 절대적 크기와 절대적 크기 간 차이에 대해서는 관심을 가지지 않는다. 즉, 무차별곡선 이론에서는 효용을 구체적인 수치로 표현할 수 있다는 가정을 하지 않는다.

ㄴ. 옳은 내용이다.

무차별곡선은 기본적으로는 소비를 고려하고 있는 두 상품 모두 효용을 가져다주는 재화의 성격을 가지고 있지만, 현실에서는 비효용을 초래하거나 효용에 기여하지 못하는 비재화나 중립재가 존재하는 경우를 상정해 볼 수 있다. 예를 들어 손실의 위험이 발생하는 자산의 경우 이 자산의 수익률의 기댓값은 커질수록 효용이 증가하지만 반대로 수익률의 분산이나 표준편차가 커지는 경우 효용은 감소하게 될 것이다. 이때 위험자산의 선택은 사실상 수익률의 평균과 분산의 선택으로서 평균은 재화의 역할을, 분산은 비재화의 역할을 하게 된다. 이러한 경우의 무차별곡선은 다음의 2번째와 같으며 우상향할 수도 있다. 참고로 횡축이 비재화이고 종축이 재화인 경우에도 무차별곡선이 우상향함을 쉽게 확인할 수 있다.

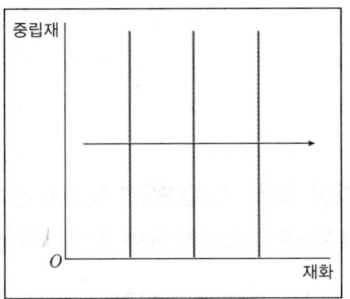 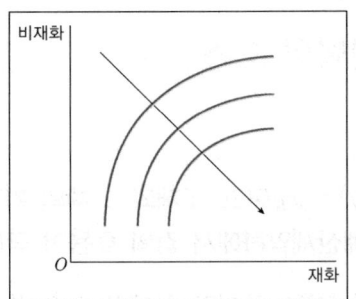 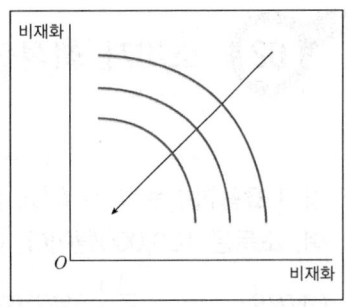

ㄷ. 옳은 내용이다.

기펜재의 경우 가격이 오르면 오히려 수요량이 늘어난다. 기펜재는 소득 증가에도 불구하고 소비가 감소하는 이른바 열등재로서 매우 특이한 재화이다. 기펜재의 경우 대체효과와 소득효과의 방향이 정반대로 나타나면서 가격효과를 발생시킨다. 즉, 가격하락 시 대체효과에 의하여 재화소비가 증가하지만, 소득효과에 의해서는 재화소비가 큰 폭으로 감소하여 결과적으로 소비가 감소하게 된다. 이런 경우 가격의 방향과 재화소비의 방향이 일치하게 되어 가격효과는 양(+)의 값을 갖는다. 참고로 여기서 양(+)이라는 것은 가격의 변화방향과 재화소비의 변화방향이 일치한다는 의미로 해석한다. 따라서 가격효과가 항상 음(−)의 값을 갖는 것은 아니다.

기펜재의 성격에 대해 좀 더 정리하면 다음과 같다.

1) 수요법칙의 예외로서 가격하락 시 수요량이 오히려 감소한다.

2) 대체효과에 의하여, 기펜재의 가격하락 시 기펜재에 대한 수요량은 증가한다. 따라서 대체효과만을 반영하는 보상수요곡선은 우하향한다.

3) 소득효과에 의하여, 기펜재의 가격하락에 따라 실질소득이 증가하고 수요량이 감소한다(기펜재는 열등재임). 이는 소득탄력성이 음수임을 의미한다.

4) 기펜재의 가격하락에 따라서 나타나는 대체효과와 소득효과는 반대방향으로 작용한다. 즉 기펜재의 가격하락 시 대체효과에 따라 수요량은 증가하는 반면, 소득효과에 따라 수요량은 감소한다.

5) 특히 기펜재의 소득효과에 의한 수요량 감소가 대체효과에 의한 수요량 증가보다 더 크기 때문에 가격하락 시 가격효과가 수요량 감소로 나타닌다.

ㄹ. 틀린 내용이다.

bandwagon 효과는 가격이 하락하여 타인의 소비가 증가할수록 본인의 효용을 증가시켜서 본인의 소비가 증가하는 현상으로서 가격하락 시 수요량의 증가를 더욱 증폭시켜서 수요곡선이 완만하게 형성되는 원인으로 작용한다(가격 하락 → 타인 소비 증가 → 본인 소비 증가). 다른 사람들의 수요에 영향을 받는 것으로서 bandwagon 효과가 있는 경우에는 다른 사람들의 수요량 증가로 인해 전체 수요가 오히려 더 늘게 되므로 시장수요곡선은 이를 반영하여 보다 완만하게 될 것이며, 반대로 snob 효과가 있는 경우에는 다른 사람들의 소비와 차별화시키려는 경향이 나타나면서 시장수요곡선은 보다 가파르게 될 것이다. 따라서 bandwagon 효과가 있는 경우 독자적으로 결정한 개별수요의 수평적 합에 의한 시장수요보다 더 완만하다.

소비자 최적선택의 조건

갑의 효용함수는 $U = U(x, y) = xy$이고 X재와 Y재의 가격이 각각 2,000원과 8,000원이며, 소득은 100,000원이다. 예산제약하에서 갑의 효용이 극대화되는 소비점에서 한계대체율($MRS_{X, Y} = -\dfrac{\Delta Y}{\Delta X}$)은? (단, 갑은 X재와 Y재만 소비하고, x는 X재의 소비량, y는 Y의 소비량이다.)

▶ 2016년 감정평가사

① 0.25   ② 0.5   ③ 0.75
④ 2.0   ⑤ 2.5

출제이슈 소비자 최적선택
핵심해설 정답 ①

소비자 최적선택의 조건은 다음과 같다.

1) 한계대체율($\dfrac{MU_X}{MU_Y}$) = 상대가격($\dfrac{P_X}{P_Y}$)이어야 하며, 이는 X재 구입 1원의 한계효용($\dfrac{MU_X}{P_X}$) = Y재 구입 1원의 한계효용($\dfrac{MU_Y}{P_Y}$)임을 의미한다.

2) 또한 균형은 반드시 예산선상에서 달성되어야 하므로 다음의 식을 만족한다.

$$P_X X + P_Y Y = M$$

설문에서 소비자 최적선택의 조건은 한계대체율($\dfrac{MU_X}{MU_Y}$) = 상대가격($\dfrac{P_X}{P_Y}$)이므로 $\dfrac{y}{x} = \dfrac{2,000}{8,000}$ 이 성립한다.

따라서 한계대체율 $MRS_{X,Y} = \dfrac{MU_X}{MU_Y}$은 0.25가 된다.

X재의 가격이 150원이고 Y재의 가격이 100원이다. 소비자 갑의 Y재에 대한 한계효용이 300이고 효용이 극대화된 상태라면 갑의 X재에 대한 한계효용은? (단, $X > 0$, $Y > 0$이다.)

▶ 2012년 감정평가사

① 150 　　　　　 ② 200 　　　　　 ③ 300
④ 450 　　　　　 ⑤ 550

출제이슈 소비자 최적선택
핵심해설 정답 ④

소비자 최적선택의 조건은 다음과 같다.

1) 한계대체율($\dfrac{MU_X}{MU_Y}$) = 상대가격($\dfrac{P_X}{P_Y}$)이어야 하며, 이는 X재 구입 1원의 한계효용($\dfrac{MU_X}{P_X}$) = Y재 구입 1원의

　 한계효용($\dfrac{MU_Y}{P_Y}$)임을 의미한다.

2) 또한 균형은 반드시 예산선상에서 달성되어야 하므로 다음의 식을 만족한다.

　 $P_X X + P_Y Y = M$

소비자 최적선택의 조건은 한계대체율($\dfrac{MU_X}{MU_Y}$) = 상대가격($\dfrac{P_X}{P_Y}$)이므로 설문에서 $\dfrac{MU_X}{300} = \dfrac{150}{100}$이 성립한다.

따라서 $MU_X = 450$이 된다.

현재 소비자 갑은 주어진 소득 3,000원을 모두 사용하여 가격이 60원인 X재 20단위와 가격이 100원인 Y재 18단위를 소비하려고 한다. 이때, X재와 Y재의 한계효용이 각각 20으로 동일하다면 효용극대화를 위한 갑의 선택으로 옳은 것은? (단, 소비자 갑의 X재와 Y재에 대한 무차별곡선은 우하향하고 원점에 대해 볼록하다.)

▶ 2016년 감정평가사

① 현재 계획하고 있는 소비조합을 선택한다.
② X재 18단위와 Y재 18단위를 소비한다.
③ X재 20단위와 Y재 20단위를 소비한다.
④ X재의 소비량은 감소시키고 Y재의 소비량은 증가시켜야 한다.
⑤ X재의 소비량은 증가시키고 Y재의 소비량은 감소시켜야 한다.

출제이슈 소비자 최적선택
핵심해설 정답 ⑤

소비자 최적선택의 조건은 다음과 같다.

1) 한계대체율($\frac{MU_X}{MU_Y}$) = 상대가격($\frac{P_X}{P_Y}$)이어야 하며, 이는 X재 구입 1원의 한계효용($\frac{MU_X}{P_X}$) = Y재 구입 1원의 한계효용($\frac{MU_Y}{P_Y}$)임을 의미한다. 이때, 한계대체율은 무차별곡선의 기울기이며, 상대가격은 예산선의 기울기가 된다.

2) 또한 균형은 반드시 예산선상에서 달성되어야 하므로 다음의 식을 만족한다.

$$P_X X + P_Y Y = M$$

설문의 자료를 위의 산식에 대입하면 다음과 같다.

$\frac{MU_X}{MU_Y} = \frac{20}{20} = 1$, $\frac{P_X}{P_Y} = \frac{60}{100}$ 이므로 $\frac{MU_X}{MU_Y} > \frac{P_X}{P_Y}$가 된다. X재 1원어치의 효용이 Y재 1원어치의 효용보다 크기 때문에 X재 소비를 늘리고 Y재 소비를 줄여야 효용을 더욱 증가시킬 수 있다.

현재 소비자 갑은 주어진 소득을 모두 사용하여 가격이 1,000인 A재 10단위와 500원인 B재 15단위의 조합을 소비하려고 한다. 이때의 한계대체율($MRS_{A,B} = \dfrac{MU_A}{MU_B}$)이 1.5라면, 효용 극대화를 위한 갑의 선택으로 옳은 것은? (단, 소비자의 갑의 무차별곡선은 우하향하고 원점에 대해 볼록하며 MU_i는 i재의 한계효용이다.) ▶ 2013년 감정평가사

① A재 10단위와 B재 15단위를 소비한다.
② A재와 B재 소비를 모두 증가시켜야 한다.
③ A재와 B재 소비를 모두 감소시켜야 한다.
④ A재 소비를 증가시키고, B재 소비를 감소시켜야 한다.
⑤ A재 소비를 감소시키고, B재 소비를 증가시켜야 한다.

출제이슈 소비자 최적선택
핵심해설 정답 ⑤

소비자 최적선택의 조건은 다음과 같다.

1) 한계대체율($\dfrac{MU_X}{MU_Y}$) = 상대가격($\dfrac{P_X}{P_Y}$)이어야 하며, 이는 X재 구입 1원의 한계효용($\dfrac{MU_X}{P_X}$) = Y재 구입 1원의 한계효용($\dfrac{MU_Y}{P_Y}$)임을 의미한다. 이때, 한계대체율은 무차별곡선의 기울기이며, 상대가격은 예산선의 기울기가 된다.

2) 또한 균형은 반드시 예산선상에서 달성되어야 하므로 다음의 식을 만족한다.

$$P_X X + P_Y Y = M$$

설문의 자료를 위의 산식에 대입하면 다음과 같다. 단, 이하에서 편의상 A재와 B재를 X재와 Y재라고 하기로 한다.

$\dfrac{MU_X}{MU_Y} = 1.5$, $\dfrac{P_X}{P_Y} = \dfrac{1,000}{500}$이므로 $\dfrac{MU_X}{MU_Y} < \dfrac{P_X}{P_Y}$가 된다. X재 1원어치의 효용이 Y재 1원어치의 효용보다 작기 때문에 X재 소비를 줄이고 Y재 소비를 늘려야 효용을 더욱 증가시킬 수 있다.

Issue
03 소비자 최적선택의 도출과 예외

> 소비자 갑이 두 재화 X, Y를 소비하고 효용함수는 $U(x, y) = xy$이다. X, Y의 가격이 각각
> 5원, 10원이다. 소비자 갑의 소득이 1,000원일 때, 효용극대화 소비량은? (단, x는 X의 소비
> 량, y는 Y의 소비량이다.) ▶ 2018년 감정평가사
>
> ① $x = 90$, $y = 55$　　　　　　② $x = 100$, $y = 50$
> ③ $x = 110$, $y = 45$　　　　　　④ $x = 120$, $y = 40$
> ⑤ $x = 130$, $y = 35$

출제이슈 소비자 최적선택 도출
핵심해설 정답 ②

소비자 최적선택은 예산선과 무차별곡선이 접하는 점에서 달성되며, 그 조건은 다음과 같다.

1) 한계대체율($\frac{MU_X}{MU_Y}$) = 상대가격($\frac{P_X}{P_Y}$)이어야 하며, 이는 X재 구입 1원의 한계효용($\frac{MU_X}{P_X}$) = Y재 구입 1원의

　한계효용($\frac{MU_Y}{P_Y}$)임을 의미한다.

2) 또한 균형은 반드시 예산선상에서 달성되어야 하므로 다음의 식을 만족한다.

　$P_X X + P_Y Y = M$

설문의 자료를 위의 산식에 대입하면 다음과 같이 풀 수 있다.

$U = U(X, Y)$　　　　　　$U = xy$ ──────────── ①

$P_X X + P_Y Y = M$　　　$5X + 10Y = 1,000$ ──────── ②

$Max\ U$　　　　　　　　$Max\ U$ ──────────── ③

$\frac{MU_X}{MU_Y} = \frac{P_X}{P_Y}$　　　　　　　$\frac{y}{x} = \frac{5}{10}$

$P_X X + P_Y Y = M$　　　$5x + 10y = 1,000$

위의 식을 풀면 $x = 100$, $y = 50$이 된다.

갑의 효용함수는 $U(x, y) = xy$이고, X재와 Y재의 가격이 각각 1과 2이며, 갑의 소득은 100이다. 예산제약하에서 갑의 효용을 극대화시키는 X재와 Y재의 소비량은? (단, 갑은 X재와 Y재만 소비하고, x는 X재 소비량, y는 Y재 소비량이다.) ▶2015년 감정평가사

① $x = 20$, $y = 40$　　　② $x = 30$, $y = 35$　　　③ $x = 40$, $y = 30$

④ $x = 50$, $y = 25$　　　⑤ $x = 60$, $y = 20$

출제이슈 소비자 최적선택의 도출
핵심해설 정답 ④

소비자 최적선택의 조건은 다음과 같다.

1) 한계대체율($\frac{MU_X}{MU_Y}$) = 상대가격($\frac{P_X}{P_Y}$)이어야 하며, 이는 X재 구입 1원의 한계효용($\frac{MU_X}{P_X}$) = Y재 구입 1원의 한계효용($\frac{MU_Y}{P_Y}$)임을 의미한다. 이때, 한계대체율은 무차별곡선의 기울기이며, 상대가격은 예산선의 기울기가 된다.

2) 또한 균형은 반드시 예산선상에서 달성되어야 하므로 다음의 식을 만족한다.

$$P_X X + P_Y Y = M$$

설문의 자료를 위의 산식에 대입하면 다음과 같이 풀 수 있다.

$U = U(X, Y)$　　　$\begin{cases} U = xy & \text{––––––––––––①} \\ X + 2Y = 100 & \text{–––––––––②} \\ Max\ U & \text{––––––––––––③} \end{cases}$

$P_X X + P_Y Y = M$

$Max\ U$

$\dfrac{MU_X}{MU_Y} = \dfrac{P_X}{P_Y}$　　　$\begin{cases} \dfrac{y}{x} = \dfrac{1}{2} \\ x + 2y = 100 \end{cases}$

$P_X X + P_Y Y = M$

위의 식을 풀면 $x = 50$, $y = 25$가 된다.

효용함수가 $U = X^6 Y^4$ 이고 예산제약식이 $3X + 4Y = 100$ 일 때, 효용이 극대화되는 X재와 Y재의 구매량은 얼마인가?

▶ 2014년 감정평가사

① $X = 20, \quad Y = 10$

② $X = 10, \quad Y = 17.5$

③ $X = 5, \quad Y = 21.25$

④ $X = 1, \quad Y = 24.25$

⑤ $X = 0, \quad Y = 25$

출제이슈 소비자 최적선택의 도출

핵심해설 정답 ①

소비자 최적선택의 조건은 다음과 같다.

1) 한계대체율($\frac{MU_X}{MU_Y}$) = 상대가격($\frac{P_X}{P_Y}$)이어야 하며, 이는 X재 구입 1원의 한계효용($\frac{MU_X}{P_X}$) = Y재 구입 1원의

한계효용($\frac{MU_Y}{P_Y}$)임을 의미한다. 이때, 한계대체율은 무차별곡선의 기울기이며, 상대가격은 예산선의 기울기가

된다.

2) 또한 균형은 반드시 예산선상에서 달성되어야 하므로 다음의 식을 만족한다.

$P_X X + P_Y Y = M$

설문의 자료를 위의 산식에 대입하면 다음과 같이 풀 수 있다.

$U = U(X, Y)$ $U = X^6 Y^4$ ----------①

$P_X X + P_Y Y = M$ $3X + 4Y = 100$ -------②

$Max\ U$ $Max\ U$ -----------③

$\dfrac{MU_X}{MU_Y} = \dfrac{P_X}{P_Y}$ $\dfrac{6Y}{4X} = \dfrac{3}{4}$

$P_X X + P_Y Y = M$ $3X + 4Y = 100$

위의 식을 풀면 $X = 20$, $Y = 10$이 된다.

소비자 선호체계와 소비자 선택에 관한 설명으로 옳지 않은 것은? ▶ 2011년 감정평가사

① 효용함수가 $U = X + Y$이고 X재의 가격이 Y재의 가격보다 높을 때, X재만을 소비한다.

② 효용함수가 $U = \min\{X, Y\}$이라면 항상 동일한 양의 X재와 Y재를 소비한다.

③ 한계대체율은 무차별곡선 기울기의 절댓값을 나타낸다.

④ 두 무차별곡선이 교차할 수 없다는 성질은 선호체계의 이행성으로부터 도출된다.

⑤ 효용함수가 $U = (X + Y)^2$이면 무차별곡선은 직선이다.

출제이슈 예외적인 소비자선택
핵심해설 정답 ①

소비자 최적선택은 한계대체율($\frac{MU_X}{MU_Y}$) = 상대가격($\frac{P_X}{P_Y}$)이어야 하는데, 예외적인 소비자 균형에서는 1계 필요조건이 불필요하다. 그러한 경우는 다음과 같다.

1) 무차별곡선이 직선인 경우 : 완전대체

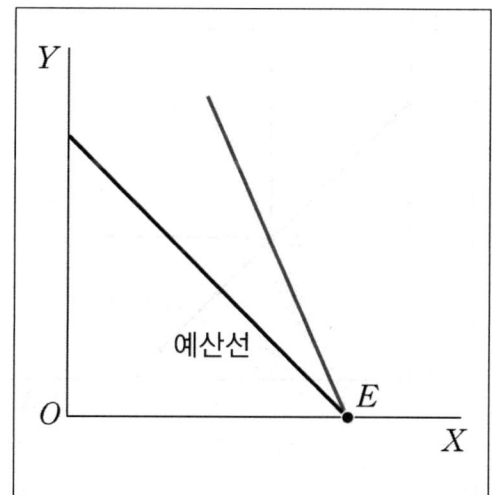

2) 무차별곡선이 L자형인 경우 : 완전보완

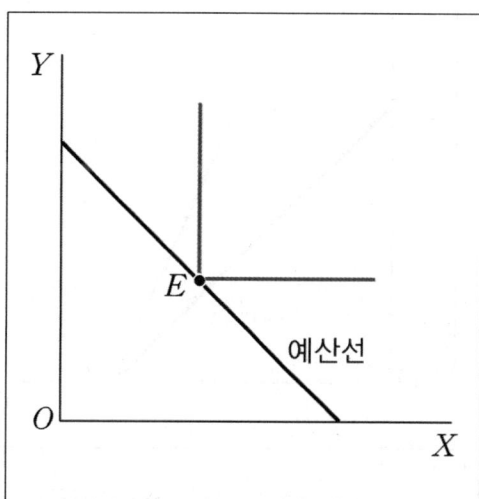

①에서 한계대체율 ($\frac{MU_X}{MU_Y}$)은 1이고, 상대가격 ($\frac{P_X}{P_Y}$)은 1보다 크기 때문에 항상 Y재만 소비한다.

효용극대화를 추구하는 소비자 갑의 효용함수는 $U(x, y) = \min\{x, y\}$이다. 갑의 수요에 관한 설명으로 옳은 것은? (단, 갑은 X재와 Y재만 소비하고, x는 X재의 소비량, y는 Y재의 소비량을 나타낸다.)

▶ 2012년 감정평가사

① 수요의 가격탄력성이 0이다.　　　② 수요의 가격탄력성이 1이다.
③ 수요의 교차탄력성이 0이다.　　　④ 수요의 교차탄력성이 −1이다.
⑤ 수요의 소득탄력성이 1이다.

출제이슈 예외적인 소비자선택
핵심해설 정답 ⑤

소비자 최적선택은 한계대체율($\frac{MU_X}{MU_Y}$) = 상대가격($\frac{P_X}{P_Y}$)이어야 하는데, 예외적인 소비자 균형에서는 1계 필요조건이 불필요하다. 그러한 경우는 다음과 같다.

1) 무차별곡선이 직선인 경우 : 완전대체

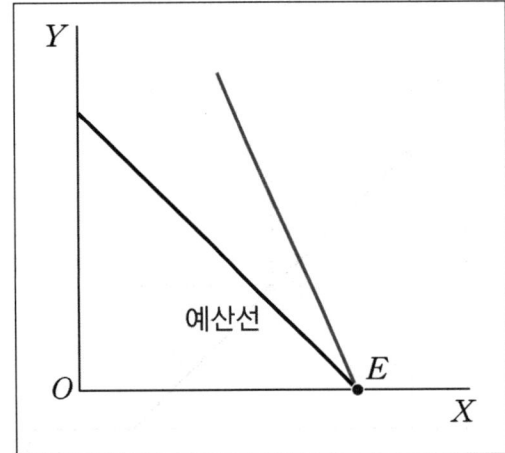

2) 무차별곡선이 L자형인 경우 : 완전보완

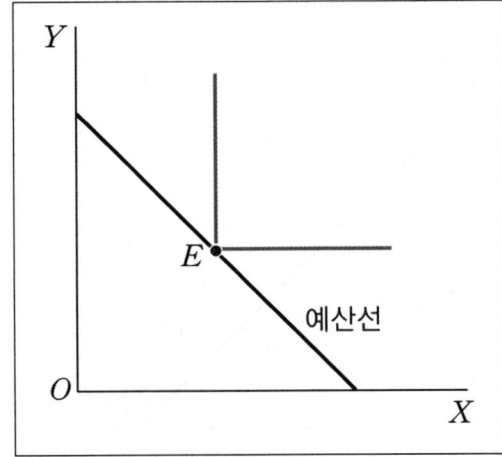

완전보완의 무차별곡선에서 한계대체율($\frac{MU_X}{MU_Y}$) = 상대가격($\frac{P_X}{P_Y}$)이 충족되지 않는 이유는 무차별곡선이 ㄴ자 형태로서 꺾이는 지점에서는 수학적으로 한계대체율이 정의되지 않기 때문이다. 이러한 경우에 효용이 극대화되는 소비점은 항상 무차별곡선이 꺾이는 점이 되며, 그 소비점은 반드시 예산선 위에 존재하여야 한다. 따라서 무차별곡선이 꺾이는 점의 궤적과 예산선의 교점이 소비자 최적선택이 된다.

설문에서 주어진 자료를 활용하여 소비자 최적선택과 수요곡선을 구하면 다음과 같다.
무차별곡선이 꺾이는 점의 궤적은 $X = Y$이며 예산선은 일반적인 $P_X X + P_Y Y = M$이다. 이를 정리하면

$X = \dfrac{M}{P_X + P_Y}$, $Y = \dfrac{M}{P_X + P_Y}$ 가 된다. 따라서 수요의 소득탄력성이 1이다.

소비자 갑의 효용함수가 $U = \min\{X + 2Y, \ 2X + Y\}$ 이다. 갑의 소득은 150, X재의 가격은 30, Y재의 가격은 10일 때, 효용을 극대화하는 갑의 Y재 소비량은? (단, 갑은 X재와 Y재만 소비한다.)

▶ 2019년 감정평가사

① 0 ② 2.5 ③ 5

④ 7.5 ⑤ 15

출제이슈 예외적인 소비자 최적선택
핵심해설 정답 ⑤

다음과 같이 경우의 수를 나누어서 무차별곡선을 그릴 수 있다. $U = \min\{X + 2Y, \ 2X + Y\}$

1) $X + 2Y > 2X + Y$ 즉, $Y > X$
  $U = 2X + Y$, 따라서 $Y > X$인 영역에서는 기울기가 -2인 우하향하는 직선이 된다.
  예를 들어 $U = 15$인 경우 $Y = -2X + 15$를 그리면 된다.

2) $X + 2Y = 2X + Y$ 즉, $Y = X$
  $U = X + 2Y = 2X + Y$, 따라서 $Y = X$에서는 그 점 자체가 된다.
  예를 들어 $U = 15$인 경우 $X = Y = 5$를 표시하면 된다.

3) $X + 2Y < 2X + Y$ 즉, $y < x$
  $U = X + 2Y$, 따라서 $Y < X$인 영역에서는 기울기가 -0.5인 우하향하는 직선이 된다.
  예를 들어 $U = 15$인 경우 $Y = -\dfrac{1}{2}X + \dfrac{15}{2}$ 를 그리면 된다.

따라서 무차별곡선의 기울기는 $Y > X$인 영역에서는 -2로 일정하고 $Y < X$인 영역에서는 -0.5로 일정하다. 그리고 예산선의 기울기인 상대가격은 3으로 주어졌다.

즉, 이러한 경우 $\dfrac{MU_X}{MU_Y} = 2 \text{ or } 0.5 < \dfrac{P_X}{P_Y} = 3$이므로 항상 Y재만 소비하는 것이 소비자의 최적선택이 된다.

이때, Y재의 가격이 10이고 소득이 150이므로 Y재 소비량은 15가 된다.

갑은 X재 소비량이 Y재보다 많으면 X재 5개에 Y재 1개와 교환하려 하고, Y재 소비량이 X재보다 많으면 X재 1개에 Y재 5개와 교환하려는 효용함수를 가진다. 만약 X재의 가격이 1, Y재의 가격이 2, 그리고 소득이 120일 때 효용을 극대화하는 소비량은? ▶ 2025년 감정평가사

① X: 20, Y: 50   ② X: 30, Y: 45   ③ X: 40, Y: 40

④ X: 50, Y: 35   ⑤ X: 60, Y: 30

출제이슈 예외적인 소비자 최적선택
핵심해설 정답 ③

1) X > Y인 경우
   한계대체율이 0.2로 일정하고 우하향하는 직선형태의 무차별곡선이 된다.

2) X < Y인 경우
   한계대체율이 5로 일정하고 우하향하는 직선형태의 무차별곡선이 된다.

3) X = Y
   이 둘을 나누는 경계는 Y = X이다.

4) 소비자 효용극대화
   예산선이 X + 2Y = 120으로 제시되어 있으므로 효용극대화는 Y = X와 X + 2Y = 120의 교점에서 달성된다. 이를 구하면, 효용극대화 소비량은 X = Y = 40이 된다.

효용극대화를 추구하는 소비자 갑의 효용함수는 $U = (x, y) = \min(2x, \ y)$이다. 갑의 수요에 관한 설명으로 옳지 않은 것은? (단, 갑은 X재와 Y재만 소비하고, x는 X재 소비량, y는 Y재 소비량이다.)

▶ 2013년 감정평가사

① 상대가격변화에 따른 대체효과는 0이다.
② X재 수요의 소득탄력성은 1이다.
③ 가격소비곡선은 수직선의 형태를 갖는다.
④ 소득소비곡선은 원점에서 출발하는 직선의 형태를 갖는다.
⑤ 갑의 효용함수는 1차 동차함수이다.

출제이슈 예외적인 소비자선택
핵심해설 정답 ③

소비자 최적선택은 한계대체율($\frac{MU_X}{MU_Y}$) = 상대가격($\frac{P_X}{P_Y}$)이어야 하는데, 예외적인 소비자 균형에서는 1계 필요조건이 불필요하다. 그러한 경우는 다음과 같다.

1) 무차별곡선이 직선인 경우 : 완전대체

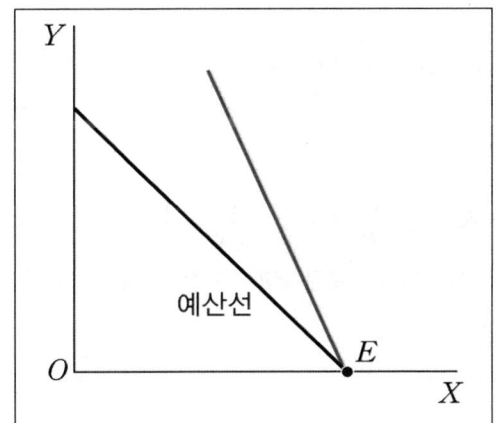

2) 무차별곡선이 L자형인 경우 : 완전보완

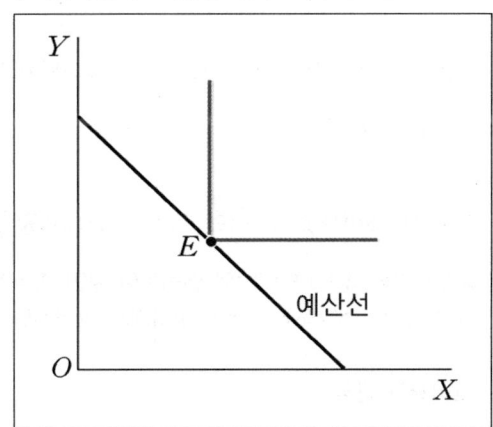

완전보완의 무차별곡선에서 한계대체율($\frac{MU_X}{MU_Y}$) = 상대가격($\frac{P_X}{P_Y}$)이 충족되지 않는 이유는 무차별곡선이 ㄴ자 형태로서 꺾이는 지점에서는 수학적으로 한계대체율이 정의되지 않기 때문이다. 이러한 경우에 효용이 극대화되는 소비점은 항상 무차별곡선이 꺾이는 점이 되며, 그 소비점은 반드시 예산선 위에 존재하여야 한다. 따라서 무차별곡선이 꺾이는 점의 궤적과 예산선의 교점이 소비자 최적선택이 된다.

설문에서 주어진 자료를 활용하여 소비자 최적선택과 수요곡선을 구하면 다음과 같다.
무차별곡선이 꺾이는 점의 궤적은 $2X = Y$이며 예산선은 일반적인 $P_X X + P_Y Y = M$이다. 이를 정리하면

$X = \dfrac{M}{P_X + 2P_Y}$, $Y = \dfrac{2M}{P_X + 2P_Y}$가 된다. 그리고 가격소비곡선은 $2X = Y$가 된다.

X재와 Y재만을 소비하는 갑의 효용함수는 $U = 2\sqrt{X} + Y$이며, 예산제약식은 $X + 4Y = 12$이다. 효용을 극대화하는 갑의 Y재에 대한 수요량은? (단, U는 효용, $X \geq 0$, $Y \geq 0$)

▶ 2011년 감정평가사

① 0 　　　　　 ② 3 　　　　　 ③ 6

④ 9 　　　　　 ⑤ 16

출제이슈 예외적인 소비자 최적선택
핵심해설 정답 ①

1. 코너해가 아닌 경우

소비자 최적선택의 조건은 다음과 같다.

1) 한계대체율($\frac{MU_X}{MU_Y}$) = 상대가격($\frac{P_X}{P_Y}$)이어야 하며, 이는 X재 구입 1원의 한계효용($\frac{MU_X}{P_X}$) = Y재 구입 1원의 한계효용($\frac{MU_Y}{P_Y}$)임을 의미한다.

2) 또한 균형은 반드시 예산선상에서 달성되어야 하므로 다음의 식을 만족한다.

$P_X X + P_Y Y = M$

설문에서 소비자 최적선택의 조건은 한계대체율($\frac{MU_X}{MU_Y}$) = 상대가격($\frac{P_X}{P_Y}$)이므로 $\frac{1}{\sqrt{X}} = \frac{1}{4}$이 성립한다. 이를 예산제약식 $X + 4Y = 12$와 연립하여 풀면 $X = 16$, $Y = -1$이 되는 잘못된 결과가 나온다. 따라서 코너해가 아닌 경우는 배제해야 한다. 이하에서 코너해를 구해보자.

2. 코너해인 경우

코너해는 $X = 0$, $Y = 3$ 혹은 $X = 12$, $Y = 0$으로 발생할 수 있다. 이때 후자의 경우 더 큰 효용을 가져다주므로 $X = 12$, $Y = 0$이 코너해로 도출된다.

참고로 보다 엄밀하게는 한계대체율이 상대가격보다 클 때와 작을 때로 구분하여 풀면 되므로 이는 독자들에게 맡긴다.

소비자 갑의 효용함수는 $U = 3X^2 + Y^2$이며 X재 가격은 6, Y재 가격은 2, 소득은 120이다. 효용을 극대화하는 갑의 최적소비조합 (X, Y)은? ▶ 2022년 감정평가사

① $(0, 60)$ ② $(6, 42)$

③ $(10, 30)$ ④ $(15, 15)$

⑤ $(20, 0)$

출제이슈 예외적인 소비자 최적선택
핵심해설 정답 ①

설문의 경우는 무차별곡선이 직선이거나 ㄴ자형의 경우가 아니며 타원형으로 주어져 있다. 무차별곡선이 타원인 경우에는 한계대체율이 체감하지 않고 체증하게 되며, 이때 한계대체율과 상대가격이 같은 경우라도 효용극대화가 달성되지 않게 됨에 유의해야 한다. 이는 효용극대화 2계조건과 관련이 있는데 아래에서 상술하기로 한다.

효용극대화 1계조건이 만족되었다고 해서 반드시 효용극대화가 달성된다는 것은 아니다. 경우에 따라서는 효용극대화가 아니라 오히려 효용극소화가 될 수도 있기 때문이다. 따라서 1계조건 이외에 2계조건을 통해서 효용극대화 여부를 판정할 필요가 있다. 이러한 2계조건은 무차별곡선의 형태와 밀접한 관련이 있는데 무차별곡선이 원점에 대하여 볼록한 경우에는 효용극대화 2계조건을 충족한다.

만일 무차별곡선이 원점에 대하여 오목한 경우에는 효용극대화 1계조건을 충족했다고 하더라도 효용극대화가 달성될 수 없다. 이렇게 원점에 대하여 오목한 무차별곡선의 경우 효용극대화는 내부해가 아니라 모서리해 또는 코너해에서 달성되므로 주의할 필요가 있다.

참고로 무차별곡선이 원점에 대하여 볼록하더라도 상당히 가파르거나 완만하여 예산선과 비교할 때, 동일한 기울기를 갖지 못하는 경우에는 역시 모서리해를 갖게 된다. 이는 무차별곡선이 ㄴ자이거나 직선인 경우와 유사하게 한계대체율($\dfrac{MU_X}{MU_Y}$) = 상대가격($\dfrac{P_X}{P_Y}$)이라는 1계 필요조건이 충족되지 않는다.

설문의 무차별곡선은 원점에 대하여 오목한 형태인 타원형으로서 효용극대화는 내부해가 아니라 모서리부분에서 달성된다. 따라서 예산선이 횡축절편과 종축절편에서의 효용수준을 구한 후 이를 비교하여 최종적으로 효용극대화 여부를 판정할 수 있다. 예산선의 식은 $6X + 2Y = 120$이므로 예산선의 횡축절편은 20, 종축절편은 60이 된다. 이때 효용은 각각 1,200과 3,600이므로 종축절편에서 효용이 극대화됨을 알 수 있으며 소비량은 X재는 0, Y재는 60이 된다.

소비자 최적선택의 변화

두 재화 X, Y를 소비하는 갑의 효용함수가 $U = XY^2$이고, X재의 가격은 1, Y재의 가격은 2, 소득은 90이다. 효용함수와 소득이 각각 $U = \sqrt{XY}$, 100으로 변경되었을 경우, 갑의 효용이 극대화되는 X재와 Y재의 구매량의 변화로 옳은 것은? ▸2023년 감정평가사

① X재 10 증가, Y재 5 감소   ② X재 10 증가, Y재 5 증가

③ X재 20 증가, Y재 5 감소   ④ X재 20 증가, Y재 10 감소

⑤ X재 20 증가, Y재 10 증가

출제이슈 효용함수 및 소득의 변화와 소비자 최적선택의 변화
핵심해설 정답 ③

소비자 최적선택의 조건은 다음과 같다.

1) 한계대체율 $(\dfrac{MU_X}{MU_Y})$ = 상대가격 $(\dfrac{P_X}{P_Y})$ 이어야 하며 이는 X재 구입 1원의 한계효용 $(\dfrac{MU_X}{P_X})$ = Y재 구입 1원의 한계효용 $(\dfrac{MU_Y}{P_Y})$ 임을 의미한다. 이때, 한계대체율은 무차별곡선의 기울기이며, 상대가격은 예산선의 기울기가 된다.

2) 또한 균형은 반드시 예산선상에서 달성되어야 하므로 다음의 식을 만족한다.

$$P_X X + P_Y Y = M$$

위의 내용에 따라서 설문을 검토하면 다음과 같다.

1) 효용함수 및 소득 변화 이전

$$\begin{cases} U = XY^2 \text{ -------------- ①} \\ X + 2Y = 90 \text{ ------------- ②} \\ Max\ U \text{ -------------------- ③} \end{cases}$$

$$\begin{cases} \dfrac{Y^2}{2XY} = \dfrac{1}{2} \\ X + 2Y = 90 \end{cases}$$

$$\therefore\ X = 30,\ Y = 30$$

2) 효용함수 및 소득 변화 이후

$$\begin{cases} U = \sqrt{XY} \text{ --------------- ①} \\ X + 2Y = 100 \text{ ------------- ②} \\ Max\ U \text{ ------------------- ③} \end{cases}$$

$$\begin{cases} \dfrac{Y}{X} = \dfrac{1}{2} \\ X + 2Y = 100 \end{cases}$$

$$\therefore\ X = 50,\ Y = 25$$

따라서 X재 구매량은 30에서 50으로 20만큼 증가하고, Y재 구매량은 30에서 25로 5만큼 감소한다.

소득이 600인 소비자 갑은 X재와 Y재만을 소비하며, 효용함수는 $U = x + y$이다. $P_X = 20$, $P_Y = 15$이던 두 재화의 가격이 $P_X = 20$, $P_Y = 25$로 변할 때, 최적소비에 관한 설명으로 옳은 것은? (단, x는 X재 소비량, y는 Y재 소비량이다.) ▸2017년 감정평가사

① X재 소비를 30단위 증가시킨다.   ② X재 소비를 40단위 증가시킨다.

③ Y재 소비를 30단위 증가시킨다.   ④ Y재 소비를 40단위 증가시킨다.

⑤ Y재 소비를 30단위 감소시킨다.

출제이슈 가격변화와 소비자 최적선택의 변화
핵심해설 정답 ①

가격의 변화에 따른 새로운 소비자 최적선택도 역시 한계대체율($\dfrac{MU_X}{MU_Y}$) = 상대가격($\dfrac{P_X}{P_Y}$)을 만족하여야 한다. 그런데 예외적인 경우에는 한계대체율($\dfrac{MU_X}{MU_Y}$) = 상대가격($\dfrac{P_X}{P_Y}$)이 충족되지 않는다. 그 이유는 설문과 같이 무차별곡선의 기울기가 항상 "1"로 일정하여 예산선과의 기울기와 비교했을 때, 그 둘의 같은 소비점이 존재하지 않기 때문이다.

1) $P_X = 20$, $P_Y = 15$인 경우 소비자 최적선택

이러한 경우는 종축(Y축) 상에서 항상 최적소비가 달성된다.

왜냐하면, $\dfrac{MU_X}{MU_Y} = 1 < \dfrac{P_X}{P_Y} = \dfrac{20}{15}$이므로 항상 Y재만 소비하는 것이 유리하기 때문이다.

소득이 600이고 Y재의 가격이 15이므로 Y재의 소비량은 40이 되고 X재 소비량은 0이다.

2) $P_X = 20$, $P_Y = 25$인 경우 소비자 최적선택

이러한 경우는 횡축(X축) 상에서 항상 최적소비가 달성된다.

왜냐하면, $\dfrac{MU_X}{MU_Y} = 1 > \dfrac{P_X}{P_Y} = \dfrac{20}{25}$이므로 항상 X재만 소비하는 것이 유리하기 때문이다.

소득이 600이고 X재의 가격이 20이므로 X제의 소비량은 30이 되고 Y재 소비량은 0이다.

3) 따라서 위의 내용을 정리하면, 가격의 변화에 따라서 Y재의 소비량은 40 감소하고 X재 소비량은 30 증가한다.

효용을 극대화하는 갑의 효용함수는 $U(x, y) = xy$이다. 갑의 소득은 96이다. X재 가격이 12, Y재 가격이 1이다. X재 가격만 3으로 하락할 때, (ㄱ) X재의 소비변화와 (ㄴ) Y재의 소비변화는? (단, x는 X재 소비량, y는 Y재 소비량) ▶ 2020년 감정평가사

① ㄱ : 증가, ㄴ : 증가   ② ㄱ : 증가, ㄴ : 불변
③ ㄱ : 증가, ㄴ : 감소   ④ ㄱ : 감소, ㄴ : 불변
⑤ ㄱ : 감소, ㄴ : 증가

출제이슈 가격변화와 소비자 최적선택의 변화
핵심해설 정답 ②

소비자 최적선택의 조건은 다음과 같다.

1) 한계대체율($\frac{MU_X}{MU_Y}$) = 상대가격($\frac{P_X}{P_Y}$)이어야 하며, 이는 X재 구입 1원의 한계효용($\frac{MU_X}{P_X}$) = Y재 구입 1원의 한계효용($\frac{MU_Y}{P_Y}$) 임을 의미한다. 이때, 한계대체율은 무차별곡선의 기울기이며, 상대가격은 예산선의 기울기가 된다.

2) 또한 균형은 반드시 예산선상에서 달성되어야 하므로 다음의 식을 만족한다.

$$P_X X + P_Y Y = M$$

위의 내용에 따라서 설문을 검토하면 다음과 같다.

1) X재 가격이 변화하기 전

$$\begin{cases} U = XY \text{ ------------①} \\ 12X + Y = 96 \text{ ---------②} \\ Max\ U \text{ ------------③} \end{cases}$$

$$\begin{cases} \frac{Y}{X} = \frac{12}{1} \\ 12X + Y = 96 \end{cases}$$

$$\therefore\ X = 4,\ Y = 48$$

2) X재 가격이 변화한 후

$$\begin{cases} U = XY \text{ ------------①} \\ 3X + Y = 96 \text{ ----------②} \\ Max\ U \text{ ------------③} \end{cases}$$

$$\begin{cases} \frac{Y}{X} = \frac{3}{1} \\ 3X + Y = 96 \end{cases}$$

$$\therefore\ X = 16,\ Y = 48$$

따라서 (ㄱ) X재의 소비는 증가하고 (ㄴ) Y재의 소비는 불변이다.

효용을 극대화하는 갑의 효용함수는 $U(x, y) = \min\{x, y\}$이다. 소득이 1,800, X재와 Y재의 가격은 각각 10이다. X재 가격만 8로 하락할 때, 옳은 것을 모두 고른 것은? (단, x는 X재 소비량, y는 Y재 소비량)

▶ 2020년 감정평가사

ㄱ. X재 소비량의 변화 중 대체효과는 0이다.
ㄴ. X재 소비량의 변화 중 소득효과는 10이다.
ㄷ. 한계대체율은 하락한다.
ㄹ. X재 소비는 증가하고, Y재 소비는 감소한다.

① ㄱ, ㄴ   ② ㄱ, ㄷ   ③ ㄴ, ㄷ
④ ㄴ, ㄹ   ⑤ ㄷ, ㄹ

출제이슈 가격변화와 예외적인 소비자선택
핵심해설 정답 ①

1) X재 가격이 10, Y재 가격은 10인 경우
   $x = y$와 예산선 $10x + 10y = 1,800$이 만나는 점에서 효용극대화가 달성되며, 이 경우 $x = 90$, $y = 90$이다.

2) X재 가격이 8, Y재 가격은 10인 경우
   $x = y$와 예산선 $8x + 10y = 1,800$이 만나는 점에서 효용극대화가 달성되며, 이 경우 $x = 100$, $y = 100$이다.

위의 내용에 따라서 설문을 검토하면 다음과 같다.

ㄱ. 옳은 내용이다.
   설문에서의 효용함수는 $U(x, y) = \min\{x, y\}$로서 재화 간 완전보완의 관계에 있으므로 대체가 불가능하다. 따라서 X재 가격변화에 따른 X재 소비량의 변화 중 대체효과는 0이며, 소득효과만 나타나게 된다.

ㄴ. 옳은 내용이다.
   X재 가격이 10, Y재 가격은 10인 경우 최적의 소비선택은 $x = 90$, $y = 90$이며, X재 가격만 8로 하락하는 경우 최적의 소비선택은 $x = 100$, $y = 100$으로 변화한다. 이때, 완전보완의 효용함수임을 고려하면 X재 가격변화에 따른 X재 소비량의 변화 중 대체효과는 0이며 소득효과만 나타나므로 소득효과의 크기는 10이 되며 가격효과의 크기와 동일하다.

ㄷ. 틀린 내용이다.
   설문과 같은 효용함수 $U(x, y) = \min\{x, y\}$는 무차별곡선이 ㄴ자 형태로서 꺾이는 지점에서는 수학적으로 한계대체율이 정의되지 않는다. 극단적으로 수직인 구간에서는 한계대체율이 무한대가 되고 수평인 구간에서는 한계대체율이 0이 된다.

ㄹ. 틀린 내용이다.
   X재 가격이 10, Y재 가격은 10인 경우 최적의 소비선택은 $x = 90$, $y = 90$이며, X재 가격만 8로 하락하는 경우 최적의 소비선택은 $x = 100$, $y = 100$으로 변화한다. 따라서 X재 소비도 증가하고, Y재 소비도 증가한다.

두 재화 X, Y에 대해 양(+)의 소득 M을 가지고 효용을 극대화하는 갑의 효용함수는 $U(X, Y) = X + Y$이다. Y재 가격은 6이며, X재 가격은 5에서 8로 상승하였다. 이에 관한 설명으로 옳은 것은?

▶ 2024년 감정평가사

① X재 수요량 변화는 대체효과에 기인한다.

② X재 수요량 변화는 소득효과에 기인한다.

③ Y재 수요량 변화는 없다.

④ 수요량 변화의 1/3은 대체효과에 기인한다.

⑤ 수요량 변화의 2/3는 소득효과에 기인한다.

출제이슈 가격변화와 예외적인 소비자선택
핵심해설 정답 ①

설문에서와 같이 우하향하는 직선형태의 효용함수의 경우, 한계대체율이 항상 일정하며, 여기서는 1이 된다.

1) X재 가격이 5이고, Y재 가격이 6인 경우

$\dfrac{MU_X}{MU_Y} = 1 > \dfrac{P_X}{P_Y} = \dfrac{5}{6}$ 이므로 항상 X재만 소비한다.

2) 1)의 X재 가격이 8로 상승하고, Y재 가격은 6으로 그대로인 경우

$\dfrac{MU_X}{MU_Y} = 1 < \dfrac{P_X}{P_Y} = \dfrac{8}{6}$ 이므로 항상 Y재만 소비한다.

위와 같이 완전대체효용함수에서 X재만 소비하고 있던 상황에서 X재 가격이 상승함에 따라서 X재 소비를 전혀 하지 않게 되는 경우, 이는 가격효과를 분해해 볼 때 대체효과에 의한 것이다. 즉 대체효과에 의하여 X재 소비가 극단적으로 0이 되는 수준으로 줄었고, Y재 소비는 늘었다. 소득효과에 의하여는 추가적인 Y재 소비의 감소가 나타난다.

> X재와 Y재 소비에 대한 을의 효용함수는 $U = 12x + 10y$이고 소득은 1,500이다. X재의 가격이 15일 때 을은 효용극대화를 위해 X재만 소비한다. 만약 을이 Y재를 공동구매하는 클럽에 가입하면 Y재를 단위당 10에 구매할 수 있다. 을이 클럽에 가입하기 위해 지불할 용의가 있는 최대금액은? (단, x는 X재 소비량, y는 Y재 소비량이다.) ▸ 2017년 감정평가사
>
> ① 120   ② 200   ③ 300
> ④ 400   ⑤ 600

출제이슈 소득 및 가격변화와 예외적인 소비자선택
핵심해설 정답 ③

소비자 최적선택은 한계대체율($\frac{MU_X}{MU_Y}$) = 상대가격($\frac{P_X}{P_Y}$)이어야 하는데, 예외적인 소비자 균형에서는 1계 필요조건이 불필요하다. 설문의 경우 무차별곡선이 직선형태로서 한계대체율($\frac{MU_X}{MU_Y}$) = 상대가격 ($\frac{P_X}{P_Y}$)이 충족되지 않는 이유는 무차별곡선의 기울기가 항상 일정하여 예산선과의 기울기와 비교했을 때, 같은 소비점이 존재하지 않기 때문이다.

이러한 경우 설문에서 $\frac{MU_X}{MU_Y} = 1.2$와 $\frac{P_X}{P_Y}$를 비교하여 항상 X재 혹은 Y재만 소비한다. 최초의 예산선은 $15X + P_Y Y = 1,500$이고, 공동구매 클럽가입 시 예산선은, 가입비가 k라면 $15X + 10Y = 1,500 - k$가 된다.

최초의 예산선에서는 X재만 소비한다고 주어졌으므로 X재 소비량은 $\frac{M}{P_X} = \frac{1,500}{15} = 100$이며, 이때의 효용은 직선형태의 무차별곡선이 X재 100단위 소비점을 통과하는 것으로 구한다.

공동구매 클럽가입 시에는 무차별곡선의 기울기가 1.2이고 상대가격이 1.5임을 고려하면, 항상 Y재만 소비하게 되며, 소비량은 $\frac{1,500 - k}{P_Y} = 150 - 0.1k$이다. 이때의 효용은 직선형태의 무차별곡선이 Y재 $150 - 0.1k$ 단위 소비점을 통과하는 것으로 구한다.

공동구매 클럽가입 시에는 최소한 이전의 효용과 같거나 더 커야 하므로, 클럽가입비의 최댓값은 최소한 이전의 효용을 보장하는 수준에서 결정된다. 따라서 최초의 효용을 나타내는 무차별곡선은 최초 X재 100단위 소비점을 통과하고 또한 Y재 $150 - 0.1k$ 단위 소비점도 통과한다. 무차별곡선의 기울기가 1.2임을 고려하면 $\frac{150 - 0.1k}{100} = 1.2$가 성립한다. 따라서 클럽가입비의 최댓값은 $k = 300$이 된다.

주어진 소득으로 X재, Y재 두 재화만을 소비하는 갑의 효용함수가 $U = x^{\frac{1}{3}} y^{\frac{2}{3}}$일 때, 설명으로 옳지 않은 것은? (단, x는 X재 소비량, y는 Y재 소비량이며, 소득과 두 재화의 가격은 0보다 크다.)

▶ 2017년 감정평가사

① X재는 정상재이다.

② Y재는 정상재이다.

③ 갑의 무차별곡선은 원점에 대해 볼록하다.

④ 두 재화의 가격비율에 따라 어느 한 재화만 소비하는 결정이 갑에게 최적이다.

⑤ 두 재화의 가격이 동일하다면 Y재를 X재보다 많이 소비하는 것이 항상 갑에게 최적이다.

출제이슈 수요함수의 도출
핵심해설 정답 ④

$\dfrac{MU_X}{MU_Y} = \dfrac{Y}{2X}$이므로 $2P_X X = P_Y Y$가 된다. 이를 예산선에 대입하여 정리하면

$P_X X + 2P_X X = M$이 되어 $X = \dfrac{M}{3P_X}$, $Y = \dfrac{2M}{3P_Y}$이 된다.

위의 내용에 따라서 설문을 검토하면 다음과 같다.

① 옳은 내용이다.

$X = \dfrac{M}{3P_X}$이므로 소득이 증가함에 따라서 X재 소비는 증가한다. 따라서 X재는 정상재이다.

② 옳은 내용이다.

$Y = \dfrac{2M}{3P_Y}$이므로 소득이 증가함에 따라서 Y재 소비는 증가한다. 따라서 Y재는 정상재이다.

③ 옳은 내용이다.

효용함수가 $U = x^{\frac{1}{3}} y^{\frac{2}{3}}$인 경우 전형적인 Cobb – Douglas 함수로서 원점에 대하여 볼록하다.

④ 틀린 내용이다.

효용함수가 $U = x^{\frac{1}{3}} y^{\frac{2}{3}}$인 경우 전형적인 Cobb – Douglas 함수로서 원점에 대하여 볼록하다. 따라서 어느 한 재화만 소비하여 효용극대화하지 않고, 두 재화를 적절히 배합하여 효용극대화를 달성하게 된다.

⑤ 옳은 내용이다.

$X = \dfrac{M}{3P_X}$, $Y = \dfrac{2M}{3P_Y}$이기 때문에 만일 두 재화의 가격이 동일하다면 Y재를 X재의 2배 소비하는 것이 최적의 선택이 된다.

두 재화 X, Y를 소비하는 갑의 효용함수가 $U(X, Y) = X^{0.3} Y^{0.7}$이다. 이에 관한 설명으로 옳지 않은 것은?

▶ 2022년 감정평가사

① 선호체계는 단조성을 만족한다.
② 무차별곡선은 원점에 대해 볼록하다.
③ 효용을 극대화할 때, 소득소비곡선은 원점을 지나는 직선이다.
④ 효용을 극대화할 때, 가격소비곡선은 X재 가격이 하락할 때 Y재의 축과 평행하다.
⑤ 효용을 극대화할 때, 소득이 2배 증가하면 X재의 소비는 2배 증가한다.

출제이슈 소비자 최적선택의 변화와 수요함수의 도출
핵심해설 정답 ④

① 옳은 내용이다.

갑의 효용함수가 $U(X, Y) = X^{0.3} Y^{0.7}$이므로 재화 소비량이 증가함에 따라서 효용은 증가한다. 따라서 갑의 선호체계는 단조성을 만족한다.

② 옳은 내용이다.

갑의 $U(X, Y) = X^{0.3} Y^{0.7}$에서 한계대체율은 $\dfrac{MU_X}{MU_Y} = \dfrac{3Y}{7X}$이므로 X재 소비증가에 따라서 한계대체율이 점차로 감소함을 쉽게 알 수 있다. 한계대체율이 체감하므로 무차별곡선은 원점에 대해 볼록하다.

③ 옳은 내용이다.

소득소비곡선은 소득의 변화에 따라서 변화하는 최적의 소비자 선택점들의 궤적을 의미한다. 이러한 궤적은 예산선의 기울기와 무차별곡선의 기울기가 같게 된다. 따라서 $U(X, Y) = X^{0.3} Y^{0.7}$에서 $\dfrac{MU_X}{MU_Y} = \dfrac{3Y}{7X}$이므로 $\dfrac{3Y}{7X} = \dfrac{P_X}{P_Y}$이 소득소비곡선임을 알 수 있다. 결국 소득소비곡선은 $Y = \dfrac{7P_X}{3P_Y} X$가 되어 원점을 지나는 직선이 된다.

④ 틀린 내용이다.

가격소비곡선은 가격의 변화에 따라서 변화하는 최적의 소비자 선택점들의 궤적을 의미한다. 이러한 궤적은 예산선의 기울기와 무차별곡선의 기울기가 같게 된다. 따라서 $U(X, Y) = X^{0.3} Y^{0.7}$에서 $\dfrac{MU_X}{MU_Y} = \dfrac{3Y}{7X}$이므로 $\dfrac{3Y}{7X} = \dfrac{P_X}{P_Y}$이 성립하고 또한 X재의 가격하락을 반영하기 위해 $P_X X + P_Y Y = M$을 고려하면 $7(M - P_Y Y) = 3P_Y Y$이 된다. 즉, $Y = \dfrac{0.7M}{P_Y}$으로서 횡축인 X재의 축과 평행하다.

⑤ 옳은 내용이다.

$U(X, Y) = X^{0.3} Y^{0.7}$, $\dfrac{MU_X}{MU_Y} = \dfrac{3Y}{7X}$이므로 $\dfrac{3Y}{7X} = \dfrac{P_X}{P_Y}$이다. 예산선에 대입하면 $P_X X + \dfrac{7}{3} P_X X = M$이 되어 $X = \dfrac{0.3M}{P_X}$, $Y = \dfrac{0.7M}{P_Y}$이 된다. 따라서 소득이 2배 증가 시 X재 소비는 2배로 증가한다.

갑은 X재와 Y재 두 재화를 1 : 1 비율로 묶어서 소비한다. X재의 가격과 수요량을 각각 P_X와 Q_X라고 한다. 소득이 1,000이고 Y재의 가격이 10일 때 갑의 X재 수요함수로 옳은 것은? (단, 소비자는 효용을 극대화하고 소득을 X재와 Y재 소비에 모두 지출한다.)

▶ 2016년 감정평가사

① $Q_X = \dfrac{1,000}{(10 + P_X)}$

② $Q_X = 990 - P_X$

③ $Q_X = 500 - P_X$

④ $Q_X = 1,000 - P_X$

⑤ $Q_X = \dfrac{500}{P_X}$

출제이슈 수요함수의 도출
핵심해설 정답 ①

1) 효용함수의 도출

먼저 설문에서 소비자 갑이 X재와 Y재 두 재화를 1 : 1 비율로 묶어서 소비하는 것은 전형적인 완전보완재의 소비로서 그 효용함수는 $U = \min\{X,\ Y\}$가 된다.

2) 소비자 최적선택의 도출

설문에서 $X = Y$와 예산선 $P_X X + 10Y = 1,000$이 만나는 점에서 효용극대화 소비가 이루어진다. 그런데 현재 P_X가 특정값으로 주어지지 않았으므로 부정방정식이 된다. 따라서 특정한 소비자 최적선택점은 도출할 수 없으나 수요함수의 도출은 가능하다.

3) 수요함수의 도출

위에서 도출된 식 $X = Y$와 예산선 $P_X X + 10Y = 1,000$을 이용하여 수요함수를 도출할 수 있다.

$X = Y$를 예산선에 대입하면 다음과 같다.

$P_X X + 10X = 1,000$

따라서 $X = \dfrac{1,000}{(P_X + 10)}$이 된다.

X재와 Y재만 소비하는 갑의 효용함수가 $U = \min\{X,\ Y\}$이며, 재화의 가격은 각각 $P_X,\ P_Y$ 이다. 다음 중 옳지 않은 것은?

▶ 2025년 감정평가사

① 소득소비곡선은 원점을 지나는 45도 선이다.
② 가격소비곡선은 원점을 지나는 45도 선이다.
③ X재의 소득탄력성은 1이다.
④ X재 수요의 가격탄력성의 절대치는 1보다 작다.
⑤ Py에 대한 X재 수요의 교차탄력성은 1이다.

출제이슈 소비자 최적선택과 수요함수의 도출
핵심해설 정답 ⑤

1) 소득소비곡선과 가격소비곡선

효용극대화는 Y = X와 예산선이 만나는 점에서 이루어짐을 고려하면, 소득소비곡선과 가격소비곡선은 모두 Y = X로서 원점을 지나는 45도 선이 된다.

2) 수요함수

위의 효용극대화 조건을 이용하여 X재 수요함수를 구하면 $X = \dfrac{M}{P_X + P_Y}$이 된다.

3) 교차탄력성

위의 수요함수에서 X재와 Y재는 보완관계로서 Y재 가격에 대한 X재 수요의 교차탄력성은 음수이다. 따라서 교차탄력성은 1이 될 수 없다.

소비자 이론에 관한 설명으로 옳은 것은? (단, 소비자는 X재와 Y재만 소비한다.)

▶ 2016년 감정평가사

① 소비자의 효용함수가 $U = 2XY$일 때, 한계대체율은 체감한다.
② 소비자의 효용함수가 $U = \sqrt{XY}$일 때, X재의 한계효용은 체증한다.
③ 소비자의 효용함수가 $U = \min\{X, Y\}$일 때, 수요의 교차탄력성은 0이다.
④ 소비자의 효용함수가 $U = \min\{X, Y\}$일 때, 소득소비곡선의 기울기는 음($-$)이다.
⑤ 소비자의 효용함수가 $U = X + Y$일 때, X재의 가격이 Y재의 가격보다 크더라도 X재와 Y재를 동일 비율로 소비한다.

출제이슈 다양한 효용함수의 특징
핵심해설 정답 ①

① 옳은 내용이다.

소비자의 효용함수가 $U = 2XY$일 때, 한계대체율은 $\dfrac{MU_X}{MU_Y} = \dfrac{Y}{X}$이므로 X재 소비증가에 따라서 한계대체율이 점차로 감소함을 알 수 있다.

② 틀린 내용이다.

소비자의 효용함수가 $U = \sqrt{XY}$일 때, X재의 한계효용은 $M_X = \dfrac{Y^{0.5}}{2X^{0.5}}$가 되어 X재 소비증가에 따라서 한계효용은 점차로 감소함을 알 수 있다.

③ 틀린 내용이다.

소비자의 효용함수가 $U = \min\{X, Y\}$일 때, 재화 간 완전보완의 관계에 있으므로 수요의 교차탄력성은 0이 아니라 음($-$)이 된다.

④ 틀린 내용이다.

소비자의 효용함수가 $U = \min\{X, Y\}$일 때, 소비자 최적선택은 $Y = X$에서 달성된다. 따라서 소득이 변화할 때 소비자 최적선택의 궤적으로서의 소득소비곡선은 $Y = X$가 되어 원점을 통과하고 기울기가 1이 된다.

⑤ 틀린 내용이다.

소비자의 효용함수가 $U = X + Y$일 때, 한계대체율은 1로서 일정하다. 만일 X재의 가격이 Y재의 가격보다 더 큰 경우에는 상대가격이 1보다 크게 되어 한계대체율보다 더 크다. 이 경우 항상 Y재만 소비한다.

가격효과

기펜재(Giffen goods)의 수요에 관한 설명으로 옳은 것을 모두 고른 것은? ▶ 2016년 감정평가사

ㄱ. 가격이 하락할 때 수요량은 증가한다.
ㄴ. 보상수요곡선은 우하향한다.
ㄷ. 수요의 소득탄력성은 0보다 작다.

① ㄱ   ② ㄴ   ③ ㄱ, ㄷ
④ ㄴ, ㄷ   ⑤ ㄱ, ㄴ, ㄷ

출제이슈 가격효과와 기펜재
핵심해설 정답 ④

기펜재의 성격은 다음과 같다.

1) 수요법칙의 예외로서 가격하락 시 수요량이 오히려 감소한다.
2) 대체효과에 의하여, 기펜재의 가격하락 시 기펜재에 대한 수요량은 증가한다. 따라서 대체효과만을 반영하는 보상수요곡선은 우하향한다.
3) 소득효과에 의하여, 기펜재의 가격하락에 따라 실질소득이 증가하고 수요량이 감소한다(열등재). 이는 소득탄력성이 음수임을 의미한다.
4) 기펜재의 가격하락에 따라서 나타나는 대체효과와 소득효과는 반대방향으로 작용한다. 즉 기펜재의 가격하락 시 대체효과에 따라 수요량은 증가하는 반면, 소득효과에 따라 수요량은 감소한다.
5) 특히 기펜재의 소득효과에 의한 수요량 감소가 대체효과에 의한 수요량 증가보다 더 크기 때문에 가격하락 시 가격효과가 수요량 감소로 나타난다.

위의 내용에 따라서 설문을 검토하면 다음과 같다.

ㄱ. 틀린 내용이다.
기펜재는 가격이 하락할 때 수요량이 증가하는 것이 아니라 오히려 감소한다.

ㄴ. 옳은 내용이다.
기펜재의 경우에도 대체효과에 의하여 보상수요곡선은 우하향한다.

ㄷ. 옳은 내용이다.
기펜재는 열등재로서 소득 증가 시 수요가 감소하기 때문에 수요의 소득탄력성은 0보다 작다.

기펜재(Giffen goods)에 관한 설명으로 옳은 것을 모두 고른 것은? ▶ 2015년 감정평가사

> ㄱ. 열등재이다.
> ㄴ. 수요곡선은 우상향한다.
> ㄷ. 과시적 소비가 나타난다.
> ㄹ. 절댓값을 기준으로 소득효과가 대체효과보다 작다.

① ㄱ, ㄴ   ② ㄱ, ㄷ   ③ ㄴ, ㄷ

④ ㄴ, ㄷ, ㄹ   ⑤ ㄱ, ㄴ, ㄹ

출제이슈   가격효과와 기펜재

핵심해설   정답 ①

ㄱ. 옳은 내용이다.

열등재와 기펜재는 가격변화에 따라서 나타나는 대체효과와 소득효과는 반대방향으로 작용한다. 기펜재는 열등재의 일종으로서 특수한 열등재이다.

ㄴ. 옳은 내용이다.

기펜재의 소득효과에 의한 수요량 증가가 대체효과에 의한 수요량 감소보다 더 크기 때문에 가격상승 시 가격효과가 수요량 증가로 나타난다. 따라서 수요곡선은 우상향으로 나타난다.

ㄷ. 틀린 내용이다.

과시적 소비현상은 이른바 베블렌 효과로서 이는 가격이 상승할 때, 자신의 소비를 과시하기 위해서 오히려 소비가 증가하는 현상이다. 이는 특수한 열등재로서의 기펜재와는 구별되는 개념이다.

ㄹ. 틀린 내용이다.

기펜재의 소득효과에 의한 수요량 변화는 대체효과에 의한 수요량 변화보다 더 크다.

효용을 극대화하는 소비자 갑이 X재와 Y재 두 재화만 소비한다. X재의 가격이 하락할 때, 다음 설명 중 옳은 것을 모두 고른 것은?

▶ 2014년 감정평가사

ㄱ. Y재가 열등재이면, Y재의 수요는 감소한다.

ㄴ. X재와 Y재가 모두 필수재이면, X재에 대한 지출액은 감소한다.

ㄷ. X재와 Y재가 모두 열등재이면, Y재에 대한 수요는 증가한다.

① ㄴ   ② ㄱ, ㄴ   ③ ㄱ, ㄷ

④ ㄴ, ㄷ   ⑤ ㄱ, ㄴ, ㄷ

출제이슈 가격효과와 재화의 성격
핵심해설 정답 없음

가격효과는 대체효과와 소득효과로 나누어지는데 이는 다음과 같다.

1) 대체효과에 의하면, 지출극소화의 원리에 따라서 상대적으로 저렴해진 재화소비를 늘려서 지출액을 줄일 수 있다.

X재 가격 하락

$\rightarrow$ 상대가격 변화 $\rightarrow$ $\begin{cases} X\text{재 상대적으로 싸짐} \rightarrow X\text{재 소비량 증가}(X_0 \rightarrow X_1) \\ Y\text{재 상대적으로 비싸짐} \rightarrow Y\text{재 소비량 감소}(Y_0 \rightarrow Y_1) \end{cases}$

2) 소득효과는 지출극소화에 의해 절감한 지출액(실질소득의 증가)을 소비에 활용하여 효용을 증진시키는 것을 의미한다.

X재 가격 하락 $\rightarrow$ 실질소득 변화 $\rightarrow$ $\begin{cases} X\text{재 소비량 증가}(X_0 \rightarrow X_1) \\ Y\text{재 소비량 증가}(Y_0 \rightarrow Y_1) \end{cases}$

위의 내용에 따라서 설문을 검토하면 다음과 같다.

ㄱ. 옳은 내용이다.

X재 가격이 하락하는 경우, 대체효과에 의하여 X재 수요량은 증가하고, Y재 수요량은 감소한다. 그리고 소득효과에 의하면, Y재가 열등재라고 가정할 경우 Y재 수요량은 감소한다. 따라서 정리하면, X재 가격의 하락으로 열등재인 Y재는 대체효과에 의해서도 수요량이 감소하고 소득효과에 의해서도 수요량이 감소한다.

ㄴ. 틀린 내용이다.

X재 가격이 하락하는 경우, 대체효과에 의하여 X재 수요량은 증가하고 Y재 수요량은 감소한다. 그리고 소득효과에 의하면, X재가 필수재라고 가정할 경우 X재 수요량은 증가하고 Y재 수요량은 경우의 수에 따라 나뉠 수 있다. 따라서 최종적인 가격효과의 경우의 수도 다음과 같이 나뉜다.

첫째, Y재가 X재와 독립적인 관계에 있을 경우

X재 가격하락으로 인해 필수재인 X재의 수요량은 증가하고, Y재 수요량은 불변이 된다.

둘째, Y재가 열등재인 경우

X재 가격하락으로 인해 필수재인 X재의 수요량은 대체효과 및 소득효과 모두에 의하여 증가하고, Y재 수요량은 대체효과 및 소득효과 모두에 의하여 감소한다. 즉 최종적으로 X재 수요량은 증가하고, Y재 수요량은 감소한다.

셋째, Y재가 정상재(여기서는 필수재)인 경우

X재 가격하락으로 인해 필수재인 X재의 수요량은 대체효과 및 소득효과 모두에 의하여 증가하고, Y재 수요량은 대체효과에 의하여 감소하고 소득효과에 의하여 증가한다. 이때, X재 지출액은 필수재임을 고려하면, 가격하락으로 감소한다. 그리고 Y재 지출액은 전체 지출액이 불변임을 고려하면 반드시 증가해야 한다. 이를 위해서는 Y재 가격이 불변임을 고려할 때, Y재 수요량은 반드시 증가해야 하므로 대체효과보다 소득효과가 더 큰 열등재여야만 한다. 따라서 X재가 필수재인 경우에는 Y재는 필수재일 수가 없다.

위의 내용에 따라서 ㄴ 지문은 틀린 내용이 됨을 알 수 있다.

ㄷ. 틀린 내용이다.

X재 가격이 하락하는 경우, 대체효과에 의하여 X재 수요량은 증가하고, Y재 수요량은 감소한다. 그리고 소득효과에 의하면, X재가 열등재라고 가정할 경우, X재 수요량은 감소한다. 가격하락으로 인하여 실질소득이 증가하였는데, 소득효과에 의하여 X재 수요량이 감소하였다면, Y재 수요량은 반드시 증가하여야만 한다. 만일 지문처럼 Y재가 열등재라면, Y재 수요량은 증가할 수가 없다. 따라서 Y재는 열등재일 수가 없으므로 Y재를 열등재로 가정한 해당 지문은 틀린 내용이 된다.

보상수요(compensated demand)에 관한 설명으로 옳지 않은 것은? ▶ 2019년 감정평가사

① 가격변화에서 대체효과만 고려한 수요개념이다.

② 기펜재의 보상수요곡선은 우하향하지 않는다.

③ 소비자잉여를 측정하는 데 적절한 수요개념이다.

④ 수직선 형태 보상수요곡선의 대체효과는 항상 0이다.

⑤ 소득효과가 0이면 통상적 수요(ordinary demand)와 일치한다.

출제이슈 가격효과와 보상수요

핵심해설 정답 ②

① 옳은 내용이다.

가격변화로 인한 가격효과는 대체효과와 소득효과로 분해된다. 가격효과를 반영한 것이 통상수요라면, 대체효과만 반영한 것이 보상수요이다.

② 틀린 내용이다.

기펜재의 경우에도 대체효과는 정상재와 마찬가지로 작동한다. 따라서 기펜재의 보상수요곡선은 우하향한다. 다만, 기펜재의 통상수요곡선은 수요법칙의 예외로서 우상향한다.

③ 옳은 내용이다.

소비자잉여는 소비자들이 지불할 용의가 있는 금액과 실제 지불액과의 차이를 의미하며 이는 소비자의 수요곡선을 통해서 측정될 수 있다. 그런데 수요곡선 중 통상의 수요곡선은 순수한 가격변화에 따른 소비자의 수요량 변화뿐만 아니라 실질소득의 변화에 따른 수요량 변화까지 반영한 것이다. 따라서 실질소득의 변화를 제거하고 순수한 가격변화에 의하여 도출된 보상수요곡선을 이용하여 소비자잉여를 측정하는 것이 더 적절하다고 할 수 있다. 보상수요곡선은 효용을 일정하게 유지한 채 상대가격의 변화에 따른 재화 간 대체를 통해서 도출된 것이므로 보상수요곡선상의 임의의 점에서는 모두 효용이 동일하다. 따라서 보상수요곡선은 동일한 효용을 유지한다는 전제하에서 지불할 용의가 있는 금액을 측정해 준다. 만일 통상수요곡선을 이용하는 경우에는 소비자들이 지불할 용의가 있는 금액이 실질소득의 변화에 따라서 과대 혹은 과소 측정되어 왜곡될 수 있다.

④ 옳은 내용이다.

보상수요곡선이 수직이라는 것은 재화가격의 변화에도 불구하고 대체효과에 의한 수요량 변화가 없음을 의미하므로 대체효과는 0이 된다.

⑤ 옳은 내용이다.

가격효과를 반영한 것이 통상수요이므로 소득효과가 0인 경우에는 가격효과 자체가 대체효과를 의미하여 결국 통상수요와 보상수요가 일치하게 된다.

> **X재 가격이 하락할 때 아래의 설명 중 옳은 것을 모두 고른 것은? (단, X재와 Y재만 존재하며 주어진 소득을 두 재화에 모두 소비한다.)** ▶ 2022년 감정평가사
>
> ㄱ. X재가 정상재인 경우 보상수요곡선은 보통수요곡선보다 더 가파르게 우하향하는 기울기를 가진다.
>
> ㄴ. X재가 열등재인 경우 보상수요곡선은 우상향한다.
>
> ㄷ. X재가 기펜재인 경우 보통수요곡선은 우상향하고 보상수요곡선은 우하향한다.
>
> ① ㄱ   ② ㄴ   ③ ㄱ, ㄷ
>
> ④ ㄴ, ㄷ   ⑤ ㄱ, ㄴ, ㄷ

출제이슈 가격효과와 보상수요

핵심해설 정답 ③

ㄱ. 옳은 내용이다.

가격변화로 인한 가격효과는 대체효과와 소득효과로 분해된다. 가격효과를 반영한 것이 통상수요라면, 대체효과만 반영한 것이 보상수요이다. 정상재의 경우, 가격이 하락할 때, 대체효과에 의하여 소비량이 증가하고, 소득효과에 의하여도 소비량이 증가한다. 정상재 보상수요의 경우 가격이 하락할 때, 소득효과에 의한 소비량의 증가는 반영되지 않으므로 정상재 보상수요곡선은 더 가파르다.

ㄴ. 틀린 내용이다.

열등재의 경우, 대체효과가 소득효과보다 작으면 가격이 하락할 때, 대체효과에 의하여 소비량이 증가하지만, 소득효과에 의하여는 소비량이 감소한다. 열등재 보상수요의 경우 가격이 하락할 때, 소득효과에 의한 소비량의 감소는 반영되지 않고 오로지 대체효과에 의한 소비량 증가만 반영되므로 열등재 보상수요곡선은 우하향한다.

ㄷ. 옳은 내용이다.

소득효과가 대체효과보다 크면 가격 하락에 따라 수요량은 감소하며, 이러한 매우 특수한 열등재를 기펜재라고 한다. 즉 기펜재의 경우 가격이 하락할 때, 대체효과에 의하여 소비량이 증가하지만, 소득효과에 의하여는 소비량이 감소하며, 특히 소득효과가 대체효과보다 크기 때문에 결국 소비량이 감소한다.

따라서 기펜재의 경우 가격이 하락할 때, 대체효과에 의한 소비량 증가보다 소득효과에 의한 소비량 감소가 더 크므로 대체효과와 소득효과를 모두 반영한 보통수요곡선은 우상향한다. 한편, 가격이 하락할 때, 대체효과에 의한 소비량 증가만 반영하는 보상수요곡선은 우하향한다.

효용을 극대화하는 갑이 소득 100으로 완전보완재인 X재와 Y재만을 소비하고 있다. Y재의 가격은 10으로 일정하고 X재의 가격이 40에서 10으로 하락할 때, 소비자의 효용이 증가한다. 이때, X재의 가격이 하락하는 대신 소득이 얼마나 증가해야 동일한 효용의 증가를 가져오는가를 나타내는 동등변이(equivalent variation)는 얼마인가?　　▶ 2014년 감정평가사

① 50　　　　　　　　② 100　　　　　　　　③ 150
④ 200　　　　　　　　⑤ 250

출제이슈 동등변화와 보상변화
핵심해설 정답 없음

이 문제는 두 재화의 보완소비비율이 주어지지 않았으므로 출제오류이다. 다만, 아래에서는 두 재화 간 1대 1의 보완소비비율로 가정하고 풀어보자. 이때 효용함수는 $U(X, Y) = \min\{X, Y\}$가 되며 소비자 최적선택은 반드시 $Y = X$와 예산선의 교점에서 달성된다.

1) X재 가격이 40, Y재 가격은 10인 경우
　　$Y = X$와 예산선 $40X + 10Y = 100$이 만나는 점에서 효용극대화가 달성되며, 이 경우 $X = 2$, $Y = 2$이다.

2) X재 가격이 10, Y재 가격은 10인 경우
　　$Y = X$와 예산선 $10X + 10Y = 100$이 만나는 점에서 효용극대화가 달성되며, 이 경우 $X = 5$, $Y = 5$이다.

위의 내용에 따라서 설문을 검토하면 다음과 같다.

X재 가격이 40, Y재 가격은 10인 경우 효용수준은 $U = 2$이며 X재 가격만 10으로 하락한 경우 효용수준은 $U = 5$가 된다. X재 가격 하락에 따른 효용수준인 $U = 5$를 소득의 증가에 의하여 달성하기 위해서는 $Y = X$와 예산선 $40X + 10Y = 100 + \Delta M$이 만나는 점에서 효용극대화가 달성되며, 이 경우 $X = 5$, $Y = 5$, $U = 5$가 된다. 따라서 소득의 증가분 ΔM은 150이 된다.

소비자 이론에 관한 설명으로 옳은 것은? ▶ 2013년 감정평가사

① 우하향하는 직선의 수요곡선상에서 수요량이 증가할수록 가격탄력성은 감소한다.

② 효용함수 $U = X + Y$는 0차 동차함수이다.

③ 효용함수 $U = \min\{X, Y\}$에서 X재 가격이 상승할 때, X재 수요량이 감소하는 것은 대체효과 때문이다.

④ 소비자가 기펜재와 정상재에 모든 소득을 지출하고 있는 상태에서 기펜재의 가격이 상승하면 정상재에 대한 수요는 증가한다.

⑤ 효용함수 $U = X + 2Y$이고, 두 재화의 가격이 동일하다면 소비자는 효용극대화를 위해 X재만을 소비한다.

출제이슈 소비이론 종합
핵심해설 정답 ①

① 옳은 내용이다.

우하향하는 직선의 수요곡선상에서 수요량이 증가할수록 가격은 하락하며 가격탄력성도 하락한다. 반대로 수요량이 감소할수록 가격은 상승하며 가격탄력성도 상승한다.

② 틀린 내용이다.

효용함수 $U = X + Y$는 1차 동차함수이다.

③ 틀린 내용이다.

효용함수 $U = \min\{X, Y\}$에서 X재 가격이 상승할 때, X재 수요량이 감소하는 것은 대체효과가 아니라 소득효과 때문이다.

④ 틀린 내용이다.

소비자가 기펜재와 정상재에 모든 소득을 지출하고 있는 상태에서 기펜재의 가격이 상승하면 정상재에 대한 수요는 감소한다. 기펜재 가격이 상승하면, 대체효과에 의하여 기펜재 수요가 감소하고 정상재 수요는 증가한다. 그리고 소득효과에 의하여 실질소득이 감소하여 기펜재 수요는 증가하고 정상재 수요는 감소한다. 따라서 대체효과와 소득효과를 모두 고려하면, 기펜재는 소득효과가 대체효과를 압도하므로 기펜재 가격이 상승하면 기펜재 수요는 증가한다. 따라서 정상재 수요는 반드시 감소해야만 한다.

⑤ 틀린 내용이다.

효용함수 $U = X + 2Y$이고, 두 재화의 가격이 동일하다면 한계대체율이 0.5이고 상대가격은 1이 된다. 따라서 한계대체율보다 상대가격이 항상 더 크기 때문에 소비자는 효용극대화를 위해 X재가 아니라 Y재만을 소비한다.

Issue 06 여가 – 소득 선택모형

하루 24시간을 노동을 하는 시간과 여가를 즐기는 시간으로 양분할 때, 후방굴절형 노동공급 곡선이 발생하는 이유는?

▶ 2019년 감정평가사

① 임금이 인상될 경우 여가의 가격이 노동의 가격보다 커지기 때문이다.
② 임금이 인상될 경우 노동 한 시간 공급으로 할 수 있는 것이 많아지기 때문이다.
③ 여가가 정상재이고 소득효과가 대체효과보다 크기 때문이다.
④ 여가가 정상재이고 소득효과가 대체효과와 같기 때문이다.
⑤ 노동이 열등재이고 소득효과가 대체효과와 같기 때문이다.

출제이슈   여가 – 소득 선택모형에서 임금률 상승의 효과
핵심해설   정답 ③

여가 – 소득 선택모형에서 임금률 상승의 효과는 다음과 같다.

1) 임금 $\overline{W}$ 상승 시 노동공급이 증가하는 경우(대체효과 > 소득효과)
① 대체효과 : 여가가격 상승 $\overline{W} \rightarrow \overline{W}'$, 여가소비 감소
② 소득효과 : 실질소득 증가, 여가소비 증가
③ 총효과 : 여가소비 감소, 노동공급 증가
④ 참고로 정상재의 경우 대체효과와 소득효과는 동일한 방향이나, 정상재 여가의 경우 대체효과와 소득효과의 방향이 반대라는 것에 유의해야 한다.

2) 임금 $\overline{W}$ 상승 시 노동공급이 감소하는 경우(대체효과 < 소득효과)
① 대체효과 : 여가가격 상승 $\overline{W} \rightarrow \overline{W}'$, 여가소비 감소
② 소득효과 : 실질소득 증가, 여가소비 많이 증가
③ 총효과 : 여가소비 증가, 노동공급 감소
④ 참고로 정상재의 경우 대체효과와 소득효과는 동일한 방향이나, 정상재 여가의 경우 대체효과와 소득효과의 방향이 반대라는 것에 유의해야 한다.

설문에서 제시된 후방굴절형 노동공급곡선은 임금 $\overline{W}$ 상승 시 노동공급이 증가하다가 일정 수준을 넘어서면 오히려 임금상승에 따라서 노동공급이 감소하는 현상을 반영하고 있다. 이렇게 임금상승에 따라 노동공급이 감소하는 것은 위의 2)에서 검토한 바와 같이 임금상승의 대체효과보다 소득효과가 더 커서 발생하는 것이다.

> **소득 – 여가 결정모형에서 효용극대화를 추구하는 갑의 노동공급에 관한 설명으로 옳은 것은?**
> **(단, 소득과 여가는 모두 정상재이며, 소득효과 및 대체효과의 크기 비교는 절댓값을 기준으로 한다.)**
>   ▶ 2015년 감정평가사
>
> ① 시간당 임금이 상승할 경우, 대체효과는 노동공급 감소요인이다.
> ② 시간당 임금이 상승할 경우, 소득효과는 노동공급 증가요인이다.
> ③ 시간당 임금이 하락할 경우, 소득효과와 대체효과가 동일하다면, 노동공급은 감소한다.
> ④ 시간당 임금이 하락할 경우, 소득효과가 대체효과보다 크다면, 노동공급은 증가한다.
> ⑤ 시간당 임금의 상승과 하락에 무관하게 소득과 여가가 결정된다.

출제이슈 여가 – 소득 선택모형에서 임금률 변화의 효과
핵심해설 정답 ④

① 틀린 내용이다.
　소득과 여가가 정상재인 경우 임금률 상승 시 대체효과에 의하면 상대적으로 비싸진 여가수요가 감소하므로 노동공급은 증가한다.

② 틀린 내용이다.
　소득과 여가가 정상재인 경우 임금률 상승 시 소득효과에 의하면 실질소득의 증가에 따라서 여가수요가 증가하므로 노동공급은 감소한다.

③ 틀린 내용이다.
　소득과 여가가 정상재인 경우 임금률 하락 시 대체효과에 의하면 상대적으로 싸진 여가수요가 증가하므로 노동공급은 감소한다. 이때 소득효과에 의하면 임금률 하락에 따른 실질소득의 감소에 따라서 여가수요가 감소하므로 노동공급은 증가한다. 만일 대체효과에 의한 노동공급의 감소와 소득효과에 의한 노동공급의 증가가 동일하다면 노동공급은 변화가 없다.

④ 옳은 내용이다.
　소득과 여가가 정상재인 경우 임금률 하락 시 대체효과에 의하면 상대적으로 싸진 여가수요가 증가하므로 노동공급은 감소한다. 이때 소득효과에 의하면 임금률 하락에 따른 실질소득의 감소에 따라서 여가수요가 감소하므로 노동공급은 증가한다. 만일 대체효과에 의한 노동공급의 감소보다 소득효과에 의한 노동공급의 증가가 더 크다면 노동공급은 증가한다.

⑤ 틀린 내용이다.
　시간당 임금의 상승과 하락을 반영한 대체효과와 소득효과에 의하여 소득과 여가의 최적선택 그리고 노동공급의 최적선택이 결정된다.

다음 (   ) 안의 용어가 순서대로 올바른 것은?　　　　　　　　▶ 2011년 감정평가사

후방굴절하는 노동공급곡선은 여가 – 소득 선택모형에서 임금율의 변화에 따라 도출되는
(　ㄱ　)소비곡선에서 유도되고, 소득효과와 대체효과를 비교할 경우 노동공급곡선의 우하
향하는 구간에서는 (　　ㄴ　)효과가 더 크다.

① ㄱ. 임금,　ㄴ. 대체
② ㄱ. 가격,　ㄴ. 소득
③ ㄱ. 가격,　ㄴ. 대체
④ ㄱ. 소득,　ㄴ. 소득
⑤ ㄱ. 소득,　ㄴ. 대체

출제이슈 여가 – 소득 선택모형에서 임금률 변화의 효과
핵심해설 정답 ②

노동공급곡선을 구하기 위해서는 먼저 임금이 변화함에 따라서 최적의 여가와 소득의 조합을 구해야 하는데 이를
가격소비곡선이라고 한다. 가격소비곡선은 가격의 변화에 따른 최적의 소비조합의 궤적을 의미한다. 그리고 이를
임금률 – 노동공급의 축으로 바꾸어 표시하면 임금률과 노동공급 간의 관계를 나타내는 노동공급곡선을 구할 수
있다.

임금 $\overline{W}$ 상승 시 노동공급이 증가하다가 일정 수준을 넘어서면 오히려 임금상승에 따라서 노동공급이 감소하는
현상이 나타날 수 있다. 이렇게 임금상승에 따라 노동공급이 감소하는 것은 임금상승의 대체효과보다 소득효과가
더 커서 발생하는 것이다. 이를 반영한 노동공급곡선을 후방굴절형 노동공급곡선이라고 한다.

> **노동과 여가의 선택에 관한 설명으로 옳지 않은 것은? (단, 여가는 정상재이다.)**
>
> ▶ 2012년 감정평가사
>
> ① 시간당 임금은 여가 한 시간의 기회비용이다.
> ② 시간당 임금이 상승할 경우 소득효과만 고려하면 노동공급이 감소한다.
> ③ 시간당 임금에 대해 근로소득세율이 상승할 경우 노동공급이 항상 감소한다.
> ④ 비근로소득이 증가하는 경우 노동공급이 항상 감소한다.
> ⑤ 시간당 임금이 상승할 경우 대체효과만 고려하면 노동공급이 항상 증가한다.

출제이슈 여가 – 소득 선택모형에서 임금률 변화의 효과
핵심해설 정답 ③

① 옳은 내용이다.
  시간당 임금은 여가 한 시간의 기회비용으로서 여가 한 시간을 얻기 위해서 포기해야 하는 노동소득으로서의 임금률이 된다.

② 옳은 내용이다.
  시간당 임금이 상승할 경우 소득효과만 고려하면 소득증가에 따라 정상재인 여가에 대한 소비가 증가한다. 따라서 여가소비 증가로 인해 노동공급은 감소한다.

③ 틀린 내용이다.
  시간당 임금에 대해 근로소득세율이 상승할 경우 노동공급이 항상 감소하는 것이 아니라 대체효과와 소득효과의 크기에 따라서 달라진다.

④ 옳은 내용이다.
  비근로소득이 증가하는 경우 임금률은 불변이므로 소득효과만 발생한다. 따라서 소득증가에 따라 정상재인 여가에 대한 소비가 증가하고 노동공급은 감소한다.

⑤ 옳은 내용이다.
  시간당 임금이 상승할 경우 대체효과에 의하여 상대적으로 가격이 비싸진 여가의 소비는 감소하므로 노동공급은 증가한다. 따라서 소득효과를 고려하지 않고 오로지 대체효과만 고려하면 노동공급이 항상 증가한다.

효용을 극대화하는 근로자 갑은 여가와 근로소득을 선택한다. 다음 중 관찰될 수 있는 경우를 모두 고른 것은?

▶ 2014년 감정평가사

ㄱ. 시간당 임금이 상승했는데 갑의 노동공급이 감소했다.
ㄴ. 시간당 임금이 상승했는데 갑의 노동공급이 증가했다.
ㄷ. 시간당 임금에 근로소득세를 부과했더니 갑의 노동공급이 증가했다.
ㄹ. 갑에게 비근로소득이 생겨 노동공급이 증가했다.

① ㄱ, ㄴ
② ㄴ, ㄹ
③ ㄱ, ㄴ, ㄷ
④ ㄱ, ㄷ, ㄹ
⑤ ㄴ, ㄷ, ㄹ

출제이슈 여가 - 소득 선택모형에서 임금률, 근로소득세, 비근로소득 변화의 효과
핵심해설 정답 ③

ㄱ, ㄴ. 둘 다 옳은 내용이다.
시간당 임금이 상승할 경우 노동공급의 방향은 대체효과와 소득효과의 크기에 따라서 달라진다. 따라서 노동공급이 증가할 수도, 감소할 수도 있다.

ㄷ. 옳은 내용이다.
시간당 임금에 대해 근로소득세가 부과될 경우 노동공급의 방향은 대체효과와 소득효과의 크기에 따라서 달라진다. 따라서 노동공급이 증가할 수도, 감소할 수도 있다.

ㄹ. 틀린 내용이다.
비근로소득이 증가하는 경우 임금률은 불변이므로 소득효과만 발생한다. 따라서 소득증가에 따라 정상재인 여가에 대한 소비가 증가하고 노동공급은 감소한다.

갑의 효용함수는 $U = \sqrt{LF}$ 이며 하루 24시간을 여가(L)와 노동($24-L$)에 배분한다. 갑은 노동을 통해서만 소득을 얻으며 소득은 모두 식품(F)을 구매하는 데 사용한다. 시간당 임금은 10,000원, 식품의 가격은 2,500원이다. 갑이 예산제약하에서 효용을 극대화할 때, 여가시간과 구매하는 식품의 양은?

▶ 2018년 감정평가사

① $L=8, \quad F=64$　　　　② $L=10, \quad F=56$

③ $L=12, \quad F=48$　　　　④ $L=14, \quad F=40$

⑤ $L=16, \quad F=32$

출제이슈　여가 – 소득 선택모형 계산
핵심해설　정답 ③

여가 – 소득 선택모형은 다음과 같다.

$$\begin{cases} U = U(l, M) \text{ ------- ①} \\ \overline{W}\, l + M = 24\,\overline{W} \text{ ----- ②} \\ Max\ U \text{ ----------- ③} \end{cases} \qquad \begin{cases} U = \sqrt{LF} \text{ ------------- ①} \\ 10,000\,L + 2,500\,F = 240,000 \text{ --- ②} \\ Max\ U \text{ --------------- ③} \end{cases}$$

여기서 효용극대화는 효용함수의 $MRS_{L,F}$(한계대체율) $= -\dfrac{dF}{dL} = \dfrac{MU_L}{MU_F} = \dfrac{F}{L}$ 와 상대가격(4)을 일치시키는

것부터 출발점이다. 따라서 $\dfrac{F}{L} = 4$가 되고, 이 식과 위의 $10,000L + 2,500F = 240,000$을 연립하여 풀면,
$L = 12, \quad F = 48$이 된다.

여가(L) 및 복합재(Y)에 대한 갑의 효용은 $U(L, Y) = \sqrt{L} + \sqrt{Y}$ 이고, 복합재의 가격은 1이다. 시간당 임금이 w일 때, 갑의 여가시간이 L이면, 소득은 $w(24-L)$이 된다. 시간당 임금 w가 3에서 5로 상승할 때, 효용을 극대화하는 갑의 여가시간 변화는?

▶ 2020년 감정평가사

① 1만큼 증가한다.　　　　　　② 2만큼 증가한다.

③ 변화가 없다.　　　　　　　　④ 2만큼 감소한다.

⑤ 1만큼 감소한다.

출제이슈 여가 – 소득 선택모형 계산
핵심해설 정답 ④

여가 – 소득 선택모형은 다음과 같다.

$$\begin{cases} U = U(l, M) \ -------① \\ \overline{W}\,l + M = 24\,\overline{W} \ -----② \\ Max \ U \ -----------③ \end{cases} \qquad \begin{cases} U = \sqrt{L} + \sqrt{Y} \ ---------① \\ wL + Y = 24w \ -----------② \\ Max \ U \ --------------③ \end{cases}$$

여기서 효용극대화는 효용함수의 $MRS_{L, Y}$(한계대체율) $= -\dfrac{dY}{dL} = \dfrac{MU_L}{MU_Y} = \dfrac{\sqrt{Y}}{\sqrt{L}}$ 와 상대가격 w를 일치시키는 것이 출발점이다. 따라서 $\dfrac{\sqrt{Y}}{\sqrt{L}} = w$ 이 된다.

1) $w = 3$인 경우

$\dfrac{\sqrt{Y}}{\sqrt{L}} = 3$과 $3L + Y = 72$를 연립하여 풀면, $L = 6$, $Y = 54$가 된다.

2) $w = 5$인 경우

$\dfrac{\sqrt{Y}}{\sqrt{L}} = 5$와 $5L + Y = 120$을 연립하여 풀면, $L = 4$, $Y = 100$이 된다.

따라서 $L = 6$($w = 3$인 경우)에서 $L = 4$($w = 5$인 경우)로 여가는 2만큼 감소한다.

Issue 07 시점간 소비선택 모형

어빙 피셔(Irving Fisher)의 2기간 최적소비선택 모형에서 도출되는 결론으로 옳은 것만을 모두 고른 것은? (단, 기간별로 소비되는 재화는 모두 정상재, 차입제약은 없고, 각 기간의 소비는 모두 0보다 큼)

▶ 2011년 감정평가사

ㄱ. 제1기의 소득 증가는 제1기의 소비를 증가시킨다.
ㄴ. 제2기의 소득 증가는 제2기의 소비를 감소시킨다.
ㄷ. 실질이자율이 상승하면 제2기의 소비는 증가한다.
ㄹ. 제2기의 소득 증가는 제1기의 소비를 감소시킨다.

① ㄱ, ㄴ ② ㄴ, ㄷ ③ ㄱ, ㄷ
④ ㄴ, ㄹ ⑤ ㄷ, ㄹ

출제이슈 시점간 소비선택 모형
핵심해설 정답 없음, ㄱ만 옳음

ㄱ. 옳은 내용이다.
제1기의 소득이 증가하면 예산선이 평행하게 바깥쪽 방향으로 확장하며 이동한다. 이에 따라 1기 소비와 2기 소비가 모두 정상재인 경우에는 두 소비 모두 증가하며 이것이 바로 소득효과이다.

ㄴ. ㄹ. 모두 틀린 내용이다.
제2기의 소득이 증가하면 예산선이 평행하게 바깥쪽 방향으로 확장하며 이동한다. 이에 따라 1기 소비와 2기 소비가 모두 정상재인 경우에는 두 소비 모두 증가하며 이것이 바로 소득효과이다.

ㄷ. 틀린 내용이다.
실질이자율이 상승하면 저축자의 경우 2기의 소비가 증가하지만, 차입자의 경우 2기의 소비 방향은 불확실하다. 이자율 상승으로 인하여 상대적으로 미래소비 가격은 하락하고($\frac{1}{1+r} \rightarrow \frac{1}{1+r'}$), 현재소비 가격은 상승하게 된다. 이로 인한 가격효과를 대체효과와 소득효과로 나누어서 다음과 같이 분석해 보자. 이때, 유의할 점은 첫째, 이자율 상승에 따라 최초 소득부존점을 중심으로 회전이동한다는 점과 둘째, 저축자와 차입자에 따라서 분석결과가 상이할 수 있다는 것이다. 아래의 그래프는 우선 저축자를 중심으로 분석한 것이다.

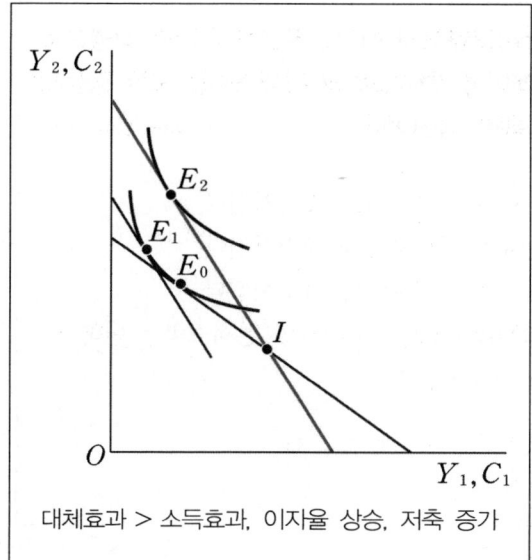

대체효과 > 소득효과, 이자율 상승, 저축 증가

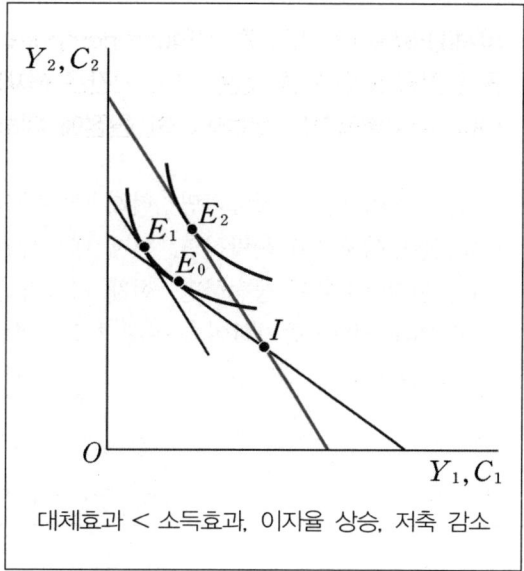

대체효과 < 소득효과, 이자율 상승, 저축 감소

1) 이자율 상승 시 $(r \to r')$: 저축이 증가하는 경우(대체효과 > 소득효과)

① 대체효과 $E_0 \to E_1$: 현재소비 상대가격 상승, 현재소비 감소, 미래소비 증가

② 소득효과 $E_1 \to E_2$: 저축자 소득증가, 현재소비 증가, 미래소비 증가

③ 총효과 $E_0 \to E_2$(대체 효과>소득효과) : 현재소비 감소, 저축 증가, 미래소비 증가

④ 정상재의 대체효과와 소득효과는 동일방향이나, 정상재 현재소비의 경우 반대임에 유의하자.

2) 이자율 상승 시 $(r \to r')$: 저축이 감소하는 경우(대체효과 < 소득효과)

① 대체효과 $E_0 \to E_1$: 현재소비 상대가격 상승, 현재소비 감소, 미래소비 증가

② 소득효과 $E_1 \to E_2$: 저축자 소득증가, 현재소비 증가, 미래소비 증가

③ 총효과 $E_0 \to E_2$(대체 효과<소득효과) : 현재소비 증가, 저축 감소, 미래소비 증가

④ 정상재의 대체효과와 소득효과는 동일방향이나, 정상재 현재소비의 경우 반대임에 유의하자.

이제 차입자를 분석하자.
차입자의 경우 이자율 상승 시 $(r \to r')$ 실질소득이 감소한다는 것에 유의하면서 분석하면 다음과 같다.

① 대체효과 $E_0 \to E_1$: 현재소비 상대가격 상승, 현재소비 감소, 미래소비 증가

② 소득효과 $E_1 \to E_2$: 차입자 소득감소, 현재소비 감소, 미래소비 감소

③ 총효과 $E_0 \to E_2$(대체 효과>소득효과) : 현재소비 감소, 미래소비 불분명

특히, 차입자는 저축자와 달리 대체효과와 소득효과의 방향이 일치하여 이자율 상승 시 항상 현재소비가 감소한다.

피셔(I.Fisher)의 기간 간 선택(intertemporal choice)모형에서 최적소비선택에 관한 설명으로 옳은 것을 모두 고른 것은? (단, 기간은 현재와 미래이며, 현재소비와 미래소비는 모두 정상재이다. 무차별곡선은 우하향하며 원점에 대하여 볼록한 곡선이다.) ▶ 2019년 감정평가사

ㄱ. 실질이자율이 상승하면, 현재 대부자인 소비자는 미래소비를 증가시킨다.
ㄴ. 실질이자율이 하락하면, 현재 대부자인 소비자는 현재저축을 감소시킨다.
ㄷ. 실질이자율이 상승하면, 현재 차입자인 소비자는 현재소비를 감소시킨다.
ㄹ. 미래소득이 증가하여도 현재 차입제약에 구속된(binding) 소비자의 현재소비는 변하지 않는다.

① ㄱ, ㄴ   ② ㄴ, ㄷ   ③ ㄷ, ㄹ
④ ㄱ, ㄷ, ㄹ   ⑤ ㄴ, ㄷ, ㄹ

출제이슈 시점 간 소비선택 모형에서 이자율 상승의 효과
핵심해설 정답 ④

ㄱ. 옳은 내용이다.
　이자율 상승 시 현재소비의 상대가격이 상승하므로 저축자의 경우 대체효과에 의하여 현재소비가 감소하고 미래소비가 증가한다. 이자율 상승으로 저축자는 실질소득이 증가하게 되므로 소득효과에 의하여 현재소비와 미래소비가 모두 증가한다. 따라서 미래소비는 확실히 증가한다.

ㄴ. 틀린 내용이다.
　이자율 하락 시 현재소비의 상대가격이 하락하므로 저축자의 경우 대체효과에 의하여 현재소비가 증가한다. 이자율 하락으로 저축자는 실질소득이 감소하게 되므로 소득효과에 의하여 현재소비가 감소한다. 따라서 현재소비의 방향은 불확실하므로 저축의 방향 역시 불확실하다.

ㄷ. 옳은 내용이다.
　이자율 상승 시 현재소비의 상대가격이 상승하므로 차입자의 경우 대체효과에 의하여 현재소비가 감소한다. 이자율 상승으로 차입자는 실질소득이 감소하게 되므로 소득효과에 의하여 현재소비가 감소한다. 따라서 현재소비는 확실히 감소한다.

ㄹ. 옳은 내용이다.
　미래소득이 증가하는 경우 예산선이 평행이동하게 된다. 그러나 차입제약이 있을 경우에는 현재소득 및 현재소비를 나타내는 횡축의 방향으로는 확장되지 못하고 오로지 종축의 방향으로만 확장하게 된다. 따라서 차입제약에 구속된 소비자는 미래소득이 늘어나더라도 현재소비는 불변이다.

현재와 미래 두 기간에 걸쳐 소비하는 갑의 현재소득 1,000, 미래소득 300, 현재 부(wealth) 200이다. 이자율이 2%로 일정할 때, 갑의 현재소비가 800이라면 최대가능 미래소비는?

▶ 2020년 감정평가사

① 504　　　　　　　　② 700　　　　　　　　③ 704

④ 708　　　　　　　　⑤ 916

출제이슈 시점 간 소비선택 모형 계산
핵심해설 정답 ④

시점 간 소비선택 모형은 다음과 같다.

$$\begin{cases} U = U(C_1, C_2) \ \text{------①} \\ C_1 + \dfrac{C_2}{1+r} = Y_1 + \dfrac{Y_2}{1+r} \ \text{---②} \\ Max \ U \ \text{------------③} \end{cases} \qquad \begin{cases} U = U(C_1, C_2) \ \text{------①} \\ C_1 + \dfrac{C_2}{1.02} = 1,200 + \dfrac{300}{1.02} \ \text{--②} \\ Max \ U \ \text{------------③} \end{cases}$$

시점 간 소비선택 모형도 일반적인 소비선택 모형과 유사하다. 소비자 최적선택은 예산선과 무차별곡선이 접하는 점에서 달성되며, 그 조건은 다음과 같다.

1) 한계대체율($\dfrac{MU_{C_1}}{MU_{C_2}}$) = 상대가격$(1+r)$이어야 한다.

2) 또한 균형은 반드시 예산선상에서 달성되어야 하므로 다음의 식을 만족한다.

$$C_1 + \dfrac{C_2}{1+r} = Y_1 + \dfrac{Y_2}{1+r}$$

단, 설문에서는 효용함수가 주어진 것이 아니므로 최적소비를 구할 수는 없으며 다만, 예산제약을 토대로 그 식을 해석하면서 문제를 풀면 된다. 설문에서 현재소득 1,000, 미래소득 300, 현재 부(wealth) 200 그리고 이자율 2%를 반영한 예산제약식은 $C_1 + \dfrac{C_2}{1.02} = 1,200 + \dfrac{300}{1.02}$ 이 된다. 이때 갑의 현재소비가 800인 경우 $C_1 = 800$이므로 이를 예산제약식에 대입하면 $800 + \dfrac{C_2}{1.02} = 1,200 + \dfrac{300}{1.02}$ 가 된다. 따라서 $C_2 = 708$이 된다.

> 효용을 극대화하는 갑은 1기의 소비(c_1)와 2기의 소비(c_2)로 구성된 효용함수 $U = U(c_1, c_2)$ $= c_1 c_2^2$을 가지고 있다. 갑은 시점 간 선택(intertemporal choice) 모형에서 1기에 3,000만 원, 2기에 3,300만 원의 소득을 얻고 이자율 10%로 저축하거나 빌릴 수 있다. 1기의 최적선택에 관한 설명으로 옳은 것은? (단, 인플레이션은 고려하지 않는다.) ▶ 2018년 감정평가사
>
> ① 1,000만 원을 저축할 것이다.   ② 1,000만 원을 빌릴 것이다.
> ③ 저축하지도 빌리지도 않을 것이다.   ④ 1,400만 원을 저축할 것이다.
> ⑤ 1,400만 원을 빌릴 것이다.

출제이슈 시점 간 소비선택 모형 계산
핵심해설 정답 ①

시점 간 소비선택 모형은 다음과 같다.

$$\begin{cases} U = U(C_1, C_2) \text{ -------①} \\ C_1 + \dfrac{C_2}{1+r} = Y_1 + \dfrac{Y_2}{1+r} \text{ ---②} \\ Max\ U \text{ -------------③} \end{cases} \qquad \begin{cases} U = C_1 C_2^2 \text{ ----------①} \\ C_1 + \dfrac{C_2}{1.1} = 3,000 + \dfrac{3,300}{1.1} \text{ --②} \\ Max\ U \text{ -----------③} \end{cases}$$

시점 간 소비선택 모형도 일반적인 소비선택 모형과 유사하다. 소비자 최적선택은 예산선과 무차별곡선이 접하는 점에서 달성되며, 그 조건은 다음과 같다.

1) 한계대체율($\dfrac{MU_{C_1}}{MU_{C_2}}$) = 상대가격($1+r$)이어야 한다.

2) 또한 균형은 반드시 예산선상에서 달성되어야 하므로 다음의 식을 만족한다.

$$C_1 + \dfrac{C_2}{1+r} = Y_1 + \dfrac{Y_2}{1+r}$$

따라서 설문에서 한계대체율은 $\dfrac{C_2}{2C_1}$이고 예산선의 기울기인 상대가격은 1.1이 되며, 둘은 일치해야 한다.

따라서 $C_2 = 2.2 C_1$이다. 이를 예산선과 함께 연립하여 풀면 $C_1 = 2,000$, $C_2 = 4,400$이 된다(단위 : 만 원).

설문을 검토하면 ①만 옳은 내용이다.
왜냐하면, 1기 소득이 3,000만 원인데 1기 소비는 2,000만 원이므로 저축이 1,000만 원이 된다.

소비자가 X재의 판매자일 때, 실물부존(real endowment) 모형에 관한 설명으로 옳지 않은 것은? (단, 주어진 소득으로 X재와 Y재만 양(+)의 소비를 한다.) ▶ 2025년 감정평가사

① 최적소비점은 예산선과 무차별곡선이 접하는 점이며 실물부존점과 일치하지 않을 수 있다.
② X재의 가격이 하락하고 효용이 증가하였다면, 소비자는 X재 구매자로 전환된다.
③ Y재의 가격이 하락하면, 소비자의 효용은 증가한다.
④ X재의 가격이 상승하고 Y재가 정상재라면, Y재의 소비는 증가한다.
⑤ X재의 가격이 상승하고 X재가 열등재라면, X재의 소비는 증가한다.

출제이슈 실물부존모형
핵심해설 정답 ⑤

1) 예산선의 변화

실질부존모형에서 가격변화는 초기 부존점을 중심으로 회전이동하게 되는데 이 문제에서는 X재 판매자가 소비자이므로 현재 부존량보다 덜 소비하고 있는 상황이다.

2) 실질소득의 변화

X재 가격상승으로 인하여 예산선이 회전이동하면서 기존의 균형과 비교하면 예산선이 확장하여 실질소득이 증가하게 된다.

3) 수요량의 변화

X재의 가격이 상승함에 따라서 대체효과에 의하여 X재 수요량이 감소하고, 소득효과에 의해서도 X재 수요량이 감소한다. 특히 X재 가격상승으로 인하여 실질소득이 증가함에 유의하고 X재가 열등재임을 고려하면 수요량은 감소한다.

 **08** 사회복지제도

 **09** 현시선호이론

갑의 소득은 24이고 X재와 Y재만 소비한다. 갑은 두 재화의 가격이 $P_X = 4$, $P_Y = 2$일 때, $A(x=5,\ y=1)$을 선택했고, 두 재화의 가격이 $P_X = 3$, $P_Y = 3$일 때, $B(x=2,\ y=6)$을 선택했다. 갑의 선택에 관한 설명으로 옳은 것을 모두 고른 것은? (단, x는 X재 소비량, y는 Y재 소비량) ▶ 2020년 감정평가사

ㄱ. 갑은 가격 변화 전 B를 선택할 수 있었음에도 불구하고 A를 선택했다.
ㄴ. 갑은 가격 변화 후 A를 선택할 수 없었다.
ㄷ. 갑의 선택은 현시선호 약공리를 만족하지 못한다.
ㄹ. 갑은 주어진 예산제약하에서 효용을 극대화하는 소비를 하고 있다.

① ㄱ, ㄴ 　　② ㄱ, ㄷ 　　③ ㄴ, ㄷ
④ ㄴ, ㄹ 　　⑤ ㄷ, ㄹ

출제이슈 현시선호와 약공리
핵심해설 정답 ②

ㄱ. 옳은 내용이다.
　　갑은 가격 변화 전 $P_X = 4$, $P_Y = 2$일 때, 소비점 A를 선택할 수 있었을 뿐만 아니라 실제로 선택하였고 이때, 지출액은 22가 된다. 한편, $P_X = 4$, $P_Y = 2$와 소비점 B의 소비량 $B(x=2,\ y=6)$을 고려하면 소비점 B는 지출액 20으로 소득 24의 범위 내이므로 선택가능하였지만 선택하지 않았음을 알 수 있다. 즉, 갑은 가격 변화 전 B를 선택할 수 있었음에도 불구하고 A를 선택하였다.

ㄴ. 틀린 내용이다.
　　갑은 가격 변화 후 $P_X = 3$, $P_Y = 3$일 때, 소비점 B를 선택할 수 있었을 뿐만 아니라 실제로 선택하였고 이때, 지출액은 24가 된다. 한편, $P_X = 3$, $P_Y = 3$과 소비점 A의 소비량 $A(x=5,\ y=1)$을 고려하면 소비점 A는 지출액 18로 소득 24의 범위 내이므로 선택가능하였지만 선택하지 않았음을 알 수 있다. 즉, 갑은 가격 변화 후 A를 선택할 수 있었음에도 불구하고 B를 선택하였다.

ㄷ. 옳은 내용이다.
　　갑은 가격 변화 전 B를 선택할 수 있었음에도 불구하고 A를 선택하였으며, 가격 변화 후에는 A를 선택할 수 있었음에도 불구하고 B를 선택했다. 이는 일관되지 못한 소비행위로서 약공리 위반이다.

ㄹ. 틀린 내용이다.
　　갑의 소득은 24인데, $P_X = 4$, $P_Y = 2$일 때, 소비점 A 선택의 경우 지출액은 22에 불과하므로 갑의 소비는 효용극대화를 충족하지 못한다.

소비자 갑은 X재와 Y재만 소비하여 효용을 극대화한다. 제1기의 X재 가격은 3이고, Y재 가격은 6이었을 때, 소비조합 $(X=3, \ Y=5)$를 선택하였다. 제2기에는 동일한 소득에서 X재와 Y재의 변동된 가격 P_X, P_Y에서 소비조합 $(X=6, \ Y=3)$을 선택하였다. 갑의 선택이 현시선호 약공리(weak axiom)를 만족하기 위한 조건은? ▶ 2019년 감정평가사

① $2P_X < 3P_Y$ ② $2P_X > 3P_Y$ ③ $3P_X < 2P_Y$

④ $3P_X > 2P_Y$ ⑤ $P_X < P_Y$

출제이슈 현시선호와 약공리
핵심해설 정답 ③

1) 1기에 $P_X=3$, $P_Y=6$인 경우 재화소비조합점 $(X, \ Y)=(3, \ 5)$ 선택

① 재화소비조합점이 $(X, \ Y)=(3, \ 5)$인 경우 지출액 $= 39 \Rightarrow$ 선택
② 재화소비조합점이 $(X, \ Y)=(6, \ 3)$인 경우 지출액 $= 36$

2) 2기에 P_X, P_Y인 경우 재화소비조합점 $(X, \ Y)=(6, \ 3)$ 선택

① 재화소비조합점이 $(X, \ Y)=(3, \ 5)$인 경우 지출액 $= 3P_X + 5P_Y$
② 재화소비조합점이 $(X, \ Y)=(6, \ 3)$인 경우 지출액 $= 6P_X + 3P_Y \Rightarrow$ 선택

위의 내용에 따라서 설문을 검토하면 다음과 같다.

갑은 1기에 $P_X=3$, $P_Y=6$인 경우 재화소비조합점 $(X, \ Y)=(3, \ 5)$를 선택하였고 이때의 지출액은 39이다. 이때, 재화소비조합점이 $(X, \ Y)=(6, \ 3)$인 경우 지출액은 36이므로 재화소비점 $(X, \ Y)=(6, \ 3)$도 선택가능하였지만 선택하지 않았다.

2기에는 가격이 P_X, P_Y인 경우 갑이 재화소비조합점 $(X, \ Y)=(6, \ 3)$을 선택하였고 이때의 지출액은 $6P_X+3P_Y$이다. 이때, 재화소비점이 $(X, \ Y)=(3, \ 5)$인 경우 지출액은 $3P_X+5P_Y$가 된다.

2기에 가격변화에 따라서 1기에 선택가능했던 소비조합점에서 다른 소비조합점으로 이동하더라도 약공리 위반이 되지 않기 위해서는, 즉 약공리가 충족되기 위해서는 1기에 선택한 재화소비점 $(X, \ Y)=(3, \ 5)$의 지출액이 2기의 지출가능액을 넘어서서 불가능한 경우에 해당하여야 한다. 따라서 이를 수식으로 나타내면 다음과 같다.

$6P_X+3P_Y < 3P_X+5P_Y$ 이를 정리하면 $3P_X < 2P_Y$가 된다.

두 재화 X와 Y의 가격이 제1기에 $P_X = 10$, $P_Y = 40$이었으며, 갑은 재화소비조합점 $(x, y) = (60, 20)$을 선택하였다. 현시선호이론에 관한 다음 설명 중 옳은 것만을 모두 고른 것은? (단, x, y는 각각 X재와 Y재의 소비량, P_X와 P_Y는 각각 X재와 Y재의 가격)

▶ 2011년 감정평가사

ㄱ. 제2기에 가격이 $P_X = 20$, $P_Y = 30$으로 변화했을 때, 갑이 재화소비조합점 $(65, 15)$를 선택했다면, 갑의 선택은 약공리를 위배하지 않는다.
ㄴ. 제2기에 가격이 $P_X = 20$, $P_Y = 20$으로 변화했을 때, 갑이 재화소비조합점 $(50, 30)$을 선택했다면, 갑의 선택은 약공리를 위배한다.
ㄷ. 강공리가 성립하면 약공리는 항상 성립한다.

① ㄱ   ② ㄱ, ㄴ   ③ ㄴ, ㄷ
④ ㄱ, ㄷ   ⑤ ㄱ, ㄴ, ㄷ

출제이슈 현시선호와 약공리
핵심해설 정답 ④

1) 1기에 $P_X = 10$, $P_Y = 40$인 경우 재화소비조합점 $(x, y) = (60, 20)$ 선택

  ① 재화소비조합점이 $(x, y) = (60, 20)$인 경우 지출액 = 1,400
  ② 재화소비조합점이 $(x, y) = (65, 15)$인 경우 지출액 = 1,250
  ③ 재화소비조합점이 $(x, y) = (50, 30)$인 경우 지출액 = 1,700

2) 2기에 $P_X = 20$, $P_Y = 30$인 경우 재화소비조합점 $(x, y) = (65, 15)$ 선택

  ① 재화소비조합점이 $(x, y) = (60, 20)$인 경우 지출액 = 1,800
  ② 재화소비조합점이 $(x, y) = (65, 15)$인 경우 지출액 = 1,750

3) 2기에 $P_X = 20$, $P_Y = 20$인 경우 재화소비조합점 $(x, y) = (50, 30)$ 선택

  ① 재화소비조합점이 $(x, y) = (60, 20)$인 경우 지출액 = 1,600
  ② 재화소비조합점이 $(x, y) = (50, 30)$인 경우 지출액 = 1,600

위의 내용에 따라서 설문을 검토하면 다음과 같다.

ㄱ. 옳은 내용이다.

갑은 1기에 $P_X = 10$, $P_Y = 40$인 경우 재화소비조합점 $(x, y) = (60, 20)$을 선택하였고 이때의 지출액은 1,400이다. 이때, 재화소비조합점이 $(x, y) = (65, 15)$인 경우 지출액은 1,250이므로 재화소비점 (x, y) $= (65, 15)$도 선택가능하였지만 선택하지 않았다.

이제 2기에 가격이 $P_X = 20$, $P_Y = 30$으로 변화했을 때, 갑이 재화소비조합점 $(65, 15)$를 선택하였고 이때의 지출액은 1,750이다. 이때, 재화소비점이 $(x, y) = (60, 20)$인 경우 지출액은 1,800이므로 2기의 지출액을 넘어서게 되어 이에 대한 선택이 불가능할 수 있다. 따라서 2기에 가격변화에 따라서 1기에 선택가능했던 소비조합점에서 다른 소비조합점으로 이동하더라도 약공리 위반이 아니다.

ㄴ. 틀린 내용이다.

갑은 1기에 $P_X = 10$, $P_Y = 40$인 경우 재화소비조합점 $(x, y) = (60, 20)$을 선택하였고 이때의 지출액은 1,400이다. 이때, 재화소비조합점이 $(x, y) = (50, 30)$인 경우 지출액은 1,700이므로 재화소비점 (x, y) $= (50, 30)$은 선택불가능하기 때문에 선택하지 않았다.

이제 2기에 가격이 $P_X = 20$, $P_Y = 20$으로 변화했을 때, 갑이 재화소비조합점 $(50, 30)$을 선택하였고 이때의 지출액은 1,600이다. 이때, 재화소비점이 $(x, y) = (60, 20)$인 경우 지출액은 1,600이므로 이에 대한 선택도 가능하다. 따라서 2기에 가격변화에 따라서 1기에 선택가능했던 소비조합점에서 2기에(1기에는 선택불가능하였지만, 2기에는 선택가능한) 다른 소비조합점으로 이동하더라도 약공리 위반이 아니다.

ㄷ. 옳은 내용이다.

강공리가 성립하면 약공리는 자동적으로 성립한다. 즉 강공리는 좁은 개념, 약공리는 넓은 개념으로 볼 수 있다.

두 재화 X재와 Y재를 소비하는 갑은 가격이 $(P_X, P_Y) = (1, 4)$일 때 소비조합 $(X, Y) = (6, 3)$, 가격이 $(P_X, P_Y) = (2, 3)$으로 변화했을 때 소비조합 $(X, Y) = (7, 2)$, 그리고 가격이 $(P_X, P_Y) = (4, 2)$으로 변화했을 때 소비조합 $(X, Y) = (6, 4)$를 선택하였다. 이에 관한 설명으로 옳은 것을 모두 고른 것은? ▶ 2022년 감정평가사

> ㄱ. 소비조합 $(X, Y) = (6, 3)$이 소비조합 $(X, Y) = (7, 2)$보다 직접 현시선호되었다.
> ㄴ. 소비조합 $(X, Y) = (6, 4)$이 소비조합 $(X, Y) = (7, 2)$보다 직접 현시선호되었다.
> ㄷ. 소비조합 $(X, Y) = (6, 3)$이 소비조합 $(X, Y) = (6, 4)$보다 직접 현시선호되었다.
> ㄹ. 선호체계는 현시선호이론의 약공리를 위배한다.

① ㄱ, ㄴ   ② ㄱ, ㄷ   ③ ㄱ, ㄹ
④ ㄴ, ㄷ   ⑤ ㄷ, ㄹ

출제이슈 현시선호와 약공리
핵심해설 정답 ①

ㄱ. 옳은 내용이다.

갑은 가격이 $(P_X, P_Y) = (1, 4)$일 때 소비조합 $(X, Y) = (6, 3)$을 선택하였고, 이때의 지출액은 18이다. 만일 가격이 $(P_X, P_Y) = (1, 4)$일 때 소비조합이 $(X, Y) = (7, 2)$인 경우 지출액은 15이므로 소비조합 $(X, Y) = (7, 2)$도 선택 가능하였지만 갑은 이를 선택하지 않았다. 따라서 소비조합 $(X, Y) = (6, 3)$은 소비조합 $(X, Y) = (7, 2)$보다 직접 현시선호되었다.

ㄴ. 옳은 내용이다.

갑은 가격이 $(P_X, P_Y) = (4, 2)$일 때 소비조합 $(X, Y) = (6, 4)$를 선택하였고, 이때의 지출액은 32이다. 만일 가격이 $(P_X, P_Y) = (4, 2)$일 때 소비조합이 $(X, Y) = (7, 2)$인 경우 지출액은 32이므로 소비조합 $(X, Y) = (7, 2)$도 선택 가능하였지만 갑은 이를 선택하지 않았다. 따라서 소비조합 $(X, Y) = (6, 4)$는 소비조합 $(X, Y) = (7, 2)$보다 직접 현시선호되었다.

ㄷ. 틀린 내용이다.

갑은 가격이 $(P_X, P_Y) = (1, 4)$일 때 소비조합 $(X, Y) = (6, 3)$을 선택하였고, 이때의 지출액은 18이다. 만일 가격이 $(P_X, P_Y) = (1, 4)$일 때 소비조합이 $(X, Y) = (6, 4)$인 경우 지출액은 22이므로 소비조합 $(X, Y) = (6, 4)$는 선택할 수 없었다. 따라서 소비조합 $(X, Y) = (6, 3)$은 소비조합 $(X, Y) = (6, 4)$보다 직접 현시선호되었다고 할 수 없다.

ㄹ. 틀린 내용이다.

1) 가격이 $(P_X, P_Y) = (1, 4)$일 때 소비조합 $(X, Y) = (6, 3)$ 선택
   ① 재화소비조합점이 $(X, Y) = (6, 3)$인 경우 지출액 = 18 ⇒ 선택
   ② 재화소비조합점이 $(X, Y) = (7, 2)$인 경우 지출액 = 15
   ③ 재화소비조합점이 $(X, Y) = (6, 4)$인 경우 지출액 = 22

2) 가격이 $(P_X, P_Y) = (2, 3)$일 때 소비조합 $(X, Y) = (7, 2)$ 선택
  ① 재화소비조합점이 $(X, Y) = (6, 3)$인 경우 지출액 = 21
  ② 재화소비조합점이 $(X, Y) = (7, 2)$인 경우 지출액 = 20 ⇒ 선택
  ③ 재화소비조합점이 $(X, Y) = (6, 4)$인 경우 지출액 = 24

3) 가격이 $(P_X, P_Y) = (4, 2)$일 때 소비조합 $(X, Y) = (6, 4)$ 선택
  ① 재화소비조합점이 $(X, Y) = (6, 3)$인 경우 지출액 = 30
  ② 재화소비조합점이 $(X, Y) = (7, 2)$인 경우 지출액 = 32
  ③ 재화소비조합점이 $(X, Y) = (6, 4)$인 경우 지출액 = 32 ⇒ 선택

첫 번째, 소비조합 $(X, Y) = (6, 3)$이 직접 현시된 경우 소비조합 $(X, Y) = (6, 3)$ vs $(X, Y) = (7, 2)$

갑은 가격이 $(P_X, P_Y) = (1, 4)$일 때 소비조합 $(X, Y) = (6, 3)$을 선택하였고, 이때의 지출액은 18이다. 만일 가격이 $(P_X, P_Y) = (1, 4)$일 때 소비조합이 $(X, Y) = (7, 2)$인 경우 지출액은 15이므로 소비조합 $(X, Y) = (7, 2)$도 선택가능하였지만 갑은 이를 선택하지 않았다. 따라서 소비조합 $(X, Y) = (6, 3)$은 소비조합 $(X, Y) = (7, 2)$보다 직접 현시선호되었다.

이제 갑은 가격이 $(P_X, P_Y) = (2, 3)$일 때 소비조합 $(X, Y) = (7, 2)$를 선택하였고, 이때의 지출액은 20이다. 만일 가격이 $(P_X, P_Y) = (2, 3)$일 때 소비조합이 $(X, Y) = (6, 3)$인 경우 지출액은 21이므로 소비조합 $(X, Y) = (6, 3)$은 선택불가능하다. 따라서 약공리에 위배되지 않는다.

두 번째, 소비조합 $(X, Y) = (6, 4)$가 직접 현시된 경우

① 소비조합 $(X, Y) = (6, 4)$ vs $(X, Y) = (7, 2)$
  갑은 가격이 $(P_X, P_Y) = (4, 2)$일 때 소비조합 $(X, Y) = (6, 4)$를 선택하였고, 이때의 지출액은 32이다. 만일 가격이 $(P_X, P_Y) = (4, 2)$일 때 소비조합이 $(X, Y) = (7, 2)$인 경우 지출액은 32이므로 소비조합 $(X, Y) = (7, 2)$도 선택가능하였지만 갑은 이를 선택하지 않았다. 따라서 소비조합 $(X, Y) = (6, 4)$는 소비조합 $(X, Y) = (7, 2)$보다 직접 현시선호되었다.

  이제 갑은 가격이 $(P_X, P_Y) = (2, 3)$일 때 소비조합 $(X, Y) = (7, 2)$를 선택하였고, 이때의 지출액은 20이다. 만일 가격이 $(P_X, P_Y) = (2, 3)$일 때 소비조합이 $(X, Y) = (6, 4)$인 경우 지출액은 24이므로 소비조합 $(X, Y) = (6, 4)$는 선택불가능하다. 따라서 약공리에 위배되지 않는다.

② 소비조합 $(X, Y) = (6, 4)$ vs $(X, Y) = (6, 3)$
  갑은 가격이 $(P_X, P_Y) = (4, 2)$일 때 소비조합 $(X, Y) = (6, 4)$를 선택하였고, 이때의 지출액은 32이다. 만일 가격이 $(P_X, P_Y) = (4, 2)$일 때 소비조합이 $(X, Y) = (6, 3)$인 경우 지출액은 30이므로 소비조합 $(X, Y) = (6, 3)$도 선택가능하였지만 갑은 이를 선택하지 않았다. 따라서 소비조합 $(X, Y) = (6, 4)$는 소비조합 $(X, Y) = (6, 3)$보다 직접 현시선호되었다.

  이제 갑은 가격이 $(P_X, P_Y) = (1, 4)$일 때 소비조합 $(X, Y) = (6, 3)$을 선택하였고, 이때의 지출액은 18이다. 만일 가격이 $(P_X, P_Y) = (1, 4)$일 때 소비조합이 $(X, Y) = (6, 4)$인 경우 지출액은 22이므로 소비조합 $(X, Y) = (6, 4)$는 선택불가능하다. 따라서 약공리에 위배되지 않는다.

위험에 대한 태도

갑은 을에게 100만 원을 위탁하고, 을은 자금을 운용하여 이익이 발생할 때에는 이익의 10%를 운용수수료로 받고 손실이 발생할 때에는 운용수수료를 받지 않는 계약을 맺었다. 갑은 자금운용을 전적으로 을에게 위임하며 을은 자신의 이익만을 추구한다. 상황에 따른 각 투자안별 수익(원금포함)이 다음과 같을 때 을의 투자선택과 기대운용 수수료는? (단, 갑과 을은 위험중립적이다.)

▶ 2013년 감정평가사

	상황1	상황2
확률	0.1	0.9
X 투자안	100만 원	110만 원
Y 투자안	400만 원	70만 원

① X 투자안을 선택하며, 기대운용수수료는 3만 원이다.
② X 투자안을 선택하며, 기대운용수수료는 6만 원이다.
③ X 투자안을 선택하며, 기대운용수수료는 9만 원이다.
④ Y 투자안을 선택하며, 기대운용수수료는 3만 원이다.
⑤ Y 투자안을 선택하며, 기대운용수수료는 6만 원이다.

출제이슈 불확실성 하의 선택
핵심해설 정답 ④

1. 각 투자안의 기대수익

1) X 투자안의 기대수익과 기대이익
   기대수익은 $(1,000,000 \times 0.1) + (1,100,000 \times 0.9) = 1,090,000$(원)이고, 기대이익은 90,000원이 된다.

2) Y 투자안의 기대수익과 기대이익
   기대수익은 $(4,000,000 \times 0.1) + (700,000 \times 0.9) = 1,030,000$(원)이고, 기대이익은 30,000원이 된다.

2. 각 투자안의 기대운용수수료

1) X 투자안의 기대운용수수료
   $(0 \times 0.1) + (100,000 \times 0.1 \times 0.9) = 9,000$

2) Y 투자안의 기대운용수수료
   $(3,000,000 \times 0.1 \times 0.1) + (0 \times 0.9) = 30,000$

3. 수탁인 을의 의사결정
을은 자신의 기대운용수수료를 극대화할 것이므로 Y 투자안을 선택하고, 그때의 기대운용수수료는 3만 원이 된다.

투자자 갑은 100으로 기업 A, B의 주식에만(기업 A에 x, 기업 B에 $100-x$) 투자한다. 표는 기업 A의 신약 임상실험 성공여부에 따른 기업 A, B의 주식투자 수익률이다. 임상실험의 결과와 관계없이 동일한 수익을 얻을 수 있도록 하는 x는?

▶ 2018년 감정평가사

주식투자 수익률 　　기업 A의 임상실험 성공 여부	성공	실패
기업 A	30%	0%
기업 B	−10%	10%

① 20　　　　　　② 25　　　　　　③ 30

④ 40　　　　　　⑤ 50

출제이슈 기대수익률

핵심해설 정답 ④

1) 임상실험 성공 시 기대수익률
$(x \times 0.3) + (100-x) \times (-0.1) = 0.4x - 10$

2) 임상실험 실패 시 기대수익률
$(x \times 0) + (100-x) \times (+0.1) = 10 - 0.1x$

3) 임상실험 결과와 관계없이 동일한 기대수익률
$0.4x - 10 = 10 - 0.1x$이므로 $x = 40$이 된다.

복권과 위험프리미엄

▶ 2013년 감정평가사

( )에 들어갈 내용을 순서대로 옳게 연결한 것은?

> 위험애호적(risk − loving)인 사람의 폰 노이만 − 모겐스턴 효용함수(von Neumann, Morgenstern utility function)는 (ㄱ)함수이며, (ㄴ)이(가) 기대소득보다 크므로 위험프리미엄이 0보다 (ㄷ).

① ㄱ : 오목,   ㄴ : 기대효용,   ㄷ : 크다
② ㄱ : 볼록,   ㄴ : 기대효용,   ㄷ : 작다
③ ㄱ : 오목,   ㄴ : 기대효용,   ㄷ : 작다
④ ㄱ : 오목,   ㄴ : 확실성등가,   ㄷ : 크다
⑤ ㄱ : 볼록,   ㄴ : 확실성등가,   ㄷ : 작다

출제이슈 위험에 대한 태도와 위험프리미엄
핵심해설 정답 ⑤

위험기피자의 경우, 복권이 공정한 복권이라고 하더라도 복권구입의 효용이 복권미구입의 효용에 미달하므로 결코 복권을 구입하지 않는다. 만일 갑에게 복권의 주관적 효용과 객관적 효용의 차이에 해당하는 금액만큼이 주어진다면, 갑은 복권을 구입할 수 있게 되며 그 금액을 위험프리미엄이라고 한다. 따라서 위험기피자의 위험프리미엄은 양의 부호를 갖는다.

반대로 위험애호자의 경우, 복권이 공정한 복권인 경우 복권구입의 효용이 복권미구입의 효용을 초과하므로 반드시 복권을 구입한다. 만일 갑에게 복권의 주관적 효용과 객관적 효용의 차이에 해당하는 금액만큼이 공제가 되더라도, 갑은 복권을 구입하게 되며 그 금액을 위험프리미엄이라고 한다. 따라서 위험애호자의 위험프리미엄은 음의 부호를 갖는다.

특히 복권의 객관적 가치에 해당하는 금액이 복권의 기대소득이며, 복권의 주관적 가치에 해당하는 금액이 복권의 확실대등액이 된다. 따라서 위험프리미엄은 복권의 기대소득에서 확실대등액을 차감한 값이 된다.

위의 내용에 따라서 설문의 내용을 검토하면 다음과 같다.

위험애호적(risk − loving)인 사람의 폰 노이만 − 모겐스턴 효용함수(von Neumann, Morgenstern utility function)는 횡축의 방향, 즉 아래에서 바라볼 때 볼록한 함수이며, 복권의 확실성등가 혹은 확실대등액이 기대소득보다 크므로 위험프리미엄이 0보다 작은 음의 부호를 갖는다.

> **기대효용이론에 관한 설명으로 옳은 것은? (단, U는 효용수준, M은 자산액)**
>
> ▶ 2011년 감정평가사
>
> ① 폰 노이만 – 모겐스턴(Von Neumann – Morgenstern) 효용함수에서 효용은 서수적 의미만 갖는다.
> ② 갑이 가지고 있는 복권 상금의 기대가치는 500이고 이 복권을 최소 450에 팔 용의가 있다면, 50을 갑의 위험프리미엄(risk premium)으로 볼 수 있다.
> ③ 위험기피자는 기대가치가 0인 복권을 구입할 것이다.
> ④ 위험선호자는 기대가치가 0인 보험에 가입할 것이다.
> ⑤ 을의 폰 노이만 – 모겐스턴 효용함수가 $U = M^{1.5}$로 주어졌다면 을은 위험기피자이다.

출제이슈 위험에 대한 태도와 위험프리미엄

핵심해설 정답 ②

① 틀린 내용이다.

폰 노이만 – 모겐스턴(Von Neumann – Morgenstern) 효용함수에서 효용은 서수적 의미뿐만 아니라 기수적 의미도 갖는다. 단, 폰 노이만 – 모겐스턴 효용함수를 확률값으로 가중평균한 기대효용함수는 서수적 의미를 갖는다. 불확실성하 효용함수의 기수성 및 서수성 이론은 수험 수준을 넘으므로 자세한 설명은 생략하기로 한다.

② 옳은 내용이다.

갑이 가지고 있는 복권 상금의 기대가치 500은 복권의 객관적 가치이며, 만일 갑이 이 복권을 최소 450에 팔 용의가 있다면, 이는 복권의 주관적 가치가 된다. 따라서 복권의 주관적 가치가 객관적 가치에 미달하므로 갑은 이 복권이 공정한 복권이라고 하더라도 복권구입의 효용이 복권미구입의 효용에 미달하므로 결코 복권을 구입하지 않는다. 이러한 갑의 태도를 위험기피적이라고 한다. 만일 갑에게 복권의 주관적 효용과 객관적 효용의 차이에 해당하는 금액만큼이 주어진다면, 갑은 복권을 구입할 수 있게 되며 그 금액을 리스크 프리미엄이라고 한다. 따라서 여기서는 복권의 기대가치 500에서 복권을 팔 용의가 있는 금액 450의 차이인 50이 리스크 프리미엄이 된다.

③ 틀린 내용이다.

위험기피자는 복권이 공정한 복권이라고 하더라도 복권구입의 효용이 복권미구입의 효용에 미달하므로 결코 복권을 구입하지 않는다. 따라서 기대가치가 0인 복권을 구입하지 않는다.

④ 틀린 내용이다.

위험애호자 혹은 선호자는 복권이 공정한 복권인 경우 복권구입의 효용이 복권미구입의 효용을 넘어서므로 반드시 복권을 구입한다. 복권이 확실성의 세계에서 불확실성의 세계로의 이행을 분석하는 것이라면 보험은 반대로 불확실성의 세계에서 확실성의 세계로의 이행을 분석하는 것이다. 따라서 위험애호자의 경우 기대가치가 0인 보험인 경우 보험가입의 효용이 보험미가입의 효용에 미달하므로 결코 보험에 가입하지 않는다.

⑤ 틀린 내용이다.

을의 폰 노이만 – 모겐스턴 효용함수가 $U = M^{1.5}$로 주어졌다면 소득의 총효용은 증가할 뿐만 아니라 소득의 한계효용도 증가함을 알 수 있다. 이는 주어진 폰 노이반 – 모겐스턴 효용함수를 미분하여 1계 도함수, 2계 도함수를 구하면 모두 양수라는 사실로부터 쉽게 알 수 있다. 따라서 주어진 폰 노이만 – 모겐스턴 효용함수는 횡쪽 방향에서 바라볼 때, 볼록한 형태를 보이며 이러한 효용함수의 소유자 을은 위험기피자가 아니라 위험애호자임을 알 수 있다.

동전을 던져 앞면이 나오면 9,000원을 따고 뒷면이 나오면 10,000원을 잃는 도박이 있다. 갑은 위험기피자, 을은 위험애호자, 병은 위험중립자인 경우 다음 설명으로 옳은 것은?

▶ 2012년 감정평가사

① 갑의 도박에의 참여여부는 위험기피도에 따라 결정될 것이다.
② 도박에 참여하는 대가로 500원을 준다 해도, 갑은 도박에 참여하지 않을 것이다.
③ 병은 이 도박에 반드시 참여할 것이다.
④ 을은 이 도박에 반드시 참여할 것이다.
⑤ 앞면이 나올 때 따는 금액을 1,000원 올려 10,000원으로 하고, 뒷면이 나올 때 잃는 금액을 1,000원 내려 9,000원으로 하면, 갑, 을, 병 모두 이 도박에 반드시 참여할 것이다.

출제이슈 위험에 대한 태도와 위험프리미엄
핵심해설 정답 ②

위험에 대한 태도에 따른 효용함수의 형태는 아래와 같다.

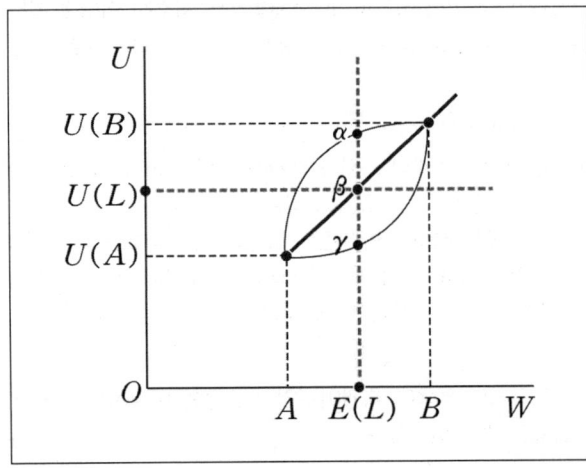

ⅰ) α점 통과하는 효용곡선 $C\alpha D$ ⌒ : 위험기피적
ⅱ) β점 〃 〃 $C\beta D$ ╱ : 위험중립적
ⅲ) γ점 〃 〃 $C\gamma D$ ⌣ : 위험애호적

위험기피자의 경우, 복권이 공정한 복권이라고 하더라도 복권구입의 효용이 복권미구입의 효용에 미달하므로 결코 복권을 구입하지 않는다. 만일 갑에게 복권의 주관적 효용과 객관적 효용의 차이에 해당하는 금액만큼이 주어진다면, 갑은 복권을 구입할 수 있게 되며 그 금액을 위험프리미엄이라고 한다. 따라서 위험기피자의 위험프리미엄은 양의 부호를 갖는다.

반대로 위험애호자의 경우, 복권이 공정한 복권인 경우 복권구입의 효용이 복권미구입의 효용을 초과하므로 반드시 복권을 구입한다. 만일 갑에게 복권의 주관적 효용과 객관적 효용의 차이에 해당하는 금액만큼이 공제가 되더라도, 갑은 복권을 구입하게 되며 그 금액을 위험프리미엄이라고 한다. 따라서 위험애호자의 위험프리미엄은 음의 부호를 갖는다.

특히 복권의 객관적 가치에 해당하는 금액이 복권의 기대소득이며 복권의 주관적 가치에 해당하는 금액이 복권의 확실대등액이 된다. 따라서 위험프리미엄은 복권의 기대소득에서 확실대등액을 차감한 값이 된다.

위의 내용에 따라서 설문의 내용을 검토하면 다음과 같다.

① 틀린 내용이다.
　동전을 던져 앞면이 나오면 9,000원을 따고 뒷면이 나오면 10,000원을 잃는 도박의 기대소득은 −500원이 된다. 위험기피자는 공정한 도박이더라도 도박에 참여하지 않으므로 위험기피자인 갑은 해당 문제와 같은 불공정한 도박에는 당연히 참여하지 않는다.

② 옳은 내용이다.
　동전을 던져 앞면이 나오면 9,000원을 따고 뒷면이 나오면 10,000원을 잃는 도박의 기대소득은 −500원이 된다. 위험기피자는 공정한 도박이더라도 도박에 참여하지 않으므로 도박에 참여하는 대가로 500원을 준다 해도, 도박의 기대소득이 0이 됨에 지나지 않으므로 위험기피자인 갑은 도박에 참여하지 않을 것이다.

③ 틀린 내용이다.
　동전을 던져 앞면이 나오면 9,000원을 따고 뒷면이 나오면 10,000원을 잃는 도박의 기대소득은 −500원이 된다. 위험중립자의 경우 공정한 도박이라면 도박에 참여할 때의 효용이나 도박에 참여하지 않을 때의 효용이나 동일하므로 참여 여부는 무차별하다. 그런데 불공정한 도박의 경우 도박에 참여할 때의 효용을 감소시키므로 결국 위험중립자에 있어서, 도박에 참여할 때의 효용보다 도박에 참여하지 않을 때의 효용이 더 크게 된다. 따라서 위험중립자인 병은 이 도박에 참여하지 않는다.

④ 틀린 내용이다.
　동전을 던져 앞면이 나오면 9,000원을 따고 뒷면이 나오면 10,000원을 잃는 도박의 기대소득은 −500원이 된다. 위험애호자의 경우 공정한 도박이라면 도박에 참여할 때의 효용이 도박에 참여하지 않을 때의 효용보다 더 크므로 반드시 도박에 참여한다. 그런데 불공정한 도박의 경우 도박에 참여할 때의 효용을 감소시키므로 결국 위험애호자에 있어서, 도박에 참여할 때의 효용과 도박에 참여하지 않을 때의 효용 간의 크기 비교는 불가능하게 된다. 따라서 주어진 정보만으로는 위험애호자인 을이 이 도박에 참여할지 여부를 알 수 없다.

⑤ 틀린 내용이다.
　앞면이 나올 때 따는 금액을 1,000원 올려 10,000원으로 하고, 뒷면이 나올 때 잃는 금액을 1,000원 내려 9,000원으로 하면, 해당 도박의 기대소득은 500원이 되어 도박참가자에게 유리한 도박이 된다. 유리한 도박의 경우 도박에 참여할 때의 효용을 증가시킨다.

　먼저 위험애호자와 위험중립자의 경우 위 ①, ②, ③, ④에서 살펴본 논리에 따라서 도박에 반드시 참여한다. 그러나 위험기피자의 경우 유리한 도박으로 인해서 도박에 참여할 때의 효용이 증가하기는 하지만, 도박에 참여하지 않을 때의 효용과 크기 비교가 불가능하여 주어진 정보만으로는 위험기피자인 갑이 이 도박에 참여할지 여부를 알 수 없다.

Issue 12 공정보험료와 최대보험료

$U = \sqrt{Y}$의 효용함수를 갖는 소비자가 100만 원의 가치가 있는 자전거를 소유하고 있다. 자전거의 도난확률이 0.5일 때, 다음 중 옳지 않은 것은? (단, Y는 재화가치이다.)

▶ 2014년 감정평가사

① 위험한 기회를 다른 사람에게 전가할 때 지급할 최대 추가보상액은 50만 원이다.

② 현재 이 소비자의 기대효용수준은 500이다.

③ 손실액 전액을 보상해주는 보험의 경우 공정한 보험료는 50만 원이다.

④ 손실액 전액을 보상해주는 보험에 대해 이 소비자는 최대 75만 원까지 지불할 용의가 있다.

⑤ 이 소비자는 위험기피자이다.

출제이슈 위험에 대한 태도, 위험프리미엄, 최대보험료와 공정보험료 종합

핵심해설 정답 ①

불확실성하에서의 기대효용모형은 다음과 같다.

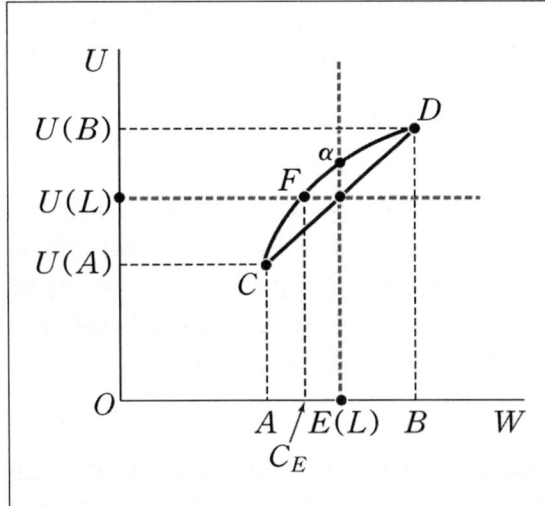

1) 기대효용함수

불확실한 상황 A, B를 내포하는 조건부상품 L에 대한 효용은 다음과 같이 폰노이만 – 모겐스턴 효용함수로 구할 수 있다.

A라는 특정상황(결과)에 대한 효용 $U(A)$과 B라는 특정상황(결과)에 대한 효용 $U(B)$을 가중평균한 함수로서

$U(L) = P U(A) + (1-P) U(B)$가 된다.

2) 조건부상품의 기댓값

$E(L) = P \cdot A + (1-P) \cdot B$

3) 위험에 대한 태도

$\Rightarrow$ $U(L)$과 $U[E(L)]$의 비교

보험료는 보험 가입 전 불확실한 상황(L)으로부터의 위험을 회피하기 위하여 지불하는 금액으로 이 경우 보험사를 통한 위험회피가 가능해진다.

보험 가입 이전에 자산의 상황이 A 혹은 B로서 불확실하였지만, 보험 가입 이후에는 자산의 상황이 확실하게 B로 확정이 된다. 따라서 보험 가입으로 인해서 기대소득이 증가하게 될 뿐만 아니라 기대효용도 증가하게 된다.

1) 보험 가입으로 인하여 보험 가입 전 효용인 $U(L)$보다 더 큰 효용인 $U(B)$의 달성이 가능하다.
2) 보험 가입으로 인하여 보험 가입 전 기대소득인 $E(L)$보다 더 큰 자산인 B의 달성이 가능하다.

따라서 보험 가입으로 인해서 증가하게 된 기대소득과 기대효용에 대한 대가를 지불해야 하는데 이것이 바로 보험료로 나타나는 것이다.

1) 최대보험료 : $B - C_E$
   보험 가입 후 기대되는 효용 $U(B)$과 보험 가입 전 기대되는 효용 $U(L)$의 차이
   → 금액으로 계량화 B → 금액으로 계량화 C_E

2) 공정보험료 : $B - E(L)$
   보험 가입 후 기대되는 자산·소득과 보험 가입 전 기대되는 자산·소득의 차이
   → 금액으로 계량화 B → 금액으로 계량화 $E(L)$

설문에서 주어진 자료를 활용하여 기대소득, 기대효용, 확실대등액을 구하면 다음과 같다.

1) 기대소득 $E(L)$
   $$E(L) = 0.5 \times 0 + 0.5 \times 1,000,000 = 500,000$$

2) 기대효용 $U(L)$
   $$U(L) = 0.5\,U(1,000,000) + 0.5\,U(0) = 0.5 \times \sqrt{1,000,000} + 0.5 \times \sqrt{0} = 500$$

3) 확실대등액 C_E
   $$U(L) = 0.65\,U(1,000,000) + 0.5\,U(0) = 0.5 \times \sqrt{1,000,000} + 0.5 \times \sqrt{0} = 500$$
   $U(L) = U(C_E)$에 따라서 확실대등액을 계산하면 $U(C_E) = \sqrt{C_E} = 500$, $C_E = 250,000$이 된다.

이제 설문을 검토하면 다음과 같다.

① 틀린 내용이다.
   위험기피자의 경우, 복권이 공정한 복권이라고 하더라도 복권구입의 효용이 복권미구입의 효용에 미달하므로 결코 복권을 구입하지 않는다. 만일 갑에게 복권이 주관적 효용과 객관적 효용의 차이에 해당하는 금액만큼이 주어진다면, 갑은 복권을 구입할 수 있게 되며 그 금액을 위험프리미엄이라고 한다. 따라서 위험기피자의 위험프리미엄은 양의 부호를 갖는다.

   반대로 위험애호자의 경우, 복권이 공정한 복권인 경우 복권구입의 효용이 복권미구입의 효용을 초과하므로 반드시 복권을 구입한다. 만일 갑에게 복권의 주관적 효용과 객관적 효용의 차이에 해당하는 금액만큼이 공제가 되더라도, 갑은 복권을 구입하게 되며 그 금액을 위험프리미엄이라고 한다. 따라서 위험애호자의 위험프리미엄은 음의 부호를 갖는다.
   특히 복권의 객관적 가치에 해당하는 금액이 복권의 기대소득이며 복권의 주관적 가치에 해당하는 금액이 복권의 확실대등액이 된다. 따라서 위험프리미엄은 복권의 기대소득에서 확실대등액을 차감한 값이 된다.

해당 문제에서는 복권이 아니라 보험으로서 복권에서의 위험프리미엄을 반대로 해석하면 된다.

위험기피자의 경우. 보험이 공정한 보험인 경우 보험 가입의 효용이 보험미가입의 효용을 초과하므로 반드시 보험에 가입한다. 위험기피자인 갑은 보험의 주관적 효용과 객관적 효용의 차이에 해당하는 금액만큼을 더 내고서라도 보험에 가입하려 할 것이며 그 금액을 위험프리미엄이라고 한다. 따라서 위험프리미엄은 위험을 다른 이에게 전가하기 위하여 공정한 보험료 이외에 낼 용의가 있는 금액으로 해석할 수 있게 된다.

여기서는 보험 상황에서의 기대소득 500,000원과 확실대등액 250,000원의 차이인 250,000원이 위험프리미엄으로서 위험전가를 위하여 지불해야 하는 공정한 보험료 이외의 최대 보상액이 된다.

② 옳은 내용이다.
현재 이 소비자의 기대효용수준은 다음과 같이 500으로 계산된다.
$$U(L) = 0.5\,U(1,000,000) + 0.5\,U(0) = 0.5 \times \sqrt{1,000,000} + 0.5 \times \sqrt{0} = 500$$

③ 옳은 내용이다.
손실액 전액을 보상해주는 보험의 경우 공정한 보험료는 다음과 같이 계산된다.

<u>보험 가입 후 기대되는 자산·소득</u>과 <u>보험 가입 전 기대되는 자산·소득</u>의 차이
→ 금액으로 계량화 B → 금액으로 계량화 $E(L)$

공정보험료는 보험으로 보장되는 금액 $B = 1,000,000$과 보험 미가입 시 기대소득 $E(L) = 500,000$의 차이인 500,000원이 된다.

④ 옳은 내용이다.
손실액 전액을 보상해주는 보험의 경우, 최대보험료는 다음과 같이 계산된다.

<u>보험 가입 후 기대되는 효용</u> $U(B)$과 <u>보험 가입 전 기대되는 효용</u> $U(L)$의 차이
→ 금액으로 계량화 B → 금액으로 계량화 C_E

최대보험료는 보험으로 보장되는 금액 $B = 1,000,000$과 보험 미가입 시 확실대등액 $C_E = 250,000$의 차이인 750,000원이 된다.

참고로 최대보험료는 ③에서 계산한 공정보험료 500,000원에 ①에서 계산한 위험프리미엄 250,000원을 더한 값과 같음을 확인할 수 있다.

⑤ 옳은 내용이다.
주어진 효용함수는 횡축 혹은 아래에서 바라볼 때 오목한 형태로서 위험기피적 성향을 나타낸다.

Chapter
04 생산이론

 01 생산함수의 성격

> 등량곡선에 관한 설명으로 옳은 것을 모두 고른 것은? (단, 한계기술대체율은 절댓값으로 나타 낸다.)
>
> ▶ 2024년 감정평가사
>
> ㄱ. 한계기술대체율은 두 생산요소의 한계생산 비율과 같다.
> ㄴ. 두 생산요소 사이에 완전 대체가 가능하다면 등량곡선은 직선이다.
> ㄷ. 등량곡선이 원점에 대해 볼록한 모양이면 한계기술대체율체감의 법칙이 성립한다.
> ㄹ. 콥-더글러스(Cobb-Douglas) 생산함수의 한계기술대체율은 0이다.
>
> ① ㄱ, ㄴ   ② ㄴ, ㄷ   ③ ㄷ, ㄹ
> ④ ㄱ, ㄴ, ㄷ   ⑤ ㄱ, ㄴ, ㄷ, ㄹ

출제이슈 등량곡선
핵심해설 정답 ④

ㄱ(○) : 한계기술대체율은 두 생산요소 간의 주관적 교환비율로서 두 생산요소의 한계생산의 비율로 나타낼 수 있으며, 기하적으로 등량곡선의 기울기가 된다.

ㄴ(○) : 두 생산요소 사이에 완전 대체의 관계가 있다면 등량곡선은 우하향하는 직선이며, 완전 보완의 관계가 있다면 ㄴ자형으로 나타난다.

ㄷ(○) : 등량곡선이 원점에 대해 볼록한 모양이면 노동투입량이 늘어날 때 자본투입량과의 기울기가 감소하므로 한계기술대체율체감의 법칙이 성립한다.

ㄹ(×) : CD생산함수가 $Q = AL^{\alpha}K^{\beta}$일 때, 한계기술대체율은 $\dfrac{MP_L}{MP_K} = \dfrac{\alpha K}{\beta L}$이 된다.

두 생산요소 노동(L)과 자본(K)을 투입하는 생산함수 $Q = 2L^2 + 2K^2$에서 규모수익 특성과 노동의 한계생산으로 각각 옳은 것은?

▶ 2018년 감정평가사

① 규모수익 체증, $4L$ ② 규모수익 체증, $4K$

③ 규모수익 체감, $4L$ ④ 규모수익 체감, $4K$

⑤ 규모수익 불변, $4L$

출제이슈 규모에 대한 수익
핵심해설 정답 ①

1) 규모수익 특성

$Q = 2L^2 + 2K^2$에서 요소투입을 동시에 늘릴 때, $2(jL)^2 + 2(jK)^2 = j^2(2L^2 + 2K^2)$이 된다.

따라서 $j^2(2L^2 + 2K^2) > j(2L^2 + 2K^2)$이므로 해당 생산함수는 규모수익 체증의 성격을 가진다.

2) 노동의 한계생산

$$MP_L = \frac{\partial Q}{\partial L} = \frac{\partial(2L^2 + 2K^2)}{\partial L} = 4L$$

생산함수가 $Q=5L^{0.4}K^{0.6}$일 때, 다음 설명 중 옳은 것은? (단, Q, L, K는 각각 생산량, 노동투입량, 자본투입량, $Q>0$, $L>0$, $K>0$) ▸ 2011년 감정평가사

① $L=K$일 경우 노동의 한계생산은 일정하다.
② 노동과 자본 간의 대체탄력성은 L, K값의 크기에 따라 변한다.
③ 등량곡선은 우하향하는 직선 모양을 갖는다.
④ 규모에 대한 수익이 체감한다.
⑤ 한계기술대체율은 L, K값의 크기와 관계없이 항상 일정하다.

출제이슈 $C-D$ 생산함수의 성격
핵심해설 정답 ①

① 옳은 내용이다.

노동의 한계생산은 $MP_L = \dfrac{\partial Q}{\partial L} = \dfrac{\partial(5L^{0.4}K^{0.6})}{\partial L} = 2\left(\dfrac{K}{L}\right)^{0.6}$로 구할 수 있다. 따라서 노동의 한계생산은 $L=K$일 경우 2로 일정함을 알 수 있다.

② 틀린 내용이다.

대체탄력성이란 요소가격이 변화할 때 그에 따라서 최적의 노동투입량과 자본투입량이 얼마나 민감하게 반응하는지 나타내는 척도로서 요소상대가격이 1% 변화할 때 자본노동비율(요소집약도)이 몇 % 변화하는지 나타낸다.

$$대체탄력성 \sigma = \frac{요소집약도의\ 변화율}{요소상대가격의\ 변화율} = \frac{d(\frac{K}{L})/(\frac{K}{L})}{d(\frac{w}{r})/(\frac{w}{r})}$$

생산함수가 $Q=5L^{0.4}K^{0.6}$일 때, 주어진 생산량을 최소비용으로 생산하는 균형점에서는 $\dfrac{MP_L}{MP_K}=\dfrac{w}{r}$가 성립하고 $\dfrac{MP_L}{MP_K}=\dfrac{2K}{3L}$가 된다. 생산요소 간 대체탄력성은 L, K값의 크기에 따라 변하지 않고 1이다.

③ 틀린 내용이다.

생산함수가 $Q=5L^{0.4}K^{0.6}$일 때, 등량곡선은 우하향하며 원점에 대해 볼록한 형태를 갖는다.

④ 틀린 내용이다.

생산함수가 $Q=5L^{0.4}K^{0.6}$일 때 $5(jL)^{0.4}(jK)^{0.6} = j^{0.4+0.6} \times 5L^{0.4}K^{0.6}$이므로 규모수익 불변의 성질을 가진다.

⑤ 틀린 내용이다.

생산함수가 $Q=5L^{0.4}K^{0.6}$일 때, 한계기술대체율은 $\dfrac{MP_L}{MP_K}=\dfrac{2K}{3L}$가 된다. 따라서 L, K값의 크기와 관계없이 항상 일정한 것이 아니라 그에 따라서 변화한다.

기업 A의 생산함수는 $Q = L + 3K$ 이다. 생산량이 일정할 때, 기업 A의 한계기술대체율에 관한 설명으로 옳은 것은? (단, Q는 생산량, L은 노동량, K는 자본량, $Q > 0$, $L > 0$, $K > 0$이다.)

▶ 2019년 감정평가사

① 노동과 자본의 투입량과 관계없이 일정하다.
② 노동 투입량이 증가하면 한계기술대체율은 증가한다.
③ 노동 투입량이 증가하면 한계기술대체율은 감소한다.
④ 자본 투입량이 증가하면 한계기술대체율은 증가한다.
⑤ 자본 투입량이 증가하면 한계기술대체율은 감소한다.

출제이슈 완전대체 생산함수의 성격
핵심해설 정답 ①

생산함수를 기하적으로 표시한 등량곡선의 기울기는 $-\dfrac{\Delta K}{\Delta L}$이 되는데 이는 노동 1단위의, 자본으로 표시한, 실물, 주관적 가격을 의미하여 이것이 $MRTS_{L, K}$(한계기술 대체율)이다.

설문에서 주어진 생산함수 $Q = L + 3K$는 선형의 생산함수로서 기울기가 항상 일정하므로 한계기술대체율이 항상 일정하다. 즉, 노동과 자본의 투입량과 상관없이 일정함을 의미한다.

참고로 노동과 자본 간 대체비율이 노동과 자본의 투입량과 상관없이 일정하다는 것은 요소 간 완전대체의 관계가 성립함을 의미한다.

기업 A의 생산함수가 $Q = \min\{L, 3K\}$이다. 생산요소조합 ($L = 10$, $K = 5$)에서 노동과 자본의 한계생산은 각각 얼마인가? (단, Q는 생산량, L은 노동량, K는 자본량이다.)

▶ 2019년 감정평가사

① 0, 1　　　　② 1, 0　　　　③ 1, 3
④ 3, 1　　　　⑤ 10, 5

출제이슈 완전보완 생산함수의 성격
핵심해설 정답 ②

생산요소조합 ($L = 10$, $K = 5$)에서 생산량은 $Q = \min\{L, 3K\} = \min\{10, 15\} = 10$이 된다.
이때, 노동을 추가적으로 1단위 더 투입하면, 생산은 11이 되므로 노동의 한계생산은 1이 된다.

그러나 자본을 추가적으로 1단위 더 투입하더라도 여전히 생산은 11이 되므로 자본의 한계생산은 0이 된다.
이는 요소 간 완전보완의 관계라는 독특한 성질에서 연유하는 것이다.

기업 A의 생산함수는 $Q = \min\{L, K\}$이다. 이에 관한 설명으로 옳은 것을 모두 고른 것은?

(단, Q는 산출량, w는 노동 L의 가격, r은 자본 K의 가격이다.) ▶ 2018년 감정평가사

ㄱ. 생산요소 L과 K의 대체탄력성은 0이다.
ㄴ. 생산함수는 1차 동차함수이다.
ㄷ. 비용함수는 $C(w, r, Q) = Q^{w+r}$로 표시된다.

① ㄱ   ② ㄴ   ③ ㄱ, ㄴ
④ ㄴ, ㄷ   ⑤ ㄱ, ㄴ, ㄷ

출제이슈 완전보완 생산함수의 성격
핵심해설 정답 ③

ㄱ. 옳은 내용이다.
　　주어진 생산함수는 레온티에프 생산함수로서 요소 간 완전보완의 성격을 가지므로 요소 간 대체탄력성은 0이 된다.

ㄴ. 옳은 내용이다.
　　$Q = \min\{L, K\}$, $\min\{jL, jK\} = j\min\{L, K\}$이 성립하므로 생산함수는 1차 동차함수이다.

ㄷ. 틀린 내용이다.
　　완전보완의 생산함수 $Q = \min\{L, K\}$에서는 $L = K$와 비용선이 만나는 점에서 최적의 생산이 이루어진다. 이를 수리적으로 표현하면, $L = K = Q$가 되며 이를 비용식에 대입하면 다음과 같다.

$$C = wL + rK = (w+r)Q$$

　　따라서 비용함수는 $C(w, r, Q) = (w+r)Q$로 표시된다.

기업 A의 노동과 자본의 투입량과 산출량 수준을 관찰한 결과 다음과 같은 표를 얻었다. 이 표에서 발견할 수 없는 현상은? (단, 생산에 투입되는 요소는 노동과 자본뿐이다.)

▶ 2012년 감정평가사

노동투입	자본투입	총생산
1	4	20
2	2	20
3	2	28
4	1	20
4	2	35
4	3	38
4	4	40

① 규모의 경제   ② 규모수익 불변
③ 노동의 한계생산 체감   ④ 자본의 한계생산 체감
⑤ 노동에 대한 자본의 한계기술대체율 체감

출제이슈 생산함수의 특성
핵심해설 정답 ①

① 발견할 수 없다.
　생산량이 증가함에 따라서 장기평균비용이 하락하는 현상을 규모의 경제라고 하며 이는 장기평균비용곡선이 우하향하는 것으로 나타난다. 주어진 표에서는 비용에 관한 자료가 제시되어 있지 않으므로 규모의 경제 여부를 판단할 수 없다.

② 발견할 수 있다.
　규모수익 불변은 생산요소의 투입을 동시에 같은 비율로 늘릴 때, 산출량도 동일한 비율로 증가하는 경우를 의미한다. 주어진 표에서 노동을 2단위에서 4단위로, 자본을 2단위에서 4단위로 늘리면, 총생산은 20단위에서 40단위로 늘어난다. 즉 요소투입을 모두 2배 증가시키면, 생산도 2배 증가하므로 규모수익 불변 현상이 발견된다.

③ 발견할 수 있다.
　자본이 2단위로 고정된 상황에서, 노동을 2단위에서 3단위로 증가시킬 경우 총생산은 20단위에서 28단위로 증가한다. 따라서 노동의 한계생산은 8단위가 된다. 역시 자본이 2단위로 고정된 상황에서, 노동을 3단위에서 4단위로 증가시킬 경우 총생산은 28단위에서 35단위로 증가한다. 따라서 노동의 한계생산은 7단위가 된다. 결국 노동투입이 2단위에서 3단위로 증가함에 따라서 노동의 한계생산은 8단위에서 7단위로 감소하는 현상이 발견된다.

④ 발견할 수 있다.

노동이 4단위로 고정된 상황에서, 자본을 1단위에서 2단위로 증가시킬 경우 총생산은 20단위에서 35단위로 증가한다. 따라서 자본의 한계생산은 15단위가 된다. 역시 노동이 4단위로 고정된 상황에서, 자본을 2단위에서 3단위로 증가시킬 경우 총생산은 35단위에서 38단위로 증가한다. 따라서 자본의 한계생산은 3단위가 된다. 결국 자본투입이 1단위에서 2단위로 증가함에 따라서 자본의 한계생산은 15단위에서 3단위로 감소하는 현상이 발견된다.

⑤ 발견할 수 있다.

한계기술대체율은 무차별곡선의 기울기이므로 동일한 산출량 20을 전제로 하여 구해보자. 동일한 산출량 20을 달성하는 노동과 자본의 조합은 (1, 4), (2, 2), (4, 1)이 가능하다. 먼저 (1, 4), (2, 2)를 기준으로 무차별곡선의 기울기를 구하면 2가 되고, (2, 2), (4, 1)을 기준으로 무차별곡선의 기울기를 구하면 0.5가 된다. 따라서 노동의 투입을 늘림에 따라서 한계기술대체율이 감소함을 알 수 있다.

> **생산자이론에 관한 설명으로 옳지 않은 것은?** ▶ 2023년 감정평가사

① 한계기술대체율은 등량곡선의 기울기를 의미한다.

② 등량곡선이 직선일 경우 대체탄력성은 무한대의 값을 가진다.

③ 0차 동차생산함수는 규모수익불변의 성격을 갖는다.

④ 등량곡선이 원점에 대해 볼록하다는 것은 한계기술대체율이 체감하는 것을 의미한다.

⑤ 규모수익의 개념은 장기에 적용되는 개념이다.

출제이슈 생산함수의 특성
핵심해설 정답 ③

① 옳은 내용이다.

등량곡선의 정의에 의하여 두 생산요소 간 대체가 발생하여도 산출량은 불변이며 이때, 두 생산요소 간 대체의 비율을 한계기술대체율($MRTS_{L,K}$)이라고 한다. 이때, 한계기술대체율을 기하적으로 나타내면, 등량곡선의 기울기(엄밀하게는 기울기의 절댓값) $-\dfrac{\Delta K}{\Delta L}$가 된다. 한편 한계기술대체율은 노동 1단위의, 자본으로 표시한, 실물, 주관적 가격을 의미한다.

② 옳은 내용이다.

대체탄력성이란 요소가격이 변화할 때 그에 따라서 최적의 노동투입량과 자본투입량이 얼마나 민감하게 반응하는지 나타내는 척도로서 요소상대가격이 1% 변화할 때 자본노동비율(요소집약도)이 몇 % 변화하는지 나타내며 그 산식은 다음과 같다.

$$\text{대체탄력성}\ \sigma = \frac{\text{요소집약도의 변화율}}{\text{요소상대가격의 변화율}} = \frac{d(\frac{K}{L})/(\frac{K}{L})}{d(\frac{w}{r})/(\frac{w}{r})}$$

선형에 가까운 등량곡선의 경우 요소상대가격 변화 시 요소집약도의 변화가 크고 노동─자본 간 대체가 상대적으로 더 쉽기 때문에 대체탄력성이 크다. 극단적으로 등량곡선이 선형인 경우 요소 간 대체가 완전하여, 대체탄력성은 무한대가 된다.

③ 틀린 내용이다.

모든 생산요소의 투입을 일정한 비율로 변화시킬 때 그에 따른 생산량의 변화를 규모에 대한 수익(returns to scale) 혹은 간단히 규모수익이라고 한다. 특히 모든 생산요소의 투입량을 j배 증가시킬 때 생산량도 j배 증가하는 경우 규모에 대한 수익 불변(CRS)이라고 한다. 이를 수리적으로 표현하면 다음과 같다.

$$Q = f(L, K),\ f(jL, jK) = jf(L, K)$$

따라서 생산함수가 만일 α차 동차 생산함수라면 $j^{\alpha} \cdot f(L, K) = j \cdot f(L, K)$이 성립하므로 ∴ $\alpha = 1$ 즉 1차 동차함수가 규모수익불변이 된다. 참고로 이 경우에는 생산요소 투입량 증가에 따라서 등량곡선 간격이 일정하게 나타난다.

④ 옳은 내용이다.

등량곡선이란 동일한 수준의 생산량을 달성시키는 생산요소 투입량 간의 조합의 궤적을 말한다. 등량곡선의 기울기(엄밀하게는 기울기의 절댓값)는 한계기술대체율이며, 등량곡선이 원점에 대해 볼록한 경우 한계기술대체율은 점차 감소한다. 한편 등량곡선이 우하향하는 직선인 경우 한계기술대체율은 불변이다.

⑤ 옳은 내용이다.

고려되는 기간이 일부 생산요소의 투입량을 변화시킬 수 없는 기간으로서 고정투입요소가 존재하고 가변투입 요소가 노동 하나뿐인 경우일 때를 단기라고 한다. 고려되는 기간이 모든 생산요소의 투입량을 변화시킬 수 있는 기간으로서 고정투입요소가 존재하지 않고 가변투입요소만 존재하는 경우를 장기라고 한다. 한편, 모든 생산요소의 투입을 일정한 비율로 변화시킬 때 그에 따른 생산량의 변화를 규모에 대한 수익(returns to scale) 혹은 간단히 규모수익이라고 한다. 따라서 규모수익은 개념상 모든 생산요소의 투입량이 변화할 수 있기 때문 에 장기에 적용된다고 할 수 있다.

기업 생산이론에 관한 설명으로 옳은 것을 모두 고른 것은?　▶ 2021년 감정평가사

ㄱ. 장기(long-run)에는 모든 생산요소가 가변적이다.
ㄴ. 다른 생산요소가 고정인 상태에서 생산요소 투입 증가에 따라 한계생산이 줄어드는 현상 이 한계생산 체감의 법칙이다.
ㄷ. 등량곡선이 원점에 대해 볼록하면 한계기술대체율 체감의 법칙이 성립한다.
ㄹ. 비용극소화는 이윤극대화의 필요충분조건이다.

① ㄱ, ㄴ　　　　② ㄷ, ㄹ　　　　③ ㄱ, ㄴ, ㄷ
④ ㄴ, ㄷ, ㄹ　　　⑤ ㄱ, ㄴ, ㄷ, ㄹ

출제이슈　생산 및 비용이론 일반
핵심해설　정답 ③

ㄱ. 옳은 내용이다.

기업의 생산에 있어서 일부 생산요소의 투입량을 변화시킬 수 없는 기간이 단기인 반면, 모든 생산요소의 투입 량을 변화시킬 수 있는 기간이 장기이다.

ㄴ. 옳은 내용이다.

다른 생산요소가 고정인 상태에서 특정 생산요소의 투입을 증가시켜 상품의 생산을 늘려감에 따라서 한계생산 이 궁극적으로는 점차 줄어들게 되는데 이를 한계생산 체감의 법칙이라고 한다.

ㄷ. 옳은 내용이다.

등량곡선이란 동일한 수준의 생산량을 달성시키는 생산요소 투입량 간 조합의 궤적으로서 등량곡선이 원점에 대해 볼록한 경우에는 두 생산요소 간 대체의 비율이 점차로 줄어듦을 의미한다. 이를 한계기술대체율 체감의 법칙이라고 한다.

ㄹ. 틀린 내용이다.

기업의 이윤은 총수입에서 총비용을 차감한 것으로서 비용을 극소화하는 것이 바로 이윤극대화를 의미하는 것은 아니다. 따라서 비용극소화가 이윤극대화의 필요충분조건이라고 할 수 없다.

Issue 02 비용함수의 성격

기업 A의 총비용곡선에 관한 설명으로 옳지 않은 것은? (단, 생산요소는 한 종류이며, 요소가격은 변하지 않는다.)

▶ 2018년 감정평가사

① 총평균비용곡선은 U자형 모형을 가진다.
② 총평균비용이 하락할 때 한계비용이 총평균비용보다 크다.
③ 평균고정비용곡선은 직각 쌍곡선의 모양을 가진다.
④ 생산량이 증가함에 따라 한계비용곡선은 평균가변비용곡선의 최저점을 아래에서 위로 통과한다.
⑤ 생산량이 증가함에 따라 총비용곡선의 기울기가 급해지는 것은 한계생산이 체감하기 때문이다.

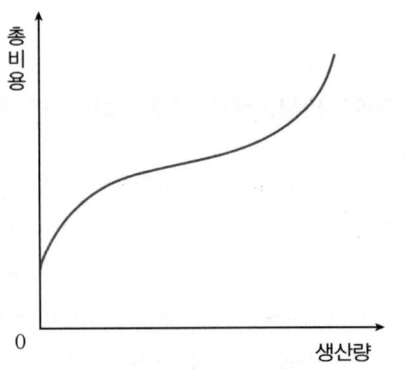

출제이슈 비용의 분류와 개념
핵심해설 정답 ②

① 옳은 내용이다.
평균비용곡선은 U자형을 나타낸다. 이는 생산을 증가시킴에 따라서 평균비용이 감소하다가 최저를 기록한 후에는 다시 평균비용이 증가하기 시작함을 의미한다.

② 틀린 내용이다.
평균비용이 하락할 때 한계비용이 평균비용보다 작고, 평균비용이 상승할 때 한계비용이 평균비용보다 크다.

③ 옳은 내용이다.
총고정비용은 일정하게 고정되어 있는 상수이다. 따라서 평균고정비용은 총고정비용을 생산량으로 나눈 값이므로 평균고정비용곡선은 직각 쌍곡선의 모양을 가진다.

④ 옳은 내용이다.
생산량이 증가함에 따라 한계비용곡선은 평균가변비용곡선의 최저점을 아래에서 위로 통과한다. 또한 한계비용곡선은 평균비용곡선의 최저점을 역시 아래에서 위로 통과한다. 이는 한계비용이 평균비용이나 평균가변비용보다 더 큰 경우에는 평균비용과 평균가변비용이 감소함을 의미한다.

⑤ 옳은 내용이다.
생산량이 증가함에 따라 총비용곡선의 기울기가 급해지는 것은 한계비용이 체증하는 것을 의미한다. 그런데 한계비용의 체증이 나타나는 것은 한계생산이 체감하기 때문이다.

A기업의 총비용곡선이 $TC = 100 + Q^2$일 때, 옳은 것은? (단, Q는 생산량)

▶ 2020년 감정평가사

① 평균가변비용곡선은 U자 모양을 갖는다.
② 평균고정비용곡선은 수직선이다.
③ 한계비용곡선은 수평선이다.
④ 생산량이 10일 때 평균비용과 한계비용이 같다.
⑤ 평균비용의 최솟값은 10이다.

출제이슈 비용의 분류와 개념
핵심해설 정답 ④

총비용함수가 $TC = 100 + Q^2$로 주어져 있다. 따라서 다음을 알 수 있다.

총고정비용은 100, 총가변비용은 Q^2이 된다. 그리고 평균고정비용은 총고정비용을 생산량으로 나누어 구하면 $\dfrac{100}{Q}$이 되고, 평균가변비용은 총가변비용을 생산량으로 나누어 구하면 Q가 된다. 한편, 한계비용은 총비용을 미분하여 구하면 $2Q$가 된다.

① 틀린 내용이다.

평균가변비용은 총가변비용을 생산량으로 나누어 구하면 Q가 되므로 평균가변비용곡선은 U자 모양이 아니라 직선이 된다.

② 틀린 내용이다.

평균고정비용은 총고정비용을 생산량으로 나누어 구하면 $\dfrac{100}{Q}$이 되므로 평균고정비용곡선은 수직선이 아니라 직각쌍곡선 형태가 된다.

③ 틀린 내용이다.

한계비용은 총비용을 미분하여 구하면 $2Q$가 되므로 한계비용곡선은 수평선이 아니라 기울기가 2인 직선이 된다.

④ 옳은 내용이다.

평균비용은 총비용을 생산량으로 나누어 구하면 $AC = \dfrac{100}{Q} + Q$가 되므로 생산량이 10일 때 평균비용은 20이 된다. 한편 한계비용은 총비용을 미분하여 구하면 $2Q$가 되므로 생산량이 10일 때 한계비용은 20이 된다. 따라서 생산량이 10일 때 평균비용과 한계비용은 동일하다.

⑤ 틀린 내용이다.

평균비용은 총비용을 생산량으로 나누어 구하면 $AC = \dfrac{100}{Q} + Q$가 되고, 평균비용의 최소는 평균비용을 미분하여 0으로 두면 구할 수 있다. $\dfrac{dAC}{dQ} = -\dfrac{100}{Q^2} + 1 = 0$이므로 $Q = 10$일 때, 평균비용이 최소가 되며 그때 평균비용의 최솟값은 20이다.

> 갑 기업의 단기총비용함수가 $C = 25 + 5Q$일 때, 갑 기업의 단기비용에 관한 설명으로 옳은
> 것은? (단, Q는 양(+)의 생산량이다.)
> ▶ 2016년 감정평가사
>
> ① 모든 생산량 수준에서 평균가변비용과 한계비용은 같다.
> ② 모든 생산량 수준에서 평균고정비용은 일정하다.
> ③ 생산량이 증가함에 따라 한계비용은 증가한다.
> ④ 평균비용곡선은 U자 형태이다.
> ⑤ 생산량이 일정 수준 이상에서 한계비용이 평균비용을 초과한다.

출제이슈 비용의 분류와 개념
핵심해설 정답 ①

단기총비용함수가 $C = 25 + 5Q$로 주어져 있다. 따라서 다음을 알 수 있다.

총고정비용은 25, 총가변비용은 $5Q$가 된다. 그리고 평균고정비용은 $\dfrac{25}{Q}$, 평균가변비용은 5가 된다.

한편, 한계비용은 5로서 일정하다.

① 옳은 내용이다.

　모든 생산량 수준에서 평균가변비용과 한계비용은 5로서 같다.

② 틀린 내용이다.

　평균고정비용은 $\dfrac{25}{Q}$로서 생산량이 증가함에 따라서 감소한다.

③ 틀린 내용이다.

　생산량이 증가하더라도 한계비용은 5로서 일정하다.

④ 틀린 내용이다.

　평균비용은 평균고정비용과 평균가변비용을 더한 것으로서 $\dfrac{25}{Q} + 5$가 된다. 따라서 평균비용곡선은 U자 형태
　가 아니며 생산량 증가에 따라서 하락하는 모양을 보인다.

⑤ 틀린 내용이다.

　한계비용은 5이고 평균비용은 $\dfrac{25}{Q} + 5$이므로 평균비용이 항상 한계비용을 초과한다.

갑기업의 단기총비용함수가 $C = 100 + 10Q$ 일 때, 갑기업의 비용에 관한 설명으로 옳지 않은 것은? (단, Q는 양(+)의 생산량이다.) ▶ 2015년 감정평가사

① 고정비용은 100이다.
② 모든 생산량 수준에서 한계비용은 10이다.
③ 생산량이 증가함에 따라 총비용은 증가한다.
④ 생산량이 증가함에 따라 평균비용은 감소한다.
⑤ 모든 생산량 수준에서 한계비용은 평균비용보다 크다.

출제이슈 비용의 분류와 개념
핵심해설 정답 ⑤

① 옳은 내용이다.
생산량에 관계없이 발생하는 총고정비용은 100이다. 고정비용은 고정투입요소에 대한 비용(예 공장부지, 기계 임차에 따른 비용)으로서 모든 고정비용이 매몰비용인 것은 아니다. 고정비용은 회수가능한 비용과 회수불가능한 비용(매몰비용)으로 구성된다. 재판매가 가능한 생산시설에 소요된 비용의 경우, 고정비용으로서 일부는 매몰비용으로 회수불가능한 비용이지만, 일부는 회수가능한 비용이다.

② 옳은 내용이다.
한계비용은 추가적인 생산에 따른 비용의 증가분으로서 $C = 100 + 10Q$ 에서 10을 의미한다. 따라서 생산량 수준에 관계없이 한계비용은 항상 10이 된다.

③ 옳은 내용이다.
단기총비용함수가 $C = 100 + 10Q$ 이므로 생산량이 증가함에 따라서 총비용은 증가함을 알 수 있다.

④ 옳은 내용이다.
평균비용은 단위당 생산비용으로서 총비용을 생산량으로 나누어 구한다. 따라서 총비용 $C = 100 + 10Q$ 를 고려하면 평균비용은 $\frac{100}{Q} + 10$ 이 되며 이는 생산이 증가함에 따라서 평균비용은 감소함을 의미한다.

⑤ 틀린 내용이다.
한계비용은 추가적인 생산에 따른 비용의 증가분으로서 $C = 100 + 10Q$ 에서 10을 의미한다. 따라서 생산량 수준에 관계없이 한계비용은 항상 10이 된다. 평균비용은 단위당 생산비용으로서 총비용을 생산량으로 나누어 구한다. 따라서 총비용 $C = 100 + 10Q$ 를 고려하면 평균비용은 $\frac{100}{Q} + 10$ 이 된다. 이때, 한계비용 10과 평균비용 $\frac{100}{Q} + 10$ 을 비교하면 평균비용이 항상 한계비용보다 큼을 알 수 있다.

비용곡선에 관한 설명으로 옳은 것을 모두 고른 것은?　▶ 2024년 감정평가사

> ㄱ. 기술진보는 평균비용곡선을 아래쪽으로 이동시킨다.
> ㄴ. 규모에 대한 수익이 체증하는 경우 장기평균비용곡선은 우하향한다.
> ㄷ. 단기에서 기업의 평균비용곡선은 한계비용곡선의 최저점에서 교차한다.
> ㄹ. 규모의 경제가 있으면 평균비용곡선은 수평이다.

① ㄱ, ㄴ　　　　② ㄱ, ㄷ　　　　③ ㄴ, ㄷ
④ ㄴ, ㄹ　　　　⑤ ㄷ, ㄹ

출제이슈 평균비용과 한계비용
핵심해설 정답 ①

ㄷ과 ㄹ이 틀린 내용이며 이를 옳게 고치면 다음과 같다.

단기한계비용곡선은 단기평균곡선의 최저점을 왼쪽 아래에서부터 통과하여 교차하면서 오른쪽 위로 지나간다. 단기한계비용곡선은 단기평균비용곡선의 최저점에서 교차한다.

생산량이 증가함에 따라 장기평균비용이 하락하는 현상을 규모의 경제라고 한다. 규모의 경제가 있는 경우 평균비용곡선은 우하향하는 형태이며, 반대로 규모의 불경제가 있는 경우 평균비용곡선은 우상향하는 형태를 보인다. 장기평균비용곡선의 최하점을 기준으로 하여 좌측은 규모의 경제, 우측은 규모의 불경제이다.

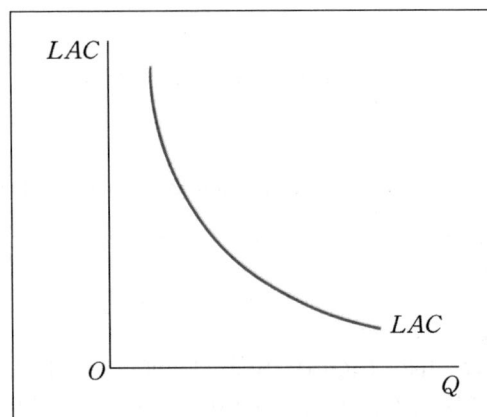
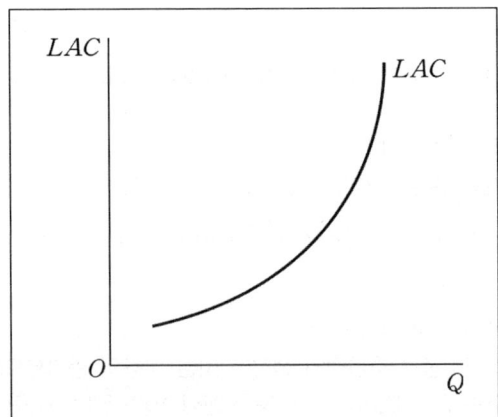

완전경쟁시장에서 이윤 극대화를 추구하는 기업 A의 공급곡선은 $Q_A(P) = \dfrac{P}{2}$이다. 이 기업의 생산량이 5일 때, 가변비용은? (단, Q_A는 공급량, P는 가격이다.) ▶ 2024년 감정평가사

① 23   ② 25   ③ 37.5
④ 46   ⑤ 50

출제이슈 비용의 분류와 개념
핵심해설 정답 ②

완전경쟁기업의 공급곡선이 $Q_A(P) = \dfrac{P}{2}$이므로 한계비용곡선은 $MC = 2Q$가 됨을 알 수 있다. 가변비용은 한계비용을 적분하여 구할 수 있으며 특히 적분상수가 0일 때 해당한다. 혹은 보다 쉽게 구하기 위해서는 한계비용곡선의 그래프를 그린 후에 특정 생산량 수준(여기서는 5)에서 한계비용곡선 아래의 면적을 구하면 된다.

먼저 적분하여 적분상수가 0임을 고려하면, 가변비용 $TVC = Q^2$이 되므로 $Q = 5$일 때, $TVC = 25$가 된다. 혹은 한계비용곡선을 그린 후에 $Q = 5$일 때 $MC = 10$임을 이용하여 한계비용곡선 아래 부분의 면적을 구하면 되는데, $\dfrac{5 \times 10}{2} = 25$가 됨을 다시 한 번 확인할 수 있다.

단기비용곡선에 관한 설명으로 옳은 것을 모두 고른 것은? (단, 양(+)의 고정비용과 가변비용이 소요된다.)

▶ 2019년 감정평가사

ㄱ. 평균비용은 총비용곡선 위의 각 점에서의 기울기다.
ㄴ. 한계비용곡선은 고정비용 수준에 영향을 받지 않는다.
ㄷ. 생산량이 증가함에 따라 평균비용과 평균가변비용 곡선 간의 차이는 커진다.
ㄹ. 생산량이 증가함에 따라 평균비용이 증가할 때, 평균가변비용도 증가한다.

① ㄱ, ㄴ　　　　　　② ㄱ, ㄹ　　　　　　③ ㄴ, ㄷ
④ ㄴ, ㄹ　　　　　　⑤ ㄷ, ㄹ

출제이슈 평균비용과 한계비용의 관계
핵심해설 정답 ④

ㄱ. 틀린 내용이다.
평균비용은 총비용곡선 위의 각 점과 원점을 연결한 선의 기울기다.

ㄴ. 옳은 내용이다.
한계비용은 생산을 추가적으로 늘림에 따라 증가하는 비용의 증가분을 의미한다. 생산을 추가적으로 늘린다고 해서 고정비용은 변화하지 않으므로 한계비용곡선은 고정비용 수준에 영향을 받지 않는다.

ㄷ. 틀린 내용이다.
평균비용과 평균가변비용의 차이는 평균고정비용을 의미한다. 평균고정비용은 생산량이 증가함에 따라서 지속적으로 감소한다. 따라서 생산량이 증가함에 따라 평균비용과 평균가변비용 곡선 간의 차이는 지속적으로 작아진다.

ㄹ. 옳은 내용이다.
생산량이 증가함에 따라 평균비용이 증가하는 구간에서는 평균가변비용도 같이 증가한다. 유의할 점은 이 구간에서는 평균고정비용이 감소하더라도 평균가변비용의 감소가 이를 압도하여 평균비용은 증가한다는 점이다.

가변생산요소가 하나인 기업의 단기비용곡선에 관한 설명으로 옳지 않은 것은? (단, **평균총비용곡선은** U**자형 모양, 고정비용 존재, 생산요소가격은 불변**) ▶ 2011년 감정평가사

① 생산량이 증가함에 따라 한계비용이 증가할 때 한계생산물이 체감한다.
② 평균가변비용곡선의 최저점은 평균총비용곡선의 최저점보다 좌측에 위치한다.
③ 한계비용이 평균총비용보다 작을 때 평균총비용이 상승한다.
④ 한계비용곡선은 평균총비용곡선의 최저점을 통과한다.
⑤ 생산량이 증가함에 따라 평균고정비용이 감소한다.

출제이슈 평균비용과 한계비용의 관계
핵심해설 정답 ③

① 옳은 내용이다.
　생산과 비용의 쌍대관계에 의하여 $MC\,MP_L = w$이 성립한다. 따라서 생산량이 증가함에 따라 한계생산은 감소하고 이때, 한계비용은 증가한다.

② 옳은 내용이다.
　평균가변비용곡선의 최저점은 평균비용곡선의 최저점보다 좌측에 위치한다.

③ 틀린 내용이다.
　한계비용이 평균비용보다 작을 때 평균비용은 하락한다.

④ 옳은 내용이다.
　한계비용곡선은 평균비용곡선의 최저점을 통과한다.

⑤ 옳은 내용이다.
　고정비용은 불변이기 때문에 생산량 증가에 따라 평균고정비용은 하락한다.

평균총비용곡선이 U자형인 A기업의 단기비용곡선에 관한 설명으로 옳은 것은? (단, 생산요소가격은 불변이며, 고정생산요소가 존재한다.) ▶ 2013년 감정평가사

① 한계비용이 평균총비용보다 클 때, 생산량이 증가함에 따라 평균총비용은 증가한다.

② 한계비용이 평균총비용보다 클 때, 생산량이 증가함에 따라 평균고정비용은 증가한다.

③ 평균총비용곡선과 평균가변비용곡선은 동일한 생산량 수준에서 최저점에 도달한다.

④ 어떤 생산량의 한계비용은 원점에서 그 생산량에 해당하는 가변비용곡선상의 점을 이은 직선의 기울기이다.

⑤ 어떤 생산량의 평균총비용은 그 생산량에 해당하는 총비용곡선상의 점에서 그은 접선의 기울기이다.

출제이슈 평균비용과 한계비용의 관계
핵심해설 정답 ①

① 옳은 내용이다.
한계비용이 평균비용보다 클 때, 생산량이 증가함에 따라 평균비용은 증가한다.

② 틀린 내용이다.
고정비용은 불변이기 때문에 생산량 증가에 따라 평균고정비용은 하락한다.

③ 틀린 내용이다.
평균가변비용곡선의 최저점은 평균비용곡선의 최저점보다 좌측에 위치한다.

④ 틀린 내용이다.
한계비용은 정의상 추가적인 생산을 위해서 소요되는 추가적인 비용 간의 비율로서 이를 극한의 개념을 이용하면 총비용의 미분값을 총생산의 미분값으로 나눈 값이다. 이를 기하적으로 나타내면, 총비용곡선 혹은 총가변비용곡선상의 임의의 점에서 접선의 기울기가 된다.

⑤ 틀린 내용이다.
평균비용은 정의상 총비용을 생산량으로 나눈 값으로서 이를 기하적으로 나타내면, 원점과 임의의 총비용곡선상의 한 점을 연결한 반직선의 기울기가 된다.

> 고정비용이 존재하고 노동만이 가변요소인 기업의 단기비용에 관한 설명으로 옳지 않은 것은?
>
> ▶ 2012년 감정평가사
>
> ① 단기평균고정비용은 언제나 우하향한다.
> ② 단기총평균비용은 단기평균가변비용과 단기평균고정비용의 합이다.
> ③ 노동의 한계생산이 체감하면 단기한계비용곡선은 우상향한다.
> ④ 노동의 한계생산이 불변이면 단기총평균비용은 수평이다.
> ⑤ 단기한계비용이 단기총평균비용보다 큰 경우 단기총평균비용은 증가한다.

출제이슈 평균비용과 한계비용의 관계
핵심해설 정답 ④

① 옳은 내용이다.

고정비용은 불변이기 때문에 생산량 증가에 따라 평균고정비용은 항상 하락한다.

② 옳은 내용이다.

단기평균비용은 단기평균가변비용과 단기평균고정비용의 합이다.

③ 옳은 내용이다.

생산과 비용의 쌍대관계에 의하여 $MC\,MP_L = w$이 성립한다. 따라서 생산량이 증가함에 따라 노동의 한계생산은 감소하고 이때, 단기한계비용은 증가한다.

④ 틀린 내용이다.

생산과 비용의 쌍대관계에 의하여 $MC\,MP_L = w$이 성립한다. 따라서 만일 노동의 한계생산이 불변이면 단기한계비용도 고정되어 있다. 단기한계비용이 고정이면 단기평균가변비용도 고정이다. 단기평균비용은 단기평균가변비용과 평균고정비용의 합이므로 단기평균비용은 평균고정비용의 하락에 따라서 같이 하락하므로 우하향한다.

⑤ 옳은 내용이다

단기한계비용이 단기평균비용보다 큰 경우 단기평균비용은 증가하고, 반대로 단기한계비용이 단기평균비용보다 작은 경우 단기평균비용은 감소한다.

기업 A의 고정비용은 400이고, 단기생산함수는 $Q = 4L^{0.5}$이다. 가변생산요소의 가격이 400일 때, 단기 총비용곡선은? (단, Q는 생산량, L은 가변생산요소이다.) ▶ 2024년 감정평가사

① $\dfrac{400}{Q} + 400$

② $800Q$

③ $400Q + 400$

④ $0.25Q^2 + 400$

⑤ $25Q^2 + 400$

출제이슈 비용함수의 도출
핵심해설 정답 ⑤

1) 비용

① 단기비용은 가변비용인 노동비용과 고정비용인 자본비용으로 구성되며 다음과 같이 표현할 수 있다.

$C = wL + rK$ (단, w는 가변생산요소인 노동의 임금, r은 고정생산요소인 자본의 임대료, K는 자본투입량, L은 노동투입량)

② 설문에서 주어진 가변생산요소의 가격 400, 고정비용 400을 대입하여 위의 식을 다시 표현하자.

$C = wL + rK = 400L + 400$

2) 생산함수

① 설문에서 단기생산함수는 $Q = 4L^{0.5}$와 같이 주어져 있다.

② 위의 식을 변형하면 $L = \dfrac{1}{16}Q^2$이 된다.

3) 비용함수의 도출

위에서 구한 1) ②의 $C = 400L + 400$에 2) ②의 $L = \dfrac{1}{16}Q^2$을 대입하면 다음과 같이 단기총비용함수가 도출된다.

$C = 400L + 400 = 400 \times \dfrac{1}{16}Q^2 + 400 = 25Q^2 + 400$

> A기업의 생산함수는 $Q = 5L^{0.5}K^{0.5}$ 이다. 장기에 생산량이 증가할 때, 이 기업의 (ㄱ) 평균비
> 용의 변화와 (ㄴ) 한계비용의 변화는? (단, L은 노동, K는 자본, Q는 생산량)
>
> ▶ 2020년 감정평가사
>
> ① (ㄱ) : 증가, (ㄴ) : 증가   ② (ㄱ) : 증가, (ㄴ) : 감소
> ③ (ㄱ) : 일정, (ㄴ) : 일정   ④ (ㄱ) : 감소, (ㄴ) : 증가
> ⑤ (ㄱ) : 감소, (ㄴ) : 일정

출제이슈 비용함수의 도출
핵심해설 정답 ③

이 문제는 간단히 동차함수의 성질을 이용하여 풀 수도 있고 보다 엄밀하게 비용함수를 도출하여 풀 수도 있다.
먼저 설문에서 주어진 생산함수는 1차동차 생산함수로서 이러한 경우에는 규모수익불변임과 동시에 규모의 불변
경제임을 나타낸다. 규모의 불변 경제는 장기평균비용이 일정한 상태이다. 장기평균비용이 일정하다는 것은 장기
한계비용도 일정함을 의미한다.

아래에서는 보다 엄밀하게 비용함수를 도출하여 풀어보자.

1) 비용

비용은 노동비용과 자본비용으로 구성되며 다음과 같이 표현할 수 있다.

$C = wL + rK$ (단, w는 노동임금, r은 자본임대료, K는 자본투입량, L은 노동투입량)

2) 생산함수

설문에서 생산함수는 $Q = 5L^{0.5}K^{0.5}$ 와 같이 주어져 있다.

3) 생산자 최적화

생산자 최적선택을 위해서는 한계기술대체율($\dfrac{MP_L}{MP_K}$) = 요소상대가격 $\dfrac{w}{r}$ 이어야 한다.

따라서 $= \dfrac{\sqrt{K}}{\sqrt{L}} - \dfrac{w}{r}$ 가 된디.

4) 비용함수의 도출

이제 위에서 도출된 $C = wL + rK$, $Q = 5L^{0.5}K^{0.5}$, $\dfrac{K}{L} = \dfrac{w}{r}$ 를 활용하여 풀면 다음과 같다.

$C = wL + rK = \dfrac{2}{5}\sqrt{wr}\,Q$ 즉 장기총비용함수는 원점을 통과하는 직선이 된다.

따라서 평균비용과 한계비용 모두 $\dfrac{2}{5}\sqrt{wr}\,Q$로 동일하며 일정하다.

재화 및 생산요소의 가격이 일정할 때, 콥 – 더글라스 생산함수 $Q = L^{0.5}K^{0.5}$을 가진 기업의 특징이 아닌 것은?

▶ 2014년 감정평가사

① 단기평균총비용이 체증한다.
② 단기한계비용이 체증한다.
③ 단기평균가변비용이 체증한다.
④ 장기한계비용이 일정하다.
⑤ 장기평균비용이 일정하다.

출제이슈 비용함수의 도출
핵심해설 정답 ①

먼저 단기에 있어서 생산과 비용의 관계는 다음과 같다.

1) 생산과 비용의 쌍대관계

생산과 비용의 쌍대관계에 의하여 $MC \, MP_L = w$ 및 $AVC \, AP_L = w$이 성립한다.

2) 한계생산 및 평균생산

주어진 생산함수 $Q = L^{0.5}K^{0.5}$하에서 한계생산과 평균생산은 다음과 같다.

$MP_L = 0.5 \sqrt{\dfrac{K}{L}}$, $AP_L = \sqrt{\dfrac{K}{L}}$ 단, 단기이므로 $K = \overline{K}$로 고정되어 있다.

따라서 한계생산과 평균생산은 노동투입이 증가함에 따라서 감소한다.

3) 한계비용 및 평균비용

한계생산이 노동투입 증가에 따라서 감소하므로 쌍대관계에 의하여 한계비용은 증가한다. 평균생산이 노동투입 증가에 따라서 감소하므로 쌍대관계에 의하여 평균가변비용은 증가한다. 그러나 평균비용은 평균가변비용과 평균고정비용의 합이므로 증가하는 평균가변비용과 감소하는 평균고정비용으로 인하여 결론적으로 감소 후 증가의 모습, 즉 U자형의 모습을 보이게 된다.

위의 내용에 따라서 먼저 ①, ②, ③을 검토하면 다음과 같다.

① 틀린 내용이다.
단기평균비용은 감소 후 증가의 모습, 즉 U자형의 모습을 보인다.

② 옳은 내용이다.
한계생산감소에 따라서 단기한계비용은 증가한다.

③ 옳은 내용이다.
평균생산감소에 따라서 단기평균가변비용은 증가한다.

이제 장기에 있어서 생산과 비용의 관계는 다음과 같다. 생산과 비용의 쌍대관계를 이용하여 생산함수로부터 비용함수를 도출해 보자.

1) 비용

비용은 노동비용과 자본비용으로 구성되며 다음과 같이 표현할 수 있다.

$C = wL + rK$ (단, w는 노동임금, r은 자본임대료, K는 자본투입량, L은 노동투입량)

2) 생산함수

설문에서 생산함수는 $Q = L^{0.5}K^{0.5}$와 같이 주어져 있다.

3) 생산자 최적화

생산자 최적선택을 위해서는 한계기술대체율($\frac{MP_L}{MP_K}$) = 요소상대가격 $\frac{w}{r}$ 이어야 한다.

따라서 $\frac{MP_L}{MP_K} = \frac{K}{L} = \frac{w}{r}$가 된다.

4) 비용함수의 도출

이제 위에서 도출된 $C = wL + rK$, $Q = L^{0.5}K^{0.5}$, $\frac{K}{L} = \frac{w}{r}$를 활용하여 풀면 다음과 같다.

$C = wL + rK = 2\sqrt{wr}\,Q$ 즉 장기총비용함수는 원점을 통과하는 직선이 된다.
따라서 평균비용과 한계비용 모두 $2\sqrt{wr}$로 동일하며 일정하다.

위의 내용에 따라서 ④, ⑤를 검토하면 다음과 같다.

④, ⑤ 모두 옳은 내용이다.
위에서 구한바, 장기에서 평균비용과 한계비용 모두 $2\sqrt{wr}$로 동일하며 일정하다.

참고로 이 문제는 간단히 동차함수의 성질을 이용하여 풀 수도 있다. 설문에서 주어진 생산함수는 1차동차 생산함수로서 이러한 경우에는 규모수익불변임과 동시에 규모의 불변 경제임을 나타낸다. 규모의 불변 경제는 장기평균비용이 일정한 상태이다. 장기평균비용이 일정하다는 것은 장기한계비용도 일정함을 의미한다.

두 생산요소 x_1, x_2로 구성된 기업 A의 생산함수가 $Q = \max\{2x_1,\ x_2\}$이다. 생산요소의 가격이 각각 w_1과 w_2일 때, 비용함수는?

▶ 2018년 감정평가사

① $(2w_1 + w_2)Q$

② $\dfrac{(2w_1 + w_2)}{Q}$

③ $(w_1 + 2w_2)Q$

④ $\min\left\{\dfrac{w_1}{2},\ w_2\right\}Q$

⑤ $\max\left\{\dfrac{w_1}{2},\ w_2\right\}Q$

출제이슈 비용함수의 도출
핵심해설 정답 ④

주어진 생산함수 $Q = \max\{2x_1,\ x_2\}$는 다음과 같이 경우의 수를 나누어서 등량곡선을 그릴 수 있다.

1) $2x_1 > x_2$인 경우

$Q = 2x_1$이므로 따라서 $2x_1 > x_2$인 영역에, $x_1 = \dfrac{1}{2}Q$를 그린다.

예를 들어, $Q = 1$인 경우, $x_1 = \dfrac{1}{2}$을 그리면 된다.

2) $2x_1 = x_2$인 경우

$Q = 2x_1 = x_2$ 따라서 $2x_1 = x_2$에서는 그 점 자체가 된다.

예를 들어 $Q = 1$인 경우 $x_1 = \dfrac{1}{2}$, $x_2 = 1$을 표시하면 된다.

3) $2x_1 < x_2$인 경우

$Q = x_2$이므로 따라서 $2x_1 < x_2$인 영역에, $x_2 = Q$를 그린다.

예를 들어, $Q = 1$인 경우, $x_2 = 1$을 그리면 된다.

이러한 경우 등량곡선은 ㄱ자 형태로 생겼으며, 비용선의 기울기에 따라서 어느 한 요소만을 투입해야 비용극소화가 달성가능하다(코너해). 어느 요소만을 투입할 것인지는 비용선의 기울기에 달려있다.

결국 특정생산량의 생산을 위해서 투입되는 비용은 요소가격이 주어질 경우, 각 요소의 투입비용이 작은 쪽으로 선택되어 비용은 계산된다. Q만큼의 생산을 위해 x_1만 투입할 경우 비용은 $\dfrac{1}{2}w_1 Q$가 필요하고, x_2만 투입할 경우 비용은 $w_2 Q$가 필요하므로 이 둘 중 작은 비용이 선택될 것이다. 따라서 이를 수리적으로 표현하면, $C = \min\left\{\dfrac{1}{2}w_1,\ w_2\right\}Q$가 된다.

> 기업 A의 생산함수는 $Q = LK$이다. 노동과 자본의 가격이 각각 1원일 때, 다음 설명으로 옳지 않은 것은? (단, Q는 생산량, L은 노동, K는 자본이다.)
>
> ▶ 2012년 감정평가사
>
> ① 규모에 대한 수익이 체증한다.
> ② 노동의 한계생산은 체감한다.
> ③ 자본의 양이 단기적으로 1로 고정되어 있는 경우 100개를 생산하는 데 드는 총비용은 101원이다.
> ④ 자본의 양이 단기적으로 1로 고정되어 있는 경우 단기총평균비용은 생산량이 늘어나면 하락한다.
> ⑤ 자본의 양이 단기적으로 1로 고정되어 있는 경우 한계비용은 불변이다.

출제이슈 생산함수와 비용함수
핵심해설 정답 ②

① 옳은 내용이다.
생산함수 $Q = LK$는 2차 동차함수로서 규모에 대하여 수익 체증의 성격을 가지고 있다.

② 틀린 내용이다.
생산함수 $Q = LK$에서 노동의 한계생산 $MP_L = K$이므로 고정되어 있다. 노동의 한계생산은 다른 요소투입량은 고정인 상태에서 노동만 증가했을 때, 추가적으로 증가하는 총생산의 크기이므로 $MP_L = K$라는 것은 노동의 한계생산은 고정되어 있음을 의미함에 주의하자.

③ 옳은 내용이다.
자본의 양이 단기적으로 1로 고정되어 있는 경우($K = 1$), $Q = LK$이므로 결국 $Q = L$이 된다. 이때 노동가격과 자본가격이 모두 1임을 고려하면, 총비용은 $C = L + K$가 된다. 이제 앞의 $K = 1$과 $Q = L$을 총비용에 대입하면 $C = L + K = Q + 1$이 된다. 따라서 $Q = 100$인 경우, $C = Q + 1 = 100 + 1 = 101$이 된다.

④ 옳은 내용이다.
위 ③에서 살펴본바, $C = Q + 1$이다. 따라서 단기평균비용은 $AC = \dfrac{Q+1}{Q} = 1 + \dfrac{1}{Q}$이므로 생산량 증가에 따라서 단기평균비용은 하락한다.

⑤ 옳은 내용이다.
위 ③에서 살펴본바, $C = Q + 1$이다. 따라서 한계비용은 1로서 불변이다.

기업의 생산기술이 진보하는 경우에 관한 설명으로 옳은 것을 모두 고른 것은?

▶ 2019년 감정평가사

> ㄱ. 자본절약적 기술진보가 일어나면 평균비용곡선이 하방 이동한다.
> ㄴ. 자본절약적 기술진보가 일어나면 등량곡선이 원점에서 멀어진다.
> ㄷ. 노동절약적 기술진보가 일어나면 한계비용곡선이 하방 이동한다.
> ㄹ. 중립적 기술진보가 일어나면 노동의 한계생산 대비 자본의 한계생산은 작아진다.

① ㄱ, ㄴ   ② ㄱ, ㄷ   ③ ㄴ, ㄷ
④ ㄴ, ㄹ   ⑤ ㄷ, ㄹ

출제이슈 기술진보의 효과
핵심해설 정답 ②

기술진보가 일어나면, 이전과 동일한 요소량을 투입하고도 이전보다 더 많은 산출량을 얻을 수 있다. 이는 이전과 동일한 산출량을 얻기 위해서 이전보다 더 적은 요소량을 투입해도 됨을 의미하므로 결국 총비용, 평균비용, 한계비용 모두 하락하게 된다.

설문을 검토하면 다음과 같다.

ㄱ. 옳은 내용이다.
   자본절약적 기술진보가 일어나면 이전과 동일한 산출량을 얻기 위해서 이전보다 더 적은 요소량을 투입해도 된다. 이는 비용이 감소함을 의미하므로 설문에서 주어진 평균비용곡선은 하방으로 이동하게 된다.

ㄴ. 틀린 내용이다.
   자본절약적 기술진보가 일어나면 이전과 동일한 요소량을 투입하고도 이전보다 더 많은 산출량을 얻을 수 있다. 이는 등량곡선이 원점에서 멀어지는 것이 아니라 가까워짐을 의미한다.

ㄷ. 옳은 내용이다.
   노동절약적 기술진보가 일어나면 이전과 동일한 산출량을 얻기 위해서 이전보다 더 적은 요소량을 투입해도 된다. 이는 비용이 감소함을 의미하므로 설문에서 주어진 한계비용곡선은 하방으로 이동하게 된다.

ㄹ. 틀린 내용이다.
   중립적 기술진보가 일어나면 노동의 한계생산 및 자본의 한계생산은 모두 동일하게 증가한다.

생산자 최적선택(생산극대화 & 비용극소화)과 예외

현재 A기업에서 자본의 한계생산은 노동의 한계생산보다 2배 크고 노동가격이 8, 자본가격이 4이다. 이 기업이 동일한 양의 최종생산물을 산출하면서도 비용을 줄이는 방법은? (단, A기업은 노동과 자본만을 사용하고 한계생산은 체감한다.)

▶ 2020년 감정평가사

① 자본투입을 늘리고 노동투입을 줄인다.
② 노동투입을 늘리고 자본투입을 줄인다.
③ 비용을 더 이상 줄일 수 없다.
④ 자본투입과 노동투입을 모두 늘린다.
⑤ 자본투입과 노동투입을 모두 줄인다.

출제이슈 생산자 최적선택의 조건
핵심해설 정답 ①

생산자 최적선택을 위해서는 한계기술대체율($\dfrac{MP_L}{MP_K}$) = 요소상대가격 $\dfrac{w}{r}$ 이어야 한다.

설문에서 노동의 한계생산을 $MP_L = \alpha$라고 하면, 자본의 한계생산은 $MP_K = 2\alpha$가 된다. 그리고 노동가격이 8, 자본가격이 4로 주어져 있다. 이를 위의 조건식에 대입하면 다음과 같다.

$\dfrac{MP_L}{MP_K} = \dfrac{\alpha}{2\alpha} < \dfrac{w}{r} = \dfrac{8}{4}$ 이므로 기업 내에서 노동의 자본으로 표시한 상대적인 가치가 시장에서 노동의 가치보다 작기 때문에 노동투입의 이득이 노동투입의 비용보다 작은 상황이다. 따라서 생산최적화를 위해서는 노동투입을 줄이고 자본투입을 늘려야 한다.

그리고 위의 식을 변형하면 $\dfrac{MP_L}{w} = \dfrac{\alpha}{8} < \dfrac{MP_K}{r} = \dfrac{2\alpha}{4}$ 가 되는데 이는 노동의 1원당 한계생산이 자본의 1원당 한계생산보다 작기 때문에 노동투입을 줄이고 자본투입을 늘려야 비용을 절감할 수 있음을 보여준다.

> 제품의 가격이 10원이고 노동 한단위의 가격은 5원, 자본 한단위의 가격은 15원이다. 기업
> A의 노동의 한계생산이 3이고 자본의 한계생산은 1일 때, 현재 생산수준에서 이윤극대화를
> 위한 방법으로 옳은 것은? (단, 모든 시장은 완전경쟁시장이고, 노동과 자본의 한계생산은 체
> 감한다.) ▸2012년 감정평가사
>
> ① 노동의 투입량은 늘리고, 자본의 투입량은 줄일 것이다.
> ② 노동의 투입량은 줄이고, 자본의 투입량은 늘릴 것이다.
> ③ 노동과 자본 모두 투입량을 늘릴 것이다.
> ④ 노동과 자본 모두 투입량을 줄일 것이다.
> ⑤ 노동과 자본의 투입량을 그대로 유지할 것이다.

출제이슈 생산자 최적선택의 조건
핵심해설 정답 ①

생산자 최적선택을 위해서는 한계기술대체율($\frac{MP_L}{MP_K}$) = 요소상대가격 $\frac{w}{r}$ 이어야 한다.

설문에서 노동의 한계생산이 $MP_L = 3$, 자본의 한계생산이 $MP_K = 1$로 주어져 있다. 그리고 노동가격이 5원, 자본가격이 15원으로 주어져 있다. 이를 위의 조건식에 대입하면 다음과 같다.

$\frac{MP_L}{MP_K} = 3 > \frac{w}{r} = \frac{5}{15} = \frac{1}{3}$ 이므로 기업 내에서 노동의 자본으로 표시한 상대적인 가치가 시장에서 노동의 가치보다 크기 때문에 노동투입의 이득이 노동투입의 비용보다 큰 상황이다. 따라서 생산최적화를 위해서는 노동투입을 늘리고 자본투입을 줄여야 한다.

그리고 위의 식을 변형하면 $\frac{MP_L}{w} = \frac{3}{5} > \frac{MP_K}{r} = \frac{1}{15}$ 가 되는데 이는 노동의 1원당 한계생산이 자본의 1원당 한계생산보다 크기 때문에 노동투입을 늘리고 자본투입을 줄여야 함을 역시 보여준다.

완전경쟁시장에서 비용을 극소화하는 기업 A의 생산함수는 $Q(L, K) = L^{0.5}K^{0.5}$이고, 생산요소 L, K의 가격이 각각 12, 24일 때, 두 생산요소의 투입관계는? (단, Q는 생산량이다.)

▶ 2024년 감정평가사

① L = K   ② L = 0.5K   ③ L = 2K

④ L = 12K   ⑤ L = 24K

출제이슈 생산자 최적선택의 조건

핵심해설 정답 ③

비용극소화는 주어진 생산량 제약하에서 비용을 극소화한 상태로서 비용선과 등량곡선이 접하는 점에서 달성될 수 있다.

이는 한계기술대체율($\dfrac{MP_L}{MP_K}$) = 요소상대가격($\dfrac{w}{r}$)이어야 함을 의미한다.

따라서 $\dfrac{MP_L}{MP_K} = \dfrac{w}{r}$, $\dfrac{K}{L} = \dfrac{12}{24} = 2$, $L = 2K$가 된다.

참고로 비용극소화 조건식을 변형하면, 노동 구입 1원의 한계생산($\dfrac{MP_L}{w}$) = 자본 구입 1원의 한계생산($\dfrac{MP_K}{r}$)이 됨에 유의하자.

> 이윤을 극대화하는 기업의 생산함수가 $Q = 2L^{0.5}K^{0.5}$이고 단위당 노동(L)비용은 2, 자본(K)
> 비용은 1이다. 이 기업의 총비용이 100이고 제품의 시장가격이 10인 경우 다음 설명 중 옳지
> 않은 것은? (단, 제품시장과 생산요소시장은 완전경쟁적이다.) ▶ 2014년 감정평가사
>
> ① 노동을 30단위 사용해야 한다.
> ② 한계기술대체율($MRTS_{L,K}$)의 크기는 2이다.
> ③ 이윤이 극대화되는 산출량은 50단위가 넘는다.
> ④ 최대한 얻을 수 있는 이윤은 50을 넘는다.
> ⑤ 자본을 50단위 사용해야 한다.

출제이슈 생산자 최적선택 계산
핵심해설 정답 ①

1) 한계기술대체율($\dfrac{MP_L}{MP_K}$) = 요소상대가격 $\dfrac{w}{r}$. 따라서 $\dfrac{K}{L} = 2$가 된다.

2) 비용제약조건 $wL + rK = C$, 즉 $2L + K = 100$이 된다.

3) 연립방정식 풀이 : 위의 식을 연립하여 풀면 $L = 25$, $K = 50$이 된다.

위의 내용에 따라 설문을 검토하면 다음과 같다.

① 틀린 내용이다.
　이윤극대화를 위해서는 노동을 25단위 그리고 자본을 50단위 사용해야 한다.

② 옳은 내용이다.
　한계기술대체율($MRTS_{L,K}$)은 $\dfrac{MP_L}{MP_K}$로서 여기서는 $\dfrac{K}{L} = 2$이다.

③ 옳은 내용이다.
　이윤극대화를 위해서는 $L = 25$, $K = 50$를 투입해야 하며 이를 생산함수 $Q = 2L^{0.5}K^{0.5}$에 대입하면, 이윤극대화 생산량은 $Q = 2 \times 25^{0.5}50^{0.5} = 50\sqrt{2}$가 된다.

④ 옳은 내용이다.
　이윤은 총수입에서 총비용을 차감하여 구할 수 있다. 먼저 총수입은 가격에 판매량을 곱한 값으로서 여기서는 가격 10에 생산량 $50\sqrt{2}$를 곱한 $500\sqrt{2}$가 된다. 총비용은 100으로 주어져 있다. 따라서 이윤은 $500\sqrt{2} - 100$이 된다.

⑤ 옳은 내용이다.
　이윤극대화를 위해서는 노동을 25단위 그리고 자본을 50단위 사용해야 한다.

A기업의 생산함수는 $Q = \sqrt{LK}$, 자본(K)의 가격은 r, 노동(L)의 가격은 w이다. 생산량이 Q_0로 주어졌을 때, 비용이 극소화되도록 자본과 노동의 투입량을 결정하고자 한다. 이에 관한 설명으로 옳지 않은 것은? (단, $Q_0 > 0$이다.) ▶ 2013년 감정평가사

① 생산함수는 자본과 노동에 대해 1차 동차함수이다.

② 최적상태에서 노동 1단위당 자본투입량은 $\dfrac{r}{w}$이다.

③ 최적상태에서 요소 간의 대체탄력성은 1이다.

④ 최적상태에서 노동과 자본의 투입량은 w, r, Q_0의 함수이다.

⑤ 최적상태에서 총비용 중 노동비용이 차지하는 비중은 일정하다.

출제이슈 생산자 최적선택 계산
핵심해설 정답 ②

주어진 생산함수 $Q = \sqrt{LK}$에 대하여 설문을 검토하면 다음과 같다.

① 옳은 내용이다.

생산함수가 $Q = AK^\alpha L^{1-\alpha}$ 형태의 콥 – 더글라스 생산함수인 경우 1차 동차생산함수가 된다.

② 틀린 내용이다.

비용극소화의 최적상태에서 한계기술대체율($\dfrac{MP_L}{MP_K}$) = 요소상대가격 $\dfrac{w}{r}$가 성립한다. 주어진 생산함수 $Q = \sqrt{LK}$에 대하여 한계기술대체율을 구하면 $\dfrac{K}{L}$이므로 $\dfrac{K}{L} = \dfrac{w}{r}$가 된다. 따라서 노동 1단위당 자본투입량은 $\dfrac{r}{w}$이 아니라 $\dfrac{w}{r}$가 됨을 알 수 있다.

③ 옳은 내용이다.

대체탄력성이란 요소가격이 변화할 때 그에 따라서 최적의 노동투입량과 자본투입량이 얼마나 민감하게 반응하는지 나타내는 척도로서 요소상대가격이 1% 변화할 때 자본노동비율(요소집약도)이 몇 % 변화하는지 나타낸다.

$$\text{대체탄력성}\ \sigma = \frac{\text{요소집약도의 변화율}}{\text{요소상대가격의 변화율}} = \frac{d(\frac{K}{L})/(\frac{K}{L})}{d(\frac{w}{r})/(\frac{w}{r})}$$

주어진 생산량을 최소비용으로 생산하는 비용극소화의 최적상태에서는 $\dfrac{MP_L}{MP_K} = \dfrac{w}{r}$가 성립하므로 생산함수가 $Q = 5L^{0.4}K^{0.6}$일 때, $\dfrac{MP_L}{MP_K} = \dfrac{K}{L} = \dfrac{w}{r}$가 된다. 따라서 생산요소 간 대체탄력성은 1이 된다.

④ 옳은 내용이다.

비용극소화의 수리적 모형은 다음과 같다.

$$C = wL + rK \qquad\qquad C = wL + rK\ -----------①$$

$$Q(L,\ K) = Q_0 \qquad\qquad LK = Q_0^2\ -----------②$$

$$Min\ C \qquad\qquad\qquad Min\ C\ -----------③$$

$$\frac{MP_L}{MP_K} = \frac{w}{r} \qquad\qquad \frac{K}{L} = \frac{w}{r}$$

$$Q(L,\ K) = Q_0 \qquad\qquad LK = Q_0^2$$

이를 풀면 다음과 같다.

$$wL = rK,\ \therefore K = \frac{w}{r}L\ \therefore L\frac{w}{r}L = Q_0^2\ \therefore L = \sqrt{\frac{r}{w}}\ Q_0\ \therefore K = \sqrt{\frac{w}{r}}\ Q_0$$

따라서 최적의 노동투입량과 자본투입량은 노동가격, 자본가격, 산출량의 함수임을 알 수 있다.

⑤ 옳은 내용이다.

위 ④에서 이미 살펴본 대로 최적상태에서 $wL = rK$임을 알 수 있다. 이는 노동비용과 자본비용이 같으며 총 비용에서 노동비용이 차지하는 비중이 0.5로 일정함을 의미한다.

A기업의 생산함수가 $Q = 4L + 8K$ 이다. 노동가격은 3이고 자본가격은 5일 때, 재화 120을 생산하기 위해 비용을 최소화하는 생산요소 묶음은? (단, Q는 생산량, L은 노동, K는 자본)

▶ 2020년 감정평가사

① $L = 0, \ K = 15$ ② $L = 0, \ K = 25$ ③ $L = 10, \ K = 10$

④ $L = 25, \ K = 0$ ⑤ $L = 30, \ K = 0$

출제이슈 예외적인 생산자 최적선택
핵심해설 정답 ①

생산자 최적선택을 위해서는 한계기술대체율($\frac{MP_L}{MP_K}$) = 요소상대가격 $\frac{w}{r}$ 이어야 하는데 예외적인 생산자 균형에서는 1계 필요조건이 불필요하다. 그러한 경우는 다음과 같다.

1) 등량곡선이 직선인 경우 : 완전대체

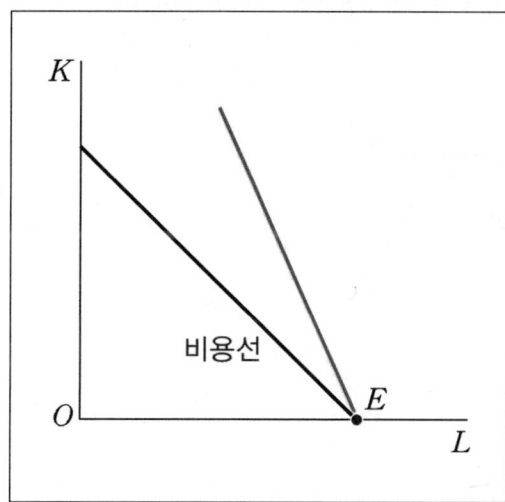

2) 무차별곡선이 L자형인 경우 : 완전보완

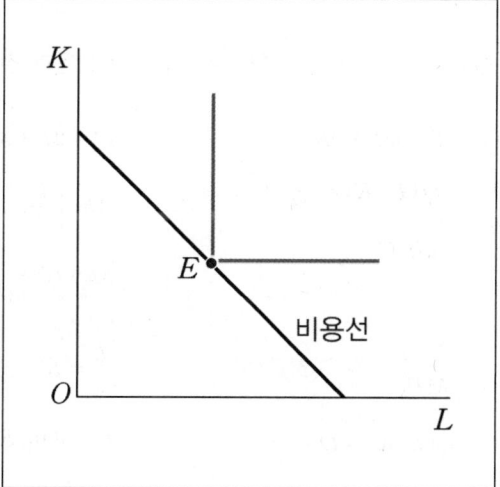

여기에서 한계기술대체율($\frac{MP_L}{MP_K}$) = 상대가격 ($\frac{w}{r}$)이 충족되지 않는 이유는 등량곡선의 기울기가 항상 일정하여 비용선과의 기울기와 비교했을 때, 동일한 생산점이 존재하지 않기 때문이다.

이러한 경우 설문에서 $\frac{MP_L}{MP_K} = \frac{4}{8} < \frac{w}{r} = \frac{3}{5}$ 이므로 노동은 투입하지 않고 항상 자본만 투입하는 것이 생산자의 최적신택이 된다. 따라서 생산함수가 $Q = 4L + 8K$ 임을 고려하면 재화 120을 생산하기 위해서는 자본만 15단위 투입하여야 한다. 이 문제에서 주의할 것은 총비용을 제시한 것이 아니라 달성해야 하는 총생산량을 제시했기 때문에 생산함수를 통해서 요소투입량을 계산해야 한다는 점이다.

노동(L)과 자본(K)만 이용하여 재화를 생산하는 기업의 생산함수가 $Q = \min\left(\dfrac{L}{2},\ K\right)$이다. 노동가격은 2원이고 자본가격은 3원일 때 기업이 재화 200개를 생산하고자 할 경우 평균비용(원)은? (단, 고정비용은 없다.) ▶2021년 감정평가사

① 6   ② 7   ③ 8
④ 9   ⑤ 10

출제이슈 예외적인 생산자 최적선택
핵심해설 정답 ②

설문에서 $\dfrac{L}{2} = K$와 등비용선 $C = 2L + 3K$가 만나는 점에서 비용극소화가 이루어지며, 설문에서 이 경우 기업이 재화 200개를 생산하고 있기 때문에 $Q = \dfrac{L}{2} = K = 200$이 성립한다. 따라서 노동투입량은 400, 자본투입량은 200이 된다. 따라서 총비용은 1,400이 된다. 평균비용은 총비용을 총생산 200개로 나눈 7(원)이 된다.

참고로 이를 수리적 모형으로 표현하면 다음과 같다.

$$C = wL + rK \qquad\qquad C = 2L + 3K\ \text{---------①}$$

$$Q(L,\ K) = Q_0 \qquad\qquad Min\left\{\dfrac{L}{2},\ K\right\} = 200\ \text{-----②}$$

$$Min\ C \qquad\qquad\qquad Min\ C\ \text{-------------③}$$

$$\dfrac{MP_L}{MP_K} = \dfrac{w}{r} \qquad\qquad \dfrac{L}{2} = K = 200$$

$$Q(L,\ K) = Q_0 \qquad\qquad L = 400,\ K = 200$$

기업 A의 생산함수는 $Q = \min\{L, 2K\}$이다. 노동가격은 3이고, 자본가격은 5일 때, 최소 비용으로 110을 생산하기 위한 생산요소 묶음은? (단, Q는 생산량, L은 노동, K는 자본이다.)

▶ 2022년 감정평가사

① $L = 55$, $K = 55$　　② $L = 55$, $K = 110$　　③ $L = 110$, $K = 55$

④ $L = 110$, $K = 70$　　⑤ $L = 110$, $K = 110$

출제이슈 예외적인 생산자 최적선택
핵심해설 정답 ③

한계기술대체율($\frac{MP_L}{MP_K}$) = 요소상대가격 $\frac{w}{r}$ 이어야 하는데 예외적인 생산자 균형에서는 1계 필요조건이 불필요하다. 그러한 경우는 다음과 같다.

1) 등량곡선이 직선인 경우 : 완전대체

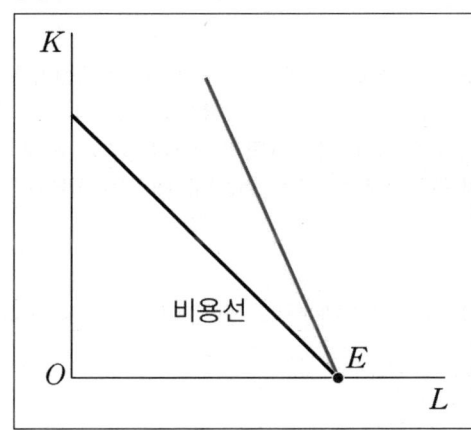

2) 무차별곡선이 ㄴ자형인 경우 : 완전보완

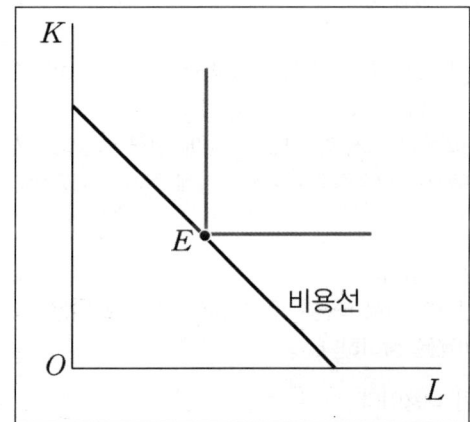

여기에서 한계기술대체율($\frac{MP_L}{MP_K}$) = 요소상대가격 $\frac{w}{r}$ 이 충족되지 않는 이유는 등량곡선이 ㄴ자 형태로서 꺾이는 시점에서는 수학적으로 한계기술대체율이 정의되지 않기 때문이다. 이러한 경우에 비용이 극소화되는 생산점은 기하적으로 항상 등량곡선이 꺾이는 점이 된다. 결국 등량곡선이 꺾이는 점과 비용선의 교점이 생산자 최적선택이 된다. 특히 비용극소화의 경우 등량곡선이 특정한 생산량을 나타낸다.

설문에서 주어진 생산함수와 비용자료를 분석하면, $L = 2K$와 등비용선 $C = 3L + 5K$가 만나는 점에서 비용극소화가 이루어짐을 알 수 있다. 즉 $L = 2K$와 $C = 3L + 5K$의 교점을 구하면 된다. 이때, 기업의 생산은 110이므로 $L = 2K = 110$이 성립한다.

따라서 이를 풀면, 노동투입량은 $L = 110$, 자본투입량은 $K = 55$가 된다. 참고로, 이때 극소화된 비용은 $C = 3L + 5K = 330 + 275 = 605$가 된다.

규모의 경제와 범위의 경제

> **우하향하는 장기평균비용에 관한 설명으로 옳은 것은? (단, 생산기술은 동일하다.)**
>
> ▶ 2021년 감정평가사
>
> ① 생산량이 서로 다른 기업의 평균비용은 동일하다.
> ② 진입장벽이 없는 경우 기업의 참여가 증가한다.
> ③ 소규모 기업의 평균비용은 더 낮다.
> ④ 장기적으로 시장에는 한 기업만이 존재하게 된다.
> ⑤ 소규모 다품종을 생산하면 평균비용이 낮아진다.

출제이슈 규모의 경제와 자연독점
핵심해설 정답 ④

생산량이 증가함에 따라서 장기평균비용이 하락하는 현상을 규모의 경제라고 하며 이는 장기평균비용곡선이 우하향하는 것으로 나타난다. 규모의 경제가 시장 전체에 걸쳐서 나타날 경우 다수의 기업이 경쟁하는 경쟁적 시장에서는 생산비용이 크게 높아지기 때문에 결국 퇴출이 발생하여 공존할 수 없다. 결국 규모의 경제가 강하게 존재하는 상황하에서는 최종적으로 자연스럽게 하나의 기업만이 살아남아 독점의 시장구조로 형성되는데 이를 자연독점이라고 한다.

① 틀린 내용이다.
생산량이 서로 다른 기업의 경우 장기평균비용은 상이하다. 동일한 기업 내에서도 생산량이 다른 경우 장기평균비용은 상이하다.

② 틀린 내용이다.
규모의 경제가 시장 전체에 걸쳐서 나타날 경우 다수의 기업이 경쟁하는 경쟁적 시장에서는 생산비용이 크게 높아지기 때문에 결국 퇴출이 발생하여 공존할 수 없다.

③ 틀린 내용이다.
소규모 기업의 경우 대규모 기업에 비하여 생산량이 적을 것이므로 평균비용이 높아지게 되고 퇴출압력을 받게 된다.

④ 옳은 내용이다.
규모의 경제가 강하게 존재하는 상황하에서는 최종적으로 자연스럽게 하나의 기업만이 살아남아 독점의 시장구조로 형성되는데 이를 자연독점이라고 한다.

⑤ 틀린 내용이다.
소규모 다품종을 생산하는 경우 대규모 소품종의 생산에 비하여 생산량이 적기 때문에 평균비용이 높아지게 되고 퇴출압력을 받게 된다. 참고로 소규모 다품종의 생산 자체가 범위의 경제가 있음을 의미하는 것은 아니다. 그리고 범위의 경제는 규모의 경제와는 무관하다.

생산함수가 $Q = AL^\alpha K^\beta$일 때 기업의 비용에 관한 설명으로 옳은 것은? (단, Q는 수량, A는 상수, L은 노동, K는 자본, α, $\beta > 0$) ▶ 2025년 감정평가사

① $\alpha + \beta = 1$이면 장기평균비용은 1로 일정하다.

② $\alpha + \beta < 1$이면 장기평균비용은 장기한계비용보다 크다.

③ $\alpha + \beta < 1$이면 규모에 대한 수익체증(increasing returns to scale)이 된다.

④ $\alpha + \beta > 1$이면 생산량이 증가함에 따라 장기평균비용은 감소한다.

⑤ $\alpha + \beta > 1$이면 규모의 불경제가 발생한다.

출제이슈 규모의 경제와 규모수익
핵심해설 정답 ④

$\alpha + \beta = 1$이면 규모수익 불변이 되고 요소가격이 일정할 경우 장기평균비용은 일정하다.

$\alpha + \beta < 1$이면 규모수익 체감이 되고 요소가격이 일정할 경우 장기평균비용이 상승하는 규모의 불경제가 나타난다.

$\alpha + \beta > 1$이면 규모수익 체증이 되고 요소가격이 일정할 경우 장기평균비용이 하락하는 규모의 경제가 나타난다.

대체탄력성

생산함수가 $Q = 2L + 3K$일 때, 노동과 자본 간의 대체탄력성(elasticity of substitution)은?
(단, Q, L, K는 각각 생산량, 노동투입량, 자본투입량, $Q \geq 0, L \geq 0, K \geq 0$)

▶ 2011년 감정평가사

① 0　　　　　② 1　　　　　③ $\dfrac{2}{3}$

④ 1.5　　　　⑤ 무한대(∞)

출제이슈　대체탄력성
핵심해설　정답 ⑤

대체탄력성이란 요소가격이 변화할 때 그에 따라서 최적의 노동투입량과 자본투입량이 얼마나 민감하게 반응하는지 나타내는 척도로서 요소상대가격이 1% 변화할 때 자본노동비율(요소집약도)이 몇 % 변화하는지 나타낸다.

$$\text{대체탄력성}\,\sigma = \frac{\text{요소집약도의 변화율}}{\text{요소상대가격의 변화율}} = \frac{d(\frac{K}{L})\,/\,(\frac{K}{L})}{d(\frac{w}{r})\,/\,(\frac{w}{r})}$$

특히 생산함수가 $Q = 2L + 3K$와 같이 선형인 경우, 요소 간 대체가 완전하여 대체탄력성은 무한대가 된다. 그리고 생산함수가 L자형인 경우, 요소 간 대체가 불가능하여 대체탄력성은 0이 된다.

이윤 및 이윤극대화

Issue 06

기업 A의 비용함수는 $C=\sqrt{Q}+50$이다. 이 기업이 100개를 생산할 경우 이윤이 0이 되는 가격은? (단, C는 총비용, Q는 생산량이다.)　　　　　▶ 2012년 감정평가사

① 1　　　　　　　② 0.6　　　　　　　③ 0.5

④ 0.2　　　　　　⑤ 0.1

출제이슈 이윤의 개념
핵심해설 정답 ②

기업의 이윤은 총수입에서 총비용을 차감하여 구할 수 있다.

기업이 100개를 생산하고, 총비용이 $C=\sqrt{Q}+50$인 경우 이윤은 $\pi=TR-TC=PQ-C(Q)$ $=100P-\sqrt{100}-50=100P-60$이 된다.

이때, 이윤이 0이 되어야 하므로 $\pi=100P-60=0$이 성립한다. 따라서 $P=0.6$이 된다.

기업 A의 생산함수는 $Q = \sqrt{L}$ 이며, 생산물의 가격은 5, 임금률은 0.5이다. 이윤을 극대화하는 노동투입량(L^*)과 산출량(Q^*)은? (단, Q는 산출량, L은 노동투입량이며, 생산물시장과 노동시장은 완전경쟁시장이다.) ▶ 2022년 감정평가사

① $L^* = 10,\ Q^* = \sqrt{10}$

② $L^* = 15,\ Q^* = \sqrt{15}$

③ $L^* = 20,\ Q^* = 2\sqrt{5}$

④ $L^* = 25,\ Q^* = 5$

⑤ $L^* = 30,\ Q^* = \sqrt{30}$

출제이슈 이윤극대화 조건과 도출
핵심해설 정답 ④

1) 생산함수의 변형

$Q = \sqrt{L}$ 에서 이를 변형하면, $L = Q^2$ 이 된다.

2) 비용함수의 도출

비용은 $C = wL + rK$인데, 자본이 없기 때문에 주어진 정보를 활용하여 변형하면 다음과 같다.

$C = wL = 0.5L = 0.5Q^2$

따라서 한계비용은 $MC = Q$가 된다.

3) 경쟁기업의 이윤극대화 산출량

완전경쟁시장에서 가격이 5로 주어져 있으므로 해당 기업은 가격과 한계비용이 일치하는 수준에서 이윤을 극대화할 수 있다.

따라서 $P = 5$, $MC = Q$ 이므로 이윤극대화 산출량은 5가 된다.

4) 경쟁기업의 이윤극대화 투입량

이윤극대화 산출량 5를 위의 1)에서 구한 $L = Q^2$에 대입하면, 이윤극대화 노동투입량은 25가 됨을 알 수 있다.

모든 시장이 완전경쟁적인 갑국에서 대표적인 기업 A의 생산함수가 $Y=4L^{0.5}K^{0.5}$이다. 단기적으로 A의 자본량은 1로 고정되어 있다. 생산물 가격이 2이고 명목임금이 4일 경우, 이윤을 극대화하는 A의 단기생산량은? (단, Y는 생산량, L은 노동량, K는 자본량이며, 모든 생산물은 동일한 상품이다.) ▶ 2019년 감정평가사

① 1   ② 2   ③ 4

④ 8   ⑤ 16

출제이슈 이윤극대화 조건과 도출
핵심해설 정답 ③

$Y=4L^{0.5}K^{0.5}$에서 단기적으로 자본량은 1로 고정되어 있으므로 $Y=4L^{0.5}$로 쓸 수 있다.

이를 변형하면 $Y^2=16L$이므로 $L=\dfrac{Y^2}{16}$이 된다.

비용은 $C=wL+rK$이므로 주어진 정보를 활용하여 변형하면 다음과 같다.

$C=wL+rK=4\times\dfrac{Y^2}{16}+r$, 따라서 한계비용은 $MC=\dfrac{Y}{2}$가 된다.

완전경쟁시장에서 가격이 2이므로 해당 기업은 가격과 한계비용이 일치하는 수준에서 이윤을 극대화할 수 있다.
따라서 $2=\dfrac{Y}{2}$이므로 이윤극대화 산출량은 4가 된다.

완전경쟁시장에서 개별 기업의 단기 총비용곡선이 $STC=a+\dfrac{q^2}{100}$일 때, 단기공급곡선 q_s는? (단, a는 고정자본비용, q는 수량, p는 가격이다.) ▶ 2017년 감정평가사

① $q_s=50p$ ② $q_s=60p$ ③ $q_s=200p$

④ $q_s=300p$ ⑤ $q_s=400p$

출제이슈 이윤극대화와 단기공급곡선의 도출
핵심해설 정답 ①

단기 총비용곡선이 $STC=a+\dfrac{q^2}{100}$으로 주어졌으므로 단기 한계비용은 $SMC=\dfrac{q}{50}$가 된다.

경쟁시장에서 활동하는 기업의 단기공급곡선은 단기한계비용곡선과 일치한다.

따라서 단기 한계비용곡선에 기업의 이윤극대화 조건인 $P=SMC$를 반영하면

기업의 단기공급곡선은 $P=\dfrac{q}{50}$ 또는 $q=50P$가 된다.

두 생산요소 자본 K와 노동 L을 투입하는 A기업의 생산함수가 $Q = (\min\{L, 3K\})^{0.5}$로 주어져 있다. 산출물의 가격은 p, 노동의 가격은 $w = 4$, 자본의 가격은 $r = 6$일 경우, 이윤을 극대화하는 A기업의 공급(Q_S)곡선은? (단, 생산물시장과 생산요소시장은 완전경쟁적이다.)

▶ 2013년 감정평가사

① $Q_S = p \times \min\{w, 3r\}$ ② $Q_S = \dfrac{p}{12}$ ③ $Q_S = p \times \max\{w, 3r\}$

④ $Q_S = 6p$ ⑤ $Q_S = \dfrac{p}{6}$

출제이슈 이윤극대화와 공급곡선의 도출

핵심해설 정답 ②

1) 비용

① 비용은 노동비용과 자본비용으로 구성되며 다음과 같이 표현할 수 있다.
$C = wL + rK$ (단, w는 노동임금, r은 자본임대료, K는 자본투입량, L은 노동투입량)

② 설문에서 주어진 노동가격 4, 자본가격 6을 대입하여 위의 식을 다시 표현하자.
$C = wL + rK = 4L + 6K$

2) 생산함수

① 설문에서 생산함수는 $Q = (\min\{L, 3K\})^{0.5}$와 같이 주어져 있다.
② 설문에서 주어진 생산기술은 요소 간 완전보완관계로서 생산자 최적선택은 $L = 3K$에서 달성된다.

3) 비용함수의 도출

① 위 1) ②에서 구한 비용 $C = wL + rK = 4L + 6K$를 2) ②를 고려하여 다시 쓰면 다음과 같다.
$C = 4L + 6 \times \dfrac{1}{3}K = 6L$

② 위 2)의 생산함수 $Q = (\min\{L, 3K\})^{0.5}$를 역시 2) ②의 $L = 3K$를 고려하여 다시 쓰면 다음과 같다.
$Q = (\min\{L, 3K\})^{0.5} = L^{0.5} = \sqrt{3}\, K^{0.5}$

③ 이제 $C = 6L$과 $Q = L^{0.5}$를 동시에 고려하면 비용함수 $C = 6Q^2$이 도출된다.

4) 공급곡선의 도출

비용함수 $C = 6Q^2$로부터 한계비용함수 $MC = 12Q$를 도출하고, 기업의 이윤극대화 조건 $P = MC$를 동시에 고려하면, 공급함수 $P = 12Q$가 도출된다. 이를 다시 쓰면 $Q = \dfrac{1}{12}P$가 된다.

경쟁기업의 단기균형

완전경쟁시장 A의 수요함수가 $Q_D = 30 - 3P$이다. 이 시장에 존재하는 모든 기업의 한계비용이 4로 동일할 때, 시장의 균형가격(P^*)과 균형거래량(Q^*)은? (단, Q_D는 수요량, P는 가격이며, 모든 기업은 이윤극대화를 추구한다.)

▶ 2013년 감정평가사

① $P^* = 3$, $Q^* = 10$
② $P^* = 3$, $Q^* = 21$
③ $P^* = 4$, $Q^* = 18$
④ $P^* = 4$, $Q^* = 22$
⑤ $P^* = 6$, $Q^* = 12$

출제이슈　경쟁시장의 균형
핵심해설　정답 ③

경쟁시장에 존재하는 모든 개별기업의 한계비용이 4로 동일하므로 시장 전체의 공급곡선은 $P = 4$가 된다. 따라서 경쟁시장의 균형은 수요와 공급이 일치하는 수준에서 결정된다.

시장수요는 $Q_D = 30 - 3P$로 주어졌으므로 균형은 시장가격 $P = 4$에서 달성되며, 이때 균형거래량은 $Q = 18$이 된다.

완전경쟁시장에서 A기업의 단기총비용함수는 $STC = 100 + \dfrac{wq^2}{200}$ 이다. 임금이 4이고 시장가

격이 1일 때, 단기공급량은? (단, w는 임금, q는 생산량) ▶ 2020년 감정평가사

① 10 ② 25 ③ 50

④ 100 ⑤ 200

출제이슈 경쟁기업의 단기균형
핵심해설 정답 ②

경쟁기업의 단기균형은 다음과 같다.

1) 이윤 $\pi = TR - TC$

2) 총수입 $TR = PQ$

① 수요
  ⅰ) $P = \overline{P}$는 개별기업이 시장에서 받을 수 있는 가격으로 개별기업이 직면하는 수요
  ⅱ) 완전경쟁시장의 특성상 개별기업은 정해진 시장가격보다 더 받을 수 없으며 덜 받을 필요도 없다. 즉,
    수요는 $P = \overline{P}$ 수준에서 무한대로 상정할 수 있다. 이는 평균수입과 한계수입을 의미한다.
② 따라서 총수입 $TR = PQ = \overline{P}Q$

3) 총비용 $TC = C(Q)$

4) 이윤극대화

$$\underset{Q}{Max}\,\pi = TR - TC = \overline{P}Q - C(Q) \qquad \therefore \;\; \dfrac{dTR}{dQ} - \dfrac{dTC}{dQ} = 0 \qquad \overline{P} = C'(Q)$$

즉 경쟁기업의 단기균형은 $P = SMC$에서 달성된다.

설문에서 A기업의 단기총비용함수는 $STC = 100 + \dfrac{wq^2}{200}$ 이며 임금이 4이므로 A기업의 단기한계비용함수는

$SMC = \dfrac{q}{25}$ 가 됨을 알 수 있다. 이제 경쟁기업의 단기균형조건 $P = SMC$를 적용하자. 설문에서 가격은 1이

므로 $1 = \dfrac{q}{25}$ 가 된다. 따라서 경쟁기업의 생산량은 $q = 25$가 된다.

완전경쟁시장에서 기업 A가 생산하는 휴대폰의 가격이 100이고, 총비용함수가 $TC = 4Q^2 + 4Q + 100$일 때, 이윤을 극대화하는 (ㄱ) 생산량과 극대화된 (ㄴ) 이윤은? (단, Q는 생산량이다.)

▶ 2024년 감정평가사

① ㄱ: 10, ㄴ: 476   ② ㄱ: 10, ㄴ: 566

③ ㄱ: 10, ㄴ: 1,000   ④ ㄱ: 12, ㄴ: 476

⑤ ㄱ: 12, ㄴ: 566

출제이슈 경쟁기업의 단기균형

핵심해설 정답 ④

경쟁기업의 단기균형은 다음과 같다.

1) 이윤 $\pi = TR - TC$

2) 총수입 $TR = PQ$

  ① 수요

     i) $P = \overline{P}$는 개별기업이 시장에서 받을 수 있는 가격으로 개별기업이 직면하는 수요

     ii) 완전경쟁시장의 특성상 개별기업은 정해진 시장가격보다 더 받을 수 없으며 덜 받을 필요도 없다. 즉, 수요는 $P = \overline{P}$ 수준에서 무한대로 상정할 수 있다. 이는 평균수입과 한계수입을 의미한다.

  ② 따라서 총수입 $TR = PQ = \overline{P}Q$

3) 총비용 $TC = C(Q)$

4) 이윤극대화

$$\underset{Q}{Max}\, \pi = TR - TC = \overline{P}Q - C(Q) \quad \therefore \quad \frac{dTR}{dQ} - \frac{dTC}{dQ} = 0 \quad \overline{P} = C'(Q)$$

설문에서 가격 $P = 100$이고, A기업의 단기총비용함수는 $TC = 4Q^2 + 4Q + 100$이므로 경쟁기업의 균형조건 $P = MC$를 적용하면 $100 = 8Q + 4$가 된다. 따라서 경쟁기업의 생산량은 $Q = 12$가 된다.

따라서 총수입 $TR = P \times Q = 1,200$, 총비용 $TC = 724$이므로 이윤 $\pi = 476$이 된다.

완전경쟁시장에서 조업하고 있는 A기업의 생산함수는 $Q = L^{0.5}K^{0.5}$이고, 단기적으로 자본을 2단위 투입한다. 이 기업의 손익분기점에서 시장가격은 얼마인가? (단, 노동과 자본의 가격은 각각 1이다.)

▶ 2014년 감정평가사

① 1   ② 2   ③ 3

④ 4   ⑤ 5

출제이슈 경쟁기업의 손익분기점

핵심해설 정답 ②

1) 생산함수

생산함수가 $Q = L^{0.5}K^{0.5}$이고 단기에 자본이 2단위임을 고려하여 다시 쓰면 다음과 같다.

$Q = \sqrt{2}\,L^{0.5}$, $L = \dfrac{1}{2}Q^2$

2) 비용함수

노동의 가격이 1, 자본의 가격이 1, 단기에 자본이 2단위임을 고려하면 비용은 다음과 같다.

$TC = wL + rK = L + 2$

3) 비용함수의 도출

위의 1), 2)를 토대로 생산과 비용의 쌍대관계를 이용하여 비용함수를 도출하면 다음과 같다.

$TC = L + 2 = \dfrac{1}{2}Q^2 + 2$

4) 손익분기점

① 손익분기점과 평균비용

손익분기점은 평균비용의 최저점에서 달성된다.

② 평균비용

위에서 총비용이 $TC = L + 2 = \dfrac{1}{2}Q^2 + 2$이므로 평균비용은 $AC = \dfrac{1}{2}Q + \dfrac{2}{Q}$가 된다. 평균비용의 최저는 $\dfrac{dAC}{dQ} = 0$에서 달성되므로 이때, $Q = 2$가 된다.

③ 손익분기점

따라서 손익분기점은 $Q = 2$, $AC = 2$일 때 달성되며 이때, 시장가격은 $P = AC = 2$가 된다.

완전경쟁시장에서 개별기업은 U자형 평균비용곡선과 평균가변비용곡선을 가진다. 시장가격이 350일 때, 생산량 50 수준에서 한계비용은 350, 평균비용은 400, 평균가변비용은 200이다. 다음 중 옳은 것을 모두 고른 것은?

▶ 2019년 감정평가사

ㄱ. 평균비용곡선이 우상향하는 구간에 생산량 50이 존재한다.
ㄴ. 평균가변비용곡선이 우상향하는 구간에 생산량 50이 존재한다.
ㄷ. 생산량 50에서 음(−)의 이윤을 얻고 있다.
ㄹ. 개별기업은 단기에 조업을 중단해야 한다.

① ㄱ, ㄴ　　　　　② ㄱ, ㄷ　　　　　③ ㄱ, ㄹ
④ ㄴ, ㄷ　　　　　⑤ ㄴ, ㄹ

출제이슈 단기에 경쟁기업의 생산지속 및 중단의 의사결정
핵심해설 정답 ④

경쟁기업의 생산지속 및 중단의 의사결정은 다음과 같다.

1) $P = P_1$, $\boxed{P} > \boxed{AC} > \boxed{AVC}$, $TR > TC > TVC$ ∴ $TR - TC > 0$ ∴ $\pi > 0$, 초과이윤

2) $P = P_2$, $\boxed{P} = \boxed{AC} > \boxed{AVC}$, $TR = TC > TVC$ ∴ $TR = TC$ ∴ $\pi = 0$, 정상이윤

3) $P = P_3$, $\boxed{AC} > \boxed{P} > \boxed{AVC}$, $TC > TR > TVC$ ∴ $TR - TC < 0$ ∴ $\pi < 0$, 손실
   $0 > TR - TC$(생산 시 이윤) $> -TFC$(중단 시 이윤) ∴ 생산을 지속

4) $P = P_4$, $\boxed{AC} > \boxed{P} = \boxed{AVC}$, $TC > TR = TVC$ ∴ $TR - TC < 0$ ∴ $\pi < 0$, 손실
   $0 > TR - TC$(생산 시 이윤) $= -TFC$(중단 시 이윤) ∴ 생산 또는 중단

5) $P = P_5$, $\boxed{AC} > \boxed{AVC} > \boxed{P}$, $TC > TVC > TR$ ∴ $TR - TC < 0$ ∴ $\pi < 0$, 손실
   $0 > -TFC$(중단 시 이윤) $> TR - TC$(생산 시 이윤) ∴ 생산을 중단

설문에서 시장가격이 350일 때, 생산량 50 수준에서 한계비용은 350, 평균비용은 400, 평균가변비용은 200으로 주어져 있다. 따라서 위의 산식 3)의 경우에 해당한다.

ㄱ. 틀린 내용이다.
　　위의 산식 3)의 경우에 해당하므로 평균비용곡선이 우하향하는 구간에 생산량 50이 존재한다.

ㄴ. 옳은 내용이다.
　　위의 산식 3)의 경우에 해당하므로 평균가변비용곡선이 우상향하는 구간에 생산량 50이 존재한다.

ㄷ. 옳은 내용이다.
　　현재 가격이 평균비용보다 낮기 때문에 생산량 50에서 음(−)의 이윤을 얻고 있다.

ㄹ. 틀린 내용이다.
　　현재 가격은 평균가변비용보다 높은 수준이기 때문에 개별기업은 단기에 조업을 중단할 필요가 없다.

단기 완전경쟁시장에서 이윤극대화하는 A기업의 현재생산량에서 한계비용은 50, 평균가변비용은 45, 평균비용은 55이다. 시장가격이 50일 때, 옳은 것을 모두 고른 것은?

▶ 2020년 감정평가사

ㄱ. 손실이 발생하고 있다.

ㄴ. 조업중단(shut-down)을 해야 한다.

ㄷ. 총수입으로 가변비용을 모두 충당하고 있다.

ㄹ. 총수입으로 고정비용을 모두 충당하고 있다.

① ㄱ, ㄴ   ② ㄱ, ㄷ   ③ ㄴ, ㄷ

④ ㄴ, ㄹ   ⑤ ㄷ, ㄹ

출제이슈 단기에 경쟁기업의 생산지속 및 중단의 의사결정

핵심해설 정답 ②

설문에서 완전경쟁시장에서 활동하며 이윤극대화하는 A기업의 현재생산량에서 한계비용은 50, 평균가변비용은 45, 평균비용은 55이므로 아래와 같다.

$\boxed{AC=55} > \boxed{P=50} > \boxed{AVC=45},\ TC > TR > TVC$

ㄱ. 옳은 내용이다.

$\boxed{AC=55} > \boxed{P=50} > \boxed{AVC=45},\ TC > TR > TVC$로서 $TR - TC < 0$이므로 $\pi < 0$인바 손실을 보고 있다.

ㄴ. 틀린 내용이다.

$\boxed{AC=55} > \boxed{P=50} > \boxed{AVC=45},\ TC > TR > TVC$를 변형하면 다음과 같다.

$0 > TR - TC(생산 시 이윤) > -TFC(중단 시 이윤)$

이는 비록 손실을 보고 있지만 생산을 중단하게 되면 더 큰 손실을 보게 되므로 생산을 지속하는 것이 유리함을 의미한다. 만일 조업중단하게 되면 생산 시 손실보다 더 큰 손실(총고정비용)을 보게 된다.

ㄷ. 옳은 내용이다.

$\boxed{AC=55} > \boxed{P=50} > \boxed{AVC=45},\ TC > TR > TVC$로서 $TR > TVC$인바 총수입이 총가변비용보다 크기 때문에 총수입으로 총가변비용은 충당할 수 있음을 뜻한다.

ㄹ. 틀린 내용이다.

$\boxed{AC=55} > \boxed{P=50} > \boxed{AVC=45},\ TC > TR > TVC$로서 총수입으로 총가변비용을 충당할 수 있음을 의미함과 동시에 생산 시 이윤으로는 총고정비용을 충당하지 못함을 의미한다. 총수입이 총가변비용보다 크기 때문에 총수입으로 총가변비용을 회수하고도 남은 수입으로 총고정비용의 일부만을 회수할 뿐이다.

완전경쟁시장에서 이윤극대화를 추구하는 기업 A의 한계비용(MC), 평균총비용(AC), 평균가변비용(AVC)은 아래 그림과 같다. 시장가격이 P_1, P_2, P_3, P_4, P_5로 주어질 때, 이에 관한 설명으로 옳지 않은 것은?

▶ 2022년 감정평가사

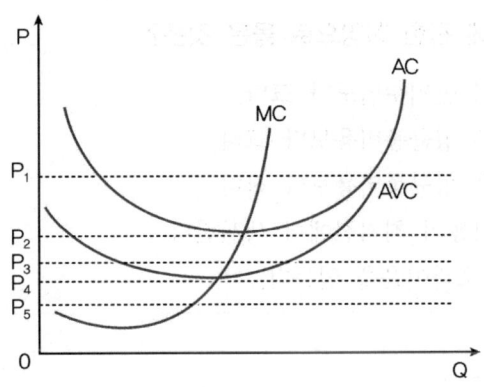

① P_1일 때 총수입이 총비용보다 크다.

② P_2일 때 손익분기점에 있다.

③ P_3일 때 총수입으로 가변비용을 모두 충당하고 있다.

④ P_4일 때 총수입으로 고정비용을 모두 충당하고 있다.

⑤ P_5일 때 조업중단을 한다.

출제이슈 단기에 경쟁기업의 생산지속 및 중단의 의사결정
핵심해설 정답 ④

① 옳은 내용이다. 이 경우 총수입이 총비용보다 크다.

$P = P_1$, $\boxed{P} > \boxed{AC} > \boxed{AVC}$, $TR > TC > TVC$ ∴ $TR - TC > 0$ ∴ $\pi > 0$, 초과이윤

② 옳은 내용이다. 이 경우 이윤이 0이므로 손익분기점 상황을 의미한다.

$P = P_2$, $\boxed{P} = \boxed{AC} > \boxed{AVC}$, $TR = TC > TVC$ ∴ $TR = TC$ ∴ $\pi = 0$, 정상이윤

③ 옳은 내용이다. 이 경우 총수입이 총가변비용보다 크므로 총수입으로 가변비용 충당이 가능하다.

$P = P_3$, $\boxed{AC} > \boxed{P} > \boxed{AVC}$, $TC > TR > TVC$ ∴ $TR - TC < 0$ ∴ $\pi < 0$, 손실
$0 > TR - TC$(생산 시 이윤) $> - TFC$(중단 시 이윤) ∴ 생산을 지속

④ 틀린 내용이다. 이 경우 총수입이 총가변비용과 동일하므로 총수입으로 가변비용 충당이 가능하다.

$P = P_4$, $\boxed{AC} > \boxed{P} = \boxed{AVC}$, $TC > TR = TVC$ ∴ $TR - TC < 0$ ∴ $\pi < 0$, 손실
$0 > TR - TC$(생산 시 이윤) $= - TFC$(중단 시 이윤) ∴ 생산 or 중단

⑤ 옳은 내용이다. 이 경우 생산 시 이윤이 중단 시 이윤보다 작으므로 생산을 중단한다.

$P = P_5$, $\boxed{AC} > \boxed{AVC} > \boxed{P}$, $TC > TVC > TR$ ∴ $TR - TC < 0$ ∴ $\pi < 0$, 손실
$0 > - TFC$(중단 시 이윤) $> TR - TC$(생산 시 이윤) ∴ 생산을 중단

경쟁기업의 장기균형

완전경쟁시장의 장기균형에 관한 설명으로 옳은 것은? ▶ 2018년 감정평가사

① 균형가격은 개별기업의 한계수입보다 크다.

② 개별기업의 한계수입은 평균총비용보다 크다.

③ 개별기업의 한계비용은 평균총비용보다 작다.

④ 개별기업은 장기평균비용의 최저점에서 생산한다.

⑤ 개별기업은 0보다 큰 초과이윤을 얻는다.

출제이슈 경쟁기업의 장기균형 조건
핵심해설 정답 ④

① 틀린 내용이다.

장기에서 조업하는 기업은 이윤극대화를 위해서 가격과 장기한계비용이 일치하는 점에서 생산을 결정한다. 가격은 한계비용으로 결정되며 한계수입이 경쟁시장에서는 바로 가격이 된다. 가격과 한계비용, 한계수입 모두 일치하므로 틀린 내용이다.

②, ③ 틀린 내용이다.

장기에도 당연히 이윤극대화가 달성되어야 하므로 가격과 장기한계비용은 일치한다. 그리고 개별기업은 자유로운 진입과 퇴출 그리고 장기조정에 따라서 결국 장기에는 더 이상의 진입과 퇴출이 발생하지 않는 상태가 된다. 이는 더 이상 초과이윤이 발생하지 않게 되어 발생하므로 가격이 장기평균비용과 같음을 의미한다. 결국 가격이 장기한계비용 및 장기평균비용과 모두 일치한다. 그런데 장기한계비용과 장기평균비용이 동일한 때는 바로 장기한계비용곡선이 장기평균비용곡선의 최저점을 통과할 때이다. 따라서 개별기업의 장기균형은 장기평균비용의 최저점에서 달성된다고 할 수 있다. 이때 가격은 한계수입, 한계비용 및 평균비용과 일치한다. 따라서 한계수입은 평균비용과 같으며, 한계비용은 평균비용과 같으므로 ②, ③ 모두 틀린 내용이다.

④ 옳은 내용이다.

개별기업은 자유로운 진입과 퇴출 그리고 장기조정에 따라서 결국 장기에는 더 이상의 진입과 퇴출이 발생하지 않는 상태가 되는 장기평균비용의 최저점에서 생산한다.

⑤ 틀린 내용이다.

개별기업은 자유로운 진입과 퇴출 그리고 장기조정에 따라서 결국 장기에는 더 이상의 진입과 퇴출이 발생하지 않는 상태가 되는 장기평균비용의 최저점에서 생산한다. 이때는 가격이 평균비용과 일치하기 때문에 경제적 이윤은 0이 되며, 이로 인해서 더 이상의 진입과 퇴출이 발생하지 않게 되는 것이다.

완전경쟁시장의 장기균형의 특징에 관한 설명으로 옳은 것을 모두 고른 것은? (단, LMC는 장기한계비용, LAC는 장기평균비용, P는 가격이다.) ▶ 2023년 감정평가사

ㄱ. $P = LMC$이다.
ㄴ. $P > LAC$이다.
ㄷ. 각 기업의 정상이윤이 0이다.
ㄹ. 시장의 수요량과 공급량이 같다.
ㅁ. 더 이상 기업의 진입과 이탈이 일어나지 않는 상태를 말한다.

① ㄱ, ㄴ, ㄷ   ② ㄱ, ㄹ, ㅁ   ③ ㄴ, ㄹ, ㅁ
④ ㄷ, ㄹ, ㅁ   ⑤ ㄴ, ㄷ, ㄹ, ㅁ

출제이슈 경쟁기업의 장기균형 조건
핵심해설 정답 ②

장기는 기업이 시장에 진입, 이탈하는 것이 자유로운 정도의 충분한 시간이다. 장기에는 신규기업도 자유롭게 진입 가능하며 기존기업은 시설규모를 자유롭게 조정할 수 있을 뿐만 아니라 이탈도 가능하다.

첫째, 완전경쟁시장에서 장기균형은 (ㄹ) 장기에 시장수요와 시장공급이 일치하는 상태를 의미한다. 이는 시장의 균형으로서 개별기업의 균형 혹은 개별기업의 최적화와는 엄밀하게는 다른 개념이다. 다만, 본 문제에서는 시장의 균형과 개별기업의 균형을 동시에 의미하는 것으로 본다.

둘째, 경쟁기업의 장기균형은 장기조정과정이 완료됨과 동시에 주어진 가격수준하에서 이윤극대화 산출이 달성된다. 개별기업의 장기균형에서 개별기업은 이윤극대화를 달성하고 있기 때문에 가격과 장기한계비용은 일치한다. 더 이상의 진입과 퇴출이 없기 때문에 기업은 정상이윤만 얻고 있으며 가격은 장기평균비용과 일치한다.

1) 장기조정의 완료
   장기조정의 완료는 (ㅁ) 해당 시장에 더 이상 진입 또는 퇴출의 유인이 없는 상태로서 초과이윤이 없는 상태, 즉 (ㄴ) 장기평균비용이 가격과 일치한 상태이다($P = LAC$). (ㄷ) 정상이윤이 0이라는 것이 아니라 초과이윤이 0이라는 것에 유의하자.

2) 장기 이윤극대화
   장기에서도 주어진 가격수준에서 경쟁기업의 이윤극대화 산출은 달성되어야 하므로, (ㄱ) 장기한계비용이 가격과 일치하게 된다($P = LMC$).

완전경쟁시장에서 기업이 모두 동일한 장기평균비용함수 $LAC(q) = 40 - 6q + \frac{1}{3}q^2$ 과 장기

한계비용함수 $LMC(q) = 40 - 12q + q^2$ 을 갖는다. 시장수요곡선은 $D(P) = 2,200 - 100P$

일 때, 장기균형에서 시장에 존재하는 기업의 수는? (단, q는 개별기업의 생산량, P 는 가격)

▶ 2020년 감정평가사

① 12   ② 24   ③ 50

④ 100   ⑤ 200

출제이슈   경쟁기업의 장기균형 계산
핵심해설   정답 ④

1) 장기 시장가격과 개별기업 산출량의 도출

① 장기평균비용의 최저와 개별기업의 산출량

설문에서 개별기업의 장기평균비용함수가 $LAC(q) = 40 - 6q + \frac{1}{3}q^2$ 이므로 장기평균비용의 최저(미분하여 0으로 놓고 계산하면 된다)를 구하면 이때, 시장가격과 일치하게 된다. 장기평균비용이 최저가 되는 개별기업의 산출량은 9로 계산된다.

② 장기 시장가격

앞에서 구한 개별기업의 산출량 9를 위의 장기평균비용함수에 대입하면 장기평균비용은 13이 된다. 경쟁기업의 장기균형에서는 장기평균비용과 가격이 동일하므로 시장가격은 13이 된다.

2) 시장수요량과 개별기업 수의 도출

① 시장수요량

시장가격 13을 수요함수 $D(P) = 2,200 - 100P$ 에 대입하면 균형하에서 시장수요량은 900이 된다.

② 개별기업의 수

개별기업의 산출량이 9임을 고려하면, 동질적인 전체 기업의 수는 100개가 되어야 시장수요량을 모두 충족시켜 시장균형이 이루어진다.

완전경쟁시장의 시장수요함수는 $Q = 1,700 - 10P$이고, 이윤극대화를 추구하는 개별기업의 장기평균비용함수는 $LAC(q) = (q-20)^2 + 30$으로 모두 동일하다. 장기균형에서 기업의 수는? (단, Q는 시장거래량, q는 개별기업의 생산량, P는 가격이다.) ▶ 2018년 감정평가사

① 100   ② 90   ③ 80
④ 70   ⑤ 60

출제이슈 경쟁기업의 장기균형 계산
핵심해설 정답 ④

1) 장기 시장가격과 개별기업 산출량의 도출

① 장기평균비용의 최저와 장기 시장가격
설문에서 개별기업의 장기평균비용함수가 $LAC(q) = (q-20)^2 + 30$이므로 장기평균비용의 최저는 생산이 20일 때이며 균형시장가격 30이 달성된다.

② 개별기업의 산출량
따라서 개별기업의 산출량은 20이 되고, 시장가격은 30이 된다.

2) 시장산출량과 개별기업 수의 도출

① 시장산출량
시장가격 100을 수요함수에 대입하면 균형하에서 시장수급량은 1,400이 된다.

② 개별기업의 수
개별기업의 산출량이 20임을 고려하면, 동질적인 전체 기업의 수는 70개가 되어야 한다.

완전경쟁시장에서 이윤극대화를 추구하는 기업들의 장기비용함수는 $C = 0.5q^2 + 8$로 모두 동일하다. 시장수요함수가 $Q_D = 1,000 - 10P$일 때, 장기균형에서 시장 참여기업의 수는? (단, C는 개별기업 총비용, q는 개별기업 생산량, Q_D는 시장수요량, P는 가격을 나타낸다.)

▸2017년 감정평가사

① 150

② 210

③ 240

④ 270

⑤ 300

출제이슈 경쟁기업의 장기균형 계산

핵심해설 정답 ③

1) 장기 시장가격과 개별기업 산출량의 도출

① 장기평균비용의 최저와 장기 시장가격

설문에서 개별기업의 장기평균비용함수가 $LAC = 0.5q + \dfrac{8}{q}$이므로 장기평균비용의 최저(미분하여 0으로 놓고 계산하면 된다)는 생산이 4일 때이며 균형시장가격이 달성된다.

② 개별기업의 산출량

따라서 개별기업의 산출량은 4가 되고, 시장가격은 4가 된다.

2) 시장산출량과 개별기업 수의 도출

① 시장산출량

시장가격 4를 수요함수에 대입하면 균형하에서 시장수급량은 960이 된다.

② 개별기업의 수

개별기업의 산출량이 4임을 고려하면, 동질적인 전체 기업의 수는 240개가 되어야 한다.

완전경쟁시장에서 이윤극대화를 추구하는 개별기업의 장기총비용함수는 $C = 2q^3 - 12q^2 + 48q$로 동일하다. 이 시장에서의 장기 시장균형가격은? (단, C는 비용, q는 생산량, $q > 0$)

▶ 2011년 감정평가사

① 3 　　　　　　② 10 　　　　　　③ 15

④ 30 　　　　　　⑤ 35

출제이슈 경쟁기업의 장기균형 계산
핵심해설 정답 ④

장기 시장가격과 개별기업 산출량의 도출은 다음과 같다.

1) **장기평균비용의 최저와 개별기업의 산출량**

개별기업의 장기총비용함수가 $C = 2q^3 - 12q^2 + 48q$이므로 장기평균비용함수는 $LAC(q) = 2q^2 - 12q + 48$이 된다. 장기평균비용의 최저(미분하여 0으로 놓고 계산하면 된다)를 구하면 이때, 시장가격과 일치하게 된다. 장기평균비용이 최저가 되는 개별기업의 산출량은 3으로 계산된다.

2) **장기 시장가격**

앞에서 구한 개별기업의 산출량 3을 위의 장기평균비용함수에 대입하면 장기평균비용은 30이 된다. 경쟁기업의 장기균형에서는 장기평균비용과 가격이 동일하므로 시장가격은 30이 된다.

완전경쟁시장에서 이윤을 극대화하는 개별기업의 장기비용함수가 $C = Q^3 - 4Q^2 + 8Q$이다. 완전경쟁시장의 장기균형가격(P)와 개별기업의 장기균형생산량(Q)은? (단, 모든 개별기업의 장기비용함수는 동일하다.)

▶ 2016년 감정평가사

① $P=1$, $Q=1$ 　　　② $P=1$, $Q=2$ 　　　③ $P=2$, $Q=4$

④ $P=4$, $Q=2$ 　　　⑤ $P=4$, $Q=4$

출제이슈 경쟁기업의 장기균형 계산
핵심해설 정답 ④

1) **장기평균비용의 최저와 장기 시장가격**

설문에서 개별기업의 장기평균비용함수가 $LAC = Q^2 - 4Q + 8$이므로 장기평균비용의 최저(미분하여 0으로 놓고 계산하면 된다)는 생산이 2일 때이며 이때 균형시장가격이 달성된다.

2) **개별기업의 산출량**

따라서 개별기업의 산출량은 2가 되고 시장가격은 4가 된다.

완전경쟁시장에서 시장수요함수가 $Q = 1,000 - P$이고 기업들의 장기평균비용은 생산량이 10일 때, 100원으로 최소화된다. 이때 장기균형에 관한 설명으로 옳지 않은 것은? (단, Q는 수요량, P는 가격이다.)

▶ 2012년 감정평가사

① 개별기업의 이윤은 0원이다.
② 개별기업의 생산량은 10이다.
③ 균형가격은 100원이다.
④ 시장에는 100개의 기업이 존재하게 된다.
⑤ 소비자들은 가격순응자로서 효용을 극대화한다.

출제이슈 경쟁기업의 장기균형 계산
핵심해설 정답 ④

1) 장기 시장가격과 개별기업 산출량

① 장기 시장가격
   경쟁기업의 장기균형에서는 장기평균비용과 가격이 동일하다. 설문에서 기업들의 장기평균비용은 생산량이 10일 때, 100원으로 최소화되므로 장기 시장가격은 100원이 된다.

② 개별기업 산출량
   개별기업은 장기에 장기평균비용이 최저일 때 장기균형이 달성되며 이때, 생산량은 10이 된다.

③ 개별기업 이윤
   장기에 개별기업은 장기평균비용과 시장가격이 일치하는 수준에서 생산하므로 이윤은 0이 된다.

2) 시장수요량과 개별기업 수의 도출

① 시장수요량
   시장가격 100원을 주어진 수요함수 $Q = 1,000 - P$에 대입하면 균형하에서 시장수요량은 900이 된다.

② 개별기업의 수
   개별기업의 산출량이 10임을 고려하면, 동질적인 전체 기업의 수는 90개가 되어야 시장수요량을 모두 충족시켜서 시장균형이 이루어진다.

독점시장의 균형

> **독점기업의 이윤극대화에 관한 설명으로 옳지 않은 것은? (단, 수요곡선은 우하향하고 생산량은 양(+)이고, 가격차별은 없다.)**
>
> ▶ 2017년 감정평가사
>
> ① 이윤극대화 가격은 한계비용보다 높다.
> ② 양(+)의 경제적 이윤을 획득할 수 없는 경우도 있다.
> ③ 현재 생산량에서 한계수입이 한계비용보다 높은 상태라면 이윤극대화를 위하여 가격을 인상하여야 한다.
> ④ 이윤극대화 가격은 독점 균형거래량에서의 평균수입과 같다.
> ⑤ 이윤극대화는 한계비용과 한계수입이 일치하는 생산수준에서 이루어진다.

출제이슈 독점기업의 이윤극대화

핵심해설 정답 ③

① 옳은 내용이다.

독점기업의 이윤극대화는 $P > MR = MC$(가격은 한계비용보다 크다)에서 달성된다.

② 옳은 내용이다.

독점기업도 손실이 가능하다. 수요곡선이 평균비용보다 하방위치하는 등과 같이 평균비용이 가격을 상회하는 경우에는 손실을 볼 수 있다. 따라서 양(+)의 경제적 이윤을 획득할 수 없는 경우도 있다.

③ 틀린 내용이다.

현재 생산량에서 한계수입이 한계비용보다 높은 상태라면 이윤극대화를 위하여 생산을 늘려야 하며, 이 경우 가격을 인하하여야 한다.

④ 옳은 내용이다.

이윤극대화 가격은 독점 균형거래량에서의 평균수입과 같으며, 평균수입은 한계수입을 상회하고 있다.

⑤ 옳은 내용이다.

이윤극대화는 한계비용과 한계수입이 일치하는 생산수준에서 이루어진다.

독점시장에 관한 설명으로 옳은 것은? (단, 독점기업은 이윤을 극대화, 수요곡선은 우하향하는 직선)

▶ 2011년 감정평가사

① 독점기업은 시장수요곡선의 가격탄력성이 1보다 큰 구간에서 재화를 생산한다.
② 가격과 한계비용이 일치하는 점에서 균형이 발생한다.
③ 단기적으로 균형에서 가격이 평균비용보다 낮으면 이익이 발생한다.
④ 공급곡선이 존재한다.
⑤ 독점기업이 직면하는 한계수입곡선은 우상향한다.

출제이슈 독점기업의 이윤극대화
핵심해설 정답 ①

독점기업의 이윤극대화는 $P > MR = MC$(가격은 한계비용보다 크다)에서 달성된다. 이때, 평균비용이 가격보다 낮으면 양의 이윤을 얻지만, 그렇지 않다면 양의 이윤을 얻을 수 없다. 이윤극대화는 수요의 가격탄력성이 1보다 더 큰 영역에서 발생한다.

① 옳은 내용이다.
이윤극대화 공급량에서는 한계수입과 한계비용이 일치하며 한계수입곡선은 수요곡선이 탄력적인 부분에서 생성된다. 왜냐하면, 한계수입과 한계비용이 일치할 때, 설정되는 가격은 양수(+)이어야 하므로 이를 달성하기 위해서는 한계수입도 양수가 된다. 따라서 이윤극대화 공급량이 존재하는 부분은 수요곡선이 탄력적인 부분이므로 수요의 가격탄력성이 1보다 크다.

② 틀린 내용이다.
독점기업의 이윤극대화는 $P > MR = MC$(가격은 한계비용보다 크다)에서 달성된다.

③ 틀린 내용이다.
독점균형에서 가격이 평균비용보다 높으면 이익이 발생한다. 독점기업이 한계수입과 한계비용이 일치하도록 생산한다고 해서 항상 양(+)의 이윤을 얻는 것은 아니다. 독점기업도 손실이 가능하다. 수요곡선이 평균비용보다 하방위치하는 등과 같이 평균비용이 가격을 상회하는 경우에는 손실을 볼 수 있다. 따라서 양(+)의 경제적 이윤을 획득할 수 없는 경우도 있다.

④ 틀린 내용이다.
독점기업은 이윤극대화 산출량을 정하고 그에 따라서 가격을 설정할 뿐이지, 가격에 순응하여 이윤극대화 산출량을 정하는 것이 아니다. 따라서 주어진 가격 수준에 대하여 공급하려고 하는 이윤극대화 산출량을 나타내는 공급곡선은 존재하지 않는다.

⑤ 틀린 내용이다.
한계수입곡선은 우하향한다. 참고로 한계수입은 다음과 같다.

한계수입 $MR = \dfrac{dTR}{dQ} = \dfrac{d(P(Q)Q)}{dQ} = \underset{\text{(부호: 음)}}{\dfrac{dP}{dQ}} Q + P < P$

> **독점시장에 관한 설명으로 옳지 않은 것은? (단, 수요곡선은 우하향하고 생산량은 양(+)이다.)**
>
> ▶ 2013년 감정평가사
>
> ① 독점기업은 시장지배력을 이용하여 가격을 인상하면서 판매량을 늘릴 수 있다.
> ② 수요의 가격탄력성이 1일 때, 독점기업의 한계수입은 0이다.
> ③ 생산량이 증가함에 따라 평균비용곡선이 지속적으로 우하향하는 산업에서는 자연독점이 발생한다.
> ④ 독점기업의 한계수입곡선은 수요곡선보다 아래에 위치한다.
> ⑤ 독점기업의 이윤극대화 가격은 한계비용보다 높다.

출제이슈 독점기업의 이윤극대화
핵심해설 정답 ①

① 틀린 내용이다.

독점기업이 시장지배력을 이용하여 가격을 설정할 수 있다고 하더라도 이에는 반드시 수요제약이 뒤따른다. 즉 가격을 인상하면 수요량이 감소하게 되는 것이다. 이는 독점기업이 가격과 산출량을 동시에 원하는 만큼 설정하는 것은 불가능함을 의미한다.

② 옳은 내용이다.

먼저 수리적으로 보면, Amoroso – Robinson 식에 의하여 $MR = P(1 - \dfrac{1}{e})$이므로 수요의 가격탄력성이 1일 때, 독점기업의 한계수입은 0이다. 이는 독점기업의 한계수입곡선과 수요곡선을 통해서도 기하적으로도 확인할 수 있다.

③ 옳은 내용이다.

생산량이 증가함에 따라서 장기평균비용이 하락하는 현상을 규모의 경제라고 하며 이는 장기평균비용곡선이 우하향하는 것으로 나타난다. 규모의 경제가 시장 전체에 걸쳐서 나타날 경우 다수의 기업이 경쟁하는 경쟁적 시장에서는 생산비용이 크게 높아지기 때문에 결국 퇴출이 발생하여 공존할 수 없다. 결국 규모의 경제가 강하게 존재하는 상황하에서는 최종적으로 자연스럽게 하나의 기업만이 살아남아 독점의 시장구조로 형성되는데 이를 자연독점이라고 한다.

④ 옳은 내용이다.

독점기업의 한계수입은 $MR = \dfrac{dTR}{dQ} = \dfrac{d(P(Q)Q)}{dQ} = \underset{(\text{부호: 음})}{\dfrac{dP}{dQ}}Q + P < P$이므로 한계수입곡선은 수요곡선보다

아래에 위치한다.

⑤ 옳은 내용이다.

독점기업의 이윤극대화는 $P > MR = MC$에서 달성된다. 따라서 가격은 한계비용보다 크다.

시장수요가 $Q = 100 - P$ 이고 독점기업의 비용함수가 $C = 20Q$인 독점시장의 균형에서 수요의 가격탄력성은? (단, Q는 수요량, P는 가격, C는 총비용이고 수요의 가격탄력성은 절댓값으로 표현한다.)

▶ 2012년 감정평가사

① 0.0   ② 0.5   ③ 1.0

④ 1.5   ⑤ 2.0

출제이슈 독점기업의 이윤극대화 계산
핵심해설 정답 ④

독점기업의 이윤극대화는 다음과 같이 달성된다.

1) 이윤 $\pi = TR - TC$
2) 총수입 $TR = PQ = P(Q)Q$ [독점기업이 직면하는 수요곡선 $P = P(Q)$]
3) 총비용 $TC = C(Q)$
4) 이윤극대화 $\underset{Q}{Max}\ \pi = TR - TC = P(Q)Q - C(Q)$ $\therefore \dfrac{dTR}{dQ} - \dfrac{dTC}{dQ} = 0$ $\therefore MR = C'(Q)$

   ① 한계수입 $MR = \dfrac{dTR}{dQ} = \dfrac{d(P(Q)Q)}{dQ} = \underset{\text{(부호: 음)}}{\dfrac{dP}{dQ}}Q + P < P$

   ② 한계비용 $MC = C'(Q)$

   ③ 이윤극대화 $P + \dfrac{dP}{dQ}Q = C'(Q)$

위의 내용에 근거하여 설문을 검토하면 다음과 같다.

1) 한계수입
   $Q = 100 - P$, $MR = 100 - 2Q$

2) 한계비용
   $C - 20Q$, $MC = 20$

3) 독점기업의 이윤극대화
   $MR = MC$, $100 - 2Q = 20$, $Q = 40$, $P = 60$

4) $Q = 40$, $P = 60$일 때, 가격탄력성

   가격탄력성은 $e_p = -\dfrac{\dfrac{dQ}{Q}\ \text{(수요량 변화율)}}{\dfrac{dP}{P}\ \text{(가격 변화율)}} = -\dfrac{dQ}{dP}\dfrac{P}{Q}$ 이므로 $Q = 40$, $P = 60$를 산식에 대입하여 구하면

   $e_p = \dfrac{60}{40} = 1.5$가 된다.

독점기업 A가 직면한 수요함수는 $Q = -0.5P + 15$, 총비용함수는 $TC = Q^2 + 6Q + 3$이다. 이윤을 극대화할 때, 생산량과 이윤은? (단, P는 가격, Q는 생산량, TC는 총비용이다.)

▶ 2018년 감정평가사

① 생산량 = 3, 이윤 = 45
② 생산량 = 3, 이윤 = 48
③ 생산량 = 4, 이윤 = 45
④ 생산량 = 4, 이윤 = 48
⑤ 생산량 = 7, 이윤 = 21

출제이슈 독점기업의 이윤극대화 계산
핵심해설 정답 ③

독점기업의 이윤극대화는 다음과 같이 달성된다.

1) 이윤 $\pi = TR - TC$
2) 총수입 $TR = PQ = P(Q)Q$ [독점기업이 직면하는 수요곡선 $P = P(Q)$]
3) 총비용 $TC = C(Q)$
4) 이윤극대화 $\underset{Q}{Max}\ \pi = TR - TC = P(Q)Q - C(Q)$ $\therefore \dfrac{dTR}{dQ} - \dfrac{dTC}{dQ} = 0$ $\therefore MR = C'(Q)$

① 한계수입 $MR = \dfrac{dTR}{dQ} = \dfrac{d(P(Q)Q)}{dQ} = \underset{(부호: 음)}{\dfrac{dP}{dQ}} Q + P < P$

② 한계비용 $MC = C'(Q)$

③ 이윤극대화 $P + \dfrac{dP}{dQ} Q = C'(Q)$

설문에서 독점기업의 이윤극대화를 풀면 다음과 같다.

$P = 30 - 2Q$, $MR = 30 - 4Q$, $MC = 2Q + 6$이므로 독점기업의 이윤극대화 $MR = MC$ 조건을 풀면 $30 - 4Q = 2Q + 6$이 되어 이윤극대화 생산량은 4가 된다.

이때, 가격은 생산량을 수요함수 $P = 30 - 2Q$에 대입하여 22로 설정할 수 있다. 따라서 총수입은 생산량 4에 가격 22를 곱한 88이 된다. 한편 총비용은 생산량 4를 비용함수에 대입하면, 43이 된다. 이윤은 45가 된다.

독점기업 A가 직면한 수요곡선이 $Q=100-2P$이고, 총비용함수가 $TC=Q^2+20Q$일 때, 기업 A의 이윤을 극대화하는 (ㄱ) 생산량과 (ㄴ) 이윤은? (단, Q는 생산량, P는 가격이다.)

▶ 2023년 감정평가사

① ㄱ : 10, ㄴ : 150　　② ㄱ : 10, ㄴ : 200　　③ ㄱ : 20, ㄴ : 250

④ ㄱ : 20, ㄴ : 300　　⑤ ㄱ : 30, ㄴ : 350

출제이슈 독점기업의 이윤극대화 계산
핵심해설 정답 ①

독점기업의 이윤극대화는 다음과 같이 달성된다.

1) 이윤 $\pi = TR - TC$
2) 총수입 $TR = PQ = P(Q)Q$ [독점기업이 직면하는 수요곡선 $P=P(Q)$]
3) 총비용 $TC = C(Q)$
4) 이윤극대화 $\underset{Q}{Max}\ \pi = TR - TC = P(Q)Q - C(Q)$　$\therefore \dfrac{dTR}{dQ} - \dfrac{dTC}{dQ} = 0$　$\therefore MR = C'(Q)$

　① 한계수입 $MR = \dfrac{dTR}{dQ} = \dfrac{d(P(Q)Q)}{dQ} = \underset{(\text{부호: 음})}{\dfrac{dP}{dQ}Q} + P < P$

　② 한계비용 $MC = C'(Q)$

　③ 이윤극대화 $P + \dfrac{dP}{dQ}Q = C'(Q)$

설문에서 독점기업의 이윤극대화를 풀면 다음과 같다.

수요함수 $Q=100-2P$를 변형하면 $P=50-0.5Q$이므로 $MR=50-Q$가 된다. 총비용함수가 $TC=Q^2+20Q$이므로 $MC=2Q+20$이 된다. 이제 독점기업의 이윤극대화 $MR=MC$ 조건을 풀면 $50-Q=2Q+20$이 되어 이윤극대화 생산량은 10이 된다.

이때, 가격은 생산량 10을 수요함수 $P=50-0.5Q$에 대입하여 45로 설정할 수 있다. 따라서 총수입은 생산량 10에 가격 45를 곱한 450이 된다. 한편 총비용은 생산량 10을 비용함수 $TC=Q^2+20Q$에 대입하면, 300이 된다. 이윤은 150이 된다.

시장수요함수가 $Q = 100 - P$인 경우, 비용함수가 $C = Q^2$인 독점기업의 이윤극대화 가격은? (단, P는 가격, Q는 수량이다.)

▶ 2016년 감정평가사

① 0   ② 25   ③ 50
④ 75   ⑤ 100

출제이슈 독점기업의 이윤극대화 계산
핵심해설 정답 ④

독점기업의 이윤극대화는 다음과 같이 달성된다.

1) 이윤 $\pi = TR - TC$
2) 총수입 $TR = PQ = P(Q)\,Q$ [독점기업이 직면하는 수요곡선 $P = P(Q)$]
3) 총비용 $TC = C(Q)$
4) 이윤극대화 $\underset{Q}{Max}\ \pi = TR - TC = P(Q)\,Q - C(Q) \quad \therefore\ \frac{dTR}{dQ} - \frac{dTC}{dQ} = 0 \quad \therefore\ MR = C'(Q)$

   ① 한계수입 $MR = \dfrac{dTR}{dQ} = \dfrac{d(P(Q)\,Q)}{dQ} = \underset{(\text{부호: 음})}{\dfrac{dP}{dQ}} Q + P < P$

   ② 한계비용 $MC = C'(Q)$

   ③ 이윤극대화 $P + \dfrac{dP}{dQ} Q = C'(Q)$

설문에서 독점기업의 이윤극대화를 풀면 다음과 같다.

$P = 100 - Q$, $MR = 100 - 2Q$, $MC = 2Q$이므로 독점기업의 이윤극대화 $MR = MC$ 조건을 풀면 $100 - 2Q = 2Q$가 되어 이윤극대화 생산량은 25가 된다.

이때, 가격은 생산량을 수요함수 $P = 100 - Q$에 대입하여 75로 설정할 수 있다.

독점기업 갑은 두 시장 A, B에서 X재를 판매하고 있다. 생산에 있어서 갑의 한계비용은 0이다. 갑이 A, B에서 직면하는 수요함수는 각각 $Q_A = a_1 - b_1 P_A$, $Q_B = a_2 - b_2 P_B$이고, 갑이 각 시장에서 이윤극대화를 한 결과 두 시장의 가격이 같아지게 되는 a_1, b_1, a_2, b_2의 조건으로 옳은 것은? (단, a_1, b_1, a_2, b_2는 모두 양(+)의 상수이고, Q_A, Q_B는 각 시장에서 팔린 X재의 판매량이며, P_A, P_B는 각 시장에서 X재의 가격이다.)   ▶ 2016년 감정평가사

① $a_1 a_2 = b_1 b_2$ 　　② $a_1 b_1 = a_2 b_2$

③ $a_1 b_2 = a_2 b_1$ 　　④ $a_1 + b_1 = a_2 + b_2$

⑤ $a_1 + b_2 = a_2 + b_1$

출제이슈 독점기업의 이윤극대화 계산
핵심해설 정답 ③

독점기업의 이윤극대화는 한계수입과 한계비용이 같을 때 달성된다.

설문에서 독점기업의 이윤극대화를 풀면 다음과 같다.

1) A시장에서의 이윤극대화

$Q_A = a_1 - b_1 P_A$, $P_A = \dfrac{a_1}{b_1} - \dfrac{1}{b_1} Q_A$, $MR_A = \dfrac{a_1}{b_1} - \dfrac{2}{b_1} Q_A$, $MC = 0$

따라서 $MR_A = MC$, $\dfrac{a_1}{b_1} - \dfrac{2}{b_1} Q_A = 0$, $Q_A = \dfrac{1}{2} a_1$, $P_A = \dfrac{a_1}{2b_1}$

2) B시장에서의 이윤극대화

$Q_B = a_2 - b_2 P_B$, $P_B = \dfrac{a_2}{b_2} - \dfrac{1}{b_2} Q_B$, $MR_B = \dfrac{a_2}{b_2} - \dfrac{2}{b_2} Q_B$, $MC = 0$

따라서 $MR_B = MC$, $\dfrac{a_2}{b_2} - \dfrac{2}{b_2} Q_B = 0$, $Q_B = \dfrac{1}{2} a_2$, $P_B = \dfrac{a_2}{2b_2}$

3) 두 시장에서의 가격이 동일

$P_A = \dfrac{a_1}{2b_1}$, $P_B = \dfrac{a_2}{2b_2}$, $\dfrac{a_1}{2b_1} = \dfrac{a_2}{2b_2}$가 성립한다. 따라서 $a_1 b_2 = a_2 b_1$이 된다.

X재를 독점 공급하는 기업 A의 시장수요함수는 $P = 300 - Q$이고, 생산함수는 $Q = \min\{0.2L, 0.5M\}$이다. 노동임금은 $P_L = 20$, 원료가격은 $P_M = 10$일 때, 이윤을 극대화하는 생산량은? (단, P는 가격, Q는 수량, L은 노동, M은 원료) ▶ 2025년 감정평가사

① 70　　　　　　② 90　　　　　　③ 110
④ 130　　　　　　⑤ 150

출제이슈 독점기업의 이윤극대화와 쌍대성
핵심해설 정답 ②

1) 비용함수 구하기

주어진 생산함수에서 쌍대성의 원리를 이용하여 비용함수를 먼저 다음과 같이 구한다.

$0.2L = 0.5M$, $20L + 10M = C$ 따라서 $C = 24L = 120Q$

2) 독점기업의 최적화 구하기

한계수입과 한계비용을 이용하여 독점기업의 최적화를 구하면 다음과 같다.

$MR = 300 - 2Q$, $MC = 120$ 따라서 $300 - 2Q = 120$, $Q = 90$

> 독점시장에서 기업 A의 수요함수는 $P = 500 - 2Q$이고, 한계비용은 생산량에 관계없이 100으로 일정하다. 기업 A는 기술진보로 인해 한계비용이 하락하여 이윤극대화 생산량이 20단위 증가하였다. 기술진보 이후에도 한계비용은 생산량에 관계없이 일정하다. 한계비용은 얼마나 하락하였는가? (단, P는 가격, Q는 생산량이다.) ▶ 2019년 감정평가사
>
> ① 20   ② 40   ③ 50
> ④ 60   ⑤ 80

출제이슈   독점기업의 이윤극대화와 비용변화
핵심해설   정답 ⑤

독점기업의 이윤극대화는 다음과 같이 달성된다.

1) 이윤 $\pi = TR - TC$
2) 총수입 $TR = PQ = P(Q)Q$ [독점기업이 직면하는 수요곡선 $P = P(Q)$]
3) 총비용 $TC = C(Q)$
4) 이윤극대화 $\underset{Q}{Max} \ \pi = TR - TC = P(Q)Q - C(Q)$ $\therefore \ \dfrac{dTR}{dQ} - \dfrac{dTC}{dQ} = 0$ $\therefore \ MR = C'(Q)$

    ① 한계수입 $MR = \dfrac{dTR}{dQ} = \dfrac{d(P(Q)Q)}{dQ} = \underset{(\text{부호: 음})}{\dfrac{dP}{dQ}} Q + P < P$

    ② 한계비용 $MC = C'(Q)$

    ③ 이윤극대화 $P + \dfrac{dP}{dQ} Q = C'(Q)$

설문에서 독점기업의 이윤극대화를 풀면 다음과 같다.

1) 한계비용이 100인 경우
    $P = 500 - 2Q$, $MR = 500 - 4Q$, $MC = 100$이므로 독점기업의 이윤극대화 $MR = MC$ 조건을 풀면
    $500 - 4Q = 100$이 되어 이윤극대화 생산량은 100이 된다.

2) 한계비용이 하락한 경우
    $P = 500 - 2Q$, $MR = 500 - 4Q$, $MC = x$이므로 독점기업의 이윤극대화 $MR = MC$ 조건을 풀면
    $500 - 4Q = x$인데 이윤극대화 생산량은 100보다 20 증가한 120이 된다.
    따라서 이를 $500 - 4Q = x$에 대입하면 $x = 20$이 된다.

3) 즉 한계비용이 100에서 20으로 80만큼 하락하였다.

독점기업 갑의 시장수요함수는 $P = 1,200 - Q_D$이고 총비용함수는 $C = Q^2$이다. 정부가 갑 기업에게 제품 한 단위당 200원의 세금을 부과할 때, 갑기업의 이윤극대화 생산량은? (단, P는 가격, Q는 생산량, Q_D는 수요량이다.)

▶ 2015년 감정평가사

① 200 ② 250 ③ 300
④ 350 ⑤ 400

출제이슈 독점기업의 이윤극대화와 조세부과
핵심해설 정답 ②

독점기업의 이윤극대화는 다음과 같이 달성된다.

1) 이윤 $\pi = TR - TC$
2) 총수입 $TR = PQ = P(Q)Q$ [독점기업이 직면하는 수요곡선 $P = P(Q)$]
3) 총비용 $TC = C(Q)$
4) 이윤극대화 $\underset{Q}{Max}\ \pi = TR - TC = P(Q)Q - C(Q)$ $\therefore \dfrac{dTR}{dQ} - \dfrac{dTC}{dQ} = 0$ $\therefore MR = C'(Q)$

   ① 한계수입 $MR = \dfrac{dTR}{dQ} = \dfrac{d(P(Q)Q)}{dQ} = \underset{(부호: 음)}{\dfrac{dP}{dQ}}Q + P < P$

   ② 한계비용 $MC = C'(Q)$

   ③ 이윤극대화 $P + \dfrac{dP}{dQ}Q = C'(Q)$

위의 내용에 따라서 설문을 검토하면 다음과 같다.

1) 이윤 $\pi = TR - TC$

2) 총수입 $TR = PQ = (1,200 - Q)Q$
   독점기업이 직면하는 수요곡선이 $P = 1,200 - Q_D$이므로 이를 대입하여 총수입을 구할 수 있다.

3) 총비용 $TC = C(Q) = Q^2 + 200Q$
   독점기업의 비용은 원래 $C = Q^2$이지만, 정부의 단위당 200원 조세부과를 반영하면 위와 같다.

4) 이윤극대화 $\underset{Q}{Max}\ \pi = TR - TC = P(Q)Q - C(Q) = (1,200 - Q)Q - (Q^2 + 200Q)$

   $\therefore \dfrac{dTR}{dQ} - \dfrac{dTC}{dQ} = 0$ $\therefore 1,200 - 2Q - 2Q - 200 = 0$ $\therefore Q = 250$

한계비용이 양(+)의 값을 갖는 독점기업의 단기균형에서 수요의 가격탄력성은? (단, 수요곡선
은 우하향하는 직선이며, 독점기업은 이윤극대화를 목표로 한다.)　　　▸ 2015년 감정평가사

① 0이다.　　　　　　　　　　　　② 0과 0.5 사이에 있다.

③ 0.5와 1 사이에 있다.　　　　　④ 1이다.

⑤ 1보다 크다.

출제이슈　독점기업의 이윤극대화와 가격탄력성
핵심해설　정답 ⑤

독점기업의 이윤극대화는 다음과 같이 달성된다.

1) 이윤　$\pi = TR - TC$
2) 총수입　$TR = PQ = P(Q)Q$ [독점기업이 직면하는 수요곡선 $P = P(Q)$]
3) 총비용　$TC = C(Q)$
4) 이윤극대화　$\underset{Q}{Max}\ \pi = TR - TC = P(Q)Q - C(Q)$　$\therefore \dfrac{dTR}{dQ} - \dfrac{dTC}{dQ} = 0$　$\therefore MR = C'(Q)$

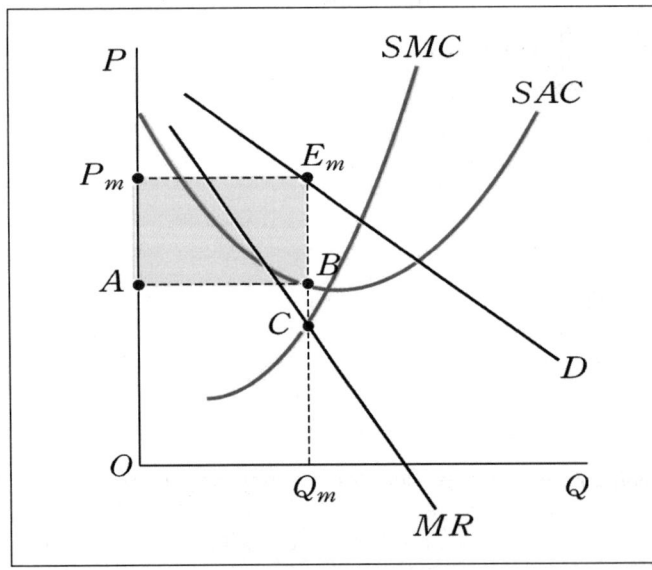

위의 그래프에서 독점기업의 이윤극대화는 한계수입곡선과 한계비용곡선이 교차할 때 달성됨을 알 수 있다. 그
런데 이를 위해서는 한계수입곡선이 0보다 커야 하며, 한계수입이 0보다 큰 구간을 수요곡선에서 찾아보면 수
요가 탄력적인 구간에 대응된다. 따라서 독점기업의 단기균형에서 수요의 가격탄력성은 1보다 크다고 할 수
있다.

독점기업 A의 한계비용은 10이고 고정비용은 없다. A기업 제품에 대한 소비자의 역수요함수는 $P = 90 - 2Q$이다. A기업은 내부적으로 아래와 같이 2차에 걸친 판매전략을 채택하였다.

- 1차 : 모든 소비자를 대상으로 이윤을 극대화하는 가격을 설정하여 판매
- 2차 : 1차에서 제품을 구매하지 않은 소비자를 대상으로 이윤을 극대화하는 가격을 설정하여 판매

A기업이 설정한 (ㄱ) 1차 판매가격과 (ㄴ) 2차 판매가격은? (단, 소비자는 제품을 한 번만 구매하고, 소비자 간 재판매할 수 없다.)

▶ 2020년 감정평가사

① (ㄱ) : 30, (ㄴ) : 20
② (ㄱ) : 40, (ㄴ) : 20
③ (ㄱ) : 40, (ㄴ) : 30
④ (ㄱ) : 50, (ㄴ) : 30
⑤ (ㄱ) : 60, (ㄴ) : 30

출제이슈 특수한 이윤극대화 모형
핵심해설 정답 ④

〈1차 이윤극대화〉

1) 이윤 $\pi = TR - TC$
2) 총수입 $TR = PQ = P(Q)Q = (90 - 2Q)Q$
3) 총비용 $TC = C(Q) = 10Q$
4) 이윤극대화 $\underset{Q}{Max}\ \pi = TR - TC = P(Q)Q - C(Q) = (90 - 2Q)Q - 10Q$

$$\therefore \frac{dTR}{dQ} - \frac{dTC}{dQ} = 0 \quad \therefore 90 - 4Q - 10 = 0 \quad \therefore Q = 20 \quad \therefore P = 50$$

〈2차 이윤극대화〉

1) 이윤 $\pi = TR - TC$
2) 총수입 $TR = PQ = P(Q)Q = (90 - 2(Q + 20))Q$
   수요곡선은 $P = P(Q) = 90 - 2(Q + 20)$가 된다. 왜냐하면, 1차 이윤극대화에서 20만큼이 수요되었으므로 나머지 잔여수요는 원래의 수요곡선을 좌측으로 20만큼 평행이동시켜야 하기 때문이다.
3) 총비용 $TC = C(Q) = 10Q$
4) 이윤극대화 $\underset{Q}{Max}\ \pi = TR - TC = P(Q)Q - C(Q) = (90 - 2(Q + 20))Q - 10Q = 50Q - 2Q^2 - 10Q$

$$\therefore \frac{dTR}{dQ} - \frac{dTC}{dQ} = 0 \quad \therefore 40 - 4Q = 0 \quad \therefore Q = 10 \quad \therefore P = 30$$

> 독점기업의 수요함수는 $Q = 10 - P$이고, 한계비용은 0이다. 이 기업이 이윤극대화를 할 때,
> 발생하는 자중손실(deadweight loss)의 크기는 얼마인가? ▶ 2014년 감정평가사
>
> ① 10　　　　　② 12.5　　　　　③ 20
> ④ 22.5　　　　⑤ 25

출제이슈 독점의 자중손실
핵심해설 정답 ②

독점기업의 이윤극대화는 다음과 같이 달성된다.

1) 이윤 $\pi = TR - TC$
2) 총수입 $TR = PQ = P(Q)Q$ [독점기업이 직면하는 수요곡선 $P = P(Q)$]
3) 총비용 $TC = C(Q)$
4) 이윤극대화 $\underset{Q}{Max}\ \pi = TR - TC = P(Q)Q - C(Q) \quad \therefore \frac{dTR}{dQ} - \frac{dTC}{dQ} = 0 \quad \therefore MR = C'(Q)$

　① 한계수입 $MR = \frac{dTR}{dQ} = \frac{d(P(Q)Q)}{dQ} = \underset{(부호: 음)}{\frac{dP}{dQ}}Q + P < P$

　② 한계비용 $MC = C'(Q)$

　③ 이윤극대화 $P + \frac{dP}{dQ}Q = C'(Q)$

위의 내용에 근거하여 설문을 검토하면 다음과 같다.

1) 한계수입
　$Q = 10 - P$, $MR = 10 - 2Q$

2) 한계비용
　$MC = 0$

3) 독점기업의 이윤극대화
　$MR = MC$, $10 - 2Q = 0$, $Q = 5$, $P = 5$

4) 독점의 자중손실
　$DWL = \frac{5 \times 5}{2} = 12.5$

그림과 같이 완전경쟁시장이 독점시장으로 전환되었다. 소비자로부터 독점기업에게 이전되는 소비자잉여는? (단, MR은 한계수입, MC는 한계비용, D는 시장수요곡선으로 불변이다. 독점기업은 이윤극대화를 추구한다.)

▶ 2020년 감정평가사

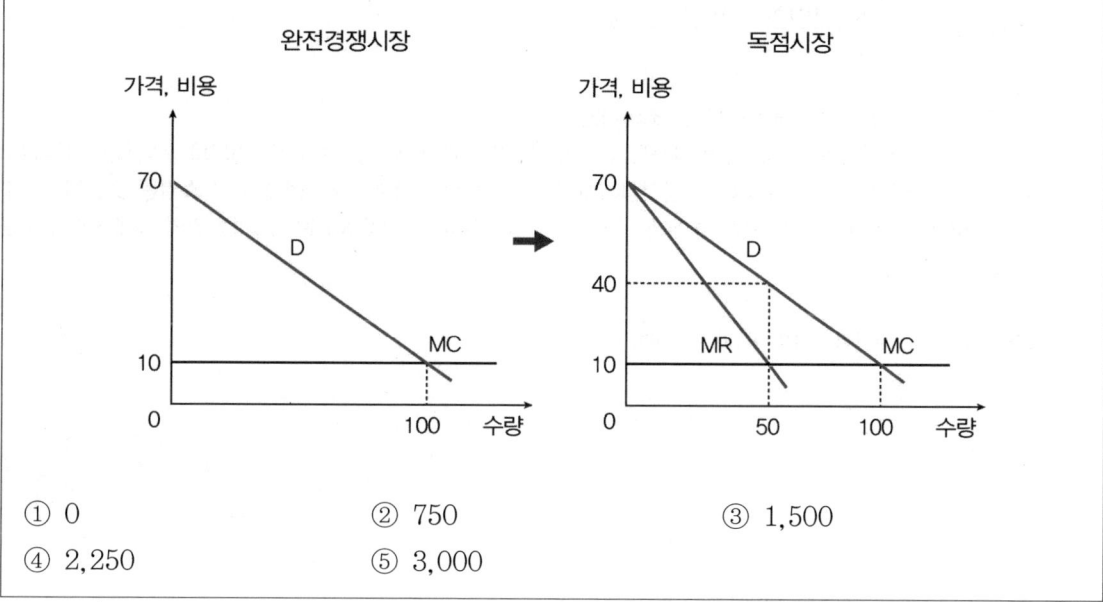

① 0

② 750

③ 1,500

④ 2,250

⑤ 3,000

출제이슈 경쟁시장과 독점시장 균형의 비교 및 독점의 자중손실
핵심해설 정답 ③

1) 경쟁시장의 균형과 소비자잉여

경쟁시장의 균형은 수요와 공급이 일치할 때 달성된다. 설문에서 제시된 그래프를 보면 수요곡선과 공급을 나타내는 한계비용곡선이 교차할 때 경쟁균형이 달성되며 이때, 균형가격은 10, 균형거래량은 100이 된다. 소비자잉여는 균형가격과 균형거래량 및 수요곡선을 이용하여 다음과 같이 구할 수 있다.

$$CS_{경쟁} = \frac{(70-10) \times 100}{2} = 3,000$$

2) 독점시장의 균형과 소비자잉여

독점시장의 균형은 한계수입과 한계비용이 일치할 때 달성된다. 설문에서 제시된 그래프를 보면 한계수입곡선과 한계비용곡선이 교차할 때 독점균형이 달성되며 이때, 균형가격은 40, 균형거래량은 50이 된다. 소비자잉여는 균형가격과 균형거래량 및 수요곡선을 이용하여 다음과 같이 구할 수 있다.

$$CS_{독점} = \frac{(70-40) \times 50}{2} = 750$$

3) 소비자로부터 독점기업에게 이전되는 소비자잉여

　① 독점시장의 자중손실
　　경쟁시장이 독점시장으로 전환됨에 따른 사회후생손실을 구해보면 다음과 같다.

$$DWL_{자중손실} = \frac{(40-10) \times (100-50)}{2} = 750$$

　② 소비자로부터 독점기업에게 이전되는 소비자잉여
　　경쟁시장의 소비자잉여가 3,000, 독점시장의 소비자잉여가 750, 자중손실이 750이므로 소비자잉여의 감소분 2,250이 일부는 소비자로부터 독점기업에게 이전된 것이며 일부는 자중손실로서 소멸된 것임을 알 수 있다. 따라서 소비자로부터 독점기업에게 이전되는 소비자잉여는 1,500이 된다. 이는 위의 그래프에서 다음과 같이 구할 수도 있다.

$$CS_{독점기업 이전분} = (40-10) \times 50 = 1,500$$

독점기업이 8,000개의 상품을 판매하고 있다. 이때, 상품가격은 1만 원, 평균총비용은 1만 2,000원, 평균가변비용은 8,000원이며, 한계비용과 한계수입은 6,000원으로 같다. 현재의 단기적인 상황에 관한 설명으로 옳은 것은? ▶ 2013년 감정평가사

① 총수입은 9,600만 원이다.
② 총비용은 8,000만 원이다.
③ 상품 단위당 4,000원의 손실을 보고 있다.
④ 생산을 중단하면 3,200만 원의 손실이 발생한다.
⑤ 생산을 중단하는 것이 손실을 최소화한다.

출제이슈 독점기업의 균형과 손실
핵심해설 정답 ④

1) 총수입

$TR = PQ = 8,000$(만 원)

2) 총비용

$TR = AC \times Q = 1.2 \times 8,000 = 9,600$(만 원)

3) 이윤

$\pi = TR - TC = 8,000 - 9,600 = -1,600$

4) 생산중단 시 이윤

$-TFC = -AFC \times Q = -(AC - AVC) \times Q = -(1.2 - 0.8) \times 8,000 = -3,200$(만 원)

5) 생산중단여부 의사결정

생산을 지속하면 1,600만 원의 손실을 보고, 생산을 중단하면 3,200만 원의 손실을 본다. 따라서 생산하는 것이 손실극소화 결정에 부합한다.

이윤극대화를 추구하는 독점기업과 완전경쟁기업의 차이점에 관한 설명으로 옳지 않은 것은?

▶ 2018년 감정평가사

① 독점기업의 한계수입은 가격보다 낮은 반면, 완전경쟁기업의 한계수입은 시장가격과 같다.

② 독점기업의 한계수입곡선은 우상향하는 반면, 완전경쟁기업의 한계수입곡선은 우하향한다.

③ 독점기업이 직면하는 수요곡선은 우하향하는 반면, 완전경쟁기업이 직면하는 수요곡선은 수평이다.

④ 단기균형에서 독점기업은 가격이 한계비용보다 높은 점에서 생산하는 반면, 완전경쟁기업은 시장가격과 한계비용이 같은 점에서 생산한다.

⑤ 장기균형에서 독점기업은 경제적 이윤을 얻을 수 있는 반면, 완전경쟁기업은 경제적 이윤을 얻을 수 없다.

출제이슈 경쟁 및 독점의 특징
핵심해설 정답 ②

① 옳은 내용이다.
독점기업의 균형은 한계수입과 한계비용이 일치할 때 달성되며, 가격은 이보다 높은 수요곡선상에서 결정된다. 그러나 완전경쟁기업의 한계수입은 기업의 공급량의 다소와 관계없이 일정하며 시장가격과 같다.

② 틀린 내용이다.
독점기업의 한계수입은 생산 및 공급이 증가함에 따라서 가격이 하락하므로 감소한다. 따라서 독점기업의 한계수입곡선은 우하향한다. 그러나 경쟁기업의 한계수입은 생산 및 공급의 다소에 관계없이 일정하며 시장가격으로 정해진다. 따라서 경쟁기업의 한계수입곡선은 수평선이다.

③ 옳은 내용이다.
독점기업은 시장의 유일한 공급자이기 때문에 독점기업이 직면하는 수요곡선은 우하향한다. 그러나 경쟁기업은 주어진 시장가격하에서 원하는 만큼 판매가 가능하므로 경쟁기업이 직면하는 수요곡선은 수평선이 된다.

④ 옳은 내용이다.
독점기업은 단기에 한계비용과 한계수입이 일치하는 수준에서 생산하여 이윤극대화를 달성한다. 이때 독점가격은 수요곡선에 따라서 책정되므로 한계비용보다 높은 수준이 된다. 그러나 완전경쟁시장에서 활동하는 기업은 한계수입이 사실상 가격을 의미하므로 가격과 한계비용이 일치할 때 생산하여 이윤극대화를 달성할 수 있다.

⑤ 옳은 내용이다.
장기는 기업이 시장에 진입하거나 탈퇴하는 것이 가능한 시간이다. 단기에 독점기업은 수요와 비용상황에 따라서 손실을 볼 수도 있다. 만일 장기에도 계속하여 손실을 본다면 남아있을 이유가 없다. 따라서 장기에 독점기업이 시장에 존재한다는 것은 경제적 이윤을 얻을 수 있기 때문으로 해석한다. 한편 경쟁기업은 장기에 진퇴가 활발히 일어나면서 더 이상의 경제적 이윤을 획득할 수 없는 상태에 도달한다. 결국 경쟁기업은 장기에 경제적 이윤은 얻을 수 없으며 정상이윤만 획득할 수 있다.

다음 중 옳은 것을 모두 고른 것은? ▶ 2017년 감정평가사

ㄱ. 기펜재의 경우 수요법칙이 성립하지 않는다.
ㄴ. 초과이윤이 0이면 정상이윤도 0이라는 것을 의미한다.
ㄷ. 완전경쟁시장에서 기업의 단기공급곡선은 한계비용곡선에서 도출된다.
ㄹ. 독점기업의 단기공급곡선은 평균비용곡선에서 도출된다.

① ㄱ, ㄴ ② ㄱ, ㄷ ③ ㄱ, ㄹ
④ ㄴ, ㄷ ⑤ ㄴ, ㄹ

출제이슈 경쟁 및 독점의 특징
핵심해설 정답 ②

ㄱ. 옳은 내용이다.
   기펜재의 경우 소득효과가 대체효과보다 더 크기 때문에, 가격과 수요량은 정의 관계가 성립한다. 따라서 수요법칙이 성립하지 않는다.

ㄴ. 틀린 내용이다.
   초과이윤이 0이라는 것은 경제적 이윤이 0으로서 정상이윤은 존재함을 의미한다.

ㄷ. 옳은 내용이다.
   완전경쟁시장에서 기업의 단기공급곡선은 한계비용곡선에서 도출된다. 특히 고정비용이 모두 매몰비용이라고 하면, 평균가변비용곡선의 최저점 이후의 한계비용곡선이 단기공급곡선이 된다.

ㄹ. 틀린 내용이다.
   독점기업은 가격설정자로서 활동하면서, 이윤극대화 산출량에 대하여 가격을 설정한다. 따라서 주어진 가격에 대하여 기업이 공급할 의향이 있는 공급의 스케줄은 존재하지 않는다. 즉, 공급곡선은 존재하지 않는다.

Issue 04 독점시장 기타이슈

독점기업 갑이 직면하고 있는 수요곡선은 $Q_D = 100 - 2P$이다. 갑이 가격을 30으로 책정할 때 한계수입은? (단, Q_D는 수요량, P는 가격이다.) ▶ 2016년 감정평가사

① -20　　　　　② 0　　　　　③ 10
④ 40　　　　　⑤ $1,200$

출제이슈 독점기업의 한계수입
핵심해설 정답 ③

수요곡선이 $Q_D = 100 - 2P$이므로 총수입은 $TR = PQ = (50 - 0.5Q)Q$가 된다.
따라서 한계수입은 $MR = 50 - Q$가 된다.

이때, 가격이 30이므로 생산량은 $Q_D = 100 - 2P$를 고려하면 40이다.
생산량 40을 한계수입함수에 대입하여 한계수입을 구하면 $MR = 50 - Q = 50 - 40 = 10$이 된다.

참고로 한계수입을 일반적으로 표현하면 다음과 같다.

한계수입 $MR = \dfrac{dTR}{dQ} = \dfrac{d(P(Q)Q)}{dQ} = \underset{(부호: 음)}{\dfrac{dP}{dQ}} Q + P < P$

A기업이 직면하고 있는 수요곡선은 $Q_D = 400 - P$이다. A기업이 가격을 100으로 책정할 때, 한계수입은? (단, Q_D는 수요량, P는 가격이다.) ▶ 2013년 감정평가사

① $\dfrac{200}{3}$
② 100
③ 300
④ -200
⑤ $30,000$

출제이슈 한계수입
핵심해설 정답 ④

수요곡선이 $Q_D = 400 - P$이므로 총수입은 $TR = PQ = (400 - Q)Q$가 된다.
따라서 한계수입은 $MR = 400 - 2Q$가 된다.

이때, 가격을 100으로 책정하므로 생산량은 $Q_D = 400 - P$를 고려할 때, 300이다.
생산량 300을 한계수입함수에 대입하여 한계수입을 구하면 $MR = 400 - 2Q = -200$이 된다.

참고로 한계수입을 일반적으로 표현하면 다음과 같다.

한계수입 $MR = \dfrac{dTR}{dQ} = \dfrac{d(P(Q)Q)}{dQ} = \underset{(\text{부호: 음})}{\dfrac{dP}{dQ}} Q + P < P$

갑국 정부는 독점기업 A로 하여금 이윤극대화보다는 완전경쟁시장에서와 같이 사회적으로 효율적인 수준에서 생산하도록 규제하려고 한다. 사회적으로 효율적인 생산량이 달성되는 조건은? (단, 수요곡선은 우하향, 기업의 한계비용곡선은 우상향한다.) ▶ 2018년 감정평가사

① 평균수입 = 한계비용
② 평균수입 = 한계수입
③ 평균수입 = 평균생산
④ 한계수입 = 한계비용
⑤ 한계수입 = 평균생산

출제이슈 독점규제와 한계비용가격설정
핵심해설 정답 ①

독점체제는 자원배분의 효율성 및 소득분배의 공평성 측면에서 여러 가지 문제점들을 가지고 있기 때문에 정부는 여러 정책수단을 동원하여 이를 치유하기 위해 노력하고 있다. 이러한 독점규제는 대체로 가격규제방식, 국유화방식, 경쟁체제 도입방식으로 나누어 볼 수 있다.

한계비용가격설정은 독점기업의 가격수준을 한계비용으로 설정하는 방식으로서 자원배분의 효율성은 달성할 수 있다는 장점은 있으나 독점기업에 손실을 야기한다는 문제점이 있다.

따라서 설문에서 사회적으로 효율적인 생산량이 달성되는 조건은 바로 가격을 한계비용으로 설정하는 것이다. 가격은 평균수입을 의미하므로 평균수입을 한계비용으로 설정하는 것과 같은 의미이다.

독점기업의 독점력과 가격규제 정책에 관한 설명으로 옳지 않은 것은? ▶2024년 감정평가사

① 러너의 독점력지수(Lerner index of monopoly power)는 수요곡선상의 이윤극대화점에서 측정한 수요의 가격탄력성의 역수와 같은 값이다.

② 한계비용가격설정은 자연독점 기업에게 손실을 초래한다.

③ 평균비용가격설정은 기업이 손실을 보지 않으면서 가능한 많은 상품을 낮은 가격에 공급하도록 유도할 수 있다.

④ 이중가격설정(two-tier pricing)은 한계비용가격설정의 장점을 살리면서도 독점기업의 손실을 줄일 수 있도록 하는 정책이다.

⑤ 이중가격설정은, 낮은 가격은 한계비용과 한계수입이 일치하는 가격으로, 높은 가격은 한계비용곡선과 수요곡선이 교차하는 지점의 가격으로 판매하도록 하는 정책이다.

출제이슈 독점규제와 가격설정
핵심해설 정답 ⑤

이중가격 설정($Two-Tier$ pricing)은 다음과 같다.

1) 배경

한계비용가격설정은 독점기업의 가격수준을 한계비용으로 설정하는 방식으로서 자원배분의 효율성은 달성할 수 있다는 장점은 있으나 독점기업에 손실을 야기한다는 문제점이 있다. 한편 평균비용가격설정은 독점기업의 가격수준을 평균비용으로 설정하는 방식으로서 독점기업에 손실을 야기하지 않는다는 장점은 있으나 자원배분의 효율성 달성에 실패한다는 문제점이 있다. 따라서 효율적인 산출량을 시현하면서도 독점기업에 손실을 야기하지 않는 규제방식으로서 이중가격설정을 도입해 볼 수 있다.

2) 의의

이중가격 설정은 가격을 수요자에 따라서 특정 집단의 수요자에게는 낮은 가격(한계비용수준)을 그리고 다른 집단의 수요자에게는 높은 가격(손실보전 가능한 수준)을 설정하는 방식이다. 낮은 가격은 한계비용곡선과 수요곡선이 교차할 때 설정되고, 높은 가격은 손실을 보전할 수 있는 수준의 가격이 된다. 이는 수요자 집단에 따른 차별적 가격설정으로서 사실상 가격차별을 의미한다.

3) 한계

어떤 수요자 집단에는 높은 가격을, 또 다른 수요자 집단에는 낮은 가격을 설정하게 되는데 어떤 기준에 의하여 수요자 집단을 나눠야 하는지도 문제가 될 수 있으며 또한 수요자 집단 간에 실질적인 소득 이전의 결과를 가져오므로 공평성의 문제가 발생하게 된다. 또한 서로 다른 수요자 집단 간에 적용되어야 할 가격 수준을 합리적으로 정확하게 산정하는 것은 매우 어려워서 사실상 적용이 제약되는 측면이 있다.

독점 기업 A의 비용 함수는 $C(Q) = 750 + 5Q$이고, 역수요함수는 $P = 140 - Q$이다. 이 기업이 '독점을 규제하는 법률'에 따라 한계비용과 동일하게 가격을 설정한다면, 이에 관한 설명으로 옳은 것은? (단, Q는 수량, P는 가격이다.)

▶ 2024년 감정평가사

① 양(+)의 이윤을 얻는다.
② 이윤은 0이다.
③ 손실이 375이다.
④ 손실이 450이다.
⑤ 손실이 750이다.

출제이슈 독점규제와 한계비용가격설정
핵심해설 정답 ⑤

독점체제는 자원배분의 효율성 및 소득분배의 공평성 측면에서 여러 가지 문제점들을 가지고 있기 때문에 정부는 여러 정책수단을 동원하여 이를 치유하기 위해 노력하고 있다. 이러한 독점규제는 대체로 가격규제방식, 국유화방식, 경쟁체제 도입방식으로 나누어 볼 수 있다.

한계비용가격설정은 독점기업의 가격수준을 한계비용으로 설정하는 방식으로서 자원배분의 효율성은 달성할 수 있다는 장점은 있으나 독점기업에 손실을 야기한다는 문제점이 있다.

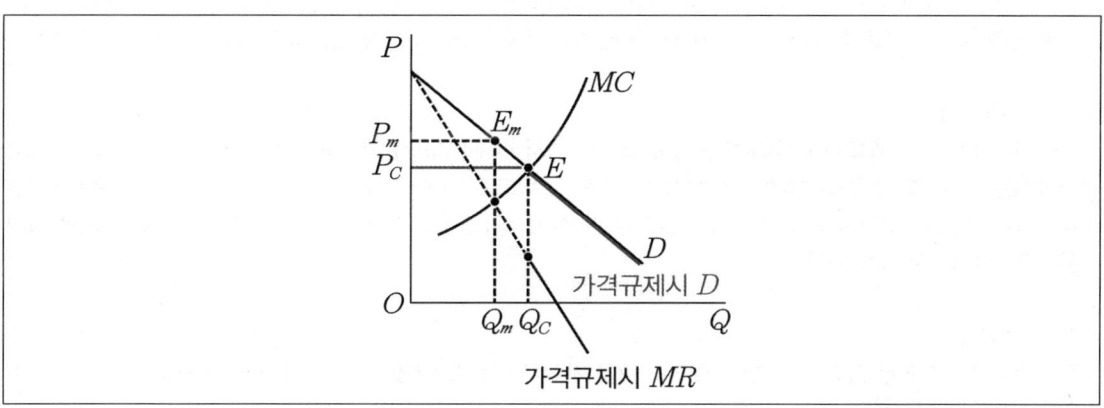

한계비용가격설정에 따라 독점기업의 가격수준을 한계비용과 일치시키면 다음과 같다.

$MC = 5, \ P = 140 - Q, \ \ 5 = 140 - Q, \ Q = 135$

$TR = PQ = 5 \times 135 = 675, \quad TC = 750 + 5 \times 135 = 750 + 675$

$\pi = TR - TC = -750$

가격차별

▶ 2019년 감정평가사

독점기업의 가격차별에 관한 설명으로 옳은 것은?

① 1급 가격차별 시 소비자잉여는 0보다 크다.

② 1급 가격차별 시 사중손실(deadweight loss)은 0보다 크다.

③ 2급 가격차별 시 대표적인 예로 영화관의 조조할인이 있다.

④ 3급 가격차별 시 한 시장에서의 한계수입은 다른 시장에서의 한계수입보다 크다.

⑤ 3급 가격차별 시 수요의 가격탄력성이 상대적으로 작은 시장에서 더 높은 가격이 설정된다.

출제이슈 가격차별
핵심해설 정답 ⑤

① 틀린 내용이다.

1급 가격차별은 모든 소비자별로 그리고 판매하는 상품단위별로 모두 다른, 즉 차별적인 가격을 책정하는 방식으로서 완전가격차별(perfect price discrimination)이라고도 한다. 1급 가격차별의 경우 소비자가 낼 의향이 있는 모든 금액을 가격으로 책정하기 때문에 소비자잉여가 독점이윤으로 모두 흡수되어 소비자잉여는 0이 된다.

② 틀린 내용이다.

1급 가격차별에서 기업의 이윤극대화 산출량 결정은 역시 한계수입과 한계비용이 된다. 한계수입은 1급 가격차별에서는 소비자의 수요곡선(정확히는 보상수요곡선)이 되므로 이윤극대화 산출량은 수요곡선과 한계비용곡선이 만나는 점에서 결정된다. 그런데 이는 완전경쟁시장에서의 산출량과 동일하므로 자중손실(deadweight loss)은 0이 된다는 특징이 있다.

③ 틀린 내용이다.

영화관의 조조할인은 3급 가격차별의 예이다. 3급 가격차별은 소비자를 그 특성에 따라서 구분하여 각기 차별적인 가격을 설정한다.

④ 틀린 내용이다.

3급 가격차별의 경우 시장 간 한계수입이 동일하도록 가격이 설정되는데 특히 수요의 가격탄력성이 상대적으로 낮은 경우 더 높은 가격이 설정된다. 즉 3급 가격차별 시 이윤극대화는 $MC = MR_A = MR_B$에서 달성된다.

⑤ 옳은 내용이다.

3급 가격차별 시 이윤극대화 조건은 $P_A(1 - \frac{1}{\epsilon_A}) = P_B(1 - \frac{1}{\epsilon_B})$이다. 이는 탄력적인 수요자 집단에 대해서는 낮은 가격을, 비탄력적인 수요자 집단에 대해서는 높은 가격을 설정해야 함을 의미한다.

단일 가격을 부과하던 독점기업이 제1급(first – degree) 가격차별 또는 완전(perfect) 가격차별을 실행하는 경우에 나타나는 변화로 옳은 것을 모두 고른 것은? ▶ 2022년 감정평가사

ㄱ. 생산량이 증가한다. ㄴ. 이윤이 증가한다.
ㄷ. 소비자잉여가 증가한다. ㄹ. 총잉여가 감소한다.

① ㄱ, ㄴ ② ㄱ, ㄷ ③ ㄱ, ㄹ
④ ㄴ, ㄷ ⑤ ㄷ, ㄹ

출제이슈 가격차별
핵심해설 정답 ①

1급 가격차별은 상품 수요량을 극단적으로 세분화하여, 다른 가격을 설정하는 방식으로서 이는 독점기업이 소비자의 선호체계를 완벽하게 파악하고 있을 뿐만 아니라 소비자가 지불할 의사가 있는 최대가격으로서 수요가격을 부과할 수 있어야 한다는 특징이 있다. 그러나 현실에서는 기업이 소비자의 선호체계를 완벽하게 파악하기 어려운 경우에는 이에 상응하는 다양한 가격체계를 통해서 우회하고 있다. 1급 가격차별은 모든 소비자별로 그리고 판매하는 상품단위별로 가격을 모두 다르게 하는 차별적인 가격을 책정하는 방식으로서 완전가격차별(perfect price discrimination)이라고도 한다.

ㄱ. 옳은 내용이다.
1급 가격차별이 되면 가격차별이 없는 독점일 때보다도 산출량이 증대하여 경쟁 수준의 산출량에 근접하게 된다.

ㄴ. 옳은 내용이다.
1급 가격차별의 경우 소비자가 낼 의향이 있는 모든 금액을 가격으로 책정하기 때문에 소비자잉여가 독점이윤으로 모두 흡수되어 소비자잉여는 0이 되는 반면, 기업의 이윤은 증가한다.

ㄷ. 틀린 내용이다.
1급 가격차별의 경우 소비자가 낼 의향이 있는 모든 금액을 가격으로 책정하기 때문에 소비자잉여가 독점이윤으로 모두 흡수되고 소비자잉여는 감소하여 0이 된다.

ㄹ. 틀린 내용이다.
1급 가격차별에서 기업의 이윤극대화 산출량 결정은 독점과 마찬가지로 한계수입과 한계비용이 일치할 때 달성된다. 한계수입은 1급 가격차별에서는 소비자의 수요곡선(정확히는 보상수요곡선)이 되므로 이윤극대화 산출량은 수요곡선과 한계비용곡선이 만나는 점에서 결정된다. 그런데 이는 완전경쟁시장에서의 산출량과 동일하므로 자중손실은 0이 된다. 따라서 총잉여는 가격차별이 없는 독점의 경우에 비하여 증가한다.

가격차별에 관한 설명으로 옳지 않은 것은?　　　　　　　　　▶ 2012년 감정평가사

① 1급 가격차별을 하면 소비자잉여는 모두 생산자잉여가 된다.

② 완전경쟁시장과 가격차별은 양립하지 않는다.

③ 가격차별은 경제적 순손실(deadweight loss)을 항상 증대시킨다.

④ 가격차별은 독점기업의 이윤극대화 전략 중의 하나이다.

⑤ 극장에서의 조조할인 요금제는 가격차별의 일종이다.

출제이슈　가격차별
핵심해설　정답 ③

① 옳은 내용이다.

　1급 가격차별은 모든 소비자별로 그리고 판매하는 상품단위별로 모두 다른, 즉 차별적인 가격을 책정하는 방식으로서 완전가격차별(perfect price discrimination)이라고도 한다. 1급 가격차별의 경우 소비자가 낼 의향이 있는 모든 금액을 가격으로 책정하기 때문에 소비자잉여가 독점이윤으로 모두 흡수되어 소비자잉여는 0이 된다.

② 옳은 내용이다.

　완전경쟁시장은 동질적인 재화가 거래되며 일물일가의 법칙이 적용되므로 가격차별과 양립될 수 없다.

③ 틀린 내용이다.

　가격차별을 통해서 독점으로 인한 경제적 순손실을 감소시킬 수도 있다. 예를 들면, 두 개의 시장 중에서 어느 하나의 시장은 수요가 매우 미미한 경우에 그 시장은 가격차별이 없었다면 전혀 소비가 이뤄지지 않았을 것이다. 그런데 만일 3급 가격차별을 통해 가격이 낮아져서 그 시장에서도 수요가 발생하고 이로 인해서 독점기업도 이윤을 새롭게 더 창출해낼 수 있다면, 산출량도 증가하고 사회후생은 증가하고 독점의 비효율은 오히려 감소할 수 있다. 그러나 엄밀하게는 가격차별 시와 가격비차별 시 산출량은 동일할 수도 있고 가격차별로 더 증가할 수도 있다. 즉, 가격차별로 인하여 산출량이 반드시 증가하는 것은 아님에 유의하자.

④ 옳은 내용이다.

　독점기업이 똑같은 상품에 대해 수요자 집단에 따라서 여러 가지 다른 가격을 설정하는 것을 가격차별이라고 한다. 가격차별에 의하여 일물일가의 법칙은 성립하지 않게 되며 이는 독점기업이 독점이윤을 증가시키기 위한 전략(strategy)의 일종이다. 가격차별이 발생하고 있는 독점을 차별독점이라고 하며, 일물일가의 법칙이 성립하고 있는 독점을 순수독점이라고 한다.

⑤ 옳은 내용이다.

　영화관의 조조할인은 3급 가격차별의 예이다. 3급 가격차별은 소비자를 그 특성에 따라서 구분하여 각기 차별적인 가격을 설정한다.

가격차별에 관한 설명으로 옳지 않은 것은? ▶ 2023년 감정평가사

① 극장에서의 조조할인 요금제는 가격차별의 한 예이다.
② 이부가격제(two-part pricing)는 가격차별 전략 중 하나이다.
③ 제3급 가격차별을 가능하게 하는 조건 중 하나는 전매가 불가능해야 한다는 것이다.
④ 제3급 가격차별의 경우 수요의 가격 탄력성이 상대적으로 작은 시장에서 더 낮은 가격이 설정된다.
⑤ 제1급 가격차별에서는 소비자잉여가 발생하지 않는다.

출제이슈 가격차별
핵심해설 정답 ④

① 옳은 내용이다.

영화관의 조조할인은 3급 가격차별의 예이다. 3급 가격차별은 소비자를 그 특성에 따라서 구분하여 각기 차별적인 가격을 설정한다. 참고로 2급 가격차별은 소비자를 특성별로 구분하는 것이 아니라는 점에서 3급 가격차별과 다르다.

② 옳은 내용이다.

독점기업이 독점이윤을 조금이라도 더 증가시킬 목적으로 가격을 설정함에 있어서 1개의 가격이 아니라 2개의 부분으로 나누어 가격을 부과하는 것을 이부가격제도(two-part tariff)라고 한다. 두 부분의 가격은 일반적으로 가입비(entry fee or member's fee)와 사용료(usage fee)로 구성되어 있다. 만일 현실에서 소비자마다 다른 선호를 가지고 있는 경우에는 소비자마다 상이한 소비량과 상이한 가격에 직면하게 되므로 사실상 가격차별의 일종으로 기능하게 된다.

③ 옳은 내용이다.

3급 가격차별은 수요자를 그룹별로 분리하여, 그룹에 따라서 각각 다른 가격을 설정하는 방식이다. 시장분할에 의한 가격차별이라고 하기도 한다. 그룹에 따라 소비자들은 다른 특성을 보이는데 이는 상이한 가격탄력성과 연관이 있다. 3급 가격차별의 전제조건으로는 첫째, 소비자를 그룹별로 분리 가능하며(가격탄력성, 분리비용 고려) 둘째, 생산자는 독점력을 보유하며, 셋째, 소비자 그룹 간 전매(재판매)가 불가능해야 한다. 만일 전매(재판매)가 가능하다면, 가격이 싸게 책정된 그룹의 소비자가 상품을 대량구입하여 가격이 높이 책정된 그룹의 소비자들에게 적정한 이윤을 붙여서 판매할 수 있게 되어 가격차별은 붕괴하게 된다.

④ 틀린 내용이다.

3급 가격차별의 경우 시장 간 한계수입이 동일하도록 가격이 설정되는데 특히 수요의 가격탄력성이 상대적으로 낮은 경우 더 높은 가격이 설정된다. 즉 3급 가격차별 시 이윤극대화는 $MC = MR_A = MR_B$에서 달성된다. 3급 가격차별 시 이윤극대화 조건 $MC = MR_A = MR_B$을 Amoroso-Robinson의 공식을 이용하여 다시 풀어쓰면 $P_A(1 - \frac{1}{\epsilon_A}) = P_B(1 - \frac{1}{\epsilon_B})$ 이 된다. 이는 상대적으로 탄력적인 수요자 집단에 대해서는 낮은 가격을, 상대적으로 비탄력적인 수요자 집단에 대해서는 높은 가격을 설정해야 함을 의미한다.

⑤ 옳은 내용이다.

1급 가격차별에서 기업의 이윤극대화 산출량 결정은 역시 한계수입과 한계비용이 된다. 한계수입은 1급 가격차별에서는 소비자의 수요곡선(엄밀하게는 보상수요곡선)이 되므로 이윤극대화 산출량은 수요곡선과 한계비용곡선이 만나는 점에서 결정된다. 그런데 이러한 경우는 완전경쟁시장에서의 산출량과 동일하므로 자중손실이 0이 된다는 특징이다. 또한 1급 가격차별의 경우 소비자가 낼 의향이 있는 모든 금액을 가격으로 책정하기 때문에 소비자잉여가 기업의 독점이윤으로 모두 흡수되어 소비자잉여는 0이 된다는 특징이 있다. 즉, 자중손실과 소비자잉여가 모두 0이 된다.

기업 갑은 시장 A와 B에 자동차를 독점공급하고 있다. A시장의 수요함수는 $P_A = 600 - 2Q_A$, B시장의 수요함수는 $P_B = 1,200 - 5Q_B$이고, 기업의 비용함수는 $C(Q) = Q_2$이다. 3급 가격차별을 할 경우, 시장 A, B의 자동차 가격은? (단, P_i는 가격, Q, Q_i는 수량, $i = A$, B)

▶ 2025년 감정평가사

① A: 400 B: 400   ② A: 400 B: 700   ③ A: 500 B: 500

④ A: 700 B: 400   ⑤ A: 700 B: 700

출제이슈 3급 가격차별
핵심해설 정답 없음

$MR_A = 600 - 4Q_A$, $MR_B = 1,200 - 10Q_B$, $MC = 2Q$

1) $MR_A = MC$

$600 - 4Q_A = 2Q = 2Q_A + 2Q_B$ $\therefore$ $6Q_A + 2Q_B = 600$

2) $MR_B = MC$

$1,200 - 10Q_B = 2Q = 2Q_A + 2Q_B$ $\therefore$ $12Q_A + 2Q_B = 1,200$

3) 균형

$Q_A = \dfrac{1,200}{17}$, $Q_B = \dfrac{1,500}{17}$ $P_A = \dfrac{7,800}{17}$, $P_B = \dfrac{12,900}{17}$

독점기업이 시장을 A, B로 구분하여 가격차별을 통해 이윤을 극대화하고 있다. 독점기업의 한계비용은 생산량과 관계없이 10으로 일정하고 현재 A, B 두 시장의 수요의 가격탄력성은 각각 2와 3이다. A, B 두 시장에서 독점기업이 설정하는 가격은?　▶ 2011년 감정평가사

① A: 30, B: 20
② A: 20, B: 15
③ A: 15, B: 10
④ A: 20, B: 30
⑤ A: 25, B: 30

출제이슈　3급 가격차별
핵심해설　정답 ②

3급 가격차별의 경우 이윤극대화는 $MC = MR_A = MR_B$에서 달성된다.

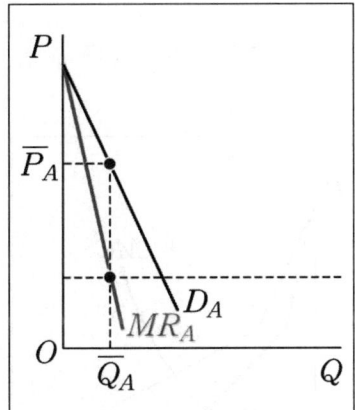 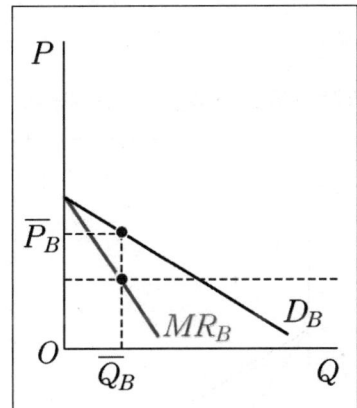 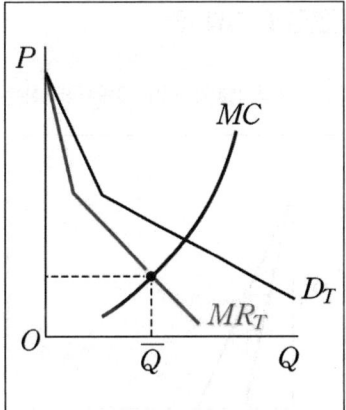

설문에 의하면, 시장 A에서 수요의 가격탄력성 $e_A = 1.5$, 시장 B에서 수요의 가격탄력성 $e_B = 1.2$이다.

이때, Amoroso – Robinson 공식 $MR = P(1 - \frac{1}{e})$(단, e : 가격탄력성)을 사용하면 다음과 같다.

$$MR_A = P_A(1 - \frac{1}{e_A}) = P_A(1 - \frac{1}{1.5}),\ \ MR_B = P_B(1 - \frac{1}{e_B}) = P_B(1 - \frac{1}{1.2})$$가 된다.

이제 가격차별의 산식 $MC = MR_A = MR_B$에 위를 대입하면 다음과 같다.

$P_A(1 - \frac{1}{2}) = P_B(1 - \frac{1}{3}) = 10$이 된다. 따라서 $P_A = 20$, $P_B = 15$가 된다.

지리상으로 분리되어 시장 간 전매가 불가능한 두 시장 A, B에서 판매하고 있는 독점기업에 대한 수요곡선이 각각 $P_A = -Q_A + 20$ 이고, $P_B = -0.5Q_B + 10$ 이다. 한계비용이 5이고 이윤극대화를 추구하는 이 기업의 두 시장에서의 가격은 각각 얼마인가? ▶ 2014년 감정평가사

① $P_A = 8$, $P_B = 12$

② $P_A = 12.5$, $P_B = 7.5$

③ $P_A = 12$, $P_B = 8$

④ $P_A = 7.5$, $P_B = 12.5$

⑤ $P_A = 14$, $P_B = 6$

출제이슈 3급 가격차별
핵심해설 정답 ②

3급 가격차별의 경우 이윤극대화는 $MC = MR_A = MR_B$ 에서 달성된다.

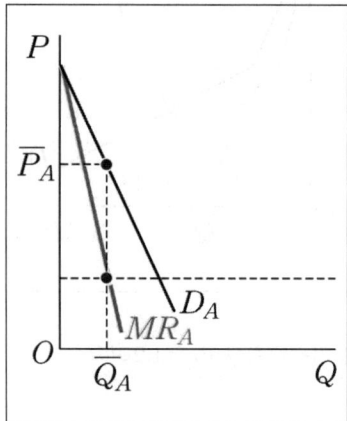
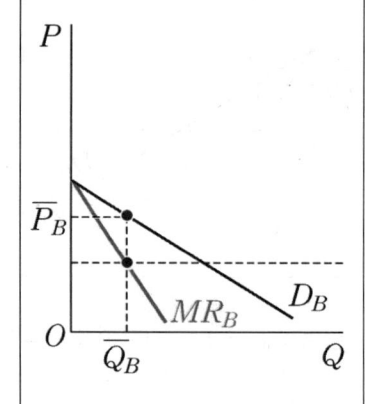
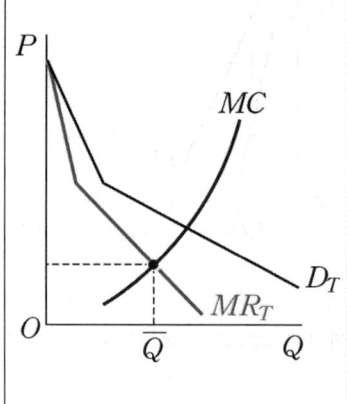

설문에 의하면, $MR_A = 20 - 2Q_A$, $MR_B = 10 - Q_B$, $MC = 5$이다.

가격차별 시 이윤극대화 조건 $MR_A = MR_B = MC$에 따라서 $20 - 2Q_A = 10 - Q_B = 5$가 된다.

이를 풀면 $Q_A = 7.5$, $P_A = 12.5$, $Q_B = 5$, $P_B = 7.5$가 된다.

 **이부가격**

독점기업의 가격차별 전략 중 이부가격제(two-part pricing)에 관한 설명으로 옳은 것을 모두 고른 것은?

▶ 2021년 감정평가사

> ㄱ. 서비스 요금 설정에서 기본요금(가입비)과 초과사용량 요금(사용료)을 분리하여 부과하는 경우가 해당된다.
> ㄴ. 적은 수량을 소비하는 소비자의 평균지불가격이 낮아진다.
> ㄷ. 소비자잉여는 독점기업의 부과할 수 있는 가입비의 한도액이다.
> ㄹ. 자연독점하의 기업이 평균비용 가격설정으로 인한 손실을 보전하기 위해 선택한다.

① ㄱ, ㄴ
② ㄱ, ㄷ
③ ㄴ, ㄷ
④ ㄱ, ㄴ, ㄷ
⑤ ㄴ, ㄷ, ㄹ

출제이슈 이부가격
핵심해설 정답 ②

ㄱ. 옳은 내용이다.

독점기업이 독점이윤을 증가시킬 목적으로 1개의 가격이 아니라 가입비(entry fee)와 사용료(usage fee)의 2개의 가격을 부과하는 것이다. 예를 들어 서비스 요금 설정에서 가입비 혹은 기본요금을 받고 추가적으로 기준수량을 초과하는 사용량에 대하여 사용료를 부과하는 것을 들 수 있다.

ㄴ. 틀린 내용이다.

소비자가 소비하는 수량과 관계없이 가입비(entry fee)가 부과되기 때문에 적은 수량을 소비하는 소비자는 많은 수량을 소비하는 소비자에 비하여 평균적인 지불가격이 더 높다.

ㄷ. 옳은 내용이다.

이부가격제에서 가입비(entry fee)는 경쟁시장균형에서의 소비자잉여의 크기에 해당하는 것으로서 만일 가입비를 내야 한다면 최대한 낼 용의가 있는 금액이 된다. 그리고 사용료에 해당하는 가격(usage fee)은 경쟁시장균형에서의 시장가격 수준으로 부과된다.

ㄹ. 틀린 내용이다.

독점에 대한 규제로서 가격규제방식은 독점기업에 대하여 적정한 가격규제를 함으로써 독점기업이 스스로 효율적인 산출량을 선택하도록 만드는 방식이다. 대표적으로 한계비용 가격실정을 들 수 있으나 이로 인한 기업의 채산성 문제로 인하여 평균비용 가격설정과 이중가격설정의 방식도 도입될 수 있다.

다음에 대한 설명으로 옳지 않은 것은?
▶ 2013년 감정평가사

두 위인전 A와 B에 대한 독점판매권을 갖고 있는 출판사가 있다. 각 위인전에 대한 소비자는 두 유형 H와 L로서 각각 50명이며 지불용의가격은 다음과 같다.

위인전 \ 소비자유형	H	L
A	800원	400원
B	400원	600원

출판사의 한계비용은 0이다. 출판사는 위인전 A와 B를 개별판매할지, A와 B를 함께 묶어 결합판매할지를 고려하고 있다.

① 개별판매만 하는 경우 판매수입을 극대화하기 위한 가격은 $A = 800$원, $B = 600$원이다.
② $A = 400$원, $B = 400$원으로 가격을 책정하여 개별판매할 경우, 소비자잉여가 발생한다.
③ 결합판매만 하는 경우 두 권 묶음의 가격을 1,000원으로 책정할 때, 판매수입이 극대화된다.
④ 두 권 묶음의 가격을 1,000원으로 책정할 때, 소비자잉여는 H유형에만 발생한다.
⑤ 결합판매의 최대판매수입은 개별판매의 최대판매수입보다 더 많다.

출제이슈 결합판매
핵심해설 정답 ①

위인전 \ 소비자유형	H	L
A	800원	400원
B	400원	600원
결합상품 $A+B$	1,200원	1,000원

1) 개별판매 시
  가격설정의 경우의 수에 따라서 출판사의 총수입은 다음과 같다.

  ① $P_A = 400$, $P_B = 400$으로 설정하는 경우
  $TR_A = (50+50) \times 400 = 40,000$, $TR_B = (50+50) \times 400 = 40,000$이므로 총수입은 80,000이 된다.
  이때는 H, L유형의 소비자 모두 소비자잉여를 얻는다.

  ② $P_A = 400$, $P_B = 600$으로 설정하는 경우
  $TR_A = (50+50) \times 400 = 40,000$, $TR_B = 50 \times 600 = 30,000$이므로 총수입은 70,000이 된다.

③ $P_A = 800$, $P_B = 400$으로 설정하는 경우

$TR_A = 50 \times 800 = 40,000$, $TR_B = (50+50) \times 400 = 40,000$이므로 총수입은 80,000이 된다.

④ $P_A = 800$, $P_B = 600$으로 설정하는 경우

$TR_A = 50 \times 800 = 40,000$, $TR_B = 50 \times 600 = 30,000$이므로 총수입은 70,000이 된다.

⑤ 개별판매 시 총수입 극대화

$P_A = 400$, $P_B = 400$ 또는 $P_A = 800$, $P_B = 400$으로 설정하여 총수입을 80,000으로 극대화할 수 있다.

2) 결합판매 시

가격설정의 경우의 수에 따라서 출판사의 총수입은 다음과 같다.

① $P_{A+B} = 1,000$으로 설정하는 경우

$TR_{A+B} = (50+50) \times 1,000 = 100,000$

이때는 H유형의 소비자만 소비자잉여를 얻게 된다.

② $P_{A+B} = 1,200$으로 설정하는 경우

$TR_{A+B} = 50 \times 1,200 = 60,000$

③ 결합판매 시 총수입 극대화

$P_{A+B} = 1,000$으로 설정하여 총수입을 100,000으로 극대화할 수 있다.

07 다공장독점

두 공장 1, 2를 운영하고 있는 기업 A의 비용함수는 각각 $C_1(q_1) = q_1^2$, $C_2(q_2) = 2q_2$이다.
총비용을 최소화하여 5단위를 생산하는 경우, 공장 1, 2에서의 생산량은? (단, q_1은 공장 1의
생산량, q_2는 공장 2의 생산량이다.)
▶ 2019년 감정평가사

① $q_1 = 5$, $q_2 = 0$ ② $q_1 = 4$, $q_2 = 1$

③ $q_1 = 3$, $q_2 = 2$ ④ $q_1 = 2$, $q_2 = 3$

⑤ $q_1 = 1$, $q_2 = 4$

출제이슈 다공장의 상황과 비용극소화
핵심해설 정답 ⑤

본 문제는 엄밀한 관점에서 다공장독점은 아니며 일반적인 다공장의 상황이다. 그러나 다공장독점에 준하여 풀면
된다.

다공장독점은 독점 생산자가 하나 이상의 여러 개 공장에서 상품을 생산하는 경우를 말하며 이 경우 이윤극대화는
$MR = MC_1 = MC_2$를 통해 달성된다.

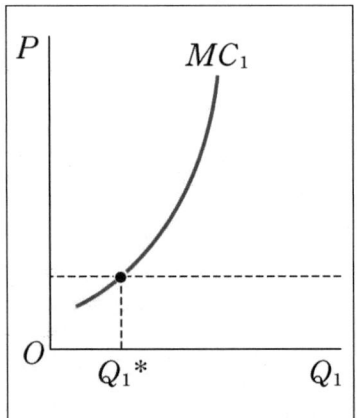
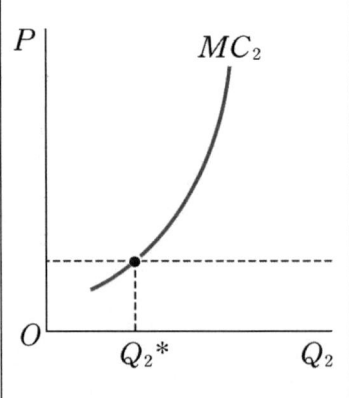
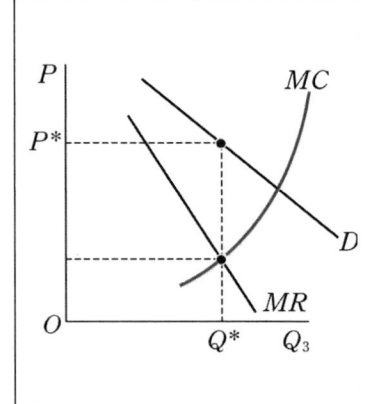

설문에 의하면, $MC_1 = 2q_1$, $MC_2 = 2$이다.
총비용을 최소화하기 위해서는 $MC_1 = MC_2$를 만족하여야 한다. 따라서 $q_1 = 1$이 된다.
한편 총 5단위를 생산하여야 하므로 $q_2 = 4$가 된다.

이윤극대화를 추구하는 기업 A와 B는 복점시장에서 수량경쟁을 한다. 역수요함수는 $P = 100 - Q$이며, 두 기업의 한계비용은 20으로 일정하다. 두 기업이 담합을 통해 독점기업처럼 행동하고 생산량을 절반씩 나누어 생산하기로 합의했다. 이 때 기업 A만 합의를 어겼을 경우, 기업 A의 이윤은? (단, P는 가격, Q는 수량, 고정비용은 0이다) ▶ 2025년 감정평가사

① 800   ② 850   ③ 900
④ 950   ⑤ 1,000

출제이슈 카르텔모형
핵심해설 정답 ③

1) A, B 간 합의가 지켜진 경우

$MR = 100 - 2Q, \ MC = 20$

$Q = 40, \ Q_A = Q_B = 20$

2) A만 합의를 어긴 경우

$\pi_A = PQ_A - 20Q_A = (100 - Q_A - 20)Q_A - 20Q_A$

$MR_A = 80 - 2Q_A, \ MC_A = 20$

$\therefore \ Q_A = 30, \ Q_B = 20, \ Q = 50, \ P = 50$

3) A의 이윤 : 900

꾸르노 모형

기업 갑과 을만 있는 상품시장에서 두 기업이 꾸르노(Cournot) 모형에 따라 행동하는 경우에 관한 설명으로 옳은 것을 모두 고른 것은? (단, 생산기술은 동일하다.) ▶ 2021년 감정평가사

> ㄱ. 갑은 을이 생산량을 결정하면 그대로 유지될 것이라고 추측한다.
> ㄴ. 갑과 을은 생산량 결정에서 서로 협력한다.
> ㄷ. 갑, 을 두 기업이 완전한 담합을 이루는 경우와 꾸르노 균형의 결과는 동일하다.
> ㄹ. 추가로 기업이 시장에 진입하는 경우 균형가격은 한계비용에 접근한다.

① ㄱ, ㄷ 　　　　② ㄱ, ㄹ 　　　　③ ㄴ, ㄷ
④ ㄴ, ㄹ 　　　　⑤ ㄷ, ㄹ

출제이슈 꾸르노 모형
핵심해설 정답 ②

꾸르노 모형은 과점시장의 수량경쟁모형으로서 상대방의 생산량이 고정된 것으로 보고 이를 추종하여 자신의 최적 산출량을 결정한다. 즉 과점시장에 존재하는 각 기업은 상대방이 산출량을 변화시키지 않을 것이라는 추측하에서 자신의 최적 행동을 선택하는 것이다.

특히 꾸르노 모형에서 생산되는 재화는 동질적이며 산출량 변수를 경쟁전략으로 사용한다. 상대방의 생산량이 고정된 것으로 보고 이를 추종하여 자신의 최적 산출량을 결정한다. 즉 각 기업은 상대방이 산출량을 변화시키지 않을 것이라는 추측하에서 자신의 행동을 선택한다. 즉 추측된 변화는 0이다. 이를 추종자-추종자 모형이라고도 한다.

ㄱ. 옳은 내용이다.
　꾸르노 모형에서는 상대방의 생산량이 고정된 것으로 보고 이를 추종하여 자신의 최적 산출량을 결정한다. 즉 각 기업은 상대방이 산출량을 변화시키지 않을 것이라는 추측하에서 자신의 행동을 선택한다.

ㄴ. 틀린 내용이다.
　꾸르노 모형은 협조적 과점모형이 아니라 경쟁적 과점모형으로서 과점기업들은 협력이 아니라 경쟁관계에 있다. 따라서 꾸르노 모형의 주요변수인 생산량의 결정에 있어서 협력이 아니라 경쟁상황을 상정한다.

ㄷ. 틀린 내용이다.
　갑, 을 두 기업이 완전한 담합을 이루는 경우는 마치 독점의 경우와 유사한 결과가 나타나므로 꾸르노 균형의 결과와는 상이하다.

ㄹ. 옳은 내용이다.
　꾸르노 모형에서 기업들이 추가로 계속 진입할 경우에는 점차 경쟁시장과 유사한 자원배분상태로 접근하게 된다. 따라서 그때 꾸르노 모형의 균형가격은 경쟁시장의 균형가격인 한계비용에 접근하게 된다.

한 지역에 동질의 휘발유를 판매하는 두 주유소 A, B가 꾸르노(Cournot) 경쟁을 하고 있다. 이 지역의 휘발유에 대한 시장수요함수는 $Q = 8,000 - 2P$이고, A와 B의 한계비용은 1,000원으로 일정하며 고정비용은 없다. 이윤극대화를 추구하는 A와 B의 균형판매량은? (단, P는 가격, $Q = Q_A + Q_B$이며 Q_A, Q_B는 각각 A와 B의 판매량이다.) ▶ 2015년 감정평가사

① $Q_A = 1,500$, $Q_B = 1,500$ ② $Q_A = 1,500$, $Q_B = 2,500$

③ $Q_A = 2,000$, $Q_B = 2,000$ ④ $Q_A = 2,500$, $Q_B = 2,500$

⑤ $Q_A = 3,000$, $Q_B = 3,000$

출제이슈 꾸르노 모형
핵심해설 정답 ③

꾸르노 모형은 과점시장의 수량경쟁모형으로서 상대방의 생산량이 고정된 것으로 보고 이를 추종하여 자신의 최적 산출량을 결정한다. 즉 과점시장에 존재하는 각 기업은 상대방이 산출량을 변화시키지 않을 것이라는 추측하에서 자신의 최적 행동을 선택하는 것이다.

설문의 자료에 따라서 꾸르노 균형을 구하면 다음과 같다.

1) 각 주유소의 이윤극대화

① 주유소 A의 이윤극대화

 i) 한계수입 $TR_A = PQ_A = (4,000 - 0.5Q_A - 0.5Q_B)Q_A$ ∴ $MR_A = 4,000 - Q_A - 0.5Q_B$

 ii) 한계비용 $MC_A = 1,000$

 iii) 이윤극대화 $Max\ \pi_A \Leftrightarrow MR_A = MC_A$

  ∴ $4,000 - Q_A - 0.5Q_B = 1,000$ ∴ $2Q_A + Q_B = 6,000 \rightarrow$ 반응곡선 RC_A

② 주유소 B의 이윤극대화

 i) 한계수입 $TR_B = PQ_B = (4,000 - 0.5Q_A - 0.5Q_B)Q_B$ ∴ $MR_R = 4,000 - 0.5Q_A - Q_R$

 ii) 한계비용 $MC_B = 1,000$

 iii) 이윤극대화 $Max\ \pi_B \Leftrightarrow MR_B = MC_B$

  ∴ $4,000 - 0.5Q_A - Q_B = 1,000$ ∴ $Q_A + 2Q_B = 6,000 \rightarrow$ 반응곡선 RC_B

2) 균형 : $Q_A = 2,000$, $Q_B = 2,000$, $Q = 4,000$, $P = 2,000$

꾸르노(Cournot) 복점모형에서 시장수요곡선이 $Q = 60 - \dfrac{1}{2}P$이고 두 기업 A, B의 비용함수가 각각 $C_A = 40Q_A + 10$, $C_B = 20Q_B + 50$일 때, 꾸르노 균형에서 총생산량(Q^*)과 가격(P^*)은? (단, Q는 총생산량, P는 가격, Q_A는 기업 A의 생산량, Q_B는 기업 B의 생산량이다.)

▶ 2022년 감정평가사

① Q^*: 10, P^*: 100 　② Q^*: 20, P^*: 80 　③ Q^*: 30, P^*: 60

④ Q^*: 40, P^*: 40 　⑤ Q^*: 50, P^*: 20

출제이슈 꾸르노 모형
핵심해설 정답 ③

꾸르노 모형은 과점시장의 수량경쟁모형으로서 상대방의 생산량이 고정된 것으로 보고 이를 추종하여 자신의 최적 산출량을 결정한다. 즉 과점시장에 존재하는 각 기업은 상대방이 산출량을 변화시키지 않을 것이라는 추측하에서 자신의 최적 행동을 선택하는 것이다.

설문의 자료에 따라서 꾸르노 균형을 구하면 다음과 같다.

1) 각 기업의 이윤극대화

① 기업 A의 이윤극대화

ⅰ) 한계수입 $TR_A = PQ_A = (120 - 2Q_A - 2Q_B)Q_A$　∴ $MR_A = 120 - 4Q_A - 2Q_B$

ⅱ) 한계비용 $MC_A = 40$

ⅲ) 이윤극대화 $Max\ \pi_A \Leftrightarrow MR_A = MC_A$
　∴ $120 - 4Q_A - 2Q_B = 40$　∴ $2Q_A + Q_B = 40$　→ 반응곡선 RC_A

② 기업 B의 이윤극대화

ⅰ) 한계수입 $TR_B = PQ_B = (120 - 2Q_A - 2Q_B)Q_B$　∴ $MR_B = 120 - 2Q_A - 4Q_B$

ⅱ) 한계비용 $MC_B = 20$

ⅲ) 이윤극대화 $Max\ \pi_B \Leftrightarrow MR_B = MC_B$
　∴ $120 - 2Q_A - 4Q_B = 20$　∴ $Q_A + 2Q_B = 50$　→ 반응곡선 RC_B

2) 균형 : $Q_A = 10$, $Q_B = 20$, $Q = 30$, $P = 60$

꾸르노(Cournot) 복점모형에서 시장수요곡선이 $Q=20-P$이고, 두 기업 A와 B의 한계비용이 모두 10으로 동일할 때, 꾸르노 균형에서의 산업전체 산출량은? (단, Q는 시장전체의 생산량, P는 가격이다.)

▶ 2023년 감정평가사

① 10/3 ② 20/3 ③ 40/3
④ 50/3 ⑤ 60/3

출제이슈 꾸르노 모형
핵심해설 정답 ②

꾸르노 모형은 과점시장의 수량경쟁모형으로서 상대방의 생산량이 고정된 것으로 보고 이를 추종하여 자신의 최적 산출량을 결정한다. 즉 과점시장에 존재하는 각 기업은 상대방이 산출량을 변화시키지 않을 것이라는 추측하에서 자신의 최적 행동을 선택하는 것이다.

설문의 자료에 따라서 꾸르노 균형을 구하면 다음과 같다.

1) 각 기업의 이윤극대화

  ① 기업 A의 이윤극대화
    ⅰ) 한계수입 $TR_A = PQ_A = (20-Q_A-Q_B)Q_A$ ∴ $MR_A = 20-2Q_A-Q_B$
    ⅱ) 한계비용 $MC_A = 10$
    ⅲ) 이윤극대화 $Max\ \pi_A \Leftrightarrow MR_A = MC_A$
      ∴ $20-2Q_A-Q_B = 10$ ∴ $2Q_A+Q_B = 10$ → 반응곡선 RC_A

  ② 기업 B의 이윤극대화
    ⅰ) 한계수입 $TR_B = PQ_B = (20-Q_A-Q_B)Q_B$ ∴ $MR_B = 20-Q_A-2Q_B$
    ⅱ) 한계비용 $MC_B = 10$
    ⅲ) 이윤극대화 $Max\ \pi_B \Leftrightarrow MR_B = MC_B$
      ∴ $20-Q_A-2Q_B = 10$ ∴ $Q_A+2Q_B = 10$ → 반응곡선 RC_B

2) 균형 : $Q_A = \dfrac{10}{3}$, $Q_B = \dfrac{10}{3}$, $Q = \dfrac{20}{3}$, $P = \dfrac{40}{3}$

위에서 도출한 두 기업 A와 B의 반응곡선을 연립하여 풀면 꾸르노 모형의 균형을 구할 수 있다. 참고로 특정한 경우에 꾸르노 복점일 때의 산출량이 완전경쟁일 때의 산출량(가격 = 한계비용 조건을 이용하면 10이 됨)의 2/3 수준임을 이용하면 매우 쉽고 빠르게 구해낼 수도 있다.

기업 A와 B가 생산량 경쟁을 하는 시장수요곡선은 $P = \alpha - q_A - q_B$로 주어졌다. 기업 A와 B는 동일한 재화를 생산하며, 평균비용은 c로 일정하다. 기업 A의 목적은 이윤극대화이고 기업 B의 목적은 손실을 보지 않는 범위 내에서 시장점유율을 극대화하는 것이다. 다음 설명 중 옳지 않은 것은? (단, P는 시장가격, q_A는 기업 A이 생산량, q_B는 기업 B의 생산량이며, $c < \alpha$ 이다.)

▶ 2019년 감정평가사

① 균형에서 시장가격은 c이다.
② 균형에서 기업 A의 이윤은 0보다 크다.
③ 균형에서 기업 B의 이윤은 0이다.
④ 균형에서 기업 B의 생산량이 기업 A보다 크다.
⑤ 균형은 하나만 존재한다.

출제이슈 이윤극대화와 점유율극대화
핵심해설 정답 ②

이 문제는 시장점유율의 측정을 어떤 방식으로 하는지가 명확히 설정되어 있지 않다. 매출액 혹은 물량의 점유율 기타 어떤 방식으로 시장점유율을 측정하는지가 명시되어 있지 않아서 출제오류의 소지가 있다. 다만, 출제자의 의도를 선해하여 이하에서는 물량의 점유율을 시장점유율로 간주하기로 한다.

참고로 이하의 풀이에서는 q_A, q_B 대신 Q_A, Q_B를 사용하기로 한다.

1) 기업 A의 이윤극대화

　① 한계수입
　$$TR_A = P Q_A = (\alpha - Q_A - Q_B) Q_A \quad \therefore \ MR_A = \alpha - 2Q_A - Q_B$$

　② 한계비용 $MC_A = c$

　③ 이윤극대화 $Max\ \pi_A \Leftrightarrow MR_A = MC_A$

　$$\therefore \ \alpha - 2Q_A - Q_B = c \quad \therefore \ 2Q_A + Q_B = \alpha - c, \ Q_A = \frac{\alpha - c - Q_B}{2}$$

2) 기업 B의 점유율극대화

　$\pi_B = P Q_B - c Q_B$
　$P = \alpha - Q_A - Q_B$
　$\pi_B \geqq 0$
　$Max\ \pi_B$

기업 B는 손실을 보지 않는 범위 내에서 생산량을 극대화하여 시장에서의 점유율을 극대화한다. 두 기업의 생산량 경쟁이 동시에 이루어지고 있다고 하면, 상대기업의 생산량이 주어졌다고 가정하고 각각 점유율극대화와 이윤극대화를 꾀하게 된다. 특히 기업 B의 경우 상대기업의 주어진 생산량하에서 그리고 손실을 보지 않는 범위에서 자신의 생산물량을 극대화하기 위해서는 결국 가격과 한계비용이 일치할 때까지 생산을 하게 된다.

이를 그래프로 그려보면 우하향하는 수요곡선과 수평선의 한계비용이 만나는 점이 된다. 그리고 이를 수리적으로 표현하면 $\alpha - Q_A - Q_B = c$, $Q_A + Q_B = \alpha - c$ (단, $c < \alpha$)가 된다.

3) 균형

① 각 기업의 산출량
위 1)에서 구한 $2Q_A + Q_B = \alpha - c$와 2)에서 구한 $Q_A + Q_B = \alpha - c$ 를 동시에 고려하면 다음과 같다.

ⅰ) 기업 A의 산출량
$$Q_A = 0$$

ⅱ) 기업 B의 산출량
$$Q_B = \alpha - c \text{ (단, } c < \alpha)$$

② 시장가격
이때, 시장에서의 균형가격은 수요함수 $P = a - Q_A - Q_B$와 $Q_A = 0$, $Q_B = \alpha - c$를 고려하면, $P = c$가 된다.

③ 각 기업의 이윤

ⅰ) 기업 A의 이윤
$$\pi_A = TR_A - TC_A = 0$$

ⅱ) 기업 B의 이윤
$$\pi_B = TR_B - TC_B = PQ_B - cQ_B = (P-c)(\alpha-c) = 0$$

09 베르뜨랑 모형

가격경쟁(price competition)을 하는 두 기업의 한계비용은 각각 0이다. 각 기업의 수요함수가 다음과 같을 때, 베르뜨랑(Bertland) 균형가격 P_1, P_2는? (단, Q_1은 기업 1의 생산량, Q_2는 기업 2의 생산량, P_1은 기업 1의 상품가격, P_2는 기업 2의 상품가격이고 기업 1과 기업 2는 차별화된 상품을 생산한다.)

▶ 2017년 감정평가사

$$Q_1 = 30 - P_1 + P_2$$
$$Q_2 = 30 - P_2 + P_1$$

① 20, 20   ② 20, 30   ③ 30, 20

④ 30, 30   ⑤ 40, 40

출제이슈 베르뜨랑 모형
핵심해설 정답 ④

베르뜨랑 모형은 과점시장의 가격경쟁모형으로서 상대방의 가격이 고정된 것으로 보고 이를 추종하여 자신의 최적가격을 결정한다. 즉 과점시장에 존재하는 각 기업은 상대방이 가격을 변화시키지 않을 것이라는 추측하에서 자신의 최적 행동을 선택하는 것이다.

1) 기업 1의 이윤극대화

    ① 총수입 $TR_1 = P_1 \cdot Q_1 = P_1(30 - P_1 + P_2)$ ② 총비용 TC_1

    ③ 이윤극대화 $Max \ \pi_1$, $\pi_1 = P_1 \cdot Q_1 - TC_1 = P_1(30 - P_1 + P_2) - TC_1$

    $\therefore \dfrac{d\pi_1}{dP_1} = 30 - 2P_1 + P_2 = 0$ $\therefore 2P_1 - P_2 = 30$ → 반응곡선 RC_1

2) 기업 2의 이윤극대화

    ① 총수입 $TR_2 = P_2 \cdot Q_2 = P_2(30 - P_2 + P_1)$ ② 총비용 TC_2

    ③ 이윤극대화 $Max \ \pi_2$, $\pi_2 = P_2 \cdot Q_2 - TC_2 = P_2(30 - P_2 + P_1) - TC_2$

    $\therefore \dfrac{d\pi_2}{dP_2} = 30 - 2P_2 + P_1 = 0$ $\therefore 2P_2 - P_1 = 30$ → 반응곡선 RC_2

3) 균형 : $P_1 = 30$, $P_2 = 30$

슈타켈버그 모형(슈타겔버그 수량모형)

차별적 가격선도 모형(슈타겔버그 가격모형)

수요함수가 $P = 100 - Q$인 시장에서 기업 A는 슈타켈버그(Stackelberg) 모형의 선도자, B는 추종자로 행동한다. 기업 A의 한계비용이 10, 기업 B의 한계비용이 20일 때, 이윤을 극대화하는 기업 A의 생산량은? (단, P는 가격, Q는 수량) ▶ 2025년 감정평가사

① 30　　　　　　② 33　　　　　　③ 35
④ 40　　　　　　⑤ 50

출제이슈 슈타켈버그 모형
핵심해설 정답 ⑤

1) 모형의 조건
　① 수요조건 : 시장수요 $P = 100 - Q$
　② 공급조건(비용조건) : 기업 A의 한계비용 $MC_A = 10$, 기업 B의 한계비용 $MC_B = 20$

2) 수리적 분석 : 이윤극대화 과정
　① 기업 A의 이윤극대화
　　ⅰ) 한계수입 $TR_A = PQ_A = (100 - Q_A - Q_B)Q_A$　　∴ $MR_A = 100 - 2Q_A - Q_B$
　　ⅱ) 한계비용 $MC_A = 10$
　　ⅲ) 이윤극대화 $Max\ \pi_A \Leftrightarrow MR_A = MC_A$
　　∴ $100 - 2Q_A - Q_B = 10$　∴ $2Q_A + Q_B = 90$ → 반응곡선 RC_A

　② 기업 B의 이윤극대화
　　ⅰ) 한계수입 $TR_B = PQ_B = (100 - Q_A - Q_B)Q_B$　　∴ $MR_B = 100 - Q_A - 2Q_B$
　　ⅱ) 한계비용 $MC_B = 20$
　　ⅲ) 이윤극대화 $Max\ \pi_B \Leftrightarrow MR_B = MC_B$
　　∴ $100 - Q_A - 2Q_B = 20$　∴ $Q_A + 2Q_B = 80$ → 반응곡선 RC_B

　③ 슈타켈버그 수량모형에서 선도자 기업 A의 변형된 이윤극대화
　　ⅰ) 한계수입 $TR_A = PQ_A = \{100 - Q_A - (40 - 0.5Q_A)\}Q_A = 60Q_A - 0.5Q_A^2$　∴ $MR_A = 60 - Q_A$
　　ⅱ) 한계비용 $MC_A = 10$
　　ⅲ) 이윤극대화 $Max\ \pi_A \Leftrightarrow MR_A = MC_A$
　　∴ $60 - Q_A = 10$　∴ $Q_A = 50$

3) 균형 : $Q_A = 50$, $Q_B = 15$

굴절수요곡선 모형

굴절수요곡선 모형에서 가격 안정성에 관한 설명으로 옳은 것은?　▶ 2021년 감정평가사

① 기업이 선택하는 가격에 대한 예상된 변화가 대칭적이기 때문이다.
② 기업은 서로 담합하여 가격의 안정성을 확보한다.
③ 일정 구간에서 비용의 변화에도 불구하고 상품가격은 안정적이다.
④ 경쟁기업의 가격 인상에만 반응한다고 가정한다.
⑤ 비가격경쟁이 증가하는 현상을 설명한다.

출제이슈 굴절수요곡선
핵심해설 정답 ③

① 틀린 내용이다.
　수요곡선에 굴절이 생기게 된 요인으로서 특정과점기업의 가격인상과 가격인하에 따른 다른 기업들의 전략적 의사결정으로 인한 추측된 변화에 있어서 비대칭적 차이를 들 수 있다. 이는 한 기업이 가격을 인하하면 다른 기업도 그에 맞춰서 같이 가격을 인하하여 대응함을 의미하며, 반대로 한 기업이 가격을 인상하면 다른 기업은 가격을 변경하지 않고 그대로 유지함을 의미한다.

② 틀린 내용이다.
　과점이론 중 카르텔 모형에 의하면, 과점시장에서 담합이 있다면 가격이 고정 혹은 안정적일 것으로 예상된다. 이에 대해 P. Sweezy의 굴절수요곡선 모형은 과점시장에서 담합이 없더라도 가격이 안정적일 수 있음을 보이는 모형이다.

③ 옳은 내용이다.
　현재 가격을 P_A 수준이라고 하면, P_A 보다 가격을 높게 인상할 경우에는 다른 경쟁기업들은 가격을 인상하지 않고 그대로 유지할 것이므로 가격을 인상한 기업은 수요감소의 폭이 상당히 크게 된다. 따라서 이를 반영하는 수요곡선이 완만하게 되어 탄력적이다. 반대로 P_A 보다 가격을 낮게 인하할 경우에는 다른 경쟁기업들도 따라서 가격을 인하하기 때문에 가격을 인하한 기업으로서는 수요증가의 폭이 상당히 제한된다. 따라서 이를 반영하는 수요곡선은 가파르게 되어 비탄력적이다. 결국 추측된 변화의 비대칭성을 고려하게 되면 특정가격 P_A 수준에서 수요곡선은 굴절을 보인다.

　이제 과점시장에서 이렇게 굴절된 수요곡선에 직면하게 되는 개별기업이 어떠한 전략을 취하게 될지 생각해보자. 이 기업은 과점시장에서 활동하는 기업이므로 어느 정도의 시장지배력을 보유하고 있기 때문에 이윤극대화 의사결정은 한계수입과 한계비용이 일치하는 지점에서 나타나게 된다. 그런데 한계수입곡선을 구함에 있어서 굴절수요곡선이라는 상황을 반영하게 되면 아래의 그래프와 같이 불연속적인 한계수입곡선이 나타나게 된다. 따라서 이렇게 불연속적인 한계수입곡선과 한계비용을 일치시키는 의사결정은 한계비용의 변화(MC_0, MC_1,

MC_2)에도 불구하고 이윤극대화는 여전히 A에서 달성되는 것으로 시현된다. 즉 한계비용이 변화하더라도 이 기업은 동일한 산출량 수준을 유지하고 역시 가격도 동일하게 경직적으로 유지하는 것이 최선이다. 따라서 가격은 P_A 수준에서 경직성을 보이게 된다.

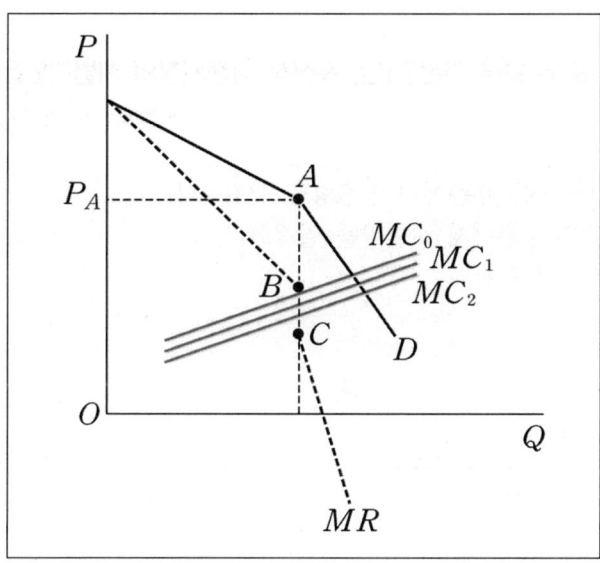

④ 틀린 내용이다.

굴절수요곡선 모형에 의하면 한 기업이 가격을 인하하면 다른 기업도 그에 맞춰서 같이 가격을 인하하여 대응함을 상정하며 반대로 한 기업이 가격을 인상하면 다른 기업은 가격을 변경하지 않고 그대로 유지함을 상정한다. 즉 경쟁기업의 가격 인하에는 같은 방향으로 반응하지만 가격 인상에는 반응하지 않는 것이다.

⑤ 틀린 내용이다.

굴절수요곡선 모형은 과점시장에서 담합이 없더라도 가격이 안정적일 수 있는 현상을 설명해 주는 이론이다. 한편, 비가격경쟁은 이른바 독점적 경쟁시장에서 발생할 가능성이 매우 크다.

독점적 경쟁(monopolistic competition)시장이란 완전경쟁시장과 독점시장의 중간적 형태로서 두 시장의 특징을 모두 가진 시장을 의미한다. 이 시장은 독점의 특징으로서 시장 내의 기업들은 모두 조금씩 차별화된 상품을 생산하고 있기 때문에 개별기업은 어느 정도의 독점력을 보유하고 있다. 따라서 독점적 경쟁시장 내의 개별기업이 직면하는 수요곡선은 우하향한다.

한편 경쟁의 특징으로서 독점적 경쟁 시장에서 활동하는 기업의 수는 충분히 크기 때문에 경쟁기업들 간에 서로 눈치보는 상황은 발생하지 않는다. 어느 기업의 행위는 다른 기업의 주의를 끌지도 못하며 다른 기업을 의식하여 의사결정을 할 필요도 없다. 그리고 신규기업이 자유롭게 진입할 수 있을 뿐만 아니라 기존기업도 자유롭게 시장으로부터 이탈이 가능하다. 따라서 장기적으로 독점적 경쟁시장 내의 기업들은 초과이윤을 얻을 수 없게 된다.

이러한 독점적 경쟁시장에서는 기업들이 상품차별화에 따라 어느 정도 독점력을 보유하기 때문에 가격경쟁을 하기 보다는 차별적인 상품의 개발 및 출시를 통해서 경쟁할 가능성이 크다. 상품의 질, 애프터서비스 등과 같은 비가격경쟁(non – price competition)을 하는 경우가 많다고 할 수 있다.

독점적 경쟁시장

독점적 경쟁시장의 특성에 해당하는 것을 모두 고른 것은? (단, 독점적 경쟁시장의 개별기업은 이윤극대화를 추구한다.)
▶ 2016년 감정평가사

ㄱ. 개별기업은 한계수입이 한계비용보다 높은 수준에서 산출량을 결정한다.
ㄴ. 개별기업은 한계수입이 가격보다 낮은 수준에서 산출량을 결정한다.
ㄷ. 개별기업이 직면하는 수요곡선은 우하향한다.
ㄹ. 개별기업의 장기적 이윤은 0이다.

① ㄱ, ㄴ   ② ㄱ, ㄷ   ③ ㄷ, ㄹ
④ ㄱ, ㄴ, ㄹ   ⑤ ㄴ, ㄷ, ㄹ

출제이슈 독점적 경쟁시장
핵심해설 정답 ⑤

독점적 경쟁시장에서 개별기업의 이윤극대화는 $MR = MC$에서 달성되며 가격은 한계비용보다 높은 수준이다. 개별기업은 독점력을 가지고 있기 때문에 우하향하는 수요곡선에 직면한다. 독점적 경쟁시장은 진입과 퇴출이 자유롭기 때문에 장기이윤은 0이다.

ㄱ. 틀린 내용이다.
독점적 경쟁시장에서 개별기업의 이윤극대화는 $MR = MC$에서 달성되며 가격은 한계비용보다 높은 수준이며, 한계수입과 한계비용은 같은 수준이다.

ㄴ. 옳은 내용이다.
독점적 경쟁시장에서 개별기업의 이윤극대화는 $MR = MC$에서 달성되며 가격은 한계비용보다 높은 수준이다. 따라서 한계수입은 가격보다 낮은 수준이다.

ㄷ. 옳은 내용이다.
독점적 경쟁시장 내의 기업들은 조금씩 차별화된 상품을 생산하고 있으며 개별기업은 어느 정도의 독점력을 보유하면서 일정한 범위 내에서 시장을 지배하고 있다. 따라서 시장에서의 가격을 받아들이는 것이 아니라 설정할 수 있다. 이는 개별기업이 직면하는 수요곡선이 우하향함을 의미한다.

ㄹ. 옳은 내용이다.
독점적 경쟁시장은 단기에 초과이윤을 얻을 수도 있지만, 장기는 새로운 기업이 진입할 수 있는 정도의 기간으로서 만일 독점기업이 초과이윤을 얻고 있다면, 신규기업들은 장기에 진입을 시도할 것이다. 신규편입은 시장 내 기업들이 더 이상 초과이윤을 얻지 못할 때까지 계속되고 결국 수요가 감소하게 되어 가격이 하락하여 장기에는 정상이윤만을 얻게 된다.

독점적 경쟁시장의 특징으로 옳은 것은?　　　　　　　　▶ 2011년 감정평가사

① 공급자의 수가 소수이며 제품의 품질이 동일한 경우이다.

② 장기균형에서 개별기업의 이윤은 0이다.

③ 공급자가 하나이고 수요자가 많은 경우이다.

④ 균형가격은 개별기업의 한계수입보다 낮다.

⑤ 균형가격은 한계비용과 같다.

출제이슈 독점적 경쟁시장

핵심해설 정답 ②

① 틀린 내용이다.

　시장 내의 기업들은 다수이며 조금씩 차별화된 상품을 생산하며, 개별기업은 어느 정도의 독점력을 보유한다 (개별기업이 직면하는 수요곡선은 우하향).

③ 틀린 내용이다.

　공급자가 하나인 것은 독점시장의 특징이다.

④ 틀린 내용이다.

　개별기업의 균형은 $MR = MC$에서 달성되며 가격은 한계수입보다 높은 수준이다.

⑤ 틀린 내용이다.

　개별기업의 균형은 $MR = MC$에서 달성되며 가격은 한계비용보다 높은 수준이다.

독점적 경쟁시장의 장기균형에 관한 설명으로 옳지 않은 것은? ▶ 2014년 감정평가사

① 장기평균비용이 최소가 된다.

② 한계수입과 한계비용이 일치한다.

③ 가격과 장기평균비용이 일치한다.

④ 기업들은 이윤을 극대화한다.

⑤ 기업의 경제적 이윤은 0이다.

출제이슈 독점적 경쟁시장의 장기균형

핵심해설 정답 ①

독점적 경쟁시장의 장기균형은 다음과 같다.

1) 장기의 의미
　① 장기는 새로운 기업이 진입할 수 있는 정도의 기간
　② 만일 독점기업이 초과이윤을 얻고 있다면, 신규기업들은 진입을 시도
　③ 신규기업의 진입으로 인해 기존기업의 수요는 감소
　④ 신규기업의 진입은 시장 내 기업들이 더 이상 초과이윤을 얻지 못할 때까지 계속되며, 초과이윤이 0일 때
　　 진입은 더 이상 발생하지 않는다.

2) 이윤극대화는 $MR = LMC$에서 달성되며, 가격은 한계비용보다 높은 수준이다.

3) 장기 초과이윤 = 0이 된다.

위의 내용에 따라 설문을 검토하면 ①은 틀린 내용이다. 장기평균비용이 최소가 되는 것은 완전경쟁시장의 장기이다.

독점 및 독점적 경쟁시장에 관한 설명으로 옳은 것은?　　　　　▶ 2023년 감정평가사

① 자연독점은 규모의 불경제가 존재할 때 발생한다.
② 순수독점은 경제적 순손실(deadweight loss)을 발생시키지 않는다.
③ 독점적 경쟁시장의 장기균형에서 각 기업은 0의 이윤을 얻고 있다.
④ 독점적 경쟁시장은 동질적 상품을 가정하고 있다.
⑤ 독점적 경쟁시장에서 기업들은 비가격경쟁이 아니라 가격경쟁을 한다.

출제이슈 독점 및 독점적 경쟁시장
핵심해설 정답 ③

① 틀린 내용이다.
　대규모 장치산업 같은 경우 생산기술의 특성상 대량생산으로 인한 이점 즉 생산량 증가에 따라서 비용이 하락할 수 있다. 이렇게 생산규모가 커짐에 따라서 평균비용과 한계비용이 모두 하락하는 규모의 경제가 나타날 수 있으며 이 경우 비용상의 이점으로 인해서 기업은 산출량을 늘리게 되는 유인이 생기고 이로 인해서 해당 산업은 독점화될 가능성이 매우 크며 이를 자연독점이라고 한다.

② 틀린 내용이다.
　순수독점이란 가격차별이 없는 경우의 독점을 의미하며, 가격차별이 있는 경우의 독점은 차별독점이다. 순수독점의 경우, 한계수입과 한계비용이 일치하는 수준에서 산출량이 결정된다. 이때, 가격은 한계비용을 상회하는 수준으로 결정되기 때문에 자중손실 또는 경제적 순손실(deadweight loss)이 발생한다. 참고로 순수독점이 아닌 차별독점의 경우, 극단적으로 1급 가격차별이 성립한다면 경제적 순손실은 발생하지 않는다.

③ 옳은 내용이다.
　독점적 경쟁시장은 단기에 초과이윤을 얻을 수도 있지만, 장기는 새로운 기업이 진입할 수 있는 정도의 기간으로서 만일 독점기업이 초과이윤을 얻고 있다면, 신규기업들은 진입을 시도할 것이다. 신규편입은 시장 내 기업들이 더 이상 초과이윤을 얻지 못할 때까지 계속되고 결국 수요가 감소하게 되어 가격이 하락하여 장기에는 정상이윤만을 얻게 된다.

④ 틀린 내용이다.
　독점적 경쟁(monopolistic competition)시장이란 완전경쟁시장과 독점시장의 중간적 형태로서 두 시장의 특징을 모두 가진 시장을 의미한다. 특히 독점의 특징으로서 독점적 경쟁시장 내의 기업들은 모두 조금씩 차별화된 상품을 생산하고 있다.

⑤ 틀린 내용이다.
　독점적 경쟁시장에서는 기업들이 상품차별화에 따라 어느 정도 독점력을 보유하기 때문에 가격경쟁을 하기 보다는 차별적인 상품의 개발 및 출시를 통해서 경쟁할 가능성이 크다. 상품의 질, 애프터서비스 등과 같은 비가격경쟁(non-price competition)을 하는 경우가 많다고 할 수 있다.

시장 구조를 비교하여 요약·정리한 표이다. (ㄱ)~(ㅁ) 중 옳지 않은 것은? (단, MR은 한계수입, MC는 한계비용, P는 가격이다.)

▶ 2022년 감정평가사

속성	완전경쟁시장	독점적 경쟁시장	독점시장
이윤극대화 조건	(ㄱ) $MR = MC$	$MR = MC$	(ㄴ) $MR = MC$
균형 가격	(ㄷ) $P = MC$	(ㄹ) $P = MC$	$P > MC$
상품 성격	동질적	(ㅁ) 이질적	동질적

① ㄱ   ② ㄴ   ③ ㄷ

④ ㄹ   ⑤ ㅁ

출제이슈 시장조직의 비교, 특히 독점적 경쟁시장의 특징
핵심해설 정답 ④

독점적 경쟁시장은 경쟁시장과 독점시장의 중간적 형태로서 두 시장의 특징을 모두 가지고 있다.

1) **독점의 특징**
　① 시장 내의 기업들은 조금씩 차별화된 상품을 생산한다.
　② 개별기업은 어느 정도의 독점력을 보유한다(개별기업이 직면하는 수요곡선은 우하향).

2) **경쟁의 특징**
　① 시장 내 기업의 수는 상당히 크다(서로 눈치보지 않는 상황이 조성).
　② 신규기업의 진입 및 기존기업의 이탈이 자유롭다(장기적으로 초과이윤 = 0).

독점적 경쟁시장에서 균형은 개별기업의 $MR = MC$에서 달성되며 가격은 한계비용보다 높은 수준이다. 개별기업은 독점력을 가지고 있기 때문에 우하향하는 수요곡선에 직면한다. 독점적 경쟁시장은 진입과 퇴출이 자유롭기 때문에 장기이윤은 0이다.

위의 내용에 따라서 설문을 검토하면 독점적 경쟁시장에서 균형가격은 한계비용보다 높은 수준으로 설정되므로 (ㄹ)은 틀린 내용임을 알 수 있다. 나머지 설문들은 매우 쉬운 내용이므로 자세한 해설은 생략하며 필요한 경우 해당 파트를 참조하기 바란다.

Issue 14 우월전략균형과 내쉬균형

다음은 A국과 B국의 교역관계에 대한 보수행렬(payoff matrix)이다. 이에 관한 설명으로 옳은 것은? (단, 보수쌍에서 왼쪽은 A국의 보수이고, 오른쪽은 B국의 보수이다.)

▶ 2016년 감정평가사

A국	B국		
	전략	저관세	고관세
	저관세	(250, 250)	(300, 100)
	고관세	(100, 300)	(200, 200)

① 내쉬균형은 2개이다.
② 내쉬균형에 해당하는 보수쌍은 (200, 200)이다.
③ 우월전략균형에 해당하는 보수쌍은 (100, 300)이다.
④ A국의 우월전략은 고관세이다.
⑤ B국의 우월전략은 저관세이다.

출제이슈 우월전략균형 및 내쉬균형
핵심해설 정답 ⑤

우월전략 및 우월전략균형을 도출하는 방법은 다음과 같다.

1) 상대방이 어떤 전략을 선택하든지 간에 나의 보수를 더 크게 만들어 주는 전략이 우월전략이며 이를 구하기 위해서는 보수행렬표에서 상대방의 전략을 제외하고 자신의 전략만을 비교하여 보수를 가장 극대화시키는 전략을 선택한다.

2) 이제 반대로 상대방의 입장에서도 우월전략을 구해낸다.

3) 만일 모든 경기자들이 우월전략을 가지고 있다면 모든 경기자들은 당연히 우월전략을 선택할 것이며 이를 바꾸려 하지 않을 것이다.

설문에서 우월전략과 우월전략균형을 도출하면 다음과 같다.

1) A국이 저관세전략을 선택하든, 고관세전략을 선택하든 관계없이 B국은 자신의 보수를 더 크게 하는 저관세전략이 보수를 극대화시킬 수 있는 최선의 전략이다.

2) 왜냐하면, B국은 A국이 저관세전략을 선택할 때 고관세전략보다 저관세전략을 선택하는 것이 더 큰 보수 (250>100)를 주고, A국이 고관세전략을 선택할 때도 고관세전략보다 저관세전략을 선택하는 것이 더 큰 보수 (300>200)를 주기 때문이다.

3) 위와 같은 저관세전략을 B국의 우월전략이라고 하며, 같은 방식으로 A국의 우월전략을 구해보면, A국도 저관세전략이 우월전략이 된다.

4) 따라서 양국은 모두 우월전략을 사용할 것이므로 A국의 우월전략인 저관세전략과 B국의 우월전략인 저관세전략의 조합이 우월전략균형으로 시현된다.

설문을 검토하면 다음과 같다.

① 틀린 내용이다.
우월전략균형이 내쉬균형이며 1개이다.
참고로, 우월전략균형이 내쉬균형인 이유는 다음과 같다. 상대방이 어떤 전략을 선택하든지 간에 나의 보수를 더 크게 만들어 주는 전략이 우월전략이며 이러한 우월전략의 짝이 우월전략균형이다. 한편 상대방이 어떤 전략을 선택하는 것을 주어진 것으로 보고 이때, 나의 보수 측면에서 최선의 전략이 내쉬균형전략이며 이러한 내쉬균형전략의 짝이 내쉬균형이다. 따라서 우월전략균형은 내쉬균형의 성격을 잘 충족시키게 되므로 우월전략균형은 내쉬균형이 된다. 그러나 역으로 내쉬균형이 우월전략균형은 아님에 유의하도록 하자.

② 틀린 내용이다.
우월전략균형이 내쉬균형이며, 저관세전략, 저관세전략의 짝이 된다. 이때 보수쌍은 (250, 250)이다.

③ 틀린 내용이다.
우월전략균형은 저관세전략, 저관세전략의 짝이 된다. 이때 보수쌍은 (250, 250)이다.

④ 틀린 내용이다.
A국의 우월전략은 고관세전략이 아니라 저관세전략이다.

⑤ 옳은 내용이다.
B국의 우월전략은 저관세이다. 상대방이 어떤 전략을 선택하든지 간에 나의 보수를 더 크게 만들어 주는 전략이 우월전략이며 이를 구하기 위해서는 보수행렬표에서 상대방의 전략을 제외하고 자신의 전략만을 비교하여 보수를 가장 극대화시키는 전략을 선택한다. A국이 저관세전략을 선택하든, 고관세전략을 선택하든 관계없이 B국은 자신의 보수를 더 크게 하는 저관세전략이 보수를 극대화시킬 수 있는 최선의 전략이다. 왜냐하면, B국은 A국이 저관세전략을 선택할 때 고관세전략보다 저관세전략을 선택하는 것이 더 큰 보수(250>100)를 주고, A국이 고관세전략을 선택할 때도 고관세전략보다 저관세전략을 선택하는 것이 더 큰 보수(300>200)를 주기 때문이다.

다음 표는 이동통신시장을 양분하고 있는 갑과 을의 전략(저가요금제와 고가요금제)에 따른 보수행렬이다. 갑과 을이 전략을 동시에 선택하는 일회성 게임에 관한 설명으로 옳지 않은 것은? (단, 괄호 속의 왼쪽은 갑의 보수, 오른쪽은 을의 보수를 나타낸다.) ▶ 2015년 감정평가사

		을	
		저가요금제	고가요금제
갑	저가요금제	(500, 500)	(900, 400)
	고가요금제	(300, 800)	(700, 600)

① 갑은 을의 전략과 무관하게 저가요금제를 선택하는 것이 합리적이다.
② 갑이 고가요금제를 선택할 것으로 을이 예상하는 경우 을은 고가요금제를 선택하는 것이 합리적이다.
③ 갑과 을의 합리적 선택에 따른 결과는 파레토효율적이지 않다.
④ 내쉬균형(Nash equilibrium)이 한 개 존재한다.
⑤ 을에게는 우월전략이 존재한다.

출제이슈 우월전략균형 및 내쉬균형
핵심해설 정답 ②

① 옳은 내용이다.
상대방이 어떤 전략을 선택하든지 간에 나의 보수를 더 크게 만들어 주는 전략이 우월전략이며 이를 구하기 위해서는 보수행렬표에서 상대방의 전략을 제외하고 자신의 전략만을 비교하여 보수를 가장 극대화시키는 전략을 선택한다. 따라서 보수행렬표에서 갑의 저가요금제 전략은 고가요금제 전략에 비하여 500>300, 900>700이므로 우월전략이 된다. 따라서 갑은 을의 전략과 무관하게 저가요금제를 선택하는 것이 합리적이다. 참고로 을의 경우도 저가요금제 전략이 우월전략이 된다.

② 틀린 내용이다.
갑이 고가요금제를 선택할 것으로 을이 예상하는 경우 을은 저가요금제를 선택하면 800의 보수를, 고가요금제를 선택하면 600의 보수를 얻을 수 있다. 따라서 을은 더 높은 보수를 가능케 하는 저가요금제를 선택하는 것이 합리적이다.

③ 옳은 내용이다.
앞서 ①에서 살펴본바 갑과 을 모두 저가요금제 전략이 우월전략이므로 우월전략균형 및 내쉬균형은 모두 저가요금제의 조합으로 시현되며 이로 인한 보수는 (500, 500)이 된다. 이는 갑과 을 모두 고가요금제 전략을 사용할 경우 달성가능한 보수인 (700, 600)보다 열등하다. 따라서 갑과 을의 합리적 선택에 따른 결과는 파레토효율적이지 않다.

④ 옳은 내용이다.
앞서 ①에서 살펴본바 갑과 을 모두 저가요금제 전략이 우월전략이므로 우월전략균형 및 내쉬균형은 모두 저가요금제의 조합으로 시현되며 이는 유일한 내쉬균형이다.

⑤ 옳은 내용이다.
앞서 ①에서 살펴본바 갑과 을 모두 저가요금제 전략이 우월전략이다.

복점(duopoly)시장에서 기업 A와 B는 각각 1, 2의 전략을 갖고 있다. 성과보수 행렬(payoff matrix)이 다음과 같을 때 내쉬균형의 보수쌍은? (단, 보수행렬 내 괄호 안 왼쪽은 A, 오른쪽은 B의 보수이다.) ▸2018년 감정평가사

| | | 기업 B | |
		전략 1	전략 2
기업 A	전략 1	(15, 7)	(8, 6)
	전략 2	(3, 11)	(10, 7)

① (15, 7) ② (8, 6) ③ (10, 7)
④ (3, 11)과 (8, 6) ⑤ (15, 7)과 (10, 7)

출제이슈 내쉬균형
핵심해설 정답 ①

1) 만약 기업 A가 전략 1을 선택한다고 할 경우
　이를 주어진 것으로 보고 기업 B는 주어진 상황에서 자신의 보수를 극대화하는 전략 1이 최선의 전략이다.

2) 이제 기업 B가 전략 1을 선택할 때
　이를 주어진 것으로 보고 기업 A는 주어진 상황에서 자신의 보수를 극대화하는 전략 1이 최선의 전략이다.

3) 기업 A가 전략 1 선택을 계속 유지한다면
　역시 기업 B도 이를 주어진 것으로 보고 전략 1을 계속 유지하는 것이 최적이다.

4) 결국 기업 A는 전략 1, 기업 B는 전략 1을 선택하며 이 전략의 조합이 바로 내쉬균형이 된다.

이하에서는 또 다른 내쉬균형의 존재 여부를 확인한다.

1) 만약 기업 A가 전략 2를 선택한다고 할 경우
　이를 주어진 것으로 보고 기업 B는 주어진 상황에서 자신의 보수를 극대화하는 전략 1이 최선의 전략이다.

2) 이제 기업 B가 전략 1을 선택할 때
　이를 주어진 것으로 보고 기업 A는 주어진 상황에서 자신의 보수를 극대화하는 전략 1이 최선의 전략이다.
　따라서 기업 A는 전략 2를 전략 1로 변경하게 된다.

3) 기업 A가 전략 1 선택을 계속 유지한다면
　역시 기업 B도 이를 주어진 것으로 보고 전략 1을 계속 유지하는 것이 최적이다.

4) 결국 기업 A는 전략 1, 기업 B는 전략 1을 선택하며 이 전략의 조합이 유일한 내쉬균형이 된다.

복점시장에서 기업1과 2는 각각 a와 b의 전략을 갖고 있다. 성과보수 행렬이 다음과 같을 때 내쉬균형을 모두 고른 것은? (단, 보수행렬 내 괄호 안 왼쪽은 기업1의 보수, 오른쪽은 기업2의 보수이다.)

▶ 2023년 감정평가사

		기업2	
		전략 a	전략 b
기업1	전략 a	(16, 8)	(8, 6)
	전략 b	(3, 7)	(10, 11)

① (16, 8)　　　　② (10, 11)　　　　③ (8, 6), (10, 11)
④ (16, 8), (3, 7)　　⑤ (16, 8), (10, 11)

출제이슈 내쉬균형
핵심해설 정답 ⑤

내쉬균형을 도출하는 방법은 다음과 같다.

1) 상대방이 어떤 전략을 선택하는 것을 주어진 것으로 보고 이때, 나의 보수 측면에서 최선의 전략이 내쉬균형전략이며 이를 구하기 위해서는 보수행렬표에서 상대방의 전략을 주어진 것으로 보고 이에 대응한 자신의 전략에 따른 보수를 비교하여 보수를 더 크게 만들어 주는 최선의 전략을 선택한다.

2) 이제 반대로 위에서 선택된 내쉬균형전략이 상대방의 입장에서 주어진 것으로 보고 상대방의 내쉬균형전략을 구해낸다.

3) 만일 모든 경기자들이 선택한 자신들의 내쉬균형전략에 의해서 어떤 결과가 나타났을 때 모두 이에 만족하여 더 이상 자신의 전략을 수정하지 않고 현재 상태에 머물려고 한다면, 내쉬균형이 성립한다.

설문에서 내쉬균형을 도출하면 다음과 같다.

1) 만약 기업 1이 전략a를 선택한다고 할 경우
이를 주어진 것으로 보고 기업 2는 주어진 상황에서 자신의 보수를 극대화하는 전략a가 최선의 전략이다.

2) 이제 기업 2가 전략a를 선택할 때
이를 주어진 것으로 보고 기업 1은 주어진 상황에서 자신의 보수를 극대화하는 전략a가 최선의 전략이다.

3) 기업 1이 전략a 선택을 계속 유지한다면
역시 기업 2도 이를 주어진 것으로 보고 전략a를 계속 유지하는 것이 최적이다.

4) 결국 기업 1은 전략a, 기업 2는 전략a를 선택하며 이 전략의 조합이 바로 내쉬균형이 된다.

<u>이하에서는 또 다른 내쉬균형의 존재 여부를 확인한다.</u>

1) 만약 기업 1이 전략b를 선택한다고 할 경우
이를 주어진 것으로 보고 기업 2는 주어진 상황에서 자신의 보수를 극대화하는 전략b가 최선의 전략이다.

2) 이제 기업 2가 전략b를 선택할 때
   이를 주어진 것으로 보고 기업 1은 주어진 상황에서 자신의 보수를 극대화하는 전략b가 최선의 전략이다.

3) 기업 1이 전략b 선택을 계속 유지한다면
   역시 기업 2도 이를 주어진 것으로 보고 전략b를 계속 유지하는 것이 최적이다.

4) 결국 기업 1은 전략b, 기업 2는 전략b를 선택하며 이 전략의 조합이 바로 내쉬균형이 된다.

생수시장을 양분하고 있는 백두산수와 한라산수의 광고여부에 따른 보수행렬은 아래와 같다.
다음 중 옳은 것을 모두 고른 것은? (단, 각 보수쌍에서 왼쪽은 백두산수의 보수이고, 오른쪽은
한라산수의 보수이다.)
▶ 2013년 감정평가사

		한라산수	
		광고함	광고 안 함
백두산수	광고함	(25, 15)	(30, 0)
	광고 안 함	(15, 20)	(40, 5)

ㄱ. 한라산수는 우월전략을 가지고 있다.
ㄴ. 백두산수의 우월전략은 광고를 하는 것이다.
ㄷ. 내쉬균형은 모두 광고를 하는 것이다.

① ㄱ   ② ㄴ   ③ ㄱ, ㄷ
④ ㄴ, ㄷ   ⑤ ㄱ, ㄴ, ㄷ

출제이슈 내쉬균형
핵심해설 정답 ③

상대방이 어떤 전략을 선택하든지 간에 나의 보수를 더 크게 만들어 주는 전략이 우월전략이며 이를 구하기 위해서는
보수행렬표에서 상대방의 전략을 제외하고 자신의 전략만을 비교하여 보수를 가장 극대화시키는 전략을 선택한다.

따라서 보수행렬표에서 백두산수는 우월전략이 없으며, 한라산수는 광고전략이 우월전략이다. 따라서 내쉬균형은
(광고함, 광고함)이 됨을 알 수 있다.

한 시장에 두 기업 A, B가 존재한다. 각 기업은 두 가지 생산전략 L, H 중 하나를 선택할 수 있다. 두 기업의 생산전략 선택에 따른 보수는 다음 표와 같다. (단, 표에서 괄호 안의 숫자 중 앞은 기업 A의 보수를, 뒤의 숫자는 기업 B의 보수를 나타낸다.)

		기업 B	
		L	H
기업 A	L	(1, 1)	(0, 0)
	H	(0, 0)	(0, 0)

다음 설명 중 옳은 것을 모두 고른 것은? ▶ 2012년 감정평가사

ㄱ. 기업 A의 생산전략 H는 우월전략이다.
ㄴ. 기업 A와 B 모두 생산전략 L을 선택하는 것은 내쉬균형이다.
ㄷ. 기업 A와 B 모두 생산전략 H를 선택하는 것은 내쉬균형이다.

① ㄱ ② ㄴ ③ ㄷ
④ ㄱ, ㄴ ⑤ ㄴ, ㄷ

출제이슈 내쉬균형
핵심해설 정답 ⑤

상대방이 어떤 전략을 선택하든지 간에 나의 보수를 더 크게 만들어 주는 전략이 우월전략이며 이를 구하기 위해서는 보수행렬표에서 상대방의 전략을 제외하고 자신의 전략만을 비교하여 보수를 가장 극대화시키는 전략을 선택한다.

위의 보수표에서 우월전략은 존재하지 않는다. 이 경우 기업 A와 B 모두 생산전략 L이 약우월전략이며, (L, L), (H, H)가 내쉬균형이 된다.

갑과 을의 동시선택게임에서 전략이 각각 L, R과 T, D일 때, 다음 설명 중 옳은 것은? (단, 괄호 안 왼쪽은 갑, 오른쪽은 을의 보수) ▶ 2025년 감정평가사

		을	
		T	D
갑	L	(5, 5)	(0, 20)
	R	(20, 30)	(25, 0)

① 갑의 전략 L에 대한 을의 최선반응(best response)은 T이다.
② 을의 전략 T에 대한 갑의 최선반응은 L이다.
③ 갑은 우월전략이 없다.
④ T는 을의 우월전략이다.
⑤ 전략조합 (R, T)는 내쉬균형이다.

출제이슈 내쉬균형
핵심해설 정답 ⑤

갑의 경우 R전략이 우월전략이다. 갑의 R전략에 대해서 을은 자신의 보수를 극대화하기 위해서 T전략을 사용해야 하므로 결국 내쉬균형은 갑 R전략, 을 T전략이 된다.

갑과 을이 총 금액 10만 원을 나누어 갖는 2인 비협조게임에서 규칙은 보기와 같다. 다음 전략 중 내쉬균형에 해당하는 것은?

▶ 2011년 감정평가사

- 갑과 을이 각각 10만 원 미만에서 만 원 단위로 자기가 원하는 금액을 동시에 제시한다.
- 갑과 을이 제시한 금액의 합이 10만 원을 초과하고 제시한 금액이 동일한 경우 각각 5만 원씩을 받으며, 제시한 금액이 서로 다를 경우 적은 금액을 제시한 사람은 자신이 제시하는 금액을 받고, 더 많은 금액을 제시한 사람은 나머지 금액만을 받는다.
- 갑과 을이 제시한 금액의 합이 10만 원 이하일 경우 각자 제시한 금액을 받고 10만 원에서 남은 금액이 있으면 폐기된다.

① 갑 2만 원, 을 9만 원
② 갑 4만 원, 을 6만 원
③ 갑 5만 원, 을 6만 원
④ 갑 8만 원, 을 2만 원
⑤ 갑 9만 원, 을 1만 원

출제이슈 내쉬균형
핵심해설 정답 ③

게임의 룰에 의하면 10만 원을 나누게 되므로 전략상 상대보다 무조건 많은 보수를 얻기 위해 노력해야 한다. 보수 행렬표(생략함)를 만들어 보면 5만 원을 기준으로 전략을 구분하면 쉽게 균형을 찾을 수 있다. 즉, 5만 원을 기준으로 경우의 수를 나누면 다음과 같다.

1) 상대가 5만 원 미만을 제시하는 경우
   본인은 5만 원을 초과하여 제시해야 한다.

2) 상대가 5만 원을 제시하는 경우
   본인은 5만 원을 제시해야 한다.

3) 상대가 5만 원 초과를 제시하는 경우
   본인은 5만 원 이상을 제시해야 한다.

결국 우월전략은 5만 원 이상을 제시하는 것으로서 이에 해당하는 전략 중 하나는 (5만 원, 6만 원)이 된다.

아래 표는 기업 갑과 을의 초기 보수행렬이다. 제도 변화 후 오염을 배출하는 을은 배출 1톤에서 2톤으로 증가하는데 갑에게 보상금 5를 지불하게 되어 보수행렬이 변화했다. 보수행렬 변화 전, 후에 관한 설명으로 옳은 것은? (단, 1회성 게임이며 보수행렬 (   ) 안 왼쪽은 갑, 오른쪽은 을의 것이다.) ▶ 2021년 감정평가사

		을	
		1톤 배출	2톤 배출
갑	조업중단	(0, 4)	(0, 8)
	조업가동	(10, 4)	(3, 8)

① 초기 상태의 내쉬균형은 (조업중단, 2톤 배출)이다.
② 초기 상태의 갑과 을의 우월전략은 없다.
③ 제도 변화 후 갑의 우월전략은 있으나 을의 우월전략은 없다.
④ 제도 변화 후 갑과 을의 전체 보수는 감소했다.
⑤ 제도 변화 후 오염물질의 총배출량은 감소했다.

출제이슈 보수행렬표의 변화와 내쉬균형의 도출
핵심해설 정답 ⑤

1) 초기 상태의 균형 도출

① 우월전략균형
  우월전략 및 우월전략균형을 도출하는 방법은 다음과 같다.

  ⅰ) 상대방이 어떤 전략을 선택하든지 간에 나의 보수를 더 크게 만들어 주는 전략이 우월전략이며 이를 구하기 위해서는 보수행렬표에서 상대방의 전략을 제외하고 자신의 전략만을 비교하여 보수를 가장 극대화시키는 전략을 선택한다.

  ⅱ) 이제 반대로 상대방의 입장에서도 우월전략을 구해낸다.

  ⅲ) 만일 모든 경기자들이 우월전략을 가지고 있다면 모든 경기자들은 당연히 우월전략을 선택할 것이며 이를 바꾸려 하지 않을 것이다.

  설문에서 우월전략을 도출하면 다음과 같다.

  ⅰ) 만약 기업 갑이 조업중단전략을 선택하든, 조업가동전략을 선택하든 관계없이 기업 을은 자신의 보수를 더 크게 하는 2톤 배출전략이 최선의 전략이다.

ⅱ) 왜냐하면, 기업 을은 기업 갑이 조업중단전략을 선택할 때도 1톤 배출전략보다 2톤 배출전략을 선택하는 것이 더 큰 보수(4 < 8)를 주고, 기업 갑이 조업가동전략을 선택할 때도 1톤 배출전략보다 2톤 배출전략을 선택하는 것이 더 큰 보수(4 < 8)를 주기 때문이다.

ⅲ) 위와 같은 2톤 배출전략을 기업 을의 우월전략이라고 하며, 같은 방식으로 기업 갑의 우월전략을 구해보면, 조업가동전략이 된다.

ⅳ) 따라서 기업 갑의 우월전략은 조업가동전략이며, 기업 을의 우월전략은 2톤 배출전략이 되며 이 둘의 짝이 바로 우월전략균형이 된다.

② 내쉬균형
앞에서 도출한 우월전략에 의한 우월전략균형은 내쉬균형적 성질을 가지므로 내쉬균형은 기업 갑의 조업가동전략과 기업 을의 2톤 배출전략이 됨을 쉽게 알 수 있다. 참고로 이하에서는 좀 더 엄정하게 내쉬균형을 도출해보자.

ⅰ) 만약 기업 갑이 조업중단전략을 선택한다고 할 경우
이를 주어진 것으로 보고 기업 을은 주어진 상황에서 자신의 보수를 극대화하는 2톤 배출전략이 최선의 전략이다.

ⅱ) 이제 기업 을이 2톤 배출전략을 선택할 때
이를 주어진 것으로 보고 기업 갑은 주어진 상황에서 자신의 보수를 극대화하는 조업가동전략이 최선의 전략이다.

ⅲ) 기업 갑이 조업가동전략을 선택할 때
이를 주어진 것으로 보고 기업 을은 주어진 상황에서 자신의 보수를 극대화하는 2톤 배출전략이 최선의 전략이다.

ⅳ) 기업 을이 2톤 배출전략을 선택할 때
기업 갑은 주어진 상황에서 자신의 보수를 극대화하는 조업가동전략을 바꾸지 않고 계속 유지한다.

ⅴ) 기업 갑이 조업가동전략을 유지하는 경우
기업 을은 주어진 상황에서 자신의 보수를 극대화하는 2톤 배출전략을 계속 유지한다.

ⅵ) 따라서 내쉬균형전략은 기업 갑은 조업가동전략, 기업 을은 2톤 배출전략이 된다. 두 전략의 짝이 바로 내쉬균형이 된다.

2) 제도 변화 이후의 보수행렬 도출

오염을 배출하는 을은 배출 1톤에서 2톤으로 증가하는데 갑에게 보상금 5를 지불해야 하므로 보수행렬이 다음과 같이 변화한다.

		을	
		1톤 배출	2톤 배출
갑	조업중단	(0, 4)	(0+5, 8−5)
	조업가동	(10, 4)	(3+5, 8−5)

3) 제도 변화 이후의 균형 도출

① 우월전략균형

앞에서 설명한 방식을 사용하여 우월전략을 도출하면 기업 갑은 조업가동전략이며, 기업 을은 1톤 배출전략이다. 이 둘의 짝이 우월전략균형이 된다.

② 내쉬균형

우월전략균형은 내쉬균형적 성질을 가지므로 기업 갑의 조업가동전략과, 기업 을의 1톤 배출전략의 짝이 내쉬균형이 된다.

위의 분석내용에 따라서 설문을 검토하면 다음과 같다.

① 틀린 내용이다.

위의 분석내용에 따르면, 초기 상태에서 내쉬균형전략은 기업 갑은 조업가동전략, 기업 을은 2톤 배출전략이 된다. 두 전략의 짝이 바로 내쉬균형이 된다.

② 틀린 내용이다.

위의 분석내용에 따르면, 초기 상태에서 기업 갑의 우월전략은 조업가동전략이며, 기업 을의 우월전략은 2톤 배출전략이다. 이 둘의 짝이 바로 우월전략균형이 된다.

③ 틀린 내용이다.

위의 분석내용에 따르면, 제도 변화 후 기업 갑의 우월전략은 조업가동전략이며, 기업 을의 우월전략은 1톤 배출전략이다. 이 둘의 짝이 우월전략균형이 된다.

④ 틀린 내용이다.

위의 분석내용에 따르면, 제도 변화 후 우월전략균형 및 내쉬균형은 기업 갑의 조업가동전략과 기업 을의 1톤 배출전략이며 이에 따른 보수는 기업 갑은 10, 기업 을은 4가 된다. 한편 초기 상태에서 우월전략균형 및 내쉬균형은 기업 갑의 조업가동전략과 기업 을의 2톤 배출전략이며 이에 따른 보수는 기업 갑은 3, 기업 을은 8이 된다. 따라서 제도 변화 후 갑과 을의 전체 보수는 11에서 14로 증가하였다.

⑤ 옳은 내용이다.

위의 분석내용에 따르면, 제도 변화 후 우월전략균형 및 내쉬균형은 기업 갑의 조업가동전략과 기업 을의 1톤 배출전략이다. 한편 초기 상태에서 우월전략균형 및 내쉬균형은 기업 갑의 조업가동전략과 기업 을의 2톤 배출전략이다. 따라서 오염물질의 총배출량은 초기 상태에서 2톤이었다가, 제도 변화 후 1톤으로 감소하였다.

복점(duopoly)시장에서 기업 A와 B는 각각 1, 2, 3의 생산량 결정전략을 갖고 있다. 성과보수행렬(payoff matrix)이 다음과 같을 때 내쉬균형은? (단, 게임은 일회성이며, 보수행렬 내 괄호 안 왼쪽은 A, 오른쪽은 B의 보수이다.)

▶ 2017년 감정평가사

구분		B		
		전략 1	전략 2	전략 3
A	전략 1	(7, 7)	(5, 8)	(4, 9)
	전략 2	(8, 5)	(6, 6)	(3, 4)
	전략 3	(9, 4)	(4, 3)	(0, 0)

① (7, 7), (6, 6), (0, 0) ② (7, 7), (5, 8), (9, 4)
③ (8, 5), (6, 6), (3, 4) ④ (9, 4), (5, 8), (0, 0)
⑤ (9, 4), (6, 6), (4, 9)

출제이슈 3가지 이상 전략에서 내쉬균형의 도출
핵심해설 정답 ⑤

내쉬균형을 도출하는 방법은 다음과 같다.

1) 상대방이 어떤 전략을 선택하는 것을 주어진 것으로 보고 이때, 나의 보수 측면에서 최선의 전략이 내쉬균형전략이며 이를 구하기 위해서는 보수행렬표에서 상대방의 전략을 주어진 것으로 보고 이에 대응한 자신의 전략에 따른 보수를 비교하여 보수를 더 크게 만들어 주는 최선의 전략을 선택한다.

2) 이제 반대로 위에서 선택된 내쉬균형전략이 상대방의 입장에서 주어진 것으로 보고 상대방의 내쉬균형전략을 구해낸다.

3) 만일 모든 경기자들이 선택한 자신들의 내쉬균형전략에 의해서 어떤 결과가 나타났을 때 모두 이에 만족하고 더 이상 자신이 전략을 수정하지 않고 현재 상태에 머물려고 한다면, 내쉬균형이 성립한다.

이제 설문의 보수행렬표를 이용하여 내쉬균형을 도출하면 다음과 같다.

1) 만약 A가 전략 1을 선택한다고 할 경우
   이를 주어진 것으로 보고 B는 주어진 상황에서 자신의 보수를 극대화하는 전략 3이 최선의 전략이다.

2) 이제 B가 전략 3을 선택할 때
   이를 주어진 것으로 보고 A는 주어진 상황에서 자신의 보수를 극대화하는 전략 1이 최선의 전략이 된다.

3) 이에 따라서 A는 최초에 선택한다고 가정한 전략 1이 바뀔 유인이 없다.

4) 결국 A는 전략 1, B는 전략 3을 선택하며 이 전략의 조합이 바로 내쉬균형이 된다.

이하에서는 또 다른 내쉬균형의 존재 여부를 확인한다.

1) 만약 A가 전략 2를 선택한다고 할 경우
   이를 주어진 것으로 보고 B는 주어진 상황에서 자신의 보수를 극대화하는 전략 2가 최선의 전략이다.

2) 이제 B가 전략 2를 선택할 때
   이를 주어진 것으로 보고 A는 주어진 상황에서 자신의 보수를 극대화하는 전략 2가 최선의 전략이 된다.

3) 이에 따라서 A는 최초에 선택한다고 가정했던 전략 2가 바뀔 유인이 없다.

4) 결국 A는 전략 2, B는 전략 2를 선택하며 이 전략의 조합이 바로 내쉬균형이 된다.

이하에서는 추가적으로 또 다른 내쉬균형의 존재 여부를 확인한다.

1) 만약 A가 전략 3을 선택한다고 할 경우
   이를 주어진 것으로 보고 B는 주어진 상황에서 자신의 보수를 극대화하는 전략 1이 최선의 전략이다.

2) 이제 B가 전략 1을 선택할 때
   이를 주어진 것으로 보고 A는 주어진 상황에서 자신의 보수를 극대화하는 전략 3이 최선의 전략이 된다.

3) 이에 따라서 A는 최초에 선택한다고 가정했던 전략 3이 바뀔 유인이 없다.

4) 결국 A는 전략 3, B는 전략 1을 선택하며 이 전략의 조합이 바로 내쉬균형이 된다.

정리하면, 본 게임에서 내쉬균형은 3개 존재한다. 각각 (전략 1, 전략 3), (전략 2, 전략 2), (전략 3, 전략 1)이 된다. 그에 따른 보수조합은 각각 (4, 9), (6, 6), (9, 4)가 된다.

민간항공기는 A와 B국에서만 생산한다. 두 국가 항공사의 보수(이윤)행렬이 다음과 같다. 만일 두 나라 정부는 자국 항공사가 생산할 경우 각각 10억 달러의 생산보조금을 지급할 때 내쉬균형은 무엇인가?

▶ 2014년 감정평가사

		B국 항공사	
		생산함	생산하지 않음
A국 항공사	생산함	A국 −5억 달러	A국 100억 달러
		B국 −5억 달러	B국 0 달러
	생산하지 않음	A국 0 달러	A국 0 달러
		B국 100억 달러	B국 0 달러

① A국과 B국에서 생산함
② A국에서만 생산함
③ B국에서만 생산함
④ A국과 B국에서 생산하지 않음
⑤ ②, ④ 두 가지 경우

출제이슈 게임이론과 전략적 무역정책
핵심해설 정답 ①

두 국가의 정부가 모두 자국 항공사에 대하여 생산보조금 10억 달러를 지급하게 되면 보수행렬표는 다음과 같이 바뀌게 된다.

(단위 : 억 달러)

		B국 항공사	
		생산함	생산하지 않음
A국 항공사	생산함	$(-5+10, -5+10)$	$(100+10, 0)$
	생산하지 않음	$(0, 100+10)$	$(0, 0)$

따라서 양국 항공사는 모두 생산하는 것이 우월전략이 되므로 (생산함, 생산함)이 우월전략균형이자 내쉬균형이 된다.

다음의 전략형 게임(strategic form game)에서 α에 따라 갑과 을의 전략 및 균형이 달라진다. 이에 관한 설명으로 옳지 않은 것은? (단, 보수행렬의 괄호 안 첫 번째 보수는 갑, 두 번째 보수는 을의 것이다.)

▶ 2019년 감정평가사

		을	
		Left	Right
갑	Up	$(5-\alpha,\ 1)$	$(2,\ 2)$
	Down	$(3,\ 3)$	$(1,\ \alpha-1)$

① $\alpha < 2$이면, 전략 Up은 갑의 우월전략이다.
② $\alpha > 4$이면, 전략 Right는 을의 우월전략이다.
③ $2 < \alpha < 4$이면, (Down, Left)는 유일한 내쉬균형이다.
④ $\alpha < 2$이면, (Up, Right)는 유일한 내쉬균형이다.
⑤ $\alpha > 4$이면, (Up, Right)는 유일한 내쉬균형이다.

출제이슈 보수행렬의 재구성
핵심해설 정답 ③

우월전략 및 우월전략균형을 도출하는 방법은 다음과 같다.

1) 상대방이 어떤 전략을 선택하든지 간에 나의 보수를 더 크게 만들어 주는 전략이 우월전략이며 이를 구하기 위해서는 보수행렬표에서 상대방의 전략을 제외하고 자신의 전략만을 비교하여 보수를 가장 극대화시키는 전략을 선택한다.

2) 이제 반대로 상대방의 입장에서도 우월전략을 구해낸다.

3) 만일 모든 경기자들이 우월전략을 가지고 있다면 모든 경기자들은 당연히 우월전략을 선택할 것이며 이를 바꾸려 하지 않을 것이다.

설문을 검토하면 다음과 같다.

① 옳은 내용이다.
  1) 을이 전략 Left를 선택하든, Right를 선택하든 관계없이 갑에게 자신의 보수를 더 크게 하는 전략이 우월전략이다.

  2) 갑에게 Up이 우월전략이 되려면 을이 전략 Left를 선택하는 경우 $5-\alpha > 3$이 성립하고 또한 을이 전략 Right를 선택하는 경우 $2 > 1$이 성립해야 한다. 따라서 갑에게 Up이 우월전략이 되려면 $\alpha < 2$이어야 한다.

3) 참고로 갑에게 Down은 우월전략이 절대 될 수 없다.

② 옳은 내용이다.

1) 갑이 전략 Up를 선택하든, Down을 선택하든 관계없이 을에게 자신의 보수를 더 크게 하는 전략이 우월전략이다.

2) 을에게 Right가 우월전략이 되려면 갑이 전략 Up를 선택하는 경우 $1 < 2$이고 또한 갑이 전략 Down을 선택하는 경우 $3 < \alpha - 1$이 성립하여야 한다. 따라서 을에게 Right가 우월전략이 되려면 $4 < \alpha$이어야 한다.

3) 참고로 을에게 Down은 우월전략이 절대 될 수 없다.

③ 틀린 내용이다.

위에서 본 바와 같이 갑에게 Up이 우월전략이 되려면 $\alpha < 2$이어야 하고, 을에게 Right가 우월전략이 되려면 $4 < \alpha$이어야 한다. 만일 설문에서처럼 $2 < \alpha < 4$인 경우에는 갑과 을 모두에게 우월전략이 없다. 이 경우 내쉬균형의 존재를 검토하자.

1) 만약 갑이 전략 Up을 선택한다고 할 경우

이를 주어진 것으로 보고 을은 주어진 상황에서 자신의 보수를 극대화하는 Right가 최선의 전략이다.

2) 이제 을이 전략 Right를 선택할 때

이를 주어진 것으로 보고 갑은 주어진 상황에서 자신의 보수를 극대화하는 전략 Up이 최선의 전략이 된다.

3) 따라서 갑의 전략이 Up으로 계속 유지되고 역시 을도 전략을 Right에서 바꿀 유인이 없으므로 내쉬균형이다.

이하에서는 또 다른 내쉬균형의 존재 여부를 확인한다.

1) 만약 갑이 전략 Down을 선택한다고 할 경우

이를 주어진 것으로 보고 을은 주어진 상황에서 자신의 보수를 극대화하는 Left가 최선의 전략이다. 왜냐하면, 을이 Left를 선택하면 을의 보수는 3, Right를 선택하면 을의 보수는 $\alpha - 1$이 된다. 그런데 설문에서처럼 $2 < \alpha < 4$인 경우 $1 < \alpha - 1 < 3$이 되어 을이 Left를 선택할 때의 보수가 Right를 선택할 때의 보수보다 더 크므로 Left를 선택한다.

2) 이제 을이 전략 Left를 선택할 때

이를 주어진 것으로 보고 갑은 주어진 상황에서 자신의 보수를 극대화하는 전략 Down이 최선의 전략이 된다. 왜냐하면 갑이 Down을 선택하면 갑의 보수는 3이 되고, Up을 선택하면 $5 - \alpha$가 된다. 그런데 설문에서처럼 $2 < \alpha < 4$인 경우 $-2 > -\alpha > -4$이고 $3 > 5 - \alpha > 1$이 되어 Down을 선택할 때의 보수 3이 Up을 선택할 때의 보수 $5 - \alpha$보다 크다. 따라서 Down을 선택한다.

3) 따라서 갑의 전략이 Down으로 계속 유지되고 역시 을도 전략을 Left에서 바꿀 유인이 없으므로 내쉬균형이다.

정리하면, 갑의 전략이 Up으로 계속 유지되면 역시 을도 전략을 Right에서 바꿀 유인이 없으므로 내쉬균형이다. 그리고 갑의 전략이 Down으로 계속 유지되면 역시 을도 전략을 Left에서 바꿀 유인이 없으므로 역시 내쉬균형이다.

④ 옳은 내용이다.

위에서 본 바와 같이 갑에게 Up이 우월전략이 되려면 $\alpha < 2$이어야 하고, 을에게 Right가 우월전략이 되려면 $4 < \alpha$이어야 한다. 만일 설문에서처럼 $\alpha < 2$인 경우에는 갑에게는 Up이 우월전략이 되지만, 을에게는 우월전략이 없다. 따라서 갑은 우월전략을 선택할 것이며 을은 이에 대응하여 최선의 내쉬균형전략을 선택할 것이다.

갑이 우월전략 Up을 선택하는 경우 을은 이를 주어진 것으로 보고 을은 주어진 상황에서 자신의 보수를 극대화하는 Right가 최선의 전략이다. 따라서 갑의 Up전략과 을의 Right전략이 내쉬균형이 된다.

⑤ 옳은 내용이다.

위에서 본 바와 같이 갑에게 Up이 우월전략이 되려면 $\alpha < 2$이어야 하고, 을에게 Right가 우월전략이 되려면 $4 < \alpha$이어야 한다. 만일 설문에서처럼 $\alpha > 4$인 경우에는 을에게는 Right가 우월전략이 되지만, 갑에게는 우월전략이 없다. 따라서 을은 우월전략을 선택할 것이며 갑은 이에 대응하여 최선의 내쉬균형전략을 선택할 것이다.

을이 우월전략 Right를 선택하는 경우 갑은 이를 주어진 것으로 보고 갑은 주어진 상황에서 자신의 보수를 극대화하는 Up이 최선의 전략이다. 따라서 갑의 Up전략과 을의 Right전략이 내쉬균형이 된다.

보수행렬이 아래와 같은 전략형 게임(strategic form game)에서 보수 a 값의 변화에 따른 설명으로 옳은 것은? (단, 보수행렬의 괄호 안 첫 번째 값은 갑의 보수, 두 번째 값은 을의 보수이다.)

▶ 2020년 감정평가사

		을	
		인상	인하
갑	인상	(a, a)	$(-5, 5)$
	인하	$(5, -5)$	$(-1, -1)$

① $a > 5$이면, (인상, 인상)이 유일한 내쉬균형이다.
② $-1 < a < 5$이면, 인상은 갑의 우월전략이다.
③ $a < -5$이면, 내쉬균형이 두 개 존재한다.
④ $a < 5$이면, (인하, 인하)가 유일한 내쉬균형이다.
⑤ $a = 5$인 경우와 $a < 5$인 경우의 내쉬균형은 동일하다.

출제이슈 보수행렬의 재구성
핵심해설 정답 ④

우월전략 및 우월전략균형을 도출하는 방법은 다음과 같다.

ⅰ) 상대방이 어떤 전략을 선택하든지 간에 나의 보수를 더 크게 만들어 주는 전략이 우월전략이며 이를 구하기 위해서는 보수행렬표에서 상대방의 전략을 제외하고 자신의 전략만을 비교하여 보수를 가장 극대화시키는 전략을 선택한다.

ⅱ) 이제 반대로 상대방의 입장에서도 우월전략을 구해낸다.

ⅲ) 만일 모든 경기자들이 우월전략을 가지고 있다면 모든 경기자들은 당연히 우월전략을 선택할 것이며 이를 바꾸려 하지 않을 것이다.

내쉬균형을 도출하는 방법은 다음과 같다.

ⅰ) 상대방이 어떤 전략을 선택하는 것을 주어진 것으로 보고 이때, 나의 보수 측면에서 최선의 전략이 내쉬균형전략이며 이를 구하기 위해서는 보수행렬표에서 상대방의 전략을 주어진 것으로 보고 이에 대응한 자신의 전략에 따른 보수를 비교하여 보수를 더 크게 만들어 주는 최선의 전략을 선택한다.

ⅱ) 이제 반대로 위에서 선택된 내쉬균형전략이 상대방의 입장에서 주어진 것으로 보고 상대방의 내쉬균형전략을 구해낸다.

ⅲ) 만일 모든 경기자들이 선택한 자신들의 내쉬균형전략에 의해서 어떤 결과가 나타났을 때 모두 이에 만족하고 더 이상 자신의 전략을 수정하지 않고 현재 상태에 머물려고 한다면, 내쉬균형이 성립한다.

위의 분석내용에 따라서 설문을 검토하면 다음과 같다.

① 틀린 내용이다.
$a > 5$이면 (인상, 인상)과 (인하, 인하)가 복수의 내쉬균형으로 도출된다.

② 틀린 내용이다.

　ⅰ) 을이 인상전략을 선택하든, 인하전략을 선택하든 관계없이 갑에게 자신의 보수를 더 크게 하는 전략이 우월전략이다.

　ⅱ) 갑에게 인상전략이 우월전략이 되려면 $a > 5$ 그리고 $-5 > -1$이어야만 하는데 이는 불가능하므로 결국 갑에게는 인상전략이 우월전략이 될 수 없다.

③ 틀린 내용이다.
$a < -5$이면, (인하, 인하)가 유일한 내쉬균형으로 도출된다.

④ 옳은 내용이다.
$a < 5$이면, (인하, 인하)가 유일한 내쉬균형으로 도출된다.

⑤ 틀린 내용이다.
$a = 5$인 경우 (인상, 인상)과 (인하, 인하)가 복수의 내쉬균형으로 도출된다.

Issue 15 순차게임

이윤을 극대화하는 기업 A와 B의 생산량과 이윤행렬은 다음과 같다. A는 슈타켈버그 (Stackelberg)모형의 선도자, B는 추종자로 행동할 때, A와 B의 생산량 (Q_A, Q_B)은? (단, 이윤행렬의 괄호 안의 수에서 왼쪽은 A의 이윤이고, 오른쪽은 B의 이윤이다.)

▶ 2014년 감정평가사

		기업 B의 생산량		
		15	20	30
기업 A의 생산량	15	(450, 450)	(375, 500)	(225, 450)
	20	(500, 375)	(400, 400)	(200, 300)
	30	(450, 225)	(300, 200)	(0, 0)

① (15, 15)　　② (20, 15)　　③ (20, 20)
④ (30, 15)　　⑤ (30, 20)

출제이슈 순차게임
핵심해설 정답 ④

순차게임(sequential game)은 한 경기자가 먼저 어떤 행동을 한 후에 다른 경기자가 이를 관찰한 후 자신의 행동을 취하는 경우의 게임상황으로서 게임나무를 통하여 묘사가능하다.

순차게임의 완전균형(perfect equilibrium)은 역진귀납법 혹은 후방귀납법 방식을 통해서 도출가능하며 이를 이용하여 설문에서 완전균형을 구하면 다음과 같다.

1) 기업 B의 입장에서
　① 첫 번째 부속게임에서 기업 B의 최적전략은 생산량 20 전략이 된다.
　② 두 번째 부속게임에서 기업 B의 최적전략은 생산량 20 전략이 된다.
　③ 세 번째 부속게임에서 기업 B의 최적전략은 생산량 15 전략이 된다.

2) 기업 A의 입장에서
　① 첫 번째 부속게임에서 기업 B의 생산량 20 전략에 대해 기업 A는 375의 보수를 얻는다.
　② 두 번째 부속게임에서 기업 B의 생산량 20 전략에 대해 기업 A는 400의 보수를 얻는다.
　③ 세 번째 부속게임에서 기업 B의 생산량 15 전략에 대해 기업 A는 450의 보수를 얻는다.

3) 따라서 기업 B가 생산량 15 전략을 구사하고 기업 A는 생산량 30 전략을 채택한다.

( )에 들어갈 내용으로 옳은 것은?

▶2022년 감정평가사

과점시장에서 보수를 극대화하는 두 기업 A와 B가 각각 전략 1과 전략 2를 통해 아래 표와 같은 보수(payoff)를 얻을 수 있다.

		기업 B	
		전략 1	전략 2
기업 A	전략 1	(22, 10)	(33, 8)
	전략 2	(32, 14)	(30, 12)

※ ( ) 안의 앞의 숫자는 기업 A의 보수, 뒤의 숫자는 기업 B의 보수이다.

• 기업 A와 기업 B가 동시에 전략을 선택할 때, 균형에서 기업 A의 보수는 (ㄱ)이다.
• 기업 A가 먼저 전략을 선택하고 신뢰할 수 있는 방법으로 확약할 때, 균형에서 기업 B의 보수는 (ㄴ)이다.

① ㄱ : 22, ㄴ : 8 ② ㄱ : 30, ㄴ : 8 ③ ㄱ : 32, ㄴ : 10
④ ㄱ : 32, ㄴ : 14 ⑤ ㄱ : 33, ㄴ : 12

출제이슈 동시게임과 순차게임
핵심해설 정답 ④

1) 동시게임의 균형

기업 A의 경우 우월전략은 존재하지 않으며, 기업 B의 경우 우월전략은 전략 1이 된다. 따라서 기업 B가 전략 1을 사용할 경우 기업 A는 전략 1이 아니라 전략 2를 사용해야 자신의 보수를 극대화할 수 있다. 결국 이 동시게임에서는 기업 A는 전략 2, 기업 B는 전략 1을 선택하는 것이 균형이 된다. 이때, 기업 A의 보수는 32가 된다.

2) 순차게임의 균형

ⅰ) 기업 B의 입장에서
① 첫 번째 부속게임에서 기업 B의 최적전략은 기업 A가 전략 1을 선택하는 경우 기업 B도 전략 1을 선택하는 것이다.
② 두 번째 부속게임에서 기업 B의 최적전략은 기업 A가 전략 2를 선택하는 경우 기업 B는 전략 1을 선택하는 것이다.

ⅱ) 기업 A의 입장에서
① 첫 번째 부속게임에서 기업 B가 선택한 전략 1에 대해 기업 A가 전략 1을 선택하면 기업 A는 22의 보수를 얻는다.
② 두 번째 부속게임에서 기업 B가 선택한 전략 1에 대해 기업 A가 전략 2를 선택하면 기업 A는 32의 보수를 얻는다.

기업 A가 전략 2를 선택하고 기업 B는 전략 1을 채택한다. 이때, 기업 B의 보수는 14가 된다.

> **게임이론에 관한 설명으로 옳은 것은?**　　　　　▶ 2023년 감정평가사
>
> ① 내쉬균형은 상대방의 전략에 관계없이 자신에게 가장 유리한 전략을 선택하는 것을 말한다.
> ② 복점시장에서의 내쉬균형은 하나만 존재한다.
> ③ 어떤 게임에서 우월전략균형이 존재하지 않더라도 내쉬균형은 존재할 수 있다.
> ④ 순차게임에서는 내쉬조건만 충족하면 완전균형이 된다.
> ⑤ 승자의 불행(winner's curse) 현상을 방지하기 위해 최고가격입찰제(first-price sealed-bid auction)가 도입되었다.

출제이슈　게임이론 전반
핵심해설　정답 ③

① 틀린 내용이다.

게임상황에서 상대방이 어떠한 전략을 취하든 관계없이 나 자신이 선택할 수 있는 최선의 우월전략은 현실적으로 존재하기 어렵다. 따라서 이러한 극단적 상황 및 요구를 조금 완화하여 상대방이 전략이 주어졌을 때, 그때 나 자신이 선택할 수 있는 최선의 전략을 도입해 볼 수 있다. 이러한 전략을 내쉬균형전략이라고 한다. 상대방이 어떤 전략을 선택하는 것을 주어진 것으로 보고 이때, 나의 보수 측면에서 최선의 전략이 내쉬균형전략이며 이를 구하기 위해서는 보수행렬표에서 상대방의 전략을 주어진 것으로 보고 이에 대응한 자신의 전략에 따른 보수를 비교하여 보수를 더 크게 만들어 주는 최선의 전략을 선택한다. 참고로 상대방이 어떤 전략을 선택하든 지간에 나의 보수를 더 크게 만들어 주는 전략이 우월전략이며 이를 구하기 위해서는 보수행렬표에서 상대방의 전략을 제외하고 자신의 전략만을 비교하여 보수를 가장 극대화시키는 전략을 선택한다.

② 틀린 내용이다.

내쉬균형은 존재하지 않을 수도 있고, 존재한다면, 복수로 존재할 수도 있다.

③ 옳은 내용이다.

우월전략 및 우월전략균형은 직관적으로 매우 명백하지만 현실적으로 우월전략이 항상 존재하는 게임이 흔하지는 않다. 우월전략이라는 것은 상대방 경기자가 선택하는 어떠한 전략에 대해서도, 즉 모든 전략에 대해서 항상 자신의 최적 전략이라는 뜻이므로 상대방이 어떠한 전략을 취하든 관계없이 나 자신이 선택할 수 있는 최선의 전략이 현실에서 항상 손쉽기는 어려운 것이다.

따라서 이러한 극단적 상황 및 요구를 조금 완화하여 상대방의 전략이 주어졌을 때, 그때 나 자신이 선택할 수 있는 최선의 전략을 도입해 볼 수 있다. 이러한 전략을 내쉬균형전략이라고 한다. 우월전략에 비하여 내쉬균형전략은 요구되는 조건이 완화된 것이므로 우월전략균형보다는 내쉬균형의 존재가능성이 더 커짐을 의미한다. 즉 우월전략균형이 존재하지 않더라도 내쉬균형의 존재가능성은 있다.

④ 틀린 내용이다.

동시게임은 개념상 두 경기자가 동시에 전략을 선택하는 것이었으나 실제 현실에서는 한 경기자가 먼저 어떤 행동을 한 후에 다른 경기자가 이를 관찰한 후 자신의 행동을 취하는 경우도 쉽게 찾아볼 수 있는데 이러한 게임을 순차게임이라고 한다. 순차게임은 게임에 참가하고 있는 특정 경기자가 먼저 전략을 선택한 후에 다른 경기자가 자신의 전략을 선택하는 선후관계가 존재한다(순차성). 또한 상대방이 어떠한 전략을 선택하였는지를 보고 난 후에 자신의 전략을 선택하는 순차성 때문에 상대의 전략에 대한 조건부 전략을 선택하게 된다(조건부 대응성). 예를 들어, 기업 A가 진입하면 기업 B는 낮은 산출량 전략을 선택하고, 기업 A가 진입하지 않으면 기업 B는 높은 산출량 전략을 선택하는 식이다.

순차게임에서는 신빙성 없는 위협과 같은 전략이 구사될 수도 있기 때문에 이를 제외하여 신빙성 있는 전략으로 정제하는 과정이 필요하다(신빙성 조건). 기존의 내쉬조건뿐만 아니라 이제 신빙성 조건까지 충족된 균형을 완전균형이라고 한다. 예를 들어, 신규기업은 기존기업의 낮은 산출량에서 진입하는 것이 최선이고 기존기업이 높은 산출량 전략을 선택하는 것은 신빙성이 없다. 기존기업의 높은 산출량 전략은 자신의 보수를 낮게 만들 수 있기 때문에 선택하지 않을 것으로 예상된다. 신빙성이 없는 균형을 제외하고 남은 완전균형은 신규기업이 진입하고 기존기업은 낮은 산출량으로 대응하는 전략이 된다.

⑤ 틀린 내용이다.
특정한 물건의 매매에 있어서 경매참가자가 제시하는 가격이 공개되지 않고 봉인된 상태에서 진행되는 경매로서 제시가격은 동시에 비공개로 제출되어야 하며 가장 높은 매입가격을 제시한 사람에게 물건이 판매되는 방식이다. 다만, 가장 높은 매입가격을 제시한 낙찰자가 실제로 지불하는 가격에 따라서 다음의 두 가지로 나뉜다.

첫째, 최고가격 입찰제는 경매에 참가하는 사람들이 모두 다른 경매참가자의 입찰가격은 모른 채 자신의 입찰가격만 제출한 후, 이를 모두 취합하여 최종적으로 가장 높은 입찰가격을 제시한 자에게 낙찰되는 방식이다. 이때 판매가격은 구매자가 제시한 가장 높은 수준의 입찰가격이 된다. 일차가격경매(first-price auction)라고도 한다.

둘째, 제2가격 입찰제는 경매에 참가하는 사람들이 모두 다른 경매참가자의 입찰가격은 모른 채 자신의 입찰가격만 제출한 후, 이를 모두 취합하여 최종적으로 가장 높은 입찰가격을 제시한 자에게 낙찰되는 방식이다. 다만, 낙찰가격은 자신이 제출한 입찰가격 즉 가장 높은 수준의 입찰가격이 아니라 두 번째로 높은 입찰가격이 된다는 점에서 최고가격 입찰제와 차이가 있다. 이 방식은 금액을 높이 제시하더라도 그 부담을 덜 수 있다는데 특징이 있다.

승자의 불행 혹은 승자의 저주(winner's curse)란 최종적인 낙찰자가 경매물의 실제가치보다 더 많은 비용을 들여 구입하게 되거나 경매입찰에 필요한 비용보다 더 많은 비용을 들여 구입하게 되는 것을 뜻한다. 입찰제에 있어서 승자의 불행 혹은 승자의 저주(winner's curse)가 발생할 수 있는 것이지, 승자의 불행을 막기 위해서 최고가격입찰제가 도입된 것은 아니다.

생산요소시장이론

01 생산요소시장 균형과 변화

기술혁신으로 노동의 한계생산이 증가한다면, (ㄱ)균형 노동량의 변화와 (ㄴ)균형 임금률의 변화는? (단, 생산물시장과 노동시장은 완전경쟁적이며, 노동공급곡선은 우상향, 노동수요곡선은 우하향하고 있다.) ▶ 2022년 감정평가사

① ㄱ : 감소, ㄴ : 감소   ② ㄱ : 감소, ㄴ : 증가   ③ ㄱ : 감소, ㄴ : 불변
④ ㄱ : 증가, ㄴ : 감소   ⑤ ㄱ : 증가, ㄴ : 증가

출제이슈 생산요소시장 균형의 변화
핵심해설 정답 ⑤

생산요소시장에서 균형은 다음의 경우에 변화하며 생산물시장과 연쇄적인 반응을 주고받는다.

1) 요소수요가 변화하는 경우
   ① 요소수요에 영향을 주는 요인이 발생하여 요소수요가 변화
   ② 예를 들어 생산물시장에서 수요가 증가하여 가격이 상승하는 경우 요소수요가 증가
   ③ 요소수요곡선이 상방이동
   ④ 임금 상승, 요소고용량 증가
   ⑤ 단, 요소공급이 고정된 경우에는 요소수요가 증가하더라도 요소고용량은 불변
   ⑥ 한편, 요소가격의 상승은 생산물시장에서 공급을 감소시키는 연쇄반응

2) 요소공급이 변화하는 경우
   ① 요소공급에 영향을 주는 요인이 발생하여 요소공급이 변화
   ② 예를 들어 해외로부터 노동력이 유입되는 경우 요소공급이 증가
   ③ 요소공급곡선이 하방이동
   ④ 임금 하락, 요소고용량 증가
   ⑤ 한편, 요소가격의 하락은 생산물시장에서 생산비용을 감소시켜 공급을 증가시키는 연쇄반응

위의 내용을 토대로 설문을 분석하면 다음과 같다.

어떤 산업에서 생산물 가격이 상승하는 경우, 생산은 증가하고 요소수요도 증가한다. 요소수요의 증가로 요소가격은 상승하고 요소고용량은 증가한다. 마찬가지로 어떤 산업에서 노동의 한계생산성이 증가하는 경우, 생산은 증가하고 요소수요도 증가한다. 요소수요의 증가로 요소가격은 상승하고 요소고용량은 증가한다.

밑줄 친 변화에 따라 각국의 노동시장에서 예상되는 현상으로 옳은 것은? (단, 노동수요곡선은 우하향, 노동공급곡선은 우상향하며, 다른 조건은 일정하다.) ▶ 2018년 감정평가사

- 갑국에서는 (A) 인구 감소로 노동시장에 참여하고자 하는 사람들이 감소하였다.
- 을국의 정부는 (B) 규제가 없는 노동시장에 균형임금보다 높은 수준에서 최저임금제를 도입하려고 한다.

① (A) : 노동수요 감소, (B) : 초과수요 발생
② (A) : 노동수요 증가, (B) : 초과공급 발생
③ (A) : 노동공급 감소, (B) : 초과수요 발생
④ (A) : 노동공급 증가, (B) : 초과공급 발생
⑤ (A) : 노동공급 감소, (B) : 초과공급 발생

출제이슈 생산요소시장 균형의 변화
핵심해설 정답 ⑤

생산요소시장에서 균형은 다음의 경우에 변화하며 생산물시장과 연쇄적인 반응을 주고받는다.

1) 요소수요가 변화하는 경우
   ① 요소수요에 영향을 주는 요인이 발생하여 요소수요가 변화
   ② 예를 들어 생산물시장에서 수요가 증가하여 가격이 상승하는 경우 요소수요가 증가
   ③ 요소수요곡선이 상방이동
   ④ 임금 상승, 요소고용량 증가
   ⑤ 단, 요소공급이 고정된 경우에는 요소수요가 증가하더라도 요소고용량은 불변
   ⑥ 한편, 요소가격의 상승은 생산물시장에서 공급을 감소시키는 연쇄반응

2) 요소공급이 변화하는 경우
   ① 요소공급에 영향을 주는 요인이 발생하여 요소공급이 변화
   ② 예를 들어 해외로부터 노동력이 유입되는 경우 요소공급이 증가
   ③ 요소공급곡선이 하방이동
   ④ 임금 하락, 요소고용량 증가
   ⑤ 한편, 요소가격의 하락은 생산물시장에서 생산비용을 감소시켜 공급을 증가시키는 연쇄반응

(A) 인구 감소로 인하여 노동시장에 참가하고자 하는 사람들이 감소하는 경우 노동공급이 감소한다.

(B) 규제가 없는 노동시장에 균형임금보다 높은 수준에서 최저임금제를 도입하는 경우 최저임금하에서 노동공급은 증가하고 노동수요는 감소하므로 노동의 초과공급이 발생한다.

경제적 지대(economic rent)에 관한 설명으로 옳은 것을 모두 고른 것은? ▶ 2019년 감정평가사

> ㄱ. 공급이 제한된 생산요소에 발생하는 추가적 보수를 말한다.
> ㄴ. 유명 연예인이나 운동선수의 높은 소득과 관련이 있다.
> ㄷ. 생산요소의 공급자가 받고자 하는 최소한의 금액을 말한다.
> ㄹ. 비용불변산업의 경제적 지대는 양(+)이다.

① ㄱ, ㄴ   ② ㄱ, ㄷ   ③ ㄱ, ㄹ
④ ㄴ, ㄷ   ⑤ ㄴ, ㄹ

출제이슈 경제적 지대와 전용수입
핵심해설 정답 ①

ㄱ. 옳은 내용이다.

생산요소의 공급이 가격에 대해 비탄력적이기 때문에 추가적으로 발생하는 요소소득으로서 비탄력적인 요소공급은 공급이 제한된 생산요소를 의미한다.

ㄴ. 옳은 내용이다.

전문자격증 보유자 및 유명 연예인이나 운동선수의 경우 공급이 가격에 대해 매우 비탄력적으로서 공급이 제한되어 있기 때문에 해당 요소의 보수가 높을 뿐만 아니라 나아가 해당 요소의 수입 중에서 경제적 지대가 차지하는 비중이 매우 크다고 할 수 있다.

ㄷ. 틀린 내용이다.

생산요소의 공급자가 받고자 하는 최소한의 금액은 전용수입(transfer earnings)으로서 생산요소가 전용되더라도, 즉 다른 곳에서 고용되더라도 받을 수 있는 수입, 즉 생산요소의 기회비용을 말한다. 다른 곳에서 전용수입만큼 벌 수 있으므로 이곳에서도 최소한 그만큼은 보장되어야 한다는 의미이다.

ㄹ. 틀린 내용이다.

경제적 지대와 전용수입을 기하적으로 표시하면 아래와 같다. 공급이 비탄력적인 경우에는 경제적 지대가 차지하는 비중이 커지고, 공급이 탄력적인 경우에는 경제적 지대가 차지하는 비중이 작아진다. 극단적으로 비용불변산업의 경우 공급곡선이 수평이기 때문에 경제적 지대는 0이 된다.

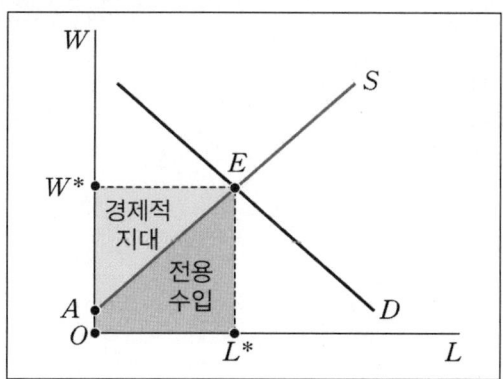

> **생산요소시장에서 경제적 지대(economic rent)에 관한 설명으로 옳지 않은 것은?**
>
> ▶ 2025년 감정평가사
>
> ① 생산요소의 기회비용을 초과해 추가로 지불되는 보수로 해석할 수 있다.
> ② 전용수입(transfer earnings)은 생산요소를 현재 수준으로 유지하기 위한 것과 관련된 기회비용이다.
> ③ 공급이 비탄력적일수록 경제적 지대는 커진다.
> ④ 희소성이 큰 생산요소일수록 경제적 지대가 크다.
> ⑤ 공급이 완전탄력적일 경우 전용수입이 발생하지 않는다.

출제이슈 경제적 지대와 전용수입
핵심해설 정답 ⑤

전용수입이란 생산요소가 전용되더라도, 즉 다른 곳에서 고용되더라도 받을 수 있는 수입으로서 생산요소의 기회비용을 말한다. 다른 곳에서 전용수입만큼 벌 수 있으므로 현재 고용시에도 최소한 그만큼은 보장되어야 고용상태가 유지될 수 있다.

경제적 지대는 생산요소의 공급이 가격에 대해 비탄력적이기 때문에 추가적으로 발생하는 요소소득이다. 따라서 공급이 비탄력적이거나 희소성이 큰 요소일 경우 경제적 지대가 전체수입에서 차지하는 비중이 커진다.

공급이 완전탄력적인 경우 경제적 지대는 0이므로, 요소수입은 모두 전용수입이 된다.
공급이 완전비탄력적인 경우 전용수입이 0이므로, 요소수입은 모두 경제적 지대가 된다.

노동의 시장수요함수와 시장공급함수가 다음과 같을 때 균형에서 경제적 지대(economic rent)와 전용수입(transfer earnings)은? (단, L은 노동량, w는 임금이다.) ▶ 2017년 감정평가사

(시장수요함수) $L_D = 24 - 2w$

(시장공급함수) $L_S = -4 + 2w$

① 0, 70   ② 25, 45   ③ 35, 35

④ 45, 25   ⑤ 70, 0

출제이슈 경제적 지대와 전용수입
핵심해설 정답 ②

먼저 전용수입(transfer earnings)이란 생산요소가 전용되더라도, 즉 다른 곳에서 고용되더라도 받을 수 있는 수입, 즉 생산요소의 기회비용을 말한다. 다른 곳에서 전용수입만큼 벌 수 있으므로 이곳에서도 최소한 그만큼은 보장되어야 현재 이곳의 고용상태에 머물도록 할 수 있다는 의미이다.

경제적 지대(economic rent)란 전용수입을 초과한 보수로서 생산요소의 기회비용을 초과하여 추가적으로 지불되는 보수를 말한다. 이는 생산요소의 공급이 가격에 대해 비탄력적이기 때문에 추가적으로 발생하는 요소소득이다. 특히 어떤 생산요소의 공급이 비탄력적일수록 그 요소의 수입 중에서 경제적 지대가 차지하는 비중이 크다.

경제적 지대와 전용수입을 기하적으로 표시하면 아래와 같다. 공급이 비탄력적인 경우에는 경제적 지대가 차지하는 비중이 커지고, 공급이 탄력적인 경우에는 경제적 지대가 차지하는 비중이 작아진다.

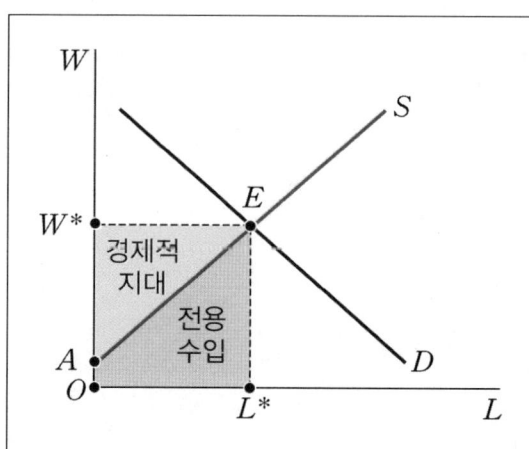

위의 내용에 따라서 설문을 검토하면 다음과 같다.

1) **시장균형 구하기**

   시장수요와 시장공급이 $L_D = 24 - 2w$, $L_S = -4 + 2w$이므로 수요와 공급이 일치할 때, 시장균형이 달성된다. $24 - 2w = -4 + 2w$일 때 균형이 달성되며, 그때 균형임금은 $w = 7$, 균형고용량은 $L = 10$이다.

2) **요소의 총수입 구하기**

   균형임금과 균형고용량을 곱한 값이므로 70이 된다.

3) **경제적 지대 구하기**

   위의 그래프에서 $\triangle AEW^*$의 면적에 해당하는 것이 경제적 지대이다. A의 좌표는 공급곡선의 종축절편이다. 공급곡선은 $L_S = -4 + 2w$인데 이를 변형하면, $w = 2 + 0.5L$이므로 $A = 2$가 된다. 그리고 $W^* = 7$이고 $L^* = 10$이 된다. 따라서 $\triangle AEW^*$의 면적은 $\triangle AEW^* = \dfrac{(7-2) \times 10}{2} = 25$가 되며 이것이 경제적 지대의 크기이다.

4) **전용수입 구하기**

   요소의 총수입이 70이고 경제적 지대가 25이므로 전용수입은 45가 된다.

 **02** 생산요소시장에서 기업의 이윤극대화

> X재 생산에 대한 현재의 노동투입 수준에서 노동의 한계생산 15, 평균생산은 17, X재의 시장가격은 20일 경우 노동의 한계생산물가치(VMP_L)는? (단, 상품시장과 생산요소시장은 모두 완전경쟁시장이다.)
>
> ▸ 2016년 감정평가사
>
> ① 200　　　　　② 255　　　　　③ 300
> ④ 340　　　　　⑤ 400

출제이슈 한계생산물가치의 개념
핵심해설 정답 ③

노동의 한계생산가치는 노동을 추가적으로 고용함에 따른 추가적인 수입의 증가분을 의미하며 이는 노동의 한계생산에 생산물가격을 곱하여 도출한다.

설문에서 노동의 한계생산 15, X재의 시장가격은 20이므로 노동의 한계생산물가치(VMP_L)는 시장가격과 노동의 한계생산을 곱한 300이 된다.

참고로 노동의 한계생산가치는 생산요소시장에서 기업의 이윤극대화에 있어서 한 축을 담당하므로 이를 분석하면 다음과 같다.

$$\begin{cases} \pi = P \cdot Q(L, \overline{K}) - (wL + r\overline{K}) \\ s.t.\ P = \overline{P},\ w = \overline{w},\ r = \overline{r} \\ Max\ \pi \end{cases}$$

$$\frac{d\pi}{dL} = \frac{dTR}{dL} - \frac{dTC}{dL} = \overline{P}MP_L - \overline{w} = 0 \quad \therefore \overline{w} = \overline{P}MP_L$$

즉, 노동의 한계생산가치가 노동임금과 같을 때 이윤극대화가 달성된다는 의미이다.
그리고 이로부터 노동수요함수 $w = P\,MP_L$이 도출된다.

기업 갑의 생산함수는 $Q=2L^{0.5}$ 이며 Q의 가격은 4, L의 가격은 0.25이다. 이윤을 극대화하는 갑의 (ㄱ)노동투입량과 (ㄴ)균형산출량은? (단, L은 노동, Q는 산출물이며, 산출물시장과 노동시장은 완전경쟁적이다.)

▶ 2021년 감정평가사

① ㄱ : 2, ㄴ : 2   ② ㄱ : 2, ㄴ : 4

③ ㄱ : 4, ㄴ : 4   ④ ㄱ : 4, ㄴ : 8

⑤ ㄱ : 8, ㄴ : 16

출제이슈 생산요소시장에서 기업의 이윤극대화 계산

핵심해설 정답 없음, $L=256$, $Q=32$가 정답임

먼저 생산요소시장에서 기업의 이윤극대화를 수리적으로 분석하면 다음과 같다.

$$\begin{cases} \pi = P \cdot Q(L, \overline{K}) - (wL + r\overline{K}) \\ s.t.\ P = \overline{P},\ w = \overline{w},\ r = \overline{r} \\ Max\ \pi \end{cases}$$

$$\frac{d\pi}{dL} = \frac{dTR}{dL} - \frac{dTC}{dL} = \overline{P}MP_L - \overline{w} = 0 \quad \therefore \overline{w} = \overline{P}MP_L$$

이제 설문을 검토하면 다음과 같다.

$$\begin{cases} \pi = P \cdot 2L^{0.5} - wL \\ s.t.\ P = 4,\ w = 0.25 \\ Max\ \pi \end{cases}$$

따라서 위의 식을 풀면 다음과 같다.

$$\frac{d\pi}{dL} = 4L^{-0.5} - 0.25 = 0$$

따라서 $L=256$, $Q=32$가 된다.

갑기업의 생산함수는 $f(K, L) = K^{\frac{1}{2}} L^{\frac{1}{4}}$ 이고 산출물의 가격은 4, K의 가격은 2, L의 가격은 1이다. 이윤을 극대화하는 갑기업의 K와 L은 각각 얼마인가? (단, K와 L은 각각 자본, 노동투입량을 나타내고 생산물시장과 생산요소시장은 완전경쟁시장이다.) ▶ 2015년 감정평가사

① $K=1$, $L=1$

② $K=1$, $L=2$

③ $K=2$, $L=2$

④ $K=2$, $L=4$

⑤ $K=4$, $L=2$

출제이슈 생산요소시장에서 기업의 이윤극대화 계산

핵심해설 정답 ①

먼저 생산요소시장에서 기업의 이윤극대화를 수리적으로 분석하면 다음과 같다.

$$
\begin{cases}
\pi = P \cdot Q(L, \overline{K}) - (wL + r\overline{K}) \\
s.t. \ P = \overline{P}, \ w = \overline{w}, \ r = \overline{r} \\
Max \ \pi
\end{cases}
$$

$$\frac{d\pi}{dL} = \frac{dTR}{dL} - \frac{dTC}{dL} = \overline{P}MP_L - \overline{w} = 0 \quad \therefore \overline{w} = \overline{P}MP_L$$

설문의 경우를 살펴보면 자본이 가변적이므로, 이제 위의 분석에 추가하여 자본을 변수로 고려하기만 하면 된다.

$$
\begin{cases}
\pi = PK^{\frac{1}{2}} L^{\frac{1}{4}} - (wL + rK) \\
s.t. \ P = 4, \ w = 1, \ r = 2 \\
Max \ \pi
\end{cases}
$$

따라서 위의 식을 풀면 다음과 같다.

$$\frac{d\pi}{dL} = K^{\frac{1}{2}} L^{-\frac{3}{4}} - 1 = 0, \ \frac{d\pi}{dK} = 2K^{-\frac{1}{2}} L^{\frac{1}{4}} - 2 = 0$$

따라서 $L=1$, $K=1$이 된다.

A국의 총생산함수는 $Y = 20\sqrt{L}$, 노동공급함수는 $w = \sqrt{L}$ 라고 할 때, 노동시장에서의 균형노동량(L^*)은? (단, Y는 총생산, w는 실질임금, L은 노동량이며, 상품시장과 노동시장은 완전경쟁시장이다.)

▶ 2013년 감정평가사

① $L^* = 5$
② $L^* = 10$
③ $L^* = 15$
④ $L^* = 20$
⑤ $L^* = 25$

출제이슈 생산요소시장 기업의 이윤극대화와 노동시장의 균형
핵심해설 정답 ②

1) 노동수요곡선 구하기

생산요소시장에서 기업의 이윤극대화를 통한 노동수요곡선을 수리적으로 분석하면 다음과 같다.

$$\begin{cases} \pi = P \cdot Q(L, \overline{K}) - (wL + r\overline{K}) \\ s.t.\ P = \overline{P},\ w = \overline{w},\ r = \overline{r} \\ Max\ \pi \end{cases}$$

$$\frac{d\pi}{dL} = \frac{dTR}{dL} - \frac{dTC}{dL} = \overline{P}MP_L - \overline{w} = 0 \quad \therefore \overline{w} = \overline{P}MP_L$$

따라서 실질임금으로 나타낸 노동수요는 $\dfrac{\overline{w}}{P} = MP_L$이 된다. 설문에서 생산함수가 $Y = 20\sqrt{L}$ 이므로 노동수요는 $\dfrac{\overline{w}}{P} = MP_L = \dfrac{10}{\sqrt{L}}$ 이 된다.

2) 노동시장의 균형

위에서 구한 노동수요는 $\dfrac{10}{\sqrt{L}}$ 이고 노동공급이 $\sqrt{L}$ 으로 주어졌으므로 노동수요와 노동공급이 일치할 때 노동시장의 균형이 달성된다. 이때, 균형고용량 $L = 10$이 된다.

Issue 03 불완전경쟁과 생산요소시장

노동시장이 수요독점일 때 이에 관한 설명으로 옳은 것을 모두 고른 것은? (단, 생산물시장은 완전경쟁시장이며, 노동수요곡선은 우하향, 노동공급곡선은 우상향한다.) ▶ 2022년 감정평가사

ㄱ. 노동의 한계생산가치(value of marginal product of labor)곡선이 노동수요곡선이다.
ㄴ. 한계요소비용(marginal factor cost)곡선은 노동공급곡선의 아래쪽에 위치한다.
ㄷ. 균형 고용량은 노동의 한계생산가치곡선과 한계요소비용곡선이 만나는 점에서 결정된다.
ㄹ. 노동시장이 완전경쟁인 경우보다 균형 임금률이 낮고 균형 고용량이 많다.

① ㄱ, ㄴ   ② ㄱ, ㄷ   ③ ㄱ, ㄹ
④ ㄴ, ㄷ   ⑤ ㄷ, ㄹ

출제이슈 수요독점과 이윤극대화
핵심해설 정답 ② (단, 엄밀하게는 ㄷ만 옳음에 유의하라.)

수요독점 요소시장에서는 노동수요의 한계비용과 한계수입이 일치하여야 이윤극대화를 달성할 수 있다.

이때, 노동수요의 한계비용은 한계요소비용(한계노동비용)이며 노동수요의 한계수입은 노동의 한계생산가치를 의미한다. 따라서 수요독점 요소시장에서 이윤극대화조건은 한계요소비용(한계노동비용)과 노동의 한계생산가치가 일치할 때 충족된다($[W(L) \cdot L]' = \overline{P} \cdot MP_L$).

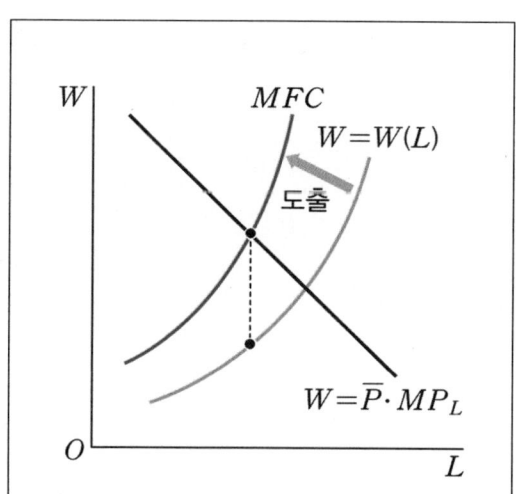

설문을 검토하면 다음과 같다.

ㄱ. 엄밀하게는 틀린 내용이다.

　기업의 노동수요에 따른 한계수입은 노동의 한계생산가치를 의미한다. 노동시장이 수요독점일 때 엄밀하게는 노동수요곡선은 존재하지 않는다. 이는 상품시장이 공급독점일 때 엄밀하게는 상품공급곡선이 존재하지 않는 것과 같은 이치이다. 다만, 설문에서 단서로서 생산물시장은 완전경쟁시장이며, 노동수요곡선은 우하향한다고 주어진 것을 선해하도록 한다. 그러나 노동시장의 수요독점을 엄밀하게 고려하면 노동수요곡선은 존재하지 않으므로 틀린 내용임에 유의하라.

ㄴ. 틀린 내용이다.

　기업의 노동수요에 따른 한계비용이 한계요소비용(한계노동비용)이다. 노동시장이 수요독점일 때 한계요소비용은 가계의 노동공급과 기업의 임금설정을 모두 고려하여 도출된다. 이는 상품시장이 공급독점일 때 한계비용이 가계의 상품수요와 기업의 가격설정을 모두 고려하여 도출되는 것과 같은 이치이다.

　한계요소비용은 요소를 추가적으로 고용함에 따른 비용의 증가분으로서 총요소비용을 요소고용량으로 미분하여 구할 수 있다. 따라서 한계요소비용은 $MFC = [W(L) \cdot L]'$이 되며 기하적으로는 노동공급곡선의 좌상방에 위치함을 위의 그래프에서 확인할 수 있다.

ㄷ은 옳은 내용이고, ㄹ은 틀린 내용이다.

　생산요소시장의 수요 측면에서 요소수요자의 이윤의 극대화를 달성하기 위해서는 요소수요에 따른 한계적 편익과 요소수요에 따른 한계적 비용이 일치해야 한다. 특히 요소수요 측면에 독점적 요소가 존재하는 경우 한계적 비용은 $[W(L) L]'$이며, 요소수요의 한계적 편익은 이와 무관하게 $P\,MP_L$이 된다. 이 둘을 일치시키는 수준에서 최적의 요소수요량이 결정되고 이에 기해서 요소공급자의 수취의사요소가격에 맞춰서 요소가격을 설정하게 된다. 따라서 균형 고용량은 노동의 한계생산가치곡선과 한계요소비용곡선이 만나는 점에서 결정된다. 이때 균형점은 아래에서 $E(L^*, W^*)$로서 요소시장이 완전경쟁인 경우와 비교하여 낮은 고용량, 낮은 임금의 특징을 갖게 된다.

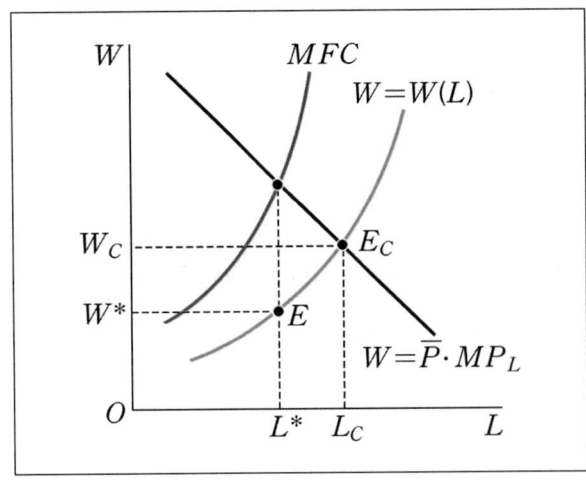

기업 A가 직면하는 노동공급곡선은 $w = 60 + 0.08L$이다. 현재 기업 A가 1,000의 노동량을 고용할 때, 노동의 한계요소비용은? (단, w는 임금률, L은 노동량이다.) ▶ 2024년 감정평가사

① 임금률보다 80 크다. ② 임금률보다 160 크다.

③ 임금률과 같다. ④ 임금률보다 80 작다.

⑤ 임금률보다 160 작다.

출제이슈 수요독점과 한계요소비용
핵심해설 정답 ①

요소시장의 수요 측면이 독점적인 경우 한계요소비용은 한계비용과 한계생산의 곱으로 이루어지며, $[W(L)\,L]'$과 같이 도출할 수 있다. 이때 $W = W(L)$은 노동공급함수이다.

노동공급곡선이 $w = w(L) = 60 + 0.08L$로 주어진 경우, 한계요소비용 MFC를 구하면 다음과 같다.

$$MFC = [w(L)\,L]' = [(60 + 0.08L)L]' = 60 + 0.16L$$

따라서 노동량 $L = 1,000$인 경우 한계요소비용은 $MFC = 60 + 0.16 \times 1,000 = 220$이 된다.

이때, 임금 $w = w(L) = 60 + 0.08L = 60 + 0.08 \times 1,000 = 140$이 된다.

따라서 한계요소비용 220은 임금 140보다 80만큼 더 높다.

수요독점 노동시장에 관한 설명으로 옳지 않은 것은? (단, 노동공급곡선은 우상향, 노동의 한계수입생산(marginal revenue product)곡선은 우하향, 이윤을 극대화하는 수요독점기업은 상품시장에서도 독점기업임)

▶ 2011년 감정평가사

① 이 노동시장의 균형고용량은 완전경쟁 노동시장의 균형고용량보다 적다.
② 이 노동시장의 균형임금과 완전경쟁 노동시장의 균형임금 사이에 최저임금을 경제적으로 설정할 경우 고용량이 증가할 수 있다.
③ 이 노동시장의 균형임금은 노동의 한계수입생산보다 낮은 수준에서 결정된다.
④ 이 노동시장의 균형임금은 완전경쟁 노동시장의 균형임금보다 낮다.
⑤ 이 노동시장의 균형임금과 완전경쟁 노동시장의 균형임금 사이에 최저임금을 강제적으로 설정할 경우 노동의 평균요소비용과 한계요소비용이 모두 감소한다.

출제이슈 수요독점과 이윤극대화
핵심해설 정답 ⑤

수요독점 요소시장에서 만일 생산물시장이 독점일 경우에는 노동수요의 한계수입은 노동의 한계수입생산이 된다. 따라서 수요독점 요소시장에서, 생산물시장이 독점이라면, 한계요소비용(한계노동비용)과 노동의 한계수입생산이 일치할 때 이윤극대화가 달성된다($[W(L) \cdot L]' = MR\ MP_L$).

① 옳은 내용이다.
  수요독점 노동시장에서 균형은 한계요소비용과 노동의 한계수입생산이 일치하는 데서 달성된다. 한계요소비용 곡선은 노동공급곡선보다 좌상방에 위치하기 때문에 수요독점 노동시장의 균형고용량은 완전경쟁 노동시장의 균형고용량보다 작다.

② 옳은 내용이다.
  이 노동시장의 균형임금과 완전경쟁 노동시장의 균형임금 사이에 최저임금을 경제적으로 설정할 경우 노동공급곡선이 변화하고 이에 따라 한계요소비용이 변화하여 고용량이 증가할 수 있다.

③ 옳은 내용이다.
  수요독점 노동시장에서 균형은 한계요소비용과 노동의 한계수입생산이 일치하는 데서 달성된다. 그런데 임금은 수요독점자로서의 지위를 활용하여 한계요소비용 혹은 한계수입생산이 아니라 노동공급곡선을 따라서 결정된다. 따라서 임금은 한계요소비용 혹은 한계수입생산보다 더 낮은 수준으로 설정된다.

④ 옳은 내용이다.
  수요독점 노동시장에서 균형임금은 완전경쟁 노동시장보다 낮은 고용량 수준에서 노동공급곡선을 따라서 설정되므로 당연히 완전경쟁 노동시장의 균형임금보다 낮다.

⑤ 틀린 내용이다.
  이 노동시장의 균형임금과 완전경쟁 노동시장의 균형임금 사이에 최저임금을 강제적으로 설정할 경우 노동의 평균요소비용은 상승하고 한계요소비용은 하락한다.

생산요소시장에 관한 설명으로 옳은 것을 모두 고른 것은?
▶ 2023년 감정평가사

ㄱ. 수요독점의 노동시장에서 수요독점자가 지불하는 임금률은 노동의 한계수입 생산보다 낮다.

ㄴ. 노동시장의 수요독점은 생산요소의 고용량과 가격을 완전경쟁시장에 비해 모두 더 낮은 수준으로 하락시킨다.

ㄷ. 생산요소의 공급곡선이 수직선일 경우 경제적 지대(economic rent)는 발생하지 않는다.

ㄹ. 전용수입(transfer earnings)은 고용된 노동을 현재 수준으로 유지하기 위해 생산요소의 공급자가 받아야 하겠다는 최소한의 금액이다.

① ㄷ, ㄹ 　② ㄱ, ㄴ, ㄷ 　③ ㄱ, ㄴ, ㄹ
④ ㄴ, ㄷ, ㄹ 　⑤ ㄱ, ㄴ, ㄷ, ㄹ

출제이슈 요소수요독점시장, 경제적 지대와 전용수입
핵심해설 정답 ③

ㄱ, ㄴ. 모두 옳은 내용이다.

수요독점 요소시장에서는 노동수요의 한계비용과 한계수입이 일치하여야 이윤극대화를 달성할 수 있다.

이때, 노동수요의 한계비용은 한계요소비용(한계노동비용)이며 노동수요의 한계수입은 노동의 한계생산가치를 의미한다. 따라서 수요독점 요소시장에서 이윤극대화조건은 한계요소비용(한계노동비용)과 노동의 한계생산가치가 일치할 때 충족된다($[W(L) \cdot L]' = \overline{P} \cdot MP_L$).

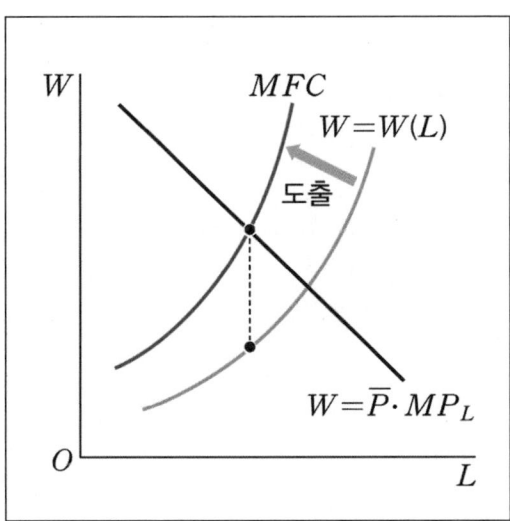

균형은 한계요소비용과 노동의 한계생산가치가 일치하는데서 달성된다. 그런데 임금은 수요독점자로서의 지위를 활용하여 한계요소비용이 아니라 그보다 더 낮은 수준으로 설정된다. 따라서 균형에서 임금은 한계요소비용 (marginal factor cost)보다 낮다.

완전경쟁적인 노동시장이라면, 노동의 한계생산가치곡선과 노동공급곡선이 교차하는 지점에서 균형이 형성된다. 그러나 수요독점적 노동시장에서는 노동의 한계생산가치곡선과 한계요소비용(한계노동비용)곡선이 교차하는 지점에서 균형이 형성된다. 따라서 경쟁적 노동시장에 비해 노동의 고용량이 더 적다.

그런데 임금은 수요독점자로서의 지위를 활용하여 한계요소비용이 아니라 그보다 더 낮은 수준으로 설정된다. 따라서 균형에서 완전경쟁인 노동시장에 비해 노동의 가격이 더 낮아진다.

ㄷ. 틀린 내용이다.
경제적 지대란 전용수입을 초과한 보수로서 생산요소의 기회비용을 초과하여 추가적으로 지불되는 보수를 의미한다. 경제적 지대란 생산요소의 공급이 가격에 대해 비탄력적이기 때문에 추가적으로 발생하는 요소소득의 성격을 가지게 되고 어떤 생산요소의 공급이 비탄력적일수록 그 요소의 수입 중에서 경제적 지대가 차지하는 비중이 커지게 되는 특징이 있다. 극단적으로 요소공급이 완전비탄력적인 경우 요소수입의 전부가 경제적 지대이다.

ㄹ. 옳은 내용이다.
전용수입(transfer earnings)은 생산요소가 전용되더라도 즉, 다른 곳에서 고용되더라도 받을 수 있는 수입, 즉 기회비용을 말한다. 다른 곳에서 전용수입만큼 벌 수 있으므로 이곳에서도 최소한 그만큼은 보장되어야 현재 이곳의 고용상태에 머물도록 할 수 있음을 나타낸다.

A대학교 근처에는 편의점이 하나밖에 없으며 편의점 사장에게 아르바이트 학생의 한계생산가치는 $VMP_L = 60 - 3L$이다. 아르바이트 학생의 노동공급이 $L = w - 40$이라고 하면 균형고용량과 균형임금은 각각 얼마인가? (단, L은 노동량, w는 임금이다.) ▶2019년 감정평가사

① 2, 42　　　　　② 4, 44　　　　　③ 4, 48

④ 6, 42　　　　　⑤ 6, 46

출제이슈 수요독점과 이윤극대화 계산
핵심해설 정답 ②

수요독점 요소시장에서는 노동수요의 한계비용과 한계수입이 일치하여야 이윤극대화를 달성할 수 있다.

이때, 노동수요의 한계비용은 한계요소비용(한계노동비용)이며 노동수요의 한계수입은 노동의 한계생산가치를 의미한다. 따라서 수요독점 요소시장에서 이윤극대화조건은 한계요소비용(한계노동비용)과 노동의 한계생산가치가 일치할 때 충족된다($[W(L) \cdot L]' = \overline{P} \cdot MP_L$).

설문에서 A대학교 근처에 편의점은 한 개밖에 없고 아르바이트 학생들은 다른 곳에서는 일자리를 구할 수 없는 상황이므로 전형적인 요소시장의 수요독점에 해당한다.

주어진 자료를 수요독점의 균형조건식 $[W(L) \cdot L]' = \overline{P}\text{ or }MR \cdot MP_L$에 산식을 대입하면 다음과 같다.

1) 한계요소비용

한계요소비용은 요소를 추가적으로 고용함에 따른 비용의 증가분으로서 총요소비용을 요소고용량으로 미분하여 구할 수 있다.

따라서 한계요소비용은 $[W(L) \cdot L]' = [(L+40) \cdot L]' = \dfrac{d(L^2 + 40L)}{dL} = 2L + 40$이 된다.

2) 한계수입생산 혹은 한계생산가치

한계수입생산은 요소를 추가적으로 고용함에 따른 수입의 증가분으로서 총수입을 요소고용량으로 미분하여 구할 수 있다. 그런데 여기서는 경쟁적인 생산물시장이므로 한계수입생산은 한계생산물가치로 대체된다. 한계생산가치는 $VMP_L = 60 - 3L$로 주어져 있다.

3) 이윤극대화

한계요소비용과 한계생산가치가 일치할 때, $[(L+40)L]' = 2L + 40 = 60 - 3L$에서 이윤극대화가 달성된다. 따라서 이윤극대화 노동고용량은 $L = 4$가 된다. 한편 수요독점자는 독점력을 이용하여 임금을 설정할 수 있으므로 이윤극대화 노동고용량을 노동공급함수 $W = W(L) = L + 40$에 내입하여 임금을 구하면 $W = 44$가 된다.

물류회사 갑은 A지역 내에서 근로자에 대한 수요독점자이다. 다음과 같은 식이 주어졌을 때 이윤극대화를 추구하는 갑이 책정하는 임금은? (단, 노동공급은 완전경쟁적이며 w는 임금, L 은 노동량이다.) ▶ 2015년 감정평가사

> A지역의 노동공급곡선 : $w = 800 + 10L$
>
> 노동의 한계수입생산 : $MRP_L = 2,000 - 10L$

① 800   ② 1,000   ③ 1,200

④ 1,400   ⑤ 1,600

출제이슈 수요독점과 이윤극대화 계산
핵심해설 정답 ③

수요독점 요소시장에서는 노동수요의 한계비용과 한계수입이 일치하여야 이윤극대화를 달성할 수 있다.

이때, 노동수요의 한계비용은 한계요소비용(한계노동비용)이며 노동수요의 한계수입은 노동의 한계생산가치를 의미한다. 따라서 수요독점 요소시장에서 이윤극대화조건은 한계요소비용(한계노동비용)과 노동의 한계생산가치가 일치할 때 충족된다($[W(L) \cdot L]' = \overline{P} \cdot MP_L$).

설문에서 물류회사 갑은 A지역 내에서 근로자에 대한 수요독점자로서 전형적인 요소시장의 수요독점에 해당한다. 설문의 자료를 이용하여 요소시장의 수요독점 이윤극대화를 풀면 다음과 같다.

주어진 자료를 수요독점의 균형조건식 $[W(L) \cdot L]' = \overline{P}$ or $MR \cdot MP_L$ 산식에 대입하면 다음과 같다.

1) 한계요소비용

한계요소비용은 요소를 추가적으로 고용함에 따른 비용의 증가분으로서 총요소비용을 요소고용량으로 미분하여 구할 수 있다.

따라서 한계요소비용은 $[W(L) \cdot L]' = [(800 + 10L) \cdot L]' = \dfrac{d(800L + 10L^2)}{dL} = 800 + 20L$ 이 된다.

2) 한계수입생산

한계수입생산은 요소를 추가적으로 고용함에 따른 수입의 증가분으로서 총수입을 요소고용량으로 미분하여 구할 수 있는데, 설문에서 한계수입생산은 $\overline{P}$ or $MR \cdot MP_L = 2,000 - 10L$ 로 주어져 있다.

3) 이윤극대화

한계요소비용과 한계수입생산이 일치할 때, $[(800 + 10L)L]' = 800 + 20L = 2,000 - 10L$ 에서 이윤극대화가 달성된다. 따라서 이윤극대화 노동고용량은 $L = 40$이 된다. 한편 수요독점자는 독점력을 이용하여 임금을 설정할 수 있으므로 이윤극대화 노동고용량을 노동공급함수 $w = 800 + 10L$ 에 대입하여 임금을 구하면 $W = 1,200$ 이 된다.

 기능별 소득분배

 계층별 소득분배

소득분배가 완전히 균등한 경우를 모두 고른 것은?　　　　　　　▶ 2016년 감정평가사

ㄱ. 로렌츠곡선이 대각선이다.
ㄴ. 지니계수가 0이다.
ㄷ. 십분위분배율이 2이다.

① ㄱ　　　　　　　　　② ㄴ　　　　　　　　　③ ㄱ, ㄷ
④ ㄴ, ㄷ　　　　　　　⑤ ㄱ, ㄴ, ㄷ

출제이슈　불평등도 지수의 특징
핵심해설　정답 ⑤

ㄱ. 옳은 내용이다.
　로렌츠곡선은 소득 하위계층부터 시작하여 인구의 누적점유율과 그에 대응하는 소득의 누적점유율(소득하위 인구의 x%가 전체소득의 y%를 점유)을 연결한 곡선이다. 로렌츠곡선이 대각선에 가까울수록 소득분배가 균등하며, 완전히 균등한 소득분배의 경우에 대각선과 일치한다. 한편, 로렌츠곡선은 증가함수이며, 로렌츠곡선의 기울기도 증가함수이다.

ㄴ. 옳은 내용이다.
　지니계수는 로렌츠곡선이 완전균등분배선인 대각선에서 얼마나 이탈해 있는지를 측정해 주는 지표로서 다음

　과 같이 계산된다.　지니계수 $G = \dfrac{\text{로렌츠곡선의 } \alpha \text{ 면적}}{\text{로렌츠곡선의 } \alpha + \beta \text{ 면적}}$

　이때, 로렌츠곡선이 완전균등분배선인 대각선에 집근할수록 지니계수는 작아지며 소득분배는 균등해진다. 완전균등한 소득분배인 경우 로렌츠곡선이 완전균등분배선인 대각선과 일치하므로 지니계수는 0이 된다. 완전불균등한 소득분배인 경우에는 지니계수가 1이 된다.

ㄷ. 옳은 내용이다.
　십분위분배율은 하위 40%가 점유하는 소득을 상위 20%가 점유하는 소득으로 나눈 값이다. 따라서 십분위분배율이 클수록 소득분배는 균등해진다고 할 수 있다. 완전균등한 소득분배인 경우 하위 40%가 점유하는 소득은 정확히 상위 20%가 점유하는 소득의 2배가 되므로 십분위분배율은 2가 된다. 완전불균등한 소득분배인 경우 십분위분배율은 0이 된다.

소득분배에 관한 설명으로 옳은 것을 모두 고른 것은?　▶ 2023년 감정평가사

ㄱ. 국민소득이 임금, 이자, 이윤, 지대 등으로 나누어지는 몫이 얼마인지 보는 것이 계층별 소득분배이다.
ㄴ. 로렌츠곡선이 대각선에 가까울수록 보다 불평등한 분배 상태를 나타낸다.
ㄷ. 두 로렌츠곡선이 교차하면 소득분배 상태를 비교하기가 불가능하다.
ㄹ. 지니계수 값이 1에 가까울수록 보다 불평등한 분배 상태를 나타낸다.

① ㄱ, ㄴ　　　　　　② ㄱ, ㄷ　　　　　　③ ㄴ, ㄷ
④ ㄴ, ㄹ　　　　　　⑤ ㄷ, ㄹ

출제이슈 불평등도 지수의 특징
핵심해설 정답 ⑤

ㄱ. 틀린 내용이다.
　생산요소에 대한 보수를 소득으로 보고 노동, 자본 등 요소 간 보수의 분배를 기능별 소득분배라고 한다. 생산요소 중 노동은 임금소득, 자본은 이자소득, 토지는 지대소득을 획득하게 되는데 각 요소에 대한 보수는 생산요소시장에서의 요소가격에 의하여 결정된다. 따라서 기능별 소득분배이론은 생산요소시장에서의 요소가격결정에 기하여 소득분배를 분석하게 된다. 한편 계층별 소득분배는 집단구성원의 소득을 크기에 따라서 순서대로 나열하여 상위계층부터 하위계층으로 구분하는 경우 상위계층과 하위계층의 계층 간 집단 간 소득의 분배를 분석한다.

ㄴ. 틀린 내용이다.
　로렌츠곡선은 소득 하위계층부터 시작하여 인구의 누적점유율과 그에 대응하는 소득의 누적점유율(소득하위인구의 $x\%$가 전체소득의 $y\%$를 점유)을 연결한 곡선이다. 로렌츠곡선이 대각선에 가까울수록 소득분배가 균등하며, 완전히 균등한 소득분배의 경우에 대각선과 일치한다. 한편, 로렌츠곡선은 증가함수이며, 로렌츠곡선의 기울기도 증가함수이다.

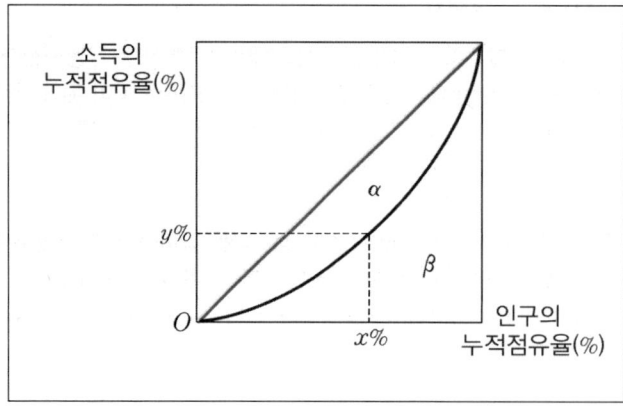

ㄷ. 옳은 내용이다.

서로 다른 두 집단 혹은 국가 간 로렌츠곡선은 교차할 수 있으며 이 경우에는 로렌츠곡선만을 가지고는 소득분배 상태에 대하여 일률적인 판단을 내릴 수 없다. 이 경우에는 보통 지니계수를 추가적으로 활용한다.

ㄹ. 옳은 내용이다.

지니계수는 로렌츠곡선이 완전균등분배선인 대각선에서 얼마나 이탈해있는지를 측정해 주는 지표로서 다음과 같이 계산된다. 지니계수 $G = \dfrac{\text{로렌츠곡선의 } \alpha \text{ 면적}}{\text{로렌츠곡선의 } \alpha + \beta \text{ 면적}}$

이때, 로렌츠곡선이 완전균등분배선인 대각선에 접근할수록 지니계수는 작아지며 소득분배는 균등해진다. 완전균등한 소득분배인 경우 로렌츠곡선이 완전균등분배선인 대각선과 일치하므로 지니계수는 0이 된다. 완전불균등한 소득분배인 경우에는 지니계수가 1이 된다.

> A국, B국, C국의 소득분위별 소득점유비중이 다음과 같다. 소득분배에 관한 설명으로 옳은 것은? (단, 1분위는 최하위 20%, 5분위는 최상위 20%의 가구를 의미한다.)
>
> ▶ 2015년 감정평가사
>
> | | A국 | B국 | C국 |
> |---|---|---|---|
> | 1분위 | 0 | 20 | 6 |
> | 2분위 | 0 | 20 | 10 |
> | 3분위 | 0 | 20 | 16 |
> | 4분위 | 0 | 20 | 20 |
> | 5분위 | 100 | 20 | 48 |
>
> ① A국은 B국보다 소득분배가 상대적으로 평등하다.
> ② B국은 C국보다 소득분배가 상대적으로 불평등하다.
> ③ C국의 십분위분배율은 $\frac{1}{8}$이다.
> ④ A국의 지니계수는 0이다.
> ⑤ B국의 지니계수는 A국의 지니계수보다 작다.

출제이슈 십분위분배율과 지니계수 계산
핵심해설 정답 ⑤

① 틀린 내용이다.

A국은 최상위 20%가 모든 소득을 가지고 있으므로 매우 불평등하며, B국은 각 분위별로 소득분배몫이 동일하므로 상대적으로 A국보다 소득분배가 평등하다고 할 수 있다.

② 틀린 내용이다.

C국은 1분위까지 하위 20%가 6%, 2분위까지 하위 40%가 16%, 3분위까지 하위 60%가 32%, 4분위까지 하위 80%가 52%의 소득을 점유하고 있다. 한편 B국은 1분위까지 하위 20%가 20%, 2분위까지 하위 40%가 40%, 3분위까지 하위 60%가 60%, 4분위까지 하위 80%가 80%의 소득을 점유하고 있다. 따라서 B국은 C국보다 소득분배가 상대적으로 평등하다고 할 수 있다.

③ 틀린 내용이다.

십분위분배율은 하위 40%가 차지하는 소득 혹은 그 비중이 상위 20%가 차지하는 소득 혹은 그 비중에서 차지하는 비율을 의미한다. 따라서 C국은 하위 40%가 전체소득의 16%를 차지하고 있으며, 상위 20%가 전체소득의 48%를 차지하고 있다. 따라서 C국의 십분위분배율은 $\frac{16}{48} = \frac{1}{3}$이 된다.

④ 틀린 내용이다.

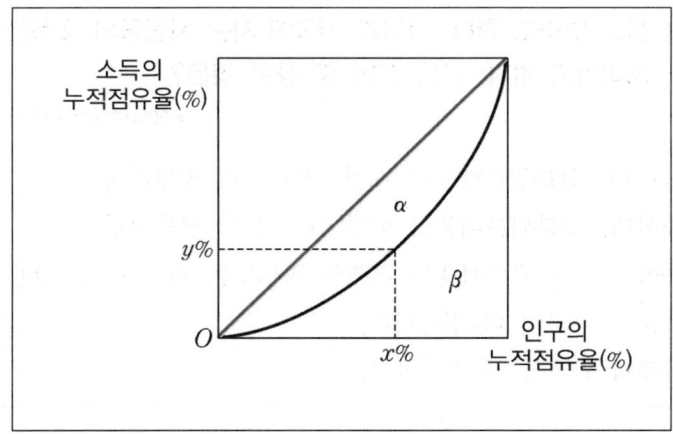

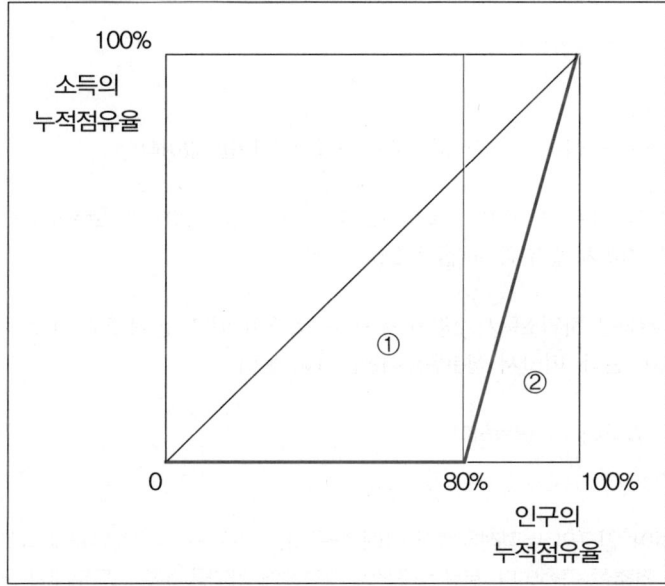

$$G = \frac{\text{로렌츠곡선의 } \alpha \text{ 면적}}{\text{로렌츠곡선의 } \alpha + \beta \text{ 면적}} = \frac{①}{①+②} = \frac{80 \times 100 \times 0.5}{100 \times 100 \times 0.5} = 0.8$$

참고로, 보다 엄밀하게는 분위 내에서는 균등한 소득분배가 전제되어야만 이 문제의 계산이 가능함에 유의하자.

⑤ 옳은 내용이다.

　A국은 최상위 20%가 모든 소득을 가지고 있으므로 매우 불평등하며, B국은 각 분위별로 소득분배몫이 동일하므로 상대석으로 A국보다 소득분배가 평등하다고 할 수 있다. 지니계수 G가 작을수록 소득분배가 균등하기 때문에 B국의 지니계수는 A국의 지니계수보다 작다.

> A, B 두 나라에 각각 다섯 사람씩 살고 있다고 한다. A국과 B국에 사는 사람들의 소득은 각각 (1, 1, 2, 2, 4), (1, 2, 2, 2, 3)이라고 한다. 다음 설명 중 옳은 것은?
>
> ▶ 2014년 감정평가사
>
> ① 지니계수상으로 A국이 더 평등하며, 십분위분배율로 보면 B국이 더 평등하다.
> ② 지니계수상으로 B국이 더 평등하며, 십분위분배율로 보면 A국이 더 평등하다.
> ③ 지니계수상으로 B국이 더 평등하며, 십분위분배율은 현재의 정보로는 계산할 수 없다.
> ④ 지니계수상으로나 십분위분배율로나 A국이 더 평등하다.
> ⑤ 지니계수상으로나 십분위분배율로나 B국이 더 평등하다.

출제이슈 십분위분배율과 지니계수
핵심해설 정답 ⑤

1) 십분위분배율

십분위분배율은 하위 40%가 점유하는 소득을 상위 20%가 점유하는 소득으로 나눈 값이다.

A국의 경우 하위 40%의 소득의 누적은 하위소득자 2명의 소득이므로 2가 되고, 상위 20%의 소득의 누적은 상위소득자 1명의 소득이므로 4가 된다. 따라서 십분위분배율은 0.5가 된다.

한편 B국의 경우 하위 40%의 소득의 누적은 하위소득자 2명의 소득이므로 3이 되고, 상위 20%의 소득의 누적은 상위소득자 1명의 소득이므로 3이 된다. 따라서 십분위분배율은 1이 된다.

따라서 십분위분배율로 볼 때, A국보다 B국이 더 평등하다.

2) 지니계수

로렌츠곡선은 소득 하위계층부터 시작하여 인구의 누적점유율과 그에 대응하는 소득의 누적점유율(소득하위 인구의 x%가 전체소득의 y%를 점유)을 연결한 곡선이다. 로렌츠곡선이 대각선에 가까울수록 소득분배가 균등하며, 완전히 균등한 소득분배의 경우에 대각선과 일치한다. 한편, 로렌츠곡선은 증가함수이며, 로렌츠곡선의 기울기도 증가함수이다.

지니계수는 로렌츠곡선이 완전균등분배선인 대각선에서 얼마나 이탈해있는지를 측정해 주는 지표로서 다음과 같이 계산된다. 지니계수 $G = \dfrac{\text{로렌츠곡선의 } \alpha \text{ 면적}}{\text{로렌츠곡선의 } \alpha + \beta \text{ 면적}}$

이때, 로렌츠곡선이 완전균등분배선인 대각선에 접근할수록 지니계수는 작아지며 소득분배는 균등해진다.

설문에서 A국과 B국에 사는 사람들의 소득은 각각 (1, 1, 2, 2, 4), (1, 2, 2, 2, 3)이라고 주어졌으므로 이를 토대로 로렌츠곡선을 그려보면 B국의 로렌츠곡선이 A국보다 대각선에 접근해있음을 알 수 있다. 로렌츠곡선이 완전균등분배선인 대각선에 접근할수록 지니계수는 작아지며 소득분배는 균등해지므로 지니계수로 볼 때, A국보다 B국이 더 평등하다.

시장균형과 효율 및 후생

01 소비의 파레토효율

두 재화 X재와 Y재를 갑은 각각 50단위씩, 을은 각각 30단위씩 갖고 있다. 이 상태에서 X재에 대한 Y재의 한계대체율이 갑은 3이고 을은 2이다. 갑과 을 사이에 자유로운 거래가 이루어진다면 X재에 대한 Y재의 교환비율은? (단, 갑과 을은 효용을 극대화한다.)

▶ 2012년 감정평가사

① 0이다.
② 1 이상 2 미만이다.
③ 2 이상 3 이하이다.
④ 3보다 크고 4 이하이다.
⑤ 4보다 작다.

출제이슈 일반균형과 시장가격
핵심해설 정답 ③

최초배분상태에서 두 경제주체의 한계대체율을 고려하여 평가하면, 경제주체들 간 재화에 대해 평가가 서로 상이 ($MRS_{X,\,Y}^{갑} \neq MRS_{X,\,Y}^{을}$)하기 때문에 자유로운 거래를 통해서 배분상태를 적절히 변경하면 효용을 증진시키고 일반균형에 도달가능하다. 갑의 한계대체율은 3이고 을의 한계대체율은 2이기 때문에 갑이 X재에 대한 평가가 더 크고 상대적으로 을은 더 작다는 것을 알 수 있다. 따라서 2보다 더 크고 3보다 작은 비율로 X재와 Y재가 교환된다면, 갑과 을 두 사람 효용이 증진되므로 동의가능한 교환비율이 존재할 수 있다.

> 동일한 콥 – 더글러스(Cobb – Douglas)효용함수를 갖는 갑과 을이 X재와 Y재를 소비한다. 다음 조건에 부합하는 설명으로 옳지 않은 것은? ▶ 2017년 감정평가사
>
> - 초기에 갑은 X재 10단위와 Y재 10단위를 가지고 있으며, 을은 X재 10단위와 Y재 20단위를 가지고 있다.
> - 두 사람이 파레토(Pareto)효율성이 달성되는 자원배분상태에 도달하는 교환을 한다.
>
> ① 교환 후 갑은 X재보다 Y재를 더 많이 소비하게 된다.
> ② 교환 후 갑은 X재와 Y재를 3 : 5의 비율로 소비하게 된다.
> ③ 교환 후 을은 X재를 10단위 이상 소비하게 된다.
> ④ 교환 후 두 소비자가 각각 Y재를 15단위씩 소비하는 경우는 발생하지 않는다.
> ⑤ 계약곡선(contract curve)은 직선의 형태를 갖는다.

출제이슈 교환 – 소비의 파레토효율
핵심해설 정답 ②

소비 또는 교환의 파레토효율이란 더 이상 소비의 파레토 개선이 불가능한 상태로서 다른 이에게 손해를 주지 않으면서 최소한 한 사람 이상이 효용을 증가시키는 것이 불가능한 상태이다. 이를 달성하기 위한 조건은 다음과 같다.

1) 파레토 개선이 불가능 $MRS_{X,Y}^A = MRS_{X,Y}^B$
2) 초과수요 = 0 ① X재 : $\overline{X_A} + \overline{X_B} = \overline{X}$ ② Y재 : $\overline{Y_A} + \overline{Y_B} = \overline{Y}$

동일한 콥 – 더글러스(Cobb – Douglas)효용함수라는 주어진 정보를 활용하여 소비 또는 교환의 파레토효율을 만족하는 조합인 계약곡선을 구해보자. 설문에서 제시된 갑, 을을 편의상 A, B라고 해도 좋다.

효용함수를 $U_A = AX_A^\alpha Y_A^\beta$, $U_B = AX_B^\alpha Y_B^\beta$ 라고 하자.

그러면 $MRS_{X,Y}^A = \dfrac{MU_X^A}{MU_Y^A} = \dfrac{\alpha}{\beta}\dfrac{Y_A}{X_A}$, $MRS_{X,Y}^B = \dfrac{MU_X^B}{MU_Y^B} = \dfrac{\alpha}{\beta}\dfrac{Y_B}{X_B}$가 된다.

따라서 $MRS_{X,Y}^A = MRS_{X,Y}^B$ 조건에 의하여 $\dfrac{\alpha}{\beta}\dfrac{Y_A}{X_A} = \dfrac{\alpha}{\beta}\dfrac{Y_B}{X_B}$이므로 $\dfrac{Y_A}{X_A} = \dfrac{Y_B}{X_B}$가 된다.

이때, 부존제약조건인 $\overline{X_A} + \overline{X_B} = \overline{X} = 20$, $\overline{Y_A} + \overline{Y_B} = \overline{Y} = 30$을 위의 식에 대입하자.

$\dfrac{Y_A}{X_A} = \dfrac{Y_B}{X_B} = \dfrac{\overline{Y} - Y_A}{\overline{X} - X_A} = \dfrac{30 - Y_A}{20 - X_A}$가 되며, 이를 정리하면, $Y^A = \dfrac{3}{2}X^A$의 계약곡선이 도출된다.

물론 B를 중심으로 한 계약곡선은 $Y^B = \dfrac{3}{2}X^B$가 되며, 위와 의미상 동일하다.

⇒ <u>계약곡선은 직선형태가 되므로 지문 ⑤는 옳은 내용이 된다.</u>

갑, 을(A, B)의 경우 모두 X재와 Y재의 소비비율이 2 : 3이 되어야 파레토효율적인 소비 또는 교환이 될 것이다.

⇒ 교환 후에 갑, 을(A, B)의 경우 모두 X재와 Y재의 소비비율이 2 : 3이므로 지문 ②는 틀린 내용이 된다.

1) 갑(A)의 경우

① 현재 갑(A)은 X재와 Y재를 각각 10단위, 10단위 가지고 있으므로 파레토효율적인 소비 즉, X재와 Y재의 소비비율 2 : 3의 달성을 위해서는 X재를 줄이고 그것을 Y재로 교환하여 Y재 소비를 늘릴 필요가 있다.

② 갑(A)은 교환 후에 X재를 줄이게 되므로 10단위보다 줄게 되고, Y재를 늘리게 되므로 10단위보다 늘게 된다.

⇒ 따라서 지문 ①은 옳은 내용이다. 교환 후 갑은 X재보다 Y재를 더 많이 소비하게 된다.

2) 을(B)의 경우

① 현재 을(B)은 X재와 Y재를 각각 10단위, 20단위 가지고 있으므로 파레토효율적인 소비 즉, X재와 Y재의 소비비율 2 : 3의 달성을 위해서는 Y재를 줄이고 그것을 X재로 교환하여 X재 소비를 늘릴 필요가 있다.

② 을(B)은 따라서 교환 후에 Y재를 줄이게 되므로 20단위보다 줄게 되고, X재를 늘리게 되므로 10단위보다 늘게 된다.

⇒ 따라서 지문 ③은 옳은 내용이다. 교환 후 을은 X재를 10단위 이상 소비하게 된다.

그리고 위에서 갑(A)은 Y재를 늘리게 되므로 10단위보다 늘게 된다. 한편, 을(B)은 Y재를 줄이게 되므로 20단위보다 줄게 된다. 만일 갑과 을의 교환 후에 Y재 소비가 설문에서처럼 15단위라고 한다면, 갑의 X재 소비는 반드시 10단위가 되어야 하고, 을의 X재 소비도 반드시 10단위가 되어야 하는데, 이는 위에서 검토한 내용, 즉 갑(A)은 교환 후에 X재를 줄이게 되므로 10단위보다 줄게 되고, 을(B)은 X재를 늘리게 되므로 10단위보다 늘게 되는 것과 모순이 된다. 따라서 교환 후 두 소비자가 각각 Y재를 15단위씩 소비하는 경우는 발생하지 않게 된다. 참고로 여기서는 좀 더 엄밀하게 분석하였으나 이를 기하적으로 보면 더욱 쉽게 알아낼 수 있으므로 수험생들이 각자 기하적 분석을 해보기 바랍니다.

⇒ 지문 ④는 옳은 내용이다. 교환 후 두 소비자가 각각 Y재를 15단위씩 소비하는 경우는 발생하지 않는다.

두 재화 X와 Y만을 소비하는 두 명의 소비자 갑과 을이 존재하는 순수교환경제에서 갑의 효용함수는 $U_갑(X_갑, Y_갑) = \min\{X_갑, Y_갑\}$, 을의 효용함수는 $U_을(X_을, Y_을) = X_을 \times Y_을$ 이다. 갑과 을의 초기 부존자원(X, Y)이 각각 (30, 60), (60, 30)이고 X재의 가격이 1이다. 일반균형(general equilibrium)에서 Y재의 가격은?   ▶ 2022년 감정평가사

① 1/3　　　　　　② 1/2　　　　　　③ 1
④ 2　　　　　　　⑤ 3

출제이슈　일반균형
핵심해설　정답 ③

1) 일반균형과 파레토효율

일반균형이 달성되는 균형배분점은 계약곡선 위에 존재하므로 설문에서 주어진 두 소비자의 효용함수를 무차별곡선으로 그려서 계약곡선의 개형을 그려보면 균형점의 위치를 쉽게 파악할 수 있다.

2) 계약곡선의 개형

소비자 을의 효용함수는 콥-더글라스 함수로서 원점에 대하여 볼록한 형태의 무차별곡선을 갖는다. 소비자 갑의 효용함수는 완전보완관계의 함수로서 L자형의 무차별곡선을 갖는다. 파레토효율이 달성되는 계약곡선의 개형을 그려보면 계약곡선이 L자형의 무차별곡선의 꺾인 점들을 지나는 것을 알 수 있다. 설문에서 L자형의 무차별곡선의 꺾인 점들은 바로 $Y = X$의 직선이 되는 것도 쉽게 찾아낼 수 있다. 따라서 일반균형은 $Y = X$ 의 직선 위에 위치하게 된다.

3) 최적화 조건

일반균형에서 초과수요 조건은 파레토효율에서도 당연히 달성되므로 고려할 필요가 없고, 여기서는 일반균형에서 최적화 조건을 보도록 하자. 이는 소비자가 주어진 가격에서 효용극대화를 달성할 조건으로서 한계대체율과 상대가격이 일치하면 된다. 주의할 것은 한계대체율과 상대가격이 일치하는 일반균형점은 계약곡선 위에 존재한다는 것이다.

① 한계대체율(이하에서는 갑, 을 대신 A, B라고 하자)

소비자 B의 한계대체율은 콥-더글라스 효용함수임을 고려하면, $MRS^B_{X, Y} = \dfrac{Y}{X}$ 가 된다. 일반균형을 달성시키는 배분점은 반드시 계약곡선 위에 존재하므로 $Y = X$를 만족한다. 그리고 계약곡선 위에서 한계대체율 $MRS^B_{X, Y} = \dfrac{Y}{X}$ 를 동시에 고려하면 $MRS^B_{X, Y} = \dfrac{Y}{X} = 1$임을 알 수 있다. 참고로 소비자 A의 경우 계약곡선 위에서 한계대체율이 정의되지 않으므로 고려하지 않아도 된다.

② 상대가격

일반균형의 최적화 조건을 위해서는 한계대체율과 상대가격이 일치하므로 상대가격은 1이 된다.

4) 설문의 해결

설문에서 X재의 가격이 1이라고 주어졌으므로 위에서 구한 바와 같이 일반균형에서 상대가격이 1임을 고려하면 Y재의 가격도 역시 1이 됨을 알 수 있다.

두 재화 맥주(B)와 커피(C)를 소비하는 두 명의 소비자 1과 2가 존재하는 순수교환경제를 가정한다. 소비자 1의 효용함수는 $U_1(B_1, C_1) = \min\{B_1, C_1\}$, 소비자 2의 효용함수는 $U_1(B_2, C_2) = B_2 + C_2$이다. 소비자 1의 초기 부존자원은 $(10, 20)$, 소비자 2의 초기 부존자원은 $(20, 10)$이고, 커피의 가격은 1이다. 일반균형(general equilibrium)에서 맥주의 가격은? (단, 초기 부존자원에서 앞의 숫자는 맥주의 보유량, 뒤의 숫자는 커피의 보유량이다.)

▶ 2018년 감정평가사

① $\dfrac{1}{3}$　　　　② $\dfrac{1}{2}$　　　　③ 1

④ 2　　　　⑤ 3

출제이슈 일반균형
핵심해설 정답 ③

1) 일반균형과 파레토효율
위에서 지적한대로 일반균형이 달성되는 균형배분점은 계약곡선 위에 존재하므로 설문에서 주어진 두 소비자의 효용함수를 무차별곡선으로 그려서 계약곡선의 개형을 그려보면 균형점의 위치를 쉽게 파악할 수 있다.

2) 계약곡선의 개형
소비자 1의 효용함수는 완전보완관계의 레온티에프 함수로서 L자 형태의 무차별곡선을 갖는다. 소비자 2의 효용함수는 완전대체관계의 함수로서 우하향하는 직선의 형태를 갖는다. 파레토효율이 달성되는 계약곡선의 개형을 그려보면 계약곡선이 L자형의 무차별곡선의 꺾인 점들을 지나는 것을 알 수 있다. 설문에서 L자형의 무차별곡선의 꺾인 점들의 궤적은 바로 $B = C$의 직선이 되는 것도 쉽게 찾아낼 수 있다. 따라서 일반균형은 $B = C$의 직선 위에 위치하게 된다.

3) 최적화 조건
① 한계대체율
　소비자 2의 한계대체율은 완전대체 효용함수임을 고려하면 1이 된다. 일반균형을 달성시키는 배분점은 반드시 계약곡선 위에 존재하므로 $B = C$를 만족한다. 소비자 1의 경우 계약곡선 위에서 한계대체율이 정의되지 않으므로 고려하지 않아도 된다.

② 상대가격
　일반균형의 최적화 조건을 위해서는 한계대체율과 상대가격이 일치하므로 상대가격은 1임을 쉽게 알 수 있다.

4) 설문의 해결
설문에서 커피의 가격이 1이라고 주어졌으므로 위에서 구한 바와 같이 일반균형에서 상대가격이 1임을 고려하면 맥주의 가격도 역시 1이 됨을 알 수 있다.

두 재화 X와 Y를 소비하는 소비자 갑과 을이 존재하는 순수교환경제를 가정한다. 두 소비자의 효용함수는 $U(x, y) = xy$로 동일하고, 갑의 초기부존은 $(x = 10, \ y = 5)$, 을의 초기부존은 $(x = 5, \ y = 10)$일 때, 옳은 것을 모두 고른 것은? (단, x는 X재 소비량, y는 Y재 소비량)

▶ 2020년 감정평가사

ㄱ. 초기부존에서 갑의 한계대체율은 0.5, 을의 한계대체율은 2이다.

ㄴ. 초기부존에서 갑의 X재 1단위와 을의 Y재 2단위가 교환될 때, 파레토 개선이 이루어진다.

ㄷ. 일반균형은 X재 가격이 1일 때, Y재 가격은 1이다.

ㄹ. 일반균형에서 갑은 X재보다 Y재를 더 많이 소비한다.

① ㄱ, ㄴ   ② ㄱ, ㄷ   ③ ㄴ, ㄷ
④ ㄴ, ㄹ   ⑤ ㄷ, ㄹ

출제이슈 교환 – 소비의 파레토효율과 일반균형

핵심해설 정답 ②

ㄱ. 옳은 내용이다.

두 소비자의 효용함수는 $U(x, y) = xy$이기 때문에 한계대체율은 $\frac{y}{x}$가 된다. 이때, 소비자 갑의 한계대체율은 $MRS_{X,Y}^{갑} = \frac{5}{10} = 0.5$이며 소비자 을의 한계대체율은 $MRS_{X,Y}^{을} = \frac{10}{5} = 2$가 된다.

ㄴ. 틀린 내용이다.

초기부존에서 갑의 X재 1단위와 을의 Y재 2단위가 교환되면, 갑의 효용은 증진되며, 을의 효용은 감소하므로 파레토 개선이 아니다. 갑의 초기부존은 $(x = 10, \ y = 5)$이므로 효용은 50 수준이다. 이때, 갑의 X재 1단위와 을의 Y재 2단위가 교환되면, 갑은 $(x = 9, \ y = 7)$이 되어 효용은 63 수준으로 증가한다. 한편 을의 초기부존은 $(x = 5, \ y = 10)$이므로 효용은 50 수준이다. 이때, 갑의 X재 1단위와 을의 Y재 2단위가 교환되면, 을은 $(x = 6, \ y = 8)$이 되어 효용은 48 수준으로 감소한다.

참고로 두 사람의 효용이 모두 증진되는 계약곡선은 다음과 같이 구할 수 있다.

두 소비자의 효용함수는 동일한 $U(x, y) = xy$라는 주어진 정보를 활용하여 소비 또는 교환의 파레토효율을 만족하는 조합인 계약곡선을 구해보자. 설문에서 제시된 갑, 을을 편의상 A, B라고 하자.

두 소비자의 효용함수를 $U_A = X_A Y_A$, $U_B = X_B Y_B$라고 하자.

그러면 $MRS_{X,Y}^A = \frac{MU_X^A}{MU_Y^A} = \frac{Y_A}{X_A}$, $MRS_{X,Y}^B = \frac{MU_X^B}{MU_Y^B} = \frac{Y_B}{X_B}$가 된다.

따라서 $MRS_{X,\,Y}^{A} = MRS_{X,\,Y}^{B}$ 조건에 의하여 $\dfrac{Y_A}{X_A} = \dfrac{Y_B}{X_B}$ 가 된다.

이때, 부존제약조건인 $\overline{X_A} + \overline{X_B} = \overline{X} = 15$, $\overline{Y_A} + \overline{Y_B} = \overline{Y} = 15$를 위의 식에 대입하자.

$\dfrac{Y_A}{X_A} = \dfrac{Y_B}{X_B} = \dfrac{\overline{Y} - Y_A}{\overline{X} - X_A} = \dfrac{15 - Y_A}{15 - X_A}$ 가 되며, 이를 정리하면, $Y^A = X^A$의 계약곡선이 도출된다.

물론 B를 중심으로 한 계약곡선은 $Y^B = X^B$가 되며, 위와 의미상 동일하다.

ㄷ. 옳은 내용이다.

일반균형을 앞의 문제에서 약식으로 구했다면 아래는 가장 원칙적인 방법으로 구한 것이다. 아래의 풀이는 감정평가사 수험수준을 넘으므로 참고만 하고 바로 넘기십시오.

1. 각 소비자의 수요함수 구하기

1) 소비자 갑의 무차별곡선과 한계대체율

$U_A = X_A Y_A$, $MRS_{X,\,Y}^{A} = \dfrac{Y_A}{X_A}$

2) 소비자 갑의 예산제약과 상대가격

$P_X X_A + P_Y Y_A = 10 P_X + 5 P_Y$, $RP_{X,Y} = \dfrac{P_X}{P_Y}$

3) 효용극대화

$MRS_{X,\,Y}^{A} = RP_{X,Y}$ 이므로 $\dfrac{Y_A}{X_A} = \dfrac{P_X}{P_Y}$ 가 된다. 이를 예산제약식 $P_X X_A + P_Y Y_A = 10 P_X + 5 P_Y$과 연립으로 풀면 $X_A = 5 + 2.5 \dfrac{P_Y}{P_X}$이 된다.

마찬가지로 소비자 을의 경우도 위와 같이 풀면 다음과 같다.

1) 소비자 을의 무차별곡선과 한계대체율

$U_B = X_B Y_B$, $MRS_{X,\,Y}^{B} = \dfrac{Y_B}{X_B}$

2) 소비자 을의 예산제약과 상대가격

$P_X X_B + P_Y Y_B = 5 P_X + 10 P_Y$, $RP_{X,Y} = \dfrac{P_X}{P_Y}$

3) 효용극대화

$MRS_{X,Y}^{B} = RP_{X,Y}$ 이므로 $\dfrac{Y_B}{X_B} = \dfrac{P_X}{P_Y}$ 가 된다. 이를 예산제약식 $P_X X_B + P_Y Y_B = 5P_X + 10P_Y$ 과 연립으로 풀면 다음과 같다.

$$X_B = 2.5 + 5\dfrac{P_Y}{P_X}$$

2. 각 소비자의 초과수요와 총초과수요 구하기

각 소비자의 초과수요는 수요함수에서 초기부존을 차감한 것이므로 다음과 같다.

1) 소비자 갑의 초과수요

갑의 수요함수는 $X_A = 5 + 2.5\dfrac{P_Y}{P_X}$ 이므로 초과수요는 $5 + 2.5\dfrac{P_Y}{P_X} - 10 = -5 + 2.5\dfrac{P_Y}{P_X}$ 가 된다.

2) 소비자 을의 초과수요

을의 수요함수는 $X_B = 2.5 + 5\dfrac{P_Y}{P_X}$ 이므로 초과수요는 $2.5 + 5\dfrac{P_Y}{P_X} - 5 = -2.5 + 5\dfrac{P_Y}{P_X}$ 가 된다.

3) 총초과수요

소비자 갑과 을의 초과수요를 더하여 총초과수요를 구하면 다음과 같다.

총초과수요는 $\left(-5 + 2.5\dfrac{P_Y}{P_X}\right) + \left(-2.5 + 5\dfrac{P_Y}{P_X}\right) = -7.5 + 7.5\dfrac{P_Y}{P_X}$ 가 된다.

3. 시장균형 구하기

균형에서는 초과수요가 0이므로 $-7.5 + 7.5\dfrac{P_Y}{P_X} = 0$ 이 성립한다. 따라서 $\dfrac{P_Y}{P_X} = 1$ 이 된다.

4. 설문의 검토

위에서 일반균형일 때, 상대가격은 $\dfrac{P_Y}{P_X} = 1$ 이므로 X재 가격이 1일 때, Y재 가격은 1임을 의미한다.

ㄹ. 틀린 내용이다.

앞에서 갑의 수요함수는 $X_A = 5 + 2.5\dfrac{P_Y}{P_X}$, 을의 수요함수는 $X_B = 2.5 + 5\dfrac{P_Y}{P_X}$ 이며, 경쟁균형가격은 $\dfrac{P_Y}{P_X} = 1$ 로 도출하였다. 따라서 일반경쟁균형에서 갑의 수요량은 $X_A = 5 + 2.5\dfrac{P_Y}{P_X} = 7.5$ 가 된다. 초기부존에서 갑은 $X = 10$, $Y = 5$ 만큼 소비하였는데 일반경쟁균형에서는 X재를 7.5만큼 소비하고 있다. 따라서 X재 소비를 2.5만큼 줄이고 Y재 소비는 2.5만큼 늘리게 된다. 결국 Y재는 7.5만큼 소비하게 된다. 즉 갑의 X재 소비량과 Y재 소비량은 동일하다.

 **생산의 파레토효율**

 **소비와 생산의 종합적 파레토효율**

효율적인 자원배분에 관한 설명으로 옳지 않은 것은? (단, X, Y 두 재화 / A, B 2인 / L, K 2생산요소 경제를 가정한다.)
▶ 2014년 감정평가사

① 소비의 효율성 조건은 두 재화에 대한 A와 B의 한계대체율이 같을 때 만족한다.

② 생산의 효율성 조건은 두 생산요소에 대한 X와 Y의 한계기술대체율이 같을 때 만족한다.

③ 생산의 효율성 조건을 만족하는 점들을 이어서 연결한 선을 생산의 계약곡선이라 한다.

④ 생산의 효율성 조건을 만족하는 점들을 $X-Y$평면으로 옮겨 놓은 것을 생산가능곡선 (production possibility curve)이라 한다.

⑤ 생산의 효율성 조건, 소비의 효율성 조건, 종합적 효율성 조건을 모두 만족하는 점들을 $X-Y$평면으로 옮겨 놓은 것을 효용가능곡선(utility possibility curve)이라 한다.

출제이슈 파레토효율
핵심해설 정답 ⑤

① 옳은 내용이다.

소비에 있어서 효용이 가장 극대화된 상태로서 더 이상 소비의 파레토 개선이 불가능한 상태를 의미한다. 만일 다른 이에게 손해를 주지 않으면서 최소한 한 사람 이상의 효용을 증가시킬 수 있으면 소비의 파레토 개선이 가능한 상황이다. 파레토 개선 과정을 거쳐서 파레토효율이 달성되면 $MRS^A_{X, Y} = MRS^B_{X, Y}$과 같은 조건이 달성된다. 두 경제주체 A, B의 효용증진, 즉 파레토 개선이 더 이상 불가능해지는 상태는 자신들의 한계대체율이 일치하는 상황에서 달성될 수 있음을 의미한다.

② 옳은 내용이다.

생산의 파레토효율이란 더 이상 생산의 파레토 개선이 불가능한 상태를 말한다. 즉, 어느 한 재화의 생산을 감소시키지 않고서 다른 재화의 생산을 증가시킬 수 있으면 파레토 개선이 가능함을 의미하는데, 이러한 파레토 개선이 불가능한 상태인 것이다. 이 경우는 요소 간 한계기술대체율이 일치할 때 효율이 달성된다.

③, ④ 모두 옳은 내용이다.

생산의 효율성은 계약곡선과 생산가능곡선으로 나타낼 수 있다. 계약곡선은 두 재화의 한계기술대체율이 서로 같게 되는 점들을 연결한 곡선으로서 요소평면에서 그려지며, 이를 재화평면으로 옮긴 생산가능곡선은 계약곡선상의 점에 대응하는 두 재화의 산출수준의 조합을 연결한 곡선이다.

⑤ 틀린 내용이다.

생산의 효율성 조건, 소비의 효율성 조건, 종합적 효율성 조건을 모두 만족하는 점들을 효용평면으로 옮겨 놓은 것을 효용가능경계라고 한다.

사회후생 관점에서 자원의 효율적 활용에 관한 설명으로 옳지 않은 것은? ▶2024년 감정평가사

① 계약곡선상의 점들은 생산의 효율성을 보장하는 점들의 집합이다.

② 효용가능곡선은 주어진 상품을 두 사람에게 배분할 때, 두 사람이 얻을 수 있는 최대한의 효용수준의 조합이다.

③ 효용가능경계란 한 경제에 존재하는 경제적 자원을 가장 효율적으로 배분했을 때 얻을 수 있는 효용수준의 조합이다.

④ 종합적 효율성(overall efficiency)이란 생산의 효율성과 교환의 효율성이 동시에 달성된 상태를 말한다.

⑤ 생산가능곡선은 한 나라의 경제가 주어진 생산요소와 생산기술을 사용하여 최대한 생산할 수 있는 산출물들의 조합이다.

출제이슈 파레토효율
핵심해설 정답 ①

소비의 파레토효율이란 소비에 있어서 효용이 가장 극대화된 상태로서 더 이상 소비의 파레토 개선이 불가능한 상태를 의미한다. 만일 다른 이에게 손해를 주지 않으면서 최소한 한 사람 이상의 효용을 증가시킬 수 있으면 소비의 파레토 개선이 가능한 상황이다. 소비의 파레토효율이 달성되도록 두 사람의 한계대체율이 서로 같게 되는 점들을 연결한 곡선을 소비의 계약곡선이라고 한다. 소비의 계약곡선상의 점들이 소비의 효율성을 보장한다. 효용가능곡선이란 소비의 계약곡선상의 점에 대응하는 두 사람의 효용수준의 조합을 연결한 곡선으로서 소비의 파레토효율이 달성되는 효용수준의 조합의 궤적을 의미한다.

생산의 파레토효율이란 생산에 있어서 재화의 산출이 가장 극대화된 상태로서 더 이상 생산의 파레토 개선이 불가능한 상태를 의미한다. 만일 어느 한 재화의 생산을 감소시키지 않고서 다른 재화의 생산을 증가시킬 수 있으면 생산의 파레토 개선이 가능한 상황이다. 생산의 파레토효율이 달성되도록 두 재화의 요소 간 한계기술대체율이 서로 같게 되는 점들을 연결한 곡선을 계약곡선이라고 한다. 생산의 계약곡선상의 점들이 생산의 효율성을 보장한다. 생산가능곡선이란 생산의 계약곡선상의 점에 대응하는 두 재화의 산출량 수준의 조합을 연결한 곡선으로서 생산의 파레토효율이 달성되는 산출량 수준의 조합의 궤적을 의미한다.

소비·생산 전체의 파레토효율이란 소비와 생산의 종합적 관점에서 소비로 인한 편익과 생산의 비용의 차이로서의 잉여가 가장 극대화된 상태로서 더 이상 소비·생산의 파레토 개선이 불가능한 상태를 의미한다. 만일 다른 주체에게 손해를 주지 않으면서 잉여를 증가시킬 수 있으면 소비·생산의 파레토 개선이 가능한 상황이다.

 후생경제학 제1, 2 정리

후생경제이론에 관한 설명으로 옳은 것은? ▶ 2021년 감정평가사

① 파레토(Pareto)효율적인 상태는 파레토 개선이 가능한 상태를 뜻한다.
② 제2정리는 모든 사람의 선호가 오목성을 가지면 파레토효율적인 배분은 일반경쟁균형이 된다는 것이다.
③ 제1정리는 모든 소비자의 선호체계가 약단조성을 갖고 외부성이 존재하면 일반경쟁균형의 배분은 파레토효율적이라는 것이다.
④ 제1정리는 완전경쟁시장하에서 사익과 공익은 서로 상충된다는 것이다.
⑤ 제1정리는 아담 스미스(A.Smith)의 '보이지 않는 손'의 역할을 이론적으로 뒷받침해주는 것이다.

출제이슈 후생경제학 제1, 2 정리
핵심해설 정답 ⑤

① 틀린 내용이다.

소비, 교환의 파레토효율이란 더 이상 소비의 파레토 개선이 불가능한 상태로서 다른 이에게 손해를 주지 않으면서 최소한 한 사람 이상이 효용을 증가시키는 것이 불가능한 상태이다. 즉, 다른 이에게 손해를 주지 않으면서 최소한 한 사람 이상이 효용을 증가시킬 수 있으면 파레토 개선이 가능함을 의미하는데 이러한 파레토 개선이 불가능한 상태이다. 한편, 생산의 파레토효율이란 더 이상 생산의 파레토 개선이 불가능한 상태를 말한다. 즉, 어느 한 재화의 생산을 감소시키지 않고서 다른 재화의 생산을 증가시킬 수 있으면 파레토 개선이 가능함을 의미하는데, 이러한 파레토 개선이 불가능한 상태이다.

② 틀린 내용이다.

만일 초기부존자원이 적절히 분배된 상황에서 모든 사람의 선호가 연속적이고 강단조적이고 볼록성을 가지면 파레토효율적인 배분은 일반경쟁균형이 된다. 이를 후생경제학 제2정리라고 하며 간단히 표현하면 특정 조건이 충족된 상황에서는 파레토효율적 배분을 일반경쟁균형을 통해서 달성할 수 있음을 나타낸다.

③ 틀린 내용이다.

모든 소비자의 선호체계가 강단조성을 갖고 경제 안에 외부성이 존재하지 않으면 일반경쟁균형에 의한 배분은 파레토효율적이다. 이를 후생경제학 제1정리라고 하며 간단히 표현하면 일반경쟁효율은 파레토효율적임을 나타낸다.

④는 틀린 내용이며 ⑤는 옳은 내용이다.

후생경제학 제1정리는 '보이지 않는 손'의 현대적 해석이라고 할 수 있다. 각 경제주체의 상충되는 욕구를 조정하여 무질서한 혼돈의 상태에 균형이란 질서를 부여하고 그 결과 개인의 사리와 공익은 조화를 이루게 된다는 것이다.

> 후생경제이론에 관한 설명으로 옳지 않은 것은?　　　　▶ 2023년 감정평가사
>
> ① 계약곡선 위의 모든 점은 파레토효율적 배분을 대표한다.
> ② 일정한 전제하에서 왈라스균형은 일반경쟁균형이 될 수 있다.
> ③ 차선의 이론에 따르면 점진적 접근방식에 의한 부분적 해결책이 최선은 아닐 수 있다.
> ④ 후생경제학의 제1정리에 따르면 일반경쟁균형의 배분은 파레토효율적이다.
> ⑤ 후생경제학의 제2정리는 재분배를 위한 목적으로 가격체계에 개입하는 것에 정당성을 부여한다.

출제이슈　일반균형, 후생경제학 제정리, 차선의 이론
핵심해설　정답 ⑤

① 옳은 내용이다.

경제 내의 어느 누구에게도 손해가 가지 않으면서 최소한 한 사람 이상에게 이득이 되도록 하는 것이 불가능한 자원배분상태를 파레토효율이라고 한다. 즉, 이는 파레토개선이 불가능한 상황으로서 이를 구체적으로 보면 경제 내 주체들의 효용, 이윤, 잉여 및 재화의 생산이 극대화된 상태를 의미한다. 특히 파레토효율을 기하적으로 표시한 그래프를 계약곡선이라고 한다.

② 옳은 내용이다.

왈라스 일반균형이란 경제 내 모든 시장이 동시에 균형상태에 있음을 의미한다. 이때 현실에서는 많은 경우 시장이 불완전경쟁상태에 있음에도 불구하고 이에 대하여 경쟁적 상황만을 고려하여 가격수용자 가정을 통해서 일반경쟁균형을 도출할 수 있다.

③ 옳은 내용이다.

파레토효율 달성을 위해서는 여러 조건이 충족되어야 하는데 현실에서는 그러한 조건이 충족되기 어렵다. 따라서 모든 조건의 충족이 안 된 배분상태들 간에 비교를 통하여 차선을 택해야 한다. 그런데 충족되는 효율성 조건의 수들이 많다고 해서 사회후생이 커지는 것은 아니므로 단순히 효율성 조건의 수로 차선을 선택해서는 안 된다. 즉, 차선처럼 보이는 상태가 차선이 아닐 수도 있다는 것이다. 따라서 차선의 상태를 골라내기 위해서는 매우 신중해야 한다. 이를 차선의 이론이라고 한다.

차선의 이론에 의하면, 경제전반의 상황을 무시한 채 부분적으로 효율성을 개선하더라도 전체적인 효율성은 오히려 악화될 수도 있다. 부분적으로 혹은 점진적으로 경제적 여건을 일부 개선하더라도 오히려 후생이 악화될 수도 있다는 것이다. 단순히 효율성 조건의 충족 개수가 많아서 차선의 배분상태처럼 보이더라도 실은 차선이 아닐 수 있다. 이런 경우에는 차라리 제약된 조건하에서 효율적인 자원배분을 추구하는 것이 차선의 배분을 달성할 수 있다.

④ 옳은 내용이다.

후생경제학 제1정리에 의하면 모든 소비자의 선호체계가 강단조성을 갖고 경제 안에 외부성이 존재하지 않으면 일반경쟁균형에 의한 배분은 파레토효율적이다. 따라서 후생경제학 제1정리는 독점이 아니라 일반경쟁적 균형이 파레토효율적임을 의미한다.

⑤ 틀린 내용이다.

만일 초기부존자원이 적절히 분배된 상황에서 모든 사람의 선호가 연속적이고 강단조적이고 볼록성을 가지면 파레토효율적인 배분은 일반경쟁균형이 된다. 이를 후생경제학 제2정리라고 하며 간단히 표현하면 특정 조건이 충족된 상황에서는 파레토효율적 배분을 일반경쟁균형을 통해서 달성할 수 있음을 나타낸다.

후생경제학 제2정리의 성립을 위해서는 반드시 초기배분상태에 대한 적절한 재분배 과정이 필요하다. 즉 정액세 부과 및 보조를 통하여 초기 부존자원을 재분배하여야 하는데 이는 재분배의 이론적 가능성만을 보여주는 것일 뿐 확실하게 현실가능성이 있는 것은 아니라는 한계가 있다. 그리고 재분배를 위해서는, 가격체계를 건드리지 않고 정액세-현금이전의 방식이 바람직하다고 알려져 있다. 만일 정부가 가격체계를 건드리는 경우 가격체계에 왜곡을 가져와 비효율을 초래하게 된다.

Issue 05 바람직한 자원배분

사회후생에 관한 설명으로 옳지 않은 것은? ▶ 2021년 감정평가사

① 차선의 이론은 부분적 해결책이 최적은 아닐 수 있음을 보여준다.
② 롤즈(J. Rawls)적 가치판단을 반영한 사회무차별곡선은 L자형이다.
③ 파레토효율성 조건은 완전경쟁의 상황에서 충족된다.
④ 공리주의적 사회후생함수는 최대다수의 최대행복을 나타낸다.
⑤ 애로우(K. Arrow)의 불가능성 정리에서 파레토원칙은 과반수제를 의미한다.

출제이슈 후생경제이론
핵심해설 정답 ⑤

① 옳은 내용이다.

파레토효율 달성을 위해서는 여러 조건이 충족되어야 하는데 현실에서는 그러한 조건이 충족되기 어렵다. 따라서 모든 조건의 충족이 안 된 배분상태들 간에 비교를 통하여 차선을 택해야 한다. 그런데 충족되는 효율성 조건의 수들이 많다고 해서 사회후생이 커지는 것은 아니므로 단순히 효율성 조건의 수로 차선을 선택해서는 안 된다. 즉, 차선처럼 보이는 상태가 차선이 아닐 수도 있다는 것이다. 따라서 차선의 상태를 골라내기 위해서는 매우 신중해야 한다. 이를 차선의 이론이라고 한다.

차선의 이론에 의하면, 경제전반의 상황을 무시한 채 부분적으로 효율성을 개선하더라도 전체적인 효율성은 오히려 악화될 수도 있다. 부분적으로 혹은 점진적으로 경제적 여건을 일부 개선하더라도 오히려 후생이 악화될 수도 있다는 것이다. 단순히 효율성 조건의 충족 개수가 많아서 차선의 배분상태처럼 보이더라도 실은 차선이 아닐 수 있다. 이런 경우에는 차라리 제약된 조건하에서 효율적인 자원배분을 추구하는 것이 차선의 배분을 달성할 수 있다.

② 옳은 내용이다.

효율적인 자원배분 중에서 가장 바람직한 배분을 찾기 위해서 효율성 이외에 공평성 기준을 도입하게 된다. 공평성 기준은 경제 내의 생산물이 주체들 사이에 어떻게 분배되어야 바람직한지에 대한 가치판단을 의미하며 이는 사회후생함수를 통해서 반영된다. 사회후생함수란 개인의 효용수준을 사회의 후생수준으로 나타내 주는 함수로서 두 사람의 효용수준이 만일 U^A, U^B라고 할 경우 사회후생은 $SW = f(U^A, U^B)$와 같은 함수로 나타낼 수 있다. 그리고 이를 기하적으로 표현하게 되면 동일한 수준의 사회후생을 가져다주는 개인의 효용수준의 조합의 궤적을 구할 수 있는데 이를 사회무차별곡선이라고 한다.

사회구성원들의 개인적인 효용수준을 사회전체의 후생수준으로 변환시키는 과정에서 필연적으로 개인의 효용수준을 어떻게 비교하고 평가하는지가 반영되어야 한다. 이러한 개인의 효용 간 비교, 평가과정에서 공평성의 가치판단이 드러난다(분배적 정의). 사회후생함수에 반영되는 공평성에 대한 가치판단은 크게 공리주의적 가치

관. 평등주의적 가치관. 롤스주의적 가치관으로 나누어 볼 수 있다. 이러한 가치관들은 각각의 사회후생함수에 반영되어 있다.

롤스는 1970년 초에 출간한 "정의론"에서 정의를 공평성의 관점에서 파악하였다. 특히 정의에 관하여 사회구성 원들이 합의하는 원칙은 무지의 장막에 둘러싸인 원초적 입장이라고 하는 가상적 상황에서는 가장 가난한 빈자 들의 효용을 증진시키는 것에만 동의하게 된다는 것이다. 롤스는 이를 통해서 최빈자의 효용을 극대화하는 이 른바 최소극대화의 원칙을 도출하였다.

롤스주의적 사회후생함수는 개인 간 효용 비교에 있어서 특정개인의 효용은 다른 개인의 효용으로 대체 불가능 하다고 보고 있다. 이를 수리적으로 표현하면 $SW = Min\{U^A,\ U^B\}$와 같으며 기하적으로 표현하면 L자형의 사회후생함수로 나타난다. 특히 롤스주의에 의하면 공평이란 극단적으로 모두 똑같이 나눠가져야 하며 가장 낮은 수준의 효용을 누리는 사람의 효용으로 사회후생을 도출한다.

③ 옳은 내용이다.
모든 소비자의 선호체계가 강단조성을 갖고 경제 안에 외부성이 존재하지 않으면 일반경쟁균형에 의한 배분은 파레토효율적임이다. 이를 후생경제학 제1정리라고 하며 간단히 표현하면 일반경쟁효율은 파레토효율적임을 나 타낸다. 즉 경쟁의 상황에서 파레토효율을 충족함을 의미한다. 후생경제학 제1정리는 보이지 않는 손의 현대적 해석이라고 할 수 있다. 각 경제주체의 상충되는 욕구를 조정하여 무질서한 혼돈의 상태에 균형이란 질서를 부여하고 그 결과 개인의 사리와 공익은 조화를 이루게 된다는 것이다.

한편, 만일 초기부존자원이 적절히 분배된 상황에서 모든 사람의 선호가 연속적이고 강단조적이고 볼록성을 가지면 파레토효율적인 배분은 일반경쟁균형이 된다. 이를 후생경제학 제2정리라고 하며 간단히 표현하면 특정 조건이 충족된 상황에서는 파레토효율적 배분을 일반경쟁균형을 통해서 달성할 수 있음을 나타낸다.

④ 옳은 내용이다.
공리주의적 사회후생함수에서 공평의 개념은 극단적으로 누가 많이 갖든지 관계없으며 따라서 단순히 사회구 성원의 효용의 합으로 공리주의적 사회후생이 도출한다. 이를 한마디로 표현하면 최대다수의 최대행복이라고 할 수 있다. 극단적인 공리주의에 의하면 사회후생은 단순히 개인의 효용의 합으로 정의되며 이를 극대화하는 것만이 문제된다. 이때, 공리주의적 사회후생함수는 선형의 형태를 가지며 $SW = U^A + U^B$로 표시된다. 공리 주의적 사고를 기하적으로 표현하면 선형의 사회후생함수로 나타난다. 이는 개인 간 효용 비교에 있어서 특정 개인의 효용은 다른 개인의 효용으로 완전히 대체 가능하다는 것이다.

⑤ 틀린 내용이다.
사회후생함수는 개인의 효용수준을 사회의 후생수준으로 나타내주는 함수로서 이는 개인의 선호체계를 집계하 여 사회적 선호체계로 만들어준다는 것을 의미한다. 현실적으로는 어떠한 자원배분상태에 대한 투표를 의미한 다. 특히 애로우의 불가능성 정리에 의하면, 갖추어야 할 바람직한 성격을 모두 만족하는 사회후생함수는 존재 하지 않는다. 사회후생함수가 가져야 할 바람직한 성격은 다음과 같다.

ⅰ) 완전성, 완비성
사회후생함수는 모든 사회적 상태에 대하여 비교, 평가할 수 있어야 한다.

ii) 이행성

사회후생함수에 의하여 사회적 상태 α보다 사회적 상태 β가 더 선호되고, 사회적 상태 β보다 사회적 상태 γ가 더 선호된다면, 사회적 상태 γ는 사회적 상태 α보다 선호되어야 한다.

iii) 보편성(비제한성)

개인이 어떤 선호체계를 갖더라도 사회선호체계가 정의되고 사회후생함수가 존재해야 한다. 즉, 개인의 선호를 제한해서는 안 된다.

iv) 파레토 원칙

모든 개인이 사회적 상태 α보다 사회적 상태 β를 선호하면 사회도 사회적 상태 α보다 사회적 상태 β를 선호해야 한다.

v) 무관한 대안으로부터의 독립성

임의의 두 사회적 상태 α, β에 대한 사회선호는 오로지 개인의 α, β에 대한 선호에 의해서만 결정되어야 하며 무관한 제3의 대안 γ에 의해서 영향받아서는 안 된다.

vi) 비독재성

어느 한 개인의 선호가 사회 전체의 선호를 좌우해서는 안 된다. 어느 한 개인의 선호를 사회 전체의 선호로 채택해서는 안 된다.

애로우의 불가능성 정리는 위의 i) ~ vi)의 조건을 모두 만족시키는 사회후생함수는 없다는 것이다. 만일 i) ~ v)의 조건을 만족한다면 그 사회후생함수는 독재적이므로 결국 vi)의 조건을 만족하지 못한다. 애로우의 불가능성 정리에 의하면 모든 사회적 배분상태를 평가할 수 있는 사회적 의사결정 시스템은 없다는 의미이다.

설문에서 제시된 파레토원칙은 과반수제가 아니라 만장일치제를 의미한다. 이 원칙에 의하면 사회적 선호는 반드시 사회구성원들의 선호를 반영해야 하고, 사회의 모든 구성원들이 만장일치로 선호하는 사회상태가 있다면 이는 반드시 사회에서도 선택되어야 함을 의미한다.

사회후생함수에 관한 설명으로 옳지 않은 것은? ▶2024년 감정평가사

① 평등주의 경향이 강할수록 사회무차별 곡선은 원점에 대해 더 오목한 모양을 갖는다.
② 평등주의적 사회후생함수는 개인들의 효용수준의 차이를 반영해야 한다는 평등주의적 가치판단을 근거로 한다.
③ 공리주의자의 사회후생함수는 사회구성원의 효용수준에 동일한 가중치를 부여한다.
④ 롤즈(J. Rawls)의 가치판단을 반영한 사회무차별곡선은 L자 모양이다.
⑤ 롤즈의 최소극대화 원칙(maximin principle)은 한 사회에서 가장 가난한 사람의 생활수준을 가능한 한 크게 개선시키는 것이 재분배정책의 최우선 과제라는 주장이다.

출제이슈 다양한 사회후생함수
핵심해설 정답 ①

사회후생함수란 개인의 효용수준을 사회의 후생수준으로 나타내 주는 함수로서 두 사람의 효용수준이 만일 U^A, U^B 라고 할 경우 사회후생은 $SW = f(U^A, U^B)$와 같은 함수로 나타낼 수 있다. 그리고 이를 기하적으로 표현하게 되면 동일한 수준의 사회후생을 가져다주는 개인의 효용 수준의 조합의 궤적을 구할 수 있는데 이를 사회무차별곡선이라고 한다.

사회구성원들의 개인적인 효용수준을 사회전체의 후생수준으로 변환시키는 과정에서 필연적으로 개인의 효용수준을 어떻게 비교하고 평가하는지가 반영되어야 한다. 이러한 개인의 효용 간 비교, 평가과정에서 공평성의 가치판단이 드러난다(분배적 정의).

공평성에 대한 가치판단 중에서 평등주의적 성향이 강할수록 사회후생함수를 기하적으로 표현하면, 원점에 대해 더 볼록해진다.

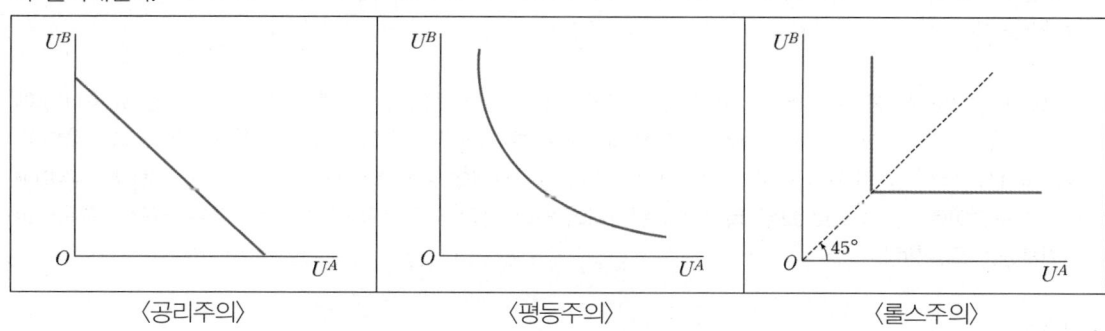

〈공리주의〉   〈평등주의〉   〈롤스주의〉

갑과 을 두 사람이 사는 사회에서 갑의 소득을 X, 을의 소득을 Y라고 표시하고, 이들의 소득 분포는 (X, Y)의 형태로 표시한다. 소득분포상태를 평가하는 세 가지 원칙은 아래와 같다. 다음 설명으로 옳지 않은 것은? ▶ 2012년 감정평가사

> A : 사회에서 가장 가난한 사람의 소득이 높을수록 바람직하다.
> B : 모든 사회구성원들의 소득의 총합이 클수록 바람직하다.
> C : 모든 사회구성원들의 소득이 균등하게 분포될수록 바람직하다.

① 소득분포 (3, 2)와 (5, 1)을 비교할 때, 원칙 A에 따르면, (3, 2)가 더 바람직하다.

② 소득분포 (3, 2)와 (4, 2)를 비교할 때, 원칙 B에 따르면, (4, 2)가 더 바람직하다.

③ 소득분포 (1, 1)와 (4, 1)을 비교할 때, 원칙 C에 따르면, (1, 1)이 더 바람직하다.

④ 소득분포 (3, 3)와 (2, 3)을 비교할 때, 위 세 가지 원칙 모두 (3, 3)을 더 바람직하다고 판단한다.

⑤ 소득분포 (2, 3)와 (7, 3)을 비교할 때, 위 세 가지 원칙 중 (7, 3)이 명백히 더 바람직하다고 판단하는 원칙은 B뿐이다.

출제이슈 공평성에 대한 가치판단
핵심해설 정답 ⑤

1) A 원칙

사회에서 가장 가난한 사람의 소득이 높을수록 바람직하다는 원칙 A에 따르면, ①에서 소득분포 (3, 2)와 (5, 1)을 비교할 때, (3, 2)가 더 바람직하다. 그리고 ④에서 소득분포 (3, 3)과 (2, 3)을 비교할 때, (3, 3)이 더 바람직하다고 판단한다.

참고로 해당 원칙은 롤스주의적 가치판단을 반영하고 있다. 롤스주의적 사회후생함수는 개인 간 효용 비교에 있어서 특정개인의 효용은 다른 개인의 효용으로 대체 불가능하다고 보고 있다. 이를 수리적으로 표현하면 $SW = Min\{U^A, U^B\}$와 같으며 기하적으로 표현하면 ㄴ자형의 사회후생함수로 나타난다. 특히 롤스주의에 의하면 공평이란 극단적으로 모두 똑같이 나눠가져야 하며 가장 낮은 수준의 효용을 누리는 사람의 효용으로 사회후생을 도출한다.

2) B 원칙

모든 사회구성원들의 소득의 총합이 클수록 바람직하다는 원칙 B에 따르면, ②에서 소득분포 (3, 2)와 (4, 2)를 비교할 때, (4, 2)가 더 바람직하다. 그리고 ④에서 소득분포 (3, 3)과 (2, 3)을 비교할 때, (3, 3)이 더 바람직하다고 판단한다.

참고로 해당 원칙은 공리주의적 가치판단을 반영하고 있다. 공리주의적 사회후생함수에서 공평의 개념은 극단적으로 누가 많이 갖든지 관계없으며 따라서 단순히 사회구성원의 효용의 합으로 공리주의적 사회후생이 도출

된다. 이를 한마디로 표현하면 최대다수의 최대행복이라고 할 수 있다. 극단적인 공리주의에 의하면 사회후생은 단순히 개인의 효용의 합으로 정의되며 이를 극대화하는 것만이 문제된다. 이때, 공리주의적 사회후생함수는 선형의 형태를 가지며 $SW = U^A + U^B$로 표시된다. 공리주의적 사고를 기하적으로 표현하면 선형의 사회후생함수로 나타난다. 이는 개인 간 효용 비교에 있어서 특정 개인의 효용은 다른 개인의 효용으로 완전히 대체 가능하다는 것이다.

3) C 원칙

모든 사회구성원들의 소득이 균등하게 분포될수록 바람직하다는 원칙 C에 따르면, ③에서 소득분포 (1, 1)과 (4, 1)을 비교할 때, (1, 1)이 더 바람직하다. ④에서 소득분포 (3, 3)과 (2, 3)을 비교할 때, (3, 3)이 더 바람직하다고 판단한다.

참고로 해당 원칙은 평등주의적 가치판단을 반영하고 있다. 평등주의적 사회후생함수는 개인 간 효용 비교에 있어서 특정 개인의 효용은 다른 개인의 효용으로 대체 가능하지만, 그 정도는 불완전하다고 보고 있다. 특히 사회구성원 간 효용에 차이가 클수록 대체가 불완전하므로 적절히 균등해야 하며 사회후생은 사회구성원의 효용에 가중치를 두어 사회후생을 도출한다.

01 시장실패 일반

시장실패에 관한 설명으로 옳지 않은 것은? ▶ 2011년 감정평가사

① 시장실패는 시장기능을 통하여 자원이 효율적으로 배분되지 않는 경우를 포함한다.
② 정부개입이 사회후생을 증대시키는 데 도움을 줄 수 있다.
③ 시장실패는 외부효과가 존재하는 경우 발생할 수 있다.
④ 시장실패는 소유권이 명확하게 규정되지 않은 경우 발생할 수 있다.
⑤ 코즈(Coase)정리에 의하면 시장실패는 시장에서 해결될 수 있다.

출제이슈 시장실패
핵심해설 정답 ⑤

시장실패란 시장에서의 자원배분이 효율성을 달성하지 못하는 상황으로서 불완전경쟁, 공공재, 외부성, 불확실성 등으로부터 비롯된다.

코즈정리에 의하면 ㉠ 외부성이 존재하는 경우, 정부개입이 없더라도, ㉡ 외부성과 관련된 재산권의 부여가 확립되고 ㉢ 협상에 따른 거래비용이 존재하지 않는다면 경제주체들 간의 협상을 통해 효율적인 자원배분이 가능하다.

시장실패를 발생시키는 요인으로 옳지 않은 것은? ▶ 2024년 감정평가사

① 역선택

② 규모에 대한 수익체감 기술

③ 긍정적 외부성

④ 불완전한 정보

⑤ 소비의 비경합성과 배제불가능성

출제이슈 시장실패의 원인
핵심해설 정답 ②

역선택, 외부성, 불완전한 정보 등이 존재하는 경우 시장실패가 발생할 수 있다. 특히 긍정적 외부성도 부정적 외부성과 마찬가지로 시장실패를 초래한다. 그리고 규모의 경제가 존재할 때도 시장실패가 발생할 수 있다.

생산량이 증가함에 따라서 장기평균비용이 하락하는 현상을 규모의 경제라고 하며 이는 장기평균비용곡선이 우하향하는 것으로 나타난다. 규모의 경제가 시장 전체에 걸쳐서 나타날 경우 다수의 기업이 경쟁하는 경쟁적 시장에서는 생산비용이 크게 높아지기 때문에 결국 퇴출이 발생하여 공존할 수 없다. 결국 규모의 경제가 강하게 존재하는 상황 하에서는 최종적으로 자연스럽게 하나의 기업만이 살아남아 독점의 시장구조로 형성되는데 이를 자연독점이라고 한다.

시장실패에 관한 설명으로 옳지 않은 것은? ▶ 2025년 감정평가사

① 공유자원의 비극은 소유권이 불명확하여 자원이 과대하게 사용되는 문제이다.

② 부정적 외부성은 사회적 후생손실을 발생시키지만, 긍정적 외부성은 사회적 후생손실을 발생시키지 않는다.

③ 정보의 비대칭성은 역선택과 도덕적 해이를 유발할 수 있다.

④ 공공재는 비배제성의 특징으로 인해 무임승차자 문제가 발생한다.

⑤ 시장실패에 대응하기 위한 정부개입이 오히려 효율성을 저하시킬 수 있다.

출제이슈 시장실패의 원인과 특징
핵심해설 정답 ②

부정적 외부성뿐만 아니라 긍정적 외부성도 사회적 후생손실을 발생시킨다.

공공재의 특성

다음 표는 소비의 배제성과 경합성의 존재 유무에 따라 재화를 분류하고 있다. 다음 표에서
*C*에 해당하는 재화로 옳은 것은?
▶ 2015년 감정평가사

		경합성	
		있음	없음
배제성	있음	A	B
	없음	C	D

① 사적(私的) 재화   ② 유료도로   ③ 국방서비스
④ 유료 케이블TV   ⑤ 공해(公海)상의 물고기

출제이슈 배제성과 경합성 여부에 따른 재화의 분류
핵심해설 정답 ⑤

재화소비에 있어서 배제가 가능하다는 것(excludability)은 가격을 지불하지 않은 사람을 소비에서 배제시킬 수 있다는 것으로서 사적재의 대표적인 특성이 된다. 역으로 재화소비에 있어서 배제가 불가능하다는 것(non‒excludability)은 가격을 지불하지 않은 사람을 소비에서 배제시킬 수 없다는 것으로서 공공재의 대표적인 특성이 된다. 따라서 구성원들은 공공재에 대하여 가격을 지불하지 않으려 하는 무임승차자 문제가 발생하여 공공재 소비배제는 불가능하게 된다.

재화소비에 있어서 경합적이라는 것(rivalry)은 한 사람의 소비는 다른 사람이 소비할 수 있는 기회를 감소시키는 것을 의미하며 이는 사적재의 대표적인 특성이 된다. 역으로 재화소비에 있어서 비경합적이라는 것(non‒rivalry)은 한 사람의 소비는 다른 사람이 소비할 수 있는 기회를 감소시키지 않는 것을 의미하며 이는 공공재의 대표적인 특성이 된다. 비경합성으로 인해서 추가적인 소비에 따른 한계비용은 없기 때문에 공공재 소비배제는 바람직하지 않게 된다.

설문에서의 재화를 배제가능성과 경합성의 정도에 따라서 구분하면 다음과 같다.

경합성＼배제성	배제 가능	배제 불가능
경합적	사적 재화 (막히는 유료도로)	비순수공공재, 공유자원 (막히는 무료도로)
비경합적	비순수공공재 (한산한 유료도로)	순수공공재 (막히지 않는 무료도로)

설문에서 배제가 불가능하고 경합적인 재화는 공유자원으로서 공해(公海)상의 물고기가 그 예가 된다.

Issue 03 공공재의 최적공급

순수 공공재에 관한 설명으로 옳지 않은 것은? ▸2021년 감정평가사

① 소비자가 많을수록 개별 소비자가 이용하는 편익은 감소한다.

② 시장수요는 개별 소비자 수요의 수직합으로 도출된다.

③ 개별 소비자의 한계편익 합계와 공급에 따른 한계비용이 일치하는 수준에서 사회적 최적량이 결정된다.

④ 시장에서 공급량이 결정되면 사회적 최적량에 비해 과소공급된다.

⑤ 공급량이 사회적 최적 수준에서 결정되려면 사회 전체의 정확한 선호를 파악해야 한다.

출제이슈 공공재 최적 공급의 조건
핵심해설 정답 ①

공공재는 비경합성 혹은 배제불가능성의 성격을 가지는 재화와 서비스로서 단순히 공공부문에 의해서 생산되는 재화와 서비스를 의미하는 것이 아니다.

설문을 검토하면 다음과 같다.

① 틀린 내용이다.

재화소비에 있어서 경합적이라는 것(rivalry)은 한 사람의 소비는 다른 사람이 소비할 수 있는 기회를 감소시키는 것을 의미하며 이는 사적재의 대표적인 특성이 된다. 역으로 재화소비에 있어서 비경합적이라는 것(non-rivalry)은 한 사람의 소비는 다른 사람이 소비할 수 있는 기회를 감소시키지 않는 것을 의미하며 이는 공공재의 대표적인 특성이 된다. 따라서 소비자가 많다고 해서 개별 소비자가 이용하는 편익이 감소하는 것은 아니다. 비경합성으로 인해서 추가적인 소비에 따른 한계비용은 없기 때문에 공공재 소비배제는 바람직하지 않게 된다.

한편, 재화소비에 있어서 배제가 가능하다는 것(excludability)은 가격을 지불하지 않은 사람을 소비에서 배제시킬 수 있다는 것으로서 사적재의 대표적인 특성이 된다. 역으로 재화소비에 있어서 배제가 불가능하나는 것(non-excludability)은 가격을 지불하지 않은 사람을 소비에서 배제시킬 수 없다는 것으로서 공공재의 대표적인 특성이 된다. 따라서 구성원들은 공공재에 대하여 가격을 지불하지 않으려 하는 무임승차자 문제가 발생하여 공공재 소비배제는 불가능하게 된다.

② 옳은 내용이다.

공공재의 소비에 있어서 개별 소비사들은 모두 싱이한 지불용의가격을 가지고 있지만, 서로 동일한 양을 소비하게 된다. 이 과정에서 개별 소비자들은 공공재의 배제불가능성에 의하여 진실한 선호를 표출하지 않으며(거짓된 개별수요곡선 혹은 가상수요곡선, pseudo demand) 시장수요는 개별수요의 수직합으로 구해진다.

③ 옳은 내용이다.

공공재는 개별 소비자의 한계편익 합계와 공급에 따른 한계비용이 일치하는 수준에서 사회적 최적량이 결정된다. 이하에서 공공재 최적공급에 대하여 자세히 살펴보자.

공공재 최적 공급 조건은 다음과 같다.

$MB_A + MB_B = MC, \ MRS_{X,Y}^A + MRS_{X,Y}^B = MRT_{X,Y}$

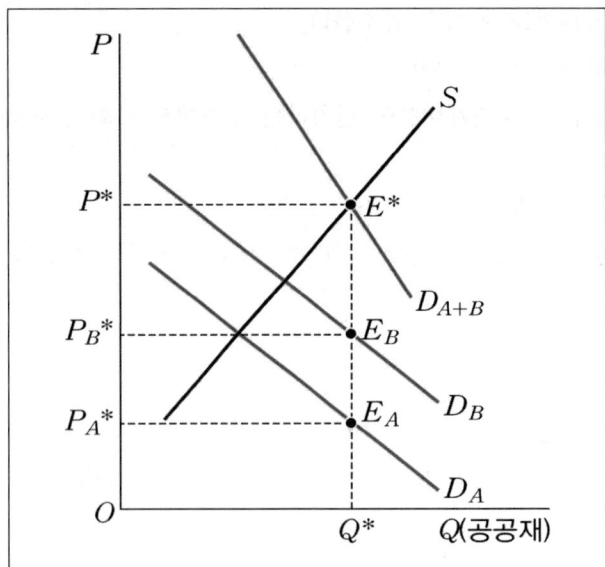

이때, MB_A, MB_B 및 $MRS_{X,Y}^A$, $MRS_{X,Y}^B$는 사회구성원 각자가 공공재에 대하여 평가하고 있는 가치를 의미하며, $MB_A + MB_B$ 및 $MRS_{X,Y}^A + MRS_{X,Y}^B$는 우리 사회가 공공재에 대하여 평가하고 있는 가치를 의미한다. MC와 $MRT_{X,Y}$는 우리 사회에서 공공재 생산을 위해서 감수해야 하는 비용이다.

④ 옳은 내용이다.

공공재의 특성상 가격을 지불하지 않은 사람을 소비에서 배제시킬 수 없기 때문에 사회구성원들은 공공재에 대한 진정한 선호를 표출하지 않을 뿐만 아니라 공공재에 대하여 가격을 지불하지 않으려 한다. 다른 사람이 돈을 내어 주기를 바라면서도 자기는 돈을 내기 꺼린다. 그러나 일단 공공재 공급이 되면 돈을 내지 않으면서도 소비는 하려고 한다. 이렇게 공공재에 대한 비용은 부담하지 않으려 하면서 일단 생산이 되면 이를 이용하려는 행태를 무임승차자 문제라고 하며 이 문제의 근본적 원인은 바로 공공재의 배제불가능성에 있다.

구성원들은 무임승차를 위해서 공공재에 대한 진실한 선호를 표출하지 않고 축소한 거짓된 선호를 표출하게 되고 결국 개인의 거짓된 한계편익의 합은 진정한 한계편익의 합보다 작다. 이러한 거짓된 선호에 기반한 시장 수요를 바탕으로 공공재를 공급하게 되면 최적 공급량보다 과소공급되는 문제가 나타난다.

⑤ 옳은 내용이다.

앞에서 살펴본바, 거짓된 선호에 기반한 시장수요를 바탕으로 공공재를 공급하게 되면 최적 공급량보다 과소공급되는 문제가 나타남을 알았다. 따라서 공공재의 공급량이 사회적 최적 수준에서 결정되려면 사회 전체의 정확한 선호를 파악하는 것이 중요하다. 이를 위해서 수요표출메커니즘을 활용할 수도 있다.

세 사람 A, B, C로 이루어진 어떤 경제에서 공공재에 대한 세 사람의 수요함수(Q_A, Q_B, Q_C)는 각각 $Q_A = 10 - P_A$, $Q_B = 10 - \frac{1}{3}P_B$, $Q_C = 5 - \frac{1}{2}P_C$이고, 공공재의 한계비용은 20으로 일정할 때, 사회적 후생을 극대화시키는 공공재 생산량은? (단, P_A, P_B, P_C는 A, B, C가 공공재에 지불하는 가격이다.)

▶ 2013년 감정평가사

① 5   ② 10   ③ 15
④ 20   ⑤ 25

출제이슈 공공재 최적 공급의 계산
핵심해설 정답 ①

공공재 최적 공급 조건은 다음과 같다.
$MB_A + MB_B = MC$, $MRS_{X,Y}^A + MRS_{X,Y}^B = MRT_{X,Y}$

이에 따라 설문의 자료를 이용하여 풀면 다음과 같다.

1) 수요조건
 ① A의 수요 $P_A = 10 - Q_A$
 ② B의 수요 $P_B = 30 - 3Q_B$
 ③ C의 수요 $P_C = 10 - 2Q_C$
 ④ A, B, C 전체의 수요 $P = 50 - 6Q$

2) 비용조건
 $MC = 20$

3) 공공재의 최적공급
 $MB_A + MB_B + MB_C = MC$
 따라서 $50 - 6Q = 20$, $Q = 5$

10가구만 살고 있는 마을에서 공공재를 생산하고자 한다. 이 공공재에 대한 개별가구의 수요함수는 $Q=100-10P$로 동일하고 이 공공재 생산의 한계비용은 5로 일정하다. 이 마을의 사회적 후생을 극대화시키는 공공재 생산량은? (단, Q는 수요량, P는 가격)

▶ 2011년 감정평가사

① 50　　　　　　　　② 95　　　　　　　　③ 125
④ 250　　　　　　　　⑤ 500

출제이슈 공공재 최적 공급의 계산
핵심해설 정답 ②

공공재 최적 공급 조건은 다음과 같다.
$MB_A + MB_B = MC$, $MRS_{X,Y}^A + MRS_{X,Y}^B = MRT_{X,Y}$

이에 따라 설문의 자료를 이용하여 풀면 다음과 같다.

1) 수요조건
　① 마을 개별가구의 수요 $P=10-0.1Q$
　② 마을 전체가구의 수요 $P=10(10-0.1Q)$

2) 비용조건
　$MC=5$

3) 공공재의 최적공급
　$MB_A + MB_B = MC$
　따라서 $10(10-0.1Q)=5$, $Q=95$

공공재에 대한 갑과 을의 수요함수가 각각 $P_갑 = 80 - Q$, $P_을 = 140 - Q$이다. 이에 관한 설명으로 옳은 것을 모두 고른 것은? (단, P는 가격, Q는 수량) ▶ 2020년 감정평가사

ㄱ. $0 \leq Q \leq 80$일 때, 공공재의 사회적 한계편익곡선은 $P = 220 - 2Q$이다.
ㄴ. $80 < Q$일 때, 공공재의 사회적 한계편익곡선은 $P = 80 - Q$이다.
ㄷ. 공공재 생산의 한계비용이 50일 때, 사회적 최적 생산량은 90이다.
ㄹ. 공공재 생산의 한계비용이 70일 때, 사회적 최적 생산량은 70이다.

① ㄱ, ㄴ   ② ㄱ, ㄷ   ③ ㄴ, ㄷ
④ ㄴ, ㄹ   ⑤ ㄷ, ㄹ

출제이슈 공공재 최적 공급의 계산
핵심해설 정답 ②

공공재 최적 공급 조건은 다음과 같다.
$MB_A + MB_B = MC$, $MRS_{X,Y}^A + MRS_{X,Y}^B = MRT_{X,Y}$

이에 따라 설문의 자료를 이용하여 풀면 다음과 같다.

1) 수요조건
   ① 구성원 갑의 공공재에 대한 수요함수 : $P_갑 = 80 - Q$
   ② 구성원 을의 공공재에 대한 수요함수 : $P_을 = 140 - Q$
   ③ 구성원 전체의 수요
      ⅰ) $0 \leq Q \leq 80$일 때, 전체수요함수 : $P = (80 - Q) + (140 - Q) = 220 - 2Q$
      ⅱ) $80 < Q \leq 140$일 때, 전체수요함수 : $P = 140 - Q$

2) 비용조건
   ① $MC = 50$인 경우
   ② $MC = 70$인 경우

3) 공공재의 최적 공급
   ① $MC = 50$인 경우
      ⅰ) $80 < Q \leq 140$일 때, $0 \leq P < 60$
      ⅱ) $MB_A + MB_B = MC$의 공공재 최적공급에 따라서 $140 - Q = 50$이 된다.
      따라서 최적의 공공재 생산량은 $Q = 90$이 된다.

② $MC = 70$인 경우

ⅰ) $0 \leq Q \leq 80$일 때, $60 \leq P \leq 120$

ⅱ) $MB_A + MB_B = MC$의 공공재 최적공급에 따라서 $220 - 2Q = 70$이 된다.

따라서 최적의 공공재 생산량은 $Q = 75$가 된다.

위의 내용에 따라서 설문을 검토하면 다음과 같다.

ㄱ. 옳은 내용이다.

구성원 전체의 수요는 위에서 구한바, 다음과 같다.

ⅰ) $0 \leq Q \leq 80$일 때, 전체수요함수 : $P = (80 - Q) + (140 - Q) = 220 - 2Q$

ⅱ) $80 < Q \leq 140$일 때, 전체수요함수 : $P = 140 - Q$

따라서 $0 \leq Q \leq 80$일 때, 공공재의 사회적 한계편익곡선은 $P = 220 - 2Q$이다.

ㄴ. 틀린 내용이다.

구성원 전체의 수요는 위에서 구한바, 다음과 같다.

ⅰ) $0 \leq Q \leq 80$일 때, 전체수요함수 : $P = (80 - Q) + (140 - Q) = 220 - 2Q$

ⅱ) $80 < Q \leq 140$일 때, 전체수요함수 : $P = 140 - Q$

따라서 $80 < Q$일 때, 공공재의 사회적 한계편익곡선은 $P = 140 - Q$이다.

ㄷ. 옳은 내용이다.

위에서 구한 바대로, $MC = 50$인 경우

ⅰ) $80 < Q \leq 140$일 때, $0 \leq P < 60$

ⅱ) $MB_A + MB_B = MC$의 공공재 최적공급에 따라서 $140 - Q = 50$이 된다.

따라서 최적의 공공재 생산량은 $Q = 90$이 된다.

ㄹ. 틀린 내용이다.

위에서 구한 바대로, $MC = 70$인 경우

ⅰ) $80 \leq Q \leq 140$일 때, $60 \leq P \leq 120$

ⅱ) $MB_A + MB_B = MC$의 공공재 최적공급에 따라서 $220 - 2Q = 70$이 된다.

따라서 최적의 공공재 생산량은 $Q = 75$가 된다.

두 명의 수요자로 구성된 X재 시장에 관한 설명으로 옳은 것은? (단, P는 가격, Q_1과 Q_2는 각각 개인 1과 2의 수요함수) ▶ 2025년 감정평가사

- $Q_1 = 10 - \dfrac{1}{2}P, \quad Q_2 = 20 - P$
- 한계비용은 16으로 일정하다.

① X재가 사적재일 경우 경쟁시장에서의 균형거래량은 10이다.
② X재가 사적재일 경우 경쟁시장에서의 균형거래량은 8이다.
③ X재가 공공재일 경우 최적 생산량은 8이다.
④ X재가 공공재일 경우 최적 생산량은 10이다.
⑤ 재화의 성격과 관계없이 균형거래량과 최적 생산량은 10이다.

출제이슈 공공재와 사적재 균형의 비교
핵심해설 정답 ③

1) 사적재인 경우
   시장수요는 수평합으로 구하므로 시장수요함수는 $Q = 30 - 1.5P$가 된다.
   이 때, 한계비용이 16이므로 균형거래량은 6이 된다.

2) 공공재인 경우
   시장수요는 수직합으로 구하므로 시장수요함수는 $P = 40 - 3Q$가 된다.
   이 때, 한계비용이 16이므로 균형거래량은 8이 된다.

외부성의 의의와 효과

> **생산 측면에서 외부효과가 발생하는 경우에 관한 설명으로 옳지 않은 것은?** ▶ 2015년 감정평가사
>
> ① 부정적 외부효과가 존재할 경우, 시장균형거래량에서 사회적 한계비용이 시장균형가격보다 낮다.
> ② 긍정적 외부효과가 존재할 경우, 시장균형거래량은 사회적 최적거래량보다 작다.
> ③ 부정적 외부효과가 존재할 경우, 경제적 순손실(자중손실)이 발생한다.
> ④ 긍정적 외부효과가 존재할 경우, 경제적 순손실(자중손실)이 발생한다.
> ⑤ 외부효과는 한 사람의 행위가 제3자의 경제적 후생에 영향을 미치고 그에 대한 보상이 이루어지지 않을 때 발생한다.

출제이슈 외부성의 유형과 효과
핵심해설 정답 ①

① 틀린 내용이다.

생산에 있어서 부정적 외부효과가 있을 경우 사적 비용에 비해 사회적 비용이 더 크다. 기하적으로는 사회적 한계비용곡선이 사적 한계비용곡선보다 상방에 존재하는 것으로 묘사할 수 있다. 이는 생산에 수반되는 부정적 외부성이 사회적 관점에서는 생산비용의 상승을 만들어 내기 때문이다. 따라서 부정적 외부효과가 존재할 경우, 시장균형거래량에서 사회적 한계비용이 시장균형가격보다 높다.

② 옳은 내용이다.

긍정적 외부효과가 존재할 경우, 사적 한계비용이 사회적 한계비용보다 더 크기 때문에 시장균형 산출량은 사회적 최적산출량에 미달한다.

③ 옳은 내용이다.

부정적 외부효과가 존재할 경우, 경제적 순손실(자중손실)이 발생한다. 생산에 부정적 외부성이 있는 경우 시장균형산출량은 사회적 최적생산량을 상회하고, 이로 인해 사회적 편익보다 사회적 비용이 큼에도 불구하고 과다생산되어 사회후생손실을 초래한다.

④ 옳은 내용이다.

긍정적 외부효과가 존재할 경우, 경제적 순손실(자중손실)이 발생한다. 생산에 긍정적 외부성이 있는 경우 시장균형산출량은 사회적 최적생산량을 미달하고, 이로 인해 사회적 편익이 사회적 비용보다 큼에도 불구하고 과소생산되어 사회후생손실을 초래한다.

⑤ 옳은 내용이다.

외부성이란 어떤 경제주체의 행위가 시장기구를 통하지 않고 다른 경제주체의 경제활동에 명시적으로 영향을 미치는 것으로서 그럼에도 불구하고 영향을 미치는 것에 대한 보상이 이루어지지 않아서 문제가 된다. 이는 사회적 관점에서 의사결정이 이루어지지 못하고 사적 관점에서 의사결정이 이루어지고 있음을 의미한다.

( )에 들어갈 내용으로 옳은 것은? ▶ 2022년 감정평가사

- 소비의 긍정적 외부성이 존재할 때, (ㄱ)이 (ㄴ)보다 크다.
- 생산의 부정적 외부성이 존재할 때, (ㄷ)이 (ㄹ)보다 작다.

① ㄱ: 사회적 한계편익, ㄴ: 사적 한계편익, ㄷ: 사적 한계비용, ㄹ: 사회적 한계비용
② ㄱ: 사적 한계편익, ㄴ: 사회적 한계편익, ㄷ: 사적 한계비용, ㄹ: 사회적 한계비용
③ ㄱ: 사회적 한계편익, ㄴ: 사적 한계편익, ㄷ: 사회적 한계비용, ㄹ: 사적 한계비용
④ ㄱ: 사적 한계편익, ㄴ: 사회적 한계편익, ㄷ: 사회적 한계비용, ㄹ: 사적 한계비용
⑤ ㄱ: 사회적 한계편익, ㄴ: 사적 한계비용, ㄷ: 사적 한계편익, ㄹ: 사회적 한계비용

출제이슈 외부성의 유형과 효과
핵심해설 정답 ①

생산에 있어서 부정적 외부효과가 있을 경우 사적 비용에 비해 사회적 비용이 더 크다. 기하적으로는 사회적 한계비용곡선이 사적 한계비용곡선보다 상방에 존재하는 것으로 묘사할 수 있다. 이는 생산에 수반되는 부정적 외부성이 사회적 관점에서 생산비용의 상승을 만들어 내기 때문이다. 사적 한계비용이 사회적 한계비용보다 더 작기 때문에 시장균형 산출량은 사회적 최적 산출량을 상회한다.

소비에 있어서 긍정적 외부효과가 있을 경우 사적 편익에 비해 사회적 편익이 더 크다. 기하적으로는 사회적 한계편익곡선이 사적 한계편익곡선보다 상방에 존재하는 것으로 묘사할 수 있다. 이는 소비에 수반되는 긍정적 외부성이 사회적 관점에서 편익의 증가를 만들어 내기 때문이다. 사적 한계편익이 사회적 한계편익보다 더 작기 때문에 시장균형 산출량은 사회적 최적 산출량을 하회한다.

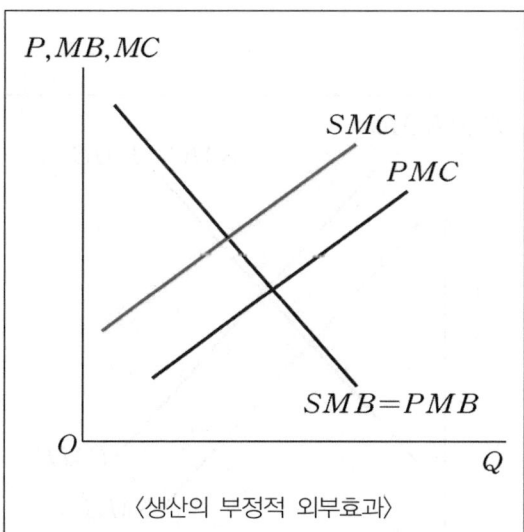

〈생산의 부정적 외부효과〉

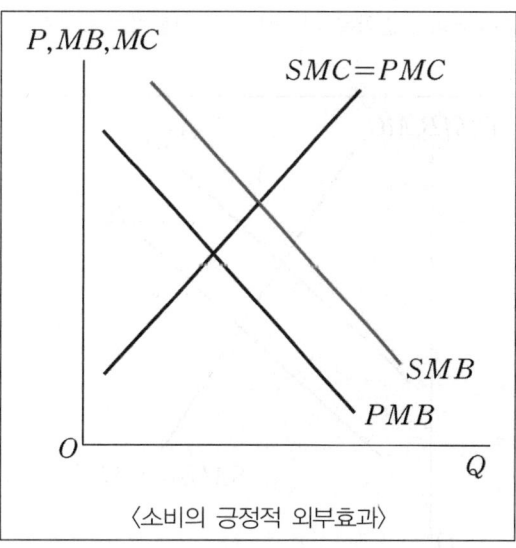

〈소비의 긍정적 외부효과〉

따라서 설문에서 소비의 긍정적 외부성이 존재할 때, (ㄱ. 사회적 한계편익)이 (ㄴ. 사적 한계편익)보다 크다. 생산의 부정적 외부성이 존재할 때, (ㄷ. 사적 한계비용)이 (ㄹ. 사회적 한계비용)보다 작다.

( )에 들어갈 내용으로 옳은 것은?　　　　　　　　　　　▶ 2018년 감정평가사

- 생산의 긍정적 외부효과가 있을 때, (ㄱ)이 (ㄴ)보다 작다.
- 소비의 부정적 외부효과가 있을 때, (ㄷ)이 (ㄹ)보다 크다.

① ㄱ : 사회적 한계비용, ㄴ : 사적 한계비용, ㄷ : 사회적 한계편익, ㄹ : 사적 한계편익
② ㄱ : 사회적 한계비용, ㄴ : 사적 한계비용, ㄷ : 사적 한계편익, ㄹ : 사회적 한계편익
③ ㄱ : 사적 한계비용, ㄴ : 사회적 한계비용, ㄷ : 사회적 한계편익, ㄹ : 사적 한계편익
④ ㄱ : 사적 한계비용, ㄴ : 사회적 한계비용, ㄷ : 사회적 한계편익, ㄹ : 사회적 한계편익
⑤ ㄱ : 사회적 한계비용, ㄴ : 사적 한계비용, ㄷ : 사적 한계편익, ㄹ : 사회적 한계편익

출제이슈 외부성의 유형과 효과
핵심해설 정답 ②

생산에 있어서 긍정적 외부효과가 있을 경우 사적 비용에 비해 사회적 비용이 더 작다. 기하적으로는 사회적 한계비용곡선이 사적 한계비용곡선보다 하방에 존재하는 것으로 묘사할 수 있다. 이는 생산에 수반되는 긍정적 외부성이 사회적 관점에서 생산비용의 하락을 만들어 내기 때문이다. 사적 한계비용이 사회적 한계비용보다 더 크기 때문에 시장균형 산출량은 사회적 최적 산출량에 미달한다.

소비에 있어서 부정적 외부효과가 있을 경우 사회적 편익에 비해 사적 편익이 더 크다. 기하적으로는 사회적 한계편익곡선이 사적 한계편익곡선보다 하방에 존재하는 것으로 묘사할 수 있다. 이는 소비에 수반되는 부정적 외부성이 사회적 관점에서 편익의 감소를 만들어 내기 때문이다. 사적 한계편익이 사회적 한계편익보다 더 크기 때문에 시장균형 산출량은 사회적 최적 산출량을 초과한다.

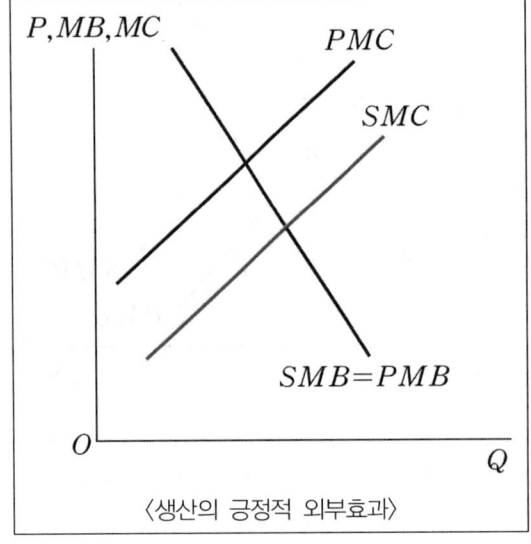

〈생산의 긍정적 외부효과〉

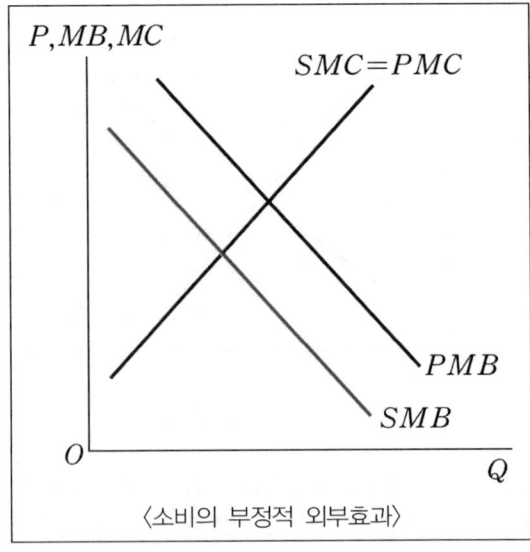

〈소비의 부정적 외부효과〉

X재의 생산과정에서 양(+)의 외부효과가 발생할 때 균형산출량 수준에서 옳은 것은? (단, X재 시장은 완전경쟁시장이고, X재에 대한 수요의 법칙과 공급의 법칙이 성립하며, 정부의 개입은 없다고 가정한다. P는 X재의 가격, PMC는 X재의 사적 한계비용, SMC는 X재의 사회적 한계비용이다.)

▶ 2016년 감정평가사

① $P = SMC = PMC$
② $P = PMC > SMC$
③ $P = PMC < SMC$
④ $P = SMC < PMC$
⑤ $PMC < SMC < P$

출제이슈 외부성의 유형과 효과
핵심해설 정답 ②

생산에 있어서 긍정적 외부효과가 있을 경우 사적 비용에 비해 사회적 비용이 더 작다. 기하적으로는 사회적 한계비용곡선이 사적 한계비용곡선보다 하방에 존재하는 것으로 묘사할 수 있다. 이는 생산에 수반되는 긍정적 외부성이 사회적 관점에서 생산비용의 하락을 만들어 내기 때문이다.

시장균형은 사적 한계비용과 한계편익(사회적 한계편익과 사적 한계편익이 동일하다고 가정)이 일치하는 지점에서 형성된다. 그러나 사회적으로 바람직한 균형은 사회적 한계비용과 한계편익(사회적 한계편익과 사적 한계편익이 동일하다고 가정)이 일치하는 지점에서 달성된다. 사적 한계비용이 사회적 한계비용보다 더 크기 때문에 시장균형 산출량은 사회적 최적 산출량에 미달하고 시장균형 가격은 사회적으로 바람직한 가격을 상회한다.

위의 내용에 따라서 설문을 검토하면 ② $P = PMC > SMC$가 옳은 내용이다.

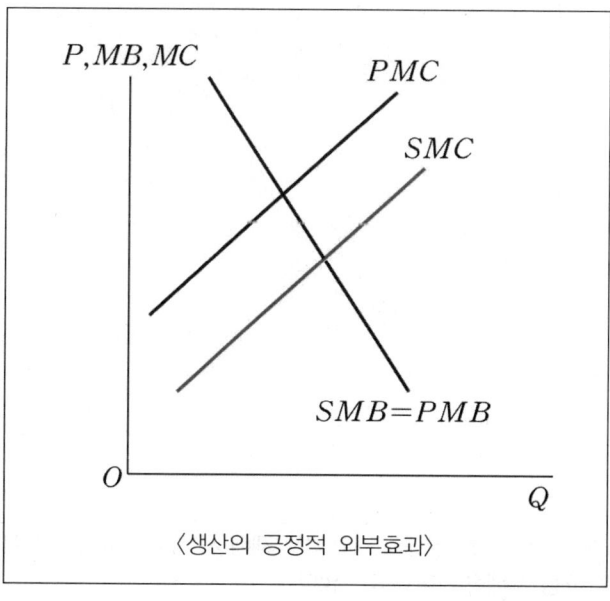

〈생산의 긍정적 외부효과〉

다음 (   ) 안에 들어갈 내용으로 알맞은 것은? ▶ 2017년 감정평가사

> 관상용 나무 재배는 공기를 정화하는 긍정적 외부효과(externality)를 발생시킨다. 나무 재배 시 사회적 효용은 사적 효용보다(과) (ㄱ   ), 사회적 최적 재배량은 사적 균형 재배량보다(과) (ㄴ   ).

① ㄱ : 크며   ㄴ : 많다   ② ㄱ : 크며   ㄴ : 적다

③ ㄱ : 작으며   ㄴ : 많다   ④ ㄱ : 작으며   ㄴ : 적다

⑤ ㄱ : 동일하고   ㄴ : 동일하다

출제이슈 외부성의 유형과 효과
핵심해설 정답 ①

소비에 있어서 긍정적 외부효과가 있을 경우 사적 편익에 비해 사회적 편익이 더 크다. 기하적으로는 사회적 한계편익곡선이 사적 한계편익곡선보다 상방에 존재하는 것으로 묘사할 수 있다. 이는 소비에 수반되는 긍정적 외부성이 사회적 관점에서 편익의 증가(한계외부편익)를 만들어 내기 때문이다.

시장균형은 사적 한계편익과 한계비용(사회적 한계비용과 사적 한계비용이 동일하다고 가정)이 일치하는 지점에서 형성된다. 그러나 사회적으로 바람직한 균형은 사회적 한계편익과 한계비용(사회적 한계비용과 사적 한계비용이 동일하다고 가정)이 일치하는 지점에서 달성된다. 사적 한계편익이 사회적 한계비용보다 더 작기 때문에 시장균형 산출량은 사회적 최적 산출량에 미달하고 시장균형 가격은 사회적으로 바람직한 가격을 하회한다.

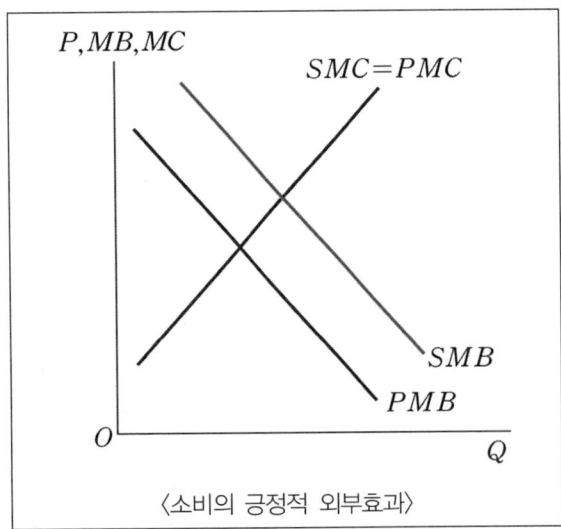

〈소비의 긍정적 외부효과〉

위의 내용에 따라서 설문을 검토하면 다음과 같다.
관상용 나무 재배는 공기를 정화하는 긍정적 외부효과(externality)를 발생시킨다. 나무 재배 시 사회적 효용은 사적 효용보다 (ㄱ. 크며), 사회적 최적 재배량은 사적 균형 재배량보다 (ㄴ. 많다).

외부효과에 관한 설명으로 옳은 것은? ▶ 2011년 감정평가사

① 생산의 외부불경제가 존재하는 경우 사회적 최적생산량은 시장균형생산량보다 많다.
② 소비의 외부경제가 존재하는 경우 사회적 최적소비량은 시장균형소비량보다 적다.
③ 외부효과의 내부화로는 외부효과의 비효율성을 해결할 수 없다.
④ 교정적 조세는 경제적 효율을 향상시키면서 정부의 조세수입도 증대시킨다.
⑤ 오염배출권 거래제에서는 정부가 오염배출권의 가격을 먼저 설정함으로써 사회적 총오염배출량이 결정된다.

출제이슈 외부성
핵심해설 정답 ④

① 틀린 내용이다.

생산에 있어서 부정적 외부효과가 있을 경우 사적 비용에 비해 사회적 비용이 더 크다. 기하적으로는 사회적 한계비용곡선이 사적 한계비용곡선보다 상방에 존재하는 것으로 묘사할 수 있다. 이는 생산에 수반되는 부정적 외부성이 사회적 관점에서는 생산비용의 상승을 만들어 내기 때문이다. 사적 한계비용이 사회적 한계비용보다 더 작기 때문에 시장균형 산출량은 사회적 최적 산출량을 상회한다.

② 틀린 내용이다.

소비에 있어서 긍정적 외부효과 혹은 양의 외부성이 있는 경우 사회적으로 바람직한 산출량 수준에 미달하게 된다. 이는 민간의 의사결정은 사회적 편익이 아니라 사적 편익에 기하여 이루어지며, 사적한계편익이 사회적 한계편익보다 낮기 때문에 발생하는 현상이다. 따라서 시장에서 결정되는 균형생산량은 사회적으로 바람직한 최적생산량에 미달한다.

③ 틀린 내용이다.

외부성이란 어떤 경제주체의 행위가 시장기구를 통하지 않고 다른 경제주체의 경제활동에 명시적으로 영향을 미치는 것으로서 그럼에도 불구하고 영향을 미치는 것에 대한 보상이 이루어지지 않아서 문제가 된다. 이는 사회적 관점에서 의사결정이 이루어지지 못하고 사적 관점에서 의사결정이 이루어지고 있음을 의미한다. 외부성의 해결을 위해서는 시장 테두리 바깥에서 일어나는 행위에 대하여 적절한 보상이 이루어지도록 시장 테두리 안쪽으로 끌고 들어오는 이른바 내부화가 필요하다.

④ 옳은 내용이다.

외부불경제를 창출하는 경제주체에게 적절히 세금을 부과하여 자원배분의 비효율성을 시정할 수 있는 것을 교정적 과세라고 한다. 이를 통해서 정부의 조세수입도 증대시킬 수 있다.

⑤ 틀린 내용이다.

오염배출권제도의 시행을 위해서는 먼저 정부가 사회적으로 바람직한 최적의 오염수준을 결정하고 그만큼만 배출되도록 강제하는 절차가 필요하다. 오염물질의 정화 및 처리에 들어가는 비용이 불가결함을 고려할 때, 환경오염수준을 0으로 낮추는 것은 바람직하지 않기 때문에 오염제거비용과 오염피해비용을 동시에 고려하여 총비용을 최소화시키는 수준이 최적 오염수준이 된다.

외부성에 관한 설명으로 옳은 것을 모두 고른 것은?　　　　　▶ 2012년 감정평가사

ㄱ. 부(−)의 외부성이 존재하면 시장생산량은 사회적 최적생산량보다 많다.
ㄴ. 외부성은 합병이나 보조금 혹은 조세 등을 통해 내부화시킬 수 있다.
ㄷ. 코즈(R.Coase)에 의하면 외부성이 존재하더라도 재산권이 확립되어 있으면 정부의 개입이 불필요할 수 있다.

① ㄱ　　　　　　　　② ㄱ, ㄴ　　　　　　　③ ㄴ, ㄷ
④ ㄱ, ㄷ　　　　　　⑤ ㄱ, ㄴ, ㄷ

출제이슈 외부성
핵심해설 정답 ⑤

ㄱ. 옳은 내용이다.
　생산에 있어서 부정적 외부효과가 있을 경우 사적 비용에 비해 사회적 비용이 더 크다. 기하적으로는 사회적 한계비용곡선이 사적 한계비용곡선보다 상방에 존재하는 것으로 묘사할 수 있다. 이는 생산에 수반되는 부정적 외부성이 사회적 관점에서는 생산비용의 상승을 만들어 내기 때문이다. 사적 한계비용이 사회적 한계비용보다 더 작기 때문에 시장균형 산출량은 사회적 최적 산출량을 상회한다.

　소비에 있어서 부정적 외부효과가 있을 경우 사회적 편익에 비해 사적 편익이 더 크다. 기하적으로는 사회적 한계편익곡선이 사적 한계편익곡선보다 하방에 존재하는 것으로 묘사할 수 있다. 이는 소비에 수반되는 부정적 외부성이 사회적 관점에서 편익의 감소를 만들어 내기 때문이다. 사적 한계편익이 사회적 한계편익보다 더 크기 때문에 시장균형 산출량은 사회적 최적 산출량을 초과한다.

ㄴ. 옳은 내용이다.
　외부성이란 어떤 경제주체의 행위가 시장기구를 통하지 않고 다른 경제주체의 경제활동에 명시적으로 영향을 미치는 것으로서 그럼에도 불구하고 영향을 미치는 것에 대한 보상이 이루어지지 않아서 문제가 된다. 이는 사회적 관점에서 의사결정이 이루어지지 못하고 사적 관점에서 의사결정이 이루어지고 있음을 의미한다. 외부성의 해결을 위해서는 시장 테두리 바깥에서 일어나는 행위에 대하여 적절한 보상이 이루어지도록 시장 테두리 안쪽으로 끌고 들어오는 이른바 내부화가 필요하다. 이러한 내부화의 수단으로는 조세, 보조금, 합병 등을 들 수 있다. 기업이 사적 관점에서 의사결정과정에서 포함시키지 않은 한계외부비용이나 편익을 조세와 보조금을 통해서 기업의 의사결정에 명시적으로 편입시킬 수 있다. 합병을 통해서도 역시 다른 기업이 겪고 있는 한계외부비용이나 편익의 문제를 전체적 기업관점에서 기업 내부의 문제로 인식하게 된다.

ㄷ. 옳은 내용이다.
　코즈정리에 의하면 ① 외부성이 존재하는 경우, 정부개입이 없더라도, ② 외부성과 관련된 재산권의 부여가 확립되고 ③ 협상에 따른 거래비용이 존재하지 않는다면 경제주체들 간의 협상을 통해 효율적인 자원배분이 가능하다.

외부성에 관한 설명으로 옳은 것은?

▶ 2023년 감정평가사

① 생산의 부정적 외부성이 있는 경우 사회적 최적생산량이 시장균형생산량보다 크다.
② 생산의 부정적 외부성이 있는 경우 사적 한계비용이 사회적 한계비용보다 작다.
③ 소비의 부정적 외부성이 있는 경우 사적 한계편익이 사회적 한계편익보다 작다.
④ 코즈(R. Coase)의 정리는 거래비용의 크기와 무관하게 민간경제주체들이 외부성을 스스로 해결할 수 있다는 정리를 말한다.
⑤ 공유자원의 비극(tragedy of the commons)은 긍정적 외부성에서 발생한다.

출제이슈 외부성
핵심해설 정답 ②

①은 틀린 내용이며, ②는 옳은 내용이다.
외부성이란 어떤 한 경제주체의 행위가 제3자에게 의도하지 않은 이득이나 손해를 가져다줌에도 불구하고 이에 대한 대가를 받거나 주지 않는 상황으로서 시장의 테두리 밖에 존재하는 현상을 의미한다.

특히 생산의 외부성이란 어떤 경제주체의 생산행위가 다른 경제주체의 효용함수 혹은 생산함수에 긍정적 혹은 부정적 영향을 미치는 것을 의미한다.

생산에 있어서 부정적 외부효과가 있을 경우 사적 비용에 비해 사회적 비용이 더 크다. 기하적으로는 아래 첫번째 그래프와 같이 사회적 한계비용곡선이 사적 한계비용곡선보다 상방에 존재하는 것으로 묘사할 수 있다. 이는 생산에 수반되는 부정적 외부성이 사회적 관점에서는 생산비용의 상승을 만들어 내기 때문이다. 사적 한계비용이 사회적 한계비용보다 더 작기 때문에 시장균형 산출량은 사회적 최적 산출량을 상회한다.

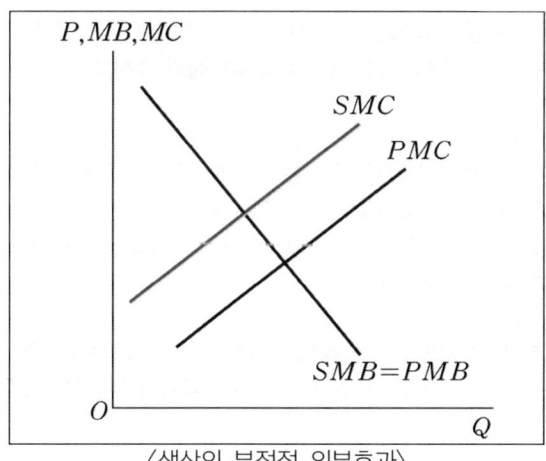

〈생산의 부정적 외부효과〉

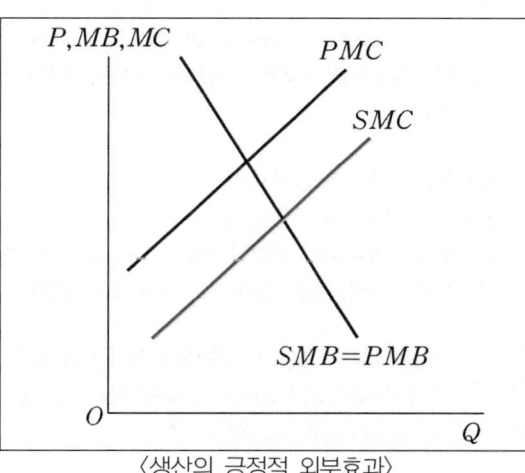

〈생산의 긍정적 외부효과〉

③ 틀린 내용이다.
소비의 외부성이란 어떤 경제주체의 소비행위가 다른 경제주체의 효용함수 혹은 생산함수에 긍정적 혹은 부정적 영향을 미치는 것을 의미한다.

소비에 있어서 부정적 외부성이 있는 경우 사회적 한계편익에 비해 사적 한계편익이 더 크다. 기하적으로는 아래 첫번째 그래프와 같이 사회적 한계편익곡선이 사적 한계편익곡선보다 하방에 존재하는 것으로 묘사할 수 있다. 이는 소비에 수반되는 부정적 외부성이 사회적 관점에서 편익의 감소를 만들어 내기 때문이다. 사적 한계편익이 사회적 한계편익보다 더 크기 때문에 시장균형 산출량은 사회적 최적 산출량을 상회한다.

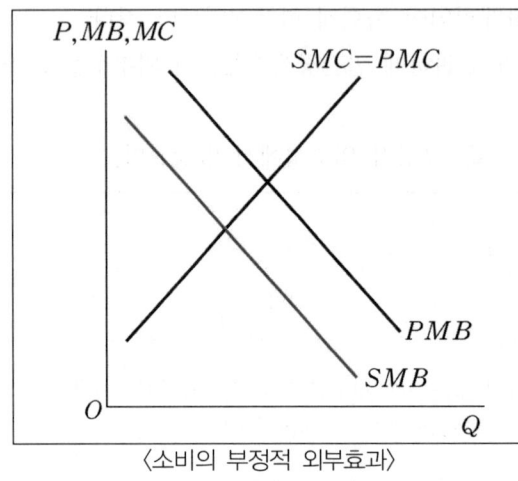

〈소비의 부정적 외부효과〉

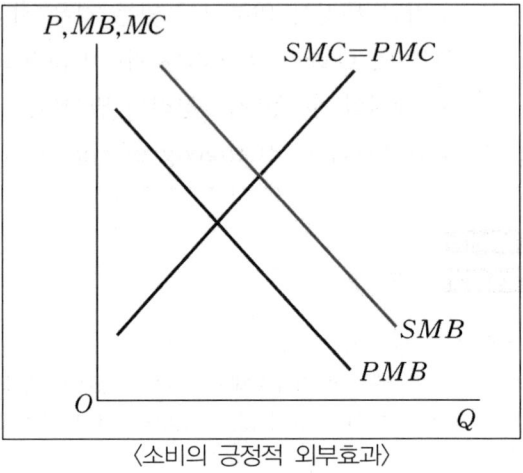

〈소비의 긍정적 외부효과〉

④ 틀린 내용이다.

코즈에 의하면 외부성의 존재가 반드시 정부의 개입에 의한 해결을 필요로 하지 않을 수도 있다. 정부개입 없이도 민간부문에서 자율적인 협상을 통해서 해결할 수 있음을 의미한다. 코즈정리에 따르면 첫째, 외부성이 존재하는 경우 둘째, 외부성과 관련된 재산권의 부여가 확립되고 셋째, 협상에 따른 거래비용이 존재하지 않는다고 가정하면 정부개입이 없더라도 이해당사자인 경제주체들 간의 자율적인 협상을 통해 효율적인 자원배분이 가능하다.

⑤ 틀린 내용이다.

공유지는 공유재의 한 예로서 일반적으로 공유재란 경합성은 있으나 배제성은 없는 재화를 의미한다. 공유재는 공공재와 유사하게 배제불가능성의 특징을 가지고 있지만 또한 사적재와도 유사하게 경합성의 특징을 모두 가지고 있다.

공유자원의 비극은 공유재의 독특한 성격 때문에 발생한다. 공유재의 성격상 배제가 불가능하기 때문에 누구나 공유재를 사용하고 주인이 될 수 있어서 소유권과 주인이 분명하지 않기 때문에 과잉소비가 발생한다. 이러한 과잉소비는 공유재의 경합성으로 인하여 결국 고갈문제를 초래한다. 공유재의 배제불가능성과 경합성이 결합되어 공유재가 적정수준 이상으로 남용되어 고갈되는 문제로 나타나는 것이다.

공유자원에 접근가능한 특정주체의 소비 혹은 생산행위는 불분명한 소유권 확립과 결부되어 과잉소비로 이어진다. 특정주체의 과잉소비는 공유자원을 고갈시킴으로써 다른 주체들의 소비 혹은 생산행위에 부정적 영향 즉, 부정적 외부성을 초래하게 된다.

공유자원을 사용하는 개별주체의 관점에서는 자신의 이익을 극대화하는 것이므로 합리적인 의사결정임에 틀림없다. 그러나 공유자원을 사용하는 전체의 관점에서는 부정적 외부성, 과잉소비, 고갈 등의 문제로 인하여 효율적이지 않다. 이는 공유자원을 사용함에 있어서 사적 유인과 사회적 유인이 외부성에 의하여 괴리되기 때문에 발생하는 것이다.

Issue 05 외부성과 사회적 최적산출량 계산

상품의 시장수요곡선은 $P = 100 - 2Q$이고 한계비용은 20이며 제품 한 단위당 20의 환경피해를 발생시킨다. 완전경쟁시장하에서 (ㄱ) 사회적 최적 수준의 생산량과 (ㄴ) 사회후생의 순손실은? (단, P는 가격, Q는 생산량이다.)

▶ 2021년 감정평가사

① ㄱ : 20, ㄴ : 50   ② ㄱ : 20, ㄴ : 100
③ ㄱ : 30, ㄴ : 30   ④ ㄱ : 30, ㄴ : 100
⑤ ㄱ : 40, ㄴ : 200

출제이슈 생산의 부정적 외부성과 사회적 최적산출량(사회후생손실)
핵심해설 정답 ④

1) 비용조건
   사적 한계비용 $PMC = 20$, 한계외부비용 $MEC = 20$, 사회적 한계비용 $SMC = 40$

2) 수요조건
   수요함수 $P = 100 - 2Q$

3) 사회적 최적산출량
   생산에 부정적 외부성이 있는 경우 사회적 최적생산량은 $SMC = SMB$일 때 달성된다.
   따라서 $100 - 2Q = 40$이 되고 $Q = 30$이다.

4) 시장 균형산출량
   생산에 부정적 외부성이 있는 경우 시장 균형산출량은 $PMC = SMB$일 때 달성된다.
   따라서 $100 - 2Q = 20$이 되고 $Q = 40$이다.

5) 사회후생손실
   생산에 부정적 외부성이 있는 경우 시장 균형산출량은 사회적 최적생산량을 상회하고, 이로 인해 사회적 편익보다 사회적 비용이 큼에도 불구하고 과다생산되어 사회후생손실을 초래한다. 이를 계산하면 다음과 같다.

   $$후생손실 = \frac{10 \times 20}{2} = 100$$

독점기업이 공급하는 X재의 시장수요곡선은 $Q=200-P$이고, 기업의 사적 비용함수는 $C=Q^2+20Q+10$이고, 환경오염에 의한 추가적 비용을 포함한 사회적 비용함수는 $SC=2Q^2+20Q+20$이다. 이 경우 사회적으로 바람직한 최적생산량은? (단, Q는 생산량, P는 시장가격이다.)

▶2022년 감정평가사

① 24
② 36
③ 60
④ 140
⑤ 164

출제이슈 생산의 부정적 외부성과 사회적 최적산출량
핵심해설 정답 ②

생산에 부정적 외부성이 있는 경우 사회적 최적생산량은 $SMC=SMB$일 때 달성(E^*에서 Q^*생산)된다. 그러나 시장에서의 균형생산량은 $PMC=SMB$에서 달성되어 과다생산(E_0에서 Q_0)되므로 사회적 후생손실이 발생한다.

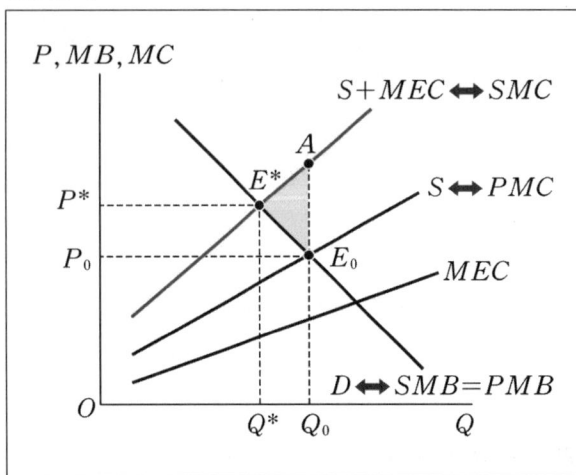

설문의 자료를 이용하여 시장 균형산출량 및 사회적 최적산출량을 구하면 다음과 같다.

1) 비용조건
   사적 한계비용 $PMC=2Q+20$, 한계외부비용 $MEC=2Q$, 사회적 한계비용 $SMC=4Q+20$

2) 수요조건
   수요함수 $Q=200-P$

3) 사회적 최적산출량
   생산에 부정적 외부성이 있는 경우 사회적 최적생산량은 $SMC=SMB$일 때 달성된다.
   따라서 $4Q+20=200-Q$가 되고 $Q=36$이다.

기업 A의 사적한계비용 $MC = \dfrac{1}{2}Q + 300$, $P = 500$ 이고 기업 A가 발생시키는 환경오염 피해액은 단위당 100이다. 기업 A의 사회적 최적산출량은? (단, 완전경쟁시장을 가정하고, Q는 산출량, P는 가격이다.) ▶ 2023년 감정평가사

① 200   ② 400   ③ 600
④ 800   ⑤ 1,000

출제이슈 생산의 부정적 외부성과 산출량
핵심해설 정답 ①

설문의 자료를 이용하여 개별기업의 사회적 최적산출량 및 이윤극대화 산출량을 구하면 다음과 같다.

1. 비용조건

   사적 한계비용 $PMC = \dfrac{1}{2}Q + 300$, 한계외부비용 $MEC = 100$, 사회적 한계비용 $SMC = \dfrac{1}{2}Q + 400$

2. 수요조건

   경쟁시장에서 활동하고 있는 개별기업이며, 이러한 개별기업이 경쟁시장에서 직면하는 개별수요는 $P = 500$ 이 된다.

3. 개별기업의 사회적 최적산출량

   생산에 부정적 외부성이 있는 경우 개별기업의 사회적 최적산출량은 $P = SMC$일 때, 달성되므로 따라서 $\dfrac{1}{2}Q + 400 = 500$이 되고 $Q = 200$이다.

4. 개별기업의 이윤극대화 산출량

   생산에 부정적 외부성이 있는 경우 개별기업의 이윤극대화 산출량은 $P = PMC$일 때, 달성되므로 따라서 $\dfrac{1}{2}Q + 300 = 500$이 되고 $Q = 400$이다.

최적오염모형

온실가스 배출량(Q)을 저감하기 위한 한계저감비용은 $40-2Q$이고, 온실가스 배출로 유발되는 한계피해비용은 $3Q$이다. 최적의 온실가스 배출량과 한계저감비용은? ▶ 2017년 감정평가사

① 8, 24 ② 9, 27
③ 10, 30 ④ 11, 33
⑤ 12, 36

출제이슈 최적오염모형
핵심해설 정답 ①

1) 한계오염제거비용
온실가스 배출량(Q)을 저감하기 위한 한계저감비용은 $40-2Q$로 주어져 있다.

2) 한계오염피해비용
온실가스 배출로 유발되는 한계피해비용은 $3Q$로 주어져 있다.

3) 최적오염량 도출
최적의 온실가스 배출량은 한계오염제거비용과 한계피해비용이 일치하여 오염으로 인한 비용을 극소화할 때 달성된다.

따라서 $40-2Q=3Q$, $Q=8$이 된다.
따라서 최적의 온실가스 배출량은 8이며, 이때, 한계저감비용은 24가 된다.

오염물질을 배출하는 기업 갑과 을의 오염저감비용은 각각 $TAC_1 = 200 + 4X_1^2$, $TAC_2 = 200 + X_2^2$ 이다. 정부가 두 기업의 총오염배출량을 80톤 감축하기로 결정할 경우, 두 기업의 오염저감비용의 합계를 최소화하는 갑과 을의 오염감축량은? (단, X_1, X_2 는 각각 갑과 을의 오염감축량이다.)

▶ 2021년 감정평가사

① $X_1 = 8$, $X_2 = 52$ ② $X_1 = 16$, $X_2 = 64$

③ $X_1 = 24$, $X_2 = 46$ ④ $X_1 = 32$, $X_2 = 48$

⑤ $X_1 = 64$, $X_2 = 16$

출제이슈 최적오염모형
핵심해설 정답 ②

X_1, X_2 가 각각 기업 갑과 을의 오염감축량일 때, 기업 갑과 을의 오염저감비용은 각각 다음과 같다.

$$TAC_1 = 200 + 4X_1^2, \ TAC_2 = 200 + X_2^2$$

그리고 정부의 총오염배출량 감축목표는 80톤 감축이므로 $X_1 + X_2 = 80$의 제약조건이 성립한다. 이제 두 기업의 오염저감비용의 합을 최소화하는 오염감축량은 다음과 같이 구할 수 있다.

$$\begin{cases} TC = (200 + 4X_1^2) + (200 + X_2^2) \ ---① \\ X_1 + X_2 = 80 \ --------------- ② \\ Min \ TC ----------------- ③ \end{cases}$$

이를 풀기 위해서는 TC의 기울기를 음함수의 미분을 통해서 도출한 후 제약식의 기울기와 일치시키면 아주 간단히 해결할 수 있다. 그러나 이는 감정평가사 수험경제학 수준을 넘는다. 따라서 이하에서는 제약식을 목적함수식에 대입하여 풀기로 한다.

②를 ①에 대입하면 $TC = 200 + 4X_1^2 + 200 + (80 - X_1)^2$가 된다.
극소화를 위해서 $TC = 200 + 4X_1^2 + 200 + (80 - X_1)^2$를 X_1으로 미분하여 0으로 두면 다음과 같다.

$$\frac{dTC}{dX_1} = 8X_1 - 160 + 2X_1 = 0$$이 성립한다.

따라서 이를 풀면, $X_1 = 16$, $X_2 = 64$가 된다.

피구세와 피구보조금

X재 산업의 역공급함수는 $P = 440 + Q$이고, 역수요함수는 $P = 1,200 - Q$이다. X재의 생산으로 외부편익이 발생하는데, 외부한계편익함수는 $EMB = 60 - 0.05Q$이다. 정부가 X재를 사회적 최적수준으로 생산하도록 보조금 정책을 도입할 때, 생산량 1단위당 보조금은? (P는 가격, Q는 수량)

▶ 2020년 감정평가사

① 20   ② 30   ③ 40
④ 50   ⑤ 60

출제이슈 외부성과 보조금
핵심해설 정답 ③

설문에 주어진 자료를 이용하여 보조금을 구하면 다음과 같다.

1) 비용조건
   ① 한계비용 $MC = 440 + Q$
   ② 보조금 S 지급 후 한계비용 $MC - S = 440 + Q - S$

2) 수요조건(편익조건)
   ① 사적 한계편익 $PMB = 1,200 - Q$
   ② 한계외부 "편익" MEB or $EMB = 60 - 0.05Q$
   ③ 사회적 한계외부편익 $SMB = 1,260 - 1.05Q$

3) 시장 균형생산량
   시장생산량은 $MC = PMB$일 때 달성된다.
   따라서 $440 + Q = 1,200 - Q$, $Q = 380$이 된다.

4) 사회적 최적생산량
   사회적 최적생산량은 $MC = SMB$일 때 달성된다.
   따라서 $440 + Q = 1,260 - 1.05Q$, $Q = 400$이 된다.

5) 보조금의 지급
   사회적 최적생산량은 $MC - S = 440 + Q - S$일 때도 달성될 수 있다.
   따라서 $440 + Q - S = 1,200 - Q$가 된다.
   그런데 이때의 생산량은 사회적 최적생산량으로서 $Q = 400$이 된다.
   그러므로 보조금은 $S = 40$이 된다.

외부효과가 존재하는 A시장의 수요곡선은 $P=100-Q$이고, 사적한계비용은 $PMC=40+0.5Q$ 이다. 생산량 한 단위당 30의 추가적인 사회적 비용이 발생하는 경우에 관한 설명으로 옳은 것은? (단, P는 가격, Q는 수량이다.) ▶2013년 감정평가사

① 정부개입이 없는 경우 균형생산량은 20이다.
② 사회적 후생을 극대화하는 생산량은 40이다.
③ 보조금을 지급하여 사회적 후생을 높일 수 있다.
④ 생산량 수준을 40으로 규제함으로써 사회적 후생을 높일 수 있다.
⑤ 생산량 수준을 20으로 규제하든 단위당 30의 조세를 부과하든 사회적 후생의 크기는 동일하다.

출제이슈 외부성과 규제
핵심해설 정답 ⑤

1) 비용조건
    사적 한계비용 $PMC=40+0.5Q$, 한계외부비용 $MEC=30$, 사회적 한계비용 $SMC=70+0.5Q$

2) 수요조건
    수요함수 $P=100-Q$

3) 사회적 최적산출량
    생산에 부정적 외부성이 있는 경우 사회적 최적생산량은 $SMC=SMB$일 때 달성된다.
    따라서 $100-Q=70+0.5Q$가 되고 $Q=20$이다.

4) 시장 균형산출량
    생산에 부정적 외부성이 있는 경우 시장 균형산출량은 $PMC=SMB$일 때 달성된다.
    따라서 $100-Q=40+0.5Q$가 되고 $Q=40$이다.

5) 피구세 T의 부과
    사회적 최적생산량은 $PMC+T=SMB$일 때도 달성될 수 있다.
    따라서 $40+0.5Q+T=100-Q$
    그런데 이때의 생산량은 사회적 최적생산량으로서 $Q=20$이 된다.
    그러므로 피구세는 $T=30$이 된다.

생산에 외부 불경제를 유발하는 X재의 시장수요함수는 $P = 20 - Q$이다. 사적한계비용은 $PMC = 2Q + 2$이고, 사회적 한계비용은 $SMC = 3Q + 4$이다. 사회적 최적생산량 수준을 달성하기 위한 피구세(Pigouvian tax)를 부과할 경우 개선되는 사회후생의 크기는? (단, P는 가격, Q는 수량)

▶ 2025년 감정평가사

① 5　　　　　　　　② 6　　　　　　　　③ 7
④ 8　　　　　　　　⑤ 9

출제이슈 피구세

핵심해설 정답 ④

1) 비용조건

　$PMC = 2Q + 2,\ SMC = 3Q + 4$

2) 수요조건

　$P = 20 - Q$

3) 시장 균형생산량

　$P = PMC,\ 2Q + 2 = 20 - Q\ \therefore\ Q = 6, P = 14$

4) 사회적 최적생산량

　$P = SMC,\ 3Q + 4 = 20 - Q\ \therefore\ Q = 4, P = 16$

5) 사회적 후생손실

　피구세를 부과하여 개선되는 후생의 크기와 피구세 부과 전 사회적 후생손실은 동일하고 이를 구하면 8이 된다.

 코즈정리

과수원 주인인 갑과 양봉업자인 을이 인근지역에서 경제활동을 하고 있는데 갑이 과실나무를 더 많이 심자 을의 꿀생산이 증가하고 을이 꿀벌의 수를 증가시키자 과수원의 수확이 늘어나는 것을 확인할 수 있었다. 갑과 을에게 발생하는 외부성에 관한 설명으로 옳은 것을 모두 고른 것은?
▶ 2014년 감정평가사

ㄱ. 갑과 을은 각각 서로에게 양의 외부성을 주게 된다.
ㄴ. 거래비용이 존재하지 않을 때 갑과 을 간의 거래에 의해 사회적 최적생산량을 합의해 낼 수 있다.
ㄷ. 갑과 을 사이에 서로 양의 외부성을 주고받는 경우이므로 시장실패에 대한 교정은 불필요하다.
ㄹ. 갑이 양봉장을 인수함으로써 사회적 최적생산량을 달성할 수 있다.

① ㄱ, ㄴ   ② ㄴ, ㄷ   ③ ㄷ, ㄹ
④ ㄱ, ㄴ, ㄹ   ⑤ ㄱ, ㄷ, ㄹ

출제이슈 코즈정리
핵심해설 정답 ④

ㄱ. 옳은 내용이다.
갑의 과수재배행위가 을의 꿀벌 수 및 꿀생산을 무상으로 증가시키고, 을의 꿀벌은 갑의 과수 수확량을 무상으로 증가시킨다. 따라서 갑과 을은 서로 긍정적인 양의 외부성을 미치고 있다.

ㄴ. 옳은 내용이다.
이러한 경우, 코즈정리에 의하면, 거래비용이 없다면, 갑과 을 간의 협상을 통해서 사회적 최적 상태에 도달할 수 있다.

ㄷ. 틀린 내용이다.
양의 외부성도 사회적 비효율을 초래하기 때문에 이에 대한 교정이 필요하다.

ㄹ. 옳은 내용이다.
외부성의 해결을 위해서는 시장 테두리 바깥에서 일어나는 행위에 대하여 적절한 보상이 이루어지도록 시장 테두리 안쪽으로 끌고 들어오는 이른바 내부화가 필요하다. 기업이 사적 관점에서 의사결정과정에서 포함시키지 않은 한계외부비용이나 편익을 조세와 보조금을 통해서 기업의 의사결정에 명시적으로 편입시킬 수 있다. 합병을 통해서도 역시 다른 기업이 겪고 있는 한계외부비용이나 편익의 문제를 전체적 기업관점에서 기업 내부의 문제로 인식하게 된다.

코즈(R.Coase)정리가 성립하기 위한 조건으로 옳지 않은 것을 모두 고른 것은?

▶ 2025년 감정평가사

ㄱ. 정부는 외부효과의 크기를 정확하게 파악하고 있다.
ㄴ. 관련 당사자 간 협상이 가능하다.
ㄷ. 협상에 따른 거래비용이 발생하지 않는다.
ㄹ. 당사자 간 재산권이 명확하게 설정되어 있다.

① ㄱ   ② ㄴ   ③ ㄱ, ㄹ
④ ㄴ, ㄷ   ⑤ ㄷ, ㄹ

출제이슈 코즈정리
핵심해설 정답 ①

코즈정리에 의하면 당사자 간 재산권이 명확히 설정되어 있고, 협상에 따른 거래비용이 없는 상황에서 당사자 간 협상을 통해서 외부성을 해결할 수 있다.

Issue 09 배출권 거래제

Issue 10 공유지

어느 마을에 주민들이 염소를 방목할 수 있는 공동의 목초지가 있다. 염소를 방목하여 기를 때 얻는 총수입은 $R = 10(20X - X^2)$이고, 염소 한 마리에 소요되는 비용은 20이다. 만약 개별주민들이 아무런 제한 없이 각자 염소를 목초지에 방목하면 마을주민들은 총 X_1마리를, 마을주민들이 마을 전체의 이윤을 극대화하고자 한다면 총 X_2마리를 방목할 것이다. X_1과 X_2는? (단, X는 염소의 마리수이다.)

▶ 2017년 감정평가사

① 12, 9   ② 12, 16   ③ 16, 12

④ 18, 9   ⑤ 18, 12

출제이슈 공유지의 비극
핵심해설 정답 ④

공유재란 경합성은 있으나 배제성은 없는 재화를 의미한다. 공유재는 공공재와 유사하게 배제불가능성의 특징과 함께 사적재와 유사하게 경합성의 특징을 모두 가지고 있다. 그런데 공유재의 경우 배제불가능성과 경합성이 결합되어 결국 공유재가 적정 수준 이상으로 남용되어 쉽게 고갈되는 문제가 발생하는데 이를 공유의 비극이라고 한다. 공유재는 배제가 어렵기 때문에 누구나 공유재를 사용할 수 있다. 배제불가능하여 누구나 사용가능하고 주인이 될 수 있어서 소유권이 분명하지 않다는 점에서 과잉소비가 발생하고 경합성으로 인하여 결국 고갈되는 것이다.

설문에 주어진 자료를 모형화하여 풀면 다음과 같다.

1) 공유지의 상황

① 비용 조건
   ⅰ) 마을주민들이 X마리의 염소를 방목한다.
   ⅱ) 염소를 방목하는 비용은 한 마리당 20으로 일정하다.

② 수입 조건(시장수요 조건)
   ⅰ) X마리의 염소를 방목하여 얻는 총수입은 $R = 10(20X - X^2)$이다.
   ⅱ) 염소를 낳이 방목할수록 총수입이 줄어들기 때문에 외부성이 반영된 것으로 해석할 수 있다.

2) 공유지로부터의 이윤극대화

① 개별주민의 이윤극대화
ⅰ) 개별적인 의사결정
개별주민은 자신이 염소를 방목함으로써 다른 주민의 수입을 줄이고 총수입을 줄일 수 있다는 것을 전혀 고려하지 않는다.

ⅱ) 개별주민의 한계수입
개별주민이 염소를 방목함으로써 얻을 수 있는 추가적인 수입은 $\dfrac{R}{X}$ 가 된다. 이는 사실상 평균수입으로 봐도 무방하다. 즉, 개인적 관점에서의 한계수입이라는 것은 전체적 관점에서의 평균수입이 된다.
따라서 $\dfrac{R}{X} = \dfrac{10(20X - X^2)}{X} = 10(20 - X)$이 된다.

ⅲ) 개별주민의 한계비용 : 20원

ⅳ) 이윤극대화
$10(20 - X) = 20$이 되어 $X = 18$이 된다.

② 마을전체의 이윤극대화
ⅰ) 전체적인 의사결정
개별주민이 자신이 염소를 방목함으로써 다른 주민의 수입을 줄이고 총수입을 줄일 수 있다는 것을 모두 고려하여 의사결정이 이루어진다.

ⅱ) 마을전체의 한계수입
마을전체 관점에서 주민이 추가적으로 염소를 방목함으로써 얻을 수 있는 추가적인 수입은 $\dfrac{dR}{dX}$ 가 된다.
즉, 전체적 관점에서의 한계수입으로서 $\dfrac{dR}{dX} = 200 - 20X$가 된다.

ⅲ) 마을전체의 한계비용 : 20원

ⅳ) 이윤극대화
$200 - 20X = 20$이 되어 $X = 9$가 된다.

기타 미시경제이론

Issue 01 정보경제이론

역선택에 관한 설명으로 옳은 것은? ▶ 2021년 감정평가사

① 동일한 조건과 보험료로 구성된 치아보험에 치아건강상태가 좋은 계층이 더 가입하려는 경향이 있다.

② 역선택은 정보가 대칭적인 중고차시장에서 자주 발생한다.

③ 역선택 방지를 위해 통신사는 소비자별로 다른 요금을 부과한다.

④ 의료보험의 기초공제제도는 대표적인 역선택 방지 수단이다.

⑤ 품질표시제도는 역선택을 방지하기 위한 수단이다.

출제이슈 역선택과 해결방안
핵심해설 정답 ⑤

정보가 비대칭적으로 분포된 상황에서 정보를 갖지 못한 측의 입장에서 볼 때 바람직하지 못한 상대방과 거래를 할 가능성이 높아지는 현상을 역선택이라고 한다. 역선택은 감추어진 특성 때문에 발생하는데 특히 정보를 갖고 있는 측의 자기선택과정에서 발생한다.

설문을 검토하면 다음과 같다.

① 틀린 내용이다.

보험시장에서의 역선택은 보험시장에서 보험가입자에 대한 정보(사고발생확률이나 건강에 관한 정보)가 비대칭적으로 분포되어 있는 경우 사고발생확률이 높거나 건강이 좋지 않은 사람만 보험에 가입하는 현상을 의미한다. 설문에서 동일한 조건과 보험료로 구성된 치아보험의 경우 치아건강상태가 좋지 않은 계층이 더 가입하려는 경향이 있는데 이것이 역선택이다.

② 틀린 내용이다.

중고차시장에서 역선택은 중고차에 대한 정보가 비대칭적으로 분포되어 있는 경우 나쁜 질의 중고차만 시장에서 거래되는 현상을 의미한다. 예를 들어 나쁜 질의 차를 가진 사람은 자신의 차에 대한 정보를 잘 알고 있고 그렇기 때문에 자발적으로 이를 팔려고 시장에 내놓는다. 반면 좋은 질의 차를 가진 사람도 자신의 차에 대한 정보를 잘 알고 있고 그렇기 때문에 자발적으로 이를 시장에서 거두어들인다. 이 과정에서 시장에는 좋지 못한 품질의 자동차만 남게 되어 거래에 참가하는 이들은 역선택의 상황에 직면하게 되는 것이다.

③ 틀린 내용이다.

통신사가 소비자별로 다른 요금을 부과하거나 혹은 이와 유사하게 다양한 요금제도를 구비해놓고 소비자가 스스로 요금제를 선택하도록 하는 것은 사실상 가격차별의 구현방식의 하나로서 기능한다. 한편, 이와 구분해야 하는 것이 역선택에서의 요금부과방식이다.

역선택에 직면하고 있는 정보를 갖지 못한 측은 선별을 위해서 자기선택장치를 고안하여 활용할 수 있다. 감추어진 특성이 있는 경우에 정보를 가진 측이 스스로 자신에게 유리한 선택을 하는 과정에서 자연스럽게 정보를 갖지 못한 측에게 감추어진 특성에 대한 정보를 드러내도록 하는 것을 자기선택장치라고 한다. 예를 들면, 보험회사는 보험상품을 차별화하여 복수로 제공하는데 이 과정에서 보험가입자는 자신에게 유리한 보험상품을 선택할 것이다. 보험가입자가 가입한 보험상품은 바로 보험가입자의 특성에 따라서 보험회사가 디자인한 보험상품과 정확하게 일치해야 한다. 이렇게 되도록 보험회사는 보험상품을 적절히 디자인하게 되는데 이것이 바로 자기선택장치로 기능하는 것이다.

④ 틀린 내용이다.

어느 한 거래당사자는 자기 행동이 거래상대방에 의해 정확하게 파악될 수 없는 특정한 거래상황에서 거래상대방에게 바람직하지 못한 결과를 초래하고 자신의 이득을 추구하는 행동을 할 유인이 있을 수 있다. 이 경우 그 거래당사자는 바람직하지 못한 행동을 할 수 있는데 이를 도덕적 해이가 발생하였다고 한다. 예로써 화재보험 가입 이후 화재 방지를 위한 노력을 기울이지 않거나, 의료보험 가입 이후 병원을 찾는 빈도가 증가하는 것을 들 수 있다.

도덕적 해이를 해결하기 위한 방안으로는 공동보험, 기초공제, 상한설정 등이 제시되고 있다. 기초공제란 사고발생 시 손실액 중 일정금액 이하는 고객이 부담하고 그 일정금액을 초과하는 금액에 대하여서만 보험사가 부담하는 방식으로서 이것도 공동보험과 마찬가지로 보험회사와 보험가입자가 공동으로 보상하는 것을 의미한다.

참고로 공동보험이란 사고발생 시 손실액 중 일정 비율만을 보상해 주는 보험방식으로서 보험회사와 보험가입자가 공동으로 보상하는 것을 의미한다. 보험가입자는 화재예방노력수준을 감소시키는 도덕적 해이를 할 경우 공동보상에 따라 자신이 부담해야 하는 비용이 증가하므로 당연히 화재예방노력수준을 증가시킬 것이다. 그리고 상한설정방식은 사고발생 시 보장금액의 상한을 설정하여 그 금액을 넘어설 경우에는 보험사가 비용을 부담하지 않는 방식으로서 이는 기초공제와는 반대의 메커니즘으로 작동된다는 특징이 있다. 상한설정방식뿐만 아니라 공동보험과 기초공제 모두 사고가 발생할 경우 보험가입자도 비용을 분담해야 하기 때문에 자연스럽게 보험가입자가 사고예방노력수준을 증진시키도록 유도하고 있다.

⑤ 옳은 내용이다.

역선택의 문제와 관련하여 정보를 가진 측에서는 감추어진 특성에 대한 관찰 가능한 지표 또는 감추어진 특성에 대한 다양한 보증을 제공(예 중고차 성능기록부, 품질보증)하여 역선택의 문제를 완화시킬 수 있다. 품질표시제도와 같은 보증은 바로 거래되는 상품의 질이 좋다는 신호가 된다. 이러한 정보의 제공을 신호발송(signaling)이라고 한다.

중고차시장에서 품질에 대한 정보의 비대칭성이 존재하는 경우 나타날 수 있는 현상으로 옳은 것을 모두 고른 것은?
▶ 2015년 감정평가사

ㄱ. 정보의 비대칭성이 없는 경우보다 시장에서 거래되는 중고차의 품질이 올라간다.
ㄴ. 보증(warranty)과 같은 신호발송(signaling)을 통해 정보의 비대칭으로 인한 문제를 완화할 수 있다.
ㄷ. 역선택(adverse selection)의 문제가 발생할 수 있다.

① ㄱ   ② ㄴ   ③ ㄱ, ㄴ
④ ㄴ, ㄷ   ⑤ ㄱ, ㄴ, ㄷ

출제이슈 역선택과 해결방안
핵심해설 정답 ④

정보가 비대칭적으로 분포된 상황에서 정보를 갖지 못한 측의 입장에서 볼 때 바람직하지 못한 상대방과 거래를 할 가능성이 높아지는 현상을 역선택이라고 한다. 역선택은 감추어진 타입 혹은 특성(hidden characteristic) 때문에 발생한다.

예를 들어 보험회사는 보험가입자의 건강상태에 대하여 정확한 정보가 부족하기 때문에 건강한 사람과 그렇지 못한 사람의 중간 수준으로 보험료를 책정하게 된다. 이는 건강한 사람으로 하여금 보험가입을 꺼리게 함과 동시에 건강하지 못한 사람의 가입을 부추기는 것이 되고 마는데 이렇게 보험시장에 건강하지 못한 사람만 남게 되는 현상은 역선택에 대한 좋은 예이다.

역선택에 대한 해결방안으로는 다음과 같은 것들이 있다.

1) 신호 : 정보를 가진 측에서는 감추어진 특성에 대한 관찰 가능한 지표 또는 감추어진 특성에 대한 다양한 보증을 제공(예 중고차 성능기록부, 품질보증)하여 역선택의 문제를 완화시킬 수 있다. 보증은 바로 거래되는 상품의 질이 좋다는 신호가 된다. 이러한 정보의 제공을 신호발송(signaling)이라고 한다.

2) 선별 : 정보를 갖지 못한 측에서는 정보를 가진 측의 감추어진 특성에 관한 정보를 파악하기 위해 정보를 수집하여 바람직하지 못한 거래당사자와 바람직한 거래당사자를 구별하여 역선택의 문제를 완화시킬 수 있다(예 학력에 따라서 차별적으로 임금을 책정하는 것, 보험가입 시 건강진단서를 제출케 하여 차별적으로 보험료를 책정하는 것, 은행의 대출심사). 이를 선별(screening)이라고 한다.

3) 신뢰, 평판 : 정보를 가진 측에서 적극적으로 자신에 대한 평판과 신뢰를 축적하여 역선택을 해결하려는 유인이 있다. 기업이 사사 브랜드에 대한 명성을 쌓으려고 노력히는 것도 신뢰 및 평판의 축적을 통한 역선택의 해결방안으로 좋은 예가 된다.

4) 신용할당 : 신용할당(credit rationing)이란 현재의 이자율 수준에서 자금에 대한 초과수요가 있더라도 이자율을 인상하는 대신에 자금을 빌리려는 기업에게 원하는 자금규모보다 더 적게 대부하는 것을 의미한다. 만일 이자율을 인상하게 되면, 지불능력이 양호한 기업은 자금시장에서 철수할 것이며, 높은 리스크를 가진 기업만 남아서 높은 이자율을 받아들일 것이다. 이러한 역선택 현상을 회피하기 위해서 금융기관은 더 적은 규모의 대출을 하게 될 유인이 있고 이 과정에서 채무불이행 위험이 낮은 기업이 자금차입에 어려움을 겪을 수 있다.

5) 강제적인 보험가입 : 시장에 바람직하지 못한 속성을 가진 상품이나 거래대상자만이 나타나는 현상을 없애기 위하여 속성에 관계없이 모든 상품이나 거래대상자가 거래에 참여토록 강제하는 것이다. 예를 들어 건강보험의 경우 건강한 사람이든 건강하지 않은 사람이든 관계없이 누구나 강제적으로 가입해야 하며, 건강상태에 따라서 보험료를 내는 것이 아니라 소득 및 자산에 비례하여 보험료가 책정된다.

설문을 검토하면 다음과 같다.

ㄱ. 틀린 내용이다.

중고차시장에서 정보의 비대칭성이 있는 경우 중고차를 구매하고자 하는 측은 중고차의 상태에 대하여 정확한 정보가 부족하기 때문에 좋은 품질의 중고차와 그렇지 못한 중고차의 중간 수준으로 내고자 하는 수요가격을 책정하게 된다. 이는 좋은 품질의 중고차를 공급하는 거래당사자로 하여금 중고차 판매를 꺼리게 함과 동시에 나쁜 품질의 중고차를 공급하는 거래당사자가 중고차시장에 진입하도록 부추기는 것이 되고 만다. 결국 중고차시장에 나쁜 품질의 중고차만 남게 되는 현상이 역선택에 대한 좋은 예이다.

따라서 정보의 비대칭성이 없는 경우보다 시장에서 거래되는 중고차의 품질이 내려간다.

ㄴ. 옳은 내용이다.

정보를 가진 측에서는 감추어진 특성에 대한 관찰 가능한 지표 또는 감추어진 특성에 대한 다양한 보증을 제공(예 중고차 성능기록부, 품질보증)하여 역선택의 문제를 완화시킬 수 있다. 이러한 정보의 제공을 신호발송(signaling)이라고 한다.

ㄷ. 옳은 내용이다.

중고차시장에서 품질에 대한 정보의 비대칭성이 존재하는 경우 위의 "ㄱ"에서 설명한 바와 같은 역선택(adverse selection)의 문제가 발생할 수 있다.

정보의 비대칭성에 관한 설명으로 옳은 것은? ▶ 2023년 감정평가사

① 도덕적 해이(moral hazard)는 감춰진 속성(hidden characteristics)과 관련된다.

② 직업감독제도는 역선택(adverse selection) 방지를 위한 효율적인 수단이다.

③ 자동차보험에서 기초공제(initial deduction)제도를 두는 이유는 역선택 방지를 위함이다.

④ 상품시장에서 역선택 방지를 위해 품질보증제도를 도입한다.

⑤ 노동시장에서 교육수준을 선별의 수단으로 삼는 이유는 도덕적 해이를 방지하기 위함이다.

출제이슈 역선택과 도덕적 해이의 개념과 해결방안
핵심해설 정답 ④

① 틀린 내용이다.

역선택과 도덕적 해이의 구별은 다음과 같다.

정보가 비대칭적으로 분포된 상황에서 정보를 갖지 못한 측의 입장에서 볼 때 바람직하지 못한 상대방과 거래를 할 가능성이 높아지는 현상을 역선택이라고 한다. 역선택은 감추어진 타입 혹은 특성(hidden characteristic) 때문에 발생한다.

예를 들어 보험회사는 보험가입자의 건강상태에 대하여 정확한 정보가 부족하기 때문에 건강한 사람과 그렇지 못한 사람의 중간 수준으로 보험료를 책정하게 된다. 이는 건강한 사람으로 하여금 보험가입을 꺼리게 함과 동시에 건강하지 못한 사람의 가입을 부추기는 것이 되고 마는데 이렇게 보험시장에 건강하지 못한 사람만 남게 되는 현상은 역선택에 대한 좋은 예이다.

한편, 어느 한 거래당사자는 자기 행동이 상대방에 의해 정확하게 파악될 수 없는 특정한 상황에서 상대방에게 바람직하지 못한 결과를 초래하고 자신의 이득을 추구하는 행동을 할 유인이 있을 수 있다. 이 경우 그 거래당사자는 바람직하지 못한 행동을 할 수 있는데 이를 도덕적 해이가 발생하였다고 한다. 도덕적 해이는 거래나 계약 이후에 나타나는 감추어진 행동(hidden action)이 문제된다.

예를 들어 건강보험에 가입하기 전에 비하여 가입한 이후에 건강관리에 소홀히 하고 대신 병원에 필요 이상으로 자주 다니는 현상이 나타나는 것도 도덕적 해이의 하나의 예이다.

② 틀린 내용이다.

직업감독제도는 역선택이 아니라 도덕적 해이를 방지하기 위한 수단이다. 근로자와 고용주와의 관계에서 근로자의 행동에 대한 정보가 비대칭적으로 분포되어 있는 경우 근로자는 일단 취직이 되면 근로에 최선의 노력을 다하지 않고 본인의 안위를 추구할 유인이 매우 크다. 결국 고용주는 근로자가 열심을 내도록 감시 및 감독하는 데 적지 않은 비용을 투입할 수밖에 없게 된다.

③ 틀린 내용이다.

기초공제란 사고발생 시 손실액 중 일정금액 이하는 고객이 부담하고 그 일정금액을 초과하는 금액에 대하여서

만 보험사가 부담하는 방식으로서 공동보험과 마찬가지로 보험회사와 보험가입자가 공동으로 보상하는 것을 의미한다. 이를 통해서 도덕적 해이 문제를 완화시킬 수 있다.

④ 옳은 내용이다.

정보를 가진 측에서는 감추어진 특성에 대한 관찰 가능한 지표 또는 감추어진 특성에 대한 다양한 보증을 제공(**예** 중고차 성능기록부, 품질보증)하여 역선택의 문제를 완화시킬 수 있다. 보증은 바로 거래되는 상품의 질이 좋다는 신호가 된다. 이러한 정보의 제공을 신호발송(signaling)이라고 한다. 또한 정보를 가진 측에서 적극적으로 자신에 대한 평판과 신뢰를 축적하여 역선택을 해결하려는 유인이 있다. 기업이 자사 브랜드에 대한 명성을 쌓으려고 노력하는 것도 신뢰 및 평판의 축적을 통한 역선택의 해결방안으로 좋은 예가 된다.

⑤ 틀린 내용이다.

정보를 갖지 못한 측에서는 정보를 가진 측의 감추어진 특성에 관한 정보를 파악하기 위해 정보를 수집하여 바람직하지 못한 거래당사자와 바람직한 거래당사자를 구별하여 역선택의 문제를 완화시킬 수 있다(**예** 학력에 따라서 차별적으로 임금을 책정하는 것, 보험가입 시 건강진단서를 제출케 하여 차별적으로 보험료를 책정하는 것, 은행의 대출심사). 이를 선별(screening)이라고 한다.

정보의 비대칭성에 관한 설명으로 옳은 것은? ▶ 2025년 감정평가사

① 본인-대리인 문제는 감추어진 유형(hidden type)으로 인해 발생하는 문제에 해당한다.
② 정부가 가입을 강제하는 건강보험과 같은 단체보험은 도덕적 해이 문제를 완화할 수 있다.
③ 품질보증은 역선택 문제를 해결하는 방안 중 하나이다.
④ 보험시장에서 기초공제(initial deduction)는 역선택 문제를 완화할 수 있다.
⑤ 애컬로프(Akerlof)의 중고차시장 모형은 도덕적 해이 문제를 설명한 것이다.

출제이슈 역선택과 도덕적 해이의 개념과 해결방안
핵심해설 정답 ③

본인 대리인 문제는 감추어진 행동(hidden action)으로 인한 도덕적 해이의 특수한 경우에 해당한다. 보험가입을 강제하는 경우 보험시장의 역선택 문제를 완화시킬 수 있다. 보험시장의 기초공제는 보험시장의 도덕적 해이를 완화시킬 수 있다. 애컬로프의 중고차모형은 역선택의 문제를 설명하는 모형이다.

> **정보의 비대칭성에 관한 설명으로 옳지 않은 것은?** ▸ 2017년 감정평가사

① 사고가 발생할 가능성이 높은 사람일수록 보험에 가입할 가능성이 크다는 것은 역선택 (adverse selection)에 해당한다.

② 화재보험 가입자가 화재예방 노력을 게을리할 가능성이 크다는 것은 도덕적 해이(moral hazard)에 해당한다.

③ 통합균형(pooling equilibrium)에서는 서로 다른 선호체계를 갖고 있는 경제주체들이 동일한 전략을 선택한다.

④ 선별(screening)은 정보를 보유하지 못한 측이 역선택 문제를 해결하기 위해 사용할 수 있는 방법이다.

⑤ 항공사가 서로 다른 유형의 소비자에게 각각 다른 요금을 부과하는 행위는 신호발송 (signaling)에 해당한다.

출제이슈 역선택과 도덕적 해이의 개념과 해결방안
핵심해설 정답 ⑤

① 옳은 내용이다.

정보가 비대칭적으로 분포된 상황에서 정보를 갖지 못한 측의 입장에서 볼 때 바람직하지 못한 상대방과 거래를 할 가능성이 높아지는 현상을 역선택이라고 한다. 역선택은 감추어진 타입 혹은 특성(hidden characteristic) 때문에 발생한다.

예를 들어 보험회사는 보험가입자의 건강상태에 대하여 정확한 정보가 부족하기 때문에 건강한 사람과 그렇지 못한 사람의 중간 수준으로 보험료를 책정하게 된다. 이는 건강한 사람으로 하여금 보험가입을 꺼리게 함과 동시에 건강하지 못한 사람의 가입을 부추기는 것이 되고 마는데 이렇게 보험시장에 건강하지 못한 사람만 남게 되는 현상은 역선택의 좋은 예이다. 따라서 설문에서 사고가 발생할 가능성이 높은 사람일수록 보험에 가입할 가능성이 크다는 것은 역선택(adverse selection)에 해당한다.

② 옳은 내용이다.

어느 한 거래당사자는 자기 행동이 상대방에 의해 정확하게 파악될 수 없는 특정한 상황에서 상대방에게 바람직하지 못한 결과를 초래하고 자신의 이득을 추구하는 행동을 할 유인이 있을 수 있다. 이 경우 그 거래당사자는 바람직하지 못한 행동을 할 수 있는데 이를 도덕적 해이가 발생하였다고 한다. 도덕적 해이는 거래나 계약 이후에 나타나는 감추어진 행동(hidden action)이 문제된다.

예를 들어 건강보험에 가입하기 전에 비하여 가입한 이후에 건강관리에 소홀히 하고 대신 병원에 필요 이상으로 자주 다니는 현상이 나타나는 것도 도덕적 해이의 하나의 예이다. 설문에서 회재보험 가입자가 화재예방 노력을 게을리할 가능성이 크다는 것은 도덕적 해이(moral hazard)에 해당한다.

차순을 바꾸어서 먼저 ④와 ⑤를 설명한 후 ③을 설명하였다. 왜냐하면, ③, ④, ⑤는 모두 "선별"과 관련된 내용인데 선별에 관한 이론적 내용을 논리적 흐름 순으로 배열하여 설명하기 위함이다.

④ 옳은 내용이다.

정보를 갖지 못한 측에서는 정보를 가진 측의 감추어진 특성에 관한 정보를 파악하기 위해 정보를 수집하여 바람직하지 못한 거래당사자와 바람직한 거래당사자를 구별하여 역선택의 문제를 완화시킬 수 있는데(**예** 학력에 따라서 차별적으로 임금을 책정하는 것, 보험가입 시 건강진단서를 제출케 하여 차별적으로 보험료를 책정하는 것, 항공사가 소비자 유형에 따라 요금을 차별적으로 부과하는 것, 은행의 대출심사), 이를 선별(screening)이라고 한다.

⑤ 틀린 내용이다.

위의 ④에서 설명한 바와 같이 항공사가 서로 다른 유형의 소비자에게 각각 다른 요금을 부과하는 행위는 신호발송(signaling)이 아니라 선별(screening)에 해당한다. 이러한 경우 항공사의 요금체계는 자기선택장치(self - selection mechanism)가 될 수 있다. 이는 역선택의 상황에서 정보를 가진 측이 자신에게 유리한 선택을 하는 과정에서 스스로 자신에 대한 속성을 드러내어 정보를 갖지 못한 측에게 그 정보가 제공되도록 하는 장치를 의미한다.

③ 옳은 내용이다.

위의 ⑤에서 설명한 바와 같이 자기선택장치로서의 역할을 하는 상품을 차별적으로 제공할 수 있다면 역선택의 문제가 해결될 수 있으며 이때 시장균형을 선별균형(screening equilibrium)이라고 한다.

1) 공동균형(pooling equilibrium)

만일 보험사들이 자기선택장치의 역할을 하는 보험상품을 제공하지 않고, 단일한 보험을 제공하는 경우에도 정상이윤을 얻고 시장에서 균형이 달성된다면, 이를 공동균형 혹은 통합균형이라고 한다. 그러나 공동균형이 성립하는 것은 불가능하다.

2) 분리균형

만일 보험사들이 자기선택장치의 역할을 하는 보험상품을 제공하고 이때 시장균형이 달성된다면 이를 분리균형(separating equilibrium)이라고 한다. 그러나 분리균형이 항상 성립하는 것은 아니다.

3) 분리균형의 성격

공동균형은 불가능하며 분리균형은 제한된 경우에만 달성된다. 분리균형이 달성되더라도 차별화에 따른 제비용은 모두 바람직한 속성을 가진 거래당사자가 모두 부담하게 된다는 문제가 있다. 즉, 분리균형을 통해서 역선택의 문제를 해결한다고 하더라도 대칭적인 정보일 때 달성되는 시장균형과 비교할 때, 여전히 비효율적이라는 의미이다.

이제 ③을 검토해보자. 통합균형 혹은 공동균형(pooling equilibrium)에서는 서로 다른 선호체계, 즉 서로 다른 속성을 가지고 있는 거래당사자들에게 동일한 상품, 예를 들어 동일한 요금체계의 보험상품이나 항공상품이 제시되기 때문에 당연히 선택전략도 동일하게 된다. 따라서 ③은 옳은 내용이다.

> **정보재(information goods)의 기본적인 특성에 관한 설명으로 옳은 것을 모두 고른 것은?**
>
> ▶ 2023년 감정평가사
>
> ㄱ. 상품에 포함된 정보가 상품으로서의 특성을 결정하는 것을 정보재라 한다.
> ㄴ. 정보재는 초기 개발비용이 크고 한계비용이 0에 가깝기 때문에 규모의 불경제가 일어난다.
> ㄷ. 정보재에는 쏠림현상(tipping)과 같은 네트워크효과가 나타난다.
> ㄹ. 정보재의 경우 무료견본을 나눠주는 것은 잠김효과(lock-in effect)를 노린 마케팅 전략이다.
>
> ① ㄱ, ㄹ   ② ㄴ, ㄷ   ③ ㄱ, ㄴ, ㄷ
> ④ ㄱ, ㄷ, ㄹ   ⑤ ㄴ, ㄷ, ㄹ

출제이슈 정보재의 특성
핵심해설 정답 ④

ㄱ. 옳은 내용이다.

어떤 상품 속에 담긴 정보가 그 상품에 있어서 매우 본질적이고 핵심적인 의미를 갖는 경우에 그러한 상품을 정보재(information goods)라고 한다. 예를 들면 책, 음악, 영화, 소프트웨어, 데이터 등을 정보재로 볼 수 있는데, 이러한 상품들은 상품을 싸고 있는 외양보다는 상품 속에 담긴 내용 즉 정보가 상품으로서의 본질적 특징을 결정한다. 여러분이 읽고 있는 경제학 수험서도 책 안에 담긴 내용을 빼고 나면 종이밖에 남지 않아 가치가 거의 없는 것이다.

ㄴ. 틀린 내용이다.

정보재는 생산의 초기 단계에서는 많은 비용이 들지만 일단 생산이 시작되면 추가적인 생산비용은 그리 크지 않다는 특징이 있다. 예를 들면, 소프트웨어를 제작하기 위해서 초기에 막대한 연구비와 개발비가 투입되어야 하지만 일단 소프트웨어 제작이 완료되면 매우 싼 비용으로 소프트웨어를 제작하여 판매할 수 있다. 즉 정보재 생산에 있어서 비용구조는 고정비용이 매우 높은 반면, 한계비용은 매우 낮으며, 고정비용의 경우 매몰비용적 성격이 매우 강하여 일단 투입되면 회수하기가 어렵다는 특징을 보인다. 이러한 비용구조로 인해서 생산이 증가하면 할수록 평균비용이 계속 감소하게 되어 자연스럽게 독점화로 진행될 가능성이 매우 커진다. 즉 규모의 경제와 자연독점화 경향을 보인다.

ㄷ. 옳은 내용이다.

같은 정보재를 사용하는 소비자들의 경우 소비자규모가 커질수록 즉 특정 정보재에 대한 소비자 네트워크가 커질수록 소비자들의 효용이 더 커지게 된다. 상품구입의 의사결정에 있어서는 상품의 가격과 효용이 매우 중요하다. 정보재와 같이 네트워크효과가 강하게 나타나는 상품의 경우 해당 정보재를 사용하고 있는 소비자 규모가 정보재의 효용에 큰 영향을 미치게 되어 상품구입 의사결정을 좌우하게 된다.

특정 정보재에 있어서 네트워크효과가 강하게 존재할 경우 정보재에 대한 수요는 조금씩 증가하다가 어느 시점에 이르면 갑자기 폭발적으로 증가하는 특성을 보인다. 이는 특정 정보재를 사용하는 소비자들이 점점 많아지면서 그로 인한 효용도 동시에 커지면서 다시 더 많은 소비자들이 소비에 동참하게 되는 연쇄효과로 인해 쏠림현상이 나타나는데 이를 긍정적 피드백효과(positive feedback)라고 한다.

ㄹ. 옳은 내용이다.

잠김효과(lock-in effect)란 특정재화나 서비스, 특정 시스템을 사용함에 있어서 이와 관련되거나 대체가능한 다른 제품, 서비스, 시스템의 선택이 제약받는 현상을 의미한다. 예를 들어 여러 종류의 워드프로세서 소프트웨어 중에서 특정 소프트웨어를 일단 선택하여 사용하기 시작하면, 이후에 여간해서는 다른 소프트웨어로 바꾸기가 쉽지 않다. 이렇게 특정 제품이나 서비스를 사용하면 그것에 묶여서 마치 자물쇠로 잠겨진 상태가 된다는 의미에서 잠김효과라고 한다.

정보재를 소비하기 위해서는 다른 일반적인 재화와는 달리 상품에 담긴 정보의 내용을 이해하고 숙달하여 활용하는 시간적 과정이 필요하다. 만일 이미 선택하여 사용하고 있던 정보재를 다른 정보재로 바꾸기 위해서는 또다시 다른 정보재에 대한 정보의 내용을 이해, 숙달하고 활용하는 과정이 필수불가결하다. 이는 소비자 입장에서 많은 시간과 노력을 들여야 하기 때문에 매우 불편하며 비용으로 작용하는데 이를 전환비용(switching cost)이라고 한다. 잠김효과가 강하게 나타날수록 전환비용이 매우 크며, 또한 전환비용이 클수록 잠김효과는 더욱 강하게 나타난다. 정보재는 잠김효과와 수요 측 규모의 경제가 강하게 작동하므로 공급자 입장에서는 가급적 빠른 시간 안에 자사 정보재에 대한 소비자 네트워크를 확충하는 것이 매우 중요하다. 이를 위해서 소비자를 유인하는 전략을 구사하게 되는데 무료견본이나 할인판매 등의 전략적 가격설정이 자주 나타난다.

Issue 02 행태경제이론

설문을 어떻게 구성하느냐에 따라 다른 응답이 나오는 효과는? ▶ 2019년 감정평가사

① 틀짜기 효과(framing effect)　　② 닻내림 효과(anchoring effect)

③ 현상유지편향(status quo)　　④ 기정편향(default bias)

⑤ 부존효과(endowment effect)

출제이슈 행태경제이론
핵심해설 정답 ①

행태경제이론은 전통적 경제이론의 가정이라고 할 수 있는 합리성과 이기심이 얼마나 현실에 부합되는지를 검증하면서 출발하였다. 행태경제이론은 심리학적 실험결과나 현실경제에서 관찰되는 특이한 현상을 통해서 인간의 판단방식을 검증하고 이러한 판단방식의 특성이 선택에 어떠한 영향을 미치는지를 연구대상으로 하며 심리학자 트버스키, 카네만에 의해 비약적으로 발전하게 되었다.

미시경제이론의 기초로서 소비자이론은 소비자 선호체계의 안정성에서 출발한다. 그러나 현실에서는 소비자 선호체계에 있어서 많은 의문이 일고 있다. 예를 들어 똑같은 재화 혹은 서비스에 대하여 소비자의 평가가 상황에 따라서 달라지는 현상이 일어날 수 있다.

1) **틀짜기효과(framing effect)**

사람들은 어떤 틀을 통해 선택과 관련된 행동, 결과 등을 인식한다. 이는 동일한 상황에서의 문제라고 하더라도 여러 가지 다른 틀을 사용하여 다르게 인식할 수 있다는 뜻이다. 만일 잘 정의되고 안정적인 선호체계를 갖고 있는 사람이라면 상황을 어떤 틀에 의해서 인식하는지의 여부와 관련 없이 똑같은 결정을 내려야 한다. 그러나 현실에서는 인식의 틀이 바뀜에 따라서 결정을 바꾸는 경향을 보이는데 이를 틀짜기효과(framing effect)라고 한다.

참고로, 신리학자 카네만은 틀짜기효과를 증명하기 위해 대학생들을 대상으로 정부의 특정 보건정책들에 대한 설문조사를 실시하였다. 아무런 보건정책이 수립되지 못하면 600명의 사망자가 발생한다고 가정하였다.

① 첫 번째 실험

　　A정책 : 사망자 수를 200명 줄이는 정책

　　B정책 : 1/3 확률로 사망자 수를 600명 줄이고, 2/3 확률로 사망자 수를 전혀 못 줄이는 정책

② 두 번째 실험

　　C정책 : 400명의 사망자가 발생하는 정책

　　D정책 : 1/3 확률로 아무도 죽지 않고, 2/3 확률로 600명의 사망자가 발생하는 정책

③ 실험결과 첫 번째 실험에서는 A정책을 선호하였고, 두 번째 실험에서는 D정책을 선호하였다. 그런데 사실 A정책의 효과는 C정책의 효과와 유사하고 B정책의 효과는 D정책의 효과와 같다. 그럼에도 불구하고 설문의 틀이 바뀜에 따라서 사람들의 인식의 틀이 바뀌게 되어 정책선호가 변화하게 되었다.

2) 부존효과(endowment effect)

똑같은 물건임에도 불구하고 소유하고 있는 것을 팔 때 받아야겠다고 하는 금액과 소유하지 않은 상황에서 그것을 살 때 낼 용의가 있는 금액 사이에 차이가 있음을 의미한다. 팔 때 받아야겠다고 하는 금액의 경우를 보면 소유자는 자신의 소유물을 포기하는 것을 싫어하므로 더 높은 가격을 받아야 하는 태도가 나타나는 것이다. 만일 소비자가 잘 정의되고 안정적인 선호체계를 갖는다면, 한 상품에 대한 평가는 어느 상황에서든 똑같아야 한다. 이렇게 어떤 물건을 소유하는 사람이 그것을 포기하기 싫어하는 성향이 있기 때문에 나타나는 효과로서 똑같은 상품에 대한 평가가 상황에 따라서 달라지는 특이한 현상을 부존효과(endowment effect)라고 한다. 부존효과를 무차별곡선으로 해석해보면 무차별곡선상에서 방향에 따라서 효용이 달라지는 효용의 비가역성을 의미한다.

PART

02

거시경제학

거시경제학의 기초

01 국내총생산(GDP)의 개념과 측정방법

A국 국민소득계정의 구성항목이 아래와 같다. A국의 (ㄱ) GDP와 (ㄴ) 재정수지는?

▶ 2020년 감정평가사

소비 = 300	투자 = 200	민간저축 = 250
수출 = 150	수입 = 150	정부지출 = 100

① (ㄱ) : 500, (ㄴ) : −50   ② (ㄱ) : 500, (ㄴ) : 100

③ (ㄱ) : 600, (ㄴ) : −50   ④ (ㄱ) : 600, (ㄴ) : 100

⑤ (ㄱ) : 750, (ㄴ) : 100

출제이슈 국내총생산(GDP)의 측정방법

핵심해설 정답 ③

국내총생산(GDP)이란 일정한 기간 동안 한 나라 안에서 생산되어 최종적인 용도로 사용되는 재화, 서비스의 가치를 모두 더한 것을 의미한다.

국내총생산은 생산 측면, 분배 측면, 지출 측면에서 각각 파악할 수 있는데 사후적으로 항상 같은 값을 가지게 되며 이를 3면 등가의 법칙 혹은 원리라고 한다. 그러나 사전적으로는 3면 등가의 법칙이 성립하지 않으며 만일 3면 등가를 달성시키기 위해서는 소득이나 이자율 등의 적절한 조정이 요구된다.

국내총생산을 생산 측면에서 파악하는 경우 최종생산단계에서 최종생산물의 시장가치 혹은 생산단계별 부가가치의 합계로 측정된다. 분배 측면에서 파악하는 경우 생산과정에 참여한 경제주체들에 대해 지급된 대가(임금, 이자, 지대, 이윤)로 측정된다. 지출 측면에서 파악하는 경우 생산물이 처분된 유형별로 처분금액의 합계(소비, 투자, 정부지출, 순수출)로 측정된다.

설문을 검토하면 다음과 같다.

GDP는 소비, 투자, 정부지출, 순수출의 합으로 구성되므로 600이 된다. 이를 국내총생산과 그 처분의 식으로 나타내면 $Y = C + I + G + X - M$과 같다. 이를 변형하면 다음과 같다.

$(Y-T-C)+(T-G)+(M-X)=I$가 된다. 여기에 설문에 주어진 자료 소비 = 300, 투자 = 200, 민간저축 = 250, 수출 = 150, 수입 = 150, 정부지출 = 100을 대입하면 다음과 같다.

$(Y-T-C)+(T-G)+(M-X)=I$이므로
$(600-T-300)+(T-100)+(150-150)=200$이 된다.
이때, 민간저축 250은 $(Y-T-C)$이므로 결국 T는 50임을 알 수 있다.

한편, 재정수지는 조세에서 정부지출을 차감한 것으로 설문에서 조세는 50, 정부지출은 100이므로 -50이 된다.

A국 국민소득계정의 구성항목에서 민간투자가 50, 정부소비와 정부투자가 각각 40과 60, 조세가 50이고, 수출과 수입이 동일할 때, 민간저축은? ▶ 2024년 감정평가사

① 40
② 50
③ 80
④ 100
⑤ 120

출제이슈 국민소득계정
핵심해설 정답 ④

GDP는 소비, 투자, 정부지출, 순수출의 합으로 구성된다. 이를 국내총생산과 그 처분의 식으로 나타내면 $Y=C+I+G+X-M$과 같다. 이를 변형하면 $(Y-T-C)+(T-G)+(M-X)=I$ 가 된다.

여기에 설문에서 주어진 자료를 대입하면 다음과 같다.

$(Y-T-C)+(T-G)+(M-X)=I$

$S_P+50-40=50+60,\ S_P=100$

표는 기업 갑과 을로만 구성된 A국의 연간 국내 생산과 분배를 나타낸다. 이에 관한 설명으로 옳지 않은 것은?

▶ 2021년 감정평가사

항목	갑	을
매출액	400	900
중간투입액	0	400
임금	250	300
이자	0	50
임대료	100	100
이윤	( )	( )
요소소득에 대한 총지출	( )	( )
부가가치	( )	( )

① 기업 갑의 요소소득에 대한 총지출은 400이다.
② 기업 갑의 부가가치는 400이다.
③ 기업 갑의 이윤은 기업 을의 이윤과 같다.
④ A국의 임금, 이자, 임대료, 이윤에 대한 총지출은 900이다.
⑤ A국의 국내총생산은 기업 갑과 기업 을의 매출액 합계에서 요소소득에 대한 총지출을 뺀 것과 같다.

출제이슈 국내총생산(GDP)의 측정방법
핵심해설 정답 ⑤

국내총생산(GDP)이란 일정한 기간 동안 한 나라 안에서 생산되어 최종적인 용도로 사용되는 재화, 서비스의 가치를 모두 더한 것을 의미한다.

국내총생산은 생산 측면, 분배 측면, 지출 측면에서 각각 파악할 수 있는데 사후적으로 항상 같은 값을 가지게 되며 이를 3면 등가의 법칙 혹은 원리라고 한다. 그러나 사전적으로는 3면 등가의 법칙이 성립하지 않으며 만일 3면 등가를 달성시키기 위해서는 소득이나 이자율 등의 적절한 조정이 요구된다.

국내총생산을 생산 측면에서 파악하는 경우 최종생산단계에서 최종생산물의 시장가치 혹은 생산단계별 부가가치의 합계로 측정된다. 분배 측면에서 파악하는 경우 생산과정에 참여한 경제주체들에 대해 지급된 대가(임금, 이자, 지대, 이윤)로 측정된다. 지출 측면에서 파악하는 경우 생산물이 처분된 유형별로 처분금액의 합계(소비, 투자, 정부지출, 순수출)로 측정된다.

정리하자면, 국내총생산(GDP)의 측정방법은 다음과 같이 여러 측면에서 접근가능하다.

1) 최종생산물의 시장가치의 합
2) 각 생산단계에서 새로이 창출된 부가가치의 합
3) 각 생산과정에 참여한 경제주체들이 수취한 요소소득의 합
4) 소비과정에 참여한 경제주체들의 소비의 합

위의 분석내용 특히 2)와 3)에 따라 설문을 검토하면 다음과 같다.

① 옳은 내용이다.
기업 갑의 매출액 400은 생산과정에 참여한 요소공급자인 경제주체들에게 임금, 이자, 임대료, 이윤으로 분배된다. 따라서 기업 갑의 요소소득에 대한 총지출은 400이 된다.

② 옳은 내용이다.
국내총생산은 생산단계별 부가가치의 합계로 측정되는데 이는 최종생산물의 시장가치를 분해하는 작업에 해당한다. 최종생산물은 생산단계를 거치면서 점차 가치가 부가되고 증대되어 최종적인 시장가치를 가지게 된다. 따라서 생산단계별로 얼마나 가치가 부가되고 증대되었는지를 분해해 볼 수 있는데 이를 부가가치라고 한다. 각 생산단계별 부가가치는 각 생산단계에서 생산된 제품에서 중간투입물을 뺀 값이 된다. 설문에서 기업 갑의 부가가치는 매출액 400에서 중간투입액 0을 뺀 금액으로 측정된다.

③ 옳은 내용이다.
기업 갑의 매출액 400은 생산과정에 참여한 요소공급자인 경제주체들에게 임금, 이자, 임대료, 이윤으로 분배된다. 임금이 250, 이자가 0, 임대료가 100으로 주어졌으므로, 이윤은 50이 됨을 알 수 있다.

한편 기업 을의 매출액 900은 중간투입액 400을 제외한 나머지 500이 생산과정에 참여한 요소공급자인 경제주체들에게 임금, 이자, 임대료, 이윤으로 분배된다. 임금이 300, 이자가 50, 임대료가 100으로 주어졌으므로, 이윤은 50이 됨을 알 수 있다.

따라서 기업 갑의 이윤은 기업 을의 이윤과 같으며 그 금액은 50이다.

④ 옳은 내용이다.
기업 갑의 매출액 400은 생산과정에 참여한 요소공급자인 경제주체들에게 임금, 이자, 임대료, 이윤으로 분배된다. 따라서 기업 갑의 요소소득에 대한 총지출은 400이 된다. 기업 을의 매출액 900은 중간투입액 400을 제외한 나머지 500이 생산과정에 참여한 요소공급자인 경제주체들에게 임금, 이자, 임대료, 이윤으로 분배된다. 따라서 기업 을의 요소소득에 대한 총지출은 500이 된다. 따라서 A국의 임금, 이자, 임대료, 이윤에 대한 총지출은 900이다.

⑤ 틀린 내용이다.
A국의 국내총생산은 기업 갑과 기업 을의 매출액 합계에서 중간투입액을 뺀 것으로서 이는 요소소득에 대한 총지출과 같다.

국내총생산에 관한 설명으로 옳지 않은 것은?　　　　　▶ 2023년 감정평가사

① 국내총생산은 시장에서 거래되는 최종생산물만 포함한다.

② 국내순생산은 국내총생산에서 고정자본소모를 제외한 부분이다.

③ 명목 국내총생산은 재화와 서비스의 생산의 가치를 경상가격으로 계산한 것이다.

④ 3면 등가의 원칙으로 국내총생산은 국내총소득과 일치한다.

⑤ 국내총생산은 요소비용국내소득에 순간접세와 고정자본소모를 더한 것이다.

출제이슈　국내총생산(GDP)의 측정방법
핵심해설　정답 ①

국내총생산(GDP)이란 일정한 기간 동안 한 나라 안에서 생산되어 최종적인 용도로 사용되는 재화, 서비스의 가치를 모두 더한 것을 의미한다.

① 틀린 내용이다.

GDP는 시장에서 거래되는 상품을 대상으로 하므로 비시장재화나 지하경제의 경우 국내총생산에 포착되지 않는다. 다만, 시장에서 거래되지 않는다고 하더라도 일부 생산물에 대하여는 추산을 통하여 귀속시키는 경우도 있으니 주의해야 한다. 예를 들어 자가소유주택으로부터의 주거서비스의 가치를 추산하는 것이라든지, 군인, 경찰, 공무원들로부터의 국방서비스, 치안서비스, 행정서비스의 가치를 추산하는 것이 좋은 예가 된다. 또한 농가에서 자신이 소비하기 위해서 생산하는 자가소비용 농산물도 추산을 통해서 국내총생산에 포함된다.

② 옳은 내용이다.

국내순생산(NDP)은 국내총생산(GDP)에서 감가상각(고정자본소모)을 차감한 것이고 국민순소득(NNI)은 국민총소득(GNI)에서 감가상각을 차감한 것이다.

③ 옳은 내용이다.

명목 국내총생산은 재화와 서비스의 생산의 가치를 쉽게 측정가능한 화폐가치로 전환한 것으로서 생산량의 변화뿐만 아니라 가격의 변화를 모두 고려하는 개념이다.

④ 옳은 내용이다.

국내총생산은 생산측면, 분배측면, 지출측면에서 각각 파악할 수 있는데 사후적으로 항상 같은 값을 가지게 되며 이를 3면 등가의 법칙 혹은 원리라고 한다. 그러나 사전적으로는 3면 등가의 법칙이 성립하지 않으며 만일 3면 등가를 달성시키기 위해서는 소득이나 이자율 등의 적절한 조정이 요구된다.

국내총생산을 생산측면에서 파악하는 경우 최종생산단계에서 최종생산물의 시장가치 혹은 생산단계별 부가가치의 합계로 측정된다. 분배측면에서 파악하는 경우 생산과정에 참여한 경제주체들에 대해 지급된 대가(임금, 이자, 지대, 이윤)로 측정된다. 지출측면에서 파악하는 경우 생산물이 처분된 유형별로 처분금액의 합계(소비, 투자, 정부지출, 순수출)로 측정된다.

참고로 원래 국내총소득(GDI)은 국내총생산에 교역조건의 변화에 따른 실질적인 무역손익을 고려한 개념으로서 다음과 같은 산식으로 정의된다. 다만, 본 문제에서 국내총소득은 국내총생산의 분배측면의 파악으로 선해하기로 한다.

국내총소득(GDI) = 국내총생산(GDP) + 교역조건의 변화에 따른 실질 무역손익

⑤ 옳은 내용이다.

앞에서 본 바와 같이 국내순생산(NDP)은 국내총생산(GDP)에서 감가상각을 차감한 것이고 국민순소득(NNI)은 국민총소득(GNI)에서 감가상각을 차감한 것이다. 국내총생산(GDP)과 국민총소득(GNI)에서 감가상각을 차감한 후에 정부부문을 고려하게 되면, 국민입장에서는 간접세와 보조금을 고려한 순간접세를 정부에 납부해야만 한다. 국민순소득(NNI)에서 순간접세를 차감한 것을 국민소득(NI)이라고 한다. 따라서 국민소득이란 국민순소득에서 간접세를 차감하고 보조금을 더한 것으로서 법인세나 소득세와 같은 직접세를 납부하기 직전에 가계나 기업 같은 민간부문에 귀속되는 소득개념이다. 특히 국민소득은 국민계정에서는 임금을 나타내는 피용자보수와 이자, 지대, 이윤을 의미하는 영업잉여로 구성된다.

따라서 피용자보수와 영업잉여와 같은 요소비용국내소득인 국민소득에 순간접세를 더하면 국민순소득이 되고 국민순소득에 감가상각(고정자본소모)을 더하면 국민총소득이 되고, 특정한 경우를 상정하면 국민총소득이 국내총생산이 된다. 결국 국내총생산은 요소비용국내소득에 순간접세와 고정자본소모를 합산한 것이 됨을 알 수 있다.

참고로 본 문제는 선지에 등장하는 개념들을 정의하고 적용함에 있어서 정확한 전제가 수반되지 않고 다양한 상황으로 해석가능하기 때문에 논란의 여지가 있으나, 출제의도를 선해하여 정답을 찾는데는 어려움이 없겠다. 다만, 수험생들에게 불필요한 혼동을 야기할 수 있는바 이러한 불확정적인 단순개념문제는 지양되어야 할 것이다.

> 2023년에 기업 A는 한국에서 생산한 부품 100억 달러를 베트남 현지 공장에 수출하였다. 같은 해에 베트남 현지 공장에서 그 부품을 조립하여 소비재 완제품 200억 달러를 만들어 그 중 50억 달러는 한국에 수출하고, 140억 달러는 미국에 수출하였으며 10억 달러는 재고로 남았다. 이월된 재고 10억 달러는 2024년 베트남 국내에서 모두 판매되었다. 이에 관한 설명으로 옳은 것은?
>
> ▶ 2024년 감정평가사
>
> ① 2023년 한국의 GDP는 50억 달러이다.
> ② 2023년 베트남의 GDP는 200억 달러이다.
> ③ 2023년 베트남의 투자는 10억 달러이다.
> ④ 2023년 베트남의 순수출은 190억 달러이다.
> ⑤ 2024년 베트남의 소비와 GDP는 각각 10억 달러이다.

출제이슈 국내총생산(GDP)의 개념과 측정방법
핵심해설 정답 ③

국내총생산(GDP)은 생산측면, 분배측면, 지출측면에서 각각 파악할 수 있는데, 지출측면에서 파악하는 경우 생산물이 처분된 유형별로 처분금액의 합계(소비, 투자, 정부지출, 순수출)로 측정된다. 이때, 국민소득계정에서 투자는 건설투자, 설비투자, 재고투자로 구분된다. 건설투자는 공장, 사무실, 주택을 신축하고 개보수하는 기업의 지출이며, 설비투자는 기계, 차량운반구, 전산장비 등을 확충하는 기업의 지출이며 마지막으로 재고투자는 기업이 생산을 위해 보유하는 원자재, 재공품(생산 중에 있는 중간 산물)과 생산이 완료되어 보유하고 있는 최종생산물을 의미한다. 투자는 재고의 변동을 투자의 한 유형으로 포함하고 있다. 따라서 2023년 베트남의 투자는 재고투자 10억달러가 된다.

> **국내총생산의 측정에 관한 설명으로 옳지 않은 것은?**
>
> ▶ 2025년 감정평가사
>
> ① 시장에서 거래되지 않는 재화와 서비스는 포함되지 않는다.
> ② 국민총생산에서 국외순수취요소소득을 뺀 것과 같다.
> ③ 일정기간 내에 생산됐지만 아직 판매되지 못한 최종재도 포함된다.
> ④ 일정기간 국내에서 새로 생산된 재화와 서비스의 부가가치의 합으로 계산한다.
> ⑤ 간접세와 감가상각도 포함된다.

출제이슈 국내총생산(GDP)의 개념과 측정방법
핵심해설 정답 ①

국내총생산 지표는 원칙적으로 시장에서 거래된 상품을 대상으로 측정한다. 그러나 시장에서 거래되지 않는다고 하더라도 일부 생산물에 대하여는 추산을 통하여 귀속시키는 경우가 있으니 주의해야 한다. 자가소유주택으로부터의 주거서비스의 가치를 추산하는 것이라든지, 군인, 경찰, 공무원들로부터의 국방서비스, 치안서비스, 행정서비스의 가치를 추산하는 것을 예로 들 수 있다.

02 국내총생산(GDP)의 계산 시 포함 및 불포함 항목

실질 GDP가 증가하는 경우는?

▶ 2019년 감정평가사

① 기존 아파트 매매가격 상승

② 주식시장의 주가 상승

③ 이자율 상승

④ 사과 가격의 상승

⑤ 배 생산의 증가

출제이슈 GDP 계산 시 포함 및 불포함 항목의 구분
핵심해설 정답 ⑤

① 틀린 내용이다.

기존 아파트 매매가격 상승은 현재 GDP의 증가와 무관하다. 과거 아파트가 신축되었을 때, 건설투자로서 GDP에 집계되는 것이지, 현재 GDP에는 포함되지 않는다.

② 틀린 내용이다.

주식시장에서의 주가의 상승은 단순한 금융자산의 증가로서 실물생산을 의미하는 현재 GDP의 집계에 포함되지 않는다. 다만, q이론에 의하면, 주가의 상승으로 투자에 긍정적 영향을 주게 되면, 장기적으로 GDP에 긍정적 영향을 줄 수 있을 뿐이지, 주가 상승 금액 자체가 현재 GDP에 집계되는 것은 아니다.

③ 틀린 내용이다.

이자율의 변화 자체는 실물생산을 의미하는 현재 GDP의 집계와는 무관하다. 다만, 이자율의 상승으로 투자에 부정적 영향을 주게 되면 장기적으로 GDP에 부정적 영향을 줄 수 있을 뿐이다.

④ 틀린 내용이다.

사과 가격의 상승은 명목 GDP는 증가시키지만, 실질 GDP와는 무관하다.

⑤ 옳은 내용이다.

배 생산의 증가는 실물생산을 의미하는 현재 GDP의 집계에 포함되어 GDP를 증가시킨다.

GDP 증가요인을 모두 고른 것은?

▶ 2018년 감정평가사

ㄱ. 주택신축
ㄴ. 정부의 이전지출
ㄷ. 외국산 자동차 수입

① ㄱ   ② ㄴ   ③ ㄱ, ㄷ
④ ㄴ, ㄷ   ⑤ ㄱ, ㄴ, ㄷ

출제이슈 GDP 계산 시 포함 및 불포함 항목의 구분
핵심해설   정답 ①

ㄱ. GDP 증가요인이다.

국민소득계정에서 투자는 건설투자, 설비투자, 재고투자로 구분된다. 건설투자는 공장, 사무실, 주택을 신축하고 개보수하는 기업의 지출이며, 설비투자는 기계, 차량운반구, 전산장비 등을 확충하는 기업의 지출이며, 마지막으로 재고투자는 기업이 생산을 위해 보유하는 원자재, 재공품(생산 중에 있는 중간 산물)과 생산이 완료되어 보유하고 있는 최종생산물을 의미한다. 설문에서 주택신축은 건설투자로서 GDP에 집계되어 증가요인이 된다.

ㄴ. GDP 증가요인이 아니다.

이전지출이란 정부가 생산물의 산출과 관계없이, 반대급부 없이 무상으로 구매력 혹은 소득을 이전하는 것을 의미한다. 이전지출의 예로는 실업수당, 재해보상금 등을 들 수 있다. 이전지출은 새로운 생산물의 산출이 아니라 기존에 존재하던 소득을 다시 분배하는 것에 지나지 않는다. 따라서 국내총생산의 측정 시 포함되지 않는다.

ㄷ. GDP 감소요인이다.

국내총생산(GDP)이란 일정한 기간 동안 한 나라 안에서 생산되어 최종적인 용도로 사용되는 재화, 서비스의 가치를 모두 더한 것으로 외국산 자동차는 국내에서 생산된 것이 아니므로 GDP에 집계되지 않는다. 다만, 외국산 자동차를 국내에서 구입하여 소비하게 되므로 국내소비에는 포함되는 문제가 발생한다. 따라서 이를 상쇄하기 위해서 수입을 국민소득계정식에서 차감하는 방식을 사용한다. 이는 마치 전년도 재고가 올해 판매될 경우, 올해의 소비에는 포함되지만, 올해 재고에서 다시 차감하여 소비증가를 상쇄하는 방식과 유사하다.

Issue 03 GDP vs GNP vs GNI

명목 GDP(국내총생산)와 명목 GNI(국민총소득)에 관한 설명으로 옳은 것을 모두 고른 것은?

▶ 2012년 감정평가사

ㄱ. 폐쇄경제에서 명목 GDP는 명목 GNI와 크기가 같다.
ㄴ. 한국인이 해외에서 벌어들인 요소소득이 외국이 한국에서 벌어들인 요소소득보다 더 큰 경우에 명목 GDP가 명목 GNI보다 더 크다.
ㄷ. 외국인이 한국에서 벌어들인 근로소득은 한국의 GDP에 포함된다.
ㄹ. 한국인이 해외에서 벌어들인 이자수입은 한국의 GDP에 포함된다.

① ㄱ, ㄴ   ② ㄱ, ㄷ   ③ ㄴ, ㄷ
④ ㄴ, ㄹ   ⑤ ㄷ, ㄹ

출제이슈 GDP vs GNP vs GNI
핵심해설 정답 ②

국내총생산(GDP)이란 일정한 기간 동안 한 나라 안에서 생산되어 최종적인 용도로 사용되는 재화, 서비스의 가치를 모두 더한 것을 의미한다. 국내총생산 지표는 장기적으로 한 나라의 부를 결정하는 것은 생산이라는 사고에 기초해 있다.

국민총생산(GNP)이란 일정한 기간 동안 국민에 의해서 생산되어 최종적인 용도로 사용되는 재화, 서비스의 가치를 모두 더한 것을 의미한다.

국민총소득(GNI)이란 일정한 기간 동안 국민에 의하여 획득된 소득으로서 이는 생산과정에 참여한 대가로 지불되는 것을 의미한다. 국민총소득 지표는 한 나라의 복지 수준을 측정하는 점에서 생산이 아니라 소득이 더 우월하다는 사고에 기초해 있다

국내총생산은 국민소득을 의미하기 때문에 원래 생산 수준을 나타내는 국내총생산을 소득, 즉 국민의 복지 수준의 지표로도 사용할 수 있다. 그런데 국제화의 진전으로 인하여 국가 간에 무역이 활발해짐에 따라서 수출품과 수입품 사이의 교역조건(수출재와 수입재 가격 비율)이 변화할 경우 복지 수준(실질구매력, 소비가능성)에 변화가 발생하게 되었다. 이때, 국내총생산(GDP)만을 획일적으로 적용하게 되면, 교역조건에 변화가 있을 경우에 소득 및 복지 수준을 정확히 측정할 수 없다는 한계가 나타나게 되었다. 이에 따라 새로운 소득지표로서 국내총소득(GDI)의 개념이 도입되었다.

국내총소득(GDI)은 국내총생산에 교역조건의 변화에 따른 실질적인 무역손익을 고려한 개념으로서 다음과 같은 산식으로 정의된다.

국내총소득(GDI) = 국내총생산(GDP) + 교역조건의 변화에 따른 실질 무역손익

만일 수출품 가격이 하락하면, 실질 무역손실이 발생하는 것이며, 반대로 수출품 가격이 상승하면, 실질 무역이득이 발생하게 된다. 즉 국내총생산(GDP)은 변화하지 않더라도 실제 그 나라의 소비수준은 교역조건에 따라서 변화하게 된다. 이를 잘 포착하고 반영하기 위한 개념이 바로 국내총소득(GDI)의 개념인 것이다. 예를 들어 지난 2008년 우리나라 국내총생산 성장률은 2.2%였지만 국내총소득 성장률은 −1.2%였다. 이는 국내총생산이 증가했음에도 불구하고 국민의 실질적 복지수준이나 생활수준은 오히려 하락했음을 잘 보여준다.

지표 간 관계를 요약해서 살펴보면 다음과 같다.

① 국내총생산(GDP) + 대외순수취 요소소득 = 국민총생산(GNP)
국내총생산에서 대외지불 요소소득을 제외하고 대외수취 요소소득을 가산하면 국민총생산이 된다.

② 국민총생산(GNP) + 실질무역손익 = 국민총소득(GNI)
국민총생산에서 실질무역손익을 고려하면 국민총소득이 된다.
명목개념으로 파악하는 경우, 명목국민총생산은 명목국민총소득과 일치한다.

③ 국내총생산(GDP) + 실질무역손익 = 국내총소득(GDI)
국내총생산에서 실질무역손익을 고려하면 국내총소득이 된다.
역시 명목개념으로 파악하는 경우, 명목국내총생산과 명목국내총소득은 일치한다.

④ 국내총소득(GDI) + 대외순수취 요소소득 = 국민총소득(GNI)
국내총소득에서 대외지불 요소소득을 제외하고 대외수취 요소소득을 가산하면 국민총소득이 된다.

설문을 검토하면 다음과 같다.

ㄱ. 옳은 내용이다.
개방경제가 아니라 폐쇄경제에서 명목GDP는 명목GNI와 크기가 같다. 왜냐하면 폐쇄경제이므로 대외순수취요소소득을 고려하지 않으며, 명목으로 측정하므로 실질무역손익을 고려하지 않기 때문이다.

ㄴ. 틀린 내용이다.
GNI는 GDP에 대외순수취요소소득과 실질무역손익을 고려한 것이다. 따라서 명목GNI는 명목GNP와 같으므로 명목GNI는 명목GDP에 대외순수취요소소득을 더한 값이다. 설문에서 한국인이 해외에서 벌어들인 요소소득이 외국인이 한국에서 벌어들인 요소소득보다 더 큰 경우에는 대외순수취요소소득이 양수가 된다. 따라서 명목GNI는 명목GDP보다 크게 된다.

ㄷ. 옳은 내용이다.
외국인이 한국에서 벌어들인 근로소득은 한국의 GDP에 포함되지만, 한국의 GNP에서는 제외된다.

ㄹ. 틀린 내용이다.
한국인이 해외에서 벌어들인 이자수입은 한국의 GDP에 포함되지 않지만, 한국의 GNP에는 포함된다.

개방경제인 갑국의 국민소득 결정모형이 다음과 같을 때, 갑국의 국내총소득, 국민총소득, 처분가능소득은? (단, 제시된 항목 외 다른 것은 고려하지 않는다.) ▶2019년 감정평가사

- 국내총생산 : 1,000
- 교역조건 변화에 따른 실질무역손익 : 50
- 사내유보이윤 : 10
- 이전지출 : 3

- 대외순수취 요소소득 : 20
- 감가상각 : 10
- 각종 세금 : 3

① 1,000, 980, 960
② 1,000, 1,020, 1,000
③ 1,050, 1,050, 1,050
④ 1,050, 1,070, 1,050
⑤ 1,070, 1,050, 1,030

출제이슈 GDP vs GNP vs GNI vs DI
핵심해설 정답 ④

국내총생산(GDP)이란 일정한 기간 동안 한 나라 안에서 생산되어 최종적인 용도로 사용되는 재화, 서비스의 가치를 모두 더한 것을 의미한다. 국내총생산 지표는 장기적으로 한 나라의 부를 결정하는 것은 생산이라는 사고에 기초해 있다.

국민총생산(GNP)이란 일정한 기간 동안 국민에 의해서 생산되어 최종적인 용도로 사용되는 재화, 서비스의 가치를 모두 더한 것을 의미한다.

국민총소득(GNI)이란 일정한 기간 동안 국민에 의하여 획득된 소득으로서 이는 생산과정에 참여한 대가로 지불되는 것을 의미한다. 국민총소득 지표는 한 나라의 복지수준을 측정하는 점에서 생산이 아니라 소득이 더 우월하다는 사고에 기초해 있다.

처분가능소득(DI)은 국민이 실제로 쓸 수 있는 소득으로서 국민총소득에서 감가상각, 사내유보이윤, 세금을 차감하고 이전지출을 더한 소득개념이다. 국민총소득이 자체의 어의와는 달리 실제로 국민이 바로 쓸 수 있는 소득은 아니다. 생산과정에 참여한 국민들에게 배당되지 않는 사내유보이윤은 국민이 쓸 수 있는 소득이 아니다. 또한 정부부문을 고려할 때, 세금으로 납부한 금액 역시 국민이 쓸 수 있는 소득이 아니다. 그리고 감가상각 역시 미래의 생산을 위한 필수적인 지출임을 고려하면 국민이 쓸 수 있는 소득이 아니다. 이들을 모두 차감해야만 비로소 국민이 실제로 쓸 수 있는 소득으로서 처분가능소득을 구할 수 있다. 그런데 만일 이전지출이 있다면 국민이 실제로 쓸 수 있는 소득이 무상으로 증가한 것이므로 이는 처분가능소득을 구할 때 가산해야 한다.
지표 간 관계를 보면 다음과 같다.

① 국내총생산(GDP) + 대외순수취 요소소득 = 국민총생산(GNP)
　국내총생산에서 대외지불 요소소득을 제외하고 대외수취 요소소득을 가산하면 국민총생산이 된다.

② 국민총생산(GNP) + 실질무역손익 = 국민총소득(GNI)

국민총생산에서 실질무역손익을 고려하면 국민총소득이 된다.

명목개념으로 파악하는 경우, 명목국민총생산은 명목국민총소득과 일치한다.

③ 국내총생산(GDP) + 실질무역손익 = 국내총소득(GDI)

국내총생산에서 실질무역손익을 고려하면 국내총소득이 된다.

역시 명목개념으로 파악하는 경우 명목국내총생산과 명목국내총소득은 일치한다.

④ 국내총소득(GDI) + 대외순수취 요소소득 = 국민총소득(GNI)

국내총소득에서 대외지불 요소소득을 제외하고 대외수취 요소소득을 가산하면 국민총소득이 된다.

⑤ 처분가능소득(DI) = 국민총소득(GNI) − 감가상각 − 사내유보이윤 − 세금 + 이전지출

국민총소득에서 감가상각, 사내유보이윤, 세금을 차감하고 이전지출을 더하면 처분가능소득이 된다.

위의 산식에 따라서 설문을 검토하면 다음과 같다.

1) 국내총소득(GDI) 구하기

위의 산식 ③을 이용하여 GDI를 구하면 다음과 같다.

국내총생산(GDP) + 실질무역손익 = 국내총소득(GDI) = 1,000 + 50 = 1,050

2) 국민총소득(GNI) 구하기

ⅰ) 먼저, 국민총생산(GNP) 구하기

위의 산식 ①을 이용하여 GNP를 구하면 다음과 같다.

국내총생산(GDP) + 대외순수취 요소소득 = 국민총생산(GNP) = 1,000 + 20 = 1,020

ⅱ) 국민총소득(GNI) 구하기

이제 위의 산식 ②를 이용하여 GNI를 구하면 다음과 같다.

국민총생산(GNP) + 실질무역손익 = 국민총소득(GNI) = 1,020 + 50 = 1,070

3) 처분가능소득(DI) 구하기

ⅰ) 국내순생산(NDP)과 국민순소득(NNI)

국내순생산(NDP)은 국내총생산(GDP)에서 감가상각을 차감한 것이고, 국민순소득(NNI)은 국민총소득(GNI)에서 감가상각을 차감한 것이다.

ⅱ) 국민소득(NI)

국내총생산(GDP)과 국민총소득(GNI)에서 감가상각을 차감한 후에 정부부문을 고려하게 되면, 국민입장에서는 간접세와 보조금을 고려한 순간접세를 정부에 납부해야만 한다. 국민순소득(NNI)에서 순간접세를 차감한 것을 국민소득(NI)이라고 한다. 따라서 국민소득이란 간접세만 고려된 것으로서 직접세를 납부하기 이전에 민간부문에 귀속되는 소득개념이다. 특히 국민소득은 국민계정에서는 임금을 나타내는 피용자보수와 이자, 지대, 이윤을 의미하는 영업잉여로 구성된다.

ⅲ) 개인소득(PI)

이제 민간부문의 소득이 구체적으로 가계로 분배되기 위해서는 법인세 및 사내유보의 과정이 필요하다. 그리고 가계는 기업으로부터뿐만 아니라 정부로부터 소득이전을 받을 수도 있음을 고려하자. 가계가 받게 되는 소득을 개인소득(PI)이라고 하는데 이는 국민소득(NI)에서 법인세 및 사내유보이윤을 차감하고 정부이전지출을 가산한 소득이다.

ⅳ) 가처분소득(DI)

가계의 소득, 즉 개인소득에서 소득세를 차감한 소득을 가처분소득이라고 한다. 처분가능소득(DI)은 국민이 실제로 쓸 수 있는 소득으로서 국민총소득에서 감가상각, 사내유보이윤, 세금을 차감하고 이전지출을 더한 소득개념이다. 국민총소득이 자체의 어의와는 달리 실제로 국민이 바로 쓸 수 있는 소득은 아니다. 생산과정에 참여한 국민들에게 배당되지 않는 사내유보이윤은 국민이 쓸 수 있는 소득이 아니다. 또한 정부부문을 고려할 때, 세금으로 납부한 금액 역시 국민이 쓸 수 있는 소득이 아니다. 그리고 감가상각 역시 미래의 생산을 위한 필수적인 지출임을 고려하면 국민이 쓸 수 있는 소득이 아니다. 이들을 모두 차감해야만 비로소 국민이 실제로 쓸 수 있는 소득으로서 처분가능소득을 구할 수 있다. 그런데 만일 이전지출이 있다면 국민이 실제로 쓸 수 있는 소득이 무상으로 증가한 것이므로 이는 처분가능소득을 구할 때 가산해야 한다.

4) 처분가능소득(DI) 구하기

위의 산식 ⑤를 이용하여 DI를 구하면 다음과 같다.

국민총소득(GNI) − 감가상각 − 사내유보이윤 − 세금 + 이전지출
= 1,070 − 10 − 10 − 3 + 3 = 1,050

> **국민소득(NI)에 포함되지 않는 것은?**   ▶ 2025년 감정평가사
>
> ① 피고용자에 대한 보상   ② 법인화되어 있지 않은 자영업자의 소득
> ③ 임대소득과 순이자   ④ 법인이윤
> ⑤ 고정자본 소모량

출제이슈 국민소득의 개념
핵심해설 정답 ⑤

1) 국내순생산(NDP)과 국민순소득(NNI)

국내순생산(NDP)은 국내총생산(GDP)에서 감가상각(고정자본소모)을 차감한 것이고 국민순소득(NNI)은 국민총소득(GNI)에서 감가상각(고정자본소모)을 차감한 것이다.

2) 국민소득(NI)

국내총생산(GDP)과 국민총소득(GNI)에서 감가상각(고정자본소모)을 차감한 후에 정부부문을 고려하게 되면, 국민입장에서는 간접세와 보조금을 고려한 순간접세를 정부에 납부해야만 한다. 국민순소득(NNI)에서 순간접세를 차감한 것을 국민소득(NI)이라고 한다.

3) 피용자보수와 영업잉여

국민소득이란 국민순소득에서 간접세를 차감하고 보조금을 더한 것으로서 법인세나 소득세와 같은 직접세를 납부하기 직전에 가계나 기업같은 민간부문에 귀속되는 소득개념이다. 특히 국민소득은 국민계정에서는 임금을 나타내는 피용자보수와 이자, 지대, 이윤을 의미하는 영업잉여로 구성된다.

Issue 04 명목 *GDP*와 실질 *GDP*

쌀과 컴퓨터만 생산하는 국가의 생산량과 가격이 다음과 같다. 2013년을 기준연도로 할 때 2014년의 실질 *GDP*와 실질 *GDP*성장률은?
▶ 2015년 감정평가사

	쌀		컴퓨터	
	가격(원)	생산량(가마)	가격(원)	생산량(대)
2013년	10	50	30	100
2014년	15	100	50	200

① 3,500원, 100% ② 3,500원, 228.6% ③ 7,000원, 100%
④ 7,000원, 228.6% ⑤ 11,500원, 64.3%

출제이슈 실질 *GDP* 및 실질 *GDP*성장률의 계산
핵심해설 정답 ③

실질국내총생산은 비교연도의 수량을 기준연도의 가격으로 평가한 것으로서 산식은 다음과 같다.
실질국내총생산(실질 *GDP*) = 기준시점가격 × 비교시점수량

명목국내총생산은 비교연도의 수량을 비교연도의 가격으로 평가한 것으로서 산식은 다음과 같다.
명목국내총생산(명목 *GDP*) = 비교시점가격 × 비교시점수량

현재 기준연도는 2013년이므로 위의 산식을 활용하여 2013년 실질 *GDP*, 2014년 실질 *GDP*를 구하면 다음과 같다.

1) 2013년 실질 *GDP*(기준연도 2013년)
   = (2013년도 가격) × (2013년도 수량)
   = (10원/가마 × 50가마) + (30원/대 × 100대) = 3,500원

2) 2014년 실질 *GDP*(기준연도 2013년)
   = (2013년도 가격) × (2014년도 수량)
   = (10원/가마 × 100가마) + (30원/대 × 200대) = 7,000원

3) 실질 *GDP*성장률
   따라서 실질 *GDP*가 3,500원에서 7,000원으로 증가하였으므로 실질 *GDP*성장률은 100%가 된다.

물가지수

> **소비자물가지수에 관한 설명으로 옳지 않은 것은?** ▶ 2021년 감정평가사
>
> ① 기준연도에서 항상 100이다.
> ② 대체효과를 고려하지 못해 생계비 측정을 왜곡할 수 있다.
> ③ 가격 변화 없이 품질이 개선될 경우 생계비 측정을 왜곡할 수 있다.
> ④ GDP 디플레이터보다 소비자들의 생계비를 더 왜곡한다.
> ⑤ 소비자가 구매하는 대표적인 재화와 서비스에 대한 생계비용을 나타내는 지표이다.

출제이슈 소비자물가지수
핵심해설 정답 ④

라스파이레스 물가지수로서의 소비자물가지수는 소비재 500여 개, 생산자물가지수는 원자재 및 자본재 1,000여 개를 대상으로 하며 수입품도 포함하여 측정하는 물가지수이다. 현행 소비자물가지수는 기준시점의 물가를 100으로 두고, 비교시점의 물가를 구하므로 물가상승의 개념을 당연히 포함하며 기준시점의 수량을 가중치로 두기 때문에 라스파이레스 방식이라고 할 수 있다.

기준시점의 수량이 가중치이므로 이는 기준연도가 바뀌지 않는 한 가중치가 고정되므로 만일 거래량이 증가하고 가격이 하락하고 성능이 향상되는 경우에는 물가지수를 과장하는 문제가 있다. 또한 가격이 상승하는 경우 대체효과가 나타날 텐데 이 지수는 여전히 가중치 수량이 고정되어 있기 때문에 역시 물가지수가 과장된다. 소비재 500여 개, 원자재 및 자본재 1,000여 개를 대상으로 하여 대표적 소비자를 상정하여 구해진 물가지수이므로 특정 가계의 소비품목과 괴리가 있을 수밖에 없어서 가계의 생계비 변화를 제대로 측정하지 못할 수 있다.

설문을 검토하면 다음과 같다.

① 옳은 내용이다.
   소비자물가지수는 라스파이레스 방식에 따라서 다음과 같이 정의된다.

$$\text{소비자물가지수} \quad CPI = \frac{\Sigma P_t Q_0}{\Sigma P_0 Q_0} = \frac{\text{비교시점 가격} \times \text{기준시점 수량}}{\text{기준시점 가격} \times \text{기준시점 수량}}$$

   따라서 기준연도에서 소비자물가지수는 100이 된다.

② 옳은 내용이다.
   특정품목의 가격이 상승하면 소비량이 감소하고 다른 대체품목의 소비량이 증가할 것이다. 이를 대체효과라고 한다. 이로 인해 특정품목의 소비량을 감소 이전인 기준시점의 수치로 사용할 경우 그 품목의 가격상승을 과장

하여 물가지수에 반영하게 되는 가능성이 있다. 즉 라스파이레스 방식은 가격상승 시 가격상승을 과장하기 때문에 물가지수를 과장하므로 생계비 측정이 왜곡될 수 있다.

③ 옳은 내용이다.

자동차나 텔레비전과 같이 이전의 상품에 비하여 성능이 크게 개선된 상품이 존재하는 경우에는 기준시점에 비해 성능이 크게 개선되었음에도 가격은 그리 많이 오르지 않은 경우가 대부분이다. 이 경우 실질적으로는 가격이 하락한 것과 동일하지만 그 하락이 물가지수에 반영되지 않게 된다. 즉 라스파이레스 방식은 성능향상 시 가격하락으로 반영하지 않기 때문에 물가지수를 과장하므로 생계비 측정이 왜곡될 수 있다.

④ 틀린 내용이다.

GDP디플레이터는 국내에서 생산된 모든 상품을 고려하는 총체적 물가지수이지만 국내에서 생산된 상품만을 대상으로 하기 때문에 수입재는 미포함되어 수입재의 가격변화를 반영하지 못한다. 또한 국내에서 생산된 모든 상품을 고려하기 때문에 직접적으로 생계비와의 관련성도 떨어진다.

⑤ 옳은 내용이다.

바스켓이란 측정하고자 하는 물가를 대표하는 품목들이 골고루 들어있는 바구니로서 이는 물가 측정에 있어서 비중 혹은 가중치의 개념을 의미한다. 소비자물가지수의 바스켓은 가계가 소비하는 대표적인 품목들로 구성(전국주요도시의 가게에서 판매되는 소비재들)되어 있다. 따라서 소비자물가지수는 대표적인 재화와 서비스에 대한 생계비용을 나타내는 지표라고 할 수 있다. 이때, 바스켓으로는 기준시점의 바스켓을 사용하는데 이를 라스파이레스 방식이라고 한다. 라스파이레스 방식은 비교시점이 바뀌더라도 가중치가 고정된다는 특징이 있다.

물가지수에 관한 설명으로 옳은 것을 모두 고른 것은?

▶ 2022년 감정평가사

ㄱ. GDP디플레이터를 산정할 때에는 국내에서 생산되는 모든 최종 재화와 서비스를 대상으로 한다.
ㄴ. 소비자물가지수의 산정에 포함되는 재화와 서비스의 종류와 수량은 일정 기간 고정되어 있다.
ㄷ. 생산자물가지수를 산정할 때에는 기업이 생산 목적으로 구매하는 수입품은 제외한다.

① ㄱ   ② ㄴ   ③ ㄱ, ㄴ
④ ㄱ, ㄷ   ⑤ ㄴ, ㄷ

출제이슈 물가지수
핵심해설 정답 ③ (단, 엄밀하게는 ㄷ도 옳은 내용임에 유의하라.)

라스파이레스 물가지수로서의 소비자물가지수는 소비재 500여 개를 대상으로 하며 수입품도 포함하여 측정하는 물가지수이다. 현행 소비자물가지수는 기준시점의 물가를 100으로 두고, 비교시점의 물가를 구하므로 물가상승의 개념을 당연히 포함하며 기준시점의 수량을 가중치로 두기 때문에 라스파이레스 방식이라고 할 수 있다.

(ㄴ) 소비자물가지수의 바스켓은 가계가 소비하는 대표적인 품목들로 구성(전국주요도시의 가계에서 판매되는 소비재들)되어 있다. 이때, 바스켓으로는 기준시점의 바스켓을 사용하는데 이를 라스파이레스 방식이라고 한다. 라스파이레스 방식은 비교시점이 바뀌더라도 가중치가 고정된다는 특징이 있다. 기준시점의 수량이 가중치이므로 이는 기준연도가 바뀌지 않는 한 가중치가 고정되므로 만일 거래량이 증가하고 가격이 하락하고 성능이 향상되는 경우에는 물가지수를 과장하는 문제가 있다.

생산자물가지수의 바스켓은 기업 간 거래되는 원자재와 자본재의 품목들로 구성되어 있다. 이때, 바스켓으로는 기준시점의 바스켓을 사용하는데 이를 라스파이레스 방식이라고 한다. 이는 소비자물가지수와 동일한 방식이다. 라스파이레스 방식은 비교시점이 바뀌더라도 가중치가 고정된다는 특징이 있다.

(ㄷ) 특히 생산자물가지수는 국내에서 생산, 출하되는 상품과 서비스를 대상으로 하기 때문에 원칙적으로 수입물가는 제외된다. 수입물가는 국내공급물가지수에 포함되며, 수출물가는 총산출물가지수에 포함된다. 따라서 본 문제는 출제오류의 소지가 있다고 판단된다. 다만, 현실적으로 관계당국에서 생산자물가지수를 발표할 때 국내공급물가지수, 총산출물가지수를 같이 발표하는 관행을 고려하여 본 문제에 이와 관련한 혼동이 있을 수 있음과 확실히 옳은 두 개의 지문의 존재를 적절히 선해하도록 한다.

(ㄱ) GDP디플레이터의 바스켓은 한 나라 안에서 생산된 모든 상품으로 구성되어 있다. 따라서 GDP디플레이터는 소비자물가지수나 생산자물가지수에 비하여 국내에서 생산되는 모든 상품을 조사대상으로 하므로 매우 포괄적인 성격의 물가지수이며 이 바스켓에는 수입품은 제외됨에 유의해야 한다. 이때 바스켓으로는 비교시점의 바스켓을 사용하는데 이를 파쉐 방식이라고 한다. 파쉐 방식은 비교시점이 바뀌면 가중치도 그에 따라서 비교시점으로 변경된다는 특징이 있다.

> 우리나라에서 산정되는 물가지수에 관한 설명으로 옳은 것은? ▶ 2012년 감정평가사
>
> ① 소비자물가지수 산정에 포함되는 재화와 용역은 해마다 달라진다.
> ② GDP디플레이터 산정에는 파쉐지수(Paashe Index) 산식을 사용한다.
> ③ 소비자물가지수 산정에는 국내에서 생산되는 재화와 용역만 포함된다.
> ④ 생산자물가지수 산정에 포함되는 재화와 용역은 해마다 달라진다.
> ⑤ GDP디플레이터 산정에 포함되는 재화와 용역은 5년마다 달라진다.

출제이슈 물가지수
핵심해설 정답 ②

① 틀린 내용이다.

라스파이레스 물가지수로서의 소비자물가지수는 대표적인 소비재를 대상으로 하며 수입품도 포함하여 측정하는 물가지수이다. 현행 소비자물가지수는 기준시점의 물가를 100으로 두고, 비교시점의 물가를 구하므로 물가상승의 개념을 당연히 포함하며 기준시점의 수량을 가중치로 두기 때문에 라스파이레스 방식이라고 할 수 있다. 기준시점의 수량이 가중치이므로 이는 기준연도가 바뀌지 않는 한 가중치가 고정된다.

② 옳은 내용이다.

GDP디플레이터는 기준시점의 물가를 100으로 두고, 비교시점의 물가를 구하므로 물가상승의 개념을 당연히 포함하며 비교시점의 수량을 가중치로 두기 때문에 파쉐 방식이라고 할 수 있다. 따라서 비교연도가 바뀜에 따라서 매년 가중치가 변동하게 된다.

③ 틀린 내용이다.

라스파이레스 물가지수로서의 소비자물가지수는 국내소비자가 소비하는 대표적인 소비재를 대상으로 하며 수입품도 포함하여 측정하는 물가지수이다. 한편, GDP디플레이터는 국내에서 생산된 모든 상품을 고려하는 총체적 물가지수이지만 국내에서 생산된 상품만을 대상으로 하기 때문에 수입재는 포함되지 않는다는 점에 유의해야 한다.

④ 틀린 내용이다.

라스파이레스 물가지수로서의 생산자물가지수는 국내생산자가 생산하는 대표적인 원자재 및 자본재를 대상으로 하는 물가지수이다. 현행 소비자물가지수는 기준시점의 물가를 100으로 두고, 비교시점의 물가를 구하므로 물가상승의 개념을 당연히 포함하며 기준시점의 수량을 가중치로 두기 때문에 라스파이레스 방식이라고 할 수 있다. 기준시점의 수량이 가중치이므로 이는 기준연도가 바뀌지 않는 한 가중치가 고정된다.

⑤ 틀린 내용이다.

GDP디플레이터는 기준시점의 물가를 100으로 두고, 비교시점의 물가를 구하므로 물가상승의 개념을 당연히 포함하며 비교시점의 수량을 가중치로 두기 때문에 파쉐 방식이라고 할 수 있다. 따라서 비교연도가 바뀜에 따라서 매년 가중치가 변동하게 된다.

물가지수에 관한 설명으로 옳은 것은? ▶ 2018년 감정평가사

① GDP디플레이터에는 국내산 최종 소비재만이 포함된다.
② GDP디플레이터 작성 시 재화와 서비스의 가격에 적용되는 가중치가 매년 달라진다.
③ 소비자물가지수 산정에는 국내에서 생산되는 재화만 포함된다.
④ 소비자물가지수에는 국민이 구매한 모든 재화와 서비스가 포함된다.
⑤ 생산자물가지수에는 기업이 구매하는 품목 중 원자재를 제외한 품목이 포함된다.

출제이슈 물가지수
핵심해설 정답 ②

라스파이레스 물가지수로서의 소비자물가지수는 소비재 500여 개를 대상으로 하며 수입품도 포함하여 측정하는 물가지수이다. 현행 소비자물가지수는 기준시점의 물가를 100으로 두고, 비교시점의 물가를 구하므로 물가상승의 개념을 당연히 포함하며 기준시점의 수량을 가중치로 두기 때문에 라스파이레스 방식이라고 할 수 있다.

소비자물가지수의 바스켓은 가계가 소비하는 대표적인 품목들(전국주요도시의 가게에서 판매되는 소비재들)로 구성되어 있다. 이때, 바스켓으로는 기준시점의 바스켓을 사용하는데 이를 라스파이레스 방식이라고 한다. 라스파이레스 방식은 비교시점이 바뀌더라도 가중치가 고정된다는 특징이 있다. 기준시점의 수량이 가중치이므로 이는 기준연도가 바뀌지 않는 한 가중치가 고정되므로 만일 거래량이 증가하고 가격이 하락하고 성능이 향상되는 경우에는 물가지수를 과장하는 문제가 있다.

생산자물가지수의 바스켓은 기업 간 거래되는 원자재와 자본재의 품목들로 구성되어 있다. 이때, 바스켓으로는 기준시점의 바스켓을 사용하는데 이를 라스파이레스 방식이라고 한다. 이는 소비자물가지수와 동일한 방식이다. 라스파이레스 방식은 비교시점이 바뀌더라도 가중치가 고정된다는 특징이 있다.

GDP디플레이터의 바스켓은 한 나라 안에서 생산된 모든 상품으로 구성되어 있다. 따라서 GDP디플레이터는 소비자물가지수나 생산자물가지수에 비하여 국내에서 생산되는 모든 상품을 조사대상으로 하므로 매우 포괄적인 성격의 물가지수이며 이 바스켓에는 수입품은 제외됨에 유의해야 한다. 이때 바스켓으로는 비교시점의 바스켓을 사용하는데 이를 파쉐 방식이라고 한다. 파쉐 방식은 비교시점이 바뀌면 가중치도 그에 따라서 비교시점으로 변경된다는 특징이 있다.

> A재와 B재만 생산하는 국가의 재화 생산량과 가격이 다음과 같다.
>
> | 연도 | A 가격 | A 생산량 | B 가격 | B 생산량 |
> |------|---------|-----------|---------|-----------|
> | 2012 | (ㄱ) | 100 | 12 | 50 |
> | 2013 | 10 | 80 | 10 | (ㄴ) |
>
> **2012년도를 기준연도로 할 때, 2013년의 실질GDP 성장률이 25%이고 GDP 디플레이터가 90이라면, (ㄱ)과 (ㄴ)에 알맞은 것은?**
>
> ▶ 2014년 감정평가사
>
> ① ㄱ : 8, ㄴ : 60   ② ㄱ : 8, ㄴ : 80
> ③ ㄱ : 10, ㄴ : 80   ④ ㄱ : 10, ㄴ : 100
> ⑤ ㄱ : 12, ㄴ : 100

출제이슈 GDP 디플레이터
핵심해설 정답 ④

편의상 2012년 A재의 가격을 x, 2013년 B재의 생산량을 y라고 하자.

1) 2012년 실질GDP
   $= (x \times 100) + (12 \times 50) = 100x + 600$

2) 2013년 실질GDP
   $= (x \times 80) + (12 \times y) = 80x + 12y$

3) 2013년 실질GDP 증가율

   실질GDP 증가율 $= \dfrac{\text{2013년 실질}GDP - \text{2012년 실질}GDP}{\text{2012년 실질}GDP} = \dfrac{(80x + 12y) - (100x + 600)}{(100x + 600)} = 0.25\,(25\%)$

4) 2013년 GDP 디플레이터

   GDP 디플레이터 $= \dfrac{\text{2013년 명목}GDP}{\text{2013년 실질}GDP} = \dfrac{(10 \times 80) + (10 \times y)}{(80x + 12y)} = 0.9$

5) 연립방정식 풀이
   위의 3)과 4)의 식을 연립하여 풀면 $x = 10$, $y = 100$이 된다.

다음 ( ) 안의 내용으로 알맞은 것은? ▶ 2014년 감정평가사

원유수입가격 상승 시 원유수입국의 소비자물가지수는 (ㄱ)하고, 생산자물가지수는
(ㄴ)하며, GDP디플레이터는 (ㄷ)한다.

① ㄱ : 불변, ㄴ : 불변, ㄷ : 상승
② ㄱ : 상승, ㄴ : 상승, ㄷ : 불변
③ ㄱ : 상승, ㄴ : 불변, ㄷ : 상승
④ ㄱ : 불변, ㄴ : 상승, ㄷ : 상승
⑤ ㄱ : 상승, ㄴ : 상승, ㄷ : 상승

출제이슈 물가지수의 비교
핵심해설 정답 ⑤

소비자물가지수는 국내소비자가 소비하는 대표적인 소비재를 대상으로 하며 수입품도 포함하여 측정하는 물가지수이다. 현행 소비자물가지수는 기준시점의 물가를 100으로 두고, 비교시점의 물가를 구하므로 물가상승의 개념을 당연히 포함하며 기준시점의 수량을 가중치로 두기 때문에 라스파이레스 방식이라고 할 수 있다.

생산자물가지수는 국내생산자가 생산하는 대표적인 원자재 및 자본재를 대상으로 하는 물가지수이다. 기준시점의 수량이 가중치이므로 이는 기준연도가 바뀌지 않는 한 가중치가 고정된다.

GDP디플레이터는 국내에서 생산된 모든 상품을 고려하는 총체적 물가지수이지만 국내에서 생산된 상품만을 대상으로 하기 때문에 수입재는 포함되지 않는다는 점에 유의해야 한다.

설문을 검토하면 다음과 같다.

원유는 국내소비자가 직접 소비하는 수입품도 아니고 국내생산자가 직접 생산하는 원자재나 자본재도 아니다. 따라서 원유의 수입가격은 소비자물가지수, 생산자물가지수, GDP디플레이터 모두 포함되지 않는다.

그러나 원유의 수입가격이 상승하게 되면, 이를 수입하여 생산하는 국내생산자들의 비용이 상승하게 되고 생산자 출하가격이 상승하여 결국 소비자 구입가격도 상승하게 된다. 따라서 원유의 수입가격 상승으로 소비자물가지수, 생산자물가지수 그리고 GDP디플레이터 모두 상승하게 된다.

> B국의 명목GDP는 2013년 1,000억 달러에서 2014년 3,000억 달러로 증가했다. B국의 GDP디플레이터가 2013년 100에서 2014년 200으로 상승했다면 B국의 2013년 대비 2014년 실질GDP 증가율은 얼마인가?
>
> ▶2016년 감정평가사
>
> ① 5% ② 10% ③ 25%
> ④ 50% ⑤ 100%

출제이슈 명목GDP vs 실질GDP vs GDP디플레이터
핵심해설 정답 ④

1) 2013년 명목GDP vs 실질GDP vs GDP디플레이터

① 2013년 GDP 디플레이터 $= \dfrac{2013년\ 명목GDP}{2013년\ 실질GDP} = \dfrac{1,000억\ 달러}{2013년\ 실질GDP} = 1$

② 따라서 2013년 실질 GDP = 1,000억 달러

2) 2014년 명목GDP vs 실질GDP vs GDP디플레이터

① 2014년 GDP 디플레이터 $= \dfrac{2014년\ 명목GDP}{2014년\ 실질GDP} = \dfrac{3,000억\ 달러}{2014년\ 실질GDP} = 2$

② 따라서 2014년 실질 GDP = 1,500억 달러

3) 2013년 대비 2014년 실질GDP 증가율

2013년 실질 GDP = 1,000억 달러, 2014년 실질 GDP = 1,500억 달러이므로 2013년 대비 2014년 실질 GDP 증가율은 50%가 된다.

2009년과 2010년의 명목 GDP와 GDP디플레이터가 다음 표와 같다. 2009년 대비 2010년의 실질 GDP 증가율은? (단, GDP디플레이터의 기준연도는 2005년) ▶2011년 감정평가사

연도	명목 GDP (10억 원)	GDP 디플레이터
2009	9,600	120
2010	10,500	125

① 4.2%   ② 5%   ③ 6.7%   ④ 8%   ⑤ 9.4%

출제이슈 명목 GDP vs 실질 GDP vs GDP디플레이터
핵심해설 정답 ②

1) 실질 GDP 구하기

GDP디플레이터는 파쉐 방식에 따라서 명목 GDP를 실질 GDP로 나눈 수치로 정의된다.

$$GDP디플레이터 = \frac{명목국내총생산(명목\,GDP)}{실질국내총생산(실질\,GDP)} = \frac{비교시점\ 가격 \times 비교시점\ 수량}{기준시점\ 가격 \times 비교시점\ 수량}$$

따라서 실질 GDP는 명목 GDP를 GDP디플레이터로 나눈 값이 된다.

① 2009년 실질 GDP
2009년 실질 GDP는 2009년의 명목 GDP를 2009년의 GDP디플레이터로 나눈 값이 되므로, 8,000이 된다.

② 2010년 실질 GDP
2010년 실질 GDP는 2010년의 명목 GDP를 2010년의 GDP디플레이터로 나눈 값이 되므로, 8,400이다.

2) 실질 GDP 증가율

$$실질\,GDP\ 증가율 = \frac{2010년\ 실질\,GDP - 2009년\ 실질\,GDP}{2009년\ 실질\,GDP} = \frac{8,400 - 8,000}{8,000} = 0.05(5\%)$$

> **거시경제변수에 관한 설명으로 옳지 않은 것은?** ▶ 2015년 감정평가사

① GDP는 유량(flow)변수이다.

② GDP디플레이터는 실질 GDP를 명목 GDP로 나눈 것으로 그 경제의 물가수준을 나타낸다.

③ 기준연도의 명목 GDP와 실질 GDP는 같다.

④ 외국인의 한국 내 생산활동은 한국의 GDP산출에 포함된다.

⑤ 소비, 투자, 정부지출(구입), 순수출이 GDP를 구성하는 네 가지 항목이다.

출제이슈 GDP와 GDP디플레이터
핵심해설 정답 ②

① 옳은 내용이다.

국내총생산(GDP)이란 일정한 기간 동안 한 나라 안에서 생산되어 최종적인 용도로 사용되는 재화, 서비스의 가치를 모두 더한 것을 의미한다. GDP는 특정시점이 아니라 일정한 기간을 기준으로 측정되는 변수로서 유량(flow)변수이다.

② 틀린 내용이다.

경제의 물가수준은 물가지수(price index)로 측정할 수 있는데, 물가지수란 기준이 되는 시점의 물가를 100으로 맞추고 비교시점의 물가를 그에 대하여 백분비로 표시한 것이다. 대표적으로 소비자물가지수, 생산자물가지수 그리고 GDP디플레이터를 들 수 있다.

GDP디플레이터는 파쉐 방식에 따라서 다음과 같이 명목국내총생산을 실질국내총생산으로 나눈 것으로 정의된다.

$$GDP\text{디플레이터} = \frac{\text{명목국내총생산(명목 } GDP)}{\text{실질국내총생산(실질 } GDP)} = \frac{\text{비교시점 가격} \times \text{비교시점 수량}}{\text{기준시점 가격} \times \text{비교시점 수량}}$$

③ 옳은 내용이다.

기준연도에는 명목 GDP와 실질 GDP 모두 동일한 가격과 수량을 이용하기 때문에 동일하다.

④ 옳은 내용이다.

국내총생산(GDP)이란 일정한 기간 동안 한 나라 안에서 생산되어 최종적인 용도로 사용되는 재화, 서비스의 가치를 모두 더한 것을 의미한다. 따라서 국내총생산(GDP)은 대외지급 요소소득은 포함하지만 대외수취 요소소득은 포함하지 않는다. 즉, 외국인의 한국 내 생산활동은 한국의 GDP산출에 포함된다.

⑤ 옳은 내용이다.

국내총생산을 지출 측면에서 파악하는 경우 생산물이 처분된 유형별로 처분금액의 합계(소비, 투자, 정부지출, 순수출)로 측정된다($Y = C + I + G + X - M$). 따라서 GDP는 소비, 투자, 정부지출, 순수출의 합으로 구성되므로 이를 그 처분의 식으로 나타내면 다음과 같다. 따라서 소비, 투자, 정부지출(구입), 순수출이 GDP를 구성하는 네 가지 항목이라고 할 수 있다.

 **물가상승률**

사과와 오렌지만 생산하는 A국의 생산량과 가격이 다음과 같을 때 2014년 대비 2015년의 GDP 디플레이터로 계산한 물가상승률은 얼마인가? (단, 2014년을 기준연도로 한다.)

▶ 2016년 감정평가사

연도	사과		오렌지	
	수량	가격	수량	가격
2014	5	2	30	1
2015	10	3	20	1

① 20% ② 25% ③ 35%
④ 45% ⑤ 50%

출제이슈 GDP디플레이터와 물가상승률
핵심해설 정답 ②

1) GDP디플레이터 구하기

GDP디플레이터는 국내에서 생산된 모든 상품을 고려하여 측정하는 물가지수로서 그 산식은 다음과 같다.

$$GDP디플레이터 = \frac{\Sigma P_t Q_t}{\Sigma P_0 Q_t} = \frac{비교시점\ 가격 \times 비교시점\ 수량}{기준시점\ 가격 \times 비교시점\ 수량} = \frac{명목 GDP}{실질 GDP}$$

설문의 자료를 위의 산식에 대입하여 GDP디플레이터를 구하면 다음과 같다.

① 기준연도 2014년 GDP디플레이터 = 1

② 2015년 GDP디플레이터

$$= \frac{\Sigma P_t Q_t}{\Sigma P_0 Q_t} = \frac{비교시점\ 가격 \times 비교시점\ 수량}{기준시점\ 가격 \times 비교시점\ 수량} = \frac{명목 GDP}{실질 GDP} = \frac{(3\times10)+(1\times20)}{(2\times10)+(1\times20)} = 1.25$$

2) GDP디플레이터를 이용한 물가상승률 구하기

2014년 GDP디플레이터가 1이고, 2015년 GDP디플레이터가 1.25이므로 물가상승률은

$$\pi = \frac{P_{2015}-P_{2014}}{P_{2014}} = \frac{1.25-1}{1} = 0.25가\ 된다.$$

사과와 바나나만 생산하는 A국의 생산량과 가격이 다음과 같을 때 2012년의 전년 대비 실질 GDP 성장률과 GDP디플레이터 상승률로 계산한 물가상승률은 각각 얼마인가? (단, 2011년을 기준연도로 한다.)

▶ 2013년 감정평가사

연도	사과 개수	사과 가격	바나나 개수	바나나 가격
2011	5	2	30	1
2012	10	5	40	1

① 33%, 33% ② 33%, 25% ③ 50%, 25%
④ 50%, 50% ⑤ 50%, 75%

출제이슈 GDP디플레이터와 물가상승률
핵심해설 정답 ④

1) 실질GDP구하기
   ① 2011년 실질$GDP = (2 \times 5) + (1 \times 30) = 40$
   ② 2012년 실질$GDP = (2 \times 10) + (1 \times 40) = 60$

2) 실질GDP를 이용한 경제성장률 구하기

$$경제성장률 = \frac{2012년\ 실질GDP - 2011년\ 실질GDP}{2011년\ 실질GDP} = \frac{60-40}{40} = 0.5(50\%)$$

설문의 자료를 이용하여 GDP디플레이터를 구하면 다음과 같다.

① 기준연도 2011년 GDP디플레이터 = 1(100)

② 2012년 GDP디플레이터

$$= \frac{\Sigma P_t Q_t}{\Sigma P_0 Q_t} = \frac{비교시점\ 가격 \times 비교시점\ 수량}{기준시짐\ 가격 \times 비교시점\ 수량} = \frac{명목GDP}{실질GDP}$$

$$= \frac{(5 \times 10) + (1 \times 40)}{(2 \times 10) + (1 \times 40)} = \frac{90}{60} = 1.5(150)$$

3) GDP디플레이터를 이용한 물가상승률 구하기

2011년 GDP디플레이터가 1이고, 2012년 GDP디플레이터가 1.5이므로

물가상승률은 $\pi = \dfrac{P_{2012} - P_{2011}}{P_{2011}} = \dfrac{1.5 - 1}{1} = 0.5(50\%)$가 된다.

소비자물가지수를 구성하는 소비지출 구성이 다음과 같다. 전년도에 비해 올해 식료품비가 10%, 교육비가 10%, 주거비가 5% 상승하였고, 나머지 품목에는 변화가 없다면 소비자물가지수 상승률은?

▶ 2017년 감정평가사

식료품비 : 40%

교육비 : 20%

교통비 및 통신비 : 10%

주거비 : 20%

기타 : 10%

① 5%　　　　　　② 7%　　　　　　③ 9%

④ 10%　　　　　⑤ 12.5%

출제이슈 소비자물가지수와 물가상승률
핵심해설 정답 ②

1) 물가상승률

물가상승률(인플레이션율)은 물가가 변화하는 정도를 나타내는 지표로서 주어진 기간 동안의 물가의 변화율을 의미한다. 이는 비교시점 물가지수와 기준시점 물가지수 간 차이를 의미하므로 기준시점 물가지수로 나눈 값으로 나타낼 수 있으며 그 산식은 다음과 같다.

$$\pi_t = \frac{P_t - P_{t-1}}{P_{t-1}}$$

2) 물가지수

소비자물가지수는 라스파이레스 물가지수로서 이는 비교시점 가격과 기준시점의 가격을 비교함에 있어서 가중치를 기준시점 수량을 사용하고 있으며 그 산식은 다음과 같다.

$$\text{라스파이레스 물가지수} = \frac{\Sigma P_t Q_0}{\Sigma P_0 Q_0} = \frac{\text{비교시점 가격} \times \text{기준시점 수량}}{\text{기준시점 가격} \times \text{기준시점 수량}}$$

설문에서 전년도에 비해 올해 식료품비가 10%, 교육비가 10%, 주거비가 5% 상승하였고, 나머지 품목에는 변화가 없기 때문에 올해 소비자물가지수의 상승률은 각 품목의 상승률을 가중치로 평균해서 구하면 다음과 같다.

올해 소비자물가지수의 상승률
$$= (0.1 \times 0.4) + (0.1 \times 0.2) + (0 \times 0.1) + (0.05 \times 0.2) + (0 \times 0.1) = 0.07$$

A국의 사과와 배에 대한 생산량과 가격이 다음과 같다. 파쉐 물가지수(Paasche price index)를 이용한 2010년 대비 2020년의 물가상승률은? (단, 2010년을 기준연도로 한다.)

▶ 2023년 감정평가사

2010년			2020년		
재화	수량	가격	재화	수량	가격
사과	100	2	사과	200	3
배	100	2	배	300	4

① 80% ② 150% ③ 250%
④ 350% ⑤ 450%

출제이슈 파쉐 물가지수와 물가상승률
핵심해설 정답 ①

파쉐 물가지수는 비교시점 가격과 기준시점의 가격을 비교함에 있어서 가중치를 비교시점 수량을 사용하고 있으며 그 산식은 다음과 같다.

$$\text{파쉐 물가지수} = \frac{\Sigma P_t Q_t}{\Sigma P_0 Q_t} = \frac{\text{비교시점 가격} \times \text{비교시점 수량}}{\text{기준시점 가격} \times \text{비교시점 수량}}$$

한편, 라스파이레스 물가지수는 비교시점가격과 기준시점의 가격을 비교함에 있어서 가중치를 기준시점 수량을 사용하고 있으며 그 산식은 다음과 같다.

$$\text{라스파이레스 물가지수} = \frac{\Sigma P_t Q_0}{\Sigma P_0 Q_0} = \frac{\text{비교시점 가격} \times \text{기준시점 수량}}{\text{기준시점 가격} \times \text{기준시점 수량}}$$

주어진 자료를 통해서 파쉐 물가지수와 물가상승률을 계산하면 다음과 같다.

1) 기준연도 2010년 파쉐 물가지수 = 1(또는 100)

2) 비교연도 2020년 파쉐 물가지수

$$= \frac{\Sigma P_t Q_t}{\Sigma P_0 Q_t} = \frac{\text{비교시점 가격} \times \text{비교시점 수량}}{\text{기준시점 가격} \times \text{비교시점 수량}} = \frac{(3 \times 200) + (4 \times 300)}{(2 \times 200) + (2 \times 300)} = 1.8(\text{또는 } 180)$$

3) 물가상승률
2010년 파쉐 물가지수가 100이고, 2020년 파쉐 물가지수가 180이므로

물가상승률 $\pi = \dfrac{P_{2020} - P_{2010}}{P_{2010}} = \dfrac{180 - 100}{100} = 0.8(80\%)$이 된다.

07 국민소득과 물가 복합이슈

> 두 재화 X, Y만을 생산하는 A국의 2022년과 2023년의 생산량과 가격이 아래와 같다. 2023년의 전년대비 (ㄱ) 경제성장률(실질GDP증가율)과 평균적인 가계의 소비조합이 X재 2단위, Y재 1단위일 때 (ㄴ) 소비자물가상승률은? (단, 기준연도는 2022년이다.) ▶ 2024년 감정평가사
>
> | 연도 | X | | Y | |
> |---|---|---|---|---|
> | | 수량 | 가격 | 수량 | 가격 |
> | 2022년 | 100 | 10 | 80 | 50 |
> | 2023년 | 100 | 15 | 100 | 40 |
>
> ① ㄱ: 10%, ㄴ: 0% ② ㄱ: 10%, ㄴ: 10%
> ③ ㄱ: 20%, ㄴ: -10% ④ ㄱ: 20%, ㄴ: 0%
> ⑤ ㄱ: 25%, ㄴ: 10%

출제이슈 경제성장률과 물가상승률
핵심해설 정답 ④

$2022 \, GDP = 100 \times 10 + 80 \times 50 = 5,000$

$2023 \, GDP = 100 \times 10 + 100 \times 50 = 6,000$

따라서 경제성장률은 20%가 된다.

$2022 \, CPI = 10 \times \dfrac{2}{3} + 50 \times \dfrac{1}{3} = \dfrac{70}{3}$

$2023 \, CPI = 15 \times \dfrac{2}{3} + 40 \times \dfrac{1}{3} = \dfrac{70}{3}$

따라서 소비자물가지수는 변화가 없으므로 소비자물가상승률은 0%가 된다.

국민소득 결정이론

 케인즈 모형

아래의 개방경제 균형국민소득 결정모형에서 수출이 100만큼 늘어나는 경우 (ㄱ) 균형소득의 변화분과 (ㄴ) 경상수지의 변화분은? (단, C는 소비, Y는 국민소득, T는 세금, I는 투자, G는 정부지출, X는 수출, M은 수입이며, 수출 증가 이전의 경제상태는 균형이다.)

▶ 2022년 감정평가사

- $C = 200 + 0.7(Y - T)$
- $I = 200$
- $G = 100$
- $T = 100$
- $X = 300$
- $M = 0.2(Y - T)$

① ㄱ : 1,000, ㄴ : 100   ② ㄱ : 1,000/3, ㄴ : 100/3

③ ㄱ : 1,000/3, ㄴ : 100   ④ ㄱ : 200, ㄴ : 60

⑤ ㄱ : 200, ㄴ : 100

출제이슈 균형국민소득의 결정
핵심해설 정답 ④

1) 현재의 균형국민소득 구하기

  ① 균형조건식은 $Y = 200 + 0.7(Y - 100) + 200 + 100 + 300 - 0.2(Y - 100)$이 된다.
  ② 따라서 균형국민소득 $Y = 1,500$이 되고, 경상수지는 $X - M = 20$이 된다.

2) 수출이 100만큼 증가한 경우 균형국민소득과 경상수지의 증감 구하기

  ① 균형조건식은 $Y = 200 + 0.7(Y - 100) + 200 + 100 + 400 - 0.2(Y - 100)$이 된다.
  ② 따라서 균형국민소득 $Y = 1,700$이 되고, 경상수지는 $X - M = 80$이 된다.
  ③ 결국 소득의 증가는 $\Delta Y = 200$이 되고, 경상수지의 증가는 $\Delta(X - M) = 60$이 된다.

다음과 같은 균형국민소득 결정모형에서 정부지출이 220으로 증가할 경우 (ㄱ) 새로운 균형소득과 (ㄴ) 소득의 증가분은? (단, 폐쇄경제를 가정한다.) ▶ 2023년 감정평가사

- $C = 120 + 0.8(Y-T)$
- Y : 국내총생산
- C : 소비
- 투자(I) = 100
- 정부지출(G) = 200
- 조세(T) = 200

① ㄱ : 1,400, ㄴ : 100　② ㄱ : 1,400, ㄴ : 200　③ ㄱ : 1,420, ㄴ : 100
④ ㄱ : 1,420, ㄴ : 200　⑤ ㄱ : 1,440, ㄴ : 200

출제이슈 균형국민소득의 결정과 변화
핵심해설 정답 ①

1) 현재의 균형국민소득 구하기
　① 균형조건식은 $Y = 120 + 0.8(Y-200) + 100 + 200$이 된다.
　② 따라서 균형국민소득 $Y = 1,300$이 된다.

2) 정부지출이 220으로 증가할 경우 균형국민소득 구하기
　① 균형조건식은 $Y = 120 + 0.8(Y-200) + 100 + 220$이 된다.
　② 따라서 균형국민소득 $Y = 1,400$이 된다.

3) 소득의 증가
　균형국민소득은 1,300에서 1,400으로 증가하므로 균형국민소득의 증가분 $\Delta Y = 100$이 된다.

참고로 케인즈 모형과 그에 따른 승수효과에 따라서 접근하면 다음과 같다.

1) 케인즈 국민소득결정모형(수요 측 결정모형)
　$Y^D = C + I + G, \quad Y^S = Y, \quad Y^D = Y^S$

2) 균형국민소득의 결정
　균형조건식은 $Y = C + I + G$이며 $Y = a + b(Y-T_0) + I_0 + G_0$이므로 $\therefore Y = \dfrac{a - bT_0 + I_0 + G_0}{(1-b)}$

3) 승수효과 : 설문에서 주어진 자료(한계소비성향이 0.8, 정부지출의 증가분이 20)를 활용
　$\Delta Y = \dfrac{1}{1-b}\Delta I + \dfrac{1}{1-b}\Delta G - \dfrac{b}{1-b}\Delta T, \quad \Delta Y = \dfrac{1}{1-b}\Delta G = \dfrac{1}{1-0.8} \times 20 = 100$

따라서 균형국민소득의 증가분은 100이 됨을 승수효과를 통해서 확인할 수 있다.

아래와 같은 거시경제모형의 초기 균형에서 정부지출을 1만큼 증가시킬 때, 균형국민소득의 증가분은? (단, Y, C, I, G, T는 각각 국민소득, 소비, 투자, 정부지출, 조세이다.)

▸ 2024년 감정평가사

- $Y = C + I + G$
- $I = 2$
- $T = 2 + 0.2Y$
- $C = 1 + 0.5(Y - T)$
- $G = 10$

① 1.2

② $\dfrac{4}{3}$

③ $\dfrac{5}{3}$

④ 2

⑤ 2.5

출제이슈 균형국민소득의 결정

핵심해설 정답 ③

1) 정부지출이 10인 경우
   ① 균형조건식은 $Y = 1 + 0.5(Y - 2 - 0.2Y) + 2 + 10$이 된다.
   ② 따라서 균형국민소득 $Y = 20$이 된다.

2) 정부지출이 10 + 1인 경우
   ① 균형조건식은 $Y = 1 + 0.5(Y - 2 - 0.2Y) + 2 + 10 + 1$이 된다.
   ② 따라서 균형국민소득 $Y = 20 + \dfrac{1}{0.6}$이 된다.

3) 소득의 증가

   균형국민소득의 증가분 $\Delta Y = \dfrac{1}{0.6} = \dfrac{5}{3}$이 된다.

표의 경제모형에서 한계수입성향이 0.1로 감소하면 (ㄱ) 균형국민소득과 (ㄴ) 순수출 각각의 변화로 옳은 것은? (단, Y는 국민소득, C는 소비, I는 투자, X는 수출, M은 수입이다.)

▶ 2021년 감정평가사

$$Y = C + I + X - M$$
$$C = 100 + 0.6Y, \quad I = 100, \quad X = 100, \quad M = 0.4Y$$

① ㄱ : 증가, ㄴ : 증가
② ㄱ : 감소, ㄴ : 증가
③ ㄱ : 증가, ㄴ : 감소
④ ㄱ : 감소, ㄴ : 감소
⑤ ㄱ : 불변, ㄴ : 증가

출제이슈 균형국민소득의 결정
핵심해설 정답 ①

1) 한계수입성향이 0.4인 경우

$Y = C + I + X - M$

$C = 100 + 0.6Y, \quad I = 100, \quad X = 100, \quad M = 0.4Y$

$Y = 100 + 0.6Y + 100 + 100 - 0.4Y$

따라서 이를 풀면 균형국민소득은 $Y = 375$가 된다.

이때, 순수출은 $X - M = 100 - 0.4Y = -50$이 된다.

2) 한계수입성향이 0.1인 경우

$Y = C + I + X - M$

$C = 100 + 0.6Y, \quad I = 100, \quad X = 100, \quad M = 0.1Y$

$Y = 100 + 0.6Y + 100 + 100 - 0.1Y$

따라서 이를 풀면 균형국민소득은 $Y = 600$이 된다.

이때, 순수출은 $X - M = 100 - 0.1Y = 40$이 된다.

한계수입성향이 0.4에서 0.1로 감소하여 균형국민소득은 225 증가, 순수출은 90 증가하였다.

아래의 거시경제모형 초기 균형에서 외생적 정부지출(α)을 1만큼 증가시킬 때, 거시경제 변수의 변화에 관한 설명으로 옳지 않은 것은? (단, Y는 국민소득, C는 소비, G는 투자, G는 정부지출, T는 조세)

▶ 2025년 감정평가사

- $Y = C + I + G$
- $C = 1 + 0.5(Y - T)$
- $I = 200 - T$
- $T = 0.5Y + \alpha$
- $G = 0.5Y + \alpha$

① 국민소득은 증가한다.　② 투자가 감소한다.　③ 소비는 감소한다.
④ 균형재정을 달성한다.　⑤ 정부지출은 증가한다.

출제이슈 균형국민소득의 결정
핵심해설 정답 ①

1) 최초균형

$Y = 1 + 0.5(Y - 0.5Y - \alpha) + (200 - 0.5Y - \alpha) + (0.5Y + \alpha)$

$\therefore \ Y = \dfrac{4}{3}(201 - 0.5\alpha)$

2) 정부지출 10 증가 이후 균형

$Y = 1 + 0.5(Y - 0.5Y - \alpha - 1) + (200 - 0.5Y - \alpha - 1) + (0.5Y + \alpha + 1)$

$\therefore \ Y = \dfrac{4}{3}(201 - 0.5\alpha - 0.5)$

3) 소득변화

소득변화는 $\Delta Y = -\dfrac{4}{3} \times 0.5 = -\dfrac{2}{3}$ 로서 소득은 감소한다.

저축의 역설(paradox of saving)에 관한 설명으로 옳은 것은? ▸2011년 감정평가사

① 소득이 증가하면 저축이 감소한다는 가설이다.

② 투자가 GDP와 정(+)의 상관관계를 가질 때에는 저축이 증가하면 소득이 증가한다는 가설이다.

③ 고전학파(Classical School)의 이론에서는 성립되지 않는 가설이다.

④ 저축의 증가는 투자를 증가시킴으로써 경제성장을 촉진시킨다는 가설이다.

⑤ 명목이자율의 상승이 인플레이션율을 하락시킨다는 가설이다.

출제이슈 저축의 역설
핵심해설 정답 ③

고전학파의 이론과 다른 견해를 보이는 케인즈의 유효수요이론에 의하면 수요가 공급과 생산을 결정한다. 저축이 증가하면 소비가 감소하면서 수요가 줄어들기 때문에 소득이 감소하여 결국 저축도 감소하게 되는데 이를 저축의 역설이라고 한다.

개방경제 갑국의 국민소득결정모형이 다음과 같다. 특정 정부지출 수준에서 경제가 균형을 이루고 있으며 정부도 균형예산을 달성하고 있을 때, 균형에서 민간저축은? (단, Y는 국민소득, C는 소비, I는 투자, G는 정부지출, T는 조세, X는 수출, M은 수입이다.)

▶ 2019년 감정평가사

- $Y = C + I + G + (X - M)$
- $C = 150 + 0.5(Y - T)$
- $I = 200$
- $T = 0.2\,Y$
- $X = 100$
- $M = 50$

① 150
② 200
③ 225
④ 250
⑤ 450

출제이슈 균형국민소득 결정모형의 적용
핵심해설 정답 ④

이 문제는 케인즈 균형국민소득 결정모형의 적용문제로서 쉬운 문제이지만 수험생들이 실수하기 쉬우므로 주의를 요한다. 특히 이러한 유형의 문제는 뒤에서 살펴보게 될 또 다른 유형의 적용문제와도 유사하나 잘 비교하여 풀기 바란다. 문제를 해결하는 열쇠는 케인즈 모형의 균형조건식은 국민소득과 그 처분에 관한 식임을 인지하고, 저축을 민간저축과 정부저축으로 구분할 수 있어야 한다는 점이다.

① 변형된 균형조건식 $(Y - T - C) + (T - G) + (M - X) = I$에 대입한다.

② $\{Y - 0.2\,Y - 150 - 0.5(Y - 0.2\,Y)\} + (0.2\,Y - T) + (50 - 100) = 200$

③ 균형예산으로 $G = T = 0.2\,Y$임을 고려하여 위를 풀면, $Y = 1,000$이다.

④ 민간저축은 $(Y - T - C) = 1,000 - 0.2 \times 1,000 - 550 = 250$이 된다.

다음과 같은 폐쇄경제에서 균형이자율은? (단, Y는 국민소득, C는 소비, I는 투자, G는 정부지출, T는 조세, r은 이자율이다.) ▶ 2016년 감정평가사

- $Y = C + I + G$
- $Y = 4,000$
- $C = 400 + 0.65(Y - T)$
- $I = 800 - 40r$
- $T = 1,400$
- $G = 1,200$

① 2.05   ② 2.15   ③ 2.25

④ 2.35   ⑤ 2.45

출제이슈 균형국민소득 결정모형의 적용
핵심해설 정답 ③

이 문제는 고전학파의 견해에 따라 풀 수도 있고 케인즈 이론으로도 풀 수 있다. 다만, 어떤 방식으로 풀더라도 이런 유형의 문제에 한해서는 무방하다. 왜냐하면, 이런 문제에 한해서 현재 균형국민소득이 정해진 상황이므로 마치 국민소득이 고정된 완전고용국민소득의 논리와 유사하기 때문이다. 고전학파와 케인즈 이론에 공통적으로 사용될 수 있는 것은 국민소득과 그 처분에 관한 식들이며 이를 이용하여 문제를 푸는 것이다.

따라서 고전학파와 케인즈 이론에 공통적인 국민소득과 그 처분에 관한 $Y = C + I + G$를 이용한다.

설문에서 제시된 자료들을 위의 산식에 대입하여 풀면 다음과 같다.

$Y = C + I + G$
$4,000 = 400 + 0.65(4,000 - 1,400) + (800 - 40r) + 1,200$
따라서 이자율은 $r = 2.25$가 된다.

개방경제인 A국의 $GDP(Y)$는 100, 소비(C)는 $C=0.7Y$, 투자(I)는 $I=30-2r$이다. r이 5일 경우, A국의 순수출은 얼마인가? (단, A국의 경제는 균형상태이며, 정부부문은 고려하지 않고 r은 이자율이다.)

▶2016년 감정평가사

① -10 ② 10 ③ 0

④ 20 ⑤ 40

출제이슈 균형국민소득 결정모형의 적용
핵심해설 정답 ②

이 문제는 고전학파의 견해에 따라 풀 수도 있고 케인즈 이론으로도 풀 수 있다. 다만, 어떤 방식으로 풀더라도 이런 유형의 문제에 한해서는 무방하다. 왜냐하면, 이런 문제에 한해서 현재 균형국민소득이 정해진 상황이므로 마치 국민소득이 고정된 완전고용국민소득의 논리와 유사하기 때문이다. 고전학파와 케인즈 이론에 공통적으로 사용될 수 있는 것은 국민소득과 그 처분에 관한 식들이며 이를 이용하여 문제를 푸는 것이다.

따라서 고전학파와 케인즈 이론에 공통적인 국민소득과 그 처분에 관한 $Y=C+I+G+NX$를 이용한다.

설문에서 제시된 자료들을 위의 산식에 대입하여 풀면 다음과 같다.

$Y=C+I+G+NX$
$100=0.7\times100+(30-2r)+NX$이며 $r=5$임을 고려하면, 순수출은 $NX=10$이 된다.

개방경제하에서 국민소득의 구성 항목이 아래와 같을 때 경상수지는? (단, C는 소비, I는 투자, G는 정부지출, T는 조세, S^P는 민간저축이다.) ▶2022년 감정평가사

- $C = 200$
- $I = 50$
- $G = 70$
- $T = 50$
- $S^P = 150$

① 50   ② 60   ③ 70
④ 80   ⑤ 90

출제이슈 균형국민소득 결정모형의 적용
핵심해설 정답 ④

이 문제는 엄밀한 의미에서 고전학파이론과 케인즈 이론이 혼재되어 있어 고전학파의 견해에 따라 풀 수도 있고 케인즈 이론으로도 풀 수 있다. 이런 유형의 문제에 한해서는 어떤 방식으로 풀더라도 무방하다. 왜냐하면, 고전학파와 케인즈 이론에 공통적으로 사용될 수 있는 것은 국민소득과 그 처분에 관한 식들이며 이를 이용하여 문제를 풀 수 있기 때문이다.

케인즈 모형과 그에 따른 국민소득의 결정은 다음과 같다.

1) 총수요의 구성요소 $Y^D = C + I + G + X - M$
　① 소비 $C = a + b(Y - T)$, $0 < b < 1$
　② 투자 $I = I_0$ (동기간에 발생한 재고 포함)
　③ 정부 $G = G_0$ (이전지출은 제외)
　④ 개방경제의 경우, 순수출 $X - M = X_0 - M_0 - mY$

2) 케인즈 국민소득결정모형(수요 측 결정모형)
　① $Y^D = C + I + G + X - M$
　② $Y^S = Y$
　③ $Y^D = Y^S$

3) 균형국민소득의 결정
　① 균형조건식에 따라서 $Y = C + I + G + X - M$이 된다.
　② 균형조건식을 변형하면 다음과 같다.
　　$(Y - T - C) + (T - G) + (M - X) = I$ 또는 $(Y - T - C) + (T - G) - I = (X - M)$
　　이때, $(Y - T - C)$는 민간저축, $(T - G)$는 정부저축임에 유의하자.

4) 설문에서 주어진 자료를 위의 산식에 대입하여 풀면 다음과 같다.
　① 변형된 균형조건식은 $(Y - T - C) + (T - G) - I = (X - M)$에 대입한다.
　② 특히 $(Y - T - C)$는 민간저축으로서 150이며, $(T - G)$는 정부저축으로서 −20임에 유의하자.
　③ 따라서 $150 + (50 - 70) - 50 = 80$이 되므로, 경상수지는 80임을 알 수 있다.

개방경제 K국의 국민소득계정이 다음과 같다. 국내총생산이 1,000일 때, 실질이자율은 얼마인가? (단, r은 실질이자율(%), Y는 국민총소득(GNI)이다.) ▶ 2014년 감정평가사

민간소비 : $C = 100 + 0.75(Y - T)$
조세 : $T = 0.2Y$
정부지출 : $G = 150$
투자 : $I = 530 - 100r$
순수출 : $X - M = 0$
국외순수취요소소득 : $NFI = 200$

① 1.8%   ② 2.5%   ③ 3.8%
④ 5.0%   ⑤ 6.3%

출제이슈 균형국민소득 결정모형의 적용
핵심해설 정답 ④

이 문제는 고전학파의 견해에 따라 풀 수도 있고 케인즈 이론으로도 풀 수 있다. 다만, 어떤 방식으로 풀더라도 이런 유형의 문제에 한해서는 무방하다. 왜냐하면, 이런 문제에 한해서 현재 균형국민소득이 정해진 상황이므로 마치 국민소득이 고정된 완전고용국민소득의 논리와 유사하기 때문이다. 고전학파와 케인즈 이론에 공통적으로 사용될 수 있는 것은 국민소득과 그 처분에 관한 식들이며 이를 이용하여 문제를 푸는 것이다.

따라서 먼저 Y를 구한 후에 고전학파와 케인즈 이론에 공통적인 국민소득과 그 처분에 관한 $Y = C + I + G$를 이용한다.

1) Y 구하기

해당 모형에서 Y는 국민총소득으로 전제되어 있기 때문에 유의할 필요가 있다. 국내총생산에 대외순수취요소소득을 고려하면 국민총생산이 된다. 따라서 설문에서 국내총생산이 1,000이고 대외순수취요소소득이 200이므로 국민총생산은 1,200이 된다.

2) 이자율 구하기

설문에서 제시된 자료들을 국민소득과 그 처분에 관한 산식 $Y = C + I + G$에 대입하여 풀면 다음과 같다. 이때, 주의할 점은 Y가 국민총소득으로 전제되어 있으므로 대외순수취요소소득을 총수요의 일부로 고려해야 한다는 것이다.

$Y = C + I + G$
$Y = 100 + 0.75(Y - 0.2Y) + (530 - 100r) + 150 + 200$
위의 식에서 $Y = 1,200$을 대입하여 풀면, 이자율은 $r = 5(\%)$가 된다.

 **승수효과**

케인즈의 국민소득 결정이론에서 소비 $C = 0.7Y$이고 투자 $I = 80$이다. 정부지출이 10에서 20으로 증가할 때, 균형국민소득의 증가분은? (단, C는 소비, Y는 국민소득, I는 투자)

▶ 2020년 감정평가사

① $\dfrac{10}{3}$ 　　　　② 5 　　　　③ $\dfrac{100}{7}$

④ $\dfrac{100}{3}$ 　　　　⑤ 50

출제이슈 승수효과
핵심해설 정답 ④

케인즈 모형과 그에 따른 승수효과는 다음과 같다.

1) 케인즈 국민소득결정모형(수요 측 결정모형)
　$Y^D = C + I + G$,　$Y^S = Y$,　$Y^D = Y^S$

2) 균형국민소득의 결정
　① 균형조건식에 따라서 $Y = C + I + G$이며 $Y = a + b(Y - T_0) + I_0 + G_0$이 된다.

　② ∴ $(1-b)Y = a - bT_0 + I_0 + G_0$　∴ $Y = \dfrac{a - bT_0 + I_0 + G_0}{(1-b)}$

3) 승수효과
　$\Delta Y = \dfrac{1}{1-b}\Delta I + \dfrac{1}{1-b}\Delta G - \dfrac{b}{1-b}\Delta T$

4) 다양한 승수

　투자승수 $\dfrac{1}{1-b}$, 정부지출승수 $\dfrac{1}{1-b}$, 조세승수 $-\dfrac{b}{1-b}$

설문에서 주어진 자료를 위의 산식에 대입하여 풀면 다음과 같다.

$\Delta Y = \dfrac{1}{1-b}\Delta G = \dfrac{1}{1-0.7} \times 10 = \dfrac{100}{3}$

따라서 균형국민소득의 증가분은 $\dfrac{100}{3}$이 된다.

케인즈의 단순 국민소득결정모형에서 정부지출이 2만큼 증가할 경우 균형국민소득이 10만큼 증가한다면 정부지출승수는? ▶ 2011년 감정평가사

① 0.2　　　　　　　② 0.5　　　　　　　③ 0.8

④ 2　　　　　　　　⑤ 5

출제이슈 승수효과
핵심해설 정답 ⑤

케인즈 모형과 그에 따른 승수효과는 다음과 같다.

1) 케인즈 국민소득결정모형(수요 측 결정모형)

$$Y^D = C + I + G, \quad Y^S = Y, \quad Y^D = Y^S$$

2) 균형국민소득의 결정

① 균형조건식에 따라서 $Y = C + I + G$이며 $Y = a + b(Y - T_0) + I_0 + G_0$이 된다.

② $\therefore (1-b)Y = a - bT_0 + I_0 + G_0 \quad \therefore Y = \dfrac{a - bT_0 + I_0 + G_0}{(1-b)}$

3) 승수효과

$$\Delta Y = \frac{1}{1-b}\Delta I + \frac{1}{1-b}\Delta G - \frac{b}{1-b}\Delta T$$

설문에서 주어진 자료를 토대로 정부지출승수를 구하면 다음과 같다.

$\Delta Y = 10$, $\Delta G = 2$이므로 정부지출승수는 5가 된다.

폐쇄경제의 균형국민소득 결정모형에서 한계소비성향이 0.8이고, 초기 균형소득이 1,000이다. 정부가 구매를 20 증가시킬 경우의 균형소득과 조세를 20 증가시킬 경우의 균형소득 차이(절댓값)는? (단, 정부 구매승수 효과와 조세 승수효과가 각각 별도로 발생한다고 가정)

▶ 2025년 감정평가사

① 60 　　　　② 80 　　　　③ 180
④ 200 　　　　⑤ 240

출제이슈 승수효과
핵심해설 정답 ③

1) 정부가 구매를 20 증가시킬 경우

정부지출승수는 $\dfrac{1}{1-b}=\dfrac{1}{1-0.8}=5$이므로 정부구매가 20 증가하면 소득은 100 증가한다.

따라서 소득은 1,100이 된다.

2) 정부가 조세를 20 증가시킬 경우

조세승수는 $\dfrac{-b}{1-b}=\dfrac{-0.8}{1-0.8}=-4$이므로 조세가 20 증가하면 소득은 80 감소한다.

따라서 소득은 920이 된다.

> **표의 기존 가정에 따라 독립투자승수를 계산했다. 계산된 승수를 하락시키는 가정의 변화를 모두 고른 것은?**
>
> ▶ 2021년 감정평가사
>
> | 〈기존 가정〉 | | 〈가정의 변화〉 |
> |---|---|---|
> | ㄱ. 생산자들은 고정된 가격에 추가적인 생산물을 공급한다. | → | 총공급곡선이 수직이다. |
> | ㄴ. 이자율은 고정이다. | → | 이자율 상승에 따라 투자가 감소한다. |
> | ㄷ. 정부지출과 세금은 없다. | → | 정부지출과 세금이 모두 외생적으로 증가한다. |
> | ㄹ. 수출과 수입은 모두 영(0)이다. | → | 수출과 수입이 모두 외생적으로 증가한다. |
>
> ① ㄱ, ㄴ   ② ㄱ, ㄷ   ③ ㄴ, ㄷ
> ④ ㄴ, ㄹ   ⑤ ㄷ, ㄹ

출제이슈 투자승수

핵심해설 정답 ①

ㄱ. 승수효과가 제약된다.

이자율과 물가의 변동을 고려할 경우, 이자율 상승 및 물가상승에 따라 투자가 감소하기 때문에 승수효과가 감소한다. 특히 총공급곡선이 수직인 경우에는 국민소득은 오직 총공급이 결정하기 때문에 투자가 증가하여 총수요가 증가하더라도 국민소득은 증가하지 않는다. 즉 승수효과가 전혀 나타나지 않는다.

ㄴ. 승수효과가 제약된다.

이자율과 물가의 변동을 고려할 경우, 이자율 상승 및 물가상승에 따라 투자가 감소하기 때문에 승수효과가 감소한다.

ㄷ. 승수효과에 영향 없다.

투자승수는 $\dfrac{1}{1-b+bt}$(비례세의 경우) 또는 $\dfrac{1}{1-b+m}$(수입수요의 경우)로서 비례세가 존재하거나 소득에 비례하는 수입수요가 존재할 때, 투자승수는 더 작아진다. 그러나 정부지출과 세금이 모두 외생적으로 증가하는 것은 투자승수 그 자체에 영향을 주지 못한다.

ㄹ. 승수효과에 영향 없다.

투자승수는 $\dfrac{1}{1-b+bt}$(비례세의 경우) 또는 $\dfrac{1}{1-b+m}$(수입수요의 경우)로서 비례세가 존재하거나 소득에 비례하는 수입수요가 존재할 때, 투자승수는 더 작아진다. 그러나 수출과 수입이 모두 외생적으로 증가하는 것은 투자승수 ㄱ 자체에 영향을 주지 못한다.

개방경제의 국민소득 결정모형이 아래와 같다. 정부지출(G)과 조세(T)를 똑같이 200에서 300으로 늘리면 균형국민소득은 얼마나 늘어나는가? (단, Y는 국민소득이다.)

▶ 2018년 감정평가사

> 소비함수 : $C = 300 + 0.6(Y - T)$
>
> 투자함수 : $I = 200$
>
> 정부지출 : $G = 200$
>
> 조　　세 : $T = 200$
>
> 수　　출 : $EX = 400$
>
> 수　　입 : $IM = 100 + 0.1(Y - T)$

① 0　　　　　　　　② 50　　　　　　　　③ 100

④ 200　　　　　　　⑤ 250

출제이슈 균형재정승수
핵심해설 정답 ③

현재 상태에서 정부지출과 조세를 동일한 크기로 늘리게 되면, 현재의 재정상태가 유지되는데 이를 균형재정이라고 한다(일반적인 의미에서의 균형재정과 상이하므로 주의하자). 균형재정승수란 정부지출의 증가와 조세의 증가가 동일할 때의 승수를 의미한다. 균형재정승수를 도출하면 다음과 같다.

ⅰ) 정부지출이 1원 증가하면, 국민소득은 정부지출승수에 의해 $\dfrac{1}{1-b+m}$ 원 증가

ⅱ) 조세가 1원 증가하면, 국민소득은 조세승수에 의해 $-\dfrac{b-m}{1-b+m}$ 원 증가

ⅲ) 따라서 정부지출이 1원 증가하고 동시에 조세가 1원 증가하면, 국민소득은 1원 증가

ⅳ) 즉, 늘어난 정부지출액(= 늘어난 조세액)만큼 국민소득 증가($\Delta G = \Delta T = \Delta Y$)

$$\Delta Y = \frac{1}{1-b+m}\Delta G - \frac{b-m}{1-b+m}\Delta T = \left(\frac{1}{1-b+m} - \frac{b-m}{1-b+m}\right)\Delta G = \Delta G = \Delta T$$

ⅴ) $\Delta G = \Delta T = \Delta Y$이므로 사실상 승수가 1임을 의미하며 이를 균형재정승수라고 한다.

설문을 검토하면 다음과 같다.
정부지출(G)과 조세(T)를 똑같이 200에서 300으로 100만큼 늘리는 경우 균형재정승수가 1임을 고려하면, 균형국민소득도 100만큼 증가한다.

아래 개방경제모형에서 정부지출과 세금을 똑같이 100만큼 늘리면 (ㄱ) 균형국민소득의 변화와 (ㄴ) 경상수지의 변화는? (단, Y는 국민소득, T는 조세이다.) ▶ 2020년 감정평가사

소비 : $C = 400 + 0.75(Y - T)$
투자 : $I = 200$
수출 : $X = 500$
수입 : $M = 200 + 0.25(Y - T)$

① ㄱ : 0, ㄴ : 25   ② ㄱ : 100, ㄴ : 0   ③ ㄱ : 200, ㄴ : -25
④ ㄱ : 300, ㄴ : -50   ⑤ ㄱ : 400, ㄴ : -75

출제이슈 균형재정승수
핵심해설 정답 ②

1) 균형국민소득의 변화
정부지출이 1원 증가하고 동시에 조세가 1원 증가하면, 국민소득은 1원 증가하는 균형재정승수의 상황이므로 설문에서 $\Delta G = \Delta T = \Delta Y = 100$으로서 균형국민소득은 100만큼 증가한다.

2) 경상수지의 변화
경상수지는 $X - M = 500 - 200 - 0.25(Y - T)$인데 $\Delta G = \Delta T = \Delta Y = 100$이므로 $\Delta(Y - T) = 0$이 되어 $\Delta(X - M) = 0$이 된다. 즉, 경상수지의 변화는 0이다.

참고로 균형재정승수의 의미를 좀 더 자세히 검토하면 다음과 같다.

정부지출의 증가는 그 자체가 총수요의 구성부분을 이루고 있기 때문에 직접적으로 유효수요를 증가시킨다. 한편, 증가한 유효수요가 소득을 늘리기 때문에 그로 인해 소비가 증가하여 소득의 증대효과가 증폭된다. 이것이 바로 정부지출 증가의 승수효과이다. 정부지출 증가는 총수요에 미치는 직접적인 효과를 반영하기 때문에 정부지출승수는 $\dfrac{1}{1 - b + m}$이 된다

조세의 증가는 그 자체가 총수요의 구성부분이 아니기 때문에 직접적으로 유효수요를 감소시키는 것은 아니다. 대신 조세의 증가로 인해 가처분소득이 감소하고 소비가 감소하여 총수요가 감소하게 되는 것이다. 한편 감소한 유효수요가 소득을 줄이기 때문에 그로 인해 소비가 또 감소하여 소득의 감소효과가 증폭된다. 이것이 바로 조세 증가의 승수효과이다. 조세 증가는 총수요에 미치는 간접적인 효과만을 반영하기 때문에 조세승수는 $-\dfrac{b - m}{1 - b + m}$이 된다.

따라서 정부지출의 증가와 조세의 증가가 동일한 액수만큼 발생하는 균형재정의 상황에서 정부지출의 증가로 인한 국민소득의 증가가 조세의 증가로 인한 국민소득의 감소를 상쇄하고도 남기 때문에 국민소득은 증가하게 된다. 그리고 그 국민소득의 변화분은 정부지출의 증가분, 조세의 증가분과 완전히 동일하게 되는 것이다.

고전학파 모형

고전학파의 국민소득결정모형에 관한 설명으로 옳지 않은 것은?   ▶ 2023년 감정평가사

① 세이의 법칙(Say's law)이 성립하여, 수요측면은 국민소득 결정에 영향을 미치지 못한다.

② 물가와 임금 등 모든 가격이 완전히 신축적이고, 노동시장은 균형을 달성한다.

③ 노동시장의 수요는 실질임금의 함수이다.

④ 노동의 한계생산이 노동시장의 수요를 결정하는 중요한 요인이다.

⑤ 통화공급이 증가하여 물가가 상승하면, 노동의 한계생산이 증가한다.

출제이슈 고전학파 균형국민소득 결정모형
핵심해설 정답 ⑤

① 옳은 내용이다.

세이의 법칙(Say's law)이란 공급은 국민소득을 결정하고 공급이 그 스스로 수요를 창출해냄을 의미한다. 이에 반해 수요가 공급을 창출하고 수요가 국민소득을 결정하는 것을 세이의 법칙에 비견하여 케인즈의 법칙이라고 한다. 고전학파의 세계에서는 공급보다는 수요가 더 큰 상황을 전제한다. 따라서 경제에 공급된 것은 수요측면에서 남김없이 모두 팔리게 된다. 공급에 대한 대가는 생산과정에 참여한 요소의 제공자들에게 소득으로 지불된다. 결국 국민소득은 공급을 의미하며 공급된 것은 반드시 모두 수요되기 때문에 공급 그 자체가 국민소득이 된다. 즉 공급이 국민소득을 결정하며, 수요는 국민소득결정에 영향이 없다.

만일 특정산업부문에서 팔리지 않고 남은 것이 있다고 하더라도 요소의 제공자들에게 소득으로 지불되었기 때문에 이들은 다른 부문에서의 수요를 늘리게 되어 결국 경제전체로 볼 때, 공급은 모두 수요로 소화된다고 할 수 있다. 공급이 수요를 창출하고 국민소득을 결정하는 이유는 가격이 신축적이기 때문이다. 초과공급이나 초과수요가 있을 경우 가격이 신축적이라면 불균형이 존재하더라도 가격이 변화하여 불균형을 즉각 해소시킬 수 있게 된다. 공급된 양은 가격의 변화에 의하여 공급되기만 하면 정확하게 그만큼 수요될 수 있다. 총공급이 결정되면 이에 따라서 총수요가 총공급과 같아지도록 조절되고 총공급에 해당하는 만큼이 국민소득으로 결정된다.

② 옳은 내용이다.

고전학파의 세계에서는 모든 가격변수가 신축적으로 움직이므로 시장의 불균형은 신속히 조정되어 시장은 항상 균형을 달성한다. 특히, 노동시장의 균형은 노동에 대한 수요와 노동공급이 일치할 때 달성되며, 노동시장에 불균형이 있더라도 임금의 신축적인 조정에 의하여 균형을 즉각 회복하므로 고용은 항상 완전고용 수준을 유지한다.

③ 옳은 내용이다.

노동수요의 주체는 기업이며 노동수요는 기업의 이윤극대화과정에서 이루어진다. 노동수요는 실질임금에 의하여 결정되며 특히 실질임금의 감소함수이다.

④ 옳은 내용이다.

생산요소시장에서 노동을 얼마나 수요하여 투입할지에 대한 기업의 의사결정으로서 이때 이윤극대화 조건은 일반적으로 한계수입생산과 한계요소비용이 일치하는 $MRP_L = MFC_L$ 이 된다. 한계수입생산 MRP_L은 요소의 한계생산성 개념인바, 노동을 추가적으로 수요하여 생산에 투입했을 때 얻는 수입으로서 거시경제관점에서 거시경제 총생산함수가 $Y = f(L, K)$라고 하면, MRP_L은 $P f'(L)$이 된다. 요소의 한계비용 개념으로서 한계요소비용이란 노동을 추가적으로 수요하여 생산에 투입했을 때 드는 비용으로서 한계요소비용은 노동의 임금(W)이 된다. 결국 노동에 대한 수요는 실질임금과 노동의 한계생산에 의하여 결정됨을 알 수 있다.

⑤ 틀린 내용이다.

고전학파에 의하면 물가상승은 노동의 한계생산에 영향을 주지 못한다. 통화량의 증가가 국민소득과 같은 주요 실질변수에 영향을 미치지 못하며 물가, 명목임금과 같은 명목변수에만 영향을 미치는 것을 화폐의 중립성(the neutrality of money)이라고 한다. 화폐의 중립성이 성립하여 통화량 증가에 따라 물가가 상승하는 경우는 총공급곡선이 수직인 논리에 부합한다.

폐쇄경제인 A국의 국민소득(Y)이 5,000이고 정부지출(G)이 1,000이며, 소비(C)와 투자(I)가 각각 $C = 3{,}000 - 50r$, $I = 2{,}000 - 150r$과 같이 이자율(r)의 함수로 주어진다고 할 때, 균형상태에서의 총저축은? (단, 총저축은 민간저축과 정부저축의 합이다.)

▶ 2016년 감정평가사

① 1,000 　　　　② 1,250 　　　　③ 1,500

④ 2,250 　　　　⑤ 2,500

출제이슈 고전학파 균형국민소득 결정모형의 적용

핵심해설 정답 ②

이 문제는 완전한 고전학파의 소득결정모형은 아니며, 케인즈 이론과 혼재되어 있다. 따라서 주어진 균형국민소득을 완전고용국민소득 수준으로 보고 고전학파의 견해에 따라 풀 수도 있고 케인즈 이론으로도 풀 수 있다. 여기서는 고전학파의 견해로 선해하기로 한다. 다만, 어떤 방식으로 풀더라도 이런 유형의 문제에 한해서는 무방하다. 왜냐하면, 이런 문제에 한해서 현재 균형국민소득이 정해진 상황이므로 마치 국민소득이 고정된 완전고용국민소득의 논리와 유사하기 때문이다. 결론적으로 말해서 고전학파와 케인즈 이론에 공통적으로 사용될 수 있는 것은 국민소득과 그 처분에 관한 식들이며 이를 이용하여 문제를 푸는 것이다.

1) 총공급 $Y^S = Y$

　① 노동시장의 균형과 총생산함수로부터 공급량을 도출
　② 완전고용국민소득을 달성

2) 국민소득의 결정

　$Y^S = Y$, 　$Y^D = C + I + G = C(r) + I(r) + G_0$, 　$Y^S = Y^D$
　따라서 $Y = C + I + G$가 된다.

3) 변형식

　위의 $Y = C + I + G$를 변형하면, $(Y - T - C) + (T - G) = I$가 된다.

설문에서 제시된 자료들을 위의 산식에 대입하여 풀면 다음과 같다(단위 : 억 달러).

$(Y - T - C) + (T - G) = I$
$(5{,}000 - T - 3{,}000 + 50r) + (T - 1{,}000) = 2{,}000 - 150r$이며, 이를 풀면 $r = 5$가 된다.
따라서 총저축은 $(Y - T - C) + (T - G) = Y - C - G = 1{,}250$이 되며, 이는 투자와 같다.

> **폐쇄경제에서 국내총생산이 소비, 투자, 그리고 정부지출의 합으로 정의된 항등식이 성립할 때, 국내총생산과 대부자금시장에 관한 설명으로 옳지 않은 것은?** ▸ 2021년 감정평가사
>
> ① 총저축은 투자와 같다.
> ② 민간저축이 증가하면 투자가 증가한다.
> ③ 총저축은 민간저축과 정부저축의 합이다.
> ④ 민간저축이 증가하면 이자율이 하락하여 정부저축이 증가한다.
> ⑤ 정부저축이 감소하면 대부시장에서 이자율은 상승한다.

출제이슈 대부자금시장 모형

핵심해설 정답 ④

① 옳은 내용이다.

대부자금공급은 총저축으로서 $S = S(r) = (Y - T - C) + (T - G)$와 같이 민간저축 $(Y - T - C)$와 정부저축 $(T - G)$으로 구성된다. 특히 민간저축은 이자율의 증가함수가 된다. 그리고 대부자금수요는 총투자로서 $I = I(r)$와 같이 이자율의 감소함수이다. 대부자금시장의 균형에서 대부자금공급인 총수요와 대부자금수요인 총투자는 일치한다.

② 옳은 내용이다.

민간저축이 증가하면 대부자금공급이 증가하기 때문에 이자율이 하락한다. 이자율의 하락은 투자증가를 가져온다.

③ 옳은 내용이다.

대부자금공급은 총저축으로서 $S = S(r) = (Y - T - C) + (T - G)$와 같이 민간저축 $(Y - T - C)$와 정부저축 $(T - G)$으로 구성된다.

④ 틀린 내용이다.

민간저축이 증가하면 대부자금공급이 증가하기 때문에 이자율이 하락한다. 이자율의 하락은 소비를 증가시키기 때문에 앞서 증가했던 민간저축을 어느 정도 상쇄하면서 투자증가를 가져온다.

⑤ 옳은 내용이다.

정부저축이 감소하면 대부자금공급이 감소하기 때문에 이자율이 상승한다. 이자율 상승으로 민간저축이 증가하여 소비가 감소하고 투자가 감소한다. 정부저축의 감소 혹은 정부지출의 증가는 소비 감소와 투자 감소를 가져와서 구축의 효과를 가져오는데, 이를 구축효과(crowding out effect)라고 한다.

고전학파의 대부자금설이 성립할 경우 정부가 저축을 촉진하기 위해 이자소득세를 인하하고 동시에 투자를 촉진하는 투자세액공제제도를 도입할 때 예상되는 대부자금시장의 변화로 옳은 것은?

▶ 2011년 감정평가사

① 균형이자율 상승, 균형거래량 증가
② 균형이자율 상승, 균형거래량 감소
③ 균형이자율 하락, 균형거래량 증가
④ 균형이자율 하락, 균형거래량 증감 불분명
⑤ 균형이자율 등락 불분명, 균형거래량 증가

출제이슈 대부자금시장 모형
핵심해설 정답 ⑤

고전학파의 균형국민소득 결정모형은 다음과 같다.

1) 총공급 $Y^S = Y = Y_F$

　① 노동시장의 균형과 총생산함수로부터 공급량을 도출
　② 완전고용국민소득을 달성

2) 국민소득의 결정
$$Y^S = Y = Y_F, \quad Y^D = C + I + G = C(r) + I(r) + G_0, \quad Y^S = Y^D$$
따라서 $Y_F = C + I + G$ 가 된다.

3) 대부자금시장 모형

　① 위의 식을 변형하면, $(Y_F - T - C) + (T - G) = I$ 가 되며 이는 다음과 같은 의미이다.
　② 대부자금공급 : 총저축 $S = S(r) = (Y_F - T - C) + (T - G)$
　③ 대부자금수요 : 총투자 $I = I(r)$

4) 대부자금시장 모형을 이용하여 이자소득세 인하와 투자세액공제도입의 효과를 검토하면 다음과 같다.

　① 이자소득세가 인하되면 세후이자율이 상승하기 때문에 민간의 저축이 증가하여 대부자금의 공급이 증가하고, 대부자금 공급곡선은 우하방으로 이동한다.

　② 기업들에 대한 투자세액공제가 확대되면, 투자에 따른 기업의 투자비용부담이 감소하기 때문에 투자수익률이 상승하여 투자가 증가하므로 대부자금에 대한 수요가 증가하고, 대부자금 수요곡선은 우상방으로 이동한다.

　③ 이렇게 되면 대부자금시장에서 수요의 증가와 공급의 증가가 나타나므로 대부자금 균형거래량은 증가하지만, 균형이자율은 불확실하다.

아래와 같은 고전학파 모형에서 정부지출이 150에서 200으로 증가할 경우 실질이자율과 민간 투자의 변화에 관한 설명으로 옳은 것은? (단, S, $\overline{Y}$, $\overline{T}$, $\overline{G}$, I, r, $s(r)$은 각각 총저축, 총생산, 조세, 정부지출, 투자, 실질이자율(%), 민간저축률이며, 민간저축률은 실질이자율의 함수이다.) ▶2024년 감정평가사

- $S = s(r)(\overline{Y} - \overline{T}) + (\overline{T} - \overline{G})$
- $\overline{Y} = 1,000$, $\overline{T} = 200$, $\overline{G} = 150$
- $I = 200 - 10r$
- $s(r) = 0.05r$

① 실질이자율은 1%포인트 상승하고 민간투자는 10 감소한다.
② 실질이자율은 3%포인트 상승하고 민간투자는 30 감소한다.
③ 실질이자율은 5%포인트 상승하고 민간투자는 50 감소한다.
④ 실질이자율과 민간투자는 변화가 없다.
⑤ 실질이자율은 1%포인트 하락하고 민간투자는 10 증가한다.

출제이슈 대부자금시장 모형
핵심해설 정답 ①

1) 정부지출이 150일 때
$$S = s(r)(\overline{Y} - \overline{T}) + (\overline{T} - \overline{G}) = 0.05r(1,000 - 200) + (200 - 150) = 40r + 50$$
$$I = 200 - 10r$$

균형을 구하면, $I = S = 170$, $r = 3$이 된다.

2) 정부지출이 200일 때
$$S = s(r)(\overline{Y} - \overline{T}) + (\overline{T} - \overline{G}) = 0.05r(1,000 - 200) + (200 - 200) = 40r$$
$$I = 200 - 10r$$

균형을 구하면, $I = S = 160$, $r = 4$이 된다.

따라서 실질이자율은 3에서 4로 1%p 상승하고 민간투자는 170에서 160으로 10만큼 감소한다.

아래의 개방경제 균형국민소득 결정모형 초기균형 상태에서 정부지출이 10만큼 증가할 경우, 균형 이자율의 변화분은? (단, C는 소비, Y는 국민소득, T는 세금, I는 투자, r은 이자율, G는 정부지출, X는 수출, M은 수입) ▶ 2025년 감정평가사

- $Y = 100$
- $I = 20 - 2r$
- $T = 10$
- $M = 0.2(Y - T)$
- $C = 10 + 0.6(Y - T)$
- $G = 20$
- $X = 20$

① 2 ② 4 ③ 5
④ 6 ⑤ 8

출제이슈 균형국민소득 결정모형의 적용
핵심해설 정답 ③

1) 최초균형

$100 = 10 + 0.6(100 - 10) + (20 - 2r) + 20 + \{20 - 0.2(100 - 10)\}$

$\therefore r = 3$

2) 정부지출 10 증가 이후 균형

$100 = 10 + 0.6(100 - 10) + (20 - 2r) + 20 + 10 + \{20 - 0.2(100 - 10)\}$

$\therefore r = 8$

아래의 거시경제모형의 균형에서 균형임금보다 5를 증가시킨 임금 수준의 최저임금제를 도입할 경우, 거시경제 변수의 변화에 관한 설명으로 옳은 것은? (단, Y는 총생산, r은 실질이자율, W는 명목임금) ▶ 2025년 감정평가사

- 총저축 : $S = s(r)Y$
- 저축율 : $s(r) = 0.01r$
- 투자 : $I = 300 - r$
- 총생산 : $Y = 2L$
- 노동수요 : $Ld = 300 - 10\dfrac{W}{P}$
- 노동공급 : $Ls = 10\dfrac{W}{P}$
- 노동량 : $L = L = Ld$ (균형일 경우)
- 노동량 : $L = Ld$ (불균형일 경우)
- 소비 : $C = Y - S$
- 물가 : $P = 1$

① 총생산은 증가한다.　　　　② 이자율은 하락한다.
③ 총저축은 증가한다.　　　　④ 고용량은 증가한다.
⑤ 소비는 감소한다.

출제이슈 고전학파 균형국민소득 결정모형의 적용
핵심해설 정답 ⑤

1) 고용량, 총생산, 소비
   균형임금보다 높은 수준의 최저임금을 설정하게 되면 고용량이 감소한다. 고용량이 감소하므로 총생산은 감소하고 소비노 감소한다.

2) 이자율
   투자와 저축을 일치시켜서 이자율을 구할 수 있으며 이 때 이자율은 상승한다. 따라서 투자는 감소한다. 투자와 저축은 일치하므로 저축도 감소한다.

국민소득과 이자율 결정이론

IS − *LM* 모형

다음 모형에 관한 설명으로 옳지 않은 것은? (단, Y^D, Y, C, I^D, r, G, T는 각각 총수요, 국민소득, 소비, 투자수요, 이자율, 정부지출, 조세이며, I_0, G_0, T_0, α, β, δ는 모두 상수이다.)

▶ 2023년 감정평가사

- $Y^D = C + I^D + G$
- $C = \alpha + \beta(Y - T)$, $\alpha > 0$, $0 < \beta < 1$
- $I^D = I_0 - \delta r$, $I_0 > 0$, $\delta > 0$
- $G = G_0$, $T = T_0$
- $Y^D = Y$

① 모형에서 도출된 *IS* 곡선은 우하향한다.

② I_0가 증가하면, *IS* 곡선이 우측으로 이동한다.

③ G_0가 증가하면, *IS* 곡선이 우측으로 이동한다.

④ β가 증가하면, *IS* 곡선 기울기의 절댓값이 커진다.

⑤ δ가 증가하면, *IS* 곡선 기울기의 절댓값이 작아진다.

출제이슈 *IS* − *LM*모형의 이해

핵심해설 정답 ④

① 옳은 내용이다.

IS 곡선이란 생산물시장의 균형이 달성되는 국민소득과 이자율의 조합을 기하적으로 표시한 그래프를 의미하며 *IS*곡선의 기울기는 $\dfrac{(1-b)}{c}$ (단, b : 한계소비성향, c : 투자의 이자율탄력성)가 된다. 본 문제에서 주어진 자료에 의하면 *IS*곡선의 기울기는 $-\dfrac{(1-\beta)}{\delta}$ 로서 그 부호는 음수이므로 *IS*곡선은 우하향한다.

② 옳은 내용이다.

IS 곡선에서 I_0, 즉 독립투자가 증가하면 총수요가 증가하므로 *IS* 곡선은 우측으로 증가한다.

③ 옳은 내용이다.

IS 곡선에서 G_0, 즉 정부지출이 증가하면 총수요가 증가하므로 IS 곡선은 우측으로 증가한다.

④ 틀린 내용이다.

β는 한계소비성향으로서 β가 증가하면 IS곡선 기울기는 $-\dfrac{(1-\beta)}{\delta}$인바 IS 곡선은 완만해진다.

⑤ 옳은 내용이다.

δ는 투자의 이자율탄력성으로서 δ가 증가하면 IS곡선 기울기는 $-\dfrac{(1-\beta)}{\delta}$인바 IS 곡선은 완만해진다.

아래의 거시경제모형에서 균형이자율은? (단, Y, C, I, G, T, r은 각각 국민소득, 소비, 투자, 정부지출, 조세, 이자율이다.)　▶2024년 감정평가사

- $Y = C + I + G$
- $G = T = 10$
- $I = 2 - 10r$

- $Y = 20$
- $C = 2 + 0.8(Y - T)$

① 0.1　　　　　② 0.2　　　　　③ 0.25

④ 0.4　　　　　⑤ 0.5

출제이슈　$IS - LM$모형의 이해

핵심해설　정답 ②

사실상 이 문제는 IS곡선을 묻고 있는 것으로 해석가능하다. 따라서 국민소득이 주어졌을 때, 재화시장의 균형을 달성시키는 이자율을 다음과 같이 구할 수 있다.

IS: $Y = 2 + 0.8(Y - 10) + 2 - 10r + 10$, $Y = 20$

따라서 $20 = 2 + 0.8(20 - 10) + 2 - 10r + 10$이 되므로 $r = 0.2$가 된다.

다음과 같은 특징을 가진 화폐시장의 균형에 관한 설명으로 옳지 않은 것은? (단, 폐쇄경제를 가정한다.)

▶ 2023년 감정평가사

- 실질화폐수요는 이자율의 감소함수이다.
- 실질화폐수요는 국민소득의 증가함수이다.
- 명목화폐공급은 중앙은행에 의해 외생적으로 결정된다.
- 물가수준은 단기적으로 고정되어 있으며, 장기적으로 신축적이다.
- 화폐공급이 증가하면 장기적으로 물가수준은 상승한다.

① LM 곡선은 우상향한다.
② 명목화폐공급이 증가하면 단기적으로 LM 곡선이 우측으로 이동한다.
③ 국민소득이 일정할 때, 명목화폐공급이 이자율에 미치는 영향은 단기보다 장기에서 더 작다.
④ 실질화폐공급이 증가하면 LM 곡선은 우측으로 이동한다.
⑤ 장기적으로 실질화폐공급이 변화하지 않는다면, LM 곡선은 수직이다.

출제이슈 $IS-LM$ 모형의 이해

핵심해설 정답 ⑤

① 옳은 내용이다.

LM곡선이란 화폐시장의 균형이 달성되는 국민소득과 이자율의 조합을 기하적으로 표시한 그래프를 의미하며 LM곡선의 기울기는 $\dfrac{k}{l}$ (단, k : 화폐수요의 소득탄력성, l : 화폐수요의 이자율탄력성)가 된다. 본 문제에서 주어진 자료에 의하면, 실질화폐수요가 이자율의 감소함수이므로 화폐수요의 이자율탄력성 l이 양수이고, 또한 실질화폐수요가 국민소득의 증가함수이므로 화폐수요의 소득탄력성 k가 양수이다. 따라서 이를 모두 고려하면 LM곡선의 기울기는 $\dfrac{k}{l}$에서 그 부호가 양수이므로 LM곡선은 우상향한다.

② 옳은 내용이다.

명목화폐공급이 증가하면 단기적으로 화폐시장에서 화폐초과공급이 발생하여 이자율이 하락하므로 LM곡선이 우하방으로 이동한다. 수리적으로 도출한 LM곡선의 방정식은 $r=\dfrac{k}{l}Y-\dfrac{M_0}{Pl}$ 또는 $r=\dfrac{k}{l}Y-\dfrac{M_0}{Pl}+\dfrac{l_0}{l}$ 이므로 이때, LM곡선의 이동은 절편에 해당하는 $-\dfrac{M_0}{Pl}$ 또는 $-\dfrac{M_0}{Pl}+\dfrac{l_0}{l}$ (단, P : 물가, M_0 : 화폐공급량, l : 화폐수요의 이자율탄력성, l_0 : 독립적인 화폐수요)이 변화할 때 발생하므로 선지의 내용을 쉽게 확인할 수 있다.

③ 옳은 내용이다.

명목화폐공급이 증가하거나 감소하면 단기적으로 화폐시장에서 화폐초과공급이나 초과수요가 발생하여 이자율이 변화한다. 시간이 흘러 장기가 되면, 물가가 변화할 수 있게 되므로 명목이자율이 다시 변화하게 된다. 만일

화폐공급 증가로 단기에 이자율이 하락했다면 장기에는 물가가 상승하게 되므로 LM곡선이 좌상방으로 이동하면서 이자율도 다시 상승하게 된다. 결국 화폐공급 증가로 하락했던 이자율이 다시 상승하여 상쇄된다. 따라서 명목화폐공급의 변화가 이자율에 미치는 영향은 단기에서 크며, 장기에서 작다고 할 수 있다.

④ 옳은 내용이다.

실질화폐공급이 증가하면 화폐시장에서 화폐초과공급이 발생하여 이자율이 하락하므로 LM곡선은 우측으로 이동한다. 수리적으로 도출한 LM곡선의 방정식은 $r = \dfrac{k}{l}Y - \dfrac{M_0}{Pl}$ 또는 $r = \dfrac{k}{l}Y - \dfrac{M_0}{Pl} + \dfrac{l_0}{l}$ 이므로 이때, LM곡선의 이동은 절편에 해당하는 $-\dfrac{M_0}{Pl}$ 또는 $-\dfrac{M_0}{Pl} + \dfrac{l_0}{l}$ (단, P : 물가, M_0 : 화폐공급량, l : 화폐수요의 이자율탄력성, l_0 : 독립적인 화폐수요)이 변화할 때 발생하므로 선지의 내용을 쉽게 확인할 수 있다.

⑤ 틀린 내용이다.

장기적으로 실질화폐공급이 변화하지 않는 경우에도 LM곡선은 우상향한다. 이는 수리적으로 도출한 LM곡선의 방정식 $r = \dfrac{k}{l}Y - \dfrac{M_0}{Pl}$ 또는 $r = \dfrac{k}{l}Y - \dfrac{M_0}{Pl} + \dfrac{l_0}{l}$ 에서 쉽게 확인할 수 있다. 다만, 만일 장기에 완전고용 국민소득의 제한을 받는다면 수직인 영역이 부분적으로 나타날 수는 있다.

> 유동성선호설을 통한 화폐시장과 LM곡선에 대해 옳게 설명한 것은? (단, 화폐공급곡선은 수직이고, 화폐수요는 이자율에 음(−), 소득에 정(+)의 관계를 가정) ▶ 2025년 감정평가사
>
> ① 소득의 감소는 화폐수요곡선을 오른쪽으로 이동시켜 이자율 상승
> ② 소득의 증가는 실질화폐 수요를 증가시켜 이자율 상승
> ③ 이자율이 상승하면 화폐수요곡선이 왼쪽으로 이동하고 소득 증가
> ④ 중앙은행이 화폐공급을 감소하면 이자율 하락
> ⑤ 투기적 동기로 인한 소득의 증가는 화폐수요곡선상에서의 이동으로 이자율 상승

출제이슈 $IS-LM$모형의 이해
핵심해설 정답 ②

1) 화폐수요곡선과 화폐공급곡선
소득이 증가하면 화폐수요가 증가하고 화폐수요곡선이 우측이동하면서 이자율이 상승한다.

2) LM곡선
소득이 증가하면 화폐수요가 증가하고 LM곡선상에서 이자율이 상승한다.

$IS-LM$ 모형에 관한 설명으로 옳은 것을 모두 고른 것은? ▸2016년 감정평가사

ㄱ. IS 곡선이 우하향할 때, 확장적 재정정책은 IS곡선을 왼쪽으로 이동시킨다.
ㄴ. LM곡선이 우상향할 때, 중앙은행의 공개시장을 통한 채권매입은 LM곡선을 오른쪽으로 이동시킨다.
ㄷ. 투자가 이자율의 영향을 받지 않는다면, IS곡선은 수직선이다.

① ㄱ   ② ㄴ   ③ ㄱ, ㄷ
④ ㄴ, ㄷ   ⑤ ㄱ, ㄴ, ㄷ

출제이슈 $IS-LM$ 기울기와 이동
핵심해설 정답 ④

ㄱ. 틀린 내용이다.
확장적 재정정책에 의해 정부지출이 증가하는 경우 총수요가 증가하여 소득이 증가한다. 따라서 IS곡선은 소득증가의 방향인 오른쪽으로 이동한다.

ㄴ. 옳은 내용이다.
중앙은행의 공개시장을 통한 채권매입은 통화량을 증대시키는 효과가 있다. 이로 인해 화폐시장에서 이자율이 하락하여 재화시장에서 투자가 증가하고 소득이 증가한다. 따라서 LM곡선은 소득증가의 방향인 오른쪽으로 이동한다.

ㄷ. 옳은 내용이다.
투자가 이자율의 영향을 받지 않는다면, 투자의 이자율 탄력성이 매우 작거나 0이 됨을 의미한다. 따라서 IS곡선의 기울기는 $\dfrac{(1-b)}{c}$ 이므로 투자의 이자율 탄력성 c가 0에 가까운 경우에는 IS곡선은 수직이 된다.

> ▶ 2011년 감정평가사

IS곡선에 관련된 설명으로 옳지 않은 것은? (단, IS곡선은 우하향)

① IS곡선은 생산물시장의 균형을 이루는 이자율과 국민소득의 조합을 나타낸다.
② 현재의 이자율과 국민소득의 조합점이 IS곡선보다 위쪽에 있다면, 생산물시장에서 수요가 공급을 초과하고 있음을 의미한다.
③ 조세부담이 증가하면 IS곡선은 좌측으로 이동한다.
④ 정부의 재정지출이 증가하면 IS곡선은 우측으로 이동한다.
⑤ 한계소비성향이 높아질수록 IS곡선은 더 완만해진다.

출제이슈 IS-LM 모형
핵심해설 정답 ②

② 틀린 내용이다.
　　IS곡선의 상방은 재화시장의 균형을 가져오는 소득과 이자율 수준보다 이자율이 더 높음을 나타낸다. 따라서 시장균형을 가져오는 이자율보다 높은 이자율로 인하여 투자가 균형수준보다 작게 되므로 총수요가 균형수준보다 작다. 따라서 재화시장에서 초과공급이 존재함을 의미한다. 보다 상세한 내용은 아래를 참조하라.

IS-LM 모형의 불균형 상태는 다음과 같다.

1) IS곡선, LM곡선과 불균형
　① IS곡선의 상방 : 재화시장 초과공급　　② IS곡선의 하방 : 재화시장 초과수요
　③ LM곡선의 좌방 : 화폐시장 초과공급　　④ LM곡선의 우방 : 화폐시장 초과수요

2) 불균형의 상태

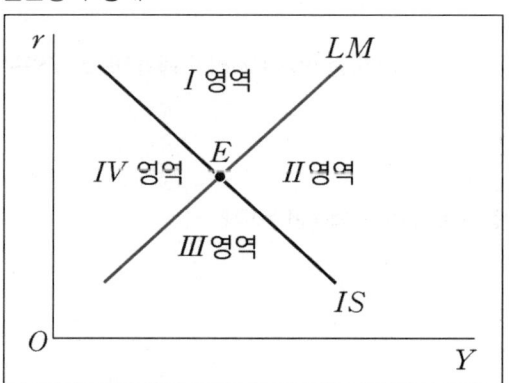

　① Ⅰ영역 : 재화시장 초과공급, 화폐시장 초과공급
　② Ⅱ영역 : 재화시장 초과공급, 화폐시장 초과수요
　③ Ⅲ영역 : 재화시장 초과수요, 화폐시장 초과수요
　④ Ⅳ영역 : 재화시장 초과수요, 화폐시장 초과공급

폐쇄경제 $IS-LM$ 모형과 관련된 설명으로 옳은 것은? (단, IS곡선은 우하향, LM곡선은 우상향한다.)
▶ 2012년 감정평가사

① IS곡선과 LM곡선에서 총공급곡선이 도출된다.

② 정부지출의 구축효과는 발생하지 않는다.

③ 현재 경제상태가 IS곡선의 왼쪽, LM곡선의 오른쪽에 있다면 상품시장은 초과공급, 화폐시장은 초과수요 상태이다.

④ 피구효과(Pigou effect)에 의하면 물가수준이 하락할 때, IS곡선이 우측으로 이동하여 국민소득이 증가한다.

⑤ $IS-LM$ 모형에서 물가수준은 내생변수이다.

출제이슈 $IS-LM$ 모형
핵심해설 정답 ④

① 틀린 내용이다.

IS곡선과 LM곡선에서 총수요곡선이 도출된다.

② 틀린 내용이다.

이자율 상승에 따라서 정부지출의 구축효과는 발생할 수 있다.

③ 틀린 내용이다.

현재 경제상태가 IS곡선의 왼쪽, LM곡선의 오른쪽에 있다면 상품시장은 초과수요, 화폐시장도 초과수요 상태이다.

④ 옳은 내용이다.

피구효과(Pigou effect)에 의하면 물가수준이 하락할 때, 실질자산가치가 증가하여 소비가 증가하므로 IS곡선이 우측으로 이동하여 국민소득이 증가할 수 있다.

⑤ 틀린 내용이다.

$IS-LM$ 모형에서 물가수준은 내생변수가 아니라 일정하게 주어진 외생변수이다.

폐쇄경제의 $IS-LM$ 모형에 관한 설명으로 옳지 않은 것은? ▶ 2013년 감정평가사

① 확장적 재정정책은 IS곡선을 우측으로 이동시킨다.

② 우하향하는 IS곡선의 왼쪽에서는 생산물시장에서 초과수요가 발생한다.

③ 투자가 이자율에 영향을 받지 않는다면 IS곡선은 수평선이다.

④ 화폐수요가 소득에 영향을 받지 않는다면 LM곡선은 수평선이다.

⑤ 중앙은행이 공개시장에서 채권을 매입할 경우 LM곡선은 우측으로 이동한다.

출제이슈 $IS-LM$ 모형
핵심해설 정답 ③

① 옳은 내용이다.

정부지출이 증가하거나 조세가 감면되는 것과 같은 확장적 재정정책에 의해서 총수요가 증가하여 소득이 증가한다. 따라서 IS곡선은 소득증가의 방향인 오른쪽으로 이동한다.

② 옳은 내용이다.

IS곡선의 왼편(혹은 하방)은 재화시장의 균형을 가져오는 소득과 이자율 수준보다 이자율이 더 낮음을 나타낸다. 따라서 시장균형을 가져오는 이자율보다 낮은 이자율로 인하여 투자가 균형수준보다 크게 되므로 총수요가 균형수준보다 크다. 따라서 재화시장에서 초과수요가 존재함을 의미한다.

③ 틀린 내용이다.

투자가 이자율에 영향을 받지 않는다면 소득은 소비와 기업가의 야성적 충동에 의해서 결정되므로 결국 IS곡선은 수직선이 된다. 이는 IS곡선의 도출과정에서 투자의 이자율탄력성이 0인 경우를 상정하면 쉽게 알 수 있다.

④ 옳은 내용이다.

화폐수요가 소득에 영향을 받지 않는다면 이자율은 투기적(투자적) 화폐수요와 화폐공급에 의해서 결정되므로 결국 LM곡선은 수평선이 된다. 이는 LM곡선의 도출과정에서 거래적 화폐수요의 이자율탄력성이 0인 경우를 상정하면 쉽게 알 수 있다. 참고로 화폐수요가 이자율에 영향을 받지 않는다면 소득은 거래적 화폐수요와 화폐공급에 의해서 결정되므로 결국 LM곡선은 수직선이 된다. 이는 LM곡선의 도출과정에서 투기적(투자적) 화폐수요의 이자율탄력성이 0인 경우를 상정하면 쉽게 알 수 있다.

⑤ 옳은 내용이다.

통화정책의 수단 중 공개시장 개입정책은 중앙은행이 채권시장에서 국공채 등의 유가증권을 매입 혹은 매각하여 본원통화 H를 변화시키고 이를 통해서 통화량을 조절하는 것이다. 중앙은행이 시장에서 유가증권을 매입하는 경우 본원통화가 증가하고, 그에 따라 통화량이 증가하여 LM곡선은 우측으로 이동한다. 반면 중앙은행이 시장에서 유가증권을 매도하는 경우 본원통화가 감소하고 그에 따라 통화량이 감소한다. 우리나라의 경우 시장에서 국공채 거래가 충분치 않을 경우 통화안정증권(한국은행이 발행한 유가증권)을 통하여 공개시장개입을 실시하고 있다(통화안정증권을 발행하여 매각하면 통화량이 감소한다).

> ### $IS-LM$곡선에 관한 설명으로 옳은 것을 모두 고른 것은? (단, 폐쇄경제를 가정한다.)
>
> ▶ 2023년 감정평가사
>
> ㄱ. 투자가 이자율에 영향을 받지 않는다면 LM곡선은 수직선이 된다.
> ㄴ. 투자가 이자율에 영향을 받지 않는다면 IS곡선은 수직선이 된다.
> ㄷ. 통화수요가 이자율에 영향을 받지 않는다면 LM곡선은 수직선이 된다.
> ㄹ. 통화수요가 소득에 영향을 받는다면 LM곡선은 수직선이 된다.
>
> ① ㄱ, ㄴ   ② ㄱ, ㄷ   ③ ㄴ, ㄷ
> ④ ㄴ, ㄹ   ⑤ ㄷ, ㄹ

출제이슈 IS곡선과 LM곡선의 도출
핵심해설 정답 ③

IS곡선과 LM곡선의 산식은 다음과 같다.

1) IS곡선

 ① IS곡선은 생산물 시장의 균형조건식에서 도출된다.

 ② $Y^D = Y^S$ $\therefore a + bY + I_0 + cr + G_0 = Y$ $\therefore r = \dfrac{(1-b)}{c} Y - \dfrac{(a+I_0+G_0)}{c}$

2) LM곡선

 ① LM곡선은 화폐시장의 균형조건식에서 도출된다.

 ② $\dfrac{M^D}{P} = \dfrac{M^S}{P}$ $\therefore kY - lr = \dfrac{M_0}{P}$ $\therefore r = \dfrac{k}{l} Y - \dfrac{M_0}{Pl}$

 위의 IS곡선과 LM곡선의 방정식을 도출하는 과정에 설문에서 제시한 조건을 적용하면 다음과 같다.

ㄴ. 투자가 이자율에 영향을 받지 않는다면 소득은 소비와 기업가의 야성적 충동에 의해서 결정되므로 결국 IS곡선은 수직선이 된다. 이는 IS곡선의 도출과정에서 투자의 이자율탄력성이 0인 경우를 상정하면 쉽게 알 수 있다. LM곡선과는 관련 없으므로 유의하자.

ㄷ. 통화수요가 이자율에 영향을 받지 않는다면 소득은 거래적 화폐수요와 화폐공급에 의해서 결정되므로 결국 LM곡선은 수직선이 된다. 이는 LM곡선의 도출과정에서 투자적 화폐수요의 이자율탄력성이 0인 경우를 상정하면 쉽게 알 수 있다. 한편, 통화수요가 소득에 영향을 받는다면, 이는 일반적인 경우이므로 LM곡선은 우상향한다.

 **$IS-LM$ 균형의 계산**

다음과 같은 폐쇄경제모형에서 생산물시장의 균형을 나타내는 IS곡선은? (단, Y는 국민소득, C는 소비, T는 조세, I는 투자, r은 실질이자율, G는 정부지출이다.)

▶ 2013년 감정평가사

- $C = 100 + 0.5(Y - T)$
- $I = 100 - 25r$
- $G = T = 100$

① $r = 8 - 0.016Y$ ② $r = 10 - 0.02Y$

③ $r = 10 - 0.03Y$ ④ $r = 12 - 0.04Y$

⑤ $r = 12 - 0.05Y$

출제이슈 IS 곡선의 도출
핵심해설 정답 ②

IS곡선과 LM곡선의 산식은 다음과 같다.

1) IS곡선
　① IS곡선은 생산물시장의 균형조건식에서 도출된다.
　② $Y^D = Y^S$ ∴ $a + bY + I_0 + cr + G_0 = Y$ ∴ $r = \dfrac{(1-b)}{c}Y - \dfrac{(a + I_0 + G_0)}{c}$

2) LM곡선
　① LM곡선은 화폐시장의 균형조건식에서 도출된다.
　② $\dfrac{M^D}{P} = \dfrac{M^S}{P}$ ∴ $kY - lr = \dfrac{M_0}{P}$ ∴ $r = \dfrac{k}{l}Y - \dfrac{M_0}{Pl}$

위의 내용에 따라 IS곡선을 구하면 다음과 같다.

$Y = 100 + 0.5(Y - 100) + 100 - 25r + 100$

따라서 위의 식을 정리하면 $r = 10 - 0.02Y$가 된다.

다음 거시경제모형에서 생산물시장과 화폐시장이 동시에 균형을 이루는 소득과 이자율은? (단, C는 소비, Y는 국민소득, I는 투자, G는 정부지출, T는 조세, r은 이자율, MD는 화폐수요, MS는 화폐공급이다. 물가는 고정되어 있고, 해외부문은 고려하지 않는다.)

▶ 2019년 감정평가사

- $C = 20 + 0.8(Y - T) - 0.5r$
- $I = 50 - 9.5r$
- $G = 50$
- $T = 50$
- $MD = 50 + Y - 50r$
- $MS = 250$

① 200, 1   ② 200, 2   ③ 250, 1

④ 300, 1   ⑤ 300, 2

출제이슈 $IS - LM$ 균형 계산
핵심해설 정답 ⑤

IS곡선과 LM곡선의 산식은 다음과 같다.

1) IS곡선
   ① IS곡선은 생산물시장의 균형조건식에서 도출된다.
   ② $Y^D = Y^S$ ∴ $a + bY + I_0 + cr + G_0 = Y$ ∴ $r = \dfrac{(1-b)}{c}Y - \dfrac{(a + I_0 + G_0)}{c}$

2) LM곡선
   ① LM곡선은 화폐시장의 균형조건식에서 도출된다.
   ② $\dfrac{M^D}{P} = \dfrac{M^S}{P}$ ∴ $kY - lr = \dfrac{M_0}{P}$ ∴ $r = \dfrac{k}{l}Y - \dfrac{M_0}{Pl}$

위의 IS곡선과 LM곡선의 방정식에 설문의 자료를 대입하면 다음과 같다.

1) IS곡선의 방정식 : $Y = 20 + 0.8(Y - 50) - 0.5r + (50 - 9.5r) + 50$ ∴ $Y = 400 - 50r$

2) LM곡선의 방정식 : $50 + Y - 50r = 250$ ∴ $Y = 200 + 50r$

3) $IS - LM$ 균형 : 위의 두 식을 연립하여 풀면 $Y = 300$, $r = 2$가 된다.

한 나라의 거시경제모형이 다음과 같을 때, 생산물시장과 화폐시장이 동시에 균형을 이루는 국민소득은? (단, Y는 국민소득, r은 이자율, Y_D는 가처분소득이다.) ▶2015년 감정평가사

- 소비함수 : $C = 150 + 0.8\,Y_D$
- 투자함수 : $I = 100 - 100r$
- 정부지출 : $G = 250$
- 조　　세 : $T = 0.25\,Y$
- 화폐수요 : $M_D = 50 + 0.2\,Y - 200r$
- 화폐공급 : $M_S = 250$

① 250　　　　　　② 1,200　　　　　　③ 1,250

④ 1,500　　　　　　⑤ 3,000

출제이슈 $IS - LM$ 균형 계산
핵심해설 정답 ②

IS곡선과 LM곡선의 산식은 다음과 같다.

1) IS곡선
　① IS곡선은 생산물시장의 균형조건식에서 도출된다.
　② $Y^D = Y^S$ ∴ $a + bY + I_0 + cr + G_0 = Y$ ∴ $r = \dfrac{(1-b)}{c}\,Y - \dfrac{(a + I_0 + G_0)}{c}$

2) LM곡선
　① LM곡선은 화폐시장의 균형조건식에서 도출된다.
　② $\dfrac{M^D}{P} = \dfrac{M^S}{P}$ ∴ $kY - lr = \dfrac{M_0}{P}$ ∴ $r = \dfrac{k}{l}\,Y - \dfrac{M_0}{Pl}$

위의 IS곡선과 LM곡선의 방정식에 설문의 자료를 대입하면 다음과 같다.

1) IS곡선의 방정식 : $Y = 150 + 0.8(Y - 0.25\,Y) + (100 - 100r) + 250$ ∴ $Y = 1,250 - 250r$

2) LM곡선의 방정식 : $50 + 0.2\,Y - 200r = 250$ ∴ $Y = 1,000 + 1,000r$

3) $IS - LM$ 균형 : 위의 두 식을 연립하여 풀면 $Y = 1,200$, $r - 0.2$가 된다.

아래의 $IS-LM$모형에서 균형민간저축(private saving)은? (단, C는 소비, Y는 국민소득, T는 조세, I는 투자, r은 이자율, G는 정부지출, M^S는 명목화폐공급량, P는 물가수준, M^D는 명목화폐수요량이다.)

▶ 2022년 감정평가사

- $C = 8 + 0.8(Y - T)$
- $I = 14 - 2r$
- $G = 2$
- $T = 5$
- $M^S = 10$
- $P = 1$
- $M^D = Y - 10r$

① 2   ② 4   ③ 5
④ 8   ⑤ 10

출제이슈 $IS-LM$ 균형 계산
핵심해설   정답 ①

IS곡선과 LM곡선의 산식은 다음과 같다.

1) IS곡선
 ① IS곡선은 생산물시장의 균형조건식에서 도출된다.
 ② $Y^D = Y^S$ ∴ $a + bY + I_0 + cr + G_0 = Y$ ∴ $r = \dfrac{(1-b)}{c}Y - \dfrac{(a + I_0 + G_0)}{c}$

2) LM곡선
 ① LM곡선은 화폐시장의 균형조건식에서 도출된다.
 ② $\dfrac{M^D}{P} = \dfrac{M^S}{P}$ ∴ $kY - lr = \dfrac{M_0}{P}$ ∴ $r = \dfrac{k}{l}Y - \dfrac{M_0}{Pl}$

위의 IS곡선과 LM곡선의 방정식에 설문의 자료를 대입하면 다음과 같다.

1) IS곡선의 방정식 : $Y = 8 + 0.8(Y - 5) + (14 - 2r) + 2$ ∴ $Y = 100 - 10r$

2) LM곡선의 방정식 : $Y - 10r = 10$ ∴ $Y = 10 + 10r$

3) $IS-LM$ 균형 : 위의 두 식을 연립하여 풀면 $Y = 55$, $r = 4.5$가 된다.

4) 민간저축
 민간저축은 $Y - T - C$인데, $Y = 55$, $T = 5$, $C = 8 + 0.8(55 - 5) = 48$임을 고려하면, $Y - T - C = 2$가 된다.

다음의 폐쇄경제모형에서 생산물시장과 화폐시장을 동시에 균형시키는 물가수준은? (단, Y는 국민소득, C는 소비, I는 투자, G는 정부지출, r은 이자율, M^d는 명목화폐수요, M^s는 명목화폐공급, P는 물가수준이다.) ▶ 2012년 감정평가사

- $Y = C + I + G$ (생산물시장의 균형)
- $Y = 100$
- $C = 20 + 0.5 Y$
- $I = 30 - 50r$
- $G = 10$
- $M^d = M^s$
- $\dfrac{M^d}{P} = 0.01 Y - r$
- $M^s = 20$

① 15
② 25
③ 50
④ 75
⑤ 100

출제이슈 $IS - LM$ 균형 계산
핵심해설 정답 ②

IS곡선과 LM곡선의 산식은 다음과 같다.

1) IS곡선
① IS곡선은 생산물시장의 균형조건식에서 도출된다.
② $Y^D = Y^S$ ∴ $a + bY + I_0 + cr + G_0 = Y$ ∴ $r = \dfrac{(1-b)}{c} Y - \dfrac{(a + I_0 + G_0)}{c}$

2) LM곡선
① LM곡선은 화폐시장의 균형조건식에서 도출된다.
② $\dfrac{M^D}{P} = \dfrac{M^S}{P}$ ∴ $kY - lr = \dfrac{M_0}{P}$ ∴ $r = \dfrac{k}{l} Y - \dfrac{M_0}{Pl}$

위의 IS곡선과 LM곡선의 방정식에 설문의 자료를 대입하면 다음과 같다.

1) IS곡선의 방정식 : $Y = 20 + 0.5 Y + 30 - 50r + 10$ 따라시 $Y = 120 - 100r$

2) LM곡선의 방정식 : $\dfrac{20}{P} = 0.01 Y - r$

3) $IS - LM$ 균형 : 주어진 $Y = 100$을 고려하여 위의 두 식을 연립하여 풀면 $P = 25$가 된다.

중앙은행은 확장적 통화정책을 실시하여 균형국민소득을 60만큼 더 증가시키고자 한다. 경제모형이 다음과 같을 때, 중앙은행은 통화량을 현재의 수준에서 얼마만큼 더 증가시켜야 하는가? (단, Y는 국민소득, C는 소비, I는 투자, G는 정부지출, r은 이자율, M^d는 화폐수요, M^s는 화폐공급이며, 물가수준은 고정되어 있다.)

▶ 2013년 감정평가사

- $C = 10 + 0.7Y$
- $I = 50 - r$
- $G = 10$
- $Y = C + I + G$ (생산물시장의 균형)
- $M^d = 20 + 0.2Y - r$
- $M^s = 30$
- $M^d = M^s$ (화폐시장의 균형)

① 10   ② 20   ③ 30
④ 40   ⑤ 50

출제이슈 $IS - LM$ 균형 계산
핵심해설 정답 ③

1) 최초의 균형

① IS곡선의 방정식 : $Y = 10 + 0.7Y + 50 - r + 10$, 따라서 $r = 70 - 0.3Y$
② LM곡선의 방정식 : $30 = 20 + 0.2Y - r$, 따라서 $r = -10 + 0.2Y$
③ $IS - LM$ 균형 : 위의 두 식을 연립하여 풀면 $Y = 160$, $r = 22$

2) 통화량의 증가와 LM곡선의 이동

① 통화량 증대를 통한 국민소득의 증가를 위해서는 LM곡선이 오른쪽으로 이동하였음을 의미한다.
② 이동한 LM곡선의 방정식은 새로운 통화량과 화폐수요의 균형으로부터 다음과 같이 도출된다.
증가한 화폐공급과 화폐수요가 일치하여 $30 + \Delta M = 20 + 0.2Y - r$, 즉 $r = 0.2Y - 10 - \Delta M$이 된다.

3) 새로운 $IS - LM$ 균형

① IS곡선의 방정식 : $r = 70 - 0.3Y$
② 새로운 LM곡선의 방정식 : $r = 0.2Y - 10 - \Delta M$
③ 새로운 국민소득은 최초의 국민소득 160보다 60만큼 더 증가해야 하므로 220이 된다. 따라서 $Y = 220$을 IS곡선의 방정식에 대입하면, $r = 70 - 0.3 \times 220 = 4$가 된다.
④ 이제 $Y = 220$, $r = 4$를 LM곡선의 방정식에 대입하면, $4 = 0.2 \times 220 - 10 - \Delta M$, $\Delta M = 30$이 된다.
즉 국민소득을 60만큼 증가시키기 위한 통화량의 증가분은 30이 된다.

다음 폐쇄경제 $IS-LM$모형에서 경제는 균형을 이루고 있고, 현재 명목화폐공급량(M)은 2이다. 중앙은행은 확장적 통화정책을 실시하여 현재보다 균형이자율을 0.5만큼 낮추고 균형국민소득을 증가시키고자 한다. 이를 위한 명목화폐공급량의 증가분은? (단, Y는 국민소득, r은 이자율, I는 투자, M^d는 명목화폐수요량, P는 물가이고 1로 불변이다.)

▶ 2017년 감정평가사

- IS곡선 : $r=4-0.05\,Y$

- 실질화폐수요함수 : $\dfrac{M^d}{P}=0.15\,Y-r$

① 0.5   ② 2   ③ 2.5
④ 3   ⑤ 4

출제이슈 $IS-LM$ 균형 계산
핵심해설   정답 ②

1) 최초의 균형

  ① IS곡선의 방정식 : $r=4-0.05\,Y$로 주어져 있다.
  ② LM곡선의 방정식 : 화폐공급과 화폐수요가 일치하여 $2=0.15\,Y-r$이므로 $r=0.15\,Y-2$가 된다.
  ③ $IS-LM$ 균형 : 위의 두 식을 연립하여 풀면 $Y=30$, $r=2.5$가 된다.

2) 통화량의 증가와 LM곡선의 이동

  ① 통화량 증대를 통한 국민소득의 증가를 위해서는 LM곡선이 오른쪽으로 이동하였음을 의미한다.
  ② 이동한 LM곡선의 방정식은 새로운 통화량과 화폐수요의 균형으로부터 다음과 같이 도출된다.
    증가한 화폐공급과 화폐수요가 일치하여 $2+\Delta M=0.15\,Y-r$이므로 $r=0.15\,Y-(2+\Delta M)$이 된다.

3) 새로운 $IS-LM$ 균형

  ① IS곡선의 방정식 : $r=4-0.05\,Y$
  ② 새로운 LM곡선의 방정식 : $r=0.15\,Y-(2+\Delta M)$
  ③ 균형이자율은 최초 이자율 $r=2.5$보다 0.5만큼 더 낮다고 하였으므로 2가 된다. 따라서 $r=2$를 IS곡선의 방정식에 대입하면, $2=4-0.05\,Y$, $Y=40$이 된다.
  ④ 이제 $Y=40$, $r=2$를 LM곡선의 방정식에 대입하면, $2=0.15\times40-(2+\Delta M)$, $\Delta M=2$가 된다. 즉 이자율을 0.5만큼 낮추기 위한 통화량의 증가분은 2가 된다.

아래의 폐쇄경제 IS-LM 모형에서 중앙은행은 균형이자율을 현재보다 5만큼 높이는 긴축적 통화정책을 실시하여 균형국민소득을 감소시키고자 한다. 현재 명목화폐공급량(M)이 40일 때, 이를 달성하기 위한 명목화폐공급량의 감소분은? (단, r은 이자율, Y는 국민소득, M^d는 명목화폐수요량, P는 물가수준이고 1로 고정되어 있다.) ▶ 2024년 감정평가사

- IS 곡선 : $r = 120 - 5Y$

- 실질화폐수요함수 : $\dfrac{M^d}{P} = 3Y - r$

① 5　　　　　　　　② 8　　　　　　　　③ 10

④ 15　　　　　　　⑤ 20

출제이슈 $IS-LM$ 균형 계산
핵심해설 정답 ②

1) 최초의 균형
　① IS곡선의 방정식 : $r = 120 - 5Y$로 주어져 있다.
　② LM곡선의 방정식 : 화폐공급과 화폐수요가 일치하여 $\dfrac{40}{1} = 3Y - r$이므로 $r = 3Y - 40$이 된다.
　③ $IS-LM$ 균형 : 위의 두 식을 연립하여 풀면 $Y = 20$, $r = 20$이 된다.

2) 통화량의 감소와 LM곡선의 이동
　① 통화량 감소를 통한 이자율의 상승을 위해서는 LM곡선이 왼쪽으로 이동하였음을 의미한다.
　② 이동한 LM곡선의 방정식은 새로운 통화량과 화폐수요의 균형으로부터 다음과 같이 도출된다.
　　명목화폐공급의 감소분을 k라고 하면, 감소한 화폐공급과 화폐수요가 일치하여 $\dfrac{40-k}{1} = 3Y - r$이므로
　　$r = 3Y + k - 40$이 된다.

3) 새로운 $IS-LM$ 균형
　① IS곡선의 방정식 : $r = 120 - 5Y$
　② 새로운 LM곡선의 방정식 : $r = 3Y + k - 40$
　③ 새로운 균형이자율은 원래의 이자율 20보다 5 높은 25가 되어야 한다.
　　따라서 $r = 25$를 IS곡선의 방정식에 대입하면, $25 = 120 - 5Y$, $Y = 19$이 된다.
　④ 이제 $Y = 19$, $r = 25$를 LM곡선의 방정식 $r = 3Y + k - 40$에 대입하면, $25 = 3 \times 19 + k - 40$이 된다.

따라서 $k = 8$이 된다. 즉 이자율을 5만큼 높이기 위한 통화량의 감소분은 8이 된다.

아래의 폐쇄경제 IS-LM 모형의 초기 균형에서 중앙은행이 이자율을 0.5만큼 인상시키고자 할 때, 명목화폐공급량 변화분의 절댓값은? (단, Y는 국민소득, r은 이자율, P는 물가, M은 명목화폐공급량)

▶ 2025년 감정평가사

- IS 곡선 : $r = 6 - Y$
- $M = 4$
- LM 곡선 : $\dfrac{M}{P} = Y - r$
- $P = 1$

① 0.0 ② 0.5 ③ 1.0
④ 1.5 ⑤ 2.0

출제이슈 $IS-LM$ 균형 계산

핵심해설 정답 ③

1) 최초 균형

   IS : $Y = 6 - r$, LM : $Y = 4 + r$ ∴ $Y = 5$, $r = 1$

2) 화폐공급 변화 후의 균형 (화폐공급변화분 = ΔM)

   IS : $Y = 6 - r$, LM : $Y = 4 + \Delta M + r$

   ① 이 때, $r = 1.5$로 제시되어 있으므로 IS에 대입하면, $Y = 4.5$
   ② $Y = 4.5$, $r = 1.5$를 LM에 대입하면, $\Delta M = -1$, 따라서 절대값은 1이 된다.

03 *IS* − *LM* **모형과 재정정책**

정부가 지출을 10만큼 늘렸을 때, 총수요가 10보다 적게 늘어났다. 그 이유로 옳은 것은?

▶ 2019년 감정평가사

① 소득변화에 따른 소비증가
② 소득변화에 따른 소비감소
③ 이자율변화에 따른 투자증가
④ 이자율변화에 따른 투자감소
⑤ 그런 경우가 일어날 수 없다.

출제이슈 재정정책의 효과
핵심해설 정답 ④

재정정책의 효과로서 승수효과와 이를 상쇄하는 구축효과는 다음과 같다.

1) 정부지출이 증가하는 경우 *IS*곡선이 우측으로 이동하여 균형국민소득이 증가, 이자율은 상승한다.

2) 한편, 정부지출 증가는 이자율을 상승시켜 투자를 감소시키고 국민소득을 감소시키는데, 이를 구축효과라고 한다. 이러한 구축효과는 *IS*곡선이 가파를수록, *LM*곡선이 완만할수록 구축효과는 작으므로 정부지출의 효과가 커진다.

3) 참고로, 정부지출이 증가하면 총수요가 증가하고 국민소득이 증가한다. 재화시장에서의 소득 증가로 인하여 화폐시장에서는 거래적 화폐수요가 증가한다. 화폐수요의 증가로 인해 이자율이 상승한다. 화폐시장에서 상승한 이자율은 다시 재화시장의 투자에 영향을 미쳐서 투자가 감소한다. 투자의 감소는 총수요의 감소 및 국민소득의 감소를 가져온다. 정부지출의 증가로 인한 이자율 상승이 국민소득을 감소시키는 것이 바로 구축효과이다.

폐쇄경제의 $IS-LM$모형에서 화폐시장 균형조건이 $\dfrac{M}{P}=L(r,\ Y-T)$일 때, 조세삭감이 미치는 효과로 옳은 것을 모두 고른 것은? (단, 초기는 균형상태, IS곡선은 우하향, LM곡선은 우상향하며, M은 통화량, P는 물가, r은 이자율, Y는 국민소득, T는 조세이다.)

▶ 2023년 감정평가사

ㄱ. IS곡선 우측이동　　　　　　　　ㄴ. LM곡선 우측이동
ㄷ. 통화수요 감소　　　　　　　　　　ㄹ. 이자율 상승

① ㄱ, ㄴ　　　　　　② ㄱ, ㄷ　　　　　　③ ㄱ, ㄹ
④ ㄴ, ㄷ　　　　　　⑤ ㄴ, ㄹ

출제이슈 재정정책의 효과
핵심해설 정답 ③

조세삭감과 같은 확장적 재정정책으로 인해서 가처분소득이 증가하며 소비가 증가한다. 소비의 증가는 총수요의 증가를 가져오고 이에 따라 결국 소득이 증가한다. 따라서 IS곡선은 소득증가의 방향인 오른쪽으로 이동하므로 결국 이자율은 상승한다.

1) 승수효과와 국민소득의 증가

　최초균형상태에서 조세가 ΔT만큼 감소하는 경우, 단순 케인즈모형과 같이 이자율이 불변이라고 하면 승수효과를 통해 국민소득은 $\dfrac{-b}{1-b}\Delta T$만큼 증가한다. 따라서 IS곡선은 우측으로 이동하며 이자율이 불변인 상황에서 생산물에 대한 총수요가 총생산을 초과하여 생산물시장의 초과수요상태가 된다. 그러나 생산물 초과수요는 생산물 공급이 증가하면서 생산물시장의 균형을 회복한다.

2) 화폐시장의 불균형

　현재 여전히 이자율이 불변인 상황에서 생산물 공급이 증가하면서 국민소득이 증가하게 되어 화폐시장에서는 거래적 화폐수요가 증가한다. 따라서 화폐시장에서 초과수요가 발생하는 불균형이 나타나면서 $IS-LM$ 모형이 불균형상태가 된다.

3) 구축효과와 이자율의 상승

　정부지출 증가에 의하여 국민소득이 증가한 경우 현재 상태는 $IS-LM$모형에서 불균형 상태로서 오래 지속될 수가 없다. 따라서 화폐시장의 초과수요로 인하여 화폐시장에서 균형을 회복하기 위해서 이자율이 상승하게 된다. 이에 따라서 생산물시장에서 투자가 감소하고 정부지출 증가로 증가했던 국민소득은 다시 감소하게 된다. 이렇게 승수효과에 의하여 증가했던 국민소득이 이자율 상승에 따라서 다시 감소하는 것을 구축효과라고 한다.

4) 새로운 균형

이자율이 상승하면서 화폐시장의 초과수요는 해소되고, 새로운 화폐시장의 균형에 도달한다. 이 과정에서 생산물시장에서도 이자율 상승으로 인해 투자가 감소하면서 국민소득이 감소하여 새로운 생산물시장의 균형에 도달한다. 정부지출 증가 이후 승수효과에 의한 국민소득의 증가와 이자율 상승에 따른 구축효과가 가져오는 국민소득의 감소가 모두 조정이 되면 새로운 $IS-LM$균형에 도달하게 된다. 새로운 균형에서는 국민소득은 증가하고 이자율은 상승하게 된다.

폐쇄경제 IS-LM모형에 관한 설명으로 옳은 것은? ▶ 2024년 감정평가사

① 화폐수요의 이자율 탄력성이 0이면 경제는 유동성함정(liquidity trap) 상태에 직면한다.
② LM곡선이 수직선이고 IS곡선이 우하향하면, 완전한 구축효과(crowding-out effect)가 나타난다.
③ IS곡선이 수평선이고 LM곡선이 우상향하면, 통화정책은 국민소득에 영향을 미치지 않는다.
④ 소비가 이자율에 영향을 받을 때, 피구효과(Pigou effect)가 발생한다.
⑤ IS곡선이 우하향할 때, IS곡선의 위쪽에 있는 점은 생산물시장이 초과수요 상태이다.

출제이슈 재정정책의 효과
핵심해설 정답 ②

재정정책의 효과로서 승수효과와 이를 상쇄하는 구축효과는 다음과 같다.

1) 정부지출이 증가하는 경우 IS곡선이 우측으로 이동하여 균형국민소득이 증가하고, 이자율은 상승한다.

2) 한편, 정부지출 증가는 이자율을 상승시켜 투자를 감소시키고 국민소득을 감소시키는데, 이를 구축효과라고 한다. 이러한 구축효과는 IS곡선이 가파를수록, LM곡선이 완만할수록 구축효과는 작으므로 정부지출의 효과가 커진다.

3) 따라서 완전한 구축효과는 IS곡선이 정부지출의 증대로 우측으로 이동하고 LM곡선이 수직일 때 나타나며, 이때는 국민소득에 전혀 변함이 없다.

> 경기안정화 정책에 관한 설명으로 옳은 것은? ▶ 2018년 감정평가사

① 재정지출 증가로 이자율이 상승하지 않으면 구축효과는 크게 나타난다.
② 투자가 이자율에 비탄력적일수록 구축효과는 크게 나타난다.
③ 한계소비성향이 클수록 정부지출의 국민소득 증대효과는 작게 나타난다.
④ 소득이 증가할 때, 수입재 수요가 크게 증가할수록 정부지출의 국민소득 증대효과는 크게 나타난다.
⑤ 소득세가 비례세보다는 정액세일 경우에 정부지출의 국민소득 증대효과는 크게 나타난다.

출제이슈 재정정책의 효과
핵심해설 정답 ⑤

① 틀린 내용이다.
정부지출 증가는 이자율을 상승시켜 투자를 감소시키고 국민소득을 감소시키는데, 이를 구축효과라고 한다. 만일 재정지출 증가로 이자율이 상승하지 않으면 구축효과는 나타나지 않는다.

② 틀린 내용이다.
투자가 이자율에 대해 비탄력적일수록 IS곡선이 가파르고 구축효과가 작고 국민소득 증대효과가 크다.
정부지출이 증가하면 총수요가 증가하고 국민소득이 증가한다. 재화시장에서의 소득 증가로 인하여 화폐시장에서는 거래적 화폐수요가 증가한다. 화폐수요의 증가로 인해 이자율이 상승한다. 화폐시장에서 상승한 이자율은 다시 재화시장의 투자에 영향을 미쳐서 투자가 감소한다. 투자의 감소는 총수요의 감소 및 국민소득의 감소를 가져온다. 정부지출의 증가로 인한 이자율 상승이 국민소득을 감소시키는 것이 바로 구축효과이다.

그런데 만일 화폐시장에서 상승한 이자율이 재화시장의 투자에 거의 영향을 미치지 못한다면, 이자율이 상승하더라도 투자의 감소, 총수요의 감소, 소득의 감소는 미미하게 되어 구축효과는 거의 없게 된다. 이는 투자가 이자율에 대해 비탄력적임을 의미하므로 이때, 구축효과는 매우 작다고 할 수 있다.

③ 틀린 내용이다.
한계소비성향이 클수록 정부지출승수가 커지므로 정부지출의 국민소득 증대효과는 크게 나타난다.

참고로 한계소비성향을 위에서는 국민소득 증대효과, 즉 승수효과 관점에서 검토하였지만, 구축효과 관점에서 검토하면 다음과 같다.

한계소비성향이 클수록 IS곡선이 완만하고 구축효과가 크고 재정정책의 효과가 작다.

정부지출이 증가하면 총수요가 증가하고 국민소득이 증가한다. 재화시장에서의 소득 증가로 인하여 화폐시장에서는 거래적 화폐수요가 증가한다. 화폐수요의 증가로 인해 이자율이 상승한다. 화폐시장에서 상승한 이자율은 다시 재화시장의 투자에 영향을 미쳐서 투자가 감소한다. 투자의 감소는 총수요의 감소 및 국민소득의 감소를 가져온다. 정부지출의 증가로 인한 이자율 상승이 국민소득을 감소시키는 것이 바로 구축효과이다.

그런데 만일 한계소비성향이 크다면, 화폐시장에서 상승한 이자율로 인해서 투자가 감소할 때, 총수요 및 소득의 감소가 크게 될 것이다. 이는 바로 구축효과가 매우 큼을 의미한다. 즉, 정부지출의 국민소득 증대효과는 작게 나타난다.

④ 틀린 내용이다.

소득이 증가할 때, 수입재 수요가 크게 증가할수록 정부지출 증가로 인한 승수효과, 즉 국민소득 증대효과는 제약된다. 따라서 정부지출의 국민소득 증대효과는 크게 나타나는 것이 아니라 작게 나타난다.

⑤ 옳은 내용이다.

소득세가 정액세가 아니라 비례세일 경우에 정부지출 증가로 인한 승수효과 즉 국민소득 증대효과는 제약된다. 따라서 정액세일 경우에는 정부지출의 국민소득 증대효과가 크게 나타난다.

표의 $IS-LM$ 모형에서 균형재정승수는? (단, $Y,\ M,\ r,\ T,\ G,\ P$는 각각 국민소득, 통화량, 이자율, 조세, 정부지출, 물가이다.)

▶ 2021년 감정평가사

- IS : $Y = 100 + 0.5(Y - T) - 0.5r + G$
- LM : $\dfrac{M}{P} = -r + Y$

① 0 　　　② 0.5 　　　③ 1

④ 1.5 　　　⑤ 2

출제이슈 $IS-LM$ 모형과 균형재정승수
핵심해설 정답 ②

1) 최초의 균형

$$IS : Y = 100 + 0.5(Y - T) - 0.5r + G$$

$$LM : \frac{M}{P} = -r + Y$$

이 두 식을 연립하여 풀면 국민소득은 $Y = 100 - 0.5T + G + 0.5\dfrac{M}{P}$이 된다.

2) 균형재정 이후의 균형

IS 곡선을 균형재정에 의하여 $\Delta G = \Delta T = k$만큼 평행이동시키면 다음과 같다.

$$IS : Y - k = 100 + 0.5(Y - k - T) - 0.5r + G$$

이제 LM 곡선과의 교점을 구하면 다음과 같다.

$$IS : Y - k = 100 + 0.5(Y - k - T) - 0.5r + G$$

$$LM : \frac{M}{P} = -r + Y$$

이 두 식을 연립하여 풀면 $Y = 100 - 0.5T + G + 0.5\dfrac{M}{P} + 0.5k$가 된나.

3) 균형재정승수의 도출

정부지출의 증가와 조세의 증가가 같을 때, 즉 $\Delta G = \Delta T$인 경우 케인즈 모형에서 국민소득의 증가는 $\Delta G = \Delta T = \Delta Y$가 되므로 균형재정승수는 1이 된다. 즉 위의 모형에서는 국민소득의 증가가 k만큼이다.

그러나 $IS-LM$모형에서 국민소득의 증가는 k가 아니라 $0.5k$만큼이나.
$\Delta G = \Delta T = k$, $\Delta Y = 0.5k$가 되므로 균형재정승수는 0.5가 된다. 이때, 정부지출승수는 1이고 조세승수는 -0.5가 되므로 균형재정승수는 0.5가 됨에 유의하자.

Issue 04 *IS − LM* 모형과 통화정책

> 폐쇄경제 *IS− LM*모형에서 물가 수준이 하락할 경우, 새로운 균형에 관한 설명으로 옳은 것을 모두 고른 것은? (단, 초기 경제는 균형상태이며, *IS*곡선은 우하향, *LM*곡선은 우상향)
>
> ▶ 2020년 감정평가사
>
> ㄱ. 명목이자율이 하락한다.
> ㄴ. 투자가 감소한다.
> ㄷ. 명목통화량이 증가한다.
>
> ① ㄱ   ② ㄴ   ③ ㄱ, ㄷ
> ④ ㄴ, ㄷ   ⑤ ㄱ, ㄴ, ㄷ

출제이슈 물가하락의 효과
핵심해설 정답 ①

물가하락의 효과는 다음과 같다.

① 물가하락으로 인하여 화폐시장에서 실질통화량이 증가하여 *LM*곡선이 우측으로 이동하여 이자율 즉, 이자율이 하락한다. 단, 이때, 명목통화량은 불변임에 유의하자.

② 이자율의 하락으로 인하여 실물부분의 소비 및 투자가 증가한다.

③ 이자율 하락은 또한 원화가치를 하락시키고 환율상승을 가져와 순수출이 증가하도록 한다.

④ 소비증가, 투자증가 및 순수출증가로 수요가 증가하여 총수요가 증가하고, 균형국민소득은 증가한다.

⑤ 참고로 소비가 실질자산의 크기에 영향받을 수 있음을 고려한다면, 물가의 하락으로 인하여 실질자산의 가치가 증가하여 소비는 증가하게 된다.

폐쇄경제의 $IS-LM$ 모형에서 지급준비율과 현금/예금 보유비율이 이자율의 감소함수일 때, 두 비율이 상수인 경우와 비교하여 옳은 설명을 모두 고른 것은? (단, IS 곡선은 우하향, LM 곡선은 우상향)

▶ 2013년 감정평가사

ㄱ. 통화공급은 외생적으로 결정된다.
ㄴ. 통화정책의 효과가 커진다.
ㄷ. 재정정책의 효과가 커진다.
ㄹ. LM 곡선의 기울기가 완만해진다.

① ㄱ, ㄴ   ② ㄴ, ㄷ   ③ ㄷ, ㄹ
④ ㄱ, ㄴ, ㄹ   ⑤ ㄱ, ㄷ, ㄹ

출제이슈 화폐공급의 내생성과 정책의 효과
핵심해설 정답 ③

통화공급방정식은 통화량에 영향을 줄 수 있는 요인들 중 민간의 현금통화비율과 은행의 지급준비율은 외생적으로 결정되어 고정된 것으로 간주하고 있다. 그러나 현금통화비율과 지급준비율은 민간과 은행의 의사결정과정에서 여러 요인들에 의해서 영향을 받을 수 있다. 특히 현금통화비율과 지급준비율은 이자율의 영향을 받을 수 있으므로 화폐공급을 이자율의 함수로 나타낼 수 있다. 이를 화폐공급의 내생성이라고 한다.

1) 민간의 현금통화비율

이자율이 높으면 화폐보유의 기회비용이 높아지므로 화폐보유비율을 줄이게 되므로 민간의 현금통화비율은 낮아진다. 따라서 민간의 현금통화비율은 이자율의 감소함수이다. $c = \dfrac{C}{M} = c(i)$

2) 은행의 지급준비율

지급준비율은 법정지급준비율과 초과지급준비율이 있으며 은행은 초과지급준비율을 정하게 되므로 지급준비율을 결정하는 것은 은행이라고 할 수 있다. 그런데 은행이 지급준비율을 결정함에 있어서 즉, 은행이 얼마나 화폐를 보유할지 결정함에 있어서는 화폐보유의 기회비용인 이자율을 고려하게 된다. 이자율이 높으면 화폐보유의 기회비용이 높아지므로 화폐보유비율을 줄이게 되므로 은행의 지급준비율은 낮아진다. 따라서 은행의 지급준비율은 이자율의 감소함수이다. $r = \dfrac{R}{D} = r(i)$

3) 통화공급방정식의 수정

$M = mH = \dfrac{1}{(c+r-cr)} H = \dfrac{1}{(c(i)+r(i)-c(i)r(i))} H = M(i)$ 으로서 화폐공급은 이자율의 증가함수이며 내생적으로 결정된다.

4) 화폐공급의 내생성과 정책효과

화폐공급에 내생성이 있다면 화폐공급곡선은 이자율의 증가함수로서 우상향의 모습을 나타내지만, 내생성이 없다면, 수직선의 모양을 보일 것이다. 화폐공급의 내생성은 LM 곡선의 기울기를 완만하게 만들고 재정정책의 효과를 증대시킨다.

폐쇄경제 $IS-LM$ 모형에서 투자의 이자율 탄력성이 무한대인 경우, 중앙은행이 긴축통화정책을 실행할 시 예상되는 효과로 옳은 것을 모두 고른 것은? (단, LM 곡선은 우상향한다.)

▶ 2023년 감정평가사

ㄱ. 국민소득 감소   ㄴ. 이자율 증가
ㄷ. 이자율 불변   ㄹ. 국민소득 증가
ㅁ. 이자율 감소

① ㄱ, ㄴ   ② ㄱ, ㄷ   ③ ㄱ, ㅁ
④ ㄴ, ㄹ   ⑤ ㄷ, ㄹ

출제이슈 통화정책의 효과
핵심해설 정답 ②

IS 곡선과 LM 곡선의 산식은 다음과 같다.

1) IS 곡선

① IS 곡선은 생산물 시장의 균형조건식에서 도출된다.

② $Y^D = Y^S$ ∴ $a + bY + I_0 + cr + G_0 = Y$ ∴ $r = \dfrac{(1-b)}{c} Y - \dfrac{(a + I_0 + G_0)}{c}$

2) LM 곡선

① LM 곡선은 화폐시장의 균형조건식에서 도출된다.

② $\dfrac{M^D}{P} = \dfrac{M^S}{P}$ ∴ $kY - lr = \dfrac{M_0}{P}$ ∴ $r = \dfrac{k}{l} Y - \dfrac{M_0}{Pl}$

위의 IS 곡선의 방정식을 도출하는 과정에 설문에서 제시한 조건을 적용하면 다음과 같다.

투자의 이자율탄력성이 무한대인 경우 투자함수에서 c 가 무한대가 된다. 이를 IS 곡선의 도출과정에 적용하면 IS 곡선이 수평이 됨을 쉽게 알 수 있다. 이 경우 우상향하는 LM 곡선이 긴축통화정책에 따라서 좌측으로 이동하게 되면, (ㄱ) 국민소득은 감소하며, (ㄷ) 이자율은 불변이다.

Issue 05 재정·통화정책의 상대적 유효성 및 학파별 견해

폐쇄경제의 IS-LM 모형에서 정부는 지출을 증가시키고, 중앙은행은 통화량을 증가시켰다. 이 경우 나타나는 효과로 옳은 것은? (단, IS곡선은 우하향, LM곡선은 우상향한다.)

▶ 2015년 감정평가사

① 국민소득은 증가하고, 이자율은 하락한다.
② 국민소득은 증가하고, 이자율은 상승한다.
③ 국민소득은 증가하고, 이자율의 변화방향은 알 수 없다.
④ 국민소득은 감소하고, 이자율은 상승한다.
⑤ 국민소득은 감소하고, 이자율의 변화방향은 알 수 없다.

출제이슈 재정정책과 통화정책의 효과
핵심해설 정답 ③

설문을 검토하면 다음과 같다.

1) 정부지출이 증가하는 경우

① 재화시장에서 정부지출의 증가로 인하여 총수요가 증가하고 소득이 증가한다. 소득의 증가로 인하여 화폐시장에서 화폐수요가 증가하여 이자율이 상승한다. 이자율 상승은 투자감소, 소득감소를 가져온다. 이는 앞에서 증가한 소득 증가를 상쇄하는 것이다.

② 정부지출의 증가로 IS곡선이 우상방으로 이동하므로 이자율은 상승하고 소득은 증가한다.

2) 통화공급이 증가하는 경우

① 화폐시장에서 통화공급이 증가하게 되면, 화폐초과공급에 의하여 이자율이 하락한다. 이자율 하락으로 인하여 재화시장에서 투자가 증가하여 총수요가 증가하고 소득이 증가한다.

② 통화공급의 증가로 LM곡선이 우하방으로 이동하여 이자율은 하락하고 소득은 증가한다.

3) 종합

① 정부지출의 증가로 이자율이 상승하고 소득은 증가한다. 통화공급의 증가로 이자율이 하락하고 소득은 증가한다. 따라서 소득은 증가하지만 이자율의 방향은 불확실하다.

② 통화공급의 감소로 LM곡선이 우하방으로 이동하고, 정부지출의 증가로 IS곡선이 우상방으로 이동하므로 새로운 균형에서는 소득은 증가하지만 이자율의 방향은 불확실하다.

폐쇄경제 $IS-LM$ 모형에서 재정정책과 통화정책이 생산량에 미치는 효과의 크기에 관한 설명으로 옳은 것을 모두 고른 것은? (단, IS는 우하향, LM은 우상향하는 직선이다.)

▶ 2022년 감정평가사

ㄱ. 투자가 이자율에 민감할수록 통화정책의 효과가 작다.
ㄴ. 화폐수요가 이자율에 민감할수록 재정정책의 효과가 크다.
ㄷ. 한계소비성향이 클수록 통화정책의 효과가 크다.

① ㄱ
② ㄷ
③ ㄱ, ㄴ
④ ㄱ, ㄷ
⑤ ㄴ, ㄷ

출제이슈 재정정책과 통화정책의 상대적 유효성
핵심해설 정답 ⑤

참고로 기본서에서 재정정책과 통화정책이 왜 여러 변수들에 의해서, 어떻게 영향을 받는지 그 메커니즘을 자세히 설명하였으므로 반드시 같이 숙지해야 한다. 다만, 여기서는 기계적으로 결론만을 압축하여 제시하며 문제를 풀기로 한다.

ㄱ. 틀린 내용이다.
투자가 이자율에 민감할수록 투자의 이자율 탄력성이 크고 IS곡선은 완만하다. 따라서 이 경우 통화정책의 효과가 크다.

ㄴ. 옳은 내용이다.
화폐수요가 이자율에 민감할수록 화폐수요의 이자율 탄력성이 크고 LM곡선은 완만하다. 따라서 이 경우 재정정책의 효과가 크다.

ㄷ. 옳은 내용이다.
한계소비성향이 클수록 IS곡선은 완만하여 통화정책의 효과가 크다.

폐쇄경제하에서 정부가 지출을 늘렸다. 이에 대응하여 중앙은행이 기존 이자율을 유지하려고 할 때 나타나는 현상으로 옳은 것을 모두 고른 것은? (단, IS곡선은 우하향하고 LM곡선은 우상향한다.)

▶ 2021년 감정평가사

ㄱ. 통화량이 증가한다.　　　　ㄴ. 소득수준이 감소한다.
ㄷ. 소득수준은 불변이다.　　　ㄹ. LM곡선이 오른쪽으로 이동한다.

① ㄱ, ㄴ　　　　② ㄱ, ㄷ　　　　③ ㄱ, ㄹ
④ ㄴ, ㄹ　　　　⑤ ㄷ, ㄹ

출제이슈 정책조합(policy mix)
핵심해설 정답 ③

재정정책과 통화정책을 동시에 사용하여 원하는 정책목표를 달성하고자 하는 것을 정책혼합(policy mix)이라고 한다. 재정정책과 통화정책이 성격상 특히 이자율에 미치는 효과가 상이하기 때문에 두 정책을 같이 사용하게 되면 이자율의 변화를 최소화할 수 있게 된다. 예를 들어 확장적 재정정책과 확장적 통화정책을 동시에 사용하는 경우를 살펴보자. 확장적 재정정책에 의하여 국민소득은 증가하고 이자율은 상승하게 된다. 그리고 확장적 통화정책에 의하여 국민소득은 증가하고 이자율은 하락하게 된다. 따라서 두 정책을 동시에 사용하게 되면 국민소득은 크게 증가하고 이자율은 변화하지 않을 수 있다.

위의 내용에 따라 설문을 검토하면 다음과 같다.
설문에서는 정부지출 증가라는 재정정책이 이자율에 미치는 영향을 줄이기 위해서 통화정책을 가미하는 경우라고 할 수 있다.

정부가 정부지출을 증가시키게 되면, IS곡선이 우상방으로 이동하면서 소득이 증가하고 이자율이 상승한다. 이때, 이자율을 유지하기 위하여 중앙은행이 통화공급을 증가시키면, LM곡선이 우하방으로 이동하면서 소득은 더욱 증가하고 이자율은 원래 수준을 유지하게 된다.

ㄱ. 옳은 내용이다.
　확장적 재정정책에 의하여 국민소득은 증가하고 이자율은 상승하게 된다. 그리고 확장적 통화정책에 의하여 국민소득은 증가하고 이자율은 하락하게 된다. 따라서 통화량이 증가한다.

ㄴ, ㄷ. 모두 틀린 내용이다.
　정부지출 증가에 의하여 소득이 증가할 뿐만 아니라 통화량 증가에 의해서도 소득이 증가하기 때문에 결국 두 정책이 혼합되어 소득수준은 크게 증가한다.

ㄹ. 옳은 내용이다.
　이자율을 기존대로 유지하기 위하여는 통화량을 늘려야 하므로 LM곡선은 우하방으로 이동한다.

폐쇄경제 $IS-LM$과 $AD-AS$의 동시균형 모형에서 투자를 증가시키되 물가는 원래 수준으로 유지시킬 가능성이 있는 것은? (단, IS곡선은 우하향, LM곡선은 우상향, AD곡선은 우하향, AS곡선은 우상향한다.)
▶ 2022년 감정평가사

① 긴축 재정정책
② 팽창 통화정책
③ 긴축 재정정책과 팽창 통화정책의 조합
④ 팽창 재정정책과 긴축 통화정책의 조합
⑤ 팽창 재정정책과 팽창 통화정책의 조합

출제이슈 정책조합(policy mix)
핵심해설 정답 ③

정책목표를 달성하기 위해 재정정책과 통화정책을 적절히 결합하여 사용하는 것을 정책혼합 또는 정책조합(policy mix)이라고 한다. 경우에 따라서 재정정책과 통화정책이 국민소득과 이자율에 미치는 영향이 상반될 수도 있고 일치할 수도 있으므로 이를 잘 활용하여 목표로 삼는 국민소득과 이자율 수준을 달성할 수 있다.

확장적인 통화정책을 사용하면, 화폐시장에서 통화공급이 증가로 인하여 화폐초과공급이 생겨 이자율이 하락한다. 이자율 하락으로 인하여 재화시장에서 투자가 증가하여 총수요가 증가하고 소득이 증가한다.

긴축적인 재정정책을 사용하면, 재화시장에서 정부지출의 감소로 인하여 총수요가 감소하고 소득이 감소한다. 소득의 감소로 인하여 화폐시장에서 화폐수요가 감소하여 이자율이 하락한다.

따라서 확장적인 통화정책에 따른 소득 증가는 긴축적인 재정정책에 의하여 상쇄될 수 있어서 소득과 물가를 일정하게 유지한 상태에서 이자율은 크게 하락하여 민간의 투자는 증가할 수 있다.

Issue 06 *IS − LM* 모형과 유동성함정

> **유동성함정(liquidity trap)에 관한 설명으로 옳은 것을 모두 고른 것은?** ▶ 2020년 감정평가사
>
> ㄱ. *IS*곡선이 수직선이다.
> ㄴ. *LM*곡선이 수평선이다.
> ㄷ. 재정정책이 국민소득에 영향을 주지 않는다.
> ㄹ. 화폐수요의 이자율 탄력성이 무한대일 때 나타난다.
>
> ① ㄱ, ㄷ   ② ㄴ, ㄹ   ③ ㄷ, ㄹ
> ④ ㄱ, ㄴ, ㄷ   ⑤ ㄴ, ㄷ, ㄹ

출제이슈 유동성함정
핵심해설 정답 ②

먼저 유동성함정의 기본적인 내용을 보면 다음과 같다.

한 경제의 이자율이 매우 낮은 수준이라고 경제주체들이 공통적으로 생각할 때, 통화당국이 통화량을 증가시킬 경우 그 증가된 통화량은 모두 투기적 화폐수요로 흡수된다(화폐수요의 이자율 탄력성이 무한대). 따라서 *LM*곡선이 수평이 되는데 이러한 영역을 유동성함정이라고 한다. 즉, 유동성함정은 이자율이 매우 낮은 수준일 경우, 화폐수요가 무한히 증가하는 영역이다.

유동성함정에서는 *LM*곡선이 수평이기 때문에 정부지출이 증가하더라도 이자율 상승이 나타나지 않는다. 따라서 구축효과가 나타나지 않고 승수효과만 나타난다. 따라서 유동성함정에서는 재정정책이 최대로 그 효과를 발휘하게 된다. 유동성함정이 나타날 경우 재정정책은 최대로 효과가 나타나지만, 통화정책은 효과가 없다.

위의 내용에 따라서 설문을 검토하면 다음과 같다.

ㄱ은 틀린 내용이고 ㄴ은 옳은 내용이다.
　유동성함정에서는 *IS*곡선이 수직선이 아니고 *LM*곡선이 수평선이다.

ㄷ. 틀린 내용이다.
　유동성함정에서는 *LM*곡선이 수평이기 때문에 정부지출이 증가하더라도 이자율 상승이 나타나지 않는다. 따라서 구축효과가 나타나지 않고 승수효과만 나타난다. 따라서 유동성함정에서는 재정정책이 최대로 그 효과를 발휘하게 된다.

ㄹ. 옳은 내용이다.
　유동성함정은 이자율이 매우 낮은 수준일 경우, 화폐수요가 무한히 증가하는 영역으로서 화폐수요의 이자율 탄력성이 무한대일 때 나타난다.

A국 경제가 유동성함정(LM곡선이 수평)에 빠졌을 경우 이에 관한 설명으로 옳은 것은?

▶ 2015년 감정평가사

① 투자가 이자율에 대해 매우 탄력적이다.
② 확대통화정책이 확대재정정책보다 국민소득을 더 많이 증가시킨다.
③ 확대재정정책을 시행하면 구축효과로 인해 국민소득의 변화가 없다.
④ 화폐수요가 이자율에 대해 완전비탄력적이다.
⑤ 확대통화정책을 시행하더라도 이자율의 변화가 없다.

출제이슈 유동성함정
핵심해설 정답 ⑤

한 경제의 이자율이 매우 낮은 수준이라고 경제주체들이 공통적으로 생각할 때, 통화당국이 통화량을 증가시킬 경우 그 증가된 통화량은 모두 투기적 화폐수요로 흡수된다(화폐수요의 이자율 탄력성이 무한대). 따라서 LM곡선이 수평이 되는데 이러한 영역을 유동성함정이라고 한다. 즉, 유동성함정은 이자율이 매우 낮은 수준일 경우, 화폐수요가 무한히 증가하는 영역이다. 유동성함정에서는 LM곡선이 수평이기 때문에 정부지출이 증가하더라도 이자율 상승이 나타나지 않는다. 따라서 구축효과가 나타나지 않고 승수효과만 나타난다. 따라서 유동성함정에서는 재정정책이 최대로 그 효과를 발휘하게 된다. 유동성함정이 나타날 경우 재정정책은 최대로 효과가 나타나지만, 통화정책은 효과가 없다.

위의 내용에 따라서 설문을 검토하면 다음과 같다.

① 틀린 내용이다.
   투자가 아니라 화폐수요가 이자율에 대해 매우 탄력적이다.

② 틀린 내용이다.
   유동성함정의 영역에서는 확대통화정책은 무력하고 확대재정정책이 국민소득을 증가시킬 수 있다.

③ 틀린 내용이다.
   유동성함정에서는 LM곡선이 수평이기 때문에 정부지출이 증가하더라도 이자율 상승이 나타나지 않는다. 따라서 구축효과가 나타나지 않고 승수효과만 나타난다. 따라서 유동성함정에서는 재정정책이 최대로 그 효과를 발휘하여 국민소득이 증가할 수 있다.

④ 틀린 내용이다.
   유동성함정은 통화당국이 통화량을 증가시킬 경우 그 증가된 통화량은 모두 투기적 화폐수요로 흡수되는 영역으로서 화폐수요의 이자율 탄력성이 무한대일 때 나타날 수 있다.

⑤ 옳은 내용이다.
   유동성함정에서는 LM곡선이 수평이기 때문에 통화량이 증가하더라도 모두 투기적 화폐수요로 흡수되어 이자율 상승이 나타나지 않는다. 확대통화정책을 시행하더라도 이자율의 변화가 없다.

유동성함정에 관한 설명으로 옳지 않은 것은?

▶ 2013년 감정평가사

① 화폐수요의 이자율 탄력성이 무한대인 경우에 발생한다.
② 채권의 가격이 매우 높아서 추가적인 통화공급이 투기적 화폐수요로 모두 흡수된다.
③ 이자율이 매우 낮아 향후 이자율이 상승할 것으로 예상될 경우 유동성함정이 발생할 수 있다.
④ 확장적 통화정책은 이자율을 하락시키지 못하여 총수요 확대효과가 없다.
⑤ 확장적 재정정책은 이자율을 상승시켜 총수요 확대효과가 없다.

출제이슈 유동성함정
핵심해설 정답 ⑤

먼저 유동성함정의 기본적인 내용을 보면 다음과 같다.

한 경제의 이자율이 매우 낮은 수준이라고 경제주체들이 공통적으로 생각할 때, 통화당국이 통화량을 증가시킬 경우 그 증가된 통화량은 모두 투기적 화폐수요로 흡수된다(화폐수요의 이자율 탄력성이 무한대). 따라서 LM곡선이 수평이 되는데 이러한 영역을 유동성함정이라고 한다. 즉, 유동성함정은 이자율이 매우 낮은 수준일 경우, 화폐수요가 무한히 증가하는 영역이다.

유동성함정에서는 LM곡선이 수평이기 때문에 정부지출이 증가하더라도 이자율 상승이 나타나지 않는다. 따라서 구축효과가 나타나지 않고 승수효과만 나타난다. 따라서 유동성함정에서는 재정정책이 최대로 그 효과를 발휘하게 된다. 유동성함정이 나타날 경우 재정정책은 최대로 효과가 나타나지만, 통화정책은 효과가 없다.

위의 내용에 따라서 설문을 검토하면 다음과 같다.

⑤ 틀린 내용이다.
확장적 재정정책은 LM곡선이 수평이 되는 유동성함정에서 구축효과 없이 승수효과가 최대로 나타나게 되어 총수요 확대효과가 매우 크다.

국민소득과 물가 결정이론

 **01** *AD*곡선의 도출

폐쇄경제에서 총수요곡선이 우하향하는 이유에 관한 설명으로 옳지 않은 것은?

▶ 2025년 감정평가사

① 물가수준이 상승하면, 소비자의 실질 부(富)의 효과 감소로 인한 구매력 감소
② 물가수준이 하락하면, 실질 화폐공급량의 증가로 인한 금리하락으로 투자수요 증가
③ 화폐공급이 고정된 상태에서 물가수준이 하락하면, 실질 화폐공급 증가로 총수요량 증가
④ 물가수준이 상승하면, 중앙은행이 금리를 인하하여 투자를 증가
⑤ 물가수준이 하락하면, 구매력이 증가하여 소비가 증가

출제이슈 *AD*곡선이 우하향하는 이유
핵심해설 정답 ④

선지 ④에 대한 해석이 다의적이다.

1) **총수요곡선 우하향 논리**
   물가수준이 상승하면, 실질화폐공급이 감소하면서 이자율이 상승하고 투자는 감소한다. 따라서 ④는 잘못된 선지이다.

2) **총수요곡선 이동 논리**
   물가수준이 상승할 때, 이에 대응하여 중앙은행이 금리를 낮춘다면, 투자가 증가하면서 총수요가 증가하여 물가는 더욱 상승한다. 이는 총수요곡선 이동의 논리이므로 총수요곡선 우하향 논리가 될 수 없어서 ④는 잘못된 선지이다.

다음 모형에 기초하여 분석할 때, 물가수준 – 국민소득 평면에서 총수요곡선이 우하향하는 이유를 가장 적절하게 설명한 것은? (단, Y는 국민소득, C는 소비, I는 투자, r은 실질이자율, T는 조세, G는 정부지출, P는 물가수준, π^e는 예상물가상승률, β_i, $i = 0, \cdots, 5$는 양의 계수, M^d는 명목화폐수요, M^s는 명목화폐공급이며, T_0, G_0, M, π_0^e은 상수이다.)

▶ 2013년 감정평가사

- $C = \beta_0 + \beta_1 (Y - T)$
- $I = \beta_2 - \beta_3 r$
- $T = T_0, \quad G = G_0$
- $Y = C + I + G$ (생산물시장의 균형)
- $\dfrac{M^d}{P} = \beta_4 Y - \beta_5 (r + \pi^e)$
- $M^s = M$
- $M^d = M^s$ (화폐시장의 균형)
- $\pi^e = \pi_0^e$

① 물가수준이 하락하면 실질자산의 가치가 증가하여 소비지출이 증가한다.
② 물가수준이 하락하면 실질화폐공급의 증가로 이자율이 하락하여 투자가 증가한다.
③ 물가수준이 하락하면 해외로 자본유출이 증가하여 순수출이 증가한다.
④ 물가수준의 변화와 무관하게 구축효과로 인해 총수요가 감소한다.
⑤ 물가수준의 변화와 무관하게 피구효과로 인해 총수요가 감소한다.

출제이슈 AD곡선이 우하향하는 이유
핵심해설 정답 ②

총수요곡선이란 각각의 물가수준에서 대응되는 총수요를 연결한 그래프로서 생산물시장과 화폐시장의 균형을 달성시키는 국민소득과 물가의 조합을 기하적으로 표시한 것이다.

거시경제의 총수요곡선은 우하향하는 모습을 가진다. 이는 물가가 상승함에 따라서 총수요가 감소함을 의미한다. 물가와 총수요 간의 부의 관계는 다음과 같은 논리에 의해서 설명가능하다.

1) 케인즈의 이자율효과
   물가가 상승하는 경우 화폐시장에서 실질통화량의 감소를 가져와 이자율이 상승한다. 이자율의 상승은 재화시장에서의 투자를 감소시켜서 총수요가 감소하게 된다.

2) 피구의 실질잔고효과(자산효과)

물가가 상승하는 경우 민간의 실질자산의 가치는 감소하게 된다. 민간의 소비는 소득뿐만 아니라 실질자산의 가치에도 영향을 받을 수 있음을 고려하면, 실질자산가치의 감소는 소비의 감소를 가져오고 총수요가 감소하게 된다(자산에 화폐자산이 포함됨을 고려하면, 물가상승으로 실질화폐가치가 하락함을 쉽게 알 수 있다).

3) 먼델의 환율효과

물가가 상승하는 경우 화폐시장에서 실질통화량의 감소를 가져와 이자율이 상승한다. 이자율의 상승은 자본의 유입을 촉진하여 환율하락을 가져와 자국통화가치의 상승으로 인하여 순수출을 감소시킨다. 한편, 물가상승은 재화시장에서 재화 수출 시 가격경쟁력의 약화를 초래하여 순수출을 감소시킨다. 결국 순수출의 감소로 인하여 총수요가 감소하게 된다.

위의 내용에 따라서 설문을 검토하면 다음과 같다.

① 틀린 내용이다.

물가수준이 하락하면 실질자산의 가치가 증가하여 소비지출이 증가한다. 이를 위해서는 소비가 실질자산의 함수이어야 하는데 설문에서 주어진 소비함수는 $C = \beta_0 + \beta_1(Y - T)$로서 실질자산과 무관하다.

② 옳은 내용이다.

물가수준이 하락하면 실질화폐공급의 증가로 이자율이 하락($\frac{M^s}{P} = \beta_4 Y - \beta_5(r + \pi^e)$)하여 투자가 증가한다 ($I = \beta_2 - \beta_3 r$).

③ 틀린 내용이다.

물가수준이 하락하면 실질화폐공급의 증가로 이자율이 하락($\frac{M^s}{P} = \beta_4 Y - \beta_5(r + \pi^e)$)하여 해외로 자본유출이 증가한다. 이로 인해 외환시장에서 환율이 상승하여 결국 순수출이 증가하는데 설문에서는 순수출을 고려하지 않는 모형이다.

④, ⑤ 모두 틀린 내용이다.

물가수준의 변화와 무관한 총수요의 변화는 총수요곡선의 우하향의 논리로 적절하지 않다.

> **총수요곡선 및 총공급곡선에 관한 설명으로 옳지 않은 것을 모두 고른 것은?**
>
> ▶ 2023년 감정평가사
>
> ㄱ. 총수요곡선은 물가수준과 재화 및 용역의 수요량 간의 관계를 보여준다.
> ㄴ. 통화수요 또는 투자가 이자율에 영향을 받지 않을 경우 총수요곡선은 수평이 된다.
> ㄷ. 단기적으로 가격이 고정되어 있을 경우 총공급곡선은 수평이 된다.
> ㄹ. 정부지출의 변화는 총수요곡선상에서의 변화를 가져온다.
>
> ① ㄱ, ㄴ ② ㄱ, ㄷ ③ ㄴ, ㄷ
> ④ ㄴ, ㄹ ⑤ ㄷ, ㄹ

출제이슈 AD 곡선의 기울기와 이동
핵심해설 정답 ④

ㄱ. 옳은 내용이다.

총수요곡선이란 각각의 물가수준에서 대응되는 총수요(한 국가경제 내의 모든 재화와 서비스에 대한 수요)를 연결한 그래프를 의미한다. 이는 생산물시장과 화폐시장의 균형을 달성시키는 국민소득과 물가의 조합을 기하적으로 표시한 그래프로 도출된다.

ㄴ. 틀린 내용이다.

AD 곡선의 방정식은 수리적으로 IS 곡선의 방정식 $r = \dfrac{(1-b)}{c}Y - \dfrac{(a+I_0+G_0)}{c}$ 과 LM 곡선의 방정식 $r = \dfrac{k}{l}Y - \dfrac{M_0}{Pl}$ 을 통해서 도출된다. 이때, $1-b$, c, l, k, M_0 은 각각 한계저축성향, 투자의 이자율탄력성, 화폐수요의 이자율탄력성, 화폐수요의 소득탄력성, 화폐공급량이 된다. 만일 투자와 화폐수요가 이자율에 영향을 받지 않을 경우 투자의 이자율탄력성 및 화폐수요의 이자율탄력성이 0이 된다. 이를 총수요곡선 도출과정에서 고려하면, 특정한 소득수준과 특정한 물가수준으로 도출된다. 엄밀히 표현하면 이러한 극단적인 경우에는 총수요가 특정 소득수준과 물가수준으로서 하나의 점 상태로 표출되는 것으로 사실상 총수요곡선으로서의 의미는 없게 되며 총수요점으로서의 의미만 가진다.

참고로 선지에서 통화수요 또는 투자가 이자율에 영향을 받지 않을 경우라고 표현하고 있으므로 투자만 이자율에 대해 영향을 받지 않는 경우, 통화수요만 이자율에 대해 영향을 받지 않는 경우 그리고 앞에서 살펴본바와 같이 투자와 통화수요가 모두 이자율에 대해 영향을 받지 않는 경우로 나누어 살펴볼 수 있다. 투자만 이자율에 대해 영향을 받지 않는 경우와 통화수요만 이자율에 대해 영향을 받지 않는 경우는 이자율에 대한 특별한 가정을 하는 것을 조건으로 하면 앞서 분석한 내용과 동일하다.

ㄷ. 옳은 내용이다.

극단적인 케인즈의 총공급곡선은 수평인 형태를 보인다. 이때, 물가는 일정하게 고정된 수준이 된다. 이를 수리적으로 표현하면 $P = \overline{P}$ 가 된다. 케인즈에 의하면 가격과 임금은 경직적이므로 노동시장을 비롯한 요소시장은 불균형이 나타나게 된다. 가격의 경직성 때문에 노동을 비롯한 모든 생산요소는 완전고용될 수 없다. 특히 경제의 총수요가 총공급에 미달하여 경제 내에 고용되지 못한 유휴생산요소가 존재하는 경우, 유휴생산요소로 인해 완전고용 국민소득을 달성할 수 없다. 이는 고정된 현재의 물가수준하에서 기업이 수요로 요구되는 만큼 많은 생산물을 공급할 능력과 의사가 있음을 의미한다. 따라서 물가의 경직성과 유휴생산요소 및 공급능력을 동시에 고려하면 케인즈의 공급곡선은 고정된 물가수준에서 수평의 형태를 보인다는 것을 쉽게 도출해 낼 수 있다.

ㄹ. 틀린 내용이다.
정부지출의 변화는 총수요를 변화시키므로 총수요곡선 자체의 이동을 가져온다.

A국의 거시경제모형이 다음과 같을 때, 총수요곡선으로 옳은 것은? ▶ 2016년 감정평가사

- 민간소비 : $C = 2 + 0.5Y$
- 투자 : $I = 2 - r$
- 정부지출 : $G = 3$
- 실질화폐수요 : $\dfrac{M^D}{P} = 4 + 0.5Y - r$
- 명목화폐공급 : $M^S = 3$

(단, r은 이자율, Y는 국민소득, P는 물가수준이고, $Y > 3$이다.)

① $Y = 1 + \dfrac{1}{P}$ ② $Y = 2 + \dfrac{2}{P}$

③ $Y = 3 + \dfrac{3}{P}$ ④ $Y = 4 + \dfrac{4}{P}$

⑤ $Y = 5 + \dfrac{5}{P}$

출제이슈 AD곡선의 수리적 도출
핵심해설 정답 ③

AD곡선은 IS곡선과 LM곡선으로부터 도출된다.

1) IS곡선
   $Y = C + I + G$, $Y = 2 + 0.5Y + 2 - r + 3$이므로 $r = 7 - 0.5Y$가 된다.

2) LM곡선
   $\dfrac{M^D}{P} = \dfrac{M^S}{P}$, $4 + 0.5Y - r = \dfrac{3}{P}$이므로 $r = 0.5Y - \dfrac{3}{P} + 4$가 된다.

3) AD곡선
   IS곡선인 $r = 7 - 0.5Y$와 LM곡선인 $r = 0.5Y - \dfrac{3}{P} + 4$를 동시에 고려하면,

   $7 - 0.5Y = 0.5Y - \dfrac{3}{P} + 4$가 된다.

   이를 정리하면 $Y = \dfrac{3}{P} + 3$이 되며 이것이 AD곡선의 식이 된다.

아래의 폐쇄경제 $IS-LM$모형에서 도출된 총수요곡선으로 옳은 것은? (단, r은 이자율, Y는 국민소득, M^d는 명목화폐수요량, P는 물가수준, M^s는 명목화폐공급량이고, $Y > 20$ 이다.)

▶ 2022년 감정평가사

- IS곡선: $r = 10 - 0.4Y$
- 실질화폐수요함수: $\dfrac{M^d}{P} = 0.1Y - r$
- 명목화폐공급함수: $M^s = 4$

① $P = \dfrac{1}{2(Y-20)}$ ② $P = \dfrac{1}{(Y-20)}$

③ $P = \dfrac{2}{(Y-20)}$ ④ $P = \dfrac{4}{(Y-20)}$

⑤ $P = \dfrac{8}{(Y-20)}$

출제이슈 AD곡선의 수리적 도출
핵심해설   정답 ⑤

AD곡선은 IS곡선과 LM곡선으로부터 도출된다.

1) IS곡선
    $r = 10 - 0.4Y$로 주어져 있다.

2) LM곡선
    $\dfrac{M^D}{P} = \dfrac{M^S}{P}$, $0.1Y - r = \dfrac{4}{P}$ 이므로 LM곡선은 $r = 0.1Y - \dfrac{4}{P}$로 구할 수 있다.

3) AD곡선
    IS곡선인 $r = 10 - 0.4Y$와 LM곡선인 $r = 0.1Y - \dfrac{4}{P}$를 동시에 고려하면,

    $10 - 0.4Y = 0.1Y - \dfrac{4}{P}$가 된다.

    이를 정리하면 $Y = \dfrac{8}{P} + 20$ 혹은 $P = \dfrac{8}{(Y-20)}$이 되며, 이것이 AD곡선의 식이 된다.

Issue 02 *AS*곡선의 도출

단기총공급곡선에 관한 설명으로 옳은 것은? ▶ 2017년 감정평가사

① 케인즈(J.M.Keynes)에 따르면 명목임금이 고정되어 있는 단기에서 물가가 상승하면 고용량이 증가하여 생산량이 증가한다.

② 가격경직성 모형(sticky-price model)에서 물가수준이 기대 물가수준보다 낮다면 생산량은 자연산출량 수준보다 높다.

③ 가격경직성 모형은 기업들이 가격수용자라고 전제한다.

④ 불완전정보 모형(imperfect information model)은 가격에 대한 불완전한 정보로 인하여 시장은 불균형을 이룬다고 가정한다.

⑤ 불완전정보 모형에서 기대 물가수준이 상승하면 단기총공급곡선은 오른쪽으로 이동한다.

출제이슈 *AS*곡선이 우상향하는 이유
핵심해설 정답 ①

총공급곡선이란 각각의 물가수준에서 기업들이 공급하고자 하는 최종생산물의 양을 나타내는 그래프로서 노동시장의 균형하에서 달성되는 국민소득과 물가의 조합을 기하적으로 표시한 것이다. 거시경제의 총공급곡선의 모습 특히 우상향하는 이유에 대하여는 고전학파, 케인즈, 케인즈 학파, 통화주의학파, 새고전학파, 새케인즈 학파에 따라서 학파별로 그 논리적 근거와 구조가 상이하다.

① 옳은 내용이다.
  케인즈(J.M.Keynes)에 따르면 명목임금이 고정되어 있는 단기에서는 노동에 대한 수요가 노동고용량을 결정하게 된다. 이때 물가가 상승하면 실질임금이 하락하므로 노동에 대한 수요가 증가하여 고용량이 증가하고 생산량이 증가한다.

② 틀린 내용이다.
  총공급곡선에 의하면, 물가수준이 기대 물가수준보다 낮다면 생산량은 자연산출량 수준보다 낮다.

③ 틀린 내용이다.
  가격경직성 모형은 기업들이 가격수용자가 아니라 가격설정자라고 전제하고 메뉴비용이론을 전개한다.

④ 틀린 내용이다.
  불완전정보 모형(imperfect information model)은 가격에 대한 불완전한 정보로 인하여 가격상승을 일반물가의 상승으로 받아들이게 되므로 가격상승 시 산출량은 증가하고 이때 시장은 균형을 이룬다. 시장이 항상 균형을 이룬다고 하더라도 시상에서의 불완전정보로 인하여 총공급곡신은 수직이 아니라 우상향하게 된다.

⑤ 틀린 내용이다.
  불완전정보 모형에서 기대 물가수준이 상승하면 단기총공급곡선은 오른쪽이 아니라 좌상방으로 이동한다.

루카스 총공급곡선이 우상향하는 이유는?   ▶ 2014년 감정평가사

① 재화시장 가격의 경직성

② 기술진보

③ 실질임금의 경직성

④ 재화가격에 대한 불완전 정보

⑤ 완전신축적인 가격결정

출제이슈 AS곡선이 우상향하는 이유

핵심해설 정답 ④

총공급곡선이란 각각의 물가수준에서 기업들이 공급하고자 하는 최종생산물의 양을 나타내는 그래프로서 노동시장의 균형하에서 달성되는 국민소득과 물가의 조합을 기하적으로 표시한 것이다.

거시경제의 총공급곡선의 모습 특히 우상향하는 이유에 대하여는 고전학파, 케인즈, 케인즈 학파, 통화주의학파, 새고전학파, 새케인즈 학파에 따라서 학파별로 그 논리적 근거와 구조가 상이하다.

AS곡선이 우상향하는 이유에 대하여 루카스의 불완전정보 모형(imperfect information model)의 논리에 따르면 기업들은 가격에 대한 불완전한 정보로 인하여 가격상승을 일반물가의 상승으로 받아들이게 되므로 자신들의 생산물 가격 상승이 물가상승에 기인한 것임을 모르고 생산물의 상대가격 상승으로 오인한다. 따라서 기업들은 자신이 생산하고 있는 생산물 가격 상승에 대응하여 생산량을 증가시키게 되어 총공급곡선은 우상향한다.

03 $AD - AS$ 모형의 균형과 이동요인

어떤 경제의 총수요곡선과 총공급곡선이 각각 $P = -Y^D + 2$, $P = P^e + (Y^S - 1)$이다. P^e가 1.5일 때, 다음 설명 중 옳은 것을 모두 고른 것은? (단, P는 물가수준, Y^D는 총수요, Y^S는 총공급, P^e는 기대물가수준이다.)

▶ 2016년 감정평가사

> ㄱ. 이 경제의 균형은 $P = 1.25$, $Y = 0.75$이다.
> ㄴ. 이 경제는 장기 균형 상태이다.
> ㄷ. 합리적 기대 가설하에서는 기대물가수준 P^e는 1.25이다.

① ㄱ   ② ㄴ   ③ ㄱ, ㄷ
④ ㄴ, ㄷ   ⑤ ㄱ, ㄴ, ㄷ

출제이슈 $AD - AS$모형의 균형
핵심해설 정답 ①

1) AD곡선의 방정식

   총수요곡선의 방정식은 $P = -Y^D + 2$로 주어져 있다. 따라서 $Y^D = -P + 2$가 된다.

2) AS곡선의 방정식

   총공급곡선의 방정식은 $P = 1.5 + (Y^S - 1) = Y^S + 0.5$가 된다. 따라서 $Y^S = P - 0.5$이다.
   왜냐하면, $P = P^e + (Y^S - 1)$인데 기대물가가 $P^e = 1.5$로 주어졌기 때문이다.

3) $AD - AS$ 균형

   균형은 총수요($Y^D = -P + 2$)와 총공급($Y^S = P - 0.5$)이 같은 $-P + 2 = P - 0.5$에서 달성된다.
   이를 풀면 $P = 1.25$, $Y = 0.75$가 된다.

ㄱ. 옳은 내용이다.

   이 경제의 균형은 $P = 1.25$, $Y = 0.75$이다.

ㄴ. 틀린 내용이다.

   이 경제는 장기 균형 상태가 아니다. 장기 균형에서는 실제물가와 기대물가가 일치하는데 현재의 균형상태에서 실제물가는 1.250이지만, 기대물가는 1.5로서 일치하지 않는다.

ㄷ. 틀린 내용이다.

   합리적 기대 가설하에서 기대물가수준 P^e가 반드시 실제물가 수준인 1.25라고 할 수는 없다. 왜냐하면, 현재 이용할 수 있는 모든 정보를 활용하여 합리적으로 미래물가를 예상한다고 하더라도 그 정보 자체가 불완전할 경우에는 예측오차가 발생할 수밖에 없는 것이다.

A국 경제의 총수요곡선과 총공급곡선이 각각 $P = -Y_d + 4$, $P = P_e + (Y_s - 2)$이다. P_e가 3에서 5로 증가할 때, (ㄱ) 균형소득수준과 (ㄴ) 균형물가수준의 변화는? (단, P는 물가수준, Y_d는 총수요, Y_s는 총공급, P_e는 기대물가수준이다.) ▶ 2021년 감정평가사

① ㄱ : 상승, ㄴ : 상승   ② ㄱ : 하락, ㄴ : 상승

③ ㄱ : 상승, ㄴ : 하락   ④ ㄱ : 하락, ㄴ : 하락

⑤ ㄱ : 불변, ㄴ : 불변

출제이슈 $AD - AS$모형의 균형

핵심해설 정답 ②

거시경제의 총수요곡선이란 각각의 물가수준에서 대응되는 총수요를 연결한 그래프로서 생산물시장과 화폐시장의 균형을 달성시키는 국민소득과 물가의 조합을 기하적으로 표시한 것이다.

거시경제의 총공급곡선이란 각각의 물가수준에서 기업들이 공급하고자 하는 최종생산물의 양을 나타내는 그래프로서 노동시장의 균형하에서 달성되는 국민소득과 물가의 조합을 기하적으로 표시한 것이다.

거시경제의 일반균형은 다음과 같다. 기하적으로 AD곡선과 AS곡선이 만나는 교점에서 거시경제의 일반균형이 달성된다. 수리적으로 AD곡선과 AS곡선의 방정식을 연립하여 푼 해집합이 균형이다.

거시경제의 일반균형은 기대물가수준이 변화함에 따라 변화하게 되는데 설문에서 기대물가가 상승하는 경우 총공급이 감소하므로 국민소득은 감소하고 물가는 상승한다. 이하에서는 참고로 거시경제의 일반균형을 수리적으로 도출하기로 한다.

설문의 자료를 이용하여 AD곡선의 방정식과 AS곡선의 방정식을 연립하여 풀면 다음과 같다.

1) AD곡선의 방정식 : $Y = 4 - P$로 주어져 있다.
2) AS곡선의 방정식 : $Y = 2 + (P - P^e)$가 된다.
3) $AD - AS$ 균형

    ① 기대물가가 $P^e = 3$인 경우
       균형은 총수요와 총공급이 같은 $4 - P = 2 + (P - 3)$에서 달성된다.
       이를 풀면, $P = 2.5$, $Y = 1.5$가 된다.

    ② 기대물가가 $P^e = 5$인 경우
       균형은 총수요와 총공급이 같은 $4 - P = 2 + (P - 5)$에서 달성된다.
       이를 풀면, $P = 3.5$, $Y = 0.5$가 된다.

A국 경제의 총수요곡선과 총공급곡선이 각각 $Y_d = -P + 8$, $Y_s = (P - P_e) + 4$이다. 기대물가(P_e)가 2에서 4로 증가할 때, (ㄱ) 균형소득수준의 변화와 (ㄴ) 균형물가수준의 변화는? (단, Y_d는 총수요, Y_s는 총공급, P는 물가, P_e는 기대물가이다.) ▶ 2023년 감정평가사

① ㄱ : 2, ㄴ : 2   ② ㄱ : -2, ㄴ : 2   ③ ㄱ : -1, ㄴ : 0

④ ㄱ : -1, ㄴ : 1   ⑤ ㄱ : 0, ㄴ : 0

출제이슈 $AD-AS$모형의 균형

핵심해설 정답 ④

거시경제의 총수요곡선이란 각각의 물가수준에서 대응되는 총수요를 연결한 그래프로서 생산물시장과 화폐시장의 균형을 달성시키는 국민소득과 물가의 조합을 기하적으로 표시한 것이다.

거시경제의 총공급곡선이란 각각의 물가수준에서 기업들이 공급하고자 하는 최종생산물의 양을 나타내는 그래프로서 노동시장의 균형하에서 달성되는 국민소득과 물가의 조합을 기하적으로 표시한 것이다.

이제 거시경제의 일반균형은 다음과 같다.
① 기하적으로 AD곡선과 AS곡선이 만나는 교점에서 거시경제의 일반균형이 달성된다.
② 수리적으로 AD곡선의 방정식과 AS곡선의 방정식을 연립하여 푼 해집합이 균형이다.

설문의 자료를 이용하여 AD곡선의 방정식과 AS곡선의 방정식을 연립하여 풀면 다음과 같다.

1) AD곡선의 방정식
   총수요곡선의 방정식은 $Y_d = -P + 8$로 주어져 있다.

2) AS곡선의 방정식
   총공급곡선의 방정식은 $Y_s = (P - P^e) + 4$가 된다.

3) $AD-AS$ 균형

   ① 기대물가가 $P^e = 2$인 경우
      균형은 총수요와 총공급이 같은 $-P + 8 = (P - 2) + 4$에서 달성된다. 이를 풀면, $P = 3$, $Y = 5$가 된다.

   ② 기대물가가 $P^e = 4$인 경우
      균형은 총수요와 총공급이 같은 $-P + 8 = (P - 4) + 4$에서 달성된다. 이를 풀면, $P = 4$, $Y = 4$가 된다.

4) 국민소득과 물가의 변화
   국민소득은 5에서 4로 1만큼 감소하고, 물가는 3에서 4로 1만큼 상승한다.

총수요 $Y = 300 + 10(\dfrac{M}{P})$ **과 단기총공급** $Y = 500 + (P - P^e)$ **인 경제의 최초균형에서 통화량이 1,000, 물가가 50이다. 통화량이 1,260으로 증가하면 단기균형(ㄱ)과 장기균형(ㄴ)에서 물가는 각각 얼마인가? (단, Y는 국민소득, M은 통화량, P는 물가, P^e는 예상물가이다.)**

▶ 2014년 감정평가사

① ㄱ : 50, ㄴ : 60　　　　　② ㄱ : 60, ㄴ : 50

③ ㄱ : 60, ㄴ : 60　　　　　④ ㄱ : 60, ㄴ : 63

⑤ ㄱ : 63, ㄴ : 63

출제이슈 $AD - AS$모형의 균형

핵심해설 정답 ④

1) 최초 균형

① 총수요 $Y = 300 + 10(\dfrac{M}{P})$

② 단기총공급 $Y = 500 + (P - P^e)$

③ 장단기균형

통화량이 1,000, 물가가 50 수준임을 고려하면, $Y = 500$, $P^e = 50$이 된다.

2) 통화량 증가 이후 균형

① 총수요 $Y = 300 + 10(\dfrac{M}{P})$

② 단기총공급 $Y = 500 + (P - P^e)$

③ 단기균형

통화량이 1,260이고 기대물가가 $P^e = 50$임을 고려하면 $Y = 510$, $P = 60$이 된다.

④ 장기균형

장기에는 기대물가가 상승하여 총공급곡선이 좌상방으로 이동하게 되고 국민소득은 최초수준으로 회귀한다. 따라서 장기균형에서 국민소득은 500이므로 이를 총수요곡선 $Y = 300 + 10(\dfrac{M}{P}) = 300 + \dfrac{12,600}{P}$ 과 함께 고려하면 $P = 63$이 된다.

참고로 기대물가 상승으로 이동한 총공급곡선의 산식을 구하면 다음과 같다. 통화량 증가에 따른 단기균형에 기대물가가 $P^e = 50$이었으나 물가가 $P = 50$에서 $P = 60$으로 상승함에 따라서 기대물가도 상승하기 시작한다. 결국 기대물가는 장기균형의 물가수준까지 상승하게 되므로 $P^e = 63$이 된다. 따라서 기대물가 상승으로 이동한 총공급곡선은 $Y = 500 + (P - 63)$이 된다.

총수요곡선을 왼쪽으로 이동시키는 요인을 모두 고른 것은? ▶ 2015년 감정평가사

ㄱ. 소득세 인상 ㄴ. 이자율 하락
ㄷ. 정부의 복지지출 감소 ㄹ. 순수출의 감소

① ㄱ, ㄴ ② ㄱ, ㄷ ③ ㄱ, ㄴ, ㄹ
④ ㄱ, ㄷ, ㄹ ⑤ ㄴ, ㄷ, ㄹ

출제이슈 AD곡선의 이동요인
핵심해설 정답 ④

총수요곡선이란 각각의 물가수준에서 대응되는 총수요를 연결한 그래프로서 생산물시장과 화폐시장의 균형을 달성시키는 국민소득과 물가의 조합을 기하적으로 표시한 것이다.

총수요곡선의 이동요인은 다음과 같이 총수요관리정책과 기타 총수요충격으로 나눌 수 있다.

1) 정부의 총수요관리정책
① 정부지출 증가 시 IS곡선이 우측이동, AD곡선도 우측이동한다.
② 통화량 증가 시 LM곡선이 우측이동, AD곡선도 우측이동한다.

2) 기타 총수요충격
① 실질자산가치 상승 시 IS곡선이 우측이동, AD곡선도 우측이동한다.
② 조세 감면, 이전지출 증가 시 IS곡선이 우측이동, AD곡선도 우측이동한다.

위의 내용에 따라서 설문을 검토하면 다음과 같다.

ㄱ. 옳은 내용이다.
소득세가 인상되면, 민간의 가처분소득이 감소하여 소비가 감소한다. 소비 감소로 인해 총수요가 감소하여 총수요곡선은 좌측으로 이동한다.

ㄴ. 틀린 내용이다.
이자율이 하락하면, 투자가 증가하여 총수요가 증가하므로 총수요곡선은 우측으로 이동한다.

ㄷ. 옳은 내용이다.
정부의 복지지출이 감소하면, 민간의 가처분소득이 감소하여 소비가 감소한다. 소비 감소로 인해 총수요가 감소하여 총수요곡선은 좌측으로 이동한다.

ㄹ. 옳은 내용이다.
순수출이 감소하면, 총수요가 감소하여 총수요곡선은 좌측으로 이동한다.

> **총수요곡선이 오른쪽으로 이동하는 이유로 옳은 것을 모두 고른 것은?** ▶ 2018년 감정평가사
>
> ㄱ. 자율주행 자동차 개발지원 정책으로 투자지출이 증가한다.
> ㄴ. 환율이 하락하여 국내 제품의 순수출이 감소한다.
> ㄷ. 주식가격이 상승하여 실질자산가치와 소비지출이 증가한다.
> ㄹ. 물가가 하락하여 실질통화량이 늘어나 투자지출이 증가한다.
>
> ① ㄱ, ㄴ   ② ㄱ, ㄷ   ③ ㄴ, ㄷ
> ④ ㄴ, ㄹ   ⑤ ㄷ, ㄹ

출제이슈 AD곡선의 이동요인
핵심해설 정답 ②

총수요곡선이란 각각의 물가수준에서 대응되는 총수요를 연결한 그래프로서 생산물시장과 화폐시장의 균형을 달성시키는 국민소득과 물가의 조합을 기하적으로 표시한 것이다. 총수요곡선의 이동요인은 다음과 같이 총수요관리정책과 기타 총수요충격으로 나눌 수 있다.

1) 정부의 총수요관리정책
　① 정부지출 증가 시 IS곡선이 우측이동, AD곡선도 우측이동한다.
　② 통화량 증가 시 LM곡선이 우측이동, AD곡선도 우측이동한다.

2) 기타 총수요충격
　① 실질자산가치 상승 시 IS곡선이 우측이동, AD곡선도 우측이동한다.
　② 조세 감면, 이전지출 증가 시 IS곡선이 우측이동, AD곡선도 우측이동한다.

위의 내용에 따라서 설문을 검토하면 다음과 같다.

ㄱ. 옳은 내용이다.
　자율주행 자동차 개발지원 정책으로 투자지출이 증가하면 총수요가 증가하므로 총수요곡선은 우측으로 이동한다.

ㄴ. 틀린 내용이다.
　환율이 하락하여 국내 제품의 순수출이 감소하면, 총수요가 감소하므로 총수요곡선은 좌측으로 이동한다.

ㄷ. 옳은 내용이다.
　주식가격이 상승하여 실질자산가치가 증가하면 소비지출이 증가하여 총수요가 증가하므로 총수요곡선은 우측으로 이동한다.

ㄹ. 틀린 내용이다.
　물가가 하락하여 실질통화량이 늘어나면 이자율이 하락하여 투자지출이 증가하고 총수요가 증가한다. 그런데 주의할 것은 이때는 총수요곡선의 우측이동이 아니라 총수요곡선을 따라서 우하방의 점으로 이동한다는 것이다.

다음 중 총수요 확대정책을 모두 고른 것은? ▶ 2016년 감정평가사

ㄱ. 근로소득세율 인상　　　　　ㄴ. 정부의 재정지출 증대
ㄷ. 법정지급준비율 인상　　　　ㄹ. 한국은행의 국공채 매입

① ㄱ, ㄴ　　　　　② ㄱ, ㄷ　　　　　③ ㄴ, ㄷ
④ ㄴ, ㄹ　　　　　⑤ ㄷ, ㄹ

출제이슈 AD곡선의 이동요인
핵심해설 정답 ④

총수요곡선이란 각각의 물가수준에서 대응되는 총수요를 연결한 그래프로서 생산물시장과 화폐시장의 균형을 달성시키는 국민소득과 물가의 조합을 기하적으로 표시한 것이다.

총수요곡선의 이동요인은 다음과 같이 총수요관리정책과 기타 총수요충격으로 나눌 수 있다.

1) 정부의 총수요관리정책
　① 정부지출 증가 시 IS곡선이 우측이동, AD곡선도 우측이동한다.
　② 통화량 증가 시 LM곡선이 우측이동, AD곡선도 우측이동한다.

2) 기타 총수요충격
　① 실질자산가치 상승 시 IS곡선이 우측이동, AD곡선도 우측이동한다.
　② 조세 감면, 이전지출 증가 시 IS곡선이 우측이동, AD곡선도 우측이동한다.

위의 내용에 따라서 설문을 검토하면 다음과 같다.

ㄱ. 틀린 내용이다.
　근로소득세율이 인상되면 민간의 가처분소득이 감소하므로 소비가 감소한다. 소비의 감소로 인해 총수요는 감소한다.

ㄴ. 옳은 내용이나.
　정부의 재정지출이 증가하면, 총수요가 증가한다.

ㄷ. 틀린 내용이다.
　법정지급준비율이 인상되면, 시중은행들의 대출이 감소하므로 예금통화가 감소한다. 예금통화의 감소는 통화량의 감소를 가져와 이자율이 상승한다. 이자율 상승으로 인해 투자가 감소하여 총수요가 감소한다.

ㄹ. 옳은 내용이다.
　한국은행이 국공채를 매입하게 되면 시중에 통화량이 증가하여 이자율이 하락한다. 이자율 하락으로 인해 투자가 증가하여 총수요가 증가한다.

총수요 – 총공급(AD–AS)모형에 관한 설명으로 옳지 않은 것은? (단, 총수요곡선은 우하향, 총공급곡선은 우상향)

▶ 2011년 감정평가사

① 독립투자 증가는 총수요곡선을 우측으로 이동시킨다.

② 정부지출 증가는 총수요곡선을 우측으로 이동시킨다.

③ 조세 증가는 총수요곡선을 좌측으로 이동시킨다.

④ 통화공급 증가는 총수요곡선을 좌측으로 이동시킨다.

⑤ 기술진보는 총공급곡선을 이동시킨다.

출제이슈 AD곡선의 이동요인
핵심해설 정답 ④

총수요곡선이란 각각의 물가수준에서 대응되는 총수요를 연결한 그래프로서 생산물시장과 화폐시장의 균형을 달성시키는 국민소득과 물가의 조합을 기하적으로 표시한 것이다.

총수요곡선의 이동요인은 다음과 같이 총수요관리정책과 기타 총수요충격으로 나눌 수 있다.

1) 정부의 총수요관리정책
　① 정부지출 증가 시 IS곡선이 우측이동, AD곡선도 우측이동한다.
　② 통화량 증가 시 LM곡선이 우측이동, AD곡선도 우측이동한다.

2) 기타 총수요충격
　① 실질자산가치 상승 시 IS곡선이 우측이동, AD곡선도 우측이동한다.
　② 조세 감면, 이전지출 증가 시 IS곡선이 우측이동, AD곡선도 우측이동한다.

위의 내용에 따라서 설문을 검토하면 다음과 같다.

④ 틀린 내용이다.
　통화공급이 증가하면 물가가 일정한 수준에서 소득이 증가하므로 총수요곡선은 우측으로 이동한다.

> 총수요 – 총공급 모형에서 총수요곡선을 이동시키는 요인으로 옳지 않은 것은?
>
> ▶ 2012년 감정평가사
>
> ① 원유 등 주요 원자재 가격의 하락
> ② 가계의 신용카드 사용액에 대한 소득공제 축소
> ③ 신용카드사기 증가로 인한 현금사용 증가
> ④ 가계의 미래소득에 대한 낙관적인 전망
> ⑤ 유럽의 재정위기로 인한 유로지역 수출 감소

출제이슈 AD곡선의 이동요인
핵심해설 정답 ①

① 틀린 내용이다.
원유 등 주요 원자재 가격의 하락은 총수요곡선이 아니라 총공급곡선의 우측 이동요인이다.

② 옳은 내용이다.
가계의 신용카드 사용액에 대한 소득공제가 축소되면 신용카드 사용액이 감소되고 소비가 감소한다. 소비감소는 총수요곡선을 좌측으로 이동시킨다.

③ 옳은 내용이다.
신용카드사기 증가로 인하여 현금사용이 증가하면 화폐수요가 커지게 되어 LM곡선이 좌측으로 이동하고 총수요곡선도 좌측으로 이동한다. 또한 현금사용이 증가함에 따라서 민간의 현금보유비율이 상승하게 되어 통화승수가 하락하게 되므로 화폐공급이 감소하게 된다. 따라서 LM곡선이 좌측으로 이동하고 총수요곡선도 좌측으로 이동한다.

④ 옳은 내용이다.
가계의 미래소득에 대한 낙관적인 전망이 형성되면 민간의 소비가 증가하여 총수요곡선이 우측으로 이동한다.

⑤ 옳은 내용이다.
유럽의 재정위기로 인한 유로지역 수출이 감소하면 총수요에서 순수출수요가 감소하여 총수요곡선이 좌측으로 이동한다.

폐쇄경제에서 총수요곡선(AD)과 총공급곡선(AS)을 이동시키는 요인에 관한 설명 중 옳지 않은 것을 모두 고른 것은? (단, AD곡선은 우하향, AS곡선은 우상향한다) ▶ 2025년 감정평가사

ㄱ. 혁신적 기술수준 향상은 AD곡선을 오른쪽으로 이동
ㄴ. 투자수요증가는 AS곡선을 오른쪽으로 이동
ㄷ. 통화량 감소는 AD곡선을 왼쪽으로 이동
ㄹ. 정부의 지출 감소는 AD곡선을 왼쪽으로 이동

① ㄱ, ㄴ   ② ㄱ, ㄷ   ③ ㄴ, ㄹ
④ ㄱ, ㄴ, ㄷ   ⑤ ㄴ, ㄷ, ㄹ

출제이슈 $AD-AS$곡선의 이동요인
핵심해설 정답 ①

혁신적 기술수준 향상은 AS곡선을 오른쪽으로 이동시키고, 투자수요증가는 AD곡선을 오른쪽으로 이동시킨다.

스태그플레이션의 원인과 총수요(AD)-총공급(AS)곡선의 변화를 설명한 것으로 옳지 않은 것을 모두 고른 것은? (단, 폐쇄경제이고, AD곡선은 우하향하고 AS곡선은 우상향한다)

▶ 2025년 감정평가사

원인		AD-AS곡선변화
ㄱ. 생산비용 상승	⇒	AS곡선 왼쪽 이동
ㄴ. 생산비용 하락	⇒	AD곡선 오른쪽 이동
ㄷ. 부(−)의 공급충격	⇒	AS곡선 왼쪽 이동
ㄹ. 부(−)의 수요충격	⇒	AD곡선 오른쪽 이동

① ㄱ, ㄴ 　　　② ㄱ, ㄷ 　　　③ ㄴ, ㄷ

④ ㄴ, ㄹ 　　　⑤ ㄷ, ㄹ

출제이슈 $AD-AS$곡선의 이동요인
핵심해설 정답 ④

1) 스태그플레이션의 원인
   스태그플레이션의 원인은 생산비용상승, 부의 공급충격으로서 선지 ㄴ, ㄹ에서 제시된 생산비용하락과 부의 수요충격은 잘못된 내용이다.

2) AD-AS 곡선 변화
   생산비용이 하락하면 AS곡선이 오른쪽으로 이동하고 부의 수요충격이 있으면 AD곡선이 왼쪽으로 이동하기 때문에 선지 ㄴ, ㄹ에서 곡선 변화에 대한 서술도 잘못된 내용이다.

단기 또는 장기 총공급곡선을 오른쪽으로 이동시키는 요인으로 옳지 않은 것은?

▶ 2015년 감정평가사

① 물적자본 증가　　　　　　　② 노동인구 증가

③ 기술지식 진보　　　　　　　④ 예상물가수준 하락

⑤ 자연실업률 상승

출제이슈 단기 및 장기 AS곡선의 이동요인

핵심해설 정답 ⑤

총공급곡선이란 각각의 물가수준에서 기업들이 공급하고자 하는 최종생산물의 양을 나타내는 그래프로서 노동시장의 균형하에서 달성되는 국민소득과 물가의 조합을 기하적으로 표시한 것이다.

특히 장기총공급곡선의 경우, 장기에 있어서 물가 및 임금의 신축성으로 인하여 완전고용산출량 수준에서 수직으로 나타나게 된다. 따라서 장기총공급곡선의 이동은 완전고용산출량의 변화로 나타난다.

설문을 검토하면 다음과 같다.

①, ②, ③ 모두 옳은 내용이다.
　　물적자본 증가, 노동인구 증가, 기술지식 진보는 모두 완전고용산출량을 증가시켜서 장기총공급곡선을 우측으로 이동시킬 수 있는 요인이 된다. 한편 이러한 요인은 모두 단기총공급곡선도 우측으로 이동시킨다.

④ 옳은 내용이다.
　　예상물가수준이 하락하면, 단기총공급곡선은 우하방으로 이동한다.
　　예상물가의 변동은 장기총공급곡선을 이동시키는 것이 아니라 단기총공급곡선을 이동시킨다. 예상물가 변동에 따른 단기총공급곡선의 이동은 다음과 같다.

　　 ⅰ) 기대물가가 상승하는 경우 총공급곡선은 상방이동한다.
　　 ⅱ) 기대물가가 하락하는 경우 총공급곡선은 하방이동한다.

⑤ 틀린 내용이다.
　　자연실업률 상승은 완전고용산출량을 감소시켜서 장기총공급곡선을 좌측으로 이동시킬 수 있는 요인이 된다.

> **총수요 – 총공급 모형의 단기균형 분석에 관한 설명으로 옳은 것은? (단, 총수요곡선은 우하향하고 총공급곡선은 우상향한다.)**
> ▶ 2017년 감정평가사
>
> ① 물가수준이 하락하면 총수요곡선이 오른쪽으로 이동하여 총생산은 증가된다.
> ② 단기적인 경기변동이 총수요충격으로 발생되면 물가수준은 경기역행적(countercyclical)으로 변동한다.
> ③ 정부지출이 증가하면 총공급곡선이 오른쪽으로 이동하여 총생산은 증가한다.
> ④ 에너지가격의 상승과 같은 음(–)의 공급충격은 총공급곡선을 오른쪽으로 이동시켜 총생산은 감소된다.
> ⑤ 중앙은행이 민간 보유 국채를 대량 매입하면 총수요곡선이 오른쪽으로 이동하여 총생산은 증가한다.

출제이슈 $AD-AS$ 모형과 균형의 변화
핵심해설 정답 ⑤

① 틀린 내용이다.
　물가가 하락하면 화폐시장에서 실질통화량이 증가하여 이자율이 하락한다. 화폐시장에서의 이자율 하락으로 재화시장에서 투자가 증가하여 총수요량이 증가한다. 주의할 것은 이때, 총수요곡선 자체의 우측이동이 아니라 총수요곡선을 따라서 우하방의 점으로 이동한다는 것이다.

② 틀린 내용이다.
　총수요가 증가하는 충격이 오게 되면, 물가는 상승하고 산출량은 증가한다. 반대로 총수요가 감소하는 충격이 오게 되면, 물가는 하락하고 산출량은 감소한다. 따라서 단기적인 경기변동이 총수요충격으로 발생되면 물가수준과 산출량은 같은 방향으로 변동하므로 물가는 경기순행적이다.

③ 틀린 내용이다.
　정부지출이 증가하면 총수요가 증가하여 총수요곡선이 오른쪽으로 이동하여 총생산은 증가한다.

④ 틀린 내용이다.
　에너지가격의 상승과 같은 음(–)의 공급충격은 비용을 상승시키므로 총공급곡선을 오른쪽이 아니라 왼쪽으로 이동시켜 물가는 상승하고 총생산은 감소한다.

⑤ 옳은 내용이다.
　중앙은행이 민간 보유 국채를 대량 매입하면 시중에 통화량이 증대하게 된다. 통화량 증대로 이자율이 하락하고 투자가 증가하여 총수요는 증가한다. 즉, 총수요곡선이 오른쪽으로 이동하여 총생산은 증가하게 된다.

폐쇄경제 $IS-LM$ 및 $AD-AS$ 모형에서 정부지출 증가에 따른 균형의 변화에 관한 설명으로 옳은 것을 모두 고른 것은? (단, 초기경제는 균형상태, IS곡선 우하향, LM곡선 우상향, AD곡선 우하향, AS곡선은 수평선을 가정한다.)

▶ 2021년 감정평가사

ㄱ. 소득수준은 증가한다.　　　　　ㄴ. 이자율은 감소한다.
ㄷ. 명목통화량이 증가한다.　　　　ㄹ. 투자지출은 감소한다.

① ㄱ, ㄴ　　　　　② ㄱ, ㄷ　　　　　③ ㄱ, ㄹ
④ ㄴ, ㄷ　　　　　⑤ ㄴ, ㄹ

출제이슈 $AD-AS$ 모형과 균형의 변화(재정정책의 효과)
핵심해설 정답 ③

최초균형상태에서 정부지출이 증가하는 경우, 단순 케인즈모형과 같이 이자율이 불변이라고 하면 승수효과를 통해 국민소득은 증가한다. 이자율이 불변인 상황에서 생산물에 대한 총수요가 총생산을 초과하여 생산물시장의 초과수요상태가 된다. 생산물 초과수요는 생산물 공급이 증가하면서 생산물시장의 균형을 회복한다. 현재 여전히 이자율이 불변인 상황에서 생산물 공급이 증가하면서 국민소득이 증가하게 되어 화폐시장에서는 거래적 화폐수요가 증가한다. 따라서 화폐시장에서 초과수요가 발생하는 불균형이 나타난다. 화폐시장의 초과수요로 인하여 화폐시장에서 균형을 회복하기 위해서 이자율이 상승하게 된다. 이에 따라서 생산물시장에서 투자가 감소하고 정부지출 증가로 인해 증가했었던 국민소득은 다시 감소하게 된다. 승수효과에 의해 증가했던 국민소득이 이자율 상승으로 감소하는 것을 구축효과라고 한다.

이자율이 상승하면서 화폐시장의 초과수요는 해소되고, 새로운 화폐시장의 균형에 도달한다. 이 과정에서 생산물시장에서도 이자율 상승으로 인해 투자가 감소하면서 국민소득이 감소하여 새로운 생산물시장의 균형에 도달한다. 정부지출 증가 이후 승수효과에 의한 국민소득의 증가와 이자율 상승에 따른 구축효과가 가져오는 국민소득의 감소가 모두 조정이 되면 새로운 균형에 도달하게 된다. 새로운 균형에서는 국민소득은 증가하고 이자율은 상승하게 된다.

ㄱ. 옳은 내용이다.
　정부지출 증가로 총수요가 증가하여 국민소득이 증가한다.

ㄴ. 틀린 내용이다.
　정부지출 증가로 국민소득이 증가하여 화폐수요가 증가함으로 인하여 이자율은 상승한다.

ㄷ. 틀린 내용이다.
　명목통화량은 불변이다. 참고로 물가가 상승하는 경우를 보면, 정부지출 증가로 총수요가 증가하여 물가는 상승하고 물가상승은 화폐시장에서 실질통화공급의 감소를 가져온다.

ㄹ. 옳은 내용이다.
　정부지출 증가로 국민소득이 증가하여 화폐수요가 증가함으로 인하여 이자율은 상승한다. 이에 따라 투자는 감소한다.

( )에 들어갈 내용으로 옳은 것은? (단, 전염병이 발생하기 전의 경제는 균형상태이고, 총공급곡선은 우상향하고 총수요곡선은 우하향한다.)

▶ 2022년 감정평가사

> 폐쇄경제 $AD-AS$모형에서 전염병의 발생으로 인하여 총수요와 총공급이 모두 감소할 때, 균형국민소득은 (ㄱ)하고 균형물가수준은 (ㄴ)하(한)다.

① ㄱ : 감소, ㄴ : 감소 ② ㄱ : 불확실, ㄴ : 불변 ③ ㄱ : 감소, ㄴ : 증가

④ ㄱ : 불변, ㄴ : 불변 ⑤ ㄱ : 감소, ㄴ : 불확실

출제이슈 $AD-AS$곡선의 이동요인과 균형의 변화
핵심해설 정답 ⑤

총수요곡선이란 각각의 물가수준에서 대응되는 총수요를 연결한 그래프로서 생산물시장과 화폐시장의 균형을 달성시키는 국민소득과 물가의 조합을 기하적으로 표시한 것이다. 총수요곡선의 이동요인은 다음과 같이 총수요관리정책과 기타 총수요충격으로 나눌 수 있다.

1) 정부의 총수요관리정책
　① 정부지출 증가 시 IS곡선이 우측이동, AD곡선도 우측이동한다.
　② 통화량 증가 시 LM곡선이 우측이동, AD곡선도 우측이동한다.

2) 기타 총수요충격
　① 실질자산가치 상승 시 IS곡선이 우측이동, AD곡선도 우측이동한다.
　② 조세 감면, 이전지출 증가 시 IS곡선이 우측이동, AD곡선도 우측이동한다.

한편, 총공급곡선이란 각각의 물가수준에서 기업들이 공급하고자 하는 최종생산물의 양을 나타내는 그래프로서 노동시장의 균형하에서 달성되는 국민소득과 물가의 조합을 기하적으로 표시한 것이다. 총공급곡선의 이동요인은 다음과 같이 예상물가의 변화와 기타 총공급충격으로 나눌 수 있다.

1) 물가에 대한 예상의 변화
　① 기대물가가 상승하는 경우 총공급곡선은 상방이동한다.
　② 기대물가가 하락하는 경우 총공급곡선은 하방이동한다.

2) 기타 총공급충격
　① 원자재가격 상승, 임금의 상승
　② 가뭄, 파업 등
　③ 재고관리 효율성 증가, 신기술 개발

설문에서는 전염병의 발생이 총수요와 총공급을 감소시킨다고 설시하고 있다. 따라서 총수요곡선은 좌하방으로 이동하고 총공급곡선은 좌상방으로 이동하므로 소득은 감소하고 물가는 불확실하다.

총공급곡선이 $Y = \overline{Y} + \alpha(P - P^e)$인 총수요 – 총공급 모형에서 경제가 현재 장기균형상태에 있다. 이 경제의 중앙은행이 통화량을 감소시킬 경우 물가예상이 합리적으로 형성되고 통화량 감소가 미리 예측된다면, 다음 설명 중 옳은 것은? (단, Y는 실질GDP, $\overline{Y}$는 실질GDP의 장기균형수준, α는 0보다 큰 상수, P는 물가, P^e는 예상물가수준이다.) ▶ 2014년 감정평가사

① 실질GDP는 즉시 감소한 다음 서서히 원래 수준으로 복귀한다.
② 물가는 즉시 감소한 다음 서서히 원래 수준으로 복귀한다.
③ 물가는 즉시 감소하고 실질GDP도 즉시 감소한다.
④ 물가는 서서히 감소하고 실질GDP는 즉시 감소한다.
⑤ 물가는 즉시 감소하고 실질GDP는 원래 수준을 유지한다.

출제이슈 $AD - AS$ 모형과 균형의 변화
핵심해설 정답 ⑤

경제주체들이 합리적으로 기대를 한다면 정부가 총수요정책을 사용하는 경우, 합리적 기대를 통해 최종적인 물가변화를 예상하게 되고, 이에 따라서 의사결정을 한다. 합리적 기대를 사용할 경우 단기적 조정과정 없이 바로 장기균형이 즉각적으로 달성된다. 결국 실물 총생산의 변화는 없게 되고 물가만 변하게 되어 총수요정책은 효과가 없다.

설문에서 중앙은행이 통화량을 감소시킬 때, 민간이 합리적으로 기대하고 미리 통화량 감소를 예측하고 있다면, 단기적 조정과정 없이 장기균형이 곧바로 달성되므로 물가는 즉시 감소하고 실질GDP는 원래 수준을 유지한다.

화폐수요함수는 $\dfrac{M}{P} = L(i,\ Y)$이고, i가 낮을수록 Y가 높을수록 화폐수요는 증가한다. 중앙은행이 내년부터 통화량 증가율을 높이기로 발표할 때, 모든 개인들이 이 발표를 그대로 신뢰한다면, 금년도 이 경제에서 발생되는 현상으로 옳은 것은? (단, P는 물가, M은 통화량, r은 실질이자율, π^e는 예상물가상승률, 명목이자율 $i = r + \pi^e$, Y는 실질GDP이며 물가는 항상 신축적으로 조정된다.)
▶ 2014년 감정평가사

① 아직 통화량 증가가 발생한 것은 아니므로 π^e도 변하지 않을 것이다.

② 아직 통화량 증가가 발생한 것은 아니지만 현재 물가 P는 하락할 것이다.

③ 아직 통화량 증가가 발생한 것은 아니지만 현재 물가 P는 상승할 것이다.

④ π^e가 상승할 것이므로 화폐수요가 증가할 것이다.

⑤ π^e가 하락할 것이므로 화폐수요가 증가할 것이다.

출제이슈 $AD - AS$ 모형과 균형의 변화
핵심해설 정답 ③

내년에 통화량 증가율을 높이기로 발표하면, 금년에 바로 기대인플레이션율이 상승하기 시작하여 총공급곡선이 좌측으로 이동한다. 따라서 금년에 물가는 상승하고 소득은 감소한다.

추가적으로 만일 경제주체들이 합리적으로 기대를 한다면, 정부가 총수요정책을 사용하는 경우, 합리적 기대를 통해 최종적인 물가변화를 예상하게 되고, 이에 따라서 의사결정을 한다. 합리적 기대를 사용할 경우 단기적 조정과정 없이 바로 장기균형이 즉각적으로 달성된다. 결국 실물 총생산의 변화는 없게 되고 물가만 변하게 되어 총수요정책은 효과가 없다.

거시경제의 단기균형과 장기균형에 관한 설명으로 옳은 것은?　　▶ 2014년 감정평가사

① 물가가 하방경직적일 때 총수요는 단기적으로 실질GDP에 영향을 미친다.

② 통화정책과 재정정책은 장기적으로만 실질GDP에 영향을 미친다.

③ 고전적 이분성은 단기에만 성립하고 장기에는 성립하지 않는다.

④ 물가와 임금은 장기에 있어서만 경직적이다.

⑤ 통화정책은 단기적으로는 명목GDP에 영향을 미치며 장기적으로는 실질GDP에 영향을 미친다.

출제이슈　거시경제 장단기균형
핵심해설　정답 ①

① 옳은 내용이다.

물가가 하방경직적일 때 총수요는 단기적으로 실질GDP에 영향을 미친다. 물가가 신축적일 경우에는 총수요의 변화가 GDP에 영향을 미칠 수 없다.

② 틀린 내용이다.

통화정책과 재정정책은 단기적으로만 실질GDP에 영향을 미치며, 장기에는 총공급곡선이 수직이므로 영향이 없다.

③ 틀린 내용이다.

화폐의 중립성(the neutrality of money)은 통화량의 증가가 국민소득과 같은 주요 실질변수에 영향을 미치지 못하며 물가, 명목임금과 같은 명목변수에만 영향을 미치는 것을 말한다. 이는 명목변수와 실물변수가 완전히 분리되어 있다는 고전적 이분성(dichotomy)을 의미한다. 고전학파에 의하면 고전적 이분성은 단기와 장기에 걸쳐서 모두 성립한다.

④ 틀린 내용이다.

학파에 따라서 견해차는 있지만 물가와 임금은 단기에 있어서 경직적이며 장기에 있어서 신축적이다.

⑤ 틀린 내용이다.

통화정책은 단기적으로는 명목GDP뿐만 아니라 실질GDP에도 영향을 미칠 수 있으며 장기적으로는 명목GDP에만 영향을 줄 뿐, 실질GDP에 영향을 미치지 못한다.

 **공급충격에 의한 거시경제균형의 변화**

> 총수요 – 총공급 모형에서 일시적인 음(−)의 총공급 충격이 발생한 경우를 분석한 설명으로 옳
> 지 않은 것은? (단, 총수요곡선은 우하향, 총공급곡선은 우상향한다.) ▶ 2018년 감정평가사
>
> ① 확장적 통화정책은 국민소득을 감소시킨다.
> ② 스태그플레이션을 발생시킨다.
> ③ 단기 총공급곡선을 왼쪽으로 이동시킨다.
> ④ 통화정책으로 물가하락과 국민소득 증가를 동시에 달성할 수 없다.
> ⑤ 재정정책으로 물가하락과 국민소득 증가를 동시에 달성할 수 없다.

출제이슈 부의 공급측 충격과 총수요관리정책의 딜레마

핵심해설 정답 ①

① 틀린 내용이다.
부의 공급충격이 있는 경우 확장적 통화정책을 사용하게 되면, 감소했던 소득을 다시 회복시킬 수는 있으나 물가를 더욱 상승시킨다는 문제가 있다.

② 옳은 내용이다.
유가 상승, 원자재 가격 상승 등 불리한 공급충격 혹은 부의 공급충격이 발생할 경우 총공급곡선이 좌상방으로 이동하게 된다. 따라서 물가는 상승하고 생산은 감소하고 실업률은 상승한다. 이를 경기침체 상태에서의 인플레이션이라는 의미로 스태그플레이션이라고 한다.

③ 옳은 내용이다.
부의 공급충격이 있는 경우 비용상승으로 인하여 단기 총공급곡선이 좌상방으로 이동한다.

④ 옳은 내용이다.
부의 공급충격이 있는 경우 물가는 상승하고 소득은 감소한다. 이때 확장적 통화정책을 사용할 경우에는 소득은 회복시킬 수 있으나 물가는 더욱 상승하게 된다. 반대로 긴축적 통화정책을 사용할 경우에는 물가는 안정시킬 수 있으나 소득은 더욱 감소하게 된다. 따라서 부의 공급충격 시에는 통화정책으로 물가하락과 국민소득 증가를 동시에 달성할 수 없다.

⑤ 옳은 내용이다.
부의 공급충격이 있는 경우 물가는 상승하고 소득은 감소한다. 이때 확장적 재정정책을 사용할 경우에는 소득은 회복시킬 수 있으나 물가는 더욱 상승하게 된다. 반대로 긴축적 재정정책을 사용할 경우에는 물가는 안정시킬 수 있으나 소득은 더욱 감소하게 된다. 따라서 부의 공급충격 시에는 재정정책으로 물가하락과 국민소득 증가를 동시에 달성할 수 없다.

_{Issue} 05 수요충격과 복합충격에 의한 거시경제균형의 변화

> **총수요 충격 및 총공급 충격에 관한 설명으로 옳지 않은 것은? (단, 총수요곡선은 우하향, 총공급곡선은 우상향)**
> ▶ 2020년 감정평가사
>
> ① 총수요 충격으로 인한 경기변동에서 물가는 경기순행적이다.
> ② 총공급 충격으로 인한 경기변동에서 물가는 경기역행적이다.
> ③ 총공급 충격에 의한 스태그플레이션은 합리적 기대 가설이 주장하는 정책무력성의 근거가 될 수 있다.
> ④ 명목임금이 하방경직적인 경우 음(−)의 총공급 충격이 발생하면 거시경제의 불균형이 지속될 수 있다.
> ⑤ 기술진보로 인한 양(+)의 총공급 충격은 자연실업률 수준을 하락시킬 수 있다.

출제이슈 총수요 충격 및 총공급 충격의 효과
핵심해설 정답 ③

① 옳은 내용이다.

정부의 총수요관리정책을 포함해서 각종 총수요 충격이 발생할 경우 나타나는 경기변동에서 물가는 경기순행적이다. 총수요가 감축되는 충격의 경우 총수요곡선이 좌하방으로 이동하면서 물가는 하락하고 생산은 감소한다. 반대로 총수요가 증가하는 충격의 경우 총수요곡선이 우상방으로 이동하면서 물가는 상승하고 생산은 증가한다. 따라서 물가는 경기순행적이다.

② 옳은 내용이다.

유가 상승, 원자재 가격 상승 등 불리한 공급충격 혹은 부의 공급충격이 발생할 경우 총공급곡선이 좌상방으로 이동하게 된다. 따라서 물가는 상승하고 생산은 감소하고 실업률은 상승한다. 이를 경기침체 상태에서의 인플레이션이라는 의미로 스태그플레이션이라고 한다. 이때, 물가는 상승하고 생산은 감소하므로 물가는 경기역행적이다. 반대로 원자재 가격 하락 등과 같은 유리한 공급충격이 발생할 경우 총공급곡선이 우하방으로 이동하게 된다. 따라서 물가는 하락하고 생산은 증가하고 실업률은 감소한다. 따라서 물가는 경기역행적이다.

③ 틀린 내용이다.

유가 상승, 원자재 가격 상승 등 불리한 공급충격 혹은 부의 공급충격이 발생할 경우 총공급곡선이 좌상방으로 이동하게 된다. 따라서 물가는 상승하고 생산은 감소하고 실업률은 상승한다. 이를 경기침체 상태에서의 인플레이션이라는 의미로 스태그플레이션이라고 한다.

한편 합리적 기대와 정책무력성 명제는 다음과 같다. 1970년대 들어 스태그플레이션의 상황에서 통화론자는 케인즈 이론을 신랄하게 비판하였으나 통화론자 역시 당시의 저성장, 고인플레이션의 문제를 해결하기엔 역부

족이었다. 이런 상황에서 통화론자 이론의 방법론적 기초에 대한 보완 작업이 이루어졌는데 특히 통화론자의 적응적 기대를 비판하고 합리적 기대를 수용하는 것으로부터 시작되었다. 새고전학파의 경제모형은 방법론적 측면에서 합리적 기대하에서 미시경제학적인 최적화에 기초하여 거시경제의 다양한 집계변수와 거시변수 간 관계로서의 행태함수를 구축하였다.

새고전학파인 루카스는 미세조정이 가능하다고 한 케인즈 모형에 대해서 정책변화로 인해 계량거시모형의 파라미터가 모두 바뀔 수 있기 때문에 무용하다고 비판하였는데 이를 루카스비판이라고 한다. 또한 재량적인 총수요관리정책은 장기뿐만 아니라 심지어는 단기에서도 합리적 기대를 하는 민간의 반응을 고려할 때 무력하다고 비판하였는데 이를 정책무력성 명제라고 한다.

④ 옳은 내용이다.
유가 상승. 원자재 가격 상승 등 불리한 공급충격 혹은 부의 공급충격이 발생할 경우 총공급곡선이 좌상방으로 이동하면서 불균형이 발생한다. 이로 인해 실업이 발생하는데 이때. 명목임금이 하방경직적인 경우 실업이 신속하게 조정되지 못하여 거시경제의 불균형이 지속될 수 있다.

⑤ 옳은 내용이다.
장기총공급곡선의 경우. 장기에 있어서 물가 및 임금의 신축성으로 인하여 완전고용산출량 수준에서 수직으로 나타나게 된다. 따라서 장기총공급곡선의 이동은 완전고용산출량의 변화로 나타난다. 노동인구의 변동. 자본량의 변동. 기술의 변동 등은 모두 완전고용산출량을 변화시켜서 장기총공급곡선을 이동시킬 수 있는 요인이 되므로 이들은 자연실업률의 변화요인으로도 볼 수 있다. 설문에서 기술진보로 인한 양(+)의 총공급 충격이 발생하면 장기총공급곡선이 우측으로 이동하므로 자연실업률은 하락하게 된다.

실업과 인플레이션

 **01** 실업의 개념과 분류

실업에 관한 설명으로 옳은 것은? ▶ 2016년 감정평가사

① 만 15세 미만 인구도 실업률 측정 대상에 포함된다.
② 마찰적 실업은 자연실업률 측정에 포함되지 않는다.
③ 더 좋은 직장을 구하기 위해 잠시 직장을 그만둔 경우는 경기적 실업에 해당한다.
④ 경기적 실업은 자연실업률 측정에 포함된다.
⑤ 현재의 실업률에서 실망실업자(discouraged workers)가 많아지면 실업률은 하락한다.

출제이슈 실업의 개념과 분류
핵심해설 정답 ⑤

① 틀린 내용이다.
　실업률이란 경제활동인구 중에서 실업자가 차지하는 비율을 말한다. 경제활동인구는 만 15세 이상의 생산가능
　인구 중에서 일할 능력과 의사가 있는 사람을 의미한다. 따라서 만 15세 미만 인구는 경제활동인구가 아니므로
　실업률 측정의 대상이 아니다.

② 틀린 내용이다.
　자연실업률은 산업구조의 재편 등 경제구조의 변화로 인하여 발생하는 구조적 실업(structural unemployment)
　과 직장을 탐색하는 과정에서 발생하는 마찰적 혹은 탐색적 실업이 존재할 때의 실업률이다.

③ 틀린 내용이다.
　직장을 옮기는 과정에서 발생하는 마찰적 실업 혹은 탐색적 실업은 대표적인 자발적 실업이며, 경기침체에 따
　라 발생하는 경기적 실업은 대표적인 비자발적 실업이다.

④ 틀린 내용이다.
　자연실업률은 산업구조의 재편 등 경제구조의 변화로 인하여 발생하는 '구조적 실업(structural unemployment)'
　과 직장을 탐색하는 과정에서 발생하는 마찰적 혹은 탐색적 실업이 존재할 때의 실업률로서 '경기적 실업'은
　측정에서 제외된다.

⑤ 옳은 내용이다.
　고령자, 환자, 주부, 학생, 실망실업자(구직단념자) 등 비경제활동인구는 실업자가 아니므로 실업률 측정에서 제외
　된다. 따라서 실업자가 구직을 단념하여 비경제활동인구로 전환되는 실망실업자가 많아지면 그 실망실업자는 실업
　률 계산에서 제외되기 때문에 실업률은 하락한다. 만일 실망실업자를 실업자로 분류할 경우 실업률이 더 높아진다.

실업에 관한 설명으로 옳지 않은 것은?　　　　　　　　　▶ 2018년 감정평가사

① 균형임금을 초과한 법정최저임금의 인상은 비자발적 실업을 증가시킨다.
② 실업급여 인상과 기간 연장은 자발적 실업 기간을 증가시킨다.
③ 정부의 확장적 재정정책은 경기적 실업을 감소시킨다.
④ 인공지능 로봇의 도입은 경기적 실업을 증가시킨다.
⑤ 구직자와 구인자의 연결을 촉진하는 정책은 마찰적 실업을 감소시킨다.

출제이슈 실업의 개념과 분류
핵심해설 정답 ④

① 옳은 내용이다.

비자발적 실업은 노동공급이 노동수요를 초과한 상태로서 노동시장의 불균형상태에서 나타나는 실업을 의미한다. 비자발적 실업의 발생원인은 노동시장의 불균형을 유지시키는 임금의 경직성이라고 할 수 있다. 설문에서 제시된 최저임금의 인상도 임금의 경직성을 시현하면서 노동시장의 불균형을 유지시키므로 비자발적 실업의 원인이 된다.

② 옳은 내용이다.

자발적 실업으로서 탐색적 혹은 마찰적 실업(frictional unemployment)은 직장을 탐색하고 옮기는 과정에서 발생하는 실업으로서 정보의 불완전성이라는 마찰 때문에 발생한다. 즉, 완전고용상태에서도 탐색적 혹은 마찰적 실업은 존재한다. 그런데 실업보험은 마찰적 실업에 영향을 미칠 수 있다. 실업보험은 노동자가 취업 중에 보험료를 납부한 후 실업자가 될 경우 보험금으로 받는 제도로서 우리나라는 1995년부터 고용보험이라는 실업보험을 도입하였다. 실업보험을 통해서 실업급여가 인상되고 급여제공기간이 연장될 경우, 실업상태에 있는 노동자가 여유를 가지고 직장을 구할 수 있게 되어 새로운 직장을 찾는 데 더 오랜 시간이 소요되므로, 구직률이 하락하여 자발적 실업 기간이 증가하게 된다.

③ 옳은 내용이다.

경기침체 시에는 수요가 감소하고 생산 및 고용이 감소하여 경기적 실업이 발생한다. 정부가 실업률을 낮추기 위해서 확장적 재정정책을 사용할 경우 침체된 수요를 증가시키고 생산 및 고용을 자극하여 경기적 실업을 줄일 수 있다.

④ 틀린 내용이다.

구조적 실업(structural unemployment)은 산업구조의 재편 등 경제구조의 변화로 인하여 발생하는 실업으로서 넓은 의미에서 마찰적 실업의 일종으로 보기도 하며, 기술이 부족한 노동자에게 발생한다. 경기적 실업과 함께 비자발적 실업(involuntary unemployment)으로서 자연실업률 측정 시 포함되는 실업이다. 설문에서 인공지능 로봇의 도입으로 인해서 로봇이 노동을 대체하고 로봇 관련산업의 확대로 경제구조가 개편됨에 따라 구조적 실업이 발생할 수 있다.

⑤ 옳은 내용이다.

자발적 실업으로서 탐색적 혹은 마찰적 실업(frictional unemployment)은 직장을 탐색하고 옮기는 과정에서 발생하는 실업으로서 정보의 불완전성이라는 마찰 때문에 발생한다. 따라서 구직자와 구인자의 연결을 촉진하는 정책으로 인해서 구인 – 구직 정보가 확충되어 정보의 불완전성이 감소하면 마찰적 실업이 감소할 수 있다.

실업에 관한 설명으로 옳지 않은 것은? ▶ 2017년 감정평가사

① 일자리를 가지고 있지 않으나 취업할 의사가 없는 사람은 경제활동인구에 포함되지 않는다.

② 실업이란 사람들이 일할 능력과 의사를 가지고 일자리를 찾고 있으나 일자리를 얻지 못한 상태를 말한다.

③ 자연실업률은 구조적 실업만이 존재하는 실업률이다.

④ 실업자가 구직을 단념하여 비경제활동인구로 전환되면 실업률이 감소한다.

⑤ 경기변동 때문에 발생하는 실업은 경기적(cyclical) 실업이다.

출제이슈 실업의 개념과 분류
핵심해설 정답 ③

① 옳은 내용이다.

15세 이상의 생산가능인구는 경제활동인구와 비경제활동인구로 나뉜다. 경제활동인구는 일할 능력과 의사가 있는 사람이며 비경제활동인구는 일할 능력이 없거나 의사가 없는 사람을 말한다. 따라서 설문에서 취업할 의사가 없는 사람은 경제활동인구에 포함되지 않는다.

② 옳은 내용이다.

경제활동인구는 일할 능력과 의사가 있는 사람으로서 그중 일자리를 얻은 사람을 취직자, 그렇지 못한 사람을 실업자라고 한다. 따라서 실업은 일할 능력과 의사를 가지고 일자리를 찾고 있으나 일자리를 얻지 못한 상태를 말한다.

③ 틀린 내용이다.

자연실업률은 산업구조의 재편 등 경제구조의 변화로 인하여 발생하는 구조적 실업(structural unemployment)과 직장을 탐색하는 과정에서 발생하는 마찰적 혹은 탐색적 실업이 존재할 때의 실업률이다.

④ 옳은 내용이다.

고령자, 환자, 주부, 학생, 실망실업자(구직단념자) 등 비경제활동인구는 실업자가 아니므로 실업률 측정에서 제외된다. 따라서 실업자가 구직을 단념하여 비경제활동인구로 전환되면 그 실망실업자는 실업률 계산에서 제외되기 때문에 실업률은 하락한다. 만일 실망실업자를 실업자로 분류할 경우 실업률이 더 높아진다.

⑤ 옳은 내용이다.

경기변동 때문에 발생하는 실업은 경기적(cyclical) 실업으로서 대표적인 비자발적인 실업이다.

마찰적 실업의 원인을 모두 고른 것은?

▶ 2012년 감정평가사

ㄱ. 노동자들이 자신에게 가장 잘 맞는 직장을 찾는 데 시간이 걸리기 때문이다.
ㄴ. 기업이 생산성을 제고하기 위해 시장균형임금보다 높은 수준의 임금을 지불하는 경향이 있기 때문이다.
ㄷ. 노동조합의 존재로 인해 조합원의 임금이 생산성보다 높게 설정되기 때문이다.

① ㄱ   ② ㄴ   ③ ㄷ
④ ㄱ, ㄴ   ⑤ ㄴ, ㄷ

출제이슈 실업의 개념과 분류
핵심해설 정답 ①

실업이란 일할 능력과 의사가 있는 사람이 직장을 갖지 못한 상태를 의미한다. 실업은 크게 자발적 실업과 비자발적 실업으로 분류할 수 있다. 자발적 실업(voluntary unemployment)이란 일할 능력은 있으나, 일할 의사가 없어서 발생하는 실업으로서 주어진 임금수준에서 일할 의사가 없음을 의미한다. 직장을 옮기는 과정에서 발생하는 실업으로 마찰적 실업(frictional unemployment)이 대표적인 자발적 실업이다.

비자발적 실업(involuntary unemployment)이란 주어진 임금수준에서 일할 의사가 있음에도 취업을 못하고 있어서 발생하는 실업이다. 경기변동 때문에 발생하는 경기적 실업(cyclical unemployment)과 산업구조의 재편 등 경제구조의 변화로 인하여 발생하는 구조적 실업(structural unemployment)이 대표적인 비자발적 실업이다.

구조적 실업(structural unemployment)은 산업구조의 재편 등 경제구조의 변화로 인하여 발생하는 실업으로서 넓은 의미에서 마찰적 실업의 일종으로 보기도 하며, 기술이 부족한 노동자에게 발생한다. 경기적 실업과 함께 비자발적 실업(involuntary unemployment)으로서 자연실업률 측정 시 포함되는 실업이다. 비자발적 실업의 주된 원인은 임금의 경직성인데 최저임금제, 노동조합, 효율성임금 등으로 인하여 임금의 경직성이 나타날 수 있다.

설문을 검토하면 다음과 같다.

ㄴ. 틀린 내용이다.
　기업이 생산성을 제고하기 위해 시장균형임금보다 높은 수준의 임금을 지불하는 경향이 있기 때문에 나타나는 실업은 비자발적 실업이다.

ㄷ. 틀린 내용이다.
　노동조합의 존재로 인해 조합원의 임금이 생산성보다 높게 설정되어 나타나는 실업은 비자발적 실업이다.

Issue 02 실업률 계산

> 만 15세 이상 인구(생산가능인구) 1,250만 명, 비경제활동인구 250만 명, 취업자 900만 명인
> 갑국의 경제활동참가율, 실업률, 고용률은? ▸ 2019년 감정평가사
>
> ① 80%, 10%, 72%　　　② 80%, 20%, 72%　　　③ 80%, 30%, 90%
> ④ 90%, 20%, 72%　　　⑤ 90%, 20%, 90%

출제이슈 실업률
핵심해설 정답 ①

실업률이란 경제활동인구 중에서 실업자가 차지하는 비율을 말한다. 경제활동인구는 실업자와 취업자를 더한 개념이다. 실업률을 계산함에 있어서는 다음과 같은 Frame을 활용하면 매우 편리하다. Frame 안에 생산가능인구, 경제활동인구, 비경제활동인구, 취업자, 실업자 등의 데이터를 입력하고 경제활동참가율, 고용률, 실업률을 쉽게 구할 수 있다. 이를 통해 실업률, 경제활동참가율, 고용률 그리고 3자 사이의 관계도 쉽게 이해할 수 있다.

15세 이상 생산가능인구(P) 1,250	경제활동인구(L) 1,000	취업자(E) 900	임금근로자
			질병휴직자
			무급가족종사자 (18시간 이상)
		실업자(U) 100	
	비경제활동인구(NL) 250	주부	
		학생 (대학원생, 진학준비생, 취업준비생)	

1) 경제활동참가율 = 1,000/1,250 = 0.8
   = 경제활동인구 / 생산가능인구 = 경제활동인구 / (경제활동인구 + 비경제활동인구)

2) 실업률 = 100/1,000 = 0.1
   = 실업자 / 경제활동인구 = 실업자 / (실업자 + 취업자)

3) 고용률 = 900/1,250 = 0.72
   = 취업자 / 생산가능인구 = 취업자 / (실업자 + 취업자 + 비경제활동인구)

4) 경제활동참가율, 실업률, 고용률 간 관계
   고용률 = 경제활동참가율(1 − 실업률)

경제 내의 생산가능연령인구가 3,000만 명이다. 이 중 취업자는 1,500만 명, 실업자는 500만 명이다. 이 경제의 경제활동인구, 실업률, 고용률은 각각 얼마인가? ▶ 2015년 감정평가사

① 2,000만 명, 20%, 50%
② 2,000만 명, 25%, 50%
③ 2,000만 명, 30%, 75%
④ 3,000만 명, 25%, 75%
⑤ 3,000만 명, 30%, 75%

출제이슈 실업률
핵심해설 정답 ②

실업률이란 경제활동인구 중에서 실업자가 차지하는 비율을 말한다. 경제활동인구는 실업자와 취업자를 더한 개념이다. 실업률을 계산함에 있어서는 다음과 같은 Frame을 활용하면 매우 편리하다. Frame 안에 생산가능인구, 경제활동인구, 비경제활동인구, 취업자, 실업자 등의 데이터를 입력하고 경제활동참가율, 고용률, 실업률을 쉽게 구할 수 있다. 이를 통해 실업률, 경제활동참가율, 고용률 그리고 3자 사이의 관계도 쉽게 이해할 수 있다.

15세 이상 생산가능인구(P) 3,000	경제활동인구(L) 2,000	취업자(E) 1,500	임금근로자
			질병휴직자
			무급가족종사자 (18시간 이상)
		실업자(U) 500	
	비경제활동인구(NL) 1,000	주부	
		학생 (대학원생, 진학준비생, 취업준비생)	

1) 경제활동참가율
= 경제활동인구 / 생산가능인구 = 경제활동인구 / (경제활동인구 + 비경제활동인구)

2) 실업률 = 500/2,000 = 0.25
= 실업자 / 경제활동인구 = 실업자 / (실업자 + 취업자)

3) 고용률 = 1,500/3,000 = 0.5
= 취업자 / 생산가능인구 = 취업자 / (실업자 + 취업자 + 비경제활동인구)

4) 경제활동참가율, 실업률, 고용률 간 관계
고용률 = 경제활동참가율(1 − 실업률)

> A국의 생산가능인구는 100만 명, 경제활동인구는 60만 명, 실업자는 6만 명이다. 실망실업자(구직단념자)에 속했던 10만 명이 구직활동을 재개하여, 그중 9만 명이 일자리를 구했다. 그 결과 실업률과 고용률은 각각 얼마인가?   ▶ 2022년 감정평가사
>
> ① 6%, 54%   ② 10%, 54%   ③ 10%, 63%
> ④ 10%, 90%   ⑤ 15%, 90%

출제이슈 실업률
핵심해설 정답 ③

실업률이란 경제활동인구 중에서 실업자가 차지하는 비율을 말한다. 경제활동인구는 실업자와 취업자를 더한 개념이다. 실업률을 계산함에 있어서는 다음과 같은 Frame을 활용하면 매우 편리하다. Frame 안에 생산가능인구, 경제활동인구, 비경제활동인구, 취업자, 실업자 등의 데이터를 입력하고 경제활동참가율, 고용률, 실업률을 쉽게 구할 수 있다. 이를 통해 실업률, 경제활동참가율, 고용률 그리고 3자 사이의 관계도 쉽게 이해할 수 있다.

15세 이상 생산가능인구(P) 100(단위 : 만 명, 이하 생략)	경제활동인구(L) 60 + 10 = 70	취업자(E) 54 + 9 = 63	임금근로자
			질병휴직자
			무급가족종사자 (18시간 이상)
		실업자(U) 6 + 1 = 7	
	비경제활동인구(NL) 40 - 10 = 30	주부	
		학생 (대학원생, 진학준비생, 취업준비생)	

1) 경제활동참가율 = 70/100 = 0.7
   = 경제활동인구 / 생산가능인구 = 경제활동인구 / (경제활동인구 + 비경제활동인구)

2) 실업률 = 7/70 = 0.1
   = 실업자 / 경제활동인구 = 실업자 / (실업자 + 취업자)

3) 고용률 = 63/100 = 0.63
   = 취업자 / 생산가능인구 = 취업자 / (실업자 + 취업자 + 비경제활동인구)

4) 경제활동참가율, 실업률, 고용률 간 관계
   고용률 = 경제활동참가율(1 - 실업률)
   $0.63 = 0.7 \times (1 - 0.1)$

갑국의 실업률은 5%, 경제활동참가율은 70%, 비경제활동인구는 600만 명이다. 이 나라의 실업자 수는?

▶ 2018년 감정평가사

① 30만 명 　② 50만 명 　③ 70만 명

④ 100만 명 　⑤ 120만 명

출제이슈 실업률
핵심해설 정답 ③

실업률이란 경제활동인구 중에서 실업자가 차지하는 비율을 말한다. 경제활동인구는 실업자와 취업자를 더한 개념이다. 실업률을 계산함에 있어서는 다음과 같은 Frame을 활용하면 매우 편리하다. Frame 안에 생산가능인구, 경제활동인구, 비경제활동인구, 취업자, 실업자 등의 데이터를 입력하고 경제활동참가율, 고용률, 실업률을 쉽게 구할 수 있다. 이를 통해 실업률, 경제활동참가율, 고용률 그리고 3자 사이의 관계도 쉽게 이해할 수 있다.

15세 이상 생산가능인구(P) $x + 600 = 2{,}000$	경제활동인구(L) $x = 1{,}400$	취업자(E) $1{,}400 - y$	임금근로자
			질병휴직자
			무급가족종사자 (18시간 이상)
		실업자(U) $y = 70$	
	비경제활동인구(NL) 600	주부	
		학생 (대학원생, 진학준비생, 취업준비생)	

1) 경제활동참가율 = $x \div (x + 600) = 0.7$ 따라서 $x = 1{,}400$
   = 경제활동인구 ÷ 생산가능인구 = 경제활동인구 ÷ (경제활동인구 + 비경제활동인구)

2) 실업률 = $y \div 1{,}400 = 0.05$ 따라서 $y = 70$
   = 실업자 ÷ 경제활동인구 = 실업자 ÷ (실업자 + 취업자)

3) 고용률
   = 취업자 ÷ 생산가능인구 = 취업자 ÷ (실업자 + 취업자 + 비경제활동인구)

4) 경제활동참가율, 실업률, 고용률 간 관계
   고용률 = 경제활동참가율(1 - 실업률)

A국의 생산가능인구는 500만 명, 취업자 수는 285만 명, 실업률이 5%일 때, A국의 경제활동참가율은?

▶ 2016년 감정평가사

① 48%　　　　② 50%　　　　③ 57%

④ 60%　　　　⑤ 65%

출제이슈 실업률
핵심해설 정답 ④

실업률이란 경제활동인구 중에서 실업자가 차지하는 비율을 말한다. 경제활동인구는 실업자와 취업자를 더한 개념이다. 실업률을 계산함에 있어서는 다음과 같은 Frame을 활용하면 매우 편리하다. Frame 안에 생산가능인구, 경제활동인구, 비경제활동인구, 취업자, 실업자 등의 데이터를 입력하고 경제활동참가율, 고용률, 실업률을 쉽게 구할 수 있다. 이를 통해 실업률, 경제활동참가율, 고용률 그리고 3자 사이의 관계도 쉽게 이해할 수 있다.

			임금근로자
15세 이상 생산가능인구(P) 500	경제활동인구(L) x + 285 = 300	취업자(E) 285	질병휴직자
			무급가족종사자 (18시간 이상)
		실업자(U) x = 15	
	비경제활동인구(NL)	주부	
		학생 (대학원생, 진학준비생, 취업준비생)	

1) 경제활동참가율 = 300 ÷ 500 = 0.6
= 경제활동인구 ÷ 생산가능인구 = 경제활동인구 ÷ (경제활동인구 + 비경제활동인구)

2) 실업률 = x ÷ (x + 285) = 0.05 따라서 x = 15
= 실업자 ÷ 경제활동인구 = 실업자 ÷ (실업자 + 취업자)

3) 고용률
= 취업자 ÷ 생산가능인구 = 취업자 ÷ (실업자 + 취업자 + 비경제활동인구)

4) 경제활동참가율, 실업률, 고용률 간 관계
고용률 = 경제활동참가율(1 - 실업률)

> A국의 생산가능인구는 3,000만 명, 그중에서 취업자는 1,400만 명, 실업자는 100만 명일 때 생산가능인구에 대한 비경제활동인구의 비율(%)은? ▶ 2021년 감정평가사
>
> ① 30 ② 40 ③ 50
> ④ 60 ⑤ 70

출제이슈 실업률
핵심해설 정답 ③

실업률이란 경제활동인구 중에서 실업자가 차지하는 비율을 말한다. 경제활동인구는 실업자와 취업자를 더한 개념이다. 실업률을 계산함에 있어서는 다음과 같은 Frame을 활용하면 매우 편리하다. Frame 안에 생산가능인구, 경제활동인구, 비경제활동인구, 취업자, 실업자 등의 데이터를 입력하고 경제활동참가율, 고용률, 실업률을 쉽게 구할 수 있다. 이를 통해 실업률, 경제활동참가율, 고용률 그리고 3자 사이의 관계도 쉽게 이해할 수 있다.

15세 이상 생산가능인구(P) 3,000	경제활동인구(L) 1,500	취업자(E) 1,400	임금근로자
			질병휴직자
			무급가족종사자 (18시간 이상)
		실업자(U) 100	
	비경제활동인구(NL) 1,500	주부	
		학생 (대학원생, 진학준비생, 취업준비생)	

1) 경제활동참가율
   = 경제활동인구 ÷ 생산가능인구 = 경제활동인구 ÷ (경제활동인구 + 비경제활동인구)

2) 실업률
   = 실업자 ÷ 경제활동인구 = 실업자 ÷ (실업자 + 취업자)

3) 고용률
   = 취업자 ÷ 생산가능인구 = 취업자 ÷ (실업자 + 취업자 + 비경제활동인구)

4) 경제활동참가율, 실업률, 고용률 간 관계
   고용률 = 경제활동참가율(1 – 실업률)

설문에서 취업자가 1,400만 명, 실업자가 100만 명이므로 그 둘을 더한 인구수가 경제활동인구이므로 1,500만 명이 된다. 생산가능인구가 3,000만 명으로 주어져 있으므로 여기서 경제활동인구 1,500만 명을 차감하면, 비경제활동인구는 1,500만 명이다. 그러므로 생산가능인구에 대한 비경제활동인구의 비율은 50%가 된다.

A국의 실업자 수가 200만 명, 취업자 수가 3,800만 명, 경제활동참가율이 80%일 때 고용률은?

(단, 고용률은 $\dfrac{\text{취업자}}{\text{생산가능인구}} \times 100(\%)$이다.)

▶ 2013년 감정평가사

① 50% ② 65% ③ 72%

④ 76% ⑤ 78%

출제이슈 실업률
핵심해설 정답 ④

실업률이란 경제활동인구 중에서 실업자가 차지하는 비율을 말한다. 경제활동인구는 실업자와 취업자를 더한 개념이다. 실업률을 계산함에 있어서는 다음과 같은 Frame을 활용하면 매우 편리하다. Frame 안에 생산가능인구, 경제활동인구, 비경제활동인구, 취업자, 실업자 등의 데이터를 입력하고 경제활동참가율, 고용률, 실업률을 쉽게 구할수 있다. 이를 통해 실업률, 경제활동참가율, 고용률 그리고 3자 사이의 관계도 쉽게 이해할 수 있다.

15세 이상 생산가능인구(P) 4,000 + x = 5,000	경제활동인구(L) 4,000	취업자(E) 3,800	임금근로자
			질병휴직자
			무급가족종사자 (18시간 이상)
		실업자(U) 200	
	비경제활동인구(NL) x = 1,000	주부	
		학생 (대학원생, 진학준비생, 취업준비생)	

1) 경제활동참가율 = 4,000 ÷ (4,000 + x) = 0.8 따라서 x = 1,000
   = 경제활동인구 ÷ 생산가능인구 = 경제활동인구 ÷ (경제활동인구 + 비경제활동인구)

2) 실업률 = 200 ÷ 4,000 = 0.05
   = 실업자 ÷ 경제활동인구 = 실업자 ÷ (실업자 + 취업자)

3) 고용률 = 3,800 ÷ 5,000 = 0.76
   = 취업자 ÷ 생산가능인구 = 취업자 ÷ (실업자 + 취업자 + 비경제활동인구)

4) 경제활동참가율, 실업률, 고용률 간 관계
   고용률 = 경제활동참가율(1 − 실업률)
   0.76 = 0.8(1 − 0.05)

경제 내에 생산가능인구(working age population)가 5천만 명, 실업자가 5백만 명 그리고 취업자가 2천만 명으로 파악되었다. 이 경제의 경제활동참가율과 고용률은? ▶2012년 감정평가사

① 50%, 40%　　　② 50%, 80%　　　③ 40%, 40%

④ 40%, 60%　　　⑤ 40%, 80%

출제이슈 실업률
핵심해설 정답 ①

실업률이란 경제활동인구 중에서 실업자가 차지하는 비율을 말한다. 경제활동인구는 실업자와 취업자를 더한 개념이다. 실업률을 계산함에 있어서는 다음과 같은 Frame을 활용하면 매우 편리하다. Frame 안에 생산가능인구, 경제활동인구, 비경제활동인구, 취업자, 실업자 등의 데이터를 입력하고 경제활동참가율, 고용률, 실업률을 쉽게 구할 수 있다. 이를 통해 실업률, 경제활동참가율, 고용률 그리고 3자 사이의 관계도 쉽게 이해할 수 있다.

15세 이상 생산가능인구(P) 5,000	경제활동인구(L) 2,500	취업자(E) 2,000	임금근로자
			질병휴직자
			무급가족종사자 (18시간 이상)
		실업자(U) 500	
	비경제활동인구(NL) 2,500	주부	
		학생 (대학원생, 진학준비생, 취업준비생)	

1) 경제활동참가율 = 2,500 ÷ 5,000 = 0.5
   = 경제활동인구 ÷ 생산가능인구 = 경제활동인구 ÷ (경제활동인구 + 비경제활동인구)

2) 실업률 = 500 ÷ 2,500 = 0.2
   = 실업자 ÷ 경제활동인구 = 실업자 ÷ (실업자 + 취업자)

3) 고용률 = 2,000 ÷ 5,000 = 0.4
   = 취업자 ÷ 생산가능인구 = 취업자 ÷ (실업자 + 취업자 + 비경제활동인구)

4) 경제활동참가율, 실업률, 고용률 간 관계
   고용률 = 경제활동참가율(1 − 실업률)
   0.4 = 0.5(1 − 0.2)

t시점의 실업률은 10%, 경제활동참가율은 50%이다. t시점과 $t+1$시점 사이에 아래와 같은 변화가 발생할 때, $t+1$시점의 실업률은? (단, 취업자와 비경제활동인구 사이의 이동은 없고, 소수점 둘째자리에서 반올림하여 소수점 첫째자리까지 구한다.) ▶ 2024년 감정평가사

- 실업자 중에서
  - 취업에 성공하는 비율(구직률): 20%
  - 구직을 단념하여 비경제활동인구로 편입되는 비율: 10%
- 취업자 중에서 실직하여 구직활동을 하는 비율(실직률): 1%
- 비경제활동인구 중에서 구직활동을 시작하는 비율: 1%

① 8.9% ② 9.5% ③ 9.9%
④ 10.0% ⑤ 10.5%

출제이슈 실업률
핵심해설 정답 ①

t시점

15세 이상 생산가능인구(P) 200	경제활동인구(L) 100	취업자(E) 90
		실업자(U) 10
	비경제활동인구(NL) 100	비경제활동인구(NL) 100

$t+1$시점

15세 이상 생산가능인구(P) 200	경제활동인구(L) 100	취업자(E) 90 + 2 − 0.9
		실업자(U) 10 − 2 − 1 + 0.9 + 1
	비경제활동인구(NL) 100	비경제활동인구(NL) 100 + 1 − 1

따라서 $t+1$시점의 실업률 $u = \dfrac{10-2-1+0.9+1}{100} = \dfrac{8.9}{100} = 8.9\%$ 이다.

일부 사람들이 실업급여를 계속 받기 위해 채용될 가능성이 매우 낮은 곳에서만 일자리를 탐색하며 실업상태를 유지하고 있다. 다음 중 이러한 사람들이 실업자가 아니라 일할 의사가 없다는 이유로 비경제활동인구로 분류될 때 나타나는 현상으로 옳은 것은? ▶ 2014년 감정평가사

① 실업률과 경제활동참가율 모두 높아진다.
② 실업률과 경제활동참가율 모두 낮아진다.
③ 실업률은 낮아지는 반면, 경제활동참가율은 높아진다.
④ 실업률은 높아지는 반면, 경제활동참가율은 낮아진다.
⑤ 실업률은 낮아지는 반면, 경제활동참가율은 변하지 않는다.

출제이슈 실업률
핵심해설 정답 ②

실업률이란 경제활동인구 중에서 실업자가 차지하는 비율을 말한다. 경제활동인구는 실업자와 취업자를 더한 개념이다. 실업률을 계산함에 있어서는 다음과 같은 Frame을 활용하면 매우 편리하다. Frame 안에 생산가능인구, 경제활동인구, 비경제활동인구, 취업자, 실업자 등의 데이터를 입력하고 경제활동참가율, 고용률, 실업률을 쉽게 구할 수 있다. 이를 통해 실업률, 경제활동참가율, 고용률 그리고 3자 사이의 관계도 쉽게 이해할 수 있다.

15세 이상 생산가능인구(P)	경제활동인구(L)	취업자(E)	임금근로자
			질병휴직자
			무급가족종사자 (18시간 이상)
		실업자(U)	
	비경제활동인구(NL)	주부	
		학생 (대학원생, 진학준비생, 취업준비생)	

1) 실업자로 분류하는 경우
   현재는 실업급여를 계속 받기 위해 채용될 가능성이 매우 낮은 곳에서만 일자리를 탐색하며 실업상태를 유지하는 사람들을 실업자로 분류하고 있다.

2) 비경제활동인구로 분류하는 경우
   만일 실업급여를 계속 받기 위해 채용될 가능성이 매우 낮은 곳에서만 일자리를 탐색하며 실업상태를 유지하는 사람들을 실업자가 아니라 비경제활동인구로 분류하는 경우, 실업자 감소, 경제활동인구 감소, 비경제활동인구 증가, 생산가능인구 불변이므로 실업률이 하락하고 경제활동참가율이 하락한다.

03 자연실업률의 결정

경제활동인구가 6,000만 명으로 불변인 A국에서 매기 취업자 중 직업을 잃는 비율인 실직률이 0.05이고, 매기 실업자 중 새로이 직업을 얻는 비율인 구직률이 0.2이다. 균제상태(steady – state)에서의 실업자의 수는?

▶ 2022년 감정평가사

① 500만 명　　　　② 800만 명　　　　③ 900만 명
④ 1,000만 명　　　⑤ 1,200만 명

출제이슈　자연실업률
핵심해설　정답 ⑤

자연실업률이란 노동시장이 균형(안정상태)을 이룰 경우의 실업률로서 균제상태에서의 실업률, 완전고용상태에서의 실업률, 완전고용 GDP · 잠재 GDP일 때의 실업률, 마찰적 실업과 구조적 실업만 존재할 때의 실업률, 노동시장의 불완전성으로 인하여 시간이 경과하여도 사라지지 않는 실업률 등의 특징을 갖는다.

자연실업률의 결정은 다음과 같다.

① 경제활동인구 L (외생적으로 주어짐)
② 취업자수 E, 실업자수 $U = L - E$
③ 실업률 $\dfrac{U}{L}$
④ 실직률과 구직률
　　ⅰ) s (실직률) : 주어진 기간에 취업자 중 직업을 잃는 비율
　　ⅱ) f (구직률) : 주어진 기간에 실업자 중 직업을 얻는 비율
⑤ 균제상태 $sE = fU$이므로 자연실업률 $= \dfrac{\text{실직률}}{\text{실직률} + \text{구직률}} = \dfrac{U}{L} = \dfrac{s}{s+f}$

위의 내용에 따라서 문제를 풀면 다음과 같다.

설문에서 실직률은 0.05, 구직률 0.2이므로 자연실업률은 $\dfrac{0.05}{0.05 + 0.2} = 0.2$가 된다. 자연실업률은 균제상태에서의 실업률로서 실업자수가 경제활동인구에서 차지하는 비율이다. 따라서 $\dfrac{L}{6,000} = 0.2$가 성립한다.

결국 실업자수 $L = 1,200$(만 명)이 된다.

갑국은 경제활동인구가 1,000만 명으로 고정되어 있으며 실업률은 변하지 않는다. 매 기간 동안 실업자 중 새로운 일자리를 얻는 사람의 수가 47만 명이고, 취업자 중 일자리를 잃는 사람의 비율(실직률)이 5%로 일정하다. 갑국의 실업률은?　　　　　▶ 2019년 감정평가사

① 3%　　　　　　　　　② 4%　　　　　　　　　③ 4.7%
④ 5%　　　　　　　　　⑤ 6%

출제이슈　자연실업률
핵심해설　정답 ⑤

자연실업률이란 노동시장이 균형(안정상태)을 이룰 경우의 실업률로서 균제상태에서의 실업률, 완전고용상태에서의 실업률, 완전고용GDP · 잠재GDP일 때의 실업률, 마찰적 실업과 구조적 실업만 존재할 때의 실업률, 노동시장의 불완전성으로 인하여 시간이 경과하여도 사라지지 않는 실업률 등의 특징을 갖는다.

자연실업률의 결정은 다음과 같다.

① 경제활동인구 L (외생적으로 주어짐)
② 취업자수 E, 실업자수 $U = L - E$
③ 실업률 U/L
④ 실직률과 구직률
　ⅰ) s (실직률) : 주어진 기간에 취업자 중 직업을 잃는 비율
　ⅱ) f (구직률) : 주어진 기간에 실업자 중 직업을 얻는 비율
⑤ 균제상태 $sE = fU$이므로 자연실업률 $= \dfrac{실직률}{실직률 + 구직률} = \dfrac{U}{L} = \dfrac{s}{s+f}$

위의 내용에 따라서 문제를 풀면 다음과 같다.

1) 균제상태
　설문에서 매 기간 동안 실업자 중 새로운 일자리를 얻는 사람의 수가 47(만 명)이므로 실업률은 불변인 균제상태에서는 취업자 중 일자리를 잃는 사람의 수도 47(만 명)으로 동일하게 된다.
　즉 $sE = fU = 47$(만 명)이 성립한다.

2) 취업자 및 실업자 구하기

　① 취업자 중 일자리를 잃는 사람의 비율은 5%이고, 그 수가 47(만 명)임을 고려하면, 취업자의 수는 940(만 명)이 된다.

　② 경제활동인구가 1,000(만 명)으로 고정되어 있으므로 실업자의 수는 60(만 명)이 된다.

3) 실업률 구하기
　실업률은 경제활동인구에서 실업자가 차지하는 비율이므로 60/1,000 = 0.06이 된다.

04 비자발적 실업의 원인

효율성임금(efficiency wage)이론에 따르면 기업은 노동자에게 균형임금보다 높은 수준의 임금을 지급한다. 옳은 것을 모두 고른 것은?
▶ 2017년 감정평가사

ㄱ. 노동자의 생산성을 높일 수 있다.
ㄴ. 노동자의 근무태만이 늘어난다.
ㄷ. 노동자의 이직률을 낮출 수 있다.

① ㄷ   ② ㄱ, ㄴ   ③ ㄱ, ㄷ
④ ㄴ, ㄷ   ⑤ ㄱ, ㄴ, ㄷ

출제이슈 효율적 임금이론
핵심해설 정답 ③

실질임금의 경직성을 설명하는 효율적 임금이론에 의하면 기업은 노동자에게 높은 실질임금을 제공함으로써 생산성을 높일 수 있다. 이러한 지속적인 높은 수준의 실질임금에 의해 노동시장에 초과공급이 발생한다고 하더라도 기업은 생산성 향상을 위해서 높은 수준의 실질임금을 유지한다. 따라서 노동시장의 불균형 및 비자발적 실업은 지속된다. 특히, 높은 실질임금이 높은 생산성을 유도하는 이유로는 다음을 들 수 있다.

① 근무태만모형(shirking model)에 의하면, 기업은 노동자에게 높은 실질임금을 제공하기 위해서 시장임금보다 높은 수준의 임금을 지급한다.
② 역선택모형(adverse selection model)에 의하면, 기업은 우수한 직원을 채용하기 위하여 높은 수준의 임금을 지급한다.
③ 이직모형(job turnover model)에 의하면, 기업은 직원의 이직을 막고 교육훈련비용의 절감을 위해서 높은 임금을 지급한다.

위의 내용에 따라서 설문을 검토하면 다음과 같다.

ㄱ. 옳은 내용이다.
　기업은 노동자에게 높은 실질임금을 제공함으로써 노동자의 생산성을 높일 수 있다. 전통적 이론에서는 노동의 생산성이 임금을 결정한다고 보고 있으나 효율적 임금이론에서는 임금이 노동의 생산성을 결정할 수 있다고 보았다.

ㄴ. 틀린 내용이다.
　근무태만모형(shirking model)에 의하면, 기업은 노동자에게 높은 실질임금을 제공함으로써 노동자의 근무태만을 방지하여 노동의 생산성을 높일 수 있다.

ㄷ. 옳은 내용이다.
　이직모형(job turnover model)에 의하면, 기업은 노동자에게 높은 실질임금을 제공함으로써 노동자의 이직을 줄일 수 있고, 교육훈련비용을 절감할 수 있다.

> 효율임금이론에 관한 설명으로 옳지 않은 것은?　▶ 2020년 감정평가사
>
> ① 높은 임금을 지급할수록 노동자 생산성이 높아진다.
> ② 높은 임금은 이직률을 낮출 수 있다.
> ③ 높은 임금은 노동자의 도덕적 해이 가능성을 낮출 수 있다.
> ④ 효율임금은 시장균형임금보다 높다.
> ⑤ 기업이 임금을 낮출 경우 생산성이 낮은 노동자보다 높은 노동자가 기업에 남을 확률이 높다.

출제이슈 효율적 임금이론
핵심해설 정답 ⑤

① 옳은 내용이다.

효율적 임금이론에 의하면 기업은 노동자에게 높은 실질임금을 제공함으로써 생산성을 높일 수 있다. 즉, 기업은 노동자들의 높은 생산성을 유도하기 위하여 균형실질임금보다 더 높은 실질임금을 책정할 유인이 생긴다.

② 옳은 내용이다.

이직모형(job turnover model)에 의하면, 기업은 직원의 이직을 막고 교육훈련비용의 절감을 위해서 높은 임금을 지급한다.

③ 옳은 내용이다.

근무태만모형(shirking model)에 의하면, 기업은 근무태만을 방지하기 위해서 시장임금보다 높은 수준의 임금을 지급한다.

④ 옳은 내용이다.

기업은 노동자들의 높은 생산성을 유도하기 위하여 균형실질임금보다 더 높은 실질임금을 책정할 유인이 있다. 균형임금보다 높은 효율임금으로 인하여 노동시장이 초과공급상태에 있다고 하더라도 기업은 생산성 하락이 염려되어 계속하여 높은 실질임금을 유지하게 된다.

⑤ 틀린 내용이다.

역선택모형(adverse selection model)에 의하면, 기업은 우수한 직원을 채용하기 위하여 높은 수준의 임금을 지급한다. 만일 기업이 임금을 낮출 경우 생산성이 높은 노동자는 자발적으로 퇴사하고, 보다 생산성이 떨어지는 노동자가 기업에 남을 확률이 높다.

05 인플레이션의 효과(비용)

인플레이션에 관한 설명으로 옳지 않은 것은? ▶ 2023년 감정평가사

① 메뉴비용은 인플레이션에 맞춰 가격을 변경하는 데에 발생하는 각종 비용을 말한다.

② 디스인플레이션(disinflation) 상황에서는 물가상승률이 감소하고 있지만 여전히 물가는 상승한다.

③ 초인플레이션은 극단적이고 장기적인 인플레이션으로 통제가 어려운 상황을 말한다.

④ 구두창비용은 인플레이션에 따라 발생하는 현금 관리 비용을 말한다.

⑤ 디플레이션은 인플레이션이 진행되는 상황에서 경제가 침체하는 상황을 말한다.

출제이슈 인플레이션의 의의와 효과(비용)

핵심해설 정답 ⑤

① 옳은 내용이다.

물가상승에 따라서 가격을 인상해야 하는 경우 가격표를 변경해야 하는데 이에 소요되는 제반 비용을 총칭하여 메뉴비용이라고 한다.

② 옳은 내용이다.

인플레이션이 물가수준이 지속적으로 "상승"하는 현상을 의미한다면, 반면 디플레이션(deflation)은 물가수준이 지속적으로 "하락"하는 현상을 의미한다. 이와 구별할 개념으로 디스인플레이션(disinflation)이란 물가상승률의 하락으로서 반인플레이션정책 혹은 물가억제정책에서 사용하는 개념이다. 따라서 디스인플레이션 상황에서 물가는 상승하고 물가상승률은 하락할 수 있음에 유의하자.

③ 옳은 내용이다.

초인플레이션(hyperinflation)이란 어느 한 경제의 일반 물가수준이 매우 급격히 증가하는 현상으로서 대략 1개월 기준으로 50% 이상의 물가상승이 1년 이상 지속되는 것을 말한다. 초인플레이션의 원인으로는 주로 통화공급의 급격한 증가를 들 수 있다. 실례로 초인플레이션을 경험한 국가에서는 가게 종업원들이 가격표 교체에 많은 시간을 투입하는 등 메뉴비용이 급증하게 되었다. 또한 통화가치의 급변에 따라서 채권자와 채무자 사이의 부의 재분배현상이 나타나게 된다.

④ 옳은 내용이다.

현금보유자는 물가상승에 따라 화폐가치가 감소하므로 가급적 화폐를 적게 보유하려고 할 것이다. 이에 따라 현명한 현금잔고 관리차원에서 필요할 때마다 은행에 방문하여 현금을 인출해야 한다. 이를 위해서는 은행방문에 따른 시간이나 교통비 등 제반비용이 소요되는데 이를 구두창비용이라고 한다.

⑤ 틀린 내용이다.

유가 상승, 원자재 가격 상승 등 불리한 공급충격 혹은 부의 공급충격이 발생할 경우 총공급곡선이 좌상방으로 이동하게 된다. 따라서 물가는 상승하고 생산은 감소하고 실업률은 상승한다. 이를 경기침체 상태에서의 인플레이션이라는 의미로 스태그플레이션이라고 한다.

예상보다 높은 인플레이션이 발생할 경우 나타나는 효과에 관한 설명으로 옳지 않은 것은?

▶ 2021년 감정평가사

① 누진세 체계하에서 정부의 조세수입은 감소한다.
② 채무자는 이익을 보지만 채권자는 손해를 보게 된다.
③ 고정된 화폐소득을 얻는 봉급생활자는 불리해진다.
④ 명목 국민소득이 증가한다.
⑤ 화폐의 구매력이 감소한다.

출제이슈 인플레이션의 효과(비용)
핵심해설 정답 ①

① 틀린 내용이다.
예상보다 높은 인플레이션으로 명목임금이 상승할 경우 누진세 체계를 고려하면 정부의 조세수입은 증가하게 된다.

② 옳은 내용이다.
예상보다 높은 인플레이션으로 인하여 부와 소득의 재분배가 나타나는데 특히 인플레이션으로 인하여 화폐가치가 하락함에 따라 고정된 채무액을 변제받는 채권자는 손해를 보고, 반대로 고정된 채무액을 변제하는 채무자는 이익을 보게 된다.

③ 옳은 내용이다.
인플레이션으로 인하여 화폐가치가 하락함에 따라 고정된 화폐소득을 얻는 봉급생활자는 불리해진다.

④ 옳은 내용이다.
인플레이션으로 인하여 전반적으로 물가가 상승하기 때문에 명목 국민소득은 증가한다.

⑤ 옳은 내용이다.
인플레이션으로 인하여 화폐가치가 하락함에 따라 화폐의 구매력은 감소한다.

인플레이션에 관한 설명으로 옳지 않은 것은?　　　　　　　　　　　　▶ 2017년 감정평가사

① 프리드만(M.Friedman)에 따르면 인플레이션은 언제나 화폐적 현상이다.
② 정부가 화폐공급을 통해 얻게 되는 추가적인 재정수입이 토빈세(Tobin tax)이다.
③ 비용상승 인플레이션은 총수요관리를 통한 단기 경기안정화정책을 어렵게 만든다.
④ 예상하지 못한 인플레이션은 채권자에서 채무자에게로 소득분배를 야기한다.
⑤ 인플레이션이 예상되는 경우에도 메뉴비용(menu cost)이 발생할 수 있다.

출제이슈 인플레이션의 효과(비용)
핵심해설 정답 ②

① 옳은 내용이다.
　거시경제의 균형은 총수요와 총공급이 일치할 때 달성된다. 인플레이션이란 일반물가수준이 지속적으로 상승하는 것이므로 이는 총수요의 지속적인 증가에서 찾아볼 수 있으며 이러한 인플레이션을 수요견인 인플레이션이라고 한다. 이러한 수요증가를 가져오는 요인은 통화량 증가와 같은 화폐적 요인이 있고 소비나 투자의 증가와 같은 실물적 요인이 있다. 특히, 프리드만을 위시한 통화론자들은 통화량 증가라는 화폐적 요인을 매우 중시하여 인플레이션은 언제 어디서나 화폐적 현상이라고 주장하였다.

② 틀린 내용이다.
　정부가 화폐공급을 통해 얻게 되는 추가적인 재정수입은 화폐발행이득(시뇨리지, seigniorage)이다. 정부는 통화량을 증가시킴에 따라서 주조차익을 획득할 수 있는데 그 이득은 통화증가율에 유통되는 실질화폐량을 곱한 만큼이 된다(주조차익 = 통화증가율 × 실질화폐량). 이는 정부가 세금부과나 차입 등으로 재원을 조달할 수 없는 경우 주로 발생한다. 만일 물가상승이 오로지 통화증가에 의해서만 발생하는 극단적인 경우라면 화폐발행이득은 인플레이션세가 된다.

③ 옳은 내용이다.
　유가 상승, 원자재 가격 상승 등 불리한 공급충격이 발생할 경우 총공급곡선이 좌상방으로 이동하게 된다. 이는 공급측면에서 생산비용의 상승으로 나타나는 것이다. 이로 인해서 물가는 상승하고 생산은 감소하고 실업률은 상승한다. 이를 경기침체 상태에서의 인플레이션이라는 의미로 스태그플레이션이라고 한다. 스태그플레이션이 발생할 경우에는 총수요관리정책으로는 물가하락과 경기진작의 두 가지 목표를 동시에 잡을 수 없기 때문에 무력하다.

④ 옳은 내용이다.
　예상하지 못한 인플레이션으로 인하여 화폐의 가치가 하락하게 되므로 고정된 금전소비대차금액을 지불하는 측인 채무자는 실질이자율의 하락으로 이득을 보고, 지불받는 측인 채권자는 실질이자율의 하락으로 손해를 본다. 따라서 인플레이션으로 인해서 채권자에게서 채무자에게로 소득재분배가 나타난다.

⑤ 옳은 내용이다.
　인플레이션이 예상되면, 예상되는 물가상승을 고려하여 계약당사자 간 계약조건의 변경이 발생하므로 변경에 따른 비용은 있다. 물론 그 비용은 예상치 못한 인플레이션에 비하여 크지 않다. 예를 들면, 노동자 측과 기업 간 임금인상 협상, 기업의 상품가격 인상 계획 및 실행에 따른 비용이다. 따라서 예상된 인플레이션의 경우라고 하더라도 인플레이션세, 구두창비용, 메뉴비용, 계산단위비용 등이 발생한다.

합리적 경제주체들이 인플레이션율을 6%로 예상하고 다음과 같은 경제행위를 하였다. 실제 인플레이션율이 3%일 때, 손해를 보는 경제주체를 모두 고른 것은? ▶ 2012년 감정평가사

ㄱ. 고정금리로 정기예금에 가입한 가계
ㄴ. 고정된 봉급의 임금계약을 체결한 근로자
ㄷ. 고정금리로 국채를 발행한 정부
ㄹ. 고정금리로 주택담보 대출을 받은 차입자

① ㄱ, ㄴ   ② ㄴ, ㄷ   ③ ㄷ, ㄹ
④ ㄱ, ㄷ   ⑤ ㄴ, ㄹ

출제이슈 인플레이션의 효과(비용)
핵심해설 정답 ③

예상보다 낮은 인플레이션으로 인한 효과를 묻고 있다.

먼저 예상보다 높은 인플레이션으로 인하여 부와 소득의 재분배가 나타나는데 특히 인플레이션으로 인하여 화폐가치가 하락함에 따라 고정된 채무액을 변제받는 채권자는 손해를 보고, 반대로 고정된 채무액을 변제하는 채무자는 이익을 보게 된다. 따라서 예상보다 낮은 인플레이션으로 채권자는 이득을 보고 채무자는 손해를 보게 된다.

예상보다 낮은 인플레이션으로 인하여 화폐의 가치가 상승하게 되므로 고정된 금전소비대차금액을 지불하는 측인 채무자는 실질이자율의 상승으로 손해를 보고 지불받는 측인 채권자는 실질이자율의 상승으로 이득을 본다. 따라서 예상보다 낮은 인플레이션으로 인해서 채무자에게서 채권자에게로 소득재분배가 나타난다.

예상되지 않은 인플레이션으로 인해서 고정연금이나 고정봉급의 실질가치가 하락하는 경우 고정연금 수령자와 고정된 화폐소득을 얻는 봉급생활자에게 매우 불리할 뿐만 아니라 예상치 못한 인플레이션으로 고정연금의 가치를 예상할 수 없기 때문에 향후 합리적인 지출계획 등을 세우는 것도 어려워지게 된다. 반대로 예상보다 낮은 인플레이션이 발생할 경우 고정연금이나 고정봉급의 실질가치가 상승하여 고정연금 수령자와 고정봉급생활자는 유리해진다.

위의 내용에 따라서 설문을 검토하면, 고정금리로 정기예금에 가입한 가계와 고정된 봉급의 임금계약을 체결한 근로자는 모두 채권자의 지위에서 이득을 본다. 그리고 고정금리로 국채를 발행한 정부와 고정금리로 주택담보 대출을 받은 차입자 모두 채무자의 지위에서 손해를 본다.

인플레이션 조세(inflation tax)에 관한 설명으로 옳은 것은? ▶ 2012년 감정평가사

① 물가가 상승함에 따라 납세자들이 더 높은 세율 등급을 적용받아 납부하는 소득세로 정의된다.

② 물가가 상승함에 따라 경제주체가 보유하고 있는 통화의 실질가치가 상승할 때 발생한다.

③ 세율이 인상됨에 따라 인플레이션율이 상승하는 것을 의미한다.

④ 정부가 정부채권을 시중금융기관으로부터 매입함으로써 발생한 이자율 하락으로 인한 금융자산의 가격하락을 의미한다.

⑤ 정부가 통화량을 증가시켜 재정자금을 조달할 때, 발생한다.

출제이슈 인플레이션 조세
핵심해설 정답 ⑤

인플레이션 조세란 통화량 증가로 인한 인플레이션이 마치 조세와 같이 화폐보유자에게 부담을 초래하는 것을 의미한다. 이는 반대로 화폐발행자에게 주조차익의 이득을 주게 된다. 만일 물가상승이 오로지 통화증가에 의해서만 발생하는 극단적인 경우라면 화폐발행이득은 인플레이션세가 된다.

1) 화폐보유자와 인플레이션세
  ① 인플레이션세의 부담자는 화폐를 보유한 민간경제주체가 된다.
  ② 물가상승에 따라서 실질잔고가 감소한다(민간의 화폐실질잔고는 물가상승률만큼 가치 하락).
  ③ 인플레이션세는 물가상승률에다 보유한 실질화폐량을 곱한 만큼이 된다.
      (인플레이션세 = 물가상승률 × 실질화폐량)

2) 화폐발행자와 주조차익
  ① 정부는 통화량를 증가시킴에 따라서 주조차익을 획득할 수 있다.
  ② 정부가 세금부과나 차입 등으로 재원을 조달할 수 없는 경우 주로 발생한다.
  ③ 주조차익(시뇨리지)은 통화증가율에다 유통되는 실질화폐량을 곱한 만큼이 된다.
      (주조차익 = 통화증가율 × 실질화폐량)

주조차익(seigniorage)과 인플레이션 조세(inflation tax)에 관한 설명으로 옳은 것은?

▶ 2025년 감정평가사

① 실물변수가 변화하지 않는 장기 균형 상황에서는 주조차익과 인플레이션 조세는 같다.

② 인플레이션이 발생하지 않으면, 주조차익은 0이다.

③ 통화량이 감소하면, 주조차익은 증가한다.

④ 물가상승률이 통화증가율보다 크면, 인플레이션 조세가 주조차익보다 작다.

⑤ 통화증가율이 0이고 인플레이션이 커지면, 주조차익도 커진다.

출제이슈 주조차익과 인플레이션세
핵심해설 정답 ①

1) 인플레이션세 = 물가상승률 × 실질화폐량
2) 주조차익(시뇨리지) = 통화증가율 × 실질화폐량
3) 장기균형하에서 물가상승률과 통화증가율이 일치하는 경우 인플레이션세와 주조차익은 같다.

Issue 06 인플레이션과 이자율

실질이자율이 가장 높은 것은?　　　　　　　▶ 2016년 감정평가사

① 명목이자율 = 1%,　물가상승률 = 1%

② 명목이자율 = 1%,　물가상승률 = −10%

③ 명목이자율 = 5%,　물가상승률 = 1%

④ 명목이자율 = 10%, 물가상승률 = 1%

⑤ 명목이자율 = 10%, 물가상승률 = 10%

출제이슈 피셔방정식
핵심해설 정답 ②

피셔방정식은 명목이자율과 실질이자율, 인플레이션율 간의 식으로서 아래와 같다.

명목이자율 i_t = 실질이자율 r_t + 기대인플레이션율 π_t^e

피셔방정식에 의하면, 통화량이 증가하더라도 명목이자율이 하락하지 않고 오히려 상승할 수 있음을 알 수 있다. 즉, 화폐시장에서 통화량이 증가하여 단기적으로 명목이자율이 하락하더라도 인플레이션기대가 상승할 경우에는 장기적으로 명목이자율이 상승할 수 있다.

만일 실질이자율이 불변인 경우, 기대인플레이션율과 명목이자율 간 일대일 대응관계를 나타내는데 이를 피셔효과라고 한다. 그러나, 예상치 못한 인플레이션으로 인하여 인플레이션율을 예상하기 어려운 경우에는 피셔방정식 및 피셔효과가 성립하기 어렵게 된다.

위의 내용에 따라서 설문을 검토하면 다음과 같다.

① 명목이자율 = 1%, 물가상승률 = 1%
　따라서 피셔방정식에 의하면 실질이자율은 명목이자율에서 물가상승률을 차감한 0%가 된다.

② 명목이자율 = 1%, 물가상승률 = −10%
　따라서 피셔방정식에 의하면 실질이자율은 명목이자율에서 물가상승률을 차감한 11%가 된다.

③ 명목이자율 = 5%, 물가상승률 = 1%
　따라서 피셔방정식에 의하면 실질이자율은 명목이자율에서 물가상승률을 차감한 4%가 된다.

④ 명목이자율 = 10%, 물가상승률 = 1%
　따라서 피셔방정식에 의하면 실질이자율은 명목이자율에서 물가상승률을 차감한 9%가 된다.

⑤ 명목이자율 = 10%, 물가상승률 = 10%
　따라서 피셔방정식에 의하면 실질이자율은 명목이자율에서 물가상승률을 차감한 0%가 된다.

정기예금의 실질수익률은 실질이자율이다. 현금보유의 실질수익률은? ▶ 2012년 감정평가사

① 실질이자율
② 실질이자율의 마이너스 값
③ 인플레이션율
④ 인플레이션율의 마이너스 값
⑤ 실질이자율과 인플레이션율의 합

출제이슈 피셔방정식
핵심해설 정답 ④

화폐보유의 수익률과 채권보유 혹은 정기예금의 수익률을 비교하면 다음과 같다.

1) 화폐보유의 명목수익률 0, 실질수익률 $-\pi_t^e$

   화폐보유의 명목수익률은 0이므로, 피셔방정식 $i_t = r_t + \pi_t^e$ 에 따르면 화폐보유의 실질수익률은 $-\pi_t^e$ 이 된다.

2) 채권보유의 명목수익률 i_t, 실질수익률 $i_t - \pi_t^e$

   채권보유 혹은 정기예금의 명목수익률은 i_t이므로, 피셔방정식 $i_t = r_t + \pi_t^e$ 에 따르면 채권보유의 실질수익률은 $i_t - \pi_t^e$ 가 된다.

갑국과 을국의 실질이자율과 인플레이션은 다음 표와 같다. 명목이자소득에 대해 각각 25%의 세금이 부과될 경우, 갑국과 을국의 세후 실질이자율은 각각 얼마인가? (단, 피셔효과가 성립한다.)

▶ 2019년 감정평가사

	갑국	을국
실질이자율	4%	4%
인플레이션율	0%	8%

① 3%, 1%　　　　② 3%, 3%　　　　③ 3%, 9%
④ 4%, 4%　　　　⑤ 4%, 12%

출제이슈 피셔방정식과 과세
핵심해설 정답 ①

실질이자율은 현실적으로 관찰하는 것이 어려우므로 다음과 같이 피셔방정식을 통하여 계산한다. 다만, 본 문제에서는 실질이자율이 주어진 것으로 되어 있다.

이때, 과세 여부에 주의해야 한다. 세전의 경우에는 세전명목이자율을 사용하고, 세후의 경우에는 세후명목이자율을 사용하여 세전과 세후의 실질이자율을 구할 수 있다. 만일 세율을 t라고 했을 때, 세전명목이자율이 i_t라면, 세후명목이자율은 $i_t(1-t)$가 된다. 그리고, 세전이든 세후든 기대인플레이션율은 동일한 것으로 한다. 이를 정리하면 다음과 같다.

1) 피셔방정식 : 명목이자율 i_t = 실질이자율 r_t + 기대인플레이션율 π_t^e
2) 세전의 경우 : 세전명목이자율 i_t = 세전실질이자율 r_t + 기대인플레이션율 π_t^e
　　따라서 세전실질수익률은 $i_t - \pi_t^e$ 가 된다.
3) 세후의 경우 : 세후명목이자율 $i_t(1-t)$ = 세후실질이자율 r_t + 기대인플레이션율 π_t^e
　　따라서 세후실질수익률 $i_t(1-t) - \pi_t^e$ 가 된다.

설문에서 주어진 자료를 이용하여 세후실질이자율을 구하면 다음과 같다.

1) 갑국의 경우
　　설문에서 갑국의 세전실질이자율 $r_t = 0.04$, 인플레이션율 $\pi_t = 0$, 소득세율은 25%로 주어졌다.
　　① 먼저 세전명목이자율은 피셔방정식에 의하여 $i_t = 0.04$가 됨을 쉽게 알 수 있다.
　　② 이제 과세되어 세후명목이자율은 $i_t(1-t) = 0.04(1-0.25) = 0.03$이 된다.
　　③ 따라서 세후실질이자율은 $i_t(1-t) - \pi_t = 0.04(1-0.25) - 0 = 0.03 - 0 = 0.03$이 된다.

2) 을국의 경우
　　설문에서 을국의 세전실질이자율 $r_t = 0.04$, 인플레이션율 $\pi_t = 0.08$, 소득세율은 25%로 주어졌다.
　　① 먼저 세전명목이자율은 피셔방정식에 의하여 $i_t = 0.12$가 됨을 쉽게 알 수 있다.
　　② 이제 과세되어 세후명목이자율은 $i_t(1-t) = 0.12(1-0.25) = 0.09$가 된다.
　　③ 따라서 세후실질이자율은 $i_t(1-t) - \pi_t = 0.12(1-0.25) - 0.08 = 0.09 - 0.08 = 0.01$이 된다.

실질이자율이 4%, 기대인플레이션율이 8%일 때, 명목이자소득에 대해 25%의 세금이 부과되는 경우, 세후 명목이자율과 세후 기대실질이자율은 각각 얼마인가? (단, 피셔효과가 성립한다.)

▶ 2013년 감정평가사

① 8%, 9%　　　　② 8%, 25%　　　　③ 9%, 1%

④ 9%, 4%　　　　⑤ 9%, 8%

출제이슈 피셔방정식과 과세
핵심해설 정답 ③

실질이자율은 현실적으로 관찰하는 것이 어려우므로 다음과 같이 피셔방정식을 통하여 계산한다.

이때, 과세 여부에 주의해야 한다. 세전의 경우에는 세전명목이자율을 사용하고, 세후의 경우에는 세후명목이자율을 사용하여 세전과 세후의 실질이자율을 구해야 한다. 만일 세율을 t 라고 했을 때, 세전명목이자율이 i_t 라면, 세후 명목이자율은 $i_t(1-t)$ 가 된다. 그리고, 세전이든 세후든 기대인플레이션율은 동일한 것으로 한다. 이를 정리하면 다음과 같다.

1) 피셔방정식 : 명목이자율 i_t = 실질이자율 r_t + 기대인플레이션율 π_t^e

2) 세전의 경우 : 세전명목이자율 i_t = 세전실질이자율 r_t + 기대인플레이션율 π_t^e

　　따라서 세전실질수익률은 $i_t - \pi_t^e$ 가 된다.

3) 세후의 경우 : 세후명목이자율 $i_t(1-t)$ = 세후실질이자율 r_t + 기대인플레이션율 π_t^e

　　따라서 세후실질수익률은 $i_t(1-t) - \pi_t^e$ 가 된다.

설문에서 주어진 자료를 이용하여 세후실질이자율을 구하면 다음과 같다.

설문에서 실질이자율 $r_t = 0.04$, 기대인플레이션율 $\pi_t^e = 0.08$, 소득세율은 25%로 주어졌다. 따라서 피셔방정식에 의하여 세전명목이자율은 $i_t = 0.04 + 0.08 = 0.12$가 된다.

1) 먼저 세후명목이자율은 $i_t(1-t) = 0.12(1-0.25) = 0.09$가 된다.

2) 따라서 세후실질이자율은 $i_t(1-t) - \pi^e = 0.12(1-0.25) - 0.08 = 0.09 - 0.08 = 0.01$이 된다.

이자율과 관련된 피셔효과(Fisher effect)의 설명으로 옳은 것은?　　　▶ 2011년 감정평가사

① 기대인플레이션율이 상승하면 명목이자율은 상승한다.

② 피셔효과는 실질이자율에서 물가상승률을 뺀 것이다.

③ 통화량이 증가하면 이자율은 하락한다.

④ 소득이 증가하면 이자율은 상승한다.

⑤ 통화량 증가와 이자율과는 연관이 없다.

출제이슈 피셔효과
핵심해설 정답 ①

피셔방정식은 명목이자율과 실질이자율, 인플레이션율 간의 식으로서 아래와 같다.

　명목이자율 i_t = 실질이자율 r_t + 기대인플레이션율 π_t^e

피셔방정식에 의하면, 통화량이 증가하더라도 명목이자율이 하락하지 않고 오히려 상승할 수 있음을 알 수 있다. 즉, 화폐시장에서 통화량이 증가하여 단기적으로 명목이자율이 하락하더라도 인플레이션기대가 상승할 경우에는 장기적으로 명목이자율이 상승할 수 있다.

만일 실질이자율이 불변인 경우, 기대인플레이션율과 명목이자율 간 일대일 대응관계를 나타내는데 이를 피셔효과라고 한다. 그러나, 예상치 못한 인플레이션으로 인하여 인플레이션율을 예상하기 어려운 경우에는 피셔방정식 및 피셔효과가 성립하기 어렵게 된다.

① 옳은 내용이다.
　피셔효과에 의하면 기대인플레이션율이 상승하면 명목이자율은 상승한다.

② 틀린 내용이다.
　피셔효과에 의하면 실질이자율은 명목이자율에서 기대인플레이션율 혹은 물가상승률을 뺀 것이다.

③ 틀린 내용이다.
　유동성효과에 의하면 통화량이 증가하면 화폐시장에서 초과공급이 발생하면서 이자율은 하락한다.

④ 틀린 내용이다.
　소득이 증가하면 화폐시장에서 화폐에 대한 수요의 증가로 인하여 이자율은 상승한다.

⑤ 틀린 내용이다.
　통화량 증가로 기대인플레이션율이 상승하면 명목이자율이 상승한다.

다음 중 옳은 것을 모두 고른 것은? (단, 피셔효과가 성립한다.) ▶ 2015년 감정평가사

ㄱ. 실질이자율은 명목이자율에서 인플레이션율을 뺀 것이다.
ㄴ. 예상보다 높은 인플레이션율은 채무자에게 유리하고 채권자에게는 불리하다.
ㄷ. 예상되는 미래인플레이션율의 상승은 예상되는 실질이자율을 상승시킨다.

① ㄱ   ② ㄴ   ③ ㄱ, ㄴ
④ ㄱ, ㄷ   ⑤ ㄴ, ㄷ

출제이슈 피셔방정식, 피셔효과, 먼델 – 토빈효과
핵심해설 정답 ③

ㄱ. 옳은 내용이다.
피셔방정식은 명목이자율과 실질이자율, 인플레이션율 간의 식으로서 실질이자율은 명목이자율에서 인플레이션율을 뺀 것이다.

ㄴ. 옳은 내용이다.
예상하지 못한 인플레이션으로 인하여 화폐의 가치가 하락하게 되므로 고정된 금전소비대차금액을 지불하는 측인 채무자는 실질이자율의 하락으로 이득을 보고, 지불받는 측인 채권자는 실질이자율의 하락으로 손해를 본다. 따라서 인플레이션으로 인해서 채권자에게서 채무자에게로 소득재분배가 나타난다. 참고로 기대인플레이션율이 상승하는 경우 명목이자율이 일정할 때, 실질이자율이 하락하게 되는데 이를 먼델 – 토빈효과라고 한다.

ㄷ. 틀린 내용이다.
본 설문을 단순히 피셔방정식 차원에서 풀면 다음과 같다.
피셔방정식은 "명목이자율 i_t = 실질이자율 r_t + 기대인플레이션율 π_t^e"이므로 예상되는 미래인플레이션의 상승은 단순히 기계적으로 계산되어 나오는 실질이자율의 하락으로 이어짐을 알 수 있다.

그러나 이를 좀 더 엄밀하게 피셔효과와 먼델 – 토빈효과 차원에서 풀면 다음과 같다.

1) 만일 실질이자율이 불변인 경우, 기대인플레이션율과 명목이자율 간 일대일 대응관계를 나타내는데 이를 피셔효과라고 한다. 따라서 예상되는 미래인플레이션율의 상승은 명목이자율을 상승시킨다.

2) 만일 실질이자율이 변화하는 경우에는 기대인플레이션율이 변화하더라도 명목이자율 간의 일대일 관계는 성립하지 않는다. 특히, 기대인플레이션율이 상승하는 경우 명목이자율이 일정할 때, 실질이자율이 하락하여 투자가 증가하게 되는데 이를 먼델 – 토빈효과라고 한다. 따라서 예상되는 미래인플레이션율의 상승은 실질이자율을 하락시킨다.

투자가 실질 이자율에 의해 결정되는 폐쇄경제 $IS-LM$모형에서 기대 인플레이션이 상승할 때 나타나는 결과로 옳은 것은? (단, IS곡선은 우하향, LM곡선은 우상향한다.)

▶ 2022년 감정평가사

① 명목 이자율과 실질 이자율이 모두 상승한다.
② 명목 이자율과 실질 이자율이 모두 하락한다.
③ 명목 이자율은 하락하고, 실질 이자율은 상승한다.
④ 실질 이자율은 상승하고, 생산량은 감소한다.
⑤ 실질 이자율은 하락하고, 생산량은 증가한다.

출제이슈 기대인플레이션의 상승과 먼델 – 토빈효과
핵심해설 정답 ⑤

원래 이 문제는 기대인플레이션이 반영된 $IS-LM$모형을 이용하여 쉽게 풀 수 있다. 그러나 해당 모형은 감정평가사 수험수준을 넘으므로 불필요하다. 따라서 이하에서는 피셔효과와 먼델 – 토빈효과를 통해서 쉽게 풀기로 한다.

먼저 피셔방정식은 명목이자율과 실질이자율, 인플레이션율 간의 식으로서 아래와 같다.

　명목이자율 i_t = 실질이자율 r_t + 기대인플레이션율 π_t^e

피셔방정식에 의하면, 통화량이 증가하더라도 명목이자율이 하락하지 않고 오히려 상승할 수 있음을 알 수 있다. 즉, 화폐시장에서 통화량이 증가하여 단기적으로 명목이자율이 하락하더라도 인플레이션기대가 상승할 경우에는 장기적으로 명목이자율이 상승할 수 있다.

만일 실질이자율이 불변인 경우, 기대인플레이션율과 명목이자율 간 일대일 대응관계를 나타내는데 이를 피셔효과라고 한다. 그러나, 만일 실질이자율이 변화하는 경우에는 기대인플레이션율이 변화하더라도 명목이자율 간의 일대일 관계는 성립하지 않는다. 특히, 기대인플레이션율이 상승하는 경우 실질이자율이 하락하여 투자가 증가하게 되는데 이를 먼델 – 토빈효과라고 한다.

먼델 – 토빈효과에 의하면 기대인플레이션율이 상승할 경우 명목자산(화폐)에 대한 수익률이 하락하므로 명목자산에 대한 수요가 감소하고 대신 실물자산에 대한 수요가 증가한다. 이는 실물자산 가격의 상승으로 이어져서 실물자산의 공급이 증가한다. 이에 따라 자본의 한계생산성이 하락하게 되므로 실질이자율은 하락한다. 결국 기대인플레이션율의 상승으로 실질이자율이 하락하여 투자가 증가하게 되는 것이다.

위의 내용에 따라서 설문을 검토하면 다음과 같다.

기대인플레이션이 상승하면 명목자산보다는 실질자산에 대한 수요가 증가하면서 실물자산가격이 상승한다. 이에 따른 실물자산의 공급증가는 자본의 한계생산성 하락과 실질이자율 하락을 가져온다. 이에 따라 투자가 증가하여 생산이 증가한다. 한편, 피셔방정식에 의하면, 기대인플레이션율이 상승하고 실질이자율이 불변인 경우에 명목이자율은 상승한다. 만일 기대인플레이션율이 상승하고 실질이자율이 하락하는 경우에는 명목이자율의 상승폭이 실질이자율이 불변인 경우에 비해 제한될 수 있다.

> 화폐의 중립성이 성립하면 발생하는 현상으로 옳은 것은? ▶ 2021년 감정평가사
>
> ① 장기적으로는 고전적 이분법을 적용할 수 없다.
> ② 통화정책은 장기적으로 실업률에 영향을 줄 수 없다.
> ③ 통화정책은 장기적으로 실질 경제성장률을 제고할 수 있다.
> ④ 통화정책으로는 물가지수를 관리할 수 없다.
> ⑤ 중앙은행은 국채 매입을 통해 실질이자율을 낮출 수 있다.

출제이슈 화폐의 중립성
핵심해설 정답 ②

화폐의 중립성(the neutrality of money)은 통화량의 증가가 국민소득과 같은 주요 실질변수에 영향을 미치지 못하며 물가, 명목임금과 같은 명목변수에만 영향을 미치는 것을 말한다. 이는 명목변수와 실물변수가 완전히 분리되어 있다는 고전적 이분성(dichotomy)을 의미한다. 그러나 고전학파의 견해와는 달리 통화론자는 고전적 이분법을 받아들이지 않으며 화폐가 실물부문에 미치는 영향이 강력하다고 주장한다. 물론 장기의 경우에는 대부분의 학파와 경제학자 모두 화폐의 중립성을 인정한다.

위의 분석내용에 따라 설문을 검토하면 다음과 같다.

① 틀린 내용이다.
    화폐의 중립성(the neutrality of money)은 통화량의 증가가 국민소득과 같은 주요 실질변수에 영향을 미치지 못하며 물가, 명목임금과 같은 명목변수에만 영향을 미치는 것을 말한다. 이는 명목변수와 실물변수가 완전히 분리되어 있다는 고전적 이분성(dichotomy)을 의미한다.

② 옳은 내용이다.
    화폐의 중립성은 통화량의 증가가 국민소득과 같은 주요 실질변수에 영향을 미치지 못하며 물가, 명목임금과 같은 명목변수에만 영향을 미치는 것이다. 따라서 통화정책으로는 장기적으로 실업률에 영향을 줄 수 없다.

③ 틀린 내용이다.
    화폐의 중립성은 통화량의 증가가 국민소득과 같은 주요 실질변수에 영향을 미치지 못하며 물가, 명목임금과 같은 명목변수에만 영향을 미치는 것이다. 따라서 통화정책으로는 장기적으로 실질 경제성장률에 영향을 줄 수 없다.

④ 틀린 내용이다.
    명목변수인 통화량의 변화는 명목변수인 물가수준만을 비례적으로 변화시키기 때문에 물가지수를 관리할 수 있다.

⑤ 틀린 내용이다.
    명목변수인 통화량의 변화는 명목변수인 물가수준만을 비례적으로 변화시킬 뿐 실물변수는 실물경제에서 독립적으로 결정되기 때문에 국채 매입 등의 통화정책으로는 실질이자율에 영향을 줄 수 없다.

추가하여 화폐의 중립성에 대한 심화적 학습으로 경기변동과 통화량 간의 관계를 화폐의 중립성 관점에서 살펴보도록 하자.

먼저 고전학파에 의하면, 단기에서도 가격이 즉각적이고 연속적으로 조정되기 때문에 화폐는 중립적이다. 즉, 명목통화량의 변화는 비례적으로 물가만을 변화시킬 뿐이고 실질변수에는 아무런 영향을 미치지 못한다. 이러한 화폐의 중립성 견해에 따르면 통화량의 변화는 경기변동의 원인이 될 수 없다.

그러나 통화정책에 대한 실증적 분석에 의하면, 화폐는 단기에서 비중립적이다. 즉, 통화량의 변화는 실질국민소득을 변화시킨다. 합리적 기대와 정보의 불완전성하에서 예상치 못한 통화량의 변화는 실질국민소득을 변화시키는 경기변동을 야기하는데 이를 화폐적 균형경기변동이론이라고 한다.

이에 대하여 실물적 균형경기변동이론에 의하면, 통화량의 변화가 경기변동과 밀접한 관련을 가지는 것은 통화정책이 효과가 있어서가 아니라, 경기변동에 따라서 통화량이 내생적으로 변화한 것이기 때문이라고 주장한다. 즉, 통화량의 변화는 경기변동의 원인이 아니라 결과라는 것이며, 따라서 여전히 화폐는 장기뿐만 아니라 단기에서도 중립적이며 이분성이 성립한다.

그리고, 통화론자에 의하면 단기에는 확대통화정책에 의해서 실업률을 자연실업률보다 낮은 수준으로 달성시키고, 산출 수준을 장기 산출량보다 더 높게 달성시킬 수 있으므로 화폐가 실물부문에 영향을 미침을 의미한다. 즉, 단기에는 화폐가 비중립적이다. 그러나 장기에는 실업률이 다시 종전의 자연실업률 수준으로 되돌아가게 되고 산출도 자연산출량 수준으로 회귀하므로 결국 화폐가 실물부문에 영향을 주지 못함을 의미한다. 즉, 장기에는 화폐가 중립적이다.

Issue 07 필립스곡선

필립스곡선에 관한 설명으로 옳은 것을 모두 고른 것은? ▶ 2013년 감정평가사

ㄱ. 원유가격의 상승은 단기 필립스곡선을 아래쪽으로 이동시킨다.
ㄴ. 기대인플레이션의 상승은 단기 필립스곡선을 아래쪽으로 이동시킨다.
ㄷ. 합리적 기대하에서 예상치 못한 통화정책은 인플레이션율과 실업률의 조합점을 단기 필립스곡선상에서 이동시킨다.
ㄹ. 적응적 기대하에서 통화정책은 인플레이션과 실업률의 조합점을 단기 필립스곡선상에서 이동시킨다.

① ㄱ, ㄴ   ② ㄱ, ㄷ   ③ ㄴ, ㄷ
④ ㄴ, ㄹ   ⑤ ㄷ, ㄹ

출제이슈 필립스곡선
핵심해설 정답 ⑤

ㄱ. 틀린 내용이다.
원유가격의 상승으로 인해 단기 필립스곡선은 아래쪽이 아니라 우상방으로 이동한다. 유가 상승, 원자재 가격 상승 등 불리한 공급충격이 발생할 경우 총공급곡선이 좌상방으로 이동하게 된다. 이는 공급측면에서 생산비용의 상승으로 나타나는 것이다. 이로 인해서 물가는 상승하고 생산은 감소하고 실업률은 상승한다. 이를 경기침체 상태에서의 인플레이션이라는 의미로 스태그플레이션이라고 한다. 스태그플레이션을 필립스곡선에서 해석하면, 필립스곡선이 우상방으로 이동하면서 실업률과 인플레이션율이 동시에 상승하는 현상이다.

ㄴ. 틀린 내용이다.
프리드만과 펠프스에 의하면 적응적 기대가 반영된 기대부가 필립스곡선은 $\pi_t = \pi_t^e - b(u_t - u_N)$이며, 기대인플레이션의 상승은 필립스곡선을 상방으로 이동시킨다.

ㄷ, ㄹ. 모두 옳은 내용이다.
통화정책이 실시되면 총수요곡선이 이동하면서 산출과 물가가 변화하게 된다. 이를 필립스곡선을 통해 살펴보면 통화정책으로 인하여 인플레이션율과 실업률의 조합점이 단기 필립스곡선상에서 이동하는 것으로 나타난다. 확장적 통화정책에 의하면 높은 인플레이션과 낮은 실업률의 조합점으로, 반대로 긴축적 통화정책에 의하면 낮은 인플레이션과 높은 실업률의 조합점으로 이동한다.

만일 합리적 기대하에서 예상된 정책이 시행되었다면 장기 필립스곡선상에서 이동하게 되지만, 합리적 기대하에서라도 예상치 못한 정책이 시행되었다면 단기적으로는 단기 필립스곡선상에서 이동하게 되어 정책효과가 발현된다.

필립스곡선에 관한 설명으로 옳지 않은 것은?

▶ 2023년 감정평가사

① 필립스(A. W. Phillips)는 임금상승률과 실업률 간 음(−)의 경험적 관계를 발견했다.
② 우상향하는 단기 총공급곡선과 오쿤의 법칙(Okun's Law)을 결합하면 필립스곡선의 이론적 근거를 찾을 수 있다.
③ 적응적 기대를 가정하면 장기에서도 필립스곡선은 우하향한다.
④ 단기 총공급곡선이 가파른 기울기를 가질수록 필립스곡선은 가파른 기울기를 가진다.
⑤ 새고전학파(New Classical)는 합리적 기대를 가정할 경우 국민소득의 감소 없이 인플레이션을 낮출 수 있다고 주장한다.

출제이슈 필립스곡선
핵심해설 정답 ③

① 옳은 내용이다.
경제학자 필립스에 의하면 필립스곡선은 원래 명목임금상승률과 실업률 간에 부의 상관관계에 있음을 나타내는 곡선이다. 이후 필립스곡선은 인플레이션율과 실업률 간에 부의 상관관계를 나타내는 것으로 발전하였다. 단기 필립스곡선은 인플레이션율(명목임금상승률)과 실업률 간에 단기적으로 부의 상관관계에 있음을 나타내는 곡선이다.

② 옳은 내용이다.
단기 필립스곡선에 오쿤의 법칙을 적용할 경우, 필립스곡선은 총공급곡선을 의미한다. 반대로 총공급곡선에 오쿤의 법칙을 적용할 경우, 단기 필립스곡선을 도출할 수 있다. 즉, 필립스곡선이 인플레이션과 실업의 분석이라면, 총공급곡선은 물가와 소득(산출)의 분석이다.

③ 틀린 내용이다.
물가에 대한 예상이 노동시장과 총생산에 큰 영향을 미칠 수 있음을 고려하면 필립스곡선도 기대를 반영하여 $\pi_t = \pi_t^e - b(u_t - u_N)$와 같이 표현할 수 있다. 이를 기대가 부가된 필립스곡선이라고 한다. 특히 이는 적응적 기대가 반영된 것으로서 프리드만과 펠프스에 의하여 개발되었다.

참고로 적응적 기대(adaptive expectation)란 기대형성 방식 중의 하나로서 경제주체들이 예상을 함에 있어서 과거 예측오차의 일부를 반영하여 새로운 기대를 형성하는 방식을 의미한다. 예를 들어 과거의 물가예상에 있어서 기대인플레이션율이 3%이고, 실제인플레이션율이 5%라고 하면 예측오차가 2%가 된다. 이제 새로운 물가예상에 있어서 적응적 기대를 사용한다면, 이 경제주체는 과거의 기대인플레이션율 3%에 예측오차 2%의 일부를 반영하여 3%에서 5% 사이로 예상물가를 결정할 것이다. 이를 수식으로 나타내면 다음과 같다.

$P^e_{t+1} = P^e_t + \theta(P_t - P^e_t), 0 \le \theta \le 1,$

P^e_{t+1} : t기에 예상하는 $t+1$기의 예상물가,　P^e_t : $t-1$기에 예상한 t기의 예상물가

θ : 예측오차의 반영비율,　P_t : t기의 실제물가

장기에는 노동자와 기업의 물가상승률에 대한 기대가 정확하므로, 실제물가상승률을 반영할 수 있어서 기대물가상승률과 일치한다. 이런 경우 필립스곡선은 자연실업률 수준에서 수직인 형태가 되는데 이를 장기 필립스곡선이라고 한다.

④ 옳은 내용이다.

만일 단기 총공급곡선이 가파르다면, 물가가 상승하는 경우 산출의 증가가 크지 않은 경우이므로 이를 단기 필립스곡선에서 해석하면, 물가가 상승하는 경우 실업률의 감소가 크지 않은 경우라고 할 수 있다. 따라서 물가가 상승하면 실업률이 감소하는데 만일 물가가 상승해도 실업률이 많이 감소하지 않는다면, 단기 필립스곡선은 가파르다고 할 수 있다. 정리하자면, 단기 총공급곡선이 가파를수록 단기 필립스곡선도 가파르다. 극단적으로 장기에 총공급곡선이 완전고용산출량 수준에서 수직이면 장기에 필립스곡선도 자연실업률 수준에서 수직이 된다.

⑤ 옳은 내용이다.

만일 정부의 정책 변화에 따라서 민간의 기대인플레이션율이 즉각적으로 변화한다면, 실업률의 증가라는 고통이 없이도 인플레이션율을 줄이는 것이 가능해지는데 이를 새고전학파는 고통 없는 인플레이션 감축(painless disinflation)이라고 한다. 루카스 등 새고전학파에 의하면 점진전략에 의한 반인플레이션 정책은 오랜 기간 동안 경기침체를 유발하기 때문에 목표한 바대로 끝까지 가지 못하고 중도에 포기되는 경우가 많다고 한다. 만일 통화당국이 물가안정을 위해서 긴축적인 통화정책을 시행할 것을 사전에 공표하고 이에 대해 민간부문이 정부정책을 신뢰한다면, 합리적인 민간부문은 기대인플레이션율을 낮게 조정할 것이다. 이제 정책이 시행과 동시에 곧바로 기대인플레이션율이 하락하여 단기 필립스곡선이 하방으로 이동하게 될 것이다. 이 경우에는 합리적 기대에 근거하여 국민소득의 감소 및 실업률의 증가라는 고통이 없이도 물가만 하락시키는 것이 가능하다.

필립스 곡선에 관한 설명으로 옳지 않은 것은?　　　　　　　　　　▶ 2025년 감정평가사

① 우하향하는 필립스 곡선에서 인플레이션 감축을 위해서는 실업률 증가를 감수해야 한다.
② 단기 총공급곡선이 가파를수록 단기 필립스곡선은 가파른 모양을 가진다.
③ 물가상승률과 경제성장률의 관계에 오쿤의 법칙을 적용하면 필립스 곡선을 도출할 수 있다.
④ 합리적 기대에 따라 필립스 곡선이 즉시 이동하면, 실업율의 증가 없이 인플레이션을 감축할 수 있다.
⑤ 기대 인플레이션이 상승하면 필립스 곡선은 좌측으로 이동한다.

출제이슈 필립스곡선
핵심해설 정답 ⑤

기대가 부가된 필립스곡선에서 기대인플레이션이 상승하면 필립스곡선은 우상방으로 이동한다.

다음 그림은 A국의 인플레이션율과 실업률 사이의 단기적 상충관계를 나타내는 필립스곡선이다. 이 관계에 근거하여 단기적으로 실업률을 낮추기 위한 정부의 정책방향으로 옳은 것은? (단, 세로축은 인플레이션율, 가로축은 실업률이고 단위는 %이다.)

▶ 2012년 감정평가사

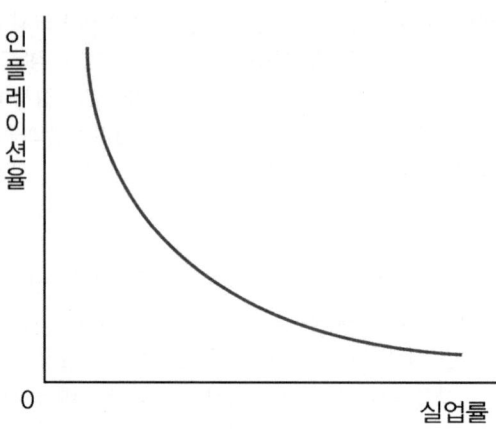

① 정부지출을 감소시킨다.
② 소득세를 인하한다.
③ 통화량을 감소시킨다.
④ 기준금리를 인상한다.
⑤ 법인세를 인상한다.

출제이슈 필립스곡선
핵심해설 정답 ②

경제학자 필립스에 의하면 필립스곡선은 원래 명목임금상승률과 실업률 간에 부의 상관관계에 있음을 나타내는 곡선이다. 이후 필립스곡선은 인플레이션율과 실업률 간에 부의 상관관계를 나타내는 것으로 발전하였다. 단기 필립스곡선은 인플레이션율(명목임금상승률)과 실업률 간에 단기적으로 부의 상관관계에 있음을 나타내는 곡선이다.

정부정책이 실시되면 총수요곡선이 이동하면서 산출과 물가가 변화하게 된다. 이를 필립스곡선을 통해 살펴보면 통화정책으로 인하여 인플레이션율과 실업률의 조합점이 단기 필립스곡선상에서 이동하는 것으로 나타난다. 확장적 정책에 의하면 높은 인플레이션과 낮은 실업률의 조합점으로, 반대로 긴축적 정책에 의하면 낮은 인플레이션과 높은 실업률의 조합점으로 이동한다.

설문에서 단기적으로 실업률을 낮추기 위해서는 확장적 정책이 필요하므로 정부지출 증가, 소득세 인하, 법인세 인하, 기준금리 인하, 통화량 증가와 맥을 같이 한다. 이를 필립스곡선으로 해석하면 높은 인플레이션과 낮은 실업률의 조합점으로 이동하게 된다.

> **필립스(Phillips)곡선에 관한 설명으로 옳은 것은?**
> ▶ 2017년 감정평가사
>
> ① 필립스(A. W. Phillips)는 적응적 기대 가설을 이용하여 최초로 영국의 실업률과 인플레이션 간의 관계가 수직임을 그래프로 보였다.
> ② 1970년대 석유파동 때 미국의 단기 필립스곡선은 왼쪽으로 이동되었다.
> ③ 단기 총공급곡선이 가파를수록 단기 필립스곡선은 가파른 모양을 가진다.
> ④ 프리드먼(M. Friedman)과 펠프스(E. Phelps)에 따르면 실업률과 인플레이션 간에는 장기 상충(trade – off)관계가 존재한다.
> ⑤ 자연실업률 가설은 장기 필립스곡선이 우상향함을 설명한다.

출제이슈 필립스곡선과 자연실업률 가설
핵심해설 정답 ③

경제학자 필립스에 의하면 필립스곡선은 원래 명목임금상승률과 실업률 간에 부의 상관관계에 있음을 나타내는 곡선이다. 이후 필립스곡선은 인플레이션율과 실업률 간에 부의 상관관계를 나타내는 것으로 발전하였다. 단기 필립스곡선은 인플레이션율(명목임금상승률)과 실업률 간에 단기적으로 부의 상관관계에 있음을 나타내는 곡선이다. 물가에 대한 예상이 노동시장과 총생산에 큰 영향을 미칠 수 있음을 고려하면 필립스곡선도 기대를 반영하여 $\pi_t = \pi_t^e - b(u_t - u_N)$와 같이 표현할 수 있다. 이를 기대가 부가된 필립스곡선이라고 한다. 특히 이는 적응적 기대가 반영된 것으로서 프리드만과 펠프스에 의하여 개발되었다.

기대가 부가된 필립스곡선 $\pi_t = \pi_t^e - b(u_t - u_N)$을 해석하면 다음과 같다.
1) 실제 인플레이션 < 기대 인플레이션, 실제 실업률 > 자연실업률
2) 실제 인플레이션 > 기대 인플레이션, 실제 실업률 < 자연실업률
3) 인플레이션을 완전히 예상하는 경우 실제실업률 = 자연실업률

특히 3)의 경우는 장기를 의미하는데, 장기에는 노동자와 기업의 물가상승률에 대한 기대가 정확하므로, 기대물가가 실제물가상승률을 반영할 수 있어서 기대물가상승률과 실제물가상승률이 일치한다. 즉, $\pi_t = \pi_t^e$가 되므로 결국 $u_t = u_N$이 된다. 이때의 필립스곡선은 자연실업률 수준에서 수직이며 이를 장기 필립스곡선이라고 한다. 장기적으로 실업률은 자연실업률 수준에서 머물지만, 인플레이션율은 통화량증가율에 따라서 상승 혹은 하락할 수 있다.

설문을 검토하면 다음과 같다.

① 틀린 내용이다.
경제학자 필립스에 의하면 필립스곡선은 원래 명목임금상승률과 실업률 간에 부의 상관관계에 있음을 나타내는 곡선이다. 이후 필립스곡선은 인플레이션율과 실업률 간에 부의 상관관계를 나타내는 것으로 발전하였다. 즉, 필립스곡선은 수직이 아니라 우하향한다. 한편, 프리드만과 펠프스에 의하면 적응적 기대가 반영된 기대부가 필립스곡선은 장기에는 자연실업률 수준에서 수직이 된다.

② 틀린 내용이다.

유가 상승. 원자재 가격 상승 등 불리한 공급충격이 발생할 경우 총공급곡선이 좌상방으로 이동하게 된다. 이는 공급측면에서 생산비용의 상승으로 나타나는 것이다. 이로 인해서 물가는 상승하고 생산은 감소하고 실업률은 상승한다. 이를 경기침체 상태에서의 인플레이션이라는 의미로 스태그플레이션이라고 한다. 스태그플레이션을 필립스곡선에서 해석하면, 필립스곡선이 우상방으로 이동하면서 실업률과 인플레이션율이 동시에 상승하는 현상이다. 비용상승 인플레이션, 즉 스태그플레이션이 발생할 경우에는 총수요관리정책으로는 물가하락과 경기진작의 두 가지 목표를 동시에 잡을 수 없기 때문에 무력하다. 설문에서의 1970년대 석유파동 때 단기 필립스곡선은 왼쪽이 아니라 오른쪽으로 이동한 것으로 볼 수 있다.

③ 옳은 내용이다.

필립스곡선은 인플레이션율(명목임금상승률)과 실업률 간에 단기적으로 부의 상관관계에 있음을 나타내는 곡선이다. 오쿤의 법칙을 적용할 경우, 필립스곡선은 총공급곡선을 의미한다. 즉, 필립스곡선이 인플레이션과 실업의 분석이라면, 총공급곡선은 물가와 소득(산출)의 분석이다.

만일 단기 총공급곡선이 가파르다면, 물가가 상승하는 경우 산출의 증가가 크지 않은 경우이므로 이를 단기 필립스곡선에서 해석하면, 물가가 상승하는 경우 실업률의 감소가 크지 않은 경우라고 할 수 있다. 따라서 물가가 상승하면 실업률이 감소하는데 만일 물가가 상승해도 실업률이 많이 감소하지 않는다면, 단기 필립스곡선은 가파르다고 할 수 있다. 정리하자면, 단기 총공급곡선이 가파를수록 단기 필립스곡선도 가파르다. 극단적으로 장기에 총공급곡선이 완전고용산출량 수준에서 수직이면 장기에 필립스곡선도 자연실업률 수준에서 수직이 된다.

④ 틀린 내용이다.

프리드만과 펠프스에 의하면 적응적 기대가 반영된 기대부가 필립스곡선은 $\pi_t = \pi_t^e - b(u_t - u_N)$ 이다. 장기에는 노동자와 기업의 물가상승률에 대한 기대가 정확하므로, 기대물가가 실제물가상승률을 반영할 수 있어서 기대물가상승률과 실제물가상승률이 일치한다. 즉, $\pi_t = \pi_t^e$ 가 되므로 결국 $u_t = u_N$ 이 된다. 이때의 필립스곡선은 자연실업률 수준에서 수직이 되는데 이를 장기 필립스곡선이라고 한다. 따라서 단기에는 실업률과 인플레이션 간에 상충관계가 있지만 장기에는 그렇지 아니하다.

⑤ 틀린 내용이다.

자연실업률 가설은 다음과 같이 기대가 부가된 필립스곡선을 통해서 설명할 수 있다. 정부가 만일 총수요확대정책을 통하여 실업률을 낮추고자 한다면, 단기적으로는, 즉 민간이 인플레이션을 완전히 예상하지 못하는 동안에는 일시적으로 자연실업률보다 낮은 실업률을 달성할 수 있다. 그러나 시간이 흐름에 따라서 민간은 자신의 예상이 잘못되었음을 깨닫고 이를 재조정하게 되고 이는 단기 필립스곡선의 이동으로 나타난다. 결국 단기에 총수요확대정책을 통해서 일시적으로 하락한 실업률은 장기에는 종전의 실업률 수준인 자연실업률로 회귀하게 된다. 이를 자연실업률 가설이라고 한다.

따라서 자연실업률 가설에 따르면 장기에는 실업률이 다시 종전의 자연실업률 수준으로 되돌아가게 되므로 장기 필립스곡선은 수직이 된다. 따라서 이 경우 총수요확대정책은 자연실업률에 영향을 줄 수 없게 된다. 이를 화폐의 중립성 관점에서 재해석할 수도 있다. 단기에는 확대통화정책에 의해서 실업률을 자연실업률보다 낮은 수준으로 달성시킬 수 있으므로 화폐가 실물부문에 영향을 미침을 의미한다. 즉, 단기에는 화폐가 비중립적이다. 그러나 장기에는 실업률이 다시 종전의 자연실업률 수준으로 되돌아가게 되므로 결국 화폐가 실물부문에 영향을 주지 못함을 의미한다. 즉, 장기에는 화폐가 중립적이다.

단기 필립스곡선은 우하향하고 장기 필립스곡선은 수직일 때, 인플레이션율을 낮출 경우 발생하는 현상으로 옳은 것은?

▶ 2021년 감정평가사

① 단기적으로 실업률이 증가한다.
② 단기적으로 실업률이 감소한다.
③ 장기적으로 인플레이션 저감비용은 증가한다.
④ 장기적으로 실업률은 자연실업률보다 높다.
⑤ 단기적으로 합리적 기대가설과 동일한 결과가 나타난다.

출제이슈 필립스곡선과 정책의 효과
핵심해설 정답 ①

정부가 만일 총수요축소정책을 통하여 인플레이션율을 낮추고자 한다면, 단기적으로는, 즉 민간이 인플레이션을 완전히 예상하지 못하는 단기적 기간 동안에는 일시적으로 자연실업률보다 높은 실업률이 나타난다. 이는 아래의 그래프에서 PC_1 선상의 A점에서 C점으로의 이동으로 표시할 수 있다.

한편 시간이 흐른 경우의 효과를 보면 다음과 같다. 시간이 흐름에 따라서 민간은 자신의 예상이 잘못되었음을 깨닫고 적응적 기대에 따라 이를 재조정하게 되고 이는 단기 필립스곡선의 이동으로 나타난다. 이는 PC_1에서 PC_2로 필립스곡선의 자체의 이동으로 나타난다.

결국 단기에 총수요축소정책을 통해서 일시적으로 상승한 실업률은 장기에는 종전의 실업률 수준인 자연실업률로 회귀하게 된다. 이는 C점에서 B점으로의 이동으로 표시된다.

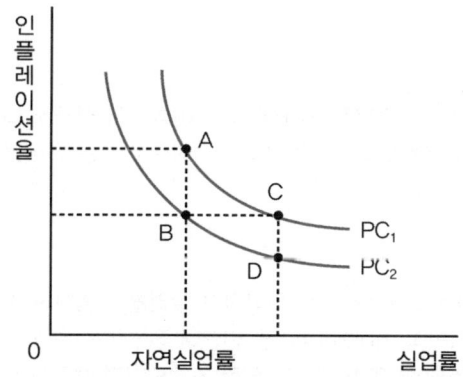

만일 위의 적응적 기대에 따른 PC_1에서 PC_2로 필립스곡선의 자체의 이동이 예상된 정부정책임과 동시에 합리적 기대와 정부정책의 신뢰를 전제하는 경우 신속하게 이동이 나타난다. 이는 A점에서 B점으로의 이동으로 표시된다.

한편 위의 적응적 기대는 경제주체들의 합리적 사고 및 행동에 부합하지 않는다는 문제가 있다. 왜냐하면, 적응적 기대에 의하면, 경제주체들이 기대를 형성함에 있어서 예를 들어 물가를 예상함에 있어서 오직 과거 물가와 과거에 예상한 물가 등 과거의 정보만을 사용하고 있기 때문이다. 합리적인 경제주체라면, 과거 정보와 과거 경험뿐만 아니라 활용가능한 모든 정보를 이용할 것이다. 합리적 기대(rational expectation)란 이용가능한 모든 정보를 활용하여 기대를 형성하는 방식을 의미한다. 이를 수식으로 나타내면 다음과 같다.

$$P^e_{t+1} = E_t(P_{t+1}|\Omega_t)$$

   P^e_{t+1} : t기에 예상하는 $t+1$기의 예상물가

   $E_t(P_{t+1})$: $t+1$기의 물가를 현재 t기에 예상한다는 의미

   Ω_t : t기의 이용가능한 모든 정보를 이용한다는 의미

적응적 기대에 따르면, 정부의 인플레이션 감축정책에 의하여 인플레이션율은 하락하고 실업률은 증가하게 되므로 위의 그래프의 A에서 C로 이동함을 의미한다. 합리적 기대에 따르면, 민간이 정부를 신뢰하고 통화감축의 정부정책을 예상할 수 있었다면, 그에 따라 기대인플레이션율이 곧바로 하락 조정되었기 때문에 위의 그래프의 A에서 B로 이동함을 의미한다.

위의 분석내용에 따라 설문을 검토하면 다음과 같다.

①은 옳은 내용이고, ②는 틀린 내용이다.
   단기적으로는, 즉 민간이 인플레이션을 완전히 예상하지 못하는 동안에는 일시적으로 자연실업률보다 높은 실업률이 나타난다.

③ 틀린 내용이다.
   시간이 흐름에 따라서 민간은 자신의 예상이 잘못되었음을 깨닫고 적응적 기대에 따라 이를 재조정하게 되고 이는 단기 필립스곡선의 이동으로 나타난다. 결국 단기에 총수요축소정책을 통해서 일시적으로 상승한 실업률은 장기에는 종전의 실업률 수준인 자연실업률로 회귀하게 된다. 따라서 장기에는 인플레이션율은 하락하고 자연실업률을 유지하기 때문에 인플레이션 저감비용은 없다.

④ 틀린 내용이다.
   시간이 흐름에 따라서 민간은 자신의 예상이 잘못되었음을 깨닫고 적응적 기대에 따라 이를 재조정하게 되고 이는 단기 필립스곡선의 이동으로 나타난다. 결국 단기에 총수요축소정책을 통해서 일시적으로 상승한 실업률은 장기에는 종전의 실업률 수준인 자연실업률로 회귀하게 된다.

⑤ 틀린 내용이다.
   적응적 기대에 따르면, 정부의 인플레이션 감축정책에 의하여 인플레이션율은 하락하고 실업률은 증가하게 되므로 위의 그래프의 A에서 C로 이동함을 의미한다. 반면, 합리적 기대에 따르면, 민간이 정부를 신뢰하고 통화감축의 정부정책을 예상할 수 있었다면, 그에 따라 기대인플레이션율이 곧바로 하락 조정되었기 때문에 위의 그래프의 A에서 B로 이동함을 의미한다. 따라서 단기적으로 합리적 기대가설과는 상이한 결과가 나타난다.

단기 필립스곡선은 $\pi_t = \pi^e - 0.5(u_t - u_n)$이다. 중앙은행이 실업률을 u_n 수준으로 달성하기 위한 방법으로 옳은 것은? (단, π_t 는 t기의 물가상승률, π^e 는 예상물가상승률, u_t 는 t기의 실업률, u_n 은 자연실업률이다.)

▶ 2014년 감정평가사

① 통화량 증가율을 높이다가 예고 없이 갑자기 낮춘다.
② 통화량 증가율을 낮추다가 예고 없이 갑자기 높인다.
③ 통화량 증가율을 일정하게 유지한다고 공표한 다음 그대로 지킨다.
④ 통화량 증가율을 일정하게 유지한다고 공표한 다음 더 높은 수준으로 바꾼다.
⑤ 통화량 증가율을 일정하게 유지한다고 공표한 다음 더 낮은 수준으로 바꾼다.

출제이슈 필립스곡선과 정책의 효과
핵심해설 정답 ③

경제학자 필립스에 의하면 필립스곡선은 원래 명목임금상승률과 실업률 간에 부의 상관관계에 있음을 나타내는 곡선이다. 이후 필립스곡선은 인플레이션율과 실업률 간에 부의 상관관계를 나타내는 것으로 발전하였다. 단기 필립스곡선은 인플레이션율(명목임금상승률)과 실업률 간에 단기적으로 부의 상관관계에 있음을 나타내는 곡선이다.

물가에 대한 예상이 노동시장과 총생산에 큰 영향을 미칠 수 있음을 고려하면 필립스곡선도 기대를 반영하여 $\pi_t = \pi_t^e - b(u_t - u_N)$와 같이 표현할 수 있다. 이를 기대가 부가된 필립스곡선이라고 한다. 특히 이는 적응적 기대가 반영된 것으로서 프리드만과 펠프스에 의하여 개발되었다.

기대가 부가된 필립스곡선 $\pi_t = \pi_t^e - b(u_t - u_N)$을 해석하면 다음과 같다.
1) 실제 인플레이션 < 기대 인플레이션, 실제 실업률 > 자연실업률
2) 실제 인플레이션 > 기대 인플레이션, 실제 실업률 < 자연실업률
3) 인플레이션을 완전히 예상하는 경우 실제실업률 = 자연실업률

특히 3)의 경우는 장기를 의미하는데, 장기에는 노동자와 기업의 물가상승률에 대한 기대가 정확하므로, 기대물가가 실제물가상승률을 반영할 수 있어서 기대물가상승률과 실제물가상승률이 일치한다. 즉, $\pi_t = \pi_t^e$가 되므로 결국 $u_t = u_N$이 된다. 이때의 필립스곡선은 자연실업률 수준에서 수직이며 이를 장기 필립스곡선이라고 한다.

따라서 설문에서 실업률을 u_n 수준으로 달성하기 위해서는 민간의 기대물가상승률이 실제물가상승률과 정확히 일치하도록 만드는 것이 필요하다. 이를 위해서는 통화당국이 미리 통화량 증가율에 대하여 공표를 하고 이에 대한 신뢰를 충족시키기 위해서 공표한 내용을 지키는 것이 중요하다.

실업률과 인플레이션율의 관계는 $u = u_n - 2(\pi - \pi_e)$이고 자연실업률이 3%이다. 보기를 고려하여 중앙은행이 0%의 인플레이션율을 유지하는 준칙적 통화정책을 사용했을 때의 (ㄱ) 실업률과 최적 인플레이션율로 통제했을 때의 (ㄴ) 실업률은? (단, u, u_n, π, π_e 는 각각 실업률, 자연실업률, 인플레이션율, 기대 인플레이션율이다.)

▶ 2021년 감정평가사

보기

- 중앙은행은 물가를 완전하게 통제할 수 있다.
- 민간은 합리적인 기대를 하며 중앙은행이 결정한 인플레이션율로 기대인플레이션율을 결정한다.
- 주어진 기대 인플레이션에서 중앙은행의 최적 인플레이션율은 1%이다.

① ㄱ : 0%, ㄴ : 0%   ② ㄱ : 1%, ㄴ : 0%   ③ ㄱ : 1%, ㄴ : 1%
④ ㄱ : 2%, ㄴ : 1%   ⑤ ㄱ : 3%, ㄴ : 3%

출제이슈 필립스곡선 계산문제
핵심해설 정답 ⑤

명목임금상승률과 실업률 간의 부의 관계를 나타내는 곡선을 필립스곡선이라고 한다. 명목임금상승률 – 실업률 이외에 인플레이션율 – 실업률도 역시 부의 상관관계가 있음이 발견됨에 따라서 필립스곡선은 인플레이션과 실업의 관계를 나타내는 것으로 해석할 수 있다.

단기에는 물가에 대한 정보의 불완전성으로 인해 노동자들은 실제물가상승률을 알지 못해서 기대물가상승률에 의해 의사결정을 할 수 밖에 없으며 이러한 사정이 총공급곡선에 반영되어 총공급곡선이 우상향하는 것으로 나타난다. 소득과 물가 평면에서 우상향하는 총공급곡선은 실업률과 인플레이션율 평면에서 우하향하는 필립스곡선을 의미한다. 특히 이때 우하향하는 필립스곡선은 단기의 필립스곡선으로서 기대물가상승률에 따라서 필립스곡선의 위치가 결정된다.

설문에서 필립스곡선은 $u = u_n - 2(\pi - \pi_e)$이고 자연실업률이 3%로 주어졌다.

ㄱ. 중앙은행이 0%의 인플레이션율을 유지하는 준칙적 통화정책을 사용했을 때
설문에 의하면 민간은 합리적인 기대를 하며 중앙은행이 준칙에 의하여 결정한 0%의 인플레이션율로 기대인플레이션율을 결정하므로 $u = u_n - 2(\pi - \pi_e)$에서 자연실업률 3%를 고려했을 때, 실업률은 3%가 된다.

ㄴ. 중앙은행이 최적 인플레이션율로 통제했을 때
설문에 의하면 민간은 합리적인 기대를 하며 중앙은행이 결정한 인플레이션율로 기대인플레이션율을 결정하며, 주어진 기대인플레이션에서 중앙은행의 최적 인플레이션율은 1%이므로 $u = u_n - 2(\pi - \pi_e)$에서 자연실업률 3%를 고려했을 때, 실업률은 3%가 된다.

필립스곡선에 관한 설명으로 옳은 것만을 모두 고른 것은? ▶ 2011년 감정평가사

> ㄱ. 합리적 기대이론에 따르면 기대인플레이션율이 0%인 경우에만 단기 필립스곡선은 수직이 된다.
> ㄴ. 자연실업률 가설에 따르면 통화정책에 의해서 장기적으로 자연실업률을 변화시킬 수 있다.
> ㄷ. 적응적 기대가설하에서 정부의 재량적 안정화정책은 단기적으로 실업률을 낮출 수 있다.
> ㄹ. 자연실업률 가설에 따르면 장기 필립스곡선은 수직이다.

① ㄱ, ㄴ   ② ㄴ, ㄷ   ③ ㄴ, ㄹ
④ ㄱ, ㄹ   ⑤ ㄷ, ㄹ

출제이슈 필립스곡선 종합
핵심해설 정답 ⑤

ㄱ. 틀린 내용이다.

장기에는 노동자와 기업의 물가상승률에 대한 기대가 정확하므로, 기대물가가 실제물가상승률을 반영할 수 있어서 기대물가상승률과 실제물가상승률이 일치한다. 즉, $\pi_t = \pi_t^e$가 되므로 결국 $u_t = u_N$이 된다. 이때의 필립스곡선은 자연실업률 수준에서 수직이며 이를 장기 필립스곡선이라고 한다.

그러나 합리적 기대이론에 의하면, 단기라고 하더라도 만일 민간의 물가상승률에 대한 기대가 정확하다면, 기대물가상승률과 실제물가상승률이 일치하여 $\pi_t = \pi_t^e$가 되므로 결국 단기라도 $u_t = u_N$의 수직의 필립스곡선이 가능하다.

ㄴ은 틀린 내용이며, ㄹ은 옳은 내용이다.

정부가 만일 총수요확대정책을 통하여 실업률을 낮추고자 한다면, 단기적으로는, 즉 민간이 인플레이션을 완전히 예상하지 못하는 동안에는 일시적으로 자연실업률보다 낮은 실업률을 달성할 수 있다. 그러나 시간이 흐름에 따라서 민간은 자신의 예상이 잘못되었음을 깨닫고 이를 재조정하게 되고 이는 단기 필립스곡선의 이동으로 나타난다. 결국 단기에 총수요확대정책을 통해서 일시적으로 하락한 실업률은 장기에는 종전의 실업률 수준인 자연실업률로 회귀하게 된다. 이를 자연실업률 가설이라고 한다.

따라서 자연실업률가설에 따르면 장기에는 실업률이 다시 종전의 자연실업률 수준으로 되돌아가게 되므로 장기 필립스곡선은 수직이 된다. 따라서 이 경우 총수요확대정책은 자연실업률에 영향을 줄 수 없게 된다.

ㄷ. 옳은 내용이다.

정부가 만일 총수요확대정책을 통하여 실업률을 낮추고자 한다면 단기적으로는 즉 민간이 인플레이션을 완전히 예상하지 못하는 동안에는 일시적으로 자연실업률보다 낮은 실업률을 달성할 수 있다.

필립스곡선이 단기에는 우하향하고 장기에는 수직인 경제에서 중앙은행은 테일러 준칙(Taylor's rule)에 의해 통화정책을 시행한다. 중앙은행이 높은 인플레이션율을 낮추기 위해 인플레이션 감축정책(디스인플레이션 정책)을 시행할 때, 이에 관한 설명으로 옳은 것을 모두 고른 것은?

▶ 2024년 감정평가사

ㄱ. 기대인플레이션이 빨리 조정될수록 장기균형에 빨리 도달한다.
ㄴ. 단기에는 실질이자율이 하락한다.
ㄷ. 단기에는 총생산이 감소하여 경기침체가 나타난다.

① ㄱ ② ㄴ ③ ㄱ, ㄷ
④ ㄴ, ㄷ ⑤ ㄱ, ㄴ, ㄷ

출제이슈 디스인플레이션정책과 먼델-토빈효과
핵심해설 정답 ③

인플레이션감축정책으로 인하여 단기적으로 실업률이 상승하고 인플레이션율은 하락한다. 따라서 총생산은 감소하고 경기는 침체된다. 이제 민간부문이 자신의 예상을 재조정하게 되면서 기대인플레이션율이 하락하면서 단기필립스곡선은 하방이동한다. 이 과정에서 다시 장기균형을 회복하게 되어 단기적으로 상승했던 실업률은 다시 자연실업률 수준으로 회귀한다. 이때 기대인플레이션율의 조정속도가 빠를수록 장기균형에 빨리 도달할 수 있다.

만일 실질이자율이 불변인 경우, 기대인플레이션율과 명목이자율 간 일대일 대응관계를 나타내는데 이를 피셔효과라고 한다. 그러나, 만일 실질이자율이 변화하는 경우에는 기대인플레이션율이 변화하더라도 명목이자율 간의 일대일 관계는 성립하지 않는다. 특히, 기대인플레이션율이 상승하는 경우 실질이자율이 하락하여 투자가 증가하게 되는데 이를 먼델-토빈효과라고 한다.

먼델-토빈효과에 의하면 기대인플레이션율이 상승할 경우 명목자산(화폐)에 대한 수익률이 하락하므로 명목자산에 대한 수요가 감소하고 대신 실물자산에 대한 수요가 증가한다. 이는 실물자산 가격의 상승으로 이어져서 실물자산의 공급이 증가한다. 이에 따라 자본의 한계생산성이 하락하게 되므로 실질이자율은 하락한다. 결국 기대인플레이션율의 상승으로 실질이자율이 하락하여 투자가 증가하게 되는 것이다. 반대로 기대인플레이션율이 하락할 경우에는 실질이자율은 상승한다.

오쿤의 법칙(Okun's law)에 따라 실업률이 1% 포인트 증가하면 실질 GDP는 약 2% 포인트 감소한다고 가정하자. 만약, 중앙은행이 화폐공급 증가율을 낮추어 인플레이션율은 10%에서 8%로 하락하였으나 실업률은 4%에서 8%로 증가하였을 경우 희생비율(sacrifice ratio)은?

(단, 희생비율 = $\dfrac{\text{실질 } GDP \text{ 감소율}}{\text{인플레이션 하락율}}$ 이다.)

▶ 2015년 감정평가사

① 약 2   ② 약 4   ③ 약 6

④ 약 8   ⑤ 약 10

출제이슈 디스인플레이션정책과 희생률
핵심해설 정답 ②

먼저 반인플레이션과 희생률은 다음과 같다.

1) 희생률

반인플레이션을 위해서는 실업률 증가, 경기침체라는 비용이 발생한다. 이는 필립스곡선을 통해서 쉽게 확인할 수 있으며, 이런 의미에서 필립스곡선이 정책당국에게 있어서 제약으로 작용하는 것이다. 물가안정정책 혹은 디스인플레이션정책의 비용은 희생률을 통해서 계측할 수 있는데 인플레이션율을 1%포인트 낮추기 위해 발생하는 실업률 증가분(혹은 생산 감소분)의 누적치를 희생률이라고 한다.

2) 희생률과 필립스곡선의 기울기

필립스곡선은 실업률과 인플레이션율 간의 관계를 나타내므로 사실상 희생률은 필립스곡선의 기울기와 역의 관계에 있다고 할 수 있다. 필립스곡선의 기울기가 커서 가파를수록 희생률은 작고, 필립스곡선의 기울기가 작아서 완만할수록 희생률은 크다.

위의 내용에 따라서 설문을 검토하면 다음과 같다.

희생률은 인플레이션율을 1%포인트 낮추기 위해 발생하는 생산 감소분이 x%포인트라는 것이므로, 인플레이션율을 2%포인트 낮추기 위해 발생하는 생산감소분은 2x%포인트가 된다. 따라서 이제 여기에 제시된 오쿤의 법칙을 적용하면, 생산감소 2x%포인트는 실업율의 증가 x%포인트 = 4%포인트에 대응된다. 결론적으로 인플레이션율을 2%포인트 낮추면, 경기석 실업이 4%포인트 승가한다.

설문에서 묻고 있는 것은 희생률은 인플레이션율을 1%포인트 낮추기 위해 발생하는 생산감소분이 x%포인트라는 것이므로 희생률 x = 4가 된다.

> 현재 인플레이션율 8%에서 4%로 낮출 경우 보기를 참고하여 계산된 희생률은? (단, Π_t, Π_{t-1}, U_t는 t기에서의 인플레이션율, $(t-1)$기에서의 인플레이션율, t기의 실업률이다.)
>
> ▶ 2021년 감정평가사
>
> **보기**
>
> - $\Pi_t - \Pi_{t-1} = -0.8(U_t - 0.05)$
> - 현재 실업률 : 5%
> - 실업률 1%p 증가할 때, GDP 2% 감소로 가정
> - 희생률 : 인플레이션율을 1%p 낮출 경우 감소되는 GDP변화율(%)
>
> ① 1.5   ② 2   ③ 2.5
> ④ 3   ⑤ 3.5

출제이슈 디스인플레이션 정책과 희생률
핵심해설 정답 ③

1) 인플레이션율과 실업률

주어진 $\Pi_t - \Pi_{t-1} = -0.8(U_t - 0.05)$에 의하면 인플레이션율을 1%p 낮추기 위해서는 실업률은 1.25%p 상승함을 알 수 있다. 따라서 현재 인플레이션율 8%를 4%로 낮출 경우 실업률은 5%p 상승한다. 즉 현재 실업률이 5%이므로 인플레이션율을 낮춤에 따라서 실업률은 9%가 된다는 의미이다.

2) 실업률과 총생산

주어진 자료에 의하면, 실업률이 1%p 증가할 때, GDP 2% 감소로 가정하고 있다. 이는 사실상 총생산과 실업률 간의 역의 관계를 나타내는 실증식인 오쿤의 법칙을 의미하는 것이다. 위 1)에서 인플레이션율을 8%에서 4%로 낮춤에 따라서 실업률이 5%p 상승함을 알게 되었다. 이제 여기서는 실업률이 5%p 상승함에 따라서 GDP는 10% 감소함을 알 수 있다.

3) 인플레이션율과 총생산

인플레이션율을 1%p 낮추기 위해서는 실업률은 1.25%p 상승하고, 실업률이 1%p 증가할 때, GDP는 2% 감소한다. 따라서 인플레이션율을 1%p 낮추기 위해서는 GDP 2.5% 감소를 용인해야 함을 의미한다. 설문에서는 희생률을 인플레이션율을 1%p 낮출 경우 감소되는 GDP변화율(%)로 정의했기 때문에 여기서 희생률은 2.5가 된다. 참고로 설문에서 현재 인플레이션율 8%에서 4%로 낮출 경우에는 GDP 감소가 10%가 된다.

다만, 희생률을 인플레이션율을 1%p 낮추기 위해 발생하는 실업률 증가분으로도 볼 수 있기 때문에 설문에서 어떻게 희생률을 정의하고 있는지에 유의해야 한다.

A국의 단기 필립스곡선은 $\pi = \pi^e - 0.4(u - u_n)$이다. 현재 실제인플레이션율이 기대인플레이션율과 동일하고 기대인플레이션율이 변하지 않을 경우 실제인플레이션율을 2%p 낮추기 위해 추가로 감수해야 하는 실업률의 크기는? (단, u는 실제실업률, u_n는 자연실업률, π는 실제인플레이션율, π^e는 기대인플레이션율이고 자연실업률은 6%이다.)   ▶ 2016년 감정평가사

① 5.0%p   ② 5.2%p   ③ 5.4%p

④ 5.6%p   ⑤ 5.8%p

출제이슈 디스인플레이션정책과 희생률
핵심해설 정답 ①

먼저 반인플레이션과 희생률은 다음과 같다.

1) 반인플레이션과 희생률

반인플레이션을 위해서는 실업률 증가, 경기침체라는 비용이 발생한다. 이는 필립스곡선을 통해서 쉽게 확인할 수 있으며, 이런 의미에서 필립스곡선이 정책당국에게 있어서 제약으로 작용하는 것이다. 물가안정정책 혹은 디스인플레이션정책의 비용은 희생률을 통해서 계측할 수 있는데 인플레이션율을 1%포인트 낮추기 위해 발생하는 실업률 증가분(혹은 생산 감소분)의 누적치를 희생률이라고 한다.

2) 희생률과 필립스곡선의 기울기

필립스곡선은 실업률과 인플레이션율 간의 관계를 나타내므로 사실상 희생률은 필립스곡선의 기울기와 역의 관계에 있다고 할 수 있다. 필립스곡선의 기울기가 커서 가파를수록 희생률은 작고, 필립스곡선의 기울기가 작아서 완만할수록 희생률은 크다.

위의 내용에 따라서 설문을 검토하면 다음과 같다.

주어진 필립스곡선의 기울기는 −0.4이므로 이는 희생률과 역의 관계에 있다. 따라서 인플레이션율을 1%p 하락시키기 위해서는 필립스곡선의 기울기의 역수만큼의 실업률이 상승하게 된다. 따라서 0.4의 역수인 2.5%p만큼 실업률이 상승함을 알 수 있다. 그러므로 설문에서 실제인플레이션율을 2%p 낮추기 위해 추가로 감수해야 하는 실업률의 크기는 5%p가 된다.

A국의 연간 실질GDP변화율과 실업률의 변화가 다음과 같은 관계에 있다. 이에 관한 설명으로 옳은 것은? ▶ 2012년 감정평가사

실질GDP 변화율(%) = 3% − 2 × 실업률(%)의 변화

① 자연실업률은 3%이다.

② 실업률이 5%에서 6%로 상승하면 실질GDP는 2% 감소한다.

③ 실질GDP가 1% 하락하면 실업률은 5%에서 5.5%로 상승한다.

④ 물가가 상승하면 단기적으로 실질GDP가 감소한다.

⑤ 실업률이 변화하지 않을 경우 실질GDP는 3% 증가한다.

출제이슈 실업률과 오쿤의 성장률 법칙
핵심해설 정답 ⑤

① 틀린 내용이다.

자연실업률이란 노동시장이 균형(안정상태)을 이룰 경우의 실업률로서 균제상태에서의 실업률, 완전고용상태에서의 실업률, 완전고용GDP · 잠재GDP일 때의 실업률, 마찰적 실업과 구조적 실업만 존재할 때의 실업률, 노동시장의 불완전성으로 인하여 시간이 경과하여도 사라지지 않는 실업률 등의 특징을 갖는다. 특히 자연실업률은 산업구조의 재편 등 경제구조의 변화로 인하여 발생하는 구조적 실업(structural unemployment)과 직장을 탐색하는 과정에서 발생하는 마찰적 혹은 탐색적 실업이 존재할 때의 실업률이다. 설문의 자료를 통해서는 자연실업률을 알 수가 없다.

② 틀린 내용이다.

실업률이 5%에서 6%로 상승하면 실질GDP의 변화율이 2%p 감소한다.

③ 틀린 내용이다.

실질GDP가 1% 하락하면 실질GDP의 변화율이 −1%이므로 실업률의 변화는 2%가 되어야 한다. 현재 실업률이 정확하게 주어지지 않았으므로 알 수는 없으나 만일 5%라고 가정하면 실업률은 5%에서 7%로 상승한다.

④ 틀린 내용이다.

만일 총수요 증가에 의하여 물가가 상승하면 단기적으로 실질GDP가 증가하면서 실업률은 하락한다.

⑤ 옳은 내용이다.

설문에서 주어진 산식에 따르면 실업률이 변화하지 않을 경우, 즉 실업률의 변화가 0이면 실질GDP의 변화율은 3%이므로 실질GDP는 3% 증가한다.

> A국의 단기 필립스곡선이 아래와 같을 때 이에 관한 설명으로 옳지 않은 것은? (단, π, π^e, u, u_n은 각각 인플레이션율, 기대 인플레이션율, 실업률, 자연실업률이다.) ▶ 2022년 감정평가사
>
> $$\pi - \pi^e = -0.5(u - u_n)$$
>
> ① 총공급곡선이 수직선인 경우에 나타날 수 있는 관계이다.
> ② 총수요 충격이 발생하는 경우에 나타날 수 있는 관계이다.
> ③ 인플레이션율과 실업률 사이에 단기적으로 상충관계가 있음을 나타낸다.
> ④ 고용이 완전고용수준보다 높은 경우에 인플레이션율은 기대 인플레이션율보다 높다.
> ⑤ 인플레이션율을 1%p 낮추려면 실업률은 2%p 증가되어야 한다.

출제이슈 필립스곡선 종합
핵심해설 정답 ①

① 틀린 내용이다.

설문에서의 필립스곡선은 총공급곡선이 수직선이 아니라 우하향하는 경우에 나타날 수 있는 관계이다. 필립스곡선과 총공급곡선의 관계를 보면, 단기에는 물가에 대한 정보의 불완전성으로 인해 노동자들은 실제물가상승률을 알지 못해서 기대물가상승률에 의해 의사결정을 할 수 밖에 없으며 이러한 사정이 총공급곡선에 반영되어 총공급곡선이 우상향하는 것으로 나타난다. 소득과 물가 평면에서 우상향하는 총공급곡선은 실업률과 인플레이션율 평면에서 우하향하는 필립스곡선을 의미한다.

② 옳은 내용이다.

경제학자 필립스에 의하면 필립스곡선은 원래 명목임금상승률과 실업률 간에 부의 상관관계에 있음을 나타내는 곡선이다. 이후 필립스곡선은 인플레이션율과 실업률 간에 부의 상관관계를 나타내는 것으로 발전하였다. 단기 필립스곡선은 인플레이션율(명목임금상승률)과 실업률 간에 단기적으로 부의 상관관계에 있음을 나타내는 곡선이다. 이는 위 ①에서 설명한 바와 같이 총공급곡선을 나타내는데, 주어진 총공급곡선에 대하여 수요 측 충격에 의하여 총수요곡선이 이동할 때의 궤적이 되며 이때, 물가 ─ 소득의 축을 물가상승률 ─ 실업률의 축으로 바꾼 것이 필립스곡선이 된다.

③ 옳은 내용이다.

단기 필립스곡선은 인플레이션율(명목임금상승률)과 실업률 간에 단기적으로 부의 상관관계에 있음을 나타내는 곡선이다.

④ 옳은 내용이다.

기대가 부가된 필립스곡선 $\pi_t = \pi_t^e - b(u_t - u_N)$을 해석하면 다음과 같다.
ⅰ) 실제 인플레이션 < 기대 인플레이션, 실제 실업률 > 자연실업률
ⅱ) 실제 인플레이션 > 기대 인플레이션, 실제 실업률 < 자연실업률

ⅲ) 인플레이션을 완전히 예상하는 경우 실제 실업률 = 자연실업률

따라서 설문에서처럼 고용이 완전고용수준보다 높은 경우 실제실업률이 자연실업률보다 낮으므로 위의 ⅱ)에 해당한다. 이 경우에는 실제인플레이션율이 기대인플레이션율보다 높다.

⑤ 옳은 내용이다.

반인플레이션을 위해서는 실업률 증가, 경기침체라는 비용이 발생한다. 이는 필립스곡선을 통해서 쉽게 확인할 수 있으며, 이런 의미에서 필립스곡선이 정책당국에게 있어서 제약으로 작용하는 것이다. 물가안정정책 혹은 디스인플레이션정책의 비용은 희생률을 통해서 계측할 수 있는데 인플레이션율을 1%p 낮추기 위해 발생하는 실업률 증가분(혹은 생산 감소분)의 누적치를 희생률이라고 한다. 희생률을 기하적으로 분석하면 필립스곡선의 기울기와 관련이 있는데, 희생률은 필립스곡선의 기울기의 역수가 된다. 따라서 주어진 필립스곡선 $\pi - \pi^e = -0.5(u - u_n)$을 고려하면, 희생률은 필립스곡선의 기울기의 역수인 2가 된다. 이는 인플레이션율을 1%p 낮추려면 실업률은 2%p 증가를 용인해야 한다는 의미이다.

경기변동이론

경기변동이론에 대한 설명으로 옳은 것은?　　　　　　　▶ 2017년 감정평가사

① 실물경기변동이론(real business cycle)은 통화량 변동 정책이 장기적으로 실질 국민소득에 영향을 준다고 주장한다.
② 실물경기변동이론은 단기에는 임금이 경직적이라고 전제한다.
③ 가격의 비동조성(staggered pricing)이론은 새고전학파(New Classical) 경기변동이론에 포함된다.
④ 새케인즈 학파(New Keynesian) 경기변동이론은 기술충격과 같은 공급충격이 경기변동의 근본원인이라고 주장한다.
⑤ 실물경기변동이론에 따르면 불경기에도 가계는 기간별 소비선택의 최적조건에 따라 소비를 결정한다.

출제이슈 　실물적 균형경기변동이론
핵심해설 　정답 ⑤

① 틀린 내용이다.
　　실물적 균형경기변동이론에 의하면, 통화량은 장기뿐만 아니라 단기에도 실질국민소득에 영향을 줄 수 없다. 이는 고전학파의 화폐의 중립성 견해와 맥을 같이 한다. 고전학파에 의하면, 단기에서도 가격이 즉각적이고 연속적으로 조정되기 때문에 화폐는 중립적이다. 즉, 명목통화량의 변화는 비례적으로 물가만을 변화시킬 뿐이고 실질변수에는 아무런 영향을 미치지 못한다. 이러한 화폐의 중립성 견해에 따르면 통화량의 변화는 경기변동의 원인이 될 수 없다.

　　그러나 통화정책에 대한 실증적 분석에 의하면, 화폐는 단기에서 비중립적이다. 즉, 통화량의 변화는 실질국민소득을 변화시킨다. 합리적 기대와 정보의 불완전성하에서 예상치 못한 통화량의 변화는 실질국민소득을 변화시키는 경기변동을 야기하는데 이를 화폐적 균형경기변동이론이라고 한다.

　　이에 대하여 실물적 균형경기변동이론에 의하면, 통화량의 변화가 경기변동과 밀접한 관련을 가지는 것은 통화정책이 효과가 있어서가 아니라, 경기변동에 따라서 통화량이 내생적으로 변화한 것이기 때문이라고 주장한다.

즉, 통화량의 변화는 경기변동의 원인이 아니라 결과인 것이며, 따라서 여전히 화폐는 장기뿐만 아니라 단기에서도 중립적이며 이분성이 성립한다는 것이다.

②, ③ 모두 틀린 내용이다.

경기변동에 있어서 케인즈적인 전통에 의하면 총수요가 변화할 때 가격이 고정되어 있기 때문에 경제는 불균형상태가 유지되고 결국 총생산이 변하게 되는 경기변동이 생긴다. 이와 달리 실물적 경기변동이론을 비롯한 새고전학파는 단기에서 불균형상태라는 케인즈의 견해를 비판하면서 최초 균형에서 이탈한 상태도 그 자체로서 균형이라고 주장한다. 새고전학파에 의하면 경제는 신축적 가격조정을 통해서 항상 수요와 공급이 일치하는 균형상태이므로, 결국 경기변동이란 균형 GDP 자체가 잠재 GDP 수준으로부터 이탈과 회복을 반복하는 현상이다.

④ 틀린 내용이다.

새케인즈 학파는 가격의 경직성이 경기변동의 주된 원인이라고 하는 반면, 실물적 경기변동에 의하면 기술충격과 같은 실물충격이 경기변동의 원인이 된다.

⑤ 옳은 내용이다.

실물적 균형경기변동이론은 기본적으로 가계의 효용극대화와 기업의 이윤극대화라는 미시적 최적화 과정을 통하여 모형을 구축한다. 가계와 기업은 노동시장과 자본시장에서 만난다. 노동시장과 자본시장에서 가계는 공급자, 기업은 수요자의 역할을 담당한다. 각각의 시장에서 가계와 기업은 최적화 행동을 하는 것이다. 따라서 실물적 균형경기변동이론에 따른 경기변동은 생산성 충격이 있을 경우, 가계 및 기업과 같은 경제주체들이 새로운 최적화 선택을 찾아가는 과정에서 나타나는 동태적 결과가 되는 것이다. 호황기이든 불경기이든 관계없이 경제주체들이 제약하에서 최적화 행동을 선택한다.

> **실물경기변동이론(real business cycle thery)에 관한 설명으로 옳은 것을 모두 고른 것은?**
>
> ▶ 2016년 감정평가사
>
> ㄱ. 임금 및 가격이 경직적이다.
> ㄴ. 불경기에는 생산의 효율성이 달성되지 않는다.
> ㄷ. 화폐의 중립성(neutrality of money)이 성립된다.
> ㄹ. 경기변동은 시간에 따른 균형의 변화로 나타난다.
>
> ① ㄱ, ㄴ   ② ㄱ, ㄷ   ③ ㄴ, ㄷ
> ④ ㄴ, ㄹ   ⑤ ㄷ, ㄹ

출제이슈 실물적 균형경기변동이론
핵심해설 정답 ⑤

ㄱ. 틀린 내용이다.

실물적 균형경기변동이론에 의하면 경제는 신축적 가격 및 임금 조정을 통해서 항상 수요와 공급이 일치하는 균형상태를 달성한다. 임금 및 가격이 경직적이라고 보는 학파는 새케인즈 학파이다.

ㄴ. 틀린 내용이다.

실물적 균형경기변동이론은 기본적으로 가계의 효용극대화와 기업의 이윤극대화라는 미시적 최적화 과정을 통하여 모형을 구축한다. 가계와 기업은 노동시장과 자본시장에서 만난다. 노동시장과 자본시장에서 가계는 공급자, 기업은 수요자의 역할을 담당한다. 각각의 시장에서 가계와 기업은 최적화 행동을 하는 것이다. 따라서 실물적 균형경기변동이론에 따른 경기변동은 생산성 충격이 있을 경우, 가계 및 기업과 같은 경제주체들이 새로운 최적화 선택을 찾아가는 과정에서 나타나는 동태적 결과가 되는 것이다. 호황기이든 불경기이든 관계 없이 경제주체들이 제약하에서 최적화 행동을 선택한다. 이 과정에서 노동시장과 자본시장의 균형이 새롭게 변화하여 달성되는 것이다. 결국 경기변동이란 충격에 대한 시장의 최적대응이며, 시장메커니즘이 효율적으로 작동한 결과로서 효율성이 달성된다.

ㄷ. 옳은 내용이다.

실물적 균형경기변동이론에 의하면, 통화량은 장기뿐만 아니라 단기에도 실질국민소득에 영향을 줄 수 없다. 이는 고전학파의 화폐의 중립성 견해와 맥을 같이 한다. 고전학파에 의하면, 단기에서도 가격이 즉각적이고 연속적으로 조정되기 때문에 화폐는 중립적이다. 즉, 명목통화량의 변화는 비례적으로 물가만을 변화시킬 뿐이고 실질변수에는 아무런 영향을 미치지 못한다. 이러한 화폐의 중립성 견해에 따르면 통화량의 변화는 경기변동의 원인이 될 수 없다.

ㄹ. 옳은 내용이다.

새고전학파는 단기에서 불균형상태라는 케인즈의 견해를 비판하면서 최초 균형에서 이탈한 상태도 그 자체로서 균형이라고 주장한다. 새고전학파에 의하면 경제는 신축적 가격조정을 통해서 항상 수요와 공급이 일치하는 균형상태이므로, 결국 경기변동이란 균형 GDP 자체가 잠재 GDP 수준으로부터 이탈과 회복을 반복하는 현상으로서 시간이 흐름에 따라서 균형 자체가 변동하는 현상이다.

실물경기변동이론(real business cycle theory)에 관한 설명으로 옳지 않은 것은?

▶ 2012년 감정평가사

① 경기변동의 요인으로 기술충격의 중요성을 강조한다.
② 노동시장은 항상 균형을 이룬다.
③ 경기변동은 시간에 따른 균형의 변화로 나타난다.
④ 불경기에도 생산의 효율성은 달성된다.
⑤ 생산성은 경기역행적(counter-cyclical)이다.

출제이슈 실물적 균형경기변동이론
핵심해설 정답 ⑤

① 옳은 내용이다.
　실물적 균형경기변동이론은 경기변동의 원인을 실물부문에서의 기술충격에서 찾고 있다. 기술충격은 공급측면의 충격으로서 거시경제총생산함수에 충격을 가해 이동시키는 역할을 한다. 이는 생산요소의 투입량은 고정되어 있는 상태에서 산출량이 증가 또는 하락하도록 만드는 교란원인이 된다.

②, ③, ④ 모두 옳은 내용이다.
　실물적 균형경기변동이론에 의하면 경제는 신축적 가격 및 임금 조정을 통해서 항상 수요와 공급이 일치하는 균형상태를 달성한다. 실물적 균형경기변동이론은 기본적으로 가계의 효용극대화와 기업의 이윤극대화라는 미시적 최적화 과정을 통하여 모형을 구축한다. 가계와 기업은 노동시장과 자본시장에서 만난다. 노동시장과 자본시장에서 가계는 공급자, 기업은 수요자의 역할을 담당한다. 각각의 시장에서 가계와 기업은 최적화 행동을 하는 것이다.

　따라서 실물적 균형경기변동이론에 따른 경기변동은 생산성 충격이 있을 경우, 가계 및 기업과 같은 경제주체들이 새로운 최적화 선택을 찾아가는 과정에서 나타나는 동태적 결과가 되는 것이다. 호황기이든 불경기이든 관계없이 경제주체들이 제약하에서 최적화 행동을 선택한다. 이 과정에서 노동시장과 자본시장의 균형이 새롭게 변화하여 달성되는 것이다. 결국 경기변동이란 충격에 대한 시장의 최적대응이며, 시장메커니즘이 효율적으로 작동한 결과로서 효율성이 달성된다.

⑤ 틀린 내용이다.
　생산성은 경기순행적이다. 유리한 기술충격은 경기호황을 가져오고 불리한 기술충격은 경기침체를 가져온다.

> 경기변동이론에 관한 설명으로 옳은 것은?　▶ 2020년 감정평가사
>
> ① 실물경기변동(real business cycle)이론에서 가계는 기간별로 최적의 소비선택을 한다.
> ② 실물경기변동이론은 가격의 경직성을 전제한다.
> ③ 실물경기변동이론은 화폐의 중립성을 가정하지 않는다.
> ④ 가격의 비동조성(staggering pricing)이론은 새고전학파(New Classical) 경기변동이론에 속한다.
> ⑤ 새케인즈 학파(New Keynesian)는 공급충격이 경기변동의 원인이라고 주장한다.

출제이슈　실물적 균형경기변동이론과 새케인즈 학파 경기변동이론
핵심해설　정답 ①

① 옳은 내용이다.
　실물적 균형경기변동이론은 기본적으로 가계의 효용극대화와 기업의 이윤극대화라는 미시적 최적화 과정을 통하여 모형을 구축한다. 가계와 기업은 노동시장과 자본시장에서 만난다. 노동시장과 자본시장에서 가계는 공급자, 기업은 수요자의 역할을 담당한다. 각각의 시장에서 가계와 기업은 최적화 행동을 하는 것이다. 따라서 실물적 균형경기변동이론에 따른 경기변동은 생산성 충격이 있을 경우, 가계 및 기업과 같은 경제주체들이 새로운 최적화 선택을 찾아가는 과정에서 나타나는 동태적 결과가 되는 것이다. 이 과정에서 노동시장과 자본시장의 균형이 새롭게 변화하여 달성되는 것이다. 결국 경기변동이란 충격에 대한 시장의 최적대응이며, 시장메커니즘이 효율적으로 작동한 결과이다.

② 틀린 내용이다.
　새고전학파는 단기에서 불균형상태라는 케인즈의 견해를 비판하면서 최초 균형에서 이탈한 상태도 그 자체로서 균형이라고 주장한다. 새고전학파에 의하면 경제는 신축적 가격조정을 통해서 항상 수요와 공급이 일치하는 균형상태이므로, 결국 경기변동이란 균형GDP 자체가 잠재GDP 수준으로부터 이탈과 회복을 반복하는 현상이다.

③ 틀린 내용이다.
　실물경기변동이론에 의하면 화폐는 장기뿐만 아니라 단기에서도 중립적이며 이분성이 성립한다. 다만, 실물적 균형경기변동론자들은 통화량의 변화가 경기변동과 밀접한 관련을 가지는 것은 통화정책이 효과가 있어서가 아니라, 경기변동에 따라서 통화량이 내생적으로 변화한 것이기 때문이라고 주장한다. 즉, 통화량의 변화는 경기변동의 원인이 아니라 결과라는 것이며 여전히 화폐는 중립적이라고 주장한다.

④ 틀린 내용이다.
　중첩적인 가격에 의한 가격의 경직성은 새고전학파(New Classical)가 아니라 새케인즈 학파의 주장내용이다. 새고전학파에 의하면 경제는 신축적 가격조정을 통해서 항상 수요와 공급이 일치하는 균형상태를 이루게 된다.

⑤ 틀린 내용이다.
　새케인즈 학파(New Keynesian)에 의하면 총수요충격과 가격의 경직성이 경기변동의 주된 원인이라고 하는 반면, 실물적 균형경기변동에 의하면 기술충격과 같은 실물충격이 경기변동의 원인이 된다.

경기변동이론에 관한 설명으로 옳은 것은?　　　　　▶ 2022년 감정평가사

① 신케인즈 학파(new Keynesian)는 완전경쟁적 시장구조를 가정한다.
② 신케인즈 학파는 총수요 외부효과(aggregate-demand externality)를 통해 가격경직성을 설명한다.
③ 신케인즈 학파는 총공급 충격이 경기변동의 근본 원인이라고 주장한다.
④ 실물경기변동이론은 실질임금의 경직성을 가정한다.
⑤ 실물경기변동이론에 따르면 불경기에는 비용 최소화가 달성되지 않는다.

출제이슈 실물적 균형경기변동이론과 새케인즈 학파 경기변동이론
핵심해설 정답 ②

① 틀린 내용이다.
새케인즈 학파는 경제가 자연율로부터 이탈하는 원인을 시장에서 경제주체 간 상호작용 과정에 있어 시장가격 기구가 완전하게 작동하는 것을 가로막는 요인이 내재되어 있기 때문이라고 본다. 그렇다면, 그러한 이탈은 일시적인 것이 아니라 구조적인 것으로서 불완전한 시장구조에 기인한다고 한다. 경직적인 가격과 불완전한 시장구조하에서 시장청산은 신속하고 완벽하게 이루어지지 않기 때문에 시장기능에 문제가 있고 결국 정부의 시장개입이 정당화된다.

② 옳은 내용이다.
새케인즈 학파는 메뉴비용이론과 총수요 외부성(aggregate-demand externality)을 통해서 가격의 경직성을 설명하고 있다.

(가) 총수요 외부성의 논의배경
총수요 감소 충격하에서 메뉴비용으로 인한 가격경직성으로 경제가 불황에 빠져 있다고 하자. 결국 이는 작은 메뉴비용으로 큰 경기변동으로서의 불황이 초래된 것이다. 불황의 고통비용이 메뉴비용보다 큰 것은 자명하기 때문에 기업으로서는 작은 메뉴비용을 무시하고 가격을 인하하여 불황을 탈출하는 것이 합리적일 것이다. 따라서 메뉴비용이론만으로는 불황을 설명하는 데 한계가 있다는 비판이 대두되었다.
이에 대해 새케인즈 학파는 기업들이 가격인하의 편익, 즉 불황을 빠져나올 수 있는 편익을 제대로 고려할 수 없기 때문에 작은 메뉴비용으로도 불황을 충분히 설명할 수 있다고 반박하였다. 여기서 가격인하의 편익이 바로 총수요 외부성이며 총수요 외부성 때문에 가격이 인하되지 않고 유지된다고 보았다.

(나) 총수요 외부성의 의의
어느 한 개별기업의 가격인하는 해당 기업의 제품에 대한 수요를 증가시킬 뿐만 아니라 다른 모든 기업의 제품에 대한 수요를 증가시키는 효과를 가져온다. 이렇게 개별기업의 가격조정이 다른 기업 제품의 수요에 미치는 효과를 총수요 외부성이라고 한다.

(다) 총수요 외부성의 발생원인
어느 한 개별기업이 가격을 인하하면, 전반적인 물가하락에 기여하는 것이고 이로 인하여 실질통화량이 증가하여 경제 내 모든 기업의 제품에 대한 수요가 증가하게 된다. 이러한 총수요 외부성은 가격변화가 가져오는 사회적 외부편익이 된다.

(라) 가격경직성과 총수요 외부성
　ⅰ) 가격인하에 대한 사회적 의사결정
　　　기업이 가격을 인하하는 경우 메뉴비용은 자신이 모두 지불해야 하지만, 그로 인한 편익은 총수요의
　　　증가를 통해서 다른 모든 기업들에게도 나눠진다. 따라서 기업이 가격을 인하하는 것에 대한 의사결정
　　　을 할 때는 자신이 지불해야 하는 메뉴비용과 자신이 얻게 되는 편익 그리고 총수요 외부성에 의한
　　　사회적 외부편익을 모두 고려하는 것이 합리적이다.

　ⅱ) 가격인하에 대한 사적 의사결정
　　　그러나 개별기업은 총수요 외부성으로 인한 외부적 편익은 무시하고 사적 메뉴비용에 의해서만 의사결
　　　정을 하게 된다. 가격인하로 인해 얻는 편익에서 총수요 외부성으로 인한 사회적 외부편익이 빠지게
　　　되므로 개별기업의 입장에서는 편익이 그렇게 크지 않을 수 있고, 이로 인해서 가격을 그대로 유지하는
　　　것이 합리적인 상황이 되어버린다.

(마) 가격경직성의 복합적 원인과 그 효과
　　결국 메뉴비용에 의해서 가격인하의 비용이 작음에도 불구하고 총수요 외부성에 의해서 가격인하의 편익
　　도 작아지기 때문에 가격의 경직성이 나타난다. 메뉴비용과 총수요 외부성에 의해서 개별기업은 경직적
　　가격을 유지하는 것이 최적의 선택이지만, 경제 전체로는 비효율성을 초래한다.

③ 틀린 내용이다.
　기본적으로 새케인즈 학파는 총수요의 변화가 경기변동의 가장 중요한 원인이라고 보는 케인즈의 전통을 그대
　로 따르고 있다. 실물적 균형경기변동은 경기변동의 근본적 원인을 공급충격으로서 기술충격으로 보고 있다.
　기술충격 혹은 생산성충격이란 생산요소의 투입량은 고정되어 있는 상태에서 산출량이 증가 또는 하락하는 교
　란원인을 의미한다. 유리한 기술충격은 경기호황을 가져오고 불리한 기술충격은 경기침체를 가져온다.

④ 틀린 내용이다.
　실물경기변동이론이 아니라 새케인즈 학파가 실질임금의 경직성을 가정한다. 새케인즈 학파는 새고전 학파와는
　달리 경기변동을 균형국민소득 수준으로부터 이탈한 현상으로 보고 있으며 이탈의 핵심적 원인이 바로 가격
　및 임금의 경직성이라고 한다. 새케인즈 학파는 가격 및 임금의 경직성이 단순한 가정이 아니라 경제주체들의
　최적화 행동의 결과로 나타나는 합리적인 것임을 증명하고, 총수요 충격이 가격조정이 아닌 생산 수준의 변화
　를 유발하여 경기변동을 촉발하는 것이라고 설명한다.

⑤ 틀린 내용이다.
　실물적 경기변동이론 모형의 펀더멘털은 가계의 효용함수, 기업의 생산함수이다. 이를 이용하여 가계의 효용극
　대화와 기업의 이윤극대화라는 미시적 최적화 모형을 구축한다. 가계와 기업은 노동시장과 자본시장에서 만나
　게 되는데 노동시장과 자본시장에서 가계는 공급자, 기업은 수요자의 역할을 담당한다. 각각의 시장에서 가계와
　기업은 최적화 행동을 한다. 특히 실물적 균형경기변동이론은 기대형성방식에 있어서 합리적 기대를 적극적으
　로 수용하고 있다. 가계는 합리적 기대하에서 미래소득을 예상하고 현재소비를 결정한다. 실물적 기술충격에
　의해서 나타나는 현재소득과 미래소득의 변화를 합리적으로 예상하고 소비를 최적으로 유지할 수 있다는 것이
　다. 또한 가계는 합리적 기대를 바탕으로 하여 현재임금과 미래임금 사이에서 노동의 기간 간 대체를 결정함으
　로써 노동의 공급도 최적으로 유지할 수 있다.

01 학파별 이론

각 경제학파별 경제안정화정책에 관한 설명으로 옳지 않은 것은? ▶ 2015년 감정평가사

① 고전학파는 구축효과, 화폐의 중립성을 들어 경제안정화정책을 쓸 필요가 없다고 주장한다.

② 케인즈경제학자(Keynesian)는 IS 곡선이 가파르고 LM 곡선은 완만하므로 적극적인 재
정정책이 경제안정화정책으로 바람직하다고 주장한다.

③ 통화주의자(Monetarist)는 신화폐수량설, 자연실업률가설을 들어 재량적인 경제안정화
정책을 주장한다.

④ 새고전학파(New Classical School)는 예상치 못한 경제안정화정책은 일시적으로 유효할
수 있다는 점을 인정한다.

⑤ 새케인즈 학파(New Keynesian School)는 임금과 물가가 경직적인 경우에는 경제안정화
정책이 유효하다고 주장한다.

출제이슈 경제안정화정책에 대한 학파별 견해
핵심해설 정답 ③

이 문제는 다양한 거시경제학파가 총망라된 문제로서 설문을 검토하면 다음과 같다.

① 옳은 내용이다.

고전학파에 의하면, 정부의 확대재정정책은 이자율을 상승시켜 투자를 감소시키므로 결국 확대정책의 효과는
모두 상쇄되어 버린다. 이러한 구축효과에 의하면, 정부지출을 변동시키는 경제안정화 정책은 아무런 효과가
없다.

또한 고전학파에 의하면 단기에서도 가격이 즉각적이고 연속적으로 조정되기 때문에 화폐는 중립적이다. 즉,
명목통화량의 변화는 비례적으로 물가만을 변화시킬 뿐이고 실질변수에는 아무런 영향을 미치지 못한다. 이러
한 화폐의 중립성 견해에 따르면, 통화량을 변동시키는 경제안정화 정책은 아무런 효과가 없다.

② 옳은 내용이다.

케인즈 학파에 의하면 투자는 이자율에 대해 매우 비탄력적이므로 IS 곡선이 가파르다. 한편 화폐수요는 이자
율에 대해 매우 탄력적이기 때문에 LM 곡선은 완만하다. 따라서 IS 곡선이 가파르고 LM 곡선은 완만한 상황
에서는 통화정책보다 재정정책이 더욱 강력하고 유효하다고 주장한다.

③ 틀린 내용이다.

통화주의학파는 경기변동에 대해서 재량(discretion)에 의한 통화정책보다는 준칙(rule)에 의한 통화정책을 강조하였다. 프리드만을 중심으로 통화론자는 당국의 재량적 통화정책을 비판하면서 경기안정화 목적의 재량적 통화정책은 정책효과의 시차 및 불확실성으로 인하여 경제를 오히려 불안정화시킬 뿐이라고 주장하였다. 이에 대안으로서 안정적인 경제를 위해서 준칙에 의한 통화공급을 주장하였다.

④ 옳은 내용이다.

새고전학파의 합리적 기대에 따르면 예상된 일회성 통화량의 증가는 곧바로 민간의 기대에 영향을 미쳐서 기대인플레이션율이 상승하여 단기총공급곡선을 상방으로 이동시키게 된다. 따라서 국민소득 등 실물변수에 전혀 영향을 미치지 못하고 물가만을 상승시키는 효과가 나타난다. 이는 합리적으로 예상하는 민간주체의 행태에 기인하여 나타나는 것이다. 그러나 만일 합리적으로 예상하더라도 전혀 예상치 못한 갑작스러운 통화량의 증가가 발생하는 경우에는 일시적으로 산출 및 소득이 증가할 수 있다. 즉, 예상하지 못한 정책은 일시적으로 효과가 있게 된다. 그러나 시간이 흐름에 따라서 민간의 기대인플레이션율이 상승하면서 다시 경제는 자연산출량 수준으로 복귀하게 되어 통화량 증가가 실물경제에 미치는 영향은 사라진다.

⑤ 옳은 내용이다.

새케인즈 학파는 합리적 기대를 받아들이면서도 가격변수가 경직적이면 예상되지 않은 정책은 물론이고 예상된 정책도 여전히 효과가 있음을 주장하며 경직성을 미시적으로 증명하였다. 가격이 경직적인 상황에서 경제에 충격이 오면 경제는 균형에서 상당 기간 이탈하게 되고 한참 후에 균형을 회복하면서 경기변동이 자연스럽게 발생하는 것이다. 새케인즈 학파에 따르면 예상과 관계없이 통화공급의 증가나 정부지출의 증가는 가격과 임금의 경직성으로 인하여 단기적으로 국민소득을 증가시키는 효과가 있으나 장기적으로는 효과가 없다. 주의할 것은 예상된 정책도 단기적으로 국민소득을 변화시킨다는 것이다. 이는 가격변수가 경직적이기 때문에 발생하는 것이다.

다음 중 옳은 것만을 모두 고른 것은?

▶ 2011년 감정평가사

ㄱ. 프리드만(M.Friedman)은 통화량을 일정률로 증가시키는 통화준칙을 주장한다.

ㄴ. 새고전학파(New Classical School)는 예측되는 정책은 항상 긍정적인 효과가 있다고 주장한다.

ㄷ. 새케인즈 학파(New Keynesian School)이론 중에는 메뉴비용(menu cost)의 존재로 총 수요 관리정책이 효과가 있다는 주장이 있다.

ㄹ. 실물경기변동론자들은 기술충격에 의한 총공급의 변동으로 경기변동을 설명한다.

ㅁ. 케인즈 학파(Keynesian School)는 총공급의 변동이 경기변동의 가장 중요한 원인이라 고 주장한다.

① ㄱ, ㄴ, ㅁ   ② ㄱ, ㄴ, ㄷ   ③ ㄱ, ㄷ, ㄹ

④ ㄴ, ㄷ, ㅁ   ⑤ ㄴ, ㄷ, ㄹ

출제이슈 경기변동에 대한 학파별 견해

핵심해설 정답 ③

ㄱ. 옳은 내용이다.

통화량준칙이란 통화량증가율을 정해진 규칙에 따라 설정하는 것으로서 예를 들어 매기의 통화량증가율을 $k\%$로 일정하게 정하는 경우 변하지 않는 준칙이나, 대체로 통화량은 실질경제성장률과 물가상승률을 고려하여 설정한다. 특히 프리드만은 통화량을 일정률로 증가시키는 통화준칙을 주장하였다.

ㄴ. 틀린 내용이다.

새고전학파는 재량적인 총수요관리정책은 장기뿐만 아니라 합리적 기대를 하는 민간주체가 예상한 경우 단기에서도 무력하다고 비판하였다(정책무력성 정리). 예상되지 못한 정책은 일시적으로 유효하지만 시간이 흐르면서 민간의 기대가 조정됨에 따라서 정책은 효과가 없게 된다.

ㄷ. 옳은 내용이다.

새케인즈 학파는 합리적 기대를 받아들이면서도 가격변수가 경직적이면 예상되지 않은 정책은 물론이고 예상된 정책도 여전히 효과가 있음을 주장하며 경직성을 미시적으로 증명하였다. 가격이 경직적인 상황에서 경제에 충격이 오면 경제는 균형에서 상당 기간 이탈하게 되고 한참 후에 균형을 회복하면서 경기변동이 자연스럽게 발생하는 것이다(메뉴비용 등으로 가격에 경직성을 보이게 되면 산출량 조정을 통해서 경기변동 발생).

ㄹ. 옳은 내용이다.

실물적 균형경기변동이론은 경기변동의 원인을 실물부문에서의 기술충격에서 찾고 있다. 기술충격은 공급측면의 충격으로서 거시경제총생산함수에 충격을 가해 이동시키는 역할을 한다. 이는 생산요소의 투입량은 고정되어 있는 상태에서 산출량이 증가 또는 하락하도록 만드는 교란원인이 된다. 유리한 기술충격은 경기호황을 가져오고 불리한 기술충격은 경기침체를 가져온다.

ㅁ. 틀린 내용이다.

케인즈는 총수요가 변화할 때 가격이 고정되어 있기 때문에 경제는 불균형 상태가 유지되고 결국 총생산이 변하게 되는 경기변동이 생긴다고 하면서 총수요의 변화가 경기변동의 가장 중요한 원인이라고 보았다. 총수요의 변화가 경기변동의 원인이 되기 위해서는 가격이 단기에 고정되어야 한다.

> **거시경제이론과 관련된 경제학파에 대한 설명으로 옳은 것은?** ▶ 2024년 감정평가사
>
> ① 새케인즈학파(New Keynesian)는 단기 필립스곡선이 수직이라고 주장한다.
> ② 새케인즈학파는 가격 신축성에 근거하여 경기변동을 설명한다.
> ③ 새케인즈학파는 단기에서 화폐중립성이 성립한다고 주장한다.
> ④ 실물경기변동이론에 따르면 경기변동국면에서 소비의 최적화가 달성된다.
> ⑤ 새고전학파는 메뉴비용의 존재가 경기변동에 중요한 역할을 한다고 주장한다.

출제이슈 새고전학파와 새케인즈학파
핵심해설 정답 ④

실물적 경기변동이론 모형의 펀더멘털은 가계의 효용함수, 기업의 생산함수이다. 이를 이용하여 가계의 효용극대화와 기업의 이윤극대화라는 미시적 최적화 모형을 구축한다. 가계와 기업은 노동시장과 자본시장에서 만나게 되는데 노동시장과 자본시장에서 가계는 공급자, 기업은 수요자의 역할을 담당한다. 각각의 시장에서 가계와 기업은 최적화행동을 한다. 가계는 합리적 기대 하에서 미래소득을 예상하고 현재소비를 결정한다. 실물적 기술충격에 의해서 나타나는 현재소득과 미래소득의 변화를 합리적으로 예상하고 소비를 최적으로 유지할 수 있다는 것이다. 또한 가계는 합리적 기대를 바탕으로 하여 현재임금과 미래임금 사이에서 노동의 기간 간 대체를 결정함으로써 노동의 공급도 최적으로 유지할 수 있다.

새케인즈학파는 새고전학파와는 달리 경기변동을 균형국민소득 수준으로부터 이탈한 현상으로 보고 있으며 이탈의 핵심적 원인이 바로 가격 및 임금의 경직성이라고 한다. 새케인즈학파는 가격 및 임금의 경직성이 단순한 가정이 아니라 경제주체들의 최적화 행동의 결과로 나타나는 합리적인 것임을 증명하고, 총수요 충격이 가격조정이 아닌 생산 수준의 변화를 유발하여 경기변동을 촉발하는 것이라고 설명한다.

경기안정화정책 논쟁

갑국 통화당국의 손실함수와 필립스곡선이 다음과 같다. 인플레이션율에 대한 민간의 기대가 형성되었다. 이후 통화당국이 손실을 최소화하기 위한 목표 인플레이션율은? (π, π^e, u, u_n 은 각각 인플레이션율, 민간의 기대인플레이션율, 실업률, 자연실업률이고 단위는 %이다.)

▶ 2018년 감정평가사

> 통화당국의 손실함수 : $L(\pi,\ u) = u + \dfrac{1}{2}\pi^2$
>
> 필립스곡선 : $\pi = \pi^e - \dfrac{1}{2}(u - u_n)$

① 0% ② 1% ③ 2%
④ 3% ⑤ 4%

출제이슈 손실함수와 손실극소화
핵심해설 정답 ③

필립스곡선은 통화당국의 정책 수립 시 제약조건 역할을 한다. 따라서 필립스곡선의 제약하에서 목적함수인 손실함수를 극소화하도록 목표 인플레이션율을 설정해야 한다.

1) 제약조건

   주어진 필립스곡선 $\pi = \pi^e - \dfrac{1}{2}(u - u_n)$을 변형하면, $u = -2\pi + 2\pi^e + u_n$이 된다.

2) 목적함수

   변형된 제약조건 $u = -2\pi + 2\pi^e + u_n$을 목적함수에 대입하면, $L = -2\pi + 2\pi^e + u_n + \dfrac{1}{2}\pi^2$이 된다.

3) 목적함수의 극소화

   손실을 극소화하기 위해서 목적함수를 π로 미분하여 0으로 두면 다음과 같다.

   $\dfrac{dL}{d\pi} = -2 + \pi = 0$ 따라서 목표 인플레이션율은 $\pi = 2$가 된다.

중앙은행이 아래와 같은 손실함수를 최소화하도록 인플레이션율을 결정하려고 한다.

$$L(\pi_t) = -0.5(\pi_t - \pi_t^e) + 0.5(\pi_t)^2$$

중앙은행의 정책결정 이전에 민간의 기대인플레이션율이 0으로 고정되어 있을 때, 중앙은행이 결정하는 인플레이션율은? (단, $L(\pi_t)$, π_t, π^{e_t}는 각각 손실함수, 인플레이션율, 민간의 기대인플레이션율이다.)

▸ 2024년 감정평가사

① 0　　　　　　② 0.5　　　　　　③ 1

④ 1.5　　　　　　⑤ 2

출제이슈 손실함수와 손실극소화

핵심해설 정답 ②

원칙적으로 손실함수의 손실극소화모형은 필립스곡선이 통화당국의 정책 수립 시 제약조건 역할을 한다. 따라서 필립스곡선의 제약 하에서 목적함수인 손실함수를 극소화하도록 목표 인플레이션율을 설정해야 한다. 다만, 본 문제에서는 필립스곡선이 주어지지 않았고 민간의 기대인플레이션율이 0으로 고정되어 있다는 제약조건만 주어졌으므로 다음과 같이 쉽게 풀 수 있다.

$$L = -0.5(\pi - \pi^e) + 0.5\pi^2, \ \pi^e = 0$$

이때, 손실을 극소화하기 위해서 목적함수인 손실함수를 π로 미분하여 0으로 두면 다음과 같다.

$$\frac{dL}{d\pi} = 0, \ \pi = 0.5$$

경제정책에 관한 설명으로 옳은 것을 모두 고른 것은? ▶ 2018년 감정평가사

ㄱ. 외부시차는 경제에 충격이 발생한 시점과 이에 대한 정책 시행 시점 사이의 기간이다.
ㄴ. 자동안정화장치는 내부시차를 줄여준다.
ㄷ. 루카스(R. Lucas)는 정책이 변하면 경제주체의 기대도 바뀌게 되는 것을 고려해야 한다고 주장하였다.
ㄹ. 시간적 불일치성 문제가 있는 경우 자유재량적 정책이 바람직하다.

① ㄱ, ㄴ　　　　　　② ㄱ, ㄷ　　　　　　③ ㄱ, ㄹ
④ ㄴ, ㄷ　　　　　　⑤ ㄴ, ㄹ

출제이슈　안정화정책
핵심해설　정답 ④

ㄱ은 틀린 내용이고 ㄴ은 옳은 내용이다.

정책효과가 불확실한 이유로서 정책효과의 시차를 들 수 있다. 시차에는 내부시차와 외부시차가 있다. 내부시차(inside lag)는 정책의 필요성을 인지하고 적절한 정책을 시행하는 데 걸리는 시간을 의미한다. 재정정책의 경우 정부의 정책수립과 국회의 협력 등의 과정이 법적으로 필수적인 경우가 많아서 내부시차가 상대적으로 길다. 다만, 자동안정화장치가 있는 경우에는 충격에 대응하여 자동적으로 정책이 집행되기 때문에 내부시차가 대폭 줄어든다. 외부시차(outside lag)는 정책이 시행된 후 기대되는 효과가 발생하는 데 걸리는 시간을 의미한다. 통화정책의 경우 통화량의 변동이 실물부문에 영향을 주기까지 외부시차가 상대적으로 길다. 설문에서 경제에 충격이 발생한 시점과 이에 대한 정책 시행 시점 사이의 기간은 외부시차가 아니라 내부시차이다.

ㄷ. 옳은 내용이다.

루카스 비판(Lucas critique)에 따르면 사람들의 기대형성은 정책변화의 영향을 받으므로 정책이 바뀌면 사람들의 기대도 바뀐다. 즉, 정책이 바뀌면, 사람들은 새로운 기대를 형성하고, 새로운 기대는 경제변수 간의 관계에 영향을 미쳐서 행태방정식 자체를 변경시키게 된다. 정책의 효과를 올바르게 분석하려면, 거시경제모형의 행태방정식을 임의적으로 가정해서는 안 되고, 합리적 기대하에서 경제주체의 최적화 행동 및 시장균형의 결과로 도출해야 한다.

ㄹ. 틀린 내용이다.

시간적 불일치성 문제가 있는 경우 자유재량적 정책보다는 준칙에 의한 정책이 더 바람직하다. 동태적 비일관성(dynamic inconsistency) 혹은 최적정책의 비일관성(동태적 불일치)은 t기에 결정되어 t + 1기에 실시될 것으로 예상되는 정책과 실제로 t + 1기에 실시되는 정책이 불일치하는 경우를 의미하며, 재량에 의한 정책에서 발생한다. 정부정책이 재량적으로 이루어질 수 있다면, 정부로서는 당연히 사전에 발표한 것과는 다른 정책을 시행하고자 할 것이기 때문에 동태적 비일관성은 재량적 정책에서 발생하게 된다. 만일 정부의 최적정책에 있어서 동태적 불일치가 있음을 민간부문이 인지하게 되면 결국엔 정책자체를 불신하게 될 것이다. 이에 따라서 정부가 사전에 정책의도 및 목표를 민간에 공표하더라도 민간경제주체의 기대에 영향을 줄 수 없게 된다. 따라서 재량에 의한 최적정책보다는 준칙에 의한 비최적정책이 오히려 바람직한 균형을 달성할 수 있다. 즉, 재량에 의한 최적정책의 비일관성보다는 준칙에 의한 일관된 정책의 비최적성이 더 우월하다.

Issue 03 테일러준칙

> A국에서 인플레이션갭과 산출량갭이 모두 확대될 때, 테일러준칙(Taylor's rule)에 따른 중앙
> 은행의 정책은?
>
> ▶ 2020년 감정평가사
>
> ① 정책금리를 인상한다.　　　　　② 정책금리를 인하한다.
>
> ③ 정책금리를 조정하지 않는다.　　④ 지급준비율을 인하한다.
>
> ⑤ 지급준비율을 변경하지 않는다.

출제이슈 테일러준칙
핵심해설 정답 ①

테일러준칙에 따른 연방자금금리의 정책적 설정은 다음과 같은 요인에 의해 결정된다.

1) $(\pi - \pi^*)$: 실제인플레이션율과 목표인플레이션율의 차이
   실제인플레이션율이 목표인플레이션율보다 높은 경우 연방자금금리는 균형이자율 수준보다 높게 설정되는데
   이는 긴축적 통화정책을 의미한다. 반대의 경우는 연방자금금리가 균형이자율 수준보다 낮게 설정되는데 이는
   확장적 통화정책을 의미한다.

2) $(Y - Y_F)$: 실질GDP와 잠재GDP의 차이
   실질GDP가 잠재GDP보다 높은 경우 연방자금금리는 균형이자율 수준보다 높게 설정되는데 이는 긴축적 통
   화정책을 의미한다. 반대의 경우는 연방자금금리가 균형이자율 수준보다 낮게 설정되는데 이는 확장적 통화정
   책을 의미한다.

3) $(\pi + r^*)$: 완전고용을 달성하는 균형이자율(인플레이션율과 단기실질이자율의 합)
   인플레이션율이 상승하는 경우 연방자금금리를 올려야 함을 의미한다.

위의 내용에 따라서 설문을 검토하면 다음과 같다.

A국에서 인플레이션갭과 산출량갭이 모두 확대될 때는 바로 경기가 호황이어서 실제인플레이션율과 목표인플레
이션율의 차이$(\pi - \pi^*)$가 커지고 실질GDP와 잠재GDP의 차이$(Y - Y_F)$가 커지는 경우를 의미한다. 이러한 경
우 앞에서 살펴보았던 테일러준칙의 산식 $i = (\pi + r^*) + 0.5(\pi - \pi^*) + 0.5(\dfrac{Y - Y_F}{Y_F})$에 따라 $(\pi - \pi^*)$와 $(Y - Y_F)$
가 커지는 상황이므로 정책금리를 인상하여야 할 것이다.

중앙은행은 아래와 같은 테일러준칙(Taylor rule)에 따라 명목이자율을 조정한다. 이에 관한 설명으로 옳지 않은 것은? (단, i는 명목이자율, π는 인플레이션율, π^*는 목표인플레이션율, Y^*는 잠재GDP, Y는 실제GDP, $\dfrac{Y^*-Y}{Y^*}$는 총생산갭이다.) ▶ 2012년 감정평가사

$$i = 0.05 + \pi + 0.5(\pi - \pi^*) - 0.5\left(\frac{Y^* - Y}{Y^*}\right)$$

① 목표인플레이션율이 낮아지면 중앙은행은 명목이자율을 인상한다.
② 실제GDP가 잠재GDP보다 더 큰 경우에 중앙은행은 명목이자율을 인상한다.
③ 총생산갭은 0이고 인플레이션율이 3%에서 4%로 상승하는 경우에 중앙은행은 명목이자율을 0.5%포인트(%p) 인상한다.
④ 인플레이션율이 목표치와 같고 실제GDP가 잠재GDP와 같다면 실질이자율은 5%가 된다.
⑤ 인플레이션율은 목표치와 같고 총생산갭이 0%에서 1%로 상승하는 경우에 중앙은행은 명목이자율을 0.5%포인트(%p) 인하한다.

출제이슈 테일러준칙
핵심해설 정답 ③

① 옳은 내용이다.
테일러준칙에 따른 연방자금금리의 정책적 설정은 실제인플레이션율과 목표인플레이션율의 차이$(\pi - \pi^*)$에 의해 결정된다. 실제인플레이션율이 목표인플레이션율보다 높은 경우 연방자금금리는 균형이자율 수준보다 높게 설정되는데 이는 긴축적 통화정책을 의미한다.

② 옳은 내용이다.
테일러준칙에 따른 연방자금금리의 정책적 설정은 실질GDP와 잠재GDP의 차이$(Y - Y_F)$에 의해 결정된다. 실질GDP가 잠재GDP보다 높은 경우 연방자금금리는 균형이자율 수준보다 높게 설정되는데 이는 긴축적 통화정책을 의미한다.

③ 틀린 내용이다.
총생산갭은 0이고 인플레이션율이 3%에서 4%로 상승하는 경우에 테일러준칙에 따라 중앙은행은 명목이자율을 1.5%포인트(%p) 인상한다.

④ 옳은 내용이다.
인플레이션율이 목표치와 같고 실제GDP가 잠재GDP와 같다면 테일러준칙에 따라 $i = 0.05 + \pi$이므로 실질이자율은 5%가 된다.

⑤ 옳은 내용이다.
인플레이션율은 목표치와 같고 총생산갭이 0%에서 1%로 상승하는 경우에 테일러준칙에 따라 중앙은행은 명목이자율을 0.5%포인트(%p) 인하한다.

> A국 중앙은행은 아래의 테일러 규칙(Taylor rule)에 따라 명목정책금리를 조정한다. 이에 관한 설명으로 옳지 않은 것은? (단, 총생산갭 = (실질GDP - 완전고용 실질GDP) / 완전고용 실질GDP이다.)
>
> ▶ 2022년 감정평가사
>
> 명목정책금리 = 인플레이션율 + 0.02 + 0.5 × (인플레이션율 - 0.03) + 0.5 × (총생산 갭)
>
> ① A국 중앙은행의 인플레이션율 목표치는 3%이다.
> ② 인플레이션율 목표치를 2%로 낮추려면 명목정책금리를 0.5%p 인하해야 한다.
> ③ 인플레이션율이 목표치와 동일하고 총생산 갭이 1%인 경우 실질 이자율은 2.5%이다.
> ④ 완전고용 상태에서 인플레이션율이 2%인 경우에 명목정책금리는 3.5%로 설정해야 한다.
> ⑤ 인플레이션율이 목표치보다 1%p 더 높은 경우에 명목정책금리를 0.5%p 인상한다.

출제이슈   테일러준칙
핵심해설   정답 ② (단, 엄밀하게는 특정상황하에서 ⑤도 틀린 내용이 될 수 있음에 유의하라.)

준칙에 의한 적극적 정책의 사례로 이자율 준칙의 일종인 테일러준칙을 들 수 있다. 테일러준칙은 물가안정과 경기안정화를 동시에 달성하기 위해서 미국의 연방준비제도가 통화정책을 시행하는 방식에 대하여 테일러가 추정한 식을 의미한다. 이는 통화정책의 수단으로서 연방자금금리(federal funds rate)를 정책적으로 설정함에 있어서 물가안정과 경기안정화를 모두 고려하고 있음을 잘 보여준다. 일반적인 테일러준칙은 다음과 같다.

$$i = (\pi + r^*) + 0.5(\pi - \pi^*) + 0.5(\frac{Y - Y_F}{Y_F})$$

r^* : 균형이자율, π : 실제인플레이션율, π^* : 목표인플레이션율, Y : 실질GDP, Y_F : 잠재GDP
(참고로 테일러는 균형이자율 2%, 목표인플레이션율 2%를 제안하였다.)

설문에서 테일러준칙은 $i_t = \pi_t + 0.02 + 0.5(\pi_t - 0.03) + 0.5 GDPgap$으로 주어져 있다.

설문을 검토하면 다음과 같다.

① 옳은 내용이다.
   아래와 같은 테일러준칙의 식에서 목표인플레이션율은 π^*이며, 설문에서는 3%로 주어져 있다.

$$i = (\pi + r^*) + 0.5(\pi - \pi^*) + 0.5(\frac{Y - Y_F}{Y_F})$$

r^* : 균형이자율, π : 실제인플레이션율, π^* : 목표인플레이션율, Y : 실질GDP, Y_F : 잠재GDP

② 틀린 내용이다.
   인플레이션율 목표치를 낮추기 위해서는 금리 인상이 필요하다. 따라서 틀린 내용임을 쉽게 알 수 있다. 참고로 좀 더 엄밀하게 접근하고자 하는 경우에는 아래를 참조하기 바란다.

설문에서 주어진 테일러준칙 $i_t = \pi_t + 0.02 + 0.5(\pi_t - 0.03) + 0.5\,GDPgap$에서 인플레이션율 목표치를 변수화하여 표현하면 다음과 같다.

$$i_t = \pi_t + 0.02 + 0.5(\pi_t - \pi^*) + 0.5\,GDPgap$$

이때, 명목이자율을 인플레이션율 목표치로 미분하면 -0.5가 된다. 이를 해석하면, 인플레이션율 목표치를 1%p 증가시킬 경우, 명목이자율의 변화가 -0.5%p가 된다는 의미이다. 따라서 설문에서 인플레이션율 목표치를 현재 3%에서 2%로 1%p만큼 낮추려면 명목정책금리를 0.5%p 인상해야 한다.

③ 옳은 내용이다.

설문에서 주어진 테일러준칙 $i_t = \pi_t + 0.02 + 0.5(\pi_t - 0.03) + 0.5\,GDPgap$에서 인플레이션율이 목표치와 동일하고 총생산갭이 1%인 경우를 고려하면 다음과 같다.

$$i_t = \pi_t + 0.02 + 0.5(\pi_t - 0.03) + 0.5\,GDPgap = \pi_t + 0.02 + 0.5 \times 0 + 0.5 \times 0.01 = \pi_t + 0.025$$

따라서 실질금리는 0.025 = 2.5%가 된다.

④ 옳은 내용이다.

설문에서 주어진 테일러준칙 $i_t = \pi_t + 0.02 + 0.5(\pi_t - 0.03) + 0.5\,GDPgap$에서 완전고용 상태와 인플레이션율이 2%인 경우를 고려하면 다음과 같다.

$$i_t = \pi_t + 0.02 + 0.5(\pi_t - 0.03) + 0.5\,GDPgap = 0.02 + 0.02 + 0.5(0.02 - 0.03) + 0.5 \times 0 = 0.035$$

따라서 명목정책금리는 0.035 = 3.5%가 된다.

⑤ 옳은 내용이다(단, 엄밀하게는 특정한 상황하에서만 제한적으로 옳은 내용이다).

지문에서 표현된 상황이 모호하여 복수의 해석이 가능하므로 오해 및 오류의 소지가 있다고 판단된다. 다만, 확실히 틀린 지문이 있다는 것으로부터 선해하여 적절한 상황을 상정하여 풀면 다음과 같다.

인플레이션율의 목표치가 1%p 낮아져서 인플레이션율이 목표치보다 1%p 높아진 경우라고 해석하면, 위의 ② 해설과 유사한 상황이 된다. 따라서 인플레이션율이 목표치보다 1%p 더 높은 경우로서 인플레이션율 목표치가 1%p 감소한다면, $i_t = \pi_t + 0.02 + 0.5(\pi_t - \pi^*) + 0.5\,GDPgap$에서 명목이자율의 변화가 0.5%p가 된다는 의미이다. 즉 명목정책금리를 0.5%p 인상해야 한다. 이는 위 ②의 해설과 같이 간단한 편미분을 통해서 쉽게 확인할 수 있다.

만일 위와 달리 인플레이션율이 1%p 높아져서 인플레이션율이 목표치보다 1%p 높아진 경우라고 해석하면, 설문에서 주어진 테일러준칙 $i_t = \pi_t + 0.02 + 0.5(\pi_t - 0.03) + 0.5\,GDPgap$에서 명목이자율을 인플레이션율로 미분하면 1.5가 된다. 이를 해석하면, 인플레이션율이 1%p 높아질 경우, 명목이자율의 변화가 1.5%p가 된다는 의미이다. 따라서 명목정책금리를 1.5%p 인상해야 한다.

따라서 위와 같이 설문에 대하여 복수의 해석이 가능하므로 오류의 소지는 있으나 확실한 정답의 존재로부터 적절한 상황을 선해하도록 한다.

> A국의 중앙은행은 필립스곡선, 성장률과 실업률의 관계, 이자율 준칙에 따라 이자율을 결정한다. 현재 목표물가상승률이 2%, 자연실업률이 3%이고, 국내총생산은 잠재국내총생산, 물가상승률은 목표물가상승률, 그리고 실업률은 자연실업률과 같다고 가정할 때, 이에 관한 설명으로 옳지 않은 것은? (단, r, π, π^e, π^T, u, u_n, u_{-1}, Y, Y^P는 각각 이자율, 물가상승률, 기대물가상승률, 목표물가상승률, 실업률, 자연실업률, 전기의 실업률, 국내총생산, 잠재국내총생산이다.)
>
> ▶ 2023년 감정평가사
>
> - 필립스곡선 : $\pi = \pi^e - 0.5(u - u_n)$
> - 이자율 준칙 : $r = \pi + 2\% + 0.5(\pi - \pi^T) + 0.5G$
> - 성장률과 실업률의 관계 : 국내총생산의 성장률 $= 3\% - 2(u - u_{-1})$
> - $G = \dfrac{(Y - Y^p)}{Y^p} \times 100$
>
> ① 현재 이자율은 4%이다.
> ② 현재 기대물가상승률은 2%이다.
> ③ 실업률이 5%로 상승하고 기대물가상승률이 변화하지 않았다면, 물가상승률은 1%이다.
> ④ 기대물가상승률이 3%로 상승하면, 이자율은 5.5%이다.
> ⑤ 실업률이 1%로 하락하고, 기대물가상승률이 3%로 상승하면, 이자율은 7%이다.

출제이슈 이자율 준칙
핵심해설 정답 ⑤

① 옳은 내용이다.

현재 물가상승률이 목표물가상승률이라는 단서를 이용하면 물가상승률은 2%가 된다. 그리고 현재 상태에서 국내총생산이 잠재국내총생산과 같으므로 성장률은 0이 된다. 참고하면, 주어진 4번째 수식에서 성장률의 정의가 제대로 주어지지 않은 상황이므로 출제오류로 보이지만 선해하여 성장률로 간주한다.

이제 앞에서 단서들을 모두 주어진 2번째 수식인 이자율 준칙의 식에 대입하면 현재 이자율은 다음과 같이 4%가 된다.

이자율 $= \pi + 2\% + 0.5(\pi - \pi^T) + 0.5G = 2 + 2 + 0.5 \times (2 - 2) + 0.5 \times 0 = 4$

② 옳은 내용이다.

현재 물가상승률이 목표물가상승률이라는 단서를 이용하면 물가상승률은 2%가 된다. 그리고 현재 상태에서 실업률이 자연실업률과 같으므로 실업률은 3%가 된다.

이제 정리된 단서들을 모두 주어진 1번째 수식인 필립스곡선의 식에 대입하면 현재 기대물가상승률은 다음과 같이 2%가 된다.

$\pi = \pi^e - 0.5(u - u_n)$, $2 = \pi^e - 0.5(3 - 3)$, $\pi^e = 2$

③ 옳은 내용이다.

실업률이 5%로 상승하고 기대물가상승률이 변화하지 않았다는 단서에서 실업률은 5%, 기대물가상승률은 2%를 주어진 1번째 수식인 필립스곡선의 식에 대입하면 다음과 같이 물가상승률은 1%임을 쉽게 알 수 있다.

$$\pi = \pi^e - 0.5(u - u_n), \ \pi = 2 - 0.5(5 - 3) = 1$$

이때, 유의할 점은 기대물가상승률이 변화하지 않았기 때문에 필립스곡선 선상의 이동이라는 점이다. 즉 최초 실업률 3% 수준에서 5% 수준으로 상승할 때의 물가상승률을 의미한다.

④ 옳은 내용이다.

기대물가상승률이 3%로 상승한 경우 이 정보와 문제의 발문에서 주어진 자료인 실업률 3%를 주어진 1번째 수식인 필립스곡선의 식에 대입하면 다음과 같이 물가상승률은 3%임을 쉽게 알 수 있다.

$$\pi = \pi^e - 0.5(u - u_n), \ \pi = 3 - 0.5(3 - 3) = 3$$

참고로 해당 선지는 기대물가상승률만 상승했을 뿐 실업률에 대한 정보는 없으므로 실업률은 원래 주어진 3%를 그대로 활용하기로 한다. 이에 대하여 문제에서 좀더 명확히 주어졌더라면 수험생들의 혼동을 미연에 방지하였을 것이라는 아쉬움이 있다.

이제 위에서 구한 물가상승률 3%를 주어진 2번째 수식인 이자율 준칙의 식에 대입하면 이자율은 다음과 같이 5.5%가 된다.

$$이자율 = \pi + 2\% + 0.5(\pi - \pi^T) + 0.5G = 3 + 2 + 0.5 \times (3 - 2) + 0.5 \times 0 = 5.5$$

참고로 위에서 실업률은 원래 주어진 3%를 그대로 활용하기로 하였으므로 성장률에도 변화가 없으므로 0이 유지됨을 적용한다. 즉 현재 선지에서는 여전히 국내총생산이 잠재국내총생산과 같고 성장률은 0이 됨을 적용한다.

⑤ 틀린 내용이다.

STEP 1. 물가상승률 구하기
실업률이 1%(현재의 실업률이 됨)로 하락하고, 기대물가상승률이 3%로 상승한 경우, 이 정보를 주어진 1번째 수식인 필립스곡선의 식에 대입하면 다음과 같이 물가상승률은 4%임을 알 수 있다.

$$\pi = \pi^e - 0.5(u - u_n), \ \pi = 3 - 0.5(1 - 3) = 4$$

STEP 2. 국내총생산의 성장률 구하기
실업률이 1%(현재의 실업률이 됨)로 하락한 경우, 이 정보와 문제의 발문에서 주어진 자료인 실업률 3%(전기의 실업률이 됨)를 주어진 3번째 산식인 성장률과 실업률의 관계식에 대입하면 다음과 같이 국내총생산의 성장률은 7%가 됨을 알 수 있다.

$$국내총생산의 \ 성장률 = 3\% - 2(u - u_{-1}) = 3 - 2(1 - 3) = 7$$

STEP 3. 이자율 구하기
이제 위에서 구한 물가상승률 4%, 상승한 기대물가상승률 3%, 국내총생산의 성장률 7%를 주어진 2번째 수식인 이자율 준칙의 식에 대입하면 이자율은 다음과 같이 10.5%가 된다.

$$이자율 = \pi + 2\% + 0.5(\pi - \pi^T) + 0.5G = 4 + 2 + 0.5 \times (4 - 2) + 0.5 \times 7 = 10.5$$

Chapter 08 거시경제의 미시적 기초

Issue 01 절대소득이론

한계소비성향의 정의로 옳은 것은?　　　　　　　　　　　　　▶ 2011년 감정평가사

① 소비를 소득으로 나눈 것이다.

② 소비를 저축으로 나눈 것이다.

③ 소비를 가처분소득으로 나눈 것이다.

④ 소비의 증가분을 저축의 증가분으로 나눈 것이다.

⑤ 소비의 증가분을 가처분소득의 증가분으로 나눈 것이다.

출제이슈　한계소비성향
핵심해설　정답 ⑤

한계소비성향은 가처분소득의 증가에 따라서 소비가 얼마나 증가하느냐를 나타내는 지표로서 소비증가분이 소득 증가분에서 차지하는 비중으로 다음과 같이 계산된다.

① 한계소비성향 $MPC = \dfrac{\Delta C}{\Delta Y}$

② 소비증가분 ÷ 소득증가분

③ 한계소비성향은 0보다 크고 1보다 작다($0 < MPC < 1$).

한편, 한계저축성향은 1에서 한계소비성향을 차감한 값으로서 둘을 더하면 1이 된다.

02 평생소득이론과 항상소득이론

소비의 항상소득가설과 생애주기가설에 관한 설명으로 옳은 것을 모두 고른 것은?

▶ 2014년 감정평가사

ㄱ. 소비자들은 가능한 한 소비수준을 일정하게 유지하려는 성향이 있다.
ㄴ. 생애주기가설에 의하면 고령인구의 비율이 높아질수록 민간부문의 저축률이 하락할 것
이다.
ㄷ. 프리드만(Friedman)의 항상소득가설에 의하면 높은 소득의 가계가 평균적으로 낮은 평
균소비성향을 갖는다.
ㄹ. 케인즈(Keynes)는 항상소득가설을 이용하여 승수효과를 설명하였다.

① ㄱ, ㄴ   ② ㄱ, ㄹ   ③ ㄴ, ㄷ
④ ㄱ, ㄴ, ㄷ   ⑤ ㄴ, ㄷ, ㄹ

출제이슈 평생소득이론과 항상소득이론
핵심해설 정답 ④

ㄱ. 옳은 내용이다.

평생소득이론 및 항상소득이론에 의하면 소비자는 전 생애에 걸친 소득의 흐름을 고려하여 소비행위를 결정하고 소비의 균등화를 추구한다. 소비의 균등화 혹은 평준화(consumption smoothing)란 소득의 수준이 시점에 따라서 달라지더라도 소비자의 효용을 극대화시키는 최적의 소비는 매기에 비슷한 수준을 유지하려고 하는 경향을 의미한다. 이는 우리가 이미 미시경제이론에서 학습한 시점 간 소비선택모형을 통해서 증명되었다. 항상소득이론 및 평생소득이론은 모두 소비의 평준화를 기본적으로 목표로 하고 있다.

ㄴ. 옳은 내용이다.

평생소득이론(생애주기가설)에 의하면, 소비는 평생소득에 의해 결정되며 평생소득이란 일생 동안 벌어들여서 사용할 수 있는 소득으로서 근로소득뿐만 아니라, 주택, 주식, 채권 등의 자산도 포함한다. 이때 소비함수는 $C = \alpha NW + \beta Y$ (NW : 비인적 부, Y : 소득)로 표시할 수 있다. 소비는 현재소득이 아니라 평생소득에 의해 결정되기 때문에 일정하게 유지된다. 즉, 전생애에 걸친 소득의 흐름을 고려하여 소비행위를 결정하고 소비의 균등화를 추구한다. 반면, 소득은 일생을 거치면서, 유년기, 청장년기, 노년기에 따라서 변화한다. 이와 같은 소득변화에도 불구하고 각 소비자는 자신의 소비를 평준화하려고 하기 때문에 소득흐름은 역U자형이지만 소비흐름은 평탄한 모습을 보인다. 이에 따라 유년기와 노년기에는 평균소비성향이 높아지고 청장년기에는 평균소비성향이 낮아진다. 따라서 중년층 인구비중이 상승하면 노년기에 대한 대비목적으로 저축률은 상승하고, 노년층 인구비중이 상승하면 저축률은 하락한다.

ㄷ. 옳은 내용이다.

항상소득이론에 의하면, 소비는 항상소득에 의해 결정된다. 항상소득이란 미래에도 항구적으로 벌어들일 수 있는 소득으로서 장기평균소득수준을 의미한다. 따라서 소비함수는 $C = \beta Y^P$로 표시할 수 있다. 소비는 현재 소득이 아니라 항상소득에 의해 결정되기 때문에 일정하게 유지된다.

이때, 평균소비성향 $APC = \dfrac{C}{Y} = \dfrac{\beta Y^P}{Y}$로서 소득과 항상소득의 비에 의하여 결정된다. 그런데 평균소비성향 $APC = \dfrac{C}{Y} = \dfrac{\beta Y^P}{Y}$은 소득의 증가율보다 항상소득의 증가율이 더 작기 때문에 소득증가에 따라서 감소한다. 즉 고소득층일수록 평균소비성향은 낮고, 저소득층일수록 평균소비성향은 높다.

ㄹ. 틀린 내용이다.

케인즈는 절대소득이론에 입각하여 소비의 한계성향을 정의하고 이에 기하여 승수효과를 입증하였다.

03 랜덤워크가설, 상대소득가설

소비이론에 관한 설명으로 옳은 것은? ▶ 2022년 감정평가사

① 항상소득가설(permanent income hypothesis)에 따르면, 현재소득이 일시적으로 항상소득보다 작게 되면 평균소비성향은 일시적으로 증가한다.

② 생애주기가설(life-cycle hypothesis)은 소비자가 저축은 할 수 있으나 차입에는 제약(borrowing constraints)이 있다고 가정한다.

③ 케인즈 소비함수는 이자율에 대한 소비의 기간별 대체효과를 반영하고 있다.

④ 소비에 대한 임의보행(random walk)가설은 소비자가 근시안적(myopic)으로 소비를 결정한다고 가정한다.

⑤ 항상소득가설은 소비자가 차입제약에 직면한다고 가정한다.

출제이슈 소비이론 종합
핵심해설 정답 ①

① 옳은 내용이다.

프리드만의 항상소득이론에 의하면 소비는 현재의 소득에만 의존하는 것이 아니고 장기적인 평균소득 수준에 의해 결정된다. 항상소득이란 장기평균소득으로서 미래에 항구적으로 벌어들일 수 있는 소득이다.

항상소득이론에서 소비함수는 $C = g(Y^P) = \beta Y^P$이므로 평균소비성향은 $\dfrac{C}{Y} = \dfrac{\beta Y^P}{Y}$가 된다. 이때, 단기에 있어서 소득이 증가할 경우, 사람들은 이 중 일부만을 항상소득의 증가로 간주한다. 일시소득의 증가로 된 부분은 소비를 전혀 변화시키지 못한다. 따라서 소득의 증가분보다 소비의 증가분은 작게 된다. 이는 한계소비성향이 0보다 크고 1보다 작음을 의미한다.

한편, 단기에 소득 증가 시 일시소득이 존재할 수 있다는 것은 소득 증가보다 항상소득 증가가 작다는 것을 의미한다. 이는 단기에 소득 증가 시 항상소득이 소득에서 차지하는 비율(항상소득/소득)이 작아짐을 의미하며, 결국 소득 증가 시 단기평균소비성향이 감소하게 된다.

반대로, 단기에 소득이 감소할 경우, 사람들은 이 중 일부만을 항상소득의 감소로 간주한다. 일시소득의 감소로 된 부분은 소비를 전혀 변화시키지 못한다. 따라서 소득의 감소분보다 소비의 감소분은 작게 된다.

단기에 소득 감소 시 일시소득이 존재할 수 있다는 것은 소득 감소보다 항상소득 감소가 작다는 것을 의미한다. 이는 단기에 소득 감소 시 항상소득이 소득에서 차지하는 비율(항상소득/소득)이 커짐을 의미하며, 결국 소득 감소 시 단기평균소비성향이 증가하게 된다.

② 틀린 내용이다.

미시경제이론에서 설명한 바 있는 시점 간 자원배분모형을 통해서 소비퍼즐을 해결하려는 노력이 1950년대에 안도, 모딜리아니, 브럼버그에 의하여 평생소득이론(생애주기가설)으로 나타났다. 평생소득이론이란 평생소득 (평생 동안 사용할 수 있는 소득)이 소비를 결정한다는 것으로서, 전생애에 걸친 소득의 패턴이나 흐름을 고려하여 소비행위를 결정함을 의미한다.

특히 이 이론은 소득이 일생을 거치면서, 유년기, 청장년기, 노년기에 따라서 변화하지만 이러한 소득변화에도 불구하고 각 소비자는 자신의 소비를 평준화하여 효용을 극대화하려고 한다고 가정한다. 따라서 평생소득이론에서는 소비자가 자유롭게 차입가능함을 전제로 하고 있다.

③ 틀린 내용이다.

절대소득이론이란 케인즈 및 케인지언의 이론으로서 소비에 대하여 비교적 단순한 가정을 통해서 현재가처분소득의 절대적인 수준이 현재소비를 결정한다는 것이다. 특히 소비는 주로 해당 기간 동안의 소득수준에 의존하며, 미래소득은 중요하지 않으며, 따라서 이자율도 소비의 결정에 중요하지 않다. 즉 이자율이 소비에 미치는 효과는 없다고 가정한다.

④ 틀린 내용이다.

1970년대에 로버트 홀은 항상소득이론에 합리적 기대를 도입하여 소비는 임의보행의 확률과정을 따른다는 것을 입증하였다. 이를 소비의 랜덤워크가설이라고 한다. 이 가설에 따르면 경제에 불확실성이 존재함을 가정하여 미래소득이 불확정적이기 때문에, 소비자는 일반적인 효용극대화가 아니라 기대효용극대화를 목표로 한다. 특히 이 이론은 합리적 기대를 도입하여 소비자는 현재 이용가능한 모든 정보를 활용하여 미래의 불확실한 소득을 예측하고 소비를 결정한다. 따라서 소비자의 근시안성이 아니라 합리성에 의한 소비를 가정하는 것이다.

⑤ 틀린 내용이다.

프리드만의 항상소득이론에 의하면 소비는 현재의 소득에만 의존하는 것이 아니고 장기적인 평균소득 수준에 의해 결정된다. 항상소득이란 장기 평균소득으로서 미래에 항구적으로 벌어들일 수 있는 소득이다. 소비는 미래에도 항구적으로 벌어들일 수 있는 항상소득 혹은 장기평균소득에 의해서 결정된다. 따라서 소비는 매기 일정함을 알 수 있으며 이는 실제소득이 매기 변동하더라도 사람들은 소비를 평준화시키기를 원한다는 것을 의미한다.

항상소득이론에 의하면 현재소득이 항상소득보다 작은 경우라도 항상소득에 따라 소비를 하기 때문에 균등화된 소비가 현재소득을 초과할 수도 있다. 이렇게 현재소득보다 더 많은 소비를 하기 위해서는 기본적으로 차입이 자유로워야 함을 전제로 하고 있는 것이다.

참고로 만일 현실에서 소비자가 차입제약 혹은 유동성제약에 직면해 있다면 항상소득이론으로 소비를 설명할 수 없으며, 유동성제약에 처한 소비자는 현재소득 증가 시에 극단적으로 항상소득에는 변화가 없더라도 소비를 늘리게 될 것이다.

소비이론에 관한 설명으로 옳지 않은 것은?　　　　　　　　　　▶ 2020년 감정평가사

① 생애주기가설에 따르면 장기적으로 평균소비성향이 일정하다.
② 항상소득가설에 따르면 단기적으로 소득 증가는 평균소비성향을 감소시킨다.
③ 케인즈(J.M.Keynes)의 소비가설에서 이자율은 소비에 영향을 주지 않는다.
④ 피셔(I.Fisher)의 기간 간 소비선택이론에 따르면 이자율은 소비에 영향을 준다.
⑤ 임의보행(random walk)가설에 따르면 소비의 변화는 예측할 수 있다.

출제이슈 소비이론 종합
핵심해설 정답 ⑤

① 옳은 내용이다.
　평생소득이란 일생 동안 벌어들여서 사용할 수 있는 소득으로서 근로소득뿐만 아니라, 주택, 주식, 채권 등의 자산도 포함한다. 평생소득이론에서의 소비는 평생소득이 소비를 결정하며, 전생애에 걸친 소득의 흐름을 고려, 소비행위를 결정하고 소비의 균등화를 추구한다. 소득은 일생을 거치면서, 유년기, 청장년기, 노년기에 따라서 변화한다. 그러나 이와 같은 소득변화에도 불구하고 각 소비자는 자신의 소비를 평준화하려고 한다. 따라서 소비함수는 $C = \alpha NW + \beta Y$ (NW : 비인적 부, Y : 소득)와 같다.

　단기에 있어서 소득이 증가하더라도 비인적부 NW는 단기적인 경기변동에 민감하게 반응하지 않는다. 비인적부는 오랜 기간 동안 저축에 의해서 형성되므로 단기에 변동이 크지 않다. 따라서 단기적인 경기상승국면에서 단기평균소비성향은 소득 증가에 따라서 감소한다. 그러나 장기에 소득이 증가할 경우, 비인적부 NW도 근로소득과 유사한 속도로 성장한다고 할 수 있다. 따라서 장기에서는 비인적부의 증가율과 근로소득 증가율이 비슷하다. 장기에 소득 증가 시 장기평균소비성향은 일정하다.

② 옳은 내용이다.
　항상소득이론에 의하면, 소비는 항상소득에 의해 결정된다. 항상소득이란 미래에도 항구적으로 벌어들일 수 있는 소득으로서 장기평균소득수준을 의미한다. 따라서 소비함수는 $C = \beta Y^P$로 표시할 수 있다. 소비는 현재소득이 아니라 항상소득에 의해 결정되기 때문에 일정하게 유지된다.

　이때, 평균소비성향 $APC = \dfrac{C}{Y} = \dfrac{\beta Y^P}{Y}$로서 소득과 항상소득의 비에 의하여 결정된다. 그런데 평균소비성향 $APC = \dfrac{C}{Y} = \dfrac{\beta Y^P}{Y}$는 단기와 장기에 있어서 다른 추이를 보인다.

　단기에 있어서 소득이 증가할 경우, 사람들은 이 중 일부만을 항상소득의 증가로 간주한다. 소득 증가 시 일시소득이 존재하므로 소득 증가보다 항상소득 증가가 작다. 소득 증가 시 항상소득이 소득에서 차지하는 비율(항상소득/소득)이 작아지므로 평균소비성향은 감소한다. 평균소비성향 $\dfrac{C}{Y} = \beta \dfrac{Y^P}{Y}$에서 Y^P의 증가율이 Y의 증가율보다 작아서 평균소비성향이 감소한다는 의미이다.

그러나 장기에 소득이 증가할 경우, 사람들은 소득 증가분 전체를 항상소득의 증가라고 생각한다. 장기에서는 소득의 증가율이 항상소득의 증가율과 일치하게 된다. 평균소비성향 $\frac{C}{Y} = \beta \frac{Y^P}{Y}$ 에서 Y^P, Y의 증가율이 같아서 평균소비성향이 일정하다.

③ 옳은 내용이다.

케인즈(J.M. Keynes)의 절대소득이론에 의하면 소비함수는 $C = a + bY$로서 소비는 현재가처분소득에 의해 결정될 뿐 미래의 예상되는 소득이라든지 이자율에 의해서 결정되는 것이 아니다.

④ 옳은 내용이다.

피셔(I. Fisher)의 기간 간 소비선택이론에 따르면 이자율은 소비에 영향을 준다. 자세한 내용은 미시경제이론을 참고하기 바란다.

⑤ 틀린 내용이다.

홀의 랜덤워크가설은 항상소득이론에 합리적 기대를 도입하고 경제에 불확실성을 가정하여 소비함수를 도출한다. 랜덤워크가설에 소비함수는 임의보행의 확률과정을 따르기 때문에 $C_{t+1} = C_t + \epsilon_{t+1}$가 되는데 이는 합리적 기대하의 항상소득이론에서도 불확실성이 존재하면 소비의 변화를 예측할 수 없으며 이미 알려진 정보만으로는 미래의 소비변화를 예측하는 것은 불가능하다는 것이다. 따라서 현재소비가 미래소비의 최적 예측치가 된다. 즉, $C_t = E_t(C_{t+1})$가 된다.

소비이론 중 상대소득가설에 관한 설명으로 옳은 것은? ▶ 2025년 감정평가사

① 현재 소비는 다른 사람의 소비와 자신의 과거 소비에 의존한다.
② 유산이 증가하면 항상소비는 증가한다.
③ 갑자기 받은 현금성보조금으로 항상소비는 증가한다.
④ 소비에는 전시효과(demonstration effect)가 존재하지 않는다.
⑤ 노인이 되면 소비는 노후소득에 따라 결정된다.

출제이슈 상대소득가설
핵심해설 정답 ①

상대소득가설에 의하면 개인의 소비는 타인의 소비 및 자신의 과거시점에서의 소득과 소비수준의 증가함수가 된다.

소비이론에 관한 설명으로 옳은 것을 모두 고른 것은? ▶ 2018년 감정평가사

> ㄱ. 케인즈 소비함수에 의하면 평균소비성향이 한계소비성향보다 크다.
> ㄴ. 상대소득가설에 의하면 장기소비함수는 원점을 통과하는 직선으로 나타난다.
> ㄷ. 항상소득가설에 의하면 항상소비는 평생 부(wealth)와 관계없이 결정된다.
> ㄹ. 생애주기가설에 의하면 중년층 인구비중이 상승하면 국민저축률이 하락한다.

① ㄱ, ㄴ   ② ㄱ, ㄷ   ③ ㄴ, ㄷ
④ ㄴ, ㄹ   ⑤ ㄷ, ㄹ

출제이슈 소비이론 종합
핵심해설 정답 ①

ㄱ. 옳은 내용이다.

평균소비성향은 소득에서 소비가 차지하는 비중으로서 소득증가에 따라서 감소하고 평균소비성향이 한계소비성향보다 크다. 이는 고소득일 때의 평균소비가 저소득일 때의 평균소비보다 작음을 의미한다. 이는 소비함수 $C = a + bY$를 기하적으로 표시하면, 종축절편에서 출발함을 의미한다.

ㄴ. 옳은 내용이다.

상대소득가설에 의하면 개인의 소비는 자신의 소득 및 자신의 과거시점에서의 소득 및 소비수준의 증가함수가 된다. 단기의 경우에는 소득이 감소하는 경우에도 과거의 소득 및 소비수준이 현재의 소비수준에 영향을 미치므로 현재소비가 크게 감소하지 않는다. 따라서 소득이 감소하는 경우 평균소비성향이 평균보다 높아지게 된다. 장기의 경우에는 자신의 소득 및 다른 시점에서의 소비수준이 모두 증가하므로 현재소득과 과거소득이 일정한 비율을 유지할 것이다. 따라서 장기적으로는 평균소비성향이 일정하다. 따라서 장기소비함수는 원점을 통과하는 직선으로 나타난다.

ㄷ. 틀린 내용이다.

항상소득이론에 의하면, 소비는 항상소득에 의해 결정된다. 항상소득이란 미래에도 항구적으로 벌어들일 수 있는 소득으로서 자산 등을 고려한 장기평균소득수준을 의미한다. 따라서 소비함수는 $C = \beta Y^P$로 표시할 수 있다. 소비는 현재소득이 아니라 항상소득에 의해 결정되기 때문에 일정하게 유지된다. 이때, 평균소비성향 $APC = \dfrac{C}{Y} = \dfrac{\beta Y^P}{Y}$로서 소득과 항상소득의 비에 의하여 결정된다.

ㄹ. 틀린 내용이다.

평생소득이론에 의하면, 소비는 평생소득에 의해 결정되며 평생소득이란 일생 동안 벌어들여서 사용할 수 있는 소득으로서 근로소득뿐만 아니라, 주택, 주식, 채권 등의 자산도 포함한다. 이때 소비함수는 $C = \alpha NW + \beta Y$ (NW : 비인적 부, Y : 소득)로 표시할 수 있다. 소비는 현재소득이 아니라 평생소득에 의해 결정되기 때문에 일정하게 유지된다. 즉, 전생애에 걸친 소득의 흐름을 고려하여 소비행위를 결정하고 소비의 균등화를 추구한다. 반면, 소득은 일생을 거치면서, 유년기, 청장년기, 노년기에 따라서 변화한다. 이와 같은 소득변화에도 불구하고 각 소비자는 자신의 소비를 평준화하려고 하기 때문에 소득흐름은 역U자형이지만 소비흐름은 평탄한 모습을 보인다. 이에 따라 유년기와 노년기에는 평균소비성향이 높아지고 청장년기에는 평균소비성향이 낮아진다. 따라서 중년층 인구비중이 상승하면 노년기에 대비하여 국민저축률은 상승한다.

소비이론에 관한 설명으로 옳지 않은 것은?

▶ 2015년 감정평가사

① 절대소득가설에 의하면 소비의 이자율 탄력성은 0이다.
② 절대소득가설에 의하면 기초소비가 있는 경우 평균소비성향이 한계소비성향보다 크다.
③ 항상소득가설에 의하면 임시소비는 임시소득에 의해 결정된다.
④ 상대소득가설에 의하면 장기소비함수는 원점을 통과하는 직선의 형태로 도출된다.
⑤ 생애주기가설에 의하면 사람들은 일생에 걸친 소득 변화 양상을 염두에 두고 적절한 소비
  수준을 결정한다.

출제이슈 소비이론 종합
핵심해설 정답 ③

① 옳은 내용이다.
  절대소득이론에 의하면 소비함수는 $C = a + bY$로서 소비는 현재가처분소득에 의해 결정된다. 이는 소비는 이
  자율이 아니라 소득에 의해 결정됨을 보여주고 있다. 이를 달리 표현하면, 소비는 이자율 탄력성이 0이라고
  할 수 있다.

② 옳은 내용이다.
  절대소득이론에 의하면 소비함수는 $C = a + bY$로서 소득이 없어도 기본적인 소비는 있을 수 있다. 이는 소비
  함수 $C = a + bY$에서 a라는 독립소비가 존재할 수 있을 수 있음을 의미한다. 이러한 소비함수를 기하적으로
  표시하면 종축절편에서 출발하므로 평균소비성향이 한계소비성향보다 크게 된다.

③ 틀린 내용이다.
  항상소득이론에 의하면, 소비는 항상소득에 의해 결정되며, 임시소비는 임시소득과 무관하다. 항상소득이란 미
  래에도 항구적으로 벌어들일 수 있는 소득으로서 자산 등을 고려한 장기평균소득수준을 의미한다. 따라서 소비
  함수는 $C = \beta Y^P$로 표시할 수 있다. 소비는 현재소득이 아니라 항상소득에 의해 결정되기 때문에 일정하게
  유지된다.

④ 옳은 내용이다.
  상대소득가설에 의하면 개인의 소비는 자신의 소득 및 자신의 과거시점에서의 소득 및 소비수준의 증가함수가
  된다. 단기의 경우에는 소득이 감소하는 경우에도 과거의 소득 및 소비수준이 현재의 소비수준에 영향을 미치
  므로 현재소비가 크게 감소하지 않는다. 따라서 소득이 감소하는 경우 평균소비성향이 평균보다 높아지게 된다.
  장기의 경우에는 자신의 소득 및 다른 시점에서의 소비수준이 모두 증가하므로 현재소득과 과거소득이 일정한
  비율을 유지할 것이다. 따라서 장기적으로는 평균소비성향이 일정하다. 따라서 장기소비함수는 원점을 통과하
  는 직선으로 나타난다.

⑤ 옳은 내용이다.
  생애주기이론 혹은 평생소득이론에 의하면, 소비를 결정함에 있어서 지금 당장의 소득보다는 일생 동안 벌어들
  여서 사용할 수 있는 소득을 염두에 두고 소비평준화를 위한 적절한 소비수준을 결정한다.

소비이론에 관한 설명으로 옳은 것은?　　　　　　　　　　　　　　　▶ 2012년 감정평가사

① 피셔(I.Fisher)의 기간 간 소비선택이론에 따르면 차입제약이 없는 경우 이자율은 현재소
비에 영향을 줄 수 없다.
② 항상소득가설(permanent income hypothesis)은 소비자들이 유동성제약에 처해있다고
전제한다.
③ 생애주기가설(life cycle hypothesis)은 현재소비는 현재소득에만 의존한다고 전제한다.
④ 항상소득가설에 따르면 평균소비성향은 현재소득에 대한 항상소득의 비율에 의존한다.
⑤ 케인즈 소비함수에서 소득이 증가할 때 평균소비성향은 항상 일정하다.

출제이슈　소비이론 종합
핵심해설　정답 ④

① 틀린 내용이다.

피셔의 시점 간 소비선택이론에 의하면 이자율은 현재소비 및 미래소비에 영향을 미친다.

② 틀린 내용이다.

항상소득가설(permanent income hypothesis)은 기본적으로 소비자들이 유동성제약에 처해있지 않다고 전제한
다. 이를 통해 저축과 차입을 적절히 활용하여 매기 소비균등화를 통해서 효용을 극대화한다.

③ 틀린 내용이다.

평생소득이론에 의하면 소비는 현재소득이 아니라 평생소득에 의해 결정되기 때문에 일정하게 유지된다. 즉,
전생애에 걸친 소득의 흐름을 고려하여 소비행위를 결정하고 소비의 균등화를 추구한다. 현재소비가 현재소득
에만 의존하는 것은 케인즈의 절대소득이론의 시각이다.

④ 옳은 내용이다.

항상소득이론에 의하면, 소비는 항상소득에 의해 결정된다. 항상소득이란 미래에도 항구적으로 벌어들일 수 있
는 소득으로서 장기평균소득수준을 의미한다. 따라서 소비함수는 $C = \beta Y^P$로 표시할 수 있다. 소비는 현재소
득이 아니라 항상소득에 의해 결정되기 때문에 일정하게 유지된다. 이때, 평균소비성향 $APC = \dfrac{C}{Y} = \dfrac{\beta Y^P}{Y}$ 로
서 소득과 항상소득의 비에 의하여 결정된다.

⑤ 틀린 내용이다.

케인즈의 소비이론인 절대소득이론에서 소비함수는 $C = a + bY$로서 소비는 이자율이 아니라 현재가처분소득
에 의해 결정된다. 이때, 평균소비성향은 $APC = \dfrac{C}{Y}$로서 소득 증가에 따라서 감소한다. 즉 고소득일 때의 평
균소비가 저소득일 때의 평균소비보다 작다.

소비이론에 관한 설명 중 옳은 것은? ▶ 2024년 감정평가사

① 케인즈(Keynes)의 소비이론에 따르면 이자율이 소비의 주요 결정요인이다.

② 생애주기가설에 따르면 은퇴연령의 변화 없이 기대수명이 증가하면 소비가 감소한다.

③ 리카도 등가(Ricardian equivalence)정리는 케인즈의 소비함수에 기초한 이론이다.

④ 케인즈의 소비이론은 소비자들의 소비평탄화(consumption smoothing)를 강조한다.

⑤ 소비에 대한 임의보행(random walk)가설은 유동성제약에 직면한 소비자의 소비 선택을 설명한다.

출제이슈 소비이론 종합

핵심해설 정답 ②

생애주기가설 혹은 평생소득이론이란 평생소득(평생 동안 사용할 수 있는 소득)이 소비를 결정한다는 것으로서, 전생애에 걸친 소득의 패턴이나 흐름을 고려하여 소비행위를 결정함을 의미한다. 매기의 소비는 평생소득에 의해서 결정되며, 특히 균등화된 소비로 결정된다.

만일 다른 조건의 변화가 없다면, 특히 은퇴연령에 변화가 없다면 평생 동안 사용할 수 있는 평생소득은 불변이다. 이때 소득이 불변인 상황에서 기대수명만 증가하면 매기의 균등화된 소비는 감소한다.

참고로, 매기 균등화된 소비를 다음과 같은 간단한 모형으로 도출할 수 있다.

ⅰ) 현재 나이가 t세인 소비자를 가정하자.

ⅱ) 비인적자산은 NW이다.

ⅲ) 인적자산은 소비자가 R세에 은퇴할 때까지 매기 Y의 근로소득의 축적분이다.

ⅳ) 평생소득은 비인적자산과 인적자산의 합으로서 $NW + Y(R-t)$이 된다. 단, 이자율은 0으로서 현재가치를 무시하고 조세가 없다고 가정하자.

ⅴ) 평생소비는 N세에 사망할 때까지 균등하게 이루어진다고 가정하면 $C(N-t) = NW + Y(R-t)$의 식이 성립한다.

ⅵ) 따라서 위의 식으로부터 균등화된 소비를 계산하면 $C = \dfrac{NW}{(N-t)} + \dfrac{Y(R-t)}{(N-t)}$가 된다.

ⅶ) 이때, 기대여명이 증가하여 N이 증가하면 C는 감소한다.

Issue 04 투자이론

> **소비와 투자에 관한 설명으로 옳지 않은 것은?** ▶ 2023년 감정평가사
>
> ① 소비수요는 사전적으로 계획된 소비를 말한다.
> ② 고전학파는 투자가 이자율이 아니라 소득에 의해 결정된다고 주장한다.
> ③ 케인즈(J. Keynes)에 의하면 소비수요를 결정하는 중요한 요인은 현재의 절대소득이다.
> ④ 독립투자수요는 내생변수와 관계없이 외생적으로 결정된다.
> ⑤ 평균소비성향은 소비를 소득으로 나누어 계산한다.

출제이슈 소비와 투자 일반
핵심해설 정답 ②

① 옳은 내용이다.
소비수요는 사후적으로 달성되고 실현된 소비가 아니라 사전적으로 계획되고 예정된 소비를 의미한다.

② 틀린 내용이다.
고전학파는 투자가 소득이 아니라 이자율에 의해 결정된다고 주장한다. 대부자금시장의 존재를 고려하면, 총저축은 대부자금시장에서의 자금공급이 되며, 투자는 대부자금에 대한 수요가 된다. 특히 대부자금 수요 및 공급이 이자율의 영향을 받음을 고려하면 대부자금 공급으로서 총저축은 $S = S(r)$이 되고, 대부자금 수요로서 투자는 $I = I(r)$이 된다. 저축은 이자율의 증가함수이며 투자는 이자율의 감소함수이다.

③ 옳은 내용이다.
절대소득이론이란 케인즈 및 케인지언의 이론으로서 소비에 대하여 비교적 단순한 가정을 통해서 현재가처분소득의 절대적인 수준이 현재소비를 결정한다는 것이다. 소비는 주로 해당 기간 동안의 소득수준에 의존하며, 미래소득은 중요하지 않으며, 따라서 이자율도 소비의 결정에 중요하지 않다.

④ 옳은 내용이다.
기업이 현재 보유하고 있는 자본량(예 공장, 건물, 기계, 차량, 재고 등)이 최적의 자본량에서 괴리되어 있을 때 이를 메우기 위해서 자본량을 조정하는 것을 투자라고 한다. 투자수요 중 독립투자수요는 기업가의 야성적 충동 혹은 동물적 감각에 의하여 외생적으로 결정되는 것으로서 내생변수와 관계없는 외생변수이다.

⑤ 옳은 내용이다.
평균소비성향은 소득에서 소비가 차지하는 비중으로서 소비를 소득으로 나누어 계산한다. 한편, 한계소비성향은 소득의 증가분에서 소비의 증가분이 차지하는 비중으로서 소비의 증가분을 소득의 증가분으로 나누어 계산한다.

갑기업이 새로운 투자프로젝트 비용으로 현재 250원을 지출하였다. 1년 후 120원, 2년 후 144원의 수익을 얻을 수 있다. 연간 시장이자율(할인율)이 20%일 때, 이 투자프로젝트의 순현재가치(Net Present Value)는?

▶ 2015년 감정평가사

① −50원 　　　　② −30원 　　　　③ −3원
④ 14원 　　　　⑤ 50원

출제이슈 순현재가치법
핵심해설 정답 ①

순현재가치법은 투자로부터 기대되는 수익의 현재가치와 투자에 따른 현재의 비용을 비교하여 높은 경우에 투자를 결정하는 방법을 말한다. 이때, 순현재가치는 다음과 같이 도출된다.

$$NPV = \frac{R_1}{(1+i)} + \frac{R_2}{(1+i)^2} + \frac{R_3}{(1+i)^3} + \cdots + \frac{R_n}{(1+i)^n} - C$$

순현재가치법에 의한 투자의사결정은 다음과 같다.

① 투자여부의 결정은 순현재가치가 0보다 큰 경우에 투자를 한다($NPV > 0$인 경우 투자).
② 투자순위의 결정은 여러 투자안 가운데 순위를 정할 경우 순현재가치가 큰 순으로 우선순위를 결정한다. 단, 이 경우에는 투자안의 규모에 따라서 의사결정이 왜곡되지 않도록 고려할 필요가 있다.

설문의 자료를 이용하여 순현재가치를 구하면 다음과 같다.

$$투자안 A : NPV = -250 + \frac{120}{(1+0.2)} + \frac{144}{(1+0.2)^2} = -50$$

토빈 q(Tobin's q)에 관한 설명으로 옳지 않은 것은?　　　　▶ 2022년 감정평가사

① 법인세가 감소되면 토빈 q는 증가한다.

② $q<1$이면, 자본 스톡(capital stock)이 증가한다.

③ 자본의 한계생산물이 증가하면 토빈 q는 증가한다.

④ 자본재의 실질가격이 하락하면 토빈 q는 증가한다.

⑤ 설치된 자본의 시장가치가 하락하면 토빈 q는 감소한다.

출제이슈 토빈의 q이론
핵심해설 정답 ②

q이론은 주식시장이 기업의 투자계획을 반영하여 주가에 의해 기업가치를 평가하면 이를 근거로 하여 기업은 투자의사결정(투자여부 및 투자량 결정)을 한다는 이론이다. 기존의 투자이론이 자본재시장에서 자본재에 대한 최적 수요과정에서 투자를 도출하여 이자율 및 생산량을 통해 투자를 설명하고 있다면 q이론은 주식시장의 주식 및 기업가치 평가과정에서 주가를 통해 투자를 설명하고 있다.

① 옳은 내용이다.
　　법인세가 감소되면 기업의 현금유출이 감소하므로 설치된 자본의 시장가치가 증가하므로 토빈 q는 증가한다.

② 틀린 내용이다.
　　$q<1$이면 설치된 자본의 대체비용이 설치된 자본의 시장가치보다 큰 경우를 의미한다. 이때는 설치된 자본에 대하여 주식시장이 낮은 가치를 부여하는 경우로서 기업은 자본을 줄이는 것이 더 유리하기 때문에 투자가 감소하고 자본스톡도 감소한다.

③ 옳은 내용이다.
　　자본의 한계생산물이 증가하면 설치된 자본의 시장가치가 증가하므로 토빈 q는 증가한다.

④ 옳은 내용이다.
　　자본재의 실질가격이 하락하면 자본을 각각의 자본재시장에서 새로 구입할 경우에 드는 비용이 감소함을 의미하므로 설치된 자본의 대체비용이 하락하여 토빈 q는 증가한다.

⑤ 옳은 내용이다.
　　설치된 자본의 시장가치가 하락하면 이미 형성되어 있는 자본을 보유하는 기업을 주식시장에서 매수하는 데 드는 비용이 감소하고 토빈 q는 감소한다.

토빈(J. Tobin)의 q에 관한 설명으로 옳은 것은?　　　　　▶ 2018년 감정평가사

① 자본 1단위 구입비용이다.
② 자본의 한계생산에서 자본 1단위 구입비용을 뺀 값이다.
③ 기존 자본을 대체하는 데 드는 비용이다.
④ 시장에서 평가된 기존 자본의 가치이다.
⑤ q값이 1보다 큰 경우 투자를 증가시켜야 한다.

출제이슈　토빈의 q이론
핵심해설　정답 ⑤

q이론은 주식시장이 기업의 투자계획을 반영하여 주가에 의해 기업가치를 평가하면 이를 근거로 하여 기업은 투자의사결정(투자여부 및 투자량 결정)을 한다는 이론이다. 기존의 투자이론이 자본재시장에서 자본재에 대한 최적 수요과정에서 투자를 도출하여 이자율 및 생산량을 통해 투자를 설명하고 있다면 q이론은 주식시장의 주식 및 기업가치 평가과정에서 주가를 통해 투자를 설명하고 있다.

①, ②, ③, ④ 모두 틀린 내용이다.

투자를 설명하는 q이론에 의하면 $q = \dfrac{\text{설치된 자본의 시장가치}}{\text{설치된 자본의 대체비용}}$ 로 정의된다. 따라서 ①, ②, ③, ④ 모두 틀린 내용이 된다.

'설치된 자본의 시장가치'란 주식시장에서 평가되는 자본의 가치로서 기업이 발행한 주식의 수에 주식의 가격을 곱한 값이다. 직관적으로 설명하면, 이미 형성되어 있는 자본을 보유하는 기업을 주식시장에서 매수하는 데 드는 비용을 의미한다. 한편, '설치된 자본의 대체비용'은 자본을 각각의 자본재시장에서 새로 구입할 경우에 드는 비용을 의미한다.

⑤ 옳은 내용이다.
토빈은 '설치된 자본의 시장가치 = 설치된 자본의 대체비용'이 되어 $q = 1$이 되는 경우 최적의 자본량이 유지되며, q가 1보다 클수록 투자가 증가한다고 하였다. 왜냐하면, 설치된 자본의 시장가치가 설치된 자본의 대체비용보다 큰 경우 설치된 자본에 대하여 주식시장이 높은 가치를 부여하는 경우로서 이때는 기업은 더 많은 자본을 설치함으로써 기업의 가치를 높게 인정받을 수 있다. 따라서 새로운 자본의 설치가 증가하여 투자가 증가하게 된다. 결국 q가 클수록 투자가 증가하므로 q의 크기가 순투자와 정의 관계에 있다. 따라서 투자함수는 $I = I(q)$, $I' > 0$으로서 q의 변화가 투자의 주요 요인이 된다.

토빈(J. Tobin)의 q에 관한 설명으로 옳은 것은?　　　　　▶ 2025년 감정평가사

① 토빈의 q는 설치되어 있는 자본의 시장가치 대비 대체비용의 비율로 정의된다.

② 자본재의 가격이 상승하여 자본재의 구입비용이 증가하면, 토빈의 q는 증가한다.

③ 토빈의 q가 1보다 작으면, 자본 설치비용보다 새로 설치한 자본이 생산하는 현금흐름이 크다.

④ 자본의 시장가치를 주가로 대체할 수 있는 경우, 주가가 상승하면 토빈의 q는 증가한다.

⑤ 자본의 한계생산이 자본의 사용자비용보다 낮으면, 토빈의 q는 증가한다.

`출제이슈` 토빈의 q이론
`핵심해설` 정답 ④

투자를 설명하는 q이론에 의하면 q는 '설치된 자본의 시장가치 ÷ 설치된 자본의 대체비용'으로 정의된다. 따라서 설치된 자본의 시장가치를 주가로 대체한다면, 주가가 상승하는 경우 q는 상승한다.

신고전학파(Neoclassical) 투자이론에 관한 설명으로 옳지 않은 것은? (단, 모든 단위는 실질단위이며, 자본비용은 자본 한 단위당 비용이다.) ▶ 2017년 감정평가사

① 자본량이 증가하면, 자본의 한계생산물은 감소한다.
② 감가상각률이 증가하면 자본비용도 증가한다.
③ 자본량이 균제상태(steady state) 수준에 도달되면 자본의 한계생산물은 자본비용과 일치한다.
④ 자본의 한계생산물이 자본비용보다 크다면 기업은 자본량을 증가시킨다.
⑤ 실질이자율이 상승하면 자본비용은 감소한다.

출제이슈 자본의 사용자비용 이론
핵심해설 정답 ⑤

① 옳은 내용이다.
신고전학파 투자이론에 따르면 자본의 한계수입 혹은 한계생산 MP_K는, 자본량이 증가하면 감소한다.

② 옳은 내용이다.
신고전학파의 자본의 사용자비용은 (ⅰ) 자본재 구입자금 차입비용 iP_K, (ⅱ) 자본재 마모비용 δP_K, (ⅲ) 자본재 가격변화 비용 ΔP_K 로 이루어진다. 따라서 감가상각률이 증가하면 자본재 마모비용이 증가하므로 자본의 사용자비용도 증가한다.

③ 옳은 내용이다.
자본의 한계수입(한계생산)이 자본의 한계비용(사용자비용)과 일치할 때 최적자본량이 결정된다. 즉 자본의 한계생산 MP_K = 자본의 사용자비용 $\dfrac{P_K(r+\delta)}{P}$ 이 된다.

④ 옳은 내용이다.
자본의 한계수입(한계생산)이 자본의 한계비용(사용자비용)을 초과하면 최적자본량이 증가하여 투자가 증가한다. 따라서 기업은 자본량을 증가시키게 된다.

⑤ 틀린 내용이다.
신고전학파의 자본의 사용자비용은 (ⅰ) 자본재 구입자금 차입비용 iP_K, (ⅱ) 자본재 마모비용 δP_K, (ⅲ) 자본재 가격변화 비용 ΔP_K로 이루어진다. 이를 합하면 자본의 사용자비용은 $iP_K + \delta P_K - \Delta P_K = P_K(i + \delta - \dfrac{\Delta P_K}{P_K})$ 이 된다. 이를 실질값으로 구하면 사용자비용 $uc = \dfrac{P_K(r+\delta)}{P}$ 이며, 이는 자본의 한계비용을 의미한다. 이때, 실질이자율이 상승하면 사용자비용이 증가하게 된다.

> **신고전학파의 투자이론에 관한 설명으로 옳지 않은 것은? (단, 감가상각률과 자본재 가격의 변화율 및 조세의 영향은 고려하지 않는다.)** ▶ 2014년 감정평가사
> ① 실질이자율이 상승하면 기업의 투자는 감소한다.
> ② 실질이자율이 하락하면 자본의 한계생산도 하락한다.
> ③ 경제 전체의 기술진보로 인하여 자본의 한계생산이 높아지면 기업의 투자수요는 증가한다.
> ④ 경제 전체의 기술진보로 인하여 자본의 한계생산이 높아지면 이자율은 상승한다.
> ⑤ 감가상각률을 고려하지 않으므로 자본재 1단위에 대한 투자의 기회비용은 자본재 1단위의 매매가격과 같다.

출제이슈 신고전학파 투자이론
핵심해설 정답 ⑤

① 옳은 내용이다.
실질이자율이 상승하면 자본의 사용자비용이 증가하여 최적자본량은 감소한다. 이에 따라 투자는 감소한다.

② 옳은 내용이다.
실질이자율이 하락하면 자본의 사용자비용이 감소하여 최적자본량이 증가한다. 이에 따라 투자가 증가하면 자본량이 증가하여 자본의 한계생산이 하락한다.

③ 옳은 내용이다.
경제 전체의 기술진보로 인하여 자본의 한계생산이 높아지면 자본의 한계수입(한계생산)이 자본의 한계비용(사용자비용)을 초과하게 되어 최적자본량이 증가하여 투자가 증가한다.

④ 옳은 내용이다.
경제 전체의 기술진보로 인하여 자본의 한계생산이 높아지면 자본의 한계수입(한계생산)이 자본의 한계비용(사용자비용)을 초과하게 되어 최적자본량이 증가하여 투자가 증가한다. 따라서 투자수요의 증가로 인하여 이자율은 상승한다.

⑤ 틀린 내용이다.
자본재 1단위에 대한 투자의 기회비용은 자본재 1단위의 매매가격이 아니다. 이를 실질값으로 구하면 사용자비용 $uc = \dfrac{P_K(r+\delta)}{P}$ 이며 만일 감가상각률을 고려하지 않는다면 $\dfrac{P_K r}{P}$ 이 된다.

 **리카도 동등성 정리**

다음은 무엇에 관한 설명인가? ▶ 2011년 감정평가사

정부지출수준이 일정하게 주어졌을 때, 정부지출의 재원조달방법의 변화는 민간부문의 경제활동에 아무런 영향을 주지 않는다.

① 리카디언(Ricardian)의 동등성 정리
② 모딜리아니-밀러(Modigliani-Miller) 정리
③ 정책의 동태적 비일관성 정리
④ 애로(Arrow)의 불가능성 정리
⑤ 오쿤(Okun)의 법칙

출제이슈 리카도 동등성 정리
핵심해설 정답 ①

$IS-LM$모형 및 $AD-AS$ 모형에 의하면 정부지출을 증가시키나 조세를 감면하나 적어도 단기에 있어서는 국민소득을 증가시키는 효과를 가진다는 측면에서 동일하다. 그러나 리카도 등 고전학파 경제학자들은 정부지출의 변화 없이 조세수입의 변화만으로는 재정적자 규모가 변화해도 경제에는 아무런 영향을 미치지 못한다고 주장하였다. 이들의 주장을 배로가 리카도의 대등 혹은 동등성 정리라고 명명하였다.

정부지출의 변화 없이 조세수입을 감소시키고 국채를 발행하는 경우 국채를 통한 정부부채의 증가는 반드시 미래 조세부담 증가로 나타난다. 따라서 민간은 현재 감세를 통한 가처분소득의 증가는 미래 가처분소득의 감소라는 것을 잘 알고 있기 때문에 조세감면에 의한 가처분소득의 증가는 저축의 증가로 나타난다. 현재 증가한 가처분소득으로 국채를 구입하더라도 이를 자산으로 인식하지 않고 나중에 상환해야 할 부채로 인식하기 때문에 소비가 늘지 않는다.

특히 항상소득의 관점에서 전생애에 걸친 소비자의 소득흐름은 변화가 없기 때문에 조세감면·국채발행 이전의 소비선택을 조세감면·국채발행 이후에 변경할 이유가 없다. 따라서 정부지출 재원이 조세수입이든, 국채발행이든지 간에 정부지출이 불변이면 민간에 미치는 영향은 동일하다.

> 리카도 대등정리(Ricardian equivalence theorem)는 정부지출의 재원조달 방식에 나타나는 변화가 민간부문의 경제활동에 아무런 영향을 주지 못한다는 것이다. 이 정리가 성립하기 위한 가정으로 옳은 것을 모두 고른 것은?
>
> ▶ 2019년 감정평가사
>
> ㄱ. 유동성 제약
> ㄴ. 경제활동인구 증가율 양(+)의 값
> ㄷ. 일정한 정부지출수준과 균형재정
> ㄹ. '합리적 기대'에 따라 합리적으로 행동하는 경제주체
>
> ① ㄱ, ㄴ   ② ㄴ, ㄷ   ③ ㄷ, ㄹ
> ④ ㄱ, ㄷ, ㄹ   ⑤ ㄴ, ㄷ, ㄹ

출제이슈 리카도 동등성 정리
핵심해설 정답 ③

ㄱ. 틀린 내용이다.

소비자는 유동성제약을 겪는 경우에는 현재 조세감면을 저축에 활용하는 것이 아니라 소비에 즉각 쓰는 상황이 되어 리카도 동등성 정리가 성립하지 않게 된다. 리카도 동등성 정리가 성립하려면 저축과 차입이 자유롭고 유동성제약이 없어야 한다.

ㄴ. 틀린 내용이다.

경제활동인구란 조세의 부담을 지는 경제주체들의 집합을 의미하는데, 만일 경제활동인구의 증가율이 양의 값을 갖게 되면 미래 경제활동인구가 증가하므로 미래 조세부담이 분산되는 효과가 나타난다. 이 경우 조세감면을 받는 현재 세대는 미래 조세부담의 증가가 감소하기 때문에 리카도 동등성 정리가 성립하지 않게 되는 것이다. 따라서 리카도 동등성 정리가 성립하려면, 경제활동인구의 증가율이 0이어야 한다.

ㄷ. 옳은 내용이다.

리카도 동등성 정리는 고려하고 있는 기간 동안의 정부지출과 재정수입이 일치해야 하는 제약 즉, 균형재정의 제약이 있으며 특히 정부지출은 변화가 없어야 그 정리가 성립한다.

ㄹ. 옳은 내용이다.

리카도 동등성 정리는 민간이 현재 감세를 통한 가처분소득의 증가는 미래 가처분소득의 감소라는 것을 합리적으로 판단하여 잘 알고 있어야 성립한다. 만일 민간이 합리적이지 못한 의사결정에 의해서 현재 가처분소득의 증가만 고려하게 되면 리카도 동등성 정리는 성립하지 않는다.

> 리카디언 등가정리(Ricardian equivalence theorem)가 성립할 경우 옳은 설명을 모두 고른 것은?
>
> ▶ 2017년 감정평가사
>
> ㄱ. 현재소비는 기대되는 미래소득과 현재소득을 모두 포함한 평생소득(lifetime income)에 의존한다.
> ㄴ. 소비자는 현재 차입제약 상태에 있다.
> ㄷ. 다른 조건이 일정할 때, 공채발행을 통한 조세삭감은 소비에 영향을 줄 수 없다.
> ㄹ. 정부지출 확대정책은 어떠한 경우에도 경제에 영향을 줄 수 없다.
>
> ① ㄱ, ㄷ 　　　② ㄱ, ㄹ 　　　③ ㄴ, ㄷ
> ④ ㄱ, ㄷ, ㄹ 　　　⑤ ㄴ, ㄷ, ㄹ

출제이슈 리카도 동등성 정리
핵심해설 정답 ①

ㄱ. 옳은 내용이다.

소비자들은 소비의사결정을 함에 있어서 항상소득 혹은 평생소득의 관점에서 전생애에 걸친 소득흐름을 고려하여야 한다. 이때 정부의 재원조달방식이 변경되더라도 소비자들의 전생애에 걸친 소득흐름이 변화가 없다면 당연히 소비도 변화하지 않는다.

ㄴ. 틀린 내용이다.

소비자는 유동성제약을 겪는 경우에는 현재 조세감면을 저축에 활용하는 것이 아니라 소비에 즉각 쓰는 상황이 되어 리카도 동등성 정리가 성립하지 않게 된다. 리카도 동등성 정리가 성립하려면 저축과 차입이 자유롭고 유동성제약 혹은 차입제약이 없어야 한다.

ㄷ. 옳은 내용이다.

다른 조건이 일정할 때, 정부지출의 변화 없이 정부가 조세수입을 감소시키고 국채를 발행하는 경우 국채를 통한 정부부채의 증가는 반드시 미래 조세부담 증가로 나타난다. 따라서 민간은 현재 감세를 통한 가처분소득의 증가는 미래 가처분소득의 감소라는 것을 잘 알고 있기 때문에 조세감면에 의한 가처분소득의 증가는 저축의 증가로 나타난다. 현재 증가한 가처분소득으로 국채를 구입하더라도 이를 자산으로 인식하지 않고 나중에 상환해야 할 부채로 인식하기 때문에 소비가 늘지 않는다. 따라서 공채발행을 통한 조세삭감은 소비에 영향을 줄 수 없다.

ㄹ. 틀린 내용이다.

리카도 동등성 정리에 의하면, 정부지출 확대정책은 어떠한 경우에도 경제에 영향을 줄 수 없다는 것이 아니다. 예를 들어서 소비자는 유동성제약을 겪는 경우나 미래세대의 인구가 증가하는 경우 및 소비자들이 근시안적으로 행동하는 경우 등에는 리카도 동등성 정리가 성립하지 않기 때문에 정부의 재정확대 정책이 경제에 영향을 줄 수 있다.

리카디언 등가(Ricardian equivalence) 정리에 관한 설명으로 옳지 않은 것은?

▶ 2020년 감정평가사

① 민간 경제주체는 합리적 기대를 한다.

② 소비자가 차입 제약에 직면하면 이 정리는 성립되지 않는다.

③ 소비자가 근시안적 견해를 가지면 이 정리는 성립되지 않는다.

④ 현재의 감세가 현재의 민간소비를 증가시킨다는 주장과는 상반된 것이다.

⑤ 정부가 미래의 정부지출을 축소한다는 조건에서 현재 조세를 줄이는 경우에 현재의 민간
소비는 변하지 않는다.

출제이슈 리카도 동등성 정리
핵심해설 정답 ⑤

① 옳은 내용이다.
리카도 동등성 정리에 의하면 민간 경제주체는 정부지출의 변화 없이 조세수입을 감소시키고 국채를 발행하는
경우 국채를 통한 정부부채의 증가는 반드시 미래 조세부담 증가로 나타나는 것을 합리적으로 예상하고 있다.
또한 각종 정책의 변화에 대응하여 합리적으로 판단하여 의사결정을 내린다.

② 옳은 내용이다.
차입제약이 있어서 차입이 불완전한 상황이면 소비자는 유동성제약을 겪게 되어 현재 조세감면을 저축에 활용
하는 것이 아니라 소비에 즉각 쓰는 상황이 되어 리카도 동등성 정리가 성립하지 않게 된다.

③ 옳은 내용이다.
민간이 미래보다 현재를 중시하는 근시안적 소비행태를 보이게 되면, 미래 조세부담 증가를 경시하게 되어 현
재 조세감면을 저축에 활용하는 것이 아니라 소비에 즉각 쓰는 상황이 되어 리카도 동등성 정리가 성립하지
않게 된다.

④ 옳은 내용이다.
동등성 정리에 의하면 조세감면에 의한 가처분소득의 증가는 저축의 증가로 나타난다. 현재 증가한 가처분소득
으로 국채를 구입하더라도 이를 자산으로 인식하지 않고 나중에 상환해야 할 부채로 인식하기 때문에 소비가
늘지 않는다. 따라서 현재의 감세가 현재의 민간소비를 증가시킨다는 주장과는 상반된 것이다.

⑤ 틀린 내용이다.
리카도 동등성 정리는 정부지출의 변화 없이 조세수입을 감소시키고 국채를 발행하는 경우 민간소비에 미치는
영향을 분석하는 것으로서 설문에서처럼 정부가 미래의 정부지출을 축소한다는 조건에서 분석하는 것이 아니
다. 만일 정부가 미래의 정부지출을 축소한다는 조건에서 현재 조세를 줄이는 경우라면, 미래 조세부담이 늘지
않을 수 있기 때문에 현재의 민간소비는 증가할 수 있다.

리카도 대등정리(Ricardian equivalence theorem)가 성립되지 않는 조건을 모두 고른 것은?

▶ 2025년 감정평가사

ㄱ. 왜곡적인 조세　　　　　　　　　　ㄴ. 완전한 자본시장
ㄷ. 근시안적 의사결정　　　　　　　　ㄹ. 합리적 기대에 따른 의사결정

① ㄱ, ㄴ　　　　　　　② ㄱ, ㄷ　　　　　　　③ ㄱ, ㄹ
④ ㄴ, ㄷ　　　　　　　⑤ ㄴ, ㄹ

출제이슈　리카도 동등성 정리
핵심해설　정답 ②

리카도 대등정리에서 조세는 정액세로서 경제에 왜곡을 초래하지 않으며, 경제주체는 합리성에 입각하여 근시안적 의사결정을 하지 않아야 한다.

 **06** 케인즈의 화폐수요이론 및 보몰-토빈에 의한 보완

 **07** 고전학파의 화폐수요이론

화폐수요에 관한 설명으로 옳은 것은? ▶ 2021년 감정평가사

① 이자율이 상승하면 현금통화 수요량이 감소한다.

② 물가가 상승하면 거래적 동기의 현금통화 수요는 감소한다.

③ 요구불예금 수요가 증가하면 M1 수요는 감소한다.

④ 실질 국내총생산이 증가하면 M1 수요는 감소한다.

⑤ 신용카드 보급기술이 발전하면 현금통화 수요가 증가한다.

출제이슈 화폐수요
핵심해설 정답 ①

① 옳은 내용이다.
수익성 금융자산(예 채권 등)에 투자하기 위한 과정에서 일시적으로 화폐를 보유할 수도 있는데 이를 투기적(투자적) 화폐수요라고 한다. 투기적(투자적) 화폐수요는 가치저장수단으로서의 화폐, 즉 자산으로서의 화폐를 수요하는 것으로서 미래의 이자율이 불확실하기 때문에 존재한다.

이자율이 불확실한 상황에서 만일 앞으로 이자율이 상승하리라고 예상하는 경우(현재 이자율이 낮은 수준임을 의미한다)에는 그때 가서 채권을 구입하기 위하여 현재 일시적으로 화폐를 보유하게 된다. 그런데, 화폐보유에는 이자율이라는 기회비용이 든다. 왜냐하면, 수익률이 0인 화폐를 보유하는 것은 채권보유를 통해서 얻을 수 있는 수익을 포기하는 것이기 때문이다. 따라서 투기적(투자적) 화폐수요는 이자율과 부의 관계에 있다고 할 수 있다.

② 틀린 내용이다.
경제주체는 계획된 거래, 계획된 지출을 위해서 화폐를 보유하는데 이를 거래적 화폐수요라고 한다. 이러한 거래적 수요는 소득과 정의 관계에 있으며 소득의 증가함수이다. 왜냐하면, 소득수준이 높을수록 계획된 지출의 규모도 클 것이기 때문이다. 한편 거래적 수요는 물가에도 영향을 받을 수 있다. 물가가 높아질수록 명목거래대금의 규모가 커질 것이므로 이에 따라 화폐수요가 증가하게 된다.

③ 틀린 내용이다.
한 나라의 경제 내에 유통되고 있는 돈으로서, 법정화폐인 현금과 현금으로 쉽게 전환될 수 있는 유동성이 높은 금융자산을 합하여 통화라고 한다. 한편, 유동성이란 어떤 자산이 필요한 때에 얼마나 쉽게 다른 자산으로 교환될 수 있는가를 나타내는 척도를 의미한다. 화폐 이외의 자산 중에서도 비교적 쉽게 다른 자산으로 교환되어

형태를 바꿀 수 자산이 있는바 이는 어느 정도 화폐의 본질적인 성격으로서의 유동성을 보유하고 있다. 따라서 화폐를 좀 더 넓은 의미로 보자면 어느 정도의 유동성을 가진 자산을 화폐 혹은 통화로 포함시켜야 할지가 매우 중요하다. 이에 따라 현금통화 이외에도 화폐 혹은 통화로 포함시켜 정의할 수 있다. 대표적으로 협의 통화 $M1$은 현금통화 + 요구불예금 + 수시입출식 저축성예금으로 구성된다. 따라서 요구불예금에 대한 수요 가 증가하면 $M1$ 수요는 증가한다고 할 수 있다.

④ 틀린 내용이다.

실질 국내총생산이 증가함에 따라 국민소득이 증가하면 거래적 화폐수요는 증가한다. 따라서 실질 국내총생산 과 $M1$ 수요는 정의 관계에 있다. 한편 이는 고전학파의 화폐수량설을 통해서도 쉽게 확인할 수 있는데 고전학 파의 화폐수량설에 따른 화폐수요함수는 다음과 같다.

$$M^D = \frac{1}{V} PY$$

M^D : 화폐수요량, V : 화폐의 유통속도(화폐의 평균지출횟수)
P : 물가(거래당 평균단가), Y : 국민소득

이때 화폐수요는 경제 내의 모든 거래들을 성사시키기 위해서 필요한 화폐량을 의미한다. 화폐의 유통속도 V 는 지불과 관련된 기술이나 관습에 의해 영향을 받으며, 이들은 단기적으로 변화가 없다고 할 수 있다. 따라서 화폐수요 $M^D = \frac{1}{V} PY$에서 V가 일정하므로 결국 화폐수요는 명목국민소득 PY의 크기에 의해서 결정된 다고 할 수 있다. 또한 실질국민소득 Y가 커짐에 따라서 화폐수요는 증가한다고 해석할 수 있다.

⑤ 틀린 내용이다.

신용카드는 일종의 결제수단으로서 현금이 없더라도 거래대금을 손쉽게 지불할 수 있게 해준다. 이로 인해 소 비자들은 현금을 들고 다닐 필요성이 없어지므로 화폐수요가 줄게 된다.

어느 경제에서 1년 동안 쌀만 100kg 생산되어 거래되었다고 하자. 쌀가격은 1kg당 2만 원이고 공급된 화폐량은 50만 원이다. 이 경우 화폐의 유통속도는 얼마인가? (단, 화폐수량설이 성립한다.)

▶ 2019년 감정평가사

① 1   ② 2   ③ 3

④ 4   ⑤ 5

출제이슈 화폐수량설
핵심해설 정답 ④

고전학파의 화폐수량설(거래수량설)에 의하면, 교환의 매개수단으로서의 화폐의 기능을 강조한다. 이를 잘 표현하고 있는 것이 다음과 같은 피셔의 교환방정식이다.

교환방정식 $MV = PY$
M : 경제 내에 존재하는 화폐량, V : 유통속도(화폐의 평균 지출횟수)
P : 물가(거래당 평균단가), Y : 실질국민소득

교환방정식은 항상 일치하는 항등식으로서 일정 기간 동안에 어떤 경제에서 이루어진 모든 거래를 성사시키기 위해서는 화폐가 평균적으로 몇 번씩 지출되어야 하는가의 문제이다. 이 교환방정식의 해석으로부터 다음과 같은 화폐수요를 도출할 수 있다.

화폐수요함수 $M^D = \dfrac{1}{V}PY = kPY$ (화폐유통속도는 안정적)

그리고 위의 교환방정식 $MV = PY$에서 이를 변화율 형태로 바꾸면 $\hat{M} + \hat{V} = \hat{P} + \hat{Y}$ 로서 통화증가율 + 유통속도변화율 = 물가상승률 + 실질소득증가율(경제성장률)이 된다.

설문의 자료를 위의 교환방정식 $MV = PY$에 대입하여 풀면 다음과 같다.

$500,000(원) V = 20,000(원/kg) \times 100(kg), \quad V = 4$

수량방정식($MV=PY$)과 피셔효과가 성립하는 폐쇄경제에서 화폐유통속도(V)가 일정하고 인플레이션율이 2%, 통화증가율이 5%, 명목이자율이 6%라고 할 때, 다음 중 옳은 것을 모두 고른 것은? (단, M은 통화량, P는 물가, Y는 실질소득이다.) ▶ 2018년 감정평가사

> ㄱ. 실질이자율은 4%이다.
> ㄴ. 실질경제성장률은 4%이다.
> ㄷ. 명목경제성장률은 5%이다.

① ㄱ   ② ㄴ   ③ ㄱ, ㄷ
④ ㄴ, ㄷ   ⑤ ㄱ, ㄴ, ㄷ

출제이슈 화폐수량설
핵심해설 정답 ③

1) 피셔방정식

피셔효과가 성립하는 경우, 피셔방정식에 따라서 실질이자율은 명목이자율(6%)에서 인플레이션율(2%)을 차감한 값이므로 4%가 된다.

2) 교환방정식

고전학파의 화폐수량설(거래수량설)에 의하면, 교환의 매개수단으로서의 화폐의 기능을 강조한다. 이를 잘 표현하고 있는 것이 다음과 같은 피셔의 교환방정식이다.

교환방정식 $MV=PY$
M : 경제 내에 존재하는 화폐량, V : 유통속도(화폐의 평균 지출횟수)
P : 물가(거래당 평균단가), Y : 실질국민소득

교환방정식은 항상 일치하는 항등식으로서, 일정 기간 동안에 어떤 경제에서 이루어진 모든 거래를 성사시키기 위해서는 화폐가 평균적으로 몇 번씩 지출되어야 하는가의 문제와 관련있다. 이 교환방정식의 해석으로부터 다음과 같은 화폐수요를 도출할 수 있다.

화폐수요함수 $M^D = \dfrac{1}{V}PY = kPY$ (화폐유통속도는 안정적)

그리고 위의 교환방정식 $MV=PY$에서 이를 변화율 형태로 바꾸면 $\hat{M}+\hat{V}=\hat{P}+\hat{Y}$로서 통화증가율 + 유통속도변화율 = 물가상승률 + 실질소득증가율(경제성장률)이 된다.

설문의 자료를 위의 교환방정식의 변화율 형태의 식 $\hat{M}+\hat{V}=\hat{P}+\hat{Y}$에 대입하여 풀면 다음과 같다.

$5\%+0\%=2\%+\hat{Y}$. 따라서 실질경제성장률은 $\hat{Y}=3(\%)$이고 명목경제성장률은 $\hat{P}+\hat{Y}=2+3=5(\%)$이다.

폐쇄경제인 A국에서 화폐수량설과 피셔방정식(Fisher equation)이 성립한다. 화폐유통속도가 일정하고, 실질 경제성장률이 2%, 명목이자율이 5%, 실질이자율이 3%인 경우 통화증가율은?

▶ 2017년 감정평가사

① 1%   ② 2%   ③ 3%

④ 4%   ⑤ 5%

출제이슈 화폐수량설
핵심해설 정답 ④

1) 피셔방정식

피셔효과가 성립하는 경우, 피셔방정식에 따라서 인플레이션율은 명목이자율(5%)에서 실질이자율(3%)을 차감한 값이므로 2%가 된다.

2) 교환방정식

고전학파의 화폐수량설(거래수량설)에 의하면, 교환의 매개수단으로서의 화폐의 기능을 강조한다. 이를 잘 표현하고 있는 것이 다음과 같은 피셔의 교환방정식이다.

교환방정식 $MV = PY$

M : 경제 내에 존재하는 화폐량, V : 유통속도(화폐의 평균 지출횟수)
P : 물가(거래당 평균단가), Y : 실질국민소득

교환방정식은 항상 일치하는 항등식으로서, 일정 기간 동안에 어떤 경제에서 이루어진 모든 거래를 성사시키기 위해서는 화폐가 평균적으로 몇 번씩 지출되어야 하는가의 문제와 관련있다. 이 교환방정식의 해석으로부터 다음과 같은 화폐수요를 도출할 수 있다.

화폐수요함수 $M^D = \dfrac{1}{V}PY = kPY$ (화폐유통속도는 안정적)

그리고 위의 교환방정식 $MV = PY$에서 이를 변화율 형태로 바꾸면 $\hat{M} + \hat{V} = \hat{P} + \hat{Y}$ 로서 통화증가율 + 유통속도변화율 = 물가상승률 + 실질소득증가율(경제성장률)이 된다.

설문의 자료를 위의 교환방정식의 변화율 형태의 식 $\hat{M} + \hat{V} = \hat{P} + \hat{Y}$에 대입하여 풀면 다음과 같다.

위의 피셔방정식에서 인플레이션율은 2%이고, 설문에서 화폐유통속도 변화율은 0%, 실질 경제성장율은 2%로 주어졌음을 고려하면, $\hat{M} + 0\% = 2\% + 2\%$이 성립하므로 통화증가율은 $\hat{M} = 4\%$가 된다.

고전학파의 화폐수량설에 따를 때, 통화량이 증가하는 경우 다음 설명 중 옳은 것은?

▸ 2012년 감정평가사

① 화폐유통속도가 감소한다.　　② 화폐유통속도가 증가한다.
③ 물가가 상승한다.　　④ 물가가 하락한다.
⑤ 명목 GDP 는 불변이다.

출제이슈 화폐수량설
핵심해설 정답 ③

고전학파의 화폐수량설(거래수량설)에 의하면, 교환의 매개수단으로서의 화폐의 기능을 강조한다. 이를 잘 표현하고 있는 것이 다음과 같은 피셔의 교환방정식이다.

교환방정식 $MV = PY$
M : 경제 내에 존재하는 화폐량, V : 유통속도(화폐의 평균 지출횟수)
P : 물가(거래당 평균단가), Y : 실질국민소득

교환방정식은 항상 일치하는 항등식으로서, 일정 기간 동안에 어떤 경제에서 이루어진 모든 거래를 성사시키기 위해서는 화폐가 평균적으로 몇 번씩 지출되어야 하는가의 문제와 관련있다. 이 교환방정식의 해석으로부터 다음과 같은 화폐수요를 도출할 수 있다.

화폐수요함수 $M^D = \dfrac{1}{V}PY = kPY$(화폐유통속도는 안정적)

설문을 검토하면 다음과 같다.

위의 교환방정식에서 화폐의 유통속도가 안정적이고 실질국민소득이 완전고용국민소득 수준으로 일정하다고 가정하는 화폐수량설의 관점에서 보면, 통화량이 증가하는 경우 물가는 상승하게 된다.

화폐수요함수가 $\dfrac{M}{P} = 500 + 0.2Y - 1,000i$ 이다. $Y = 1,000$, $i = 0.1$일 때, $P = 100$과 $P = 200$이라면 화폐유통속도는 각각 얼마인가? (단, M은 통화량, P는 물가, Y는 실질국민소득, i는 명목이자율, V_1은 $P = 100$일 때 화폐유통속도, V_2는 $P = 200$일 때 화폐유통속도이다.)

▶ 2014년 감정평가사

① $V_1 = \dfrac{5}{6}$, $V_2 = \dfrac{5}{6}$　　② $V_1 = \dfrac{5}{6}$, $V_2 = \dfrac{10}{6}$　　③ $V_1 = \dfrac{10}{6}$, $V_2 = \dfrac{10}{6}$

④ $V_1 = \dfrac{10}{6}$, $V_2 = \dfrac{20}{6}$　　⑤ $V_1 = \dfrac{20}{6}$, $V_2 = \dfrac{20}{6}$

출제이슈 화폐수량설
핵심해설 정답 ③

1) 통화량 계산

화폐수요함수가 $\dfrac{M}{P} = 500 + 0.2Y - 1,000i$, $Y = 1,000$, $i = 0.1$이고 화폐시장이 균형임을 고려하면 통화량을 다음과 같이 계산해 낼 수 있다.

① $P = 100$인 경우

$\dfrac{M}{P} = 500 + 0.2Y - 1,000i$, $Y = 1,000$, $i = 0.1$, $P = 100$이므로 $M = 60,000$이 된다.

② $P = 200$인 경우

$\dfrac{M}{P} = 500 + 0.2Y - 1,000i$, $Y = 1,000$, $i = 0.1$, $P = 200$이므로 $M = 120,000$이 된다.

2) 화폐유통속도 계산

① $P = 100$인 경우
$P = 100$인 경우 $M = 60,000$이고 $Y = 1,000$, $P = 100$을 교환방정식 $MV = PY$에서 고려하면 유통속도는 $V_1 = \dfrac{10}{6}$이 된다.

② $P = 200$인 경우
$P = 200$인 경우 $M = 120,000$이고 $Y = 1,000$, $P = 200$을 교환방정식 $MV = PY$에서 고려하면 유통속도는 $V_2 = \dfrac{10}{6}$이 된다.

전년도에 비해 올해 통화량은 5%, 물가는 6%, 실질국민소득은 9% 증가하였고, 전년도 화폐유통속도가 20이었다면 올해의 화폐유통속도는? (단, 화폐수량설이 성립한다.) ▸2013년 감정평가사

① 18　　　　② 19　　　　③ 20
④ 21　　　　⑤ 22

출제이슈 화폐수량설
핵심해설 정답 ⑤

고전학파의 화폐수량설(거래수량설)에 의하면, 교환의 매개수단으로서의 화폐의 기능을 강조한다. 이를 잘 표현하고 있는 것이 다음과 같은 피셔의 교환방정식이다.

교환방정식 $MV = PY$
M : 경제 내에 존재하는 화폐량, V : 유통속도(화폐의 평균 지출횟수)
P : 물가(거래당 평균단가), Y : 실질국민소득

교환방정식은 항상 일치하는 항등식으로서, 일정 기간 동안에 어떤 경제에서 이루어진 모든 거래를 성사시키기 위해서는 화폐가 평균적으로 몇 번씩 지출되어야 하는가의 문제와 관련있다. 이 교환방정식의 해석으로부터 다음과 같은 화폐수요를 도출할 수 있다.

화폐수요함수 $M^D = \dfrac{1}{V}PY = kPY$(화폐유통속도는 안정적)

그리고 위의 교환방정식 $MV = PY$에서 이를 변화율 형태로 바꾸면 $\hat{M} + \hat{V} = \hat{P} + \hat{Y}$로서 통화증가율 + 유통속도변화율 = 물가상승률 + 실질소득증가율(경제성장률)이 된다.

설문의 자료를 위의 교환방정식의 변화율 형태의 식 $\hat{M} + \hat{V} = \hat{P} + \hat{Y}$에 대입하여 풀면 다음과 같다.

5% + $\hat{V}$ = 6% + 9%, 따라서 화폐유통속도의 변화율은 $\hat{V} = 10(\%)$이므로 전년도 화폐유통속도가 20이었음을 고려하면 올해의 화폐유통속도는 22가 됨을 알 수 있다.

화폐수요함수는 $\dfrac{M^d}{P} = \dfrac{Y}{5i}$ 이다. 다음 중 옳은 것을 모두 고른 것은? (단, $\dfrac{M^d}{P}$ 는 실질화폐잔고, i 는 명목이자율, Y 는 실질생산량, P 는 물가이다.)

▶ 2017년 감정평가사

ㄱ. 명목이자율이 일정하면, 실질생산량이 k% 증가할 경우 실질화폐잔고도 k% 증가한다.

ㄴ. 화폐유통속도는 $\dfrac{5i}{Y}$ 이다.

ㄷ. 명목이자율이 일정하면 화폐유통속도는 일정하다.

ㄹ. 실질생산량이 증가하면 화폐유통속도는 감소한다.

① ㄱ, ㄴ   ② ㄱ, ㄷ   ③ ㄴ, ㄷ

④ ㄴ, ㄹ   ⑤ ㄷ, ㄹ

출제이슈 화폐수량설
핵심해설 정답 ②

주어진 설문에서 화폐수요와 화폐공급이 일치하는 화폐시장의 균형을 도입하면 다음과 같다.

화폐수요함수 $M^D = \dfrac{1}{V} PY = kPY$ (화폐유통속도는 안정적)

교환방정식 $MV = PY$

M : 경제 내에 존재하는 화폐량, V : 유통속도(화폐의 평균 지출횟수)
P : 물가(거래당 평균단가), Y : 실질국민소득

설문에서 $\dfrac{M^d}{P} = \dfrac{Y}{5i}$ 이므로 이를 위의 화폐수요함수의 형태로 변형하면 다음과 같다.

$$M^d = \dfrac{1}{V} PY = \dfrac{1}{5i} PY$$

따라서 화폐유통속도는 $V = 5i$ 가 되고 명목이자율이 일정한 경우, 유통속도도 일정하게 된다. 실질생산량 변화 시 통화량이나 물가의 변화가 수반될 경우 유통속도의 변화는 불분명하다.

위의 교환방정식 $MV = PY$ 에서 이를 변화율 형태로 바꾸면 $\hat{M} + \hat{V} = \hat{P} + \hat{Y}$ 로서 통화증가율 + 유통속도변화율 = 물가상승률 + 실질소득증가율(경제성장률)이 된다. 따라서 명목이자율이 일정하면, 실질생산량이 증가할 때 실질화폐수요도 증가한다.

화폐수요함수가 아래와 같이 주어진 경제에서 명목GDP가 1,000이고 명목이자율(i)이 0.04일 때, 화폐의 유통속도는? (단, M은 통화량, P는 물가, Y는 실질GDP) ▶2025년 감정평가사

- 화폐수요함수 : $\dfrac{M}{P} = 0.2\,Y/i$

① 0.2　　　　　② 0.3　　　　　③ 0.4

④ 0.5　　　　　⑤ 0.6

출제이슈 화폐유통속도
핵심해설 정답 ①

1) 화폐수요함수

　제시된 화폐수요함수를 변형하면 $M\dfrac{i}{0.2}=PY$가 된다.

2) 화폐시장의 균형

　화폐시장이 균형임을 고려하면 화폐유통속도는 $\dfrac{i}{0.2}=5i$이고 이자율이 0.04임을 고려하면, 유통속도는 0.2가 된다.

전통적 화폐수량설에 근거한 화폐의 중립성이 성립할 경우 다음 설명 중 옳지 않은 것은?

▶2011년 감정평가사

① 통화량 증가율을 증가시키면 명목이자율이 상승한다.
② 통화량 증가율을 증가시켜면 인플레이션율이 상승한다.
③ 통화량을 증가시켜도 실질국민소득 수준은 변화하지 않는다.
④ 통화량을 증가시키면 실업률은 하락한다.
⑤ 통화량을 증가시켜도 실질이자율은 변화하지 않는다.

출제이슈 화폐수량설과 화폐의 중립성
핵심해설 정답 ④

화폐의 중립성(the neutrality of money)은 통화량의 증가가 국민소득과 같은 주요 실질변수에 영향을 미치지 못하며 물가, 명목임금과 같은 명목변수에만 영향을 미치는 것을 말한다. 이는 명목변수와 실물변수가 완전히 분리되어 있다는 고전적 이분성(dichotomy)을 의미한다. 그러나 고전학파의 견해와는 달리 통화론자는 고전적 이분법을 받아들이지 않으며 화폐가 실물부문에 미치는 영향이 강력하다고 주장한다. 물론 장기의 경우에는 대부분의 학파와 경제학자 모두 화폐의 중립성을 인정한다.

화폐의 중립성이 성립하면 통화량 증가에 따라 실질국민소득은 변화하지 않고(실업률도 변화하지 않는다), 물가만 상승한다. 따라서 통화량 증가에 따라 실질이자율은 변화하지 않고 명목이자율만 상승한다.

화폐일반

화폐에 관한 설명으로 옳은 것은?　　　　　　　　　　　　　　　▶ 2021년 감정평가사

① 상품화폐의 내재적 가치는 변동하지 않는다.

② M2는 준화폐(near money)를 포함하지 않는다.

③ 명령화폐(fiat money)는 내재적 가치를 갖는 화폐이다.

④ 가치저장수단의 역할로 소득과 지출의 발생시점을 분리시켜 준다.

⑤ 다른 용도로 사용될 수 있는 재화는 교환의 매개수단으로 활용될 수 없다.

출제이슈 화폐의 특징 및 기능
핵심해설 정답 ④

① 틀린 내용이다.

　상품화폐(commodity money)는 물물교환 등에 사용되는 실물화폐로서 고유한 내재적 가치를 가지고 있다. 최초의 상품화폐의 예를 들면, 직물, 곡물, 가축, 피혁 등이었다. 특히 이들 중에서도 운반 및 휴대에 어려움이 없고 시간이 지나도 마모가 되지 않고 변화가 없는 재화들이 상품화폐로 더욱 잘 기능할 수 있었다. 그러나 상품화폐는 시간이 오래되면 변질되거나 그 가치가 하락하는 문제가 있었으며 또한 시대의 변천이나 선호의 변화에 따라서도 변할 수 있다는 문제가 있다.

② 틀린 내용이다.

　준화폐(near money)는 화폐로 정의하기는 힘들지만 화폐의 기능을 일부 수행하는 자산으로서 유사화폐라고도 한다. 이는 자산가치가 화폐로 표시되어 있어서 화폐로 교환가능하며 가치저장수단이 되지만 이를 직접적으로 유통하는 것은 곤란하기 때문에 교환의 매개수단으로는 적합하지 않다. 광의통화 $M2$는 $M1$ + 정기예적금, CD, RP, 금융채, 금전신탁, 수익증권, 외화예금으로 구성되어 있으므로 준화폐를 포함한다(단, 협의통화 $M1$은 현금통화 + 요구불예금 + 수시입출식 저축성예금).

③ 틀린 내용이다.

　명령화폐(fiat money)는 화폐의 내재적 가치와 무관하게 정부의 신용보증을 근거로 유통되는 신용화폐(fiduciary money)로서 실물적 가치를 갖는 화폐가 아니라 일종의 명목화폐(token money)이다. 흔히 일상생활에서 사용하는 1만 원권, 5만 원권 등의 지폐를 그 예로 들 수 있다.

④ 옳은 내용이다.

　가치저장수단으로서의 화폐의 역할이란 특정 시점 사이에서 화폐를 보유하는 것이 두 시점 간에 구매력을 저장하고 현재의 구매력을 미래로 이전시키는 것을 의미한다.

⑤ 틀린 내용이다.

　여러 가지 다른 용도로 사용될 수 있는 재화는 그 사용가치에 따라서 교환의 매개수단으로도 활용될 수 있다. 앞에서 살펴본 상품화폐는 다른 용도로 사용될 수 있는 재화이며 물물교환 등에 사용되는 실물화폐로서 교환의 매개수단이다.

09 본원통화와 지급준비금

본원통화에 관한 설명으로 옳지 않은 것은?　　　　　　　　▶ 2023년 감정평가사

① 본원통화는 현금통화와 은행의 지급준비금의 합과 같다.

② 본원통화는 중앙은행의 화폐발행액과 은행의 중앙은행 지급준비예치금의 합과 같다.

③ 중앙은행의 대차대조표상의 순대정부대출이 증가하면 본원통화는 증가한다.

④ 중앙은행의 대차대조표상의 순해외자산이 증가하면 본원통화는 증가한다.

⑤ 추가로 발행된 모든 화폐가 은행의 시재금(vault cash)으로 보관된다면 본원통화는 증가
하지 않는다.

출제이슈 본원통화
핵심해설 정답 ⑤

① 옳은 내용이다.
　본원통화는 현금통화와 지급준비금으로 구성된다. 즉, 다음과 같은 식이 성립한다.

　본원통화(H) = 현금통화(C) + 지급준비금(R)

② 옳은 내용이다.
　시재금은 지급준비금 중에서 은행의 금고에 현금으로 보관되고 있는 것을 의미한다. 지급준비금 중 시재금을
　제외한 나머지는 중앙은행에 지준예치금으로 예치되어 있다. 즉, 다음의 식이 성립한다.

　지급준비금　= 시재금 + 지준예치금
　본원통화 = 현금통화 + 시재금 + 지준예치금

　이때, 현금통화와 시재금을 더한 것을 화폐발행액이라고 하며, 다음의 식이 성립한다.

　본원통화 = 화폐발행액 + 지준예치금

③, ④ 모두 옳은 내용이다.

중앙은행의 대차대조표는 다음과 같이 구성된다.

자산	부채와 자본
국내자산 　– 유가증권매입 　– 재할인대출 　– 대정부대출	국내부채 　– 화폐발행 　– 지준예치금
해외자산 　– 외화매입	해외부채

중앙은행의 자산은 국내자산과 해외자산으로 구성된다. 국내자산은 국내거주자에 대하여 중앙은행이 보유하는 채권으로서 유가증권, 재할인대출, 대정부대출 등으로 구성된다. 해외자산은 해외거주자에 대하여 중앙은행이 보유하는 채권이다. 이는 해외거주자가 발행한 외화표시증권 등이 있다.

한편, 중앙은행의 부채도 국내부채와 해외부채로 구성되는데 먼저 국내부채는 국내거주자에 대한 채무적 성격으로서 중앙은행이 국내자산을 매입하면서 지급한 화폐(지폐와 동전)와 지준예치금으로 구성된다. 해외부채는 해외거주자에 대한 채무적 성격으로서 외화를 매입하면서 지급한 화폐이다. 특히 화폐와 지준예치금을 합하여 본원통화라고 한다.

따라서 대차대조표에 의하면 중앙은행의 자산으로서의 정부대출이나 해외자산이 증가하는 경우, 중앙은행의 부채로서의 본원통화도 증가하게 된다.

⑤ 틀린 내용이다.

본원통화는 현금통화와 시재금, 지준예치금의 합이므로, 추가로 발행된 화폐로 인하여 시재금이 증가하면 본원통화도 증가한다.

갑은행의 대차대조표는 요구불예금 5,000만 원, 지급준비금 1,000만 원, 대출금 4,000만 원으로만 구성되어 있다. 법정지급준비율이 5%라면 갑은행이 보유하고 있는 초과지급준비금은?

▶ 2015년 감정평가사

① 250만 원 ② 500만 원 ③ 600만 원
④ 750만 원 ⑤ 800만 원

출제이슈 지급준비금의 계산
핵심해설 정답 ④

먼저 지급준비금과 지급준비율에 대한 기본적 내용은 다음과 같다.

1) 지급준비금
지급준비금은 예금액의 일부분으로서 예금액 중 대출되지 않고 남은 금액이다. 이는 필요지급준비금과 초과지급준비금으로 이루어진다. 필요지급준비금은 예금의 일정비율을 지급준비금으로 보유하라는 중앙은행의 요구에 의해서 보유하는 준비금이며 초과지급준비금은 필요지급준비금에 추가하여 은행이 자발적으로 보유하는 지급준비금이다.

※ 지급준비금 = 예금액 − 대출액 = 법정지급준비금 + 초과지급준비금 = 지급준비율 × 예금액

2) 지급준비율
지급준비율은 지급준비금을 예금액으로 나눈 비율을 의미한다. 특히 필요지급준비금을 예금액으로 나눈 비율을 필요지급준비율이라고 하고, 초과지급준비금을 예금액으로 나눈 비율을 초과지급준비율이라고 한다.

※ 지급준비율 = (법정지급준비금 + 초과지급준비금) ÷ 예금액 = 법정지급준비율 + 초과지급준비율

3) 시재금
시재금은 지급준비금 중에서 은행의 금고에 현금으로 보관되고 있는 것을 의미한다. 지급준비금 중 시재금을 제외한 나머지는 중앙은행에 지준예치금으로 예치되어 있다.

※ 지급준비금 = 시재금 + 지준예치금

설문의 자료를 위의 산식에 대입하여 설문을 검토하면 다음과 같다.

지급준비금 = 예금액 − 대출액 = 법정지급준비금 + 초과지급준비금 = 지급준비율 × 예금액
따라서 1,000 = 5,000 − 4,000 = 0.05 × 5,000 + 초과지급준비금의 식이 성립한다.

이를 계산하면, 초과지급준비금은 750(만 원)이 된다.

통화량과 통화승수

> 모든 사람들이 화폐(M2)를 현금 25%, 요구불예금 25%, 저축성예금 50%로 나누어 보유하고,
> 은행의 지급준비율은 요구불예금과 저축성예금에 대하여 동일하게 10%라고 할 때, M2 통화
> 승수는? (단, 소수점 둘째자리에서 반올림하여 소수점 첫째자리까지 구한다.)
>
> ▸ 2024년 감정평가사
>
> ① 2.5 　　　　② 2.8 　　　　③ 3.1
> ④ 3.6 　　　　⑤ 4.5

출제이슈　통화승수
핵심해설　정답 ③

통화승수란 본원통화 1단위가 통화량을 얼마나 증가시키는지를 나타내는 지표로서 다음과 같다.

$$m = \frac{1}{(c + r - cr)} = \frac{k+1}{k+r}$$

$r = R / D$　(지급준비율 = 지급준비금 ÷ 예금통화),

$c = C / M$　(현금통화비율 = 현금통화 ÷ 통화),

$k = C / D$　(현금예금비율 = 현금통화 ÷ 예금통화)

문제에서 민간부문은 현금 25%, 요구불예금 25%, 저축성예금 50%로 나누어 보유하므로 현금통화비율은
$c = \dfrac{C}{M} = 0.25$가 된다.

그리고 은행의 지급준비율은 요구불예금과 저축성예금에 대하여 동일하게 10%이므로 지급준비율은 $r = \dfrac{R}{D} = 0.1$
이 된다.

따라서 통화승수는 다음과 같이 구할 수 있다.

$$m = \frac{1}{c + r - cr} = \frac{1}{0.25 + 0.1 - 0.25 \times 0.1} = \frac{1}{0.325} = 3.07 ≒ 3.1$$

통화량(M)을 현금(C)과 요구불예금(D)의 합으로 본원통화(B)를 현금(C)과 지급준비금(R)의 합으로 정의하자. 이 경우 현금보유비율(cr)은 C/D, 지급준비금 비율(rr)은 R/D로 나타낼 수 있다. 중앙은행이 본원통화를 공급할 때 민간은 현금보유분을 제외하고는 모두 은행에 예금하며, 은행은 수취한 예금 중 지급준비금을 제외하고는 모두 대출한다고 가정한다. cr이 0.2, rr이 0.1이면, 통화승수의 크기는?

▶ 2016년 감정평가사

① 1.5 ② 2.0 ③ 3.7
④ 4.0 ⑤ 5.3

출제이슈 통화승수와 통화공급방정식
핵심해설 정답 ④

먼저 본원통화와 통화량 간의 관계를 살펴보면 다음과 같다.

1) 본원통화와 통화량
① 본원통화 $H = C + R$ (본원통화 = 현금통화 + 지급준비금)
② 통화량 $M = C + D$ (통화량 = 현금통화 + 예금통화)

2) 통화공급방정식
본원통화와 통화량 간의 관계식이 통화공급방정식이다. 이는 본원통화 1단위가 통화량을 얼마나 증가시키는지를 나타내는 식으로 다음과 같다.

$$M = mH = \frac{1}{(c+r-cr)}H = \frac{k+1}{k+r}H$$

$H = C + R$ (본원통화 = 현금통화 + 지급준비금)
$r = R/D$ (지급준비율 = 지급준비금 ÷ 예금통화)
$c = C/M$ (현금통화비율 = 현금통화 ÷ 통화)
$k = C/D$ (현금예금비율 = 현금통화 ÷ 예금통화)
$M = C + D$ (통화량 = 현금통화 + 예금통화)

설문에서 $k = C/D$(현금예금비율 = 현금통화 ÷ 예금통화)가 0.2, $r = R/D$(지급준비율 = 지급준비금 ÷ 예금통화)이 0.1로 주어져 있다.

따라서 통화승수는 $m = \dfrac{1}{(c+r-cr)} = \dfrac{k+1}{k+r} = \dfrac{0.2+1}{0.2+0.1} = 4$가 된다.

통화공급과정에 관한 설명으로 옳은 것을 모두 고른 것은? ▶ 2019년 감정평가사

ㄱ. 100% 지급준비제도가 실행될 경우, 민간이 현금통화비율을 높이면 통화승수는 감소한다.

ㄴ. 민간이 현금은 보유하지 않고 예금만 보유할 경우, 예금은행의 지급준비율이 높아지면 통화승수는 감소한다.

ㄷ. 중앙은행이 민간이 보유한 국채를 매입하면 통화승수는 증가한다.

① ㄱ   ② ㄴ   ③ ㄱ, ㄴ

④ ㄱ, ㄷ   ⑤ ㄴ, ㄷ

출제이슈 통화승수와 통화공급방정식
핵심해설 정답 ②

ㄱ. 틀린 내용이다.

100% 지급준비제도가 실행될 경우, 지급준비율이 100%이므로 다음과 같이 통화승수는 현금통화비율이 높든 낮든 관계없이 항상 1이 된다.

$$m = \frac{1}{(c+r-cr)} = \frac{1}{(c+1-c)} = 1$$

ㄴ. 옳은 내용이다.

민간이 현금은 보유하지 않고 예금만 보유할 경우는 현금예금비율이 0임을 의미한다. 이때, 통화승수는 다음과 같이 지급준비율의 역수로 나타난다. 따라서 이런 경우에는 예금은행의 지급준비율이 높아지면 통화승수는 감소한다.

$$m = \frac{1}{(c+r-cr)} = \frac{1}{(0+r-0)} = \frac{1}{r}$$

ㄷ. 틀린 내용이다.

중앙은행이 민간이 보유한 국채를 매입하면 본원통화가 증가하고 통화량이 증가한다. 그러나 통화승수는 불변이다.

민간은 화폐를 현금과 요구불예금으로 각각 $\frac{1}{2}$씩 보유하고 은행은 예금의 $\frac{1}{3}$을 지급준비금으로 보유한다. 통화공급을 150만큼 늘리기 위한 중앙은행의 본원통화 증가분은? (단, 통화량은 현금과 요구불예금의 합계이다.)

▶ 2020년 감정평가사

① 50   ② 100   ③ 150
④ 200   ⑤ 250

출제이슈 통화정책과 통화공급방정식
핵심해설 정답 ②

1) 민간의 현금보유비율

설문에서 민간의 현금과 예금의 보유는 각각 $\frac{1}{2}$씩이므로 $k = C / D = 1$이 된다.

2) 통화승수

설문의 자료를 통화승수의 식 $m = \dfrac{k+1}{k+r}$에 대입하면 $k = 1$, $r = \dfrac{1}{3}$이므로 통화승수 $m = 1.5$이다.

3) 통화량

설문에서 통화량을 150만큼 증가시키는 것을 목표로 하고 있다.

4) 본원통화

① 통화공급방정식을 증가분 형태로 바꿔 쓰면 $\Delta M = m \Delta H$가 된다.
② 목표로 삼고 있는 통화량 증가 $\Delta M = 150$에 필요한 본원통화는 $150 = 1.5 \Delta H$로서 구할 수 있다.
③ 따라서 통화승수 $m = 1.5$를 고려하면 본원통화를 $\Delta H = 150 \times \dfrac{1}{1.5} = 100$만큼 증가시켜야만 통화량이 150만큼 증가할 수 있다.

$\dfrac{\text{현금}}{\text{요구불예금}}$ 비율이 0.8, 법정지급준비율이 5%, 초과지급준비율이 5%일 때, 본원통화가

8,000억 원이면 최대가능한 $M1$ 통화량은? ▸ 2013년 감정평가사

① 8,000억 원 ② 1조 원 ③ 1조 2,000억 원
④ 1조 4,000억 원 ⑤ 1조 6,000억 원

출제이슈 통화승수와 통화공급방정식
핵심해설 정답 ⑤

1) 현금예금비율과 지급준비율

설문에서 현금예금비율 $k = \dfrac{\text{현금}}{\text{요구불예금}} = 0.8$, 지급준비율 $r = 0.05 + 0.05 = 0.1$로 주어져 있다.

2) 통화승수

현금예금비율과 지급준비율에 따라 통화승수는 $m = \dfrac{k+1}{k+r} = \dfrac{0.8+1}{0.8+0.1} = 2$가 된다.

3) 통화량

본원통화가 8,000억 원이므로 통화승수 2를 고려하면, 통화량은 1조 6,000억 원이 된다.

A은행의 T계정은 다음과 같다.

자산	부채
지급준비금 1,000억 원 대출 3,000억 원	예금 4,000억 원

예금에 대한 법정지급준비율이 10%이고, A은행을 제외한 다른 은행들은 초과지급준비금을 보유하지 않는다. A은행이 지급준비금을 법정지급준비금 수준까지 줄인다면 최대로 가능한 통화량 증가액은? (단, 민간의 현금보유비율은 0) ▶ 2011년 감정평가사

① 600억 원　　　　② 1,000억 원　　　　③ 4,000억 원
④ 6,000억 원　　　　⑤ 1조 원

출제이슈 예금통화의 공급(대출을 통한 은행의 예금창조)
핵심해설 정답 ④

1) 신용승수 계산

설문에서 현금통화비율 $c = 0$, 지급준비율 $r = 0.1$로 주어져 있다. 현금보유가 없으므로 통화승수와 신용승수는 일치하며 신용승수는 $\dfrac{1}{r} = \dfrac{1}{0.1} = 10$이 된다.

2) 초과지급준비금 계산

현재 A은행의 T계정에 의하면 지급준비금이 1,000억 원인데, 예금이 4,000억 원, 법정지급준비율이 10%임을 고려하면, 법정지급준비금이 400억 원, 초과지급준비금이 600억 원임을 알 수 있다.

3) 초과지급준비금의 대출과 통화량의 증가

A은행이 600억 원을 추가로 대출하게 되면, 이에 따른 예금창조과정이 발생하게 되므로 600억 원에 신용승수 10을 곱한 6,000억 원만큼 예금창조가 되어 그만큼 통화량이 증가할 수 있다.

4) 심화 사항

초과지급준비금 600억 원이 추가로 대출된다면 이는 마치 600억 원이 최초에 은행의 신용창조시스템에 들어온 것과 유사하다. 따라서 600억 원이 마치 본원적 예금의 역할을 하면서 그 금액만큼이 그대로 지급준비금이 될 것이다. 결국 초과지급준비금 600억 원이 대출되더라도 경제 전체적으로 볼 때, 지급준비금은 불변이다. 즉 A은행 입장에서만 보면, 지급준비금은 600억 원 감소하고 대출이 600억 원 늘어서 자산계정 및 부채계정은 모두 불변이다. A은행에서 감소한 지급준비금은 다른 은행 차원에서 보면 같은 금액의 지급준비금의 증가가 되므로 경제전체차원에서의 지급준비금은 불변이다. 즉 본원통화가 불변이라는 뜻이다. 따라서 일부 은행의 초과지급준비금 감소는 전체 은행시스템 입장에서 지급준비율의 하락을 가져와서 본원통화는 불변이지만 통화량은 증가하는 것이다.

통화정책의 수단

> 한국은행의 통화정책 수단과 제도에 관한 설명으로 옳지 않은 것은? ▶ 2021년 감정평가사
>
> ① 국채 매입·매각을 통한 통화량 관리
> ② 금융통화위원회는 한국은행 통화정책에 관한 사항을 심의·의결
> ③ 재할인율 조정을 통한 통화량 관리
> ④ 법정지급준비율 변화를 통한 통화량 관리
> ⑤ 고용증진 목표 달성을 위한 물가안정목표제 시행

출제이슈 통화정책의 수단
핵심해설 정답 ⑤

① 통화정책의 수단 중 공개시장 개입정책으로서 옳은 내용이다.
통화정책의 수단 중 공개시장 개입정책은 중앙은행이 채권시장에서 국공채 등의 유가증권을 매입 혹은 매각하여 본원통화 H를 변화시키고 이를 통해서 통화량을 조절하는 것이다. 중앙은행이 시장에서 유가증권을 매입하는 경우 본원통화가 증가하고, 그에 따라 통화량이 증가한다. 반면 중앙은행이 시장에서 유가증권을 매도하는 경우 본원통화가 감소하고 그에 따라 통화량이 감소한다. 우리나라의 경우 시장에서 국공채 거래가 충분치 않을 경우 통화안정증권(한국은행이 발행한 유가증권)을 통하여 공개시장개입을 실시하고 있다(통화안정증권 발행하여 매각하면 통화량이 감소한다).

② 옳은 내용이다.
한국은행법 제28조에 따라서 금융통화위원회는 통화신용정책에 관한 제1~20호의 사항을 심의·의결한다.

③ 통화정책의 수단 중 재할인율 조정정책으로서 옳은 내용이다.
통화정책의 수단 중 재할인율정책은 중앙은행이 재할인율을 조절하여 통화량을 조절하는 것이다. 재할인율은 중앙은행이 예금은행에 대출하는 자금에 대해 부과하는 대출이자율이다. 이러한 대출이자율을 낮추면, 예금은행은 중앙은행으로부터 낮은 이자율로 대출을 더 많이 받아 민간부문에 대출을 늘리려는 유인이 커진다. 예금은행이 중앙은행으로부터 대출을 받게 되면 본원통화가 증가하게 된다.

④ 통화정책의 수단 중 지급준비율 조정정책으로서 옳은 내용이다.
통화정책의 수단 중 지급준비율 조정정책은 지급준비율 r을 조절하여 통화승수 m에 영향을 미치고 이를 통해서 통화량을 조절하고자 하는 정책이다. 지급준비율이 낮을수록 통화승수는 커지므로 통화량은 많아진다. 통화승수 $m = \dfrac{1}{(c+r-cr)} = \dfrac{k+1}{k+r}$ 이므로 지급준비율을 인하하면 통화승수의 분모가 작아져서 통화승수가 커져서 통화량이 증가한다. 단, $r = R/D$(지급준비율 = 지급준비금 ÷ 예금통화), $c = C/M$(현금통화비율 = 현금통화 ÷ 통화), $k = C/D$(현금예금비율 = 현금통화 ÷ 예금통화)이다.

그러나 통화승수의 구성요소인 지급준비율이 필요지급준비율과 초과지급준비율로 나뉘므로, 통화당국이 필요지급준비율을 조절하더라도 개별은행이 초과지급준비율을 재조정할 경우에는, 통화승수의 변화방향이 불확실하다. 결국 지급준비율조절정책은 초과지급준비율의 존재로 인하여 통화승수에 미치는 효과가 불확실할 수 있다. 또한 지급준비율을 인상할 경우, 은행의 대출여력이 감소하여 은행의 수익성을 악화시킬 수 있다. 따라서 이 정책은 민간부문에 과도하게 개입하는 것으로 평가되어 다른 통화정책의 수단에 비해 잘 사용되지 않는다.

⑤ 틀린 내용이다.

물가안정목표제(inflation targeting scheme)란 통화당국이 최종정책목표인 물가안정에 대하여 명시적으로 목표를 설정하고, 통화량, 이자율, 환율, 기대인플레이션 등 다양한 변수들을 활용하여 최종정책목표를 달성하고자 하는 정책방식을 말한다. 완전고용과 같은 최종적 정책목표를 달성하기 위해서 통화정책을 사용할 경우 이는 물가안정이라는 또 다른 정책목표와 상충될 수밖에 없다. 물가안정목표제는 완전고용, 국제수지균형 등과 같은 다른 정책목표보다 물가안정을, 통화정책의 최우선의 목표 및 단 하나의 목표로 일원화한 것이다.

물가안정목표제의 운용방식을 살펴보면 중앙은행은 먼저 물가안정을 위한 구체적인 물가상승률 목표를 설정한다. 이때, 설정된 인플레이션 목표치를 달성하기 위해서 중간목표를 설정하지 않으며 오로지 최종적인 물가상승률 목표의 달성을 위해서 사용할 수 있는 모든 수단을 동원한다. 이 과정에서 이자율, 환율, 실업률 등 다양한 변수를 활용하는데 특히 이자율을 이용하여 정책목표를 달성하는 것이 일반적이므로 이자율 중시 통화정책으로 볼 수 있다.

연혁적으로 물가안정목표제는 1990년 뉴질랜드에서 처음으로 실시되었는데, 한국의 경우 1997년 한국은행법을 개정하여 물가안정을 통화정책의 목표로 명시하여 물가안정목표제를 채택하였다. 목표로 삼는 물가상승률은 연도별 목표가 아니라 중기목표로 설정한다. 이는 통화정책의 시차가 장기임을 고려한 것이다. 또한 단기적으로 통화정책을 보다 신축적으로 운용할 필요가 있을 수도 있으므로 중기목표가 적합하다. 물론 물가안정목표제는 물가안정을 최우선의 과제로 삼고 있지만 이 과정에서 다른 정책목표를 완전히 배제할 수는 없는 것이 현실이므로, 통화정책을 단기에 있어서 신축적으로 운용할 수 있는 것이다. 한국은행은 목표로 하는 최종정책목표로서의 물가상승률을 달성하기 위해서 기준금리를 정한다. 이때, 기준금리(base rate)는 한국은행이 금융기관과 증권매매, 예금 및 대출 등의 거래를 할 때 기준이 되는 정책금리를 의미한다. 한국은행 금융통화위원회는 물가동향, 국내외 경제 상황, 금융시장 여건 등을 종합적으로 고려하여 연 8회 기준금리를 결정하고 있다. 이렇게 결정된 기준금리는 초단기금리인 콜금리에 즉시 영향을 미치고, 장단기 시장금리, 예금 및 대출 금리 등의 변동으로 이어져 궁극적으로 실물경제에 영향을 미치게 된다. 정해진 기준금리를 달성하기 위해서는 통화량 조절이 필요하므로 공개시장조작 등을 통해서 통화량을 조절하여 기준금리를 달성한다.

본원통화를 증가시키는 경우를 모두 고른 것은? ▶ 2013년 감정평가사

> ㄱ. 중앙은행이 법정지급준비율을 인하시키는 경우
> ㄴ. 중앙은행이 통화안정증권을 매입하는 경우
> ㄷ. 중앙은행이 시중은행에 대출을 하는 경우
> ㄹ. 중앙은행이 외환시장에서 외환을 매입하는 경우

① ㄱ, ㄴ   ② ㄴ, ㄹ   ③ ㄱ, ㄴ, ㄷ

④ ㄱ, ㄷ, ㄹ   ⑤ ㄴ, ㄷ, ㄹ

출제이슈 통화정책의 수단과 본원통화의 변화
핵심해설 정답 ⑤

ㄱ. 틀린 내용이다.

통화정책의 수단 중 지급준비율 조정정책은 지급준비율 r을 조절하여 통화승수 m에 영향을 미치고 이를 통해서 통화량을 조절하고자 하는 정책이다. 따라서 이는 통화승수에 영향을 미칠 뿐 본원통화에는 영향을 미치지 않는다.

ㄴ. 옳은 내용이다.

통화정책의 수단 중 공개시장 개입정책은 중앙은행이 채권시장에서 국공채 등의 유가증권을 매입 혹은 매각하여 본원통화 H를 변화시키고 이를 통해서 통화량을 조절하는 것이다. 중앙은행이 시장에서 유가증권을 매입하는 경우 본원통화가 증가하고, 그에 따라 통화량이 증가한다. 반면 중앙은행이 시장에서 유가증권을 매도하는 경우 본원통화가 감소하고 그에 따라 통화량이 감소한다. 우리나라의 경우 시장에서 국공채 거래가 충분치 않을 경우 통화안정증권(한국은행이 발행한 유가증권)을 통하여 공개시장개입을 실시하고 있다. 통화안정증권을 발행하여 매각하면 통화량이 감소하고, 발행된 증권을 매수하면 통화량이 증가한다.

ㄷ. 옳은 내용이다.

통화정책의 수단 중 재할인율정책은 중앙은행이 재할인율을 조절하여 통화량을 조절하는 것이다. 재할인율은 중앙은행이 예금은행에 대출하는 자금에 대해 부과하는 대출이자율이다. 이러한 대출이자율을 낮추면, 예금은행은 중앙은행으로부터 낮은 이자율로 대출을 더 많이 받아 민간부문에 대출을 늘리려는 유인이 커진다. 예금은행이 중앙은행으로부터 대출을 받게 되면 본원통화가 증가하게 된다.

ㄹ. 옳은 내용이다.

중앙은행이 외환시장에서 외환을 매입하는 경우 중앙은행의 강학상 대차대조표상 외화자산이 증가하고 본원통화라는 부채가 증가한다. 중앙은행의 외환매입을 통해서 본원통화가 증가하고 통화량이 증가한다.

중앙은행이 요구불예금에 대한 법정지급준비율을 인상하면 지급준비금(ㄱ), 요구불예금(ㄴ)과 통화량(ㄷ)은 각각 어떻게 변화하는가? (단, 현재 법정지급준비율은 10%이고, 민간은행들은 초과지급준비금을 보유하지 않으며 가계는 현금을 보유하지 않는다.) ▸2014년 감정평가사

① ㄱ : 감소, ㄴ : 감소, ㄷ : 불변
② ㄱ : 감소, ㄴ : 증가, ㄷ : 감소
③ ㄱ : 불변, ㄴ : 감소, ㄷ : 증가
④ ㄱ : 증가, ㄴ : 불변, ㄷ : 감소
⑤ ㄱ : 증가, ㄴ : 불변, ㄷ : 증가

출제이슈 통화정책의 수단으로서 지급준비율
핵심해설 정답 없음 (정답 : ㄱ : 불변, ㄴ : 감소, ㄷ : 감소)

중앙은행이 요구불예금에 대한 법정지급준비율을 인상하는 경우의 효과는 다음과 같다. 이하에서 가계는 현금을 보유하지 않고 초과지급준비금은 없는 것으로 전제한다.

ㄱ. 지급준비금 : 불변
본원통화는 현금과 지급준비금으로 구성되는데 법정지급준비율의 인상은 본원통화와 무관하므로 지급준비금은 변하지 않는다.

ㄴ. 요구불예금 : 감소
요구불예금 총액은 은행의 신용창조에 의한 것으로 법정지급준비율이 인상되면 신용창조가 축소되면서 요구불예금 총액은 감소한다.

ㄷ. 통화량 : 감소
가계는 현금을 보유하지 않으므로 통화량은 신용창조금액인 요구불예금 총액과 정확히 일치하는데, 위 ㄴ에서 신용창조가 축소되어 요구불예금 총액이 감소함은 통화량도 감소함을 의미한다.

통화량을 증가시키기 위한 중앙은행의 정책으로 (   ) 안에 들어갈 내용을 순서대로 옳게 연결한 것은?
▶ 2015년 감정평가사

- 국공채 (ㄱ   )
- 법정지불준비율 (ㄴ   )
- 재할인율 (ㄷ   )

① ㄱ : 매입,   ㄴ : 인하,   ㄷ : 인하
② ㄱ : 매입,   ㄴ : 인하,   ㄷ : 인상
③ ㄱ : 매각,   ㄴ : 인하,   ㄷ : 인상
④ ㄱ : 매각,   ㄴ : 인상,   ㄷ : 인하
⑤ ㄱ : 매각,   ㄴ : 인상,   ㄷ : 인상

출제이슈 통화정책의 수단과 효과(2019년 공인노무사 동일출제)
핵심해설 정답 ①

먼저 통화정책의 수단은 다음과 같다.

1) 공개시장개입정책
통화정책의 수단 중 공개시장개입정책은 중앙은행이 채권시장에서 국공채 등의 유가증권을 매입 혹은 매각하여 본원통화 H를 변화시키고 이를 통해서 통화량을 조절하는 것이다. 중앙은행이 시장에서 유가증권을 매입하는 경우 본원통화가 증가하고, 그에 따라 통화량이 증가한다.

2) 재할인율정책
통화정책의 수단 중 재할인율정책은 중앙은행이 예금은행에 대출하는 자금에 대해 부과하는 재할인율을 조절하여 통화량을 조절하는 것이다. 중앙은행이 재할인율을 인하하면, 예금은행은 중앙은행으로부터 낮은 이자율의 대출을 더 많이 받아 민간부문에 대출을 늘리려는 유인이 커진다. 따라서 본원통화가 증가하고 통화량이 증가한다.

3) 지급준비율조정정책
통화정책의 수단 중 지급준비율조정정책은 지급준비율 r을 조절하여 통화승수 m에 영향을 미치고 이를 통해서 통화량을 조절하고자 하는 정책이다. 중앙은행이 지급준비율을 인하하면 통화승수는 커지므로 통화량은 증가한다.

위의 내용에 따라서 설문을 검토하면 다음과 같다.

통화량을 증가시키기 위해서는 공개시장개입정책으로 국공채를 매입(ㄱ)하고, 지급준비율조정정책으로 법정지급준비율을 인하(ㄴ)하고, 재할인율정책으로 재할인율을 인하(ㄷ)해야 한다.

> **통화량 변동에 관한 설명으로 옳지 않은 것은?**　　　　　▶ 2017년 감정평가사
>
> ① 법정지급준비율의 변동은 본원통화량을 변화시키지 않는다.
> ② 중앙은행이 통화안정증권을 발행하여 시장에 매각하면 통화량이 감소한다.
> ③ 중앙은행이 시중은행으로부터 채권을 매입하면 통화량이 감소한다.
> ④ 은행의 법정지급준비율을 100%로 규제한다면 본원통화량과 통화량은 동일하다.
> ⑤ 정부의 중앙은행차입이 증가하면 통화량은 증가한다.

출제이슈　통화정책의 수단과 효과
핵심해설　정답 ③

설문을 검토하면 다음과 같다.

① 옳은 내용이다.

지급준비율이 인상되면 대출이 감소하므로 통화승수는 작아지고 통화공급은 줄어든다. 이는 통화승수 $m = \dfrac{1}{(c+r-cr)}$ 에서 지급준비율이 높아지면, 분모가 커지므로 통화승수가 작아짐을 통해 쉽게 확인할 수 있다. 설문에서 법정지급준비율의 변동은 본원통화량을 변화시키는 것이 아니라 통화승수를 변화시킨다.

② 옳은 내용이다.

통화정책의 수단 중 공개시장개입정책은 중앙은행이 채권시장에서 국공채나 통화안정증권 등의 유가증권을 매입 혹은 매각하여 본원통화 H를 변화시키고 이를 통해서 통화량을 조절하는 것이다. 중앙은행이 시장에서 유가증권을 매입하는 경우 본원통화가 증가하고, 그에 따라 통화공급이 증가한다. 반대로 유가증권을 매각하는 경우 본원통화가 감소하고, 그에 따라 통화공급이 감소한다.

③ 틀린 내용이다.

중앙은행이 시중은행으로부터 채권을 매입하게 되면 본원통화가 증가하고 통화량이 증가한다.

④ 옳은 내용이다.

은행의 법정지급준비율을 100%로 규제하여 100% 지급준비제도가 실행될 경우, 지급준비율이 100%이므로 다음과 같이 통화승수는 현금통화비율이 높든 낮든 관계없이 항상 1이 된다.

$$m = \frac{1}{(c+r-cr)} = \frac{1}{(c+1-c)} = 1$$

따라서 통화승수가 1이므로 통화량이 본원통화와 일치함을 알 수 있다.

⑤ 옳은 내용이다.

정부가 중앙은행으로 차입을 증가시키게 되면, 본원통화가 증가하고 통화량이 증가하게 된다.

> 중앙은행의 통화량 조절방법에 관한 설명으로 옳은 것은?　　▶ 2012년 감정평가사
>
> ① 법정지급준비율을 인상하면 시중은행이 예금액 중에서 대출할 수 있는 금액이 증가한다.
> ② 중앙은행이 국채를 시중은행 A에 매도하면 시중은행 A의 지급준비금은 증가한다.
> ③ 법정지급준비율을 인하하면 예금통화승수는 감소한다.
> ④ 재할인율을 인상하면 통화량이 증가한다.
> ⑤ 중앙은행이 민간인들이 보유하고 있는 국채를 매입하면 통화량은 증가한다.

출제이슈　통화정책의 수단과 효과

핵심해설　정답 ⑤

① 틀린 내용이다.

　법정지급준비율을 인상하면 시중은행이 예금액 중에서 대출할 수 있는 금액이 감소하여 예금창조가 축소되고 통화량이 감소한다. 통화정책의 수단 중 지급준비율 조정정책은 지급준비율 r을 조절하여 통화승수 m에 영향을 미치고 이를 통해서 통화량을 조절하고자 하는 정책으로, 이는 통화승수에 영향을 미칠 뿐 본원통화에는 영향을 미치지 않는다.

② 틀린 내용이다.

　중앙은행이 국채를 시중은행 A에 매도하면 A의 보유현금 혹은 지준예치금이 감소하므로 지급준비금은 감소한다.

③ 틀린 내용이다.

　법정지급준비율을 인하하면 예금통화승수는 증가한다. 통화승수의 식 $m = \dfrac{1}{(c+r-cr)}$ 에서 법정지급준비율이 낮아지면, 분모가 작아지므로 통화승수가 커진다는 것을 쉽게 확인할 수 있다.

④ 틀린 내용이다.

　재할인율을 인상하면 예금은행이 중앙은행으로부터 받는 대출이 감소하고, 이에 따라 민간부문에의 대출도 감소하므로 결국 본원통화가 감소하고 통화량도 감소한다.

　통화정책의 수단 중 재할인율정책은 중앙은행이 예금은행에 대출하는 자금에 대해 부과하는 재할인율을 조절하여 통화량을 조절하는 것이다. 중앙은행이 재할인율을 인하하면, 예금은행은 중앙은행으로부터 낮은 이자율의 대출을 더 많이 받아 민간부문에 대출을 늘리려는 유인이 커진다. 따라서 본원통화가 증가하고 통화량이 증가한다.

⑤ 옳은 내용이다.

　통화정책의 수단 중 공개시장개입정책은 중앙은행이 채권시장에서 국공채 등의 유가증권을 매입 혹은 매각하여 본원통화 H를 변화시키고 이를 통해서 통화량을 조절하는 것이다. 중앙은행이 시장에서 유가증권을 매입하는 경우 본원통화가 증가하고, 그에 따라 통화량이 증가한다.

Issue 12 통화정책의 경로

통화정책에 관한 설명으로 옳지 않은 것은? ▶ 2024년 감정평가사

① 공개시장 매입은 본원통화를 증가시켜 이자율을 하락시킨다.

② 재할인율 인상은 재할인대출을 감소시켜 이자율을 상승시킨다.

③ 자산가격경로는 이자율이 하락할 경우 자산가격이 상승하여 부(富)의 효과로 소비가 증가하는 경로이다.

④ 신용경로는 중앙은행이 화폐공급을 축소할 경우 은행대출이 감소되어 기업투자와 가계소비가 위축되는 경로이다.

⑤ 환율경로는 이자율이 상승할 경우 자국통화가치가 하락하여 순수출이 증가하는 경로이다.

출제이슈 통화정책의 전달경로
핵심해설 정답 ⑤

재정정책은 정부지출, 조세와 같은 실물변수를 조정하여 역시 실물변수인 국민소득에 영향을 미치는 정책이다. 반면 통화정책은 통화량, 명목이자율과 같은 명목변수를 조정하여 실물변수를 변화시키는 정책이므로, 명목변수가 어떤 경로를 통하여 실물변수를 자극하여 효과가 파급되는지가 중요하며, 이를 통화정책의 전달경로, 파급경로 혹은 전달기구라고 한다.

통화정책의 전달 중 환율경로는 다음과 같다.

ⅰ) 통화량 변동이 환율을 변동시키고 결국 순수출 및 국민소득에 영향을 미치는 경로이다.

ⅱ) 통화량이 증가하면 이자율이 하락하여 해외로 자본이 유출되면서 환율이 상승하게 된다.

ⅲ) 환율상승에 따라서 순수출이 증가하고 국민소득도 증가한다. 이 경로는 1970년대 이후 세계경제가 고정환율제에서 변동환율제로 이행하면서 그 중요성이 커지게 되었다.

ⅳ) 다만, 변동환율제도 하이더라도 자본이동이 완전히 통제되고 있는 경우에는 환율경로가 나타나지 않는다.

경제성장이론

Issue 01 솔로우 모형 일반

> 솔로우(Solow) 성장모형에 따를 때 저축의 증가가 지속적인 성장을 초래하지 않는 원인은?
>
> ▶ 2014년 감정평가사
>
> ① 자본의 한계생산성 감소　　　② 자본의 한계생산성 증가
> ③ 노동의 한계생산성 감소　　　④ 노동의 한계생산성 증가
> ⑤ 노동의 한계생산성 불변

출제이슈 솔로우 모형의 특징
핵심해설 정답 ①

솔로우 모형은 자본의 한계생산은 지속적으로 감소함을 가정하고 있다. 1인당 자본이 축적되면서 1인당 자본의 한계생산은 계속 감소해 나가고, 인구증가 및 감가상각으로 인해서 자본유지를 위해 필요한 투자는 계속 증가해 나간다. 결국은 1인당 자본이 더 축적되지 않는, 증가하지 않는 상태에 도달한다. 즉, 이러한 상태에 도달하게 되면 1인당 자본은 불변이며 1인당 생산도 고정이다. 이 경제는 더 이상 성장하지 못하고 정체에 빠진다.

한편, 저축률이 상승할 경우 저축함수가 상방 이동하면, 균제상태에서 1인당 자본이 증가한다.

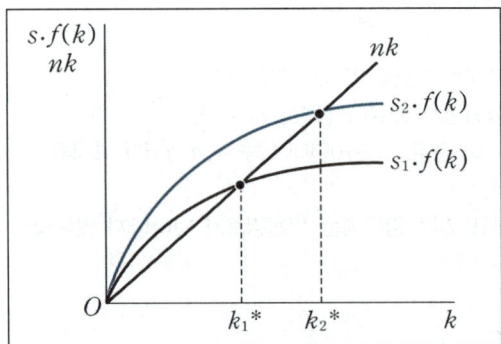

즉, 저축이 증가하여 투자가 증가함으로 인해서 자본의 축적량이 많아지고 1인당 생산이 증가한다(수준효과는 있음). 1인당 생산의 증가율의 경우, 현재 상태에서 저축이 증가할 시 새로운 균제상태로 이동하는 경로에서 성장률을 높인다. 그러나 이러한 성장률의 상승은 일시적이며, 결국 경제는 균제상태에 도달하게 되고, 1인당 생산의 증가율은 다시 0이 된다(성장효과는 없음). 저축률의 증가는 장기적으로 더 높은 생산수준과 소득수준으로 갈 수 있게 해주고(저축률이 높은 나라일수록 균제상태의 소득수준이 높아질 것), 일시적인 성장률은 높일 수 있지만, 결국 장기균제상태에서의 성장률을 높이지는 못한다.

인구증가와 기술진보가 없는 솔로우 성장모형에서 황금률 균제상태가 달성되는 조건은?

▶ 2020년 감정평가사

① 자본의 한계생산이 최대일 때
② 노동자 1인당 자본량이 최대일 때
③ 자본의 한계생산이 감가상각률과 같을 때
④ 노동의 한계생산이 저축률과 같을 때
⑤ 자본의 한계생산이 한계소비성향과 같을 때

출제이슈 황금률
핵심해설 정답 ③

일국의 경제가 어느 한 균제상태에 도달하게 되면 1인당 자본의 변화가 없으며 1인당 자본이 일정하게 유지되어 매우 안정적인 상태이다. 따라서 균제상태에서는 1인당 소비가 지속된다는 특징이 있다. 이러한 균제상태의 최적성을 판단함에 있어서 무조건 1인당 소득이 높다고 하여 좋은 것이 아니라 1인당 소비 수준이 높아야 후생이 커지는 것이다. 자본의 황금률 수준은 1인당 소비를 극대화하는 1인당 자본의 수준을 의미하며 이는 다음과 같이 도출할 수 있다. 이하는 기술진보가 없는 모형을 상정하고 있음에 유의하자. 수식으로 표현하면 $C = f(k) - s\,f(k)$, $s\,f(k) = (n + \delta)k$, $Max\ C$의 조건을 의미한다.

이때 황금률의 1인당 자본량 k_G은 $\dfrac{dC}{dk} = 0$ $\therefore f'(k) = (n + \delta)$를 풀면 k_G가 도출된다.

황금률의 균제상태는 $f(k)$의 접선의 기울기인 $f'(k)$와 자본유지선 $(n + \delta)k$의 기울기인 $(n + \delta)$가 일치할 때 달성된다. 이때 $f'(k)$는 1인당 자본의 증가에 따른 1인당 생산의 증가로서 1인당 자본의 한계생산을 의미한다. 그런데 1인당 자본의 한계생산은 자본의 한계생산과 동일하게 되어 다음의 식이 성립한다.

$$f'(k) = MP_k = MP_K = n + \delta$$

위에서 살펴본 모형이 기술진보가 없는 모형이므로 여기에 추가적으로 인구증가가 없는 경우를 고려하면, $n = 0$을 반영하여야 한다. 이에 따라서 위의 식을 다시 쓰면 다음과 같다.

$$f'(k) = MP_k = MP_K = \delta$$

따라서 자본의 한계생산이 감가상각률과 일치할 때, 황금률의 균제상태가 달성된다. 참고로, 본 문제에서 제시된 것과 달리 인구증가가 있는 경우를 살펴보면 다음과 같다.

$$f'(k) = MP_k = MP_K = n + \delta$$
$$MP_K - \delta = r\ (\text{실질이자율})$$

따라서 인구증가의 경우에는 실질이자율과 인구증가율이 같을 때 자본축적의 황금률이 달성될 수 있다.

솔로우 모형 : 균제상태 계산

다음과 같은 생산함수에 따라 생산되는 단순경제를 가정할 때, 솔로우 모형의 균제상태 (steady-state)조건을 이용한 균제상태에서의 (ㄱ) 1인당 소득과 (ㄴ) 1인당 소비수준은? (단, 인구증가와 기술진보는 없다고 가정하며, K는 총자본, L은 총노동, δ는 감가상각률, s는 저축 률이다.)

▶ 2023년 감정평가사

- $Y = F(K, L) = \sqrt{KL}$
- $\delta = 20\%$
- $s = 40\%$

① ㄱ : 1, ㄴ : 1
② ㄱ : 2, ㄴ : 1.2
③ ㄱ : 2, ㄴ : 1.6
④ ㄱ : 4, ㄴ : 2.2
⑤ ㄱ : 4, ㄴ : 2.4

출제이슈 솔로우 모형의 균제상태 계산
핵심해설 정답 ②

솔로우 성장모형에서 C - D함수모형은 다음과 같다.

① $Y = AK^{\alpha}L^{1-\alpha}$

② $\dfrac{Y}{L} = A(\dfrac{K}{L})^{\alpha}(\dfrac{L}{L})^{1-\alpha} = A(\dfrac{K}{L})^{\alpha}1^{1-\alpha}$

③ $y = Ak^{\alpha}1^{1-\alpha}$

④ $y = Ak^{\alpha}$

⑤ $\dot{k} = s\,f(k) - (n+\delta)\,k = s\,Ak^{\alpha} - (n+\delta)k$

⑥ 균제조건 $\dot{k} = s\,Ak^{\alpha} - (n+\delta)k = 0$

⑦ 균제상태에서의 1인당 자본량 $k^{*} = (\dfrac{s\,A}{n+\delta})^{\frac{1}{1-\alpha}}$

1인당 생산함수를 구하면 $y = k^{0.5}$이고, 저축률이 $s = 0.4$, 감가상각률은 $\delta = 0.2$, 인구증가율이 $n = 0$으로 주어져 있다.

따라서 설문의 자료를 위의 산식 ⑦에 대입하면 다음과 같다.

균제상태에서의 1인당 자본량은 $k^{*} = (\dfrac{s\,A}{n+\delta})^{\frac{1}{1-\alpha}} = (\dfrac{0.4 \times 1}{0+0.2})^{\frac{1}{1-0.5}} = 4$이다.

따라서 1인당 자본량을 1인당 생산함수에 넣으면 1인당 소득은 2가 되며, 저축률이 40%임을 고려하면 저축이 0.8이므로 1인당 소비는 1.2가 된다.

솔로우(Solow) 성장모형에서 1인당 생산함수 $y = k^{0.5}$이다. 저축률이 0.2, 감가상각률이 0.1, 인구증가율과 기술진보율은 모두 0이라면, 이 경제의 균제상태(steady state)의 1인당 자본스톡의 값은? (단, y는 1인당 생산, k는 1인당 자본스톡이다.) ▶ 2014년 감정평가사

① 1   ② $2^{0.5}$ ③ 2

④ 4   ⑤ 8

출제이슈 솔로우 모형의 균제상태 계산

핵심해설 정답 ④

솔로우 성장모형에서 C–D함수모형은 다음과 같다.

① $Y = AK^{\alpha}L^{1-\alpha}$

② $\dfrac{Y}{L} = A(\dfrac{K}{L})^{\alpha}(\dfrac{L}{L})^{1-\alpha} = A(\dfrac{K}{L})^{\alpha}1^{1-\alpha}$

③ $y = Ak^{\alpha}1^{1-\alpha}$

④ $y = Ak^{\alpha}$

⑤ $\dot{k} = s\,f(k) - (n+\delta)\,k = s\,Ak^{\alpha} - (n+\delta)k$

⑥ 균제조건 $\dot{k} = s\,Ak^{\alpha} - (n+\delta)k = 0$

⑦ 균제상태에서의 1인당 자본량 $k^{*} = (\dfrac{sA}{n+\delta})^{\frac{1}{1-\alpha}}$

1인당 생산함수가 $y = k^{0.5}$, 저축률이 $s = 0.2$, 감가상각률은 $\delta = 0.1$, 인구증가율이 $n = 0$으로 주어져 있다. 따라서 설문의 자료를 위의 산식 ⑦에 대입하면 다음과 같다.

균제상태에서의 1인당 자본량은 $k^{*} = (\dfrac{sA}{n+\delta})^{\frac{1}{1-\alpha}} = (\dfrac{0.2 \times 1}{0+0.1})^{\frac{1}{1-0.5}} = 4$이다.

솔로우(R. Solow)의 경제성장모형에서 1인당 생산함수는 $y = 2k^{0.5}$, 저축률은 30%, 자본의 감가상각률은 25%, 인구증가율은 5%라고 가정한다. 균제상태(steady state)에서의 1인당 생산량 및 자본량은? (단, y는 1인당 생산량, k는 1인당 자본량이다.) ▶ 2021년 감정평가사

① $y = 1$, $k = 1$ ② $y = 2$, $k = 2$

③ $y = 3$, $k = 3$ ④ $y = 4$, $k = 4$

⑤ $y = 5$, $k = 5$

출제이슈 솔로우 모형의 균제상태 계산

핵심해설 정답 ④

솔로우 성장모형에서 C–D함수모형은 다음과 같다.

① $Y = AK^{\alpha}L^{1-\alpha}$

② $\dfrac{Y}{L} = A(\dfrac{K}{L})^{\alpha}(\dfrac{L}{L})^{1-\alpha} = A(\dfrac{K}{L})^{\alpha}1^{1-\alpha}$

③ $y = Ak^{\alpha}1^{1-\alpha}$

④ $y = Ak^{\alpha}$

⑤ $\dot{k} = s\,f(k) - (n+\delta)\,k = s\,Ak^{\alpha} - (n+\delta)k$

⑥ 균제조건 $\dot{k} = s\,Ak^{\alpha} - (n+\delta)k = 0$

⑦ 균제상태에서의 1인당 자본량 $k^* = (\dfrac{s\,A}{n+\delta})^{\frac{1}{1-\alpha}}$

1인당 생산함수가 $y = 2k^{0.5}$, 저축률이 $s = 0.3$, 감가상각률은 $\delta = 0.25$, 인구증가율이 $n = 0.05$로 주어져 있다.

따라서 설문의 자료를 위의 산식 ⑦에 대입하면 다음과 같다.

균제상태에서의 1인당 자본량은 $k^* = (\dfrac{s\,A}{n+\delta})^{\frac{1}{1-\alpha}} = (\dfrac{0.3 \times 2}{0.05+0.25})^{\frac{1}{1-0.5}} = 4$이다.

따라서 1인당 생산함수가 $y = 2k^{0.5}$이므로 균제상태에서의 1인당 생산량은 $y^* = 2k^{0.5} = 2\sqrt{4} = 4$가 된다.

솔로우(Solow) 단순경제성장모형에서 총생산함수가 $Y = 2L^{0.5}K^{0.5}$이고 다음과 같은 조건이 주어진 경우 균제상태(steady state)에서 1인당 국민소득(y)의 값은? (단, Y는 총국민소득, L은 노동투입량, K는 자본투입량, $y = \dfrac{Y}{L}$, $k = \dfrac{K}{L}$, $y > 0$, $k > 0$) ▶ 2011년 감정평가사

- 민간부문만 있는 폐쇄경제이다.
- 인구증가율은 0이다.
- 저축함수는 $S = 0.2Y$ (S는 저축)
- 각 기간의 저축과 투자는 일치한다.
- 자본의 감가상각률은 0.1이다.

① 2　　　　　　　② 4　　　　　　　③ 8
④ 12　　　　　　　⑤ 16

출제이슈 솔로우 모형의 균제상태 계산
핵심해설 정답 ③

솔로우 성장모형에서 C-D함수모형은 다음과 같다.

① $Y = AK^{\alpha}L^{1-\alpha}$

② $\dfrac{Y}{L} = A(\dfrac{K}{L})^{\alpha}(\dfrac{L}{L})^{1-\alpha} = A(\dfrac{K}{L})^{\alpha}1^{1-\alpha}$

③ $y = Ak^{\alpha}1^{1-\alpha}$

④ $y = Ak^{\alpha}$

⑤ $\dot{k} = sf(k) - (n+\delta)k = sAk^{\alpha} - (n+\delta)k$

⑥ 균제조건 $\dot{k} = sAk^{\alpha} - (n+\delta)k = 0$

⑦ 균제상태에서의 1인당 자본량 $k^{*} = (\dfrac{sA}{n+\delta})^{\frac{1}{1-\alpha}}$

1인당 생산함수가 $y = 2k^{0.5}$, 저축률이 $s = 0.2$, 감가상각률은 $\delta = 0.1$, 인구증가율이 $n = 0$으로 주어져 있다. 따라서 설문의 자료를 위의 산식 ⑦에 대입하면 다음과 같다.

균제상태에서의 1인당 자본량은 $k^{*} = (\dfrac{sA}{n+\delta})^{\frac{1}{1-\alpha}} = (\dfrac{0.2 \times 2}{0 + 0.1})^{\frac{1}{1-0.5}} = 16$이다.

따라서 1인당 생산함수가 $y = 2k^{0.5}$이므로 1인당 생산량은 $y^{*} = 2k^{0.5} = 2\sqrt{16} = 8$이 된다.

> 솔로우(Solow) 성장모형에서 생산함수가 $Y = 2K^{0.5}L^{0.5}$로 주어졌을 때, 노동(L)은 100이고 저축률은 0.2, 자본의 감가상각률은 0.1이다. 이 경제의 균제상태(steady state) 자본(K)은? (단, 다른 변수는 고려하지 않음)
> ▶ 2025년 감정평가사
>
> ① 400　　　　　　　② 900　　　　　　　③ 1,600
> ④ 2,500　　　　　　⑤ 3,600

출제이슈 솔로우 모형의 균제상태 계산
핵심해설 정답 ③

1) 균제상태에서 1인당 자본

$$k^* = \left(\frac{sA}{n+\delta}\right)^{\frac{1}{1-\alpha}} = \left(\frac{0.2 \times 2}{0+0.1}\right)^{\frac{1}{1-0.5}} = 16$$

2) 균제상태에서 총자본

1인당 자본이 16, 노동이 100임을 고려하면, 총자본은 1,600이 된다.

03 솔로우 모형 : 황금률 계산

인구 증가와 기술진보가 없는 솔로우(Solow) 경제성장모형에서 1인당 생산함수는 $y = 5k^{0.4}$, 자본의 감가상각률은 0.2일 때, 황금률(Golden rule)을 달성하게 하는 저축률은? (단, y는 1인당 생산량, k는 1인당 자본량이다.)

▶ 2022년 감정평가사

① 0.1 　　　　　② 0.2 　　　　　③ 0.25
④ 0.4 　　　　　⑤ 0.8

출제이슈 솔로우 모형의 황금률 계산
핵심해설 정답 ④

황금률의 균제상태는 1인당 소비수준의 극대화를 달성시키는 상태로서 $f'(k) = n + \delta$을 만족하는 k^*의 균제상태에서 달성된다.

황금률의 균제상태는 그래프에서 $f(k)$의 접선의 기울기인 $f'(k)$와 자본유지선 $(n + \delta)k$의 기울기인 $(n + \delta)$가 일치할 때 달성된다.

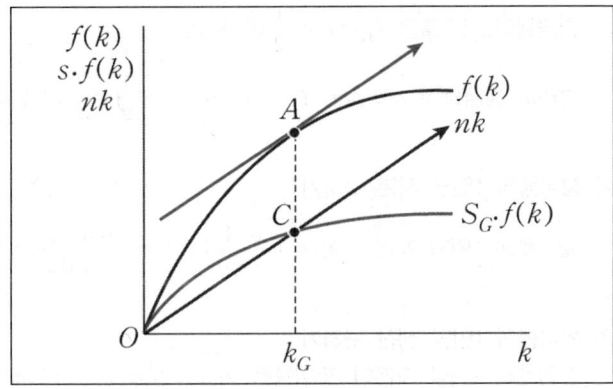

균제상태에서 소비가 극대화되는 이른바 자본축적의 황금률모형에서 C-D함수모형은 다음과 같다.

① 황금률 조건

$$C = Ak^\alpha - sAk^\alpha, \ sAk^\alpha = (n + \delta)k, \ Max\,C$$

② 황금률의 1인당 자본량 k_G

$$\therefore \frac{dC}{dk} = 0 \quad \therefore A\alpha k^{\alpha-1} = (n + \delta) 를 \ 풀면 \ k_G \ 도출 \quad \therefore k_G = \left(\frac{\alpha A}{n + \delta}\right)^{\frac{1}{1-\alpha}}$$

③ 황금률의 저축률 s_G

앞에서 구한 k_G를 제약식에 대입하여 구한다. ∴ 황금률의 저축률 $s_G = \alpha$가 된다.

설문에서 1인당 생산함수가 $y = 5k^{0.4}$로 주어져 있다. 따라서 황금률의 저축률은 위의 산식 ③에 따라서 $s_G = \alpha = 0.4$가 된다.

솔로우(Solow) 경제성장모형에서 1인당 생산함수는 $y = 2k^{\frac{1}{2}}$ 이다. 감가상각률이 0.2, 인구증가율과 기술진보율이 모두 0이라면, 이 경제의 1인당 소비의 황금률 수준(golden rule level)은? (단, y는 1인당 생산, k는 1인당 자본량이다.) ▶ 2016년 감정평가사

① 2   ② 5   ③ 10
④ 25   ⑤ 100

출제이슈 솔로우 모형의 황금률 계산
핵심해설 정답 ②

설문에서 1인당 생산함수가 $y = 2k^{\frac{1}{2}}$ 로 주어져 있다.

1) 황금률의 저축률과 소비율 구하기

황금률의 저축률은 $s_G = \alpha = \frac{1}{2}$ 이 된다.

그리고 황금률의 소비율은 $C_G = 1 - \alpha = 1 - \frac{1}{2} = \frac{1}{2}$ 이 된다.

2) 황금률의 1인당 자본 구하기

황금률의 1인당 자본은 $k_G = (\frac{\alpha A}{n + \delta})^{\frac{1}{1-\alpha}} = (\frac{0.5 \times 2}{0 + 0.2})^{\frac{1}{1-0.5}} = 25$ 가 된다.

3) 황금률의 1인당 생산 구하기

황금률의 1인당 자본이 25이므로 이를 1인당 생산함수에 대입하면 황금률의 1인당 생산은 10이 된다.

4) 황금률의 1인당 소비 구하기

위에서 황금률의 1인당 생산은 10, 황금률의 1인당 소비율은 0.5이므로 황금률의 1인당 소비는 5이다.

솔로우(R.Solow) 성장모형에서 일인당 생산함수는 $y = k^{0.5}$, 저축률은 12%, 인구증가율은 1%, 자본의 감가상각률은 2%이다. 다음 설명 중 옳은 것을 모두 고른 것은? (단, y는 일인당 생산량, k는 일인당 자본량이다.) ▶ 2012년 감정평가사

ㄱ. 균제상태(steady state)에서 일인당 산출량은 4이다.
ㄴ. 자본소득분배율과 노동소득분배율은 같다.
ㄷ. 균제상태에서 황금률(golden rule)이 달성되고 있다.

① ㄱ   ② ㄴ   ③ ㄱ, ㄴ
④ ㄴ, ㄷ   ⑤ ㄱ, ㄴ, ㄷ

출제이슈 솔로우 모형의 황금률 계산
핵심해설 정답 ③

균제상태에서의 1인당 자본량은 $k^* = (\dfrac{sA}{n+\delta})^{\frac{1}{1-\alpha}} = (\dfrac{0.12 \times 1}{0.01+0.02})^{\frac{1}{1-0.5}} = 16$이다.

따라서 1인당 생산량은 $y = k^{0.5}$이므로 1인당 생산량은 $y^* = k^{0.5} = \sqrt{16} = 4$가 된다.

ㄱ. 옳은 내용이다.

바로 위에서 검토한바, 균제상태(steady state)에서 일인당 산출량은 4이다.

ㄴ. 옳은 내용이다.

솔로우 성장모형에서 C – D함수모형 $Y = AK^{\alpha}L^{1-\alpha}$은 위에서 검토한바, $y = Ak^{\alpha}$로 변형될 수 있다. 설문에서 $y = k^{0.5}$은 $Y = K^{0.5}L^{0.5}$임을 의미한다. 따라서 노동소득분배율과 자본소득분배율은 모두 0.5로 동일하다.

ㄷ. 틀린 내용이다.

황금률의 균제상태는 1인당 소비수준의 극대화를 달성시키는 상태로서 저축률이 α일 때 달성된다. 그런데 설문에서 $\alpha = 0.5$이므로 균제상태에서의 저축률 0.12를 상회한다. 따라서 저축률 0.12일 때의 균제상태는 황금률의 균제상태가 아니다.

참고로 황금률의 균제상태를 구해보면 다음과 같다.

$$k_G = (\dfrac{\alpha A}{n+\delta})^{\frac{1}{1-\alpha}} = (\dfrac{0.5 \times 1}{0.01+0.02})^{\frac{1}{1-0.5}} = (\dfrac{0.5}{0.03})^2 = 277.78$$

즉, 현재 균제상태에서 1인당 자본량이 16이고, 황금률의 균제상태에서 1인당 자본량이 약 277.78이므로 현재 자본량의 축적이 매우 미진한 상황임을 알 수 있다.

기술진보가 없는 솔로우(Solow)의 경제성장모형에서 1인당 생산함수는 $y = k^{0.2}$, 저축률은 0.4, 자본의 감가상각률은 0.15, 인구증가율은 0.05이다. 현재 경제가 균제상태(steady state)일 때, 다음 중 옳은 것을 모두 고른 것은? (단, y는 1인당 생산량, k는 1인당 자본량이다.)

▶ 2017년 감정평가사

ㄱ. 현재 균제상태의 1인당 자본량은 황금률 수준(golden rule level)의 1인당 자본량보다 작다.
ㄴ. 황금률을 달성시키는 저축률은 0.2이다.
ㄷ. 인구증가율이 증가하면 황금률 수준의 1인당 자본량도 증가한다.
ㄹ. 감가상각률이 증가하면 황금률 수준의 1인당 자본량은 감소한다.

① ㄱ, ㄴ   ② ㄱ, ㄷ   ③ ㄴ, ㄹ
④ ㄱ, ㄴ, ㄹ   ⑤ ㄴ, ㄷ, ㄹ

출제이슈 솔로우 모형의 황금률 계산
핵심해설 정답 ③

1) 황금률의 저축률과 소비율 구하기

황금률의 저축률은 $s_G = \alpha = 0.2$가 된다.

그리고 황금률의 소비율은 $C_G = 1 - \alpha = 1 - 0.2 = 0.8$이 된다.

2) 황금률의 1인당 자본 구하기

황금률의 1인당 자본은 $k_G = (\frac{\alpha A}{n + \delta})^{\frac{1}{1-\alpha}} = (\frac{0.2}{0.05 + 0.15})^{\frac{1}{1-0.2}} = 1$이 된다.

3) 균제상태의 1인당 생산 구하기

균제상태에서의 1인당 자본량은 $k^* = (\frac{s A}{n + \delta})^{\frac{1}{1-\alpha}} = (\frac{0.4}{0.05 + 0.15})^{\frac{1}{1-0.2}} = 2^{\frac{5}{4}} = 2.378$이 된다.

ㄱ. 틀린 내용이다.

현재 균제상태의 1인당 자본량은 약 2.378로서 황금률 수준(golden rule level)의 1인당 자본량 1보다 더 크다.

ㄴ. 옳은 내용이다.

황금률을 달성시키는 저축률은 0.2이다.

ㄷ. 틀린 내용이다.

황금률의 1인당 자본은 $k_G = (\frac{\alpha A}{n + \delta})^{\frac{1}{1-\alpha}}$로서 인구증가율이 증가하면 n이 커져서 황금률의 1인당 자본은 감소한다.

ㄹ. 옳은 내용이다.

황금률의 1인당 자본은 $k_G = (\frac{\alpha A}{n + \delta})^{\frac{1}{1-\alpha}}$로서 감가상각률이 증가하면 δ가 커져서 황금률의 1인당 자본은 감소한다.

1인당 생산함수가 $y = 0.5k^{0.2}$, 자본의 감가상각률이 0.1, 저축률이 0.2인 솔로우(Solow) 경제 성장모형에 관한 설명으로 옳은 것을 모두 고른 것은? (단, y는 1인당 생산량, k는 1인당 자본 량이고, 인구증가와 기술진보는 없다.) ▶ 2024년 감정평가사

ㄱ. 현재 1인당 자본량이 2일 때, 1인당 투자는 증가한다.
ㄴ. 현재 1인당 자본량이 2일 때, 1인당 자본의 감가상각은 1인당 저축보다 작다.
ㄷ. 균제상태(steady state)에서 벗어나 있는 경우, 현재 1인당 자본량에 관계없이, 1인당 생산량의 변화율은 0으로 수렴한다.
ㄹ. 균제상태의 1인당 자본량은 황금률(Golden Rule) 수준과 같다.

① ㄱ, ㄴ   ② ㄱ, ㄷ   ③ ㄴ, ㄷ
④ ㄴ, ㄹ   ⑤ ㄷ, ㄹ

출제이슈 솔로우 모형의 균제상태와 황금률 계산
핵심해설 정답 ⑤

설문에서 1인당 생산함수는 $y = 0.5k^{0.2}$, 저축률이 $s = 0.2$, 감가상각률은 $\delta = 0.1$, 인구증가율 $n = 0$으로 주어져 있다.

따라서 균제상태에서의 1인당 자본량은 $k^* = (\dfrac{sA}{n+\delta})^{\frac{1}{1-\alpha}} = (\dfrac{0.2 \times 0.5}{0+0.1})^{\frac{1}{1-0.2}} = 1$이 된다. 특히 (ㄹ) 균제상태에서의 저축률이 황금률의 저축률과 같게 되어 현상태가 황금률의 균제상태가 되므로 황금률 수준의 1인당 자본량도 1이 된다.

(ㄷ) 만일 균제상태에서 벗어나는 경우 균제상태의 자본량으로 수렴하게 되어 1인당 자본량, 1인당 생산량이 모두 불변이므로 변화율은 0이 된다.

(ㄱ) 1인당 자본량이 2일 때, 1인당 투자와 1인당 자본 모두 감소한다. (ㄴ) 이때는 1인당 자본의 감가상각이 1인당 저축보다 더 크다.

Issue 04 성장회계

> 명목 GDP증가율, 물가상승률, 인구증가율은 각각 연간 5%, 3%, 1%이다. 1인당 실질GDP의 증가율은?
>
> ▶ 2019년 감정평가사
>
> ① 1%   ② 2%   ③ 4%
>
> ④ 9%   ⑤ 10%

출제이슈 성장회계 기초
핵심해설 정답 ①

1) 실질GDP의 증가율

     실질GDP의 증가율 = 명목GDP의 증가율 − 물가상승률 = 5% − 3% = 2%

2) 1인당 실질GDP의 증가율

     1인당 실질GDP의 증가율 = 실질GDP의 증가율 − 인구증가율 = 2% − 1% = 1%

> 갑국의 생산함수는 $Y = AK^{0.5}L^{0.5}$이다. 자본량과 노동량의 증가율은 각각 4%와 −2%이고 총생산량 증가율이 5%라면, 솔로우 잔차(Solow residual)는? (단, Y는 총생산량, K는 자본량, L은 노동량, $A > 0$이다.)
>
> ▶ 2024년 감정평가사
>
> ① 1%   ② 2%   ③ 3%
> ④ 4%   ⑤ 5%

출제이슈 성장회계
핵심해설 정답 ④

경제성장의 요인인 노동, 자본, 기술이 각각 경제성장에 기여하는 상대적 크기를 비교함으로써 경제성장에서 어떤 요인이 특히 중요한 역할을 하는지 분석하는 것을 성장회계라고 한다.

특히 Cobb–Douglas 생산함수에서 성장회계방정식은 다음과 같다.
1) $Y = AK^{\alpha}L^{1-\alpha}$, Y:생산량, K:자본, L:노동, A:기술수준 혹은 총요소생산성, $0 < \alpha < 1$
2) 자연로그로 변형 : $\ln Y = \ln A + \alpha \ln K + (1-\alpha) \ln L$
   시간에 대하여 미분 : $\hat{Y} = \hat{A} + \alpha \hat{K} + (1-\alpha) \hat{L}$

여기서 A를 총요소생산성 혹은 솔로우잔차라고 한다. 총요소생산성은 자본과 노동 이외에 경제의 성장에 기여하는 것들을 망라하여 포함하고 있다. 예를 들면, 기술수준, 경제 및 사회제도, 산업의 구조 등이며 이들은 모두 경제의 생산성에 영향을 미칠 수 있다.

문제에서 주어진 자본량과 노동량의 증가율을 위의 식에 대입하면 다음과 같다.

$$\hat{Y} = \hat{A} + 0.5\hat{K} + 0.5\hat{L}$$
$$5 = \hat{A} + 2 - 1, \ \hat{A} = 4$$

모든 시장이 완전경쟁 상태인 경제에서 총생산함수는 $Y = AL^{\frac{2}{3}}K^{\frac{1}{3}}$이다. 매년 L, K, A가 각각 3%씩 증가하는 경제에 관한 설명으로 옳은 것을 모두 고른 것은? (단, Y는 국내총생산, L은 노동량, K는 자본량, A는 상수이다.)

▶ 2018년 감정평가사

ㄱ. 총생산함수는 규모수익불변이다.

ㄴ. 노동소득분배율은 $\frac{2}{3}$이다.

ㄷ. 경제성장률은 6%이다.

① ㄱ   ② ㄴ   ③ ㄱ, ㄴ

④ ㄴ, ㄷ   ⑤ ㄱ, ㄴ, ㄷ

출제이슈 성장회계
핵심해설 정답 ⑤

1) $Y = AK^{\alpha}L^{1-\alpha}$, Y : 생산량, K : 자본, L : 노동, A : 기술수준 혹은 총요소생산성, $0 < \alpha < 1$

2) 자연로그로 변형 : $\ln Y = \ln A + \alpha \ln K + (1-\alpha)\ln L$

   시간에 대하여 미분 : $\hat{Y} = \hat{A} + \alpha \hat{K} + (1-\alpha)\hat{L}$

3) $Y = AK^{\alpha}L^{1-\alpha}$에서 $MP_L = AK^{\alpha}(1-\alpha)L^{-\alpha}$이며, 이는 노동의 보수이다.

   노동의 총보수는 $LMP_L = AK^{\alpha}(1-\alpha)L^{1-\alpha} = (1-\alpha)Y$가 된다.

4) $Y = AK^{\alpha}L^{1-\alpha}$에서 $MP_K = A\alpha K^{\alpha-1}L^{1-\alpha}$이며, 이는 자본의 보수이다.

   자본의 총보수는 $KMP_K = A\alpha K^{\alpha}L^{1-\alpha} = \alpha Y$가 된다.

5) $\hat{Y} = \hat{A} + \alpha \hat{K} + (1-\alpha)\hat{L}$, α : 자본의 분배몫, $1-\alpha$: 노동의 분배몫

   경제성장률 = 총요소생산성증가율 + (자본분배몫 × 자본증가율) + (노동분배몫 × 노동증가율)

ㄱ. 옳은 내용이다.

   총생산함수는 $Y = AL^{\frac{2}{3}}K^{\frac{1}{3}}$로서 1차동차 생산함수이며 규모수익불변의 성격을 가진다.

ㄴ. 옳은 내용이다.

   노동의 총보수는 $LMP_L = \frac{2}{3}AK^{\frac{1}{3}}L^{\frac{2}{3}} = \frac{2}{3}Y$가 된다. 따라서 노동소득분배율은 $\frac{2}{3}$가 된다.

ㄷ. 옳은 내용이다.

   설문에서 경제성장률은 $3 + (\frac{1}{3} \times 3) + (\frac{2}{3} \times 3) = 3 + 1 + 2 = 6(\%)$가 된다.

B국의 생산함수는 $Y = AK^{\frac{1}{3}} L^{\frac{2}{3}}$ 이다. 성장회계에 따른 2013년 총요소생산성의 전년대비 증가율은? (단, Y는 총생산, A는 총요소생산성, K는 자본량, L은 노동량이다.)

▶ 2013년 감정평가사

연도	Y	K	L
2012	20,000	30,000	30,000
2013	22,000	32,700	31,800

① 2%   ② 3%   ③ 5%

④ 8%   ⑤ 10%

출제이슈 성장회계
핵심해설 정답 ②

경제성장의 요인인 노동, 자본, 기술이 각각 경제성장에 기여하는 상대적 크기를 비교함으로써 경제성장에서 어떤 요인이 특히 중요한 역할을 하는지 분석하는 것을 성장회계라고 한다.

특히 Cobb – Douglas 생산함수에서 성장회계방정식은 다음과 같다.

1) $Y = AK^{\alpha} L^{1-\alpha}$, Y : 생산량, K : 자본, L : 노동, A : 기술수준 혹은 총요소생산성, $0 < \alpha < 1$

2) 자연로그로 변형 : $\ln Y = \ln A + \alpha \ln K + (1-\alpha) \ln L$

   시간에 대하여 미분 : $\hat{Y} = \hat{A} + \alpha \hat{K} + (1-\alpha) \hat{L}$

3) $Y = AK^{\alpha} L^{1-\alpha}$에서 $MP_L = AK^{\alpha}(1-\alpha)L^{-\alpha}$이며, 이는 노동의 보수이다.

   노동의 총보수는 $LMP_L = AK^{\alpha}(1-\alpha)L^{1-\alpha} = (1-\alpha)Y$가 된다.

4) $Y = AK^{\alpha} L^{1-\alpha}$에서 $MP_K = A\alpha K^{\alpha-1}L^{1-\alpha}$이며, 이는 자본의 보수이다.

   자본의 총보수는 $KMP_K = A\alpha K^{\alpha}L^{1-\alpha} = \alpha Y$가 된다.

5) $\hat{Y} = \hat{A} + \alpha \hat{K} + (1-\alpha) \hat{L}$, α : 자본의 분배몫, $1-\alpha$: 노동의 분배몫

   경제성장률 = 총요소생산성증가율 + (자본분배몫 × 자본증가율) + (노동분배몫 × 노동증가율)

설문에서 $\hat{Y} = 10(\%)$, $\hat{K} = 9(\%)$, $\hat{L} = 6(\%)$ 임을 고려하여 생산성 증가율을 구하면 다음과 같다.

$\hat{Y} = \hat{A} + \alpha \hat{K} + (1-\alpha) \hat{L}$ 에서 $10 = \hat{A} + \frac{1}{3} \times 9 + \frac{2}{3} \times 6$, $\hat{A} = 3$

생산함수가 $Y = AK^{0.7}L^{0.3}$인 경제에서 총요소생산성(A)이 2%, 자본투입량(K)이 10%, 노동투입량(L)이 5% 증가한다면, 노동자 1인당 소득의 증가율은 얼마인가? ▶ 2014년 감정평가사

① 3.5%　　　　　② 5.5%　　　　　③ 7.0%

④ 9.0%　　　　　⑤ 10.5%

출제이슈 성장회계
핵심해설 정답 ②

경제성장의 요인인 노동, 자본, 기술이 각각 경제성장에 기여하는 상대적 크기를 비교함으로써 경제성장에서 어떤 요인이 특히 중요한 역할을 하는지 분석하는 것을 성장회계라고 한다.

특히 Cobb – Douglas 생산함수에서 성장회계방정식은 다음과 같다.

1) $Y = AK^{\alpha}L^{1-\alpha}$, Y : 생산량, K : 자본, L : 노동, A : 기술수준 혹은 총요소생산성, $0 < \alpha < 1$

2) 자연로그로 변형 : $\ln Y = \ln A + \alpha \ln K + (1-\alpha)\ln L$

　　시간에 대하여 미분 : $\hat{Y} = \hat{A} + \alpha \hat{K} + (1-\alpha)\hat{L}$

3) $Y = AK^{\alpha}L^{1-\alpha}$에서 $MP_L = AK^{\alpha}(1-\alpha)L^{-\alpha}$이며, 이는 노동의 보수이다.

　　노동의 총보수는 $LMP_L = AK^{\alpha}(1-\alpha)L^{1-\alpha} = (1-\alpha)Y$가 된다.

4) $Y = AK^{\alpha}L^{1-\alpha}$에서 $MP_K = A\alpha K^{\alpha-1}L^{1-\alpha}$이며, 이는 자본의 보수이다.

　　자본의 총보수는 $KMP_K = A\alpha K^{\alpha}L^{1-\alpha} = \alpha Y$가 된다.

5) $\hat{Y} = \hat{A} + \alpha \hat{K} + (1-\alpha)\hat{L}$, α : 자본의 분배몫, $1-\alpha$: 노동의 분배몫

　　경제성장률 = 총요소생산성증가율 + (자본분배몫 × 자본증가율) + (노동분배몫 × 노동증가율)

6) $\hat{Y} = \hat{A} + \alpha \hat{K} + (1-\alpha)\hat{L}$의 양변에서 노동증가율을 뺀다.

　　$(\hat{Y} - \hat{L}) = \hat{A} + \alpha(\hat{K} - \hat{L}) \rightarrow \hat{y} = \hat{A} + \alpha\hat{k}$

　　1인당 소득의 증가율은 총요소생산성 증가율 + (자본의 분배몫 × 1인당 자본의 증가율)이므로

　　1인당 소득의 증가는 결국 1인당 자본의 축적 또는 기술진보에 의하여 가능함을 알 수 있다.

위의 6) $(\hat{Y} - \hat{L}) = \hat{A} + \alpha(\hat{K} - \hat{L})$에 따라서 설문을 검토하면 다음과 같다.

1인당 소득의 증가율 = 총요소생산성 증가율 + (자본의 분배몫 × 1인당 자본의 증가율)
　　　　　　　　　　 = 총요소생산성 증가율 + 자본의 분배몫 × (자본증가율 – 노동증가율)
　　　　　　　　　　 = 2% + 0.7 × (10% – 5%) = 5.5%

모든 시장이 완전경쟁적인 갑국의 총생산함수는 $Y = AL^{\alpha}K^{1-\alpha}$이다. 갑국 경제에 관한 설명으로 옳은 것은? (단, Y는 총생산량, L은 노동투입량, K는 자본투입량, A는 총요소생산성이고, $A > 0$, $0 < \alpha < 1$, 생산물 가격은 1이다.) ▶ 2017년 감정평가사

① 총생산량이 100이고 α는 0.7일 때, 자본에 귀속되는 자본소득은 70이다.

② A가 불변이고 $\alpha = 0.7$일 때, 노동투입량이 3% 증가하고 자본투입량이 5% 증가하면 총생산량은 3% 증가한다.

③ $A = 3$일 때, 노동과 자본의 투입량이 2%로 동일하게 증가하면 총생산량은 2%로 증가한다.

④ 노동의 투입량이 5% 증가할 때, 자본의 투입량도 5% 증가된다면, 노동의 한계생산물은 변한다.

⑤ A가 1% 증가하고 노동과 자본의 투입량이 모두 동일하게 2% 증가할 때, α가 0.5보다 크다면 총생산량의 증가율은 5%이다.

출제이슈 성장회계
핵심해설 정답 ③

① 틀린 내용이다.

총생산함수가 $Y = AL^{\alpha}K^{1-\alpha}$일 때, 자본소득분배율은 $1-\alpha$가 된다.

따라서 총생산량이 100이고 α는 0.7일 때, 자본에 귀속되는 자본소득은 $(1 - 0.7) \times 100 = 30$이 된다.

② 틀린 내용이다.

A가 불변이고 $\alpha = 0.7$일 때, 노동투입량이 3% 증가하고 자본투입량이 5% 증가하는 경우 총생산량의 증가율은 $0\% + (0.3 \times 5\%) + (0.7 \times 3\%) = 3.6\%$가 된다.

③ 옳은 내용이다.

A가 3으로 불변이고 $\alpha = 0.7$일 때, 노동투입량이 2% 증가하고 자본투입량이 2% 증가하는 경우 총생산량의 증가율은 $0\% + (0.3 \times 2\%) + (0.7 \times 2\%) = 2\%$가 된다.

④ 틀린 내용이다.

노동의 한계생산물은 $MP_L = \alpha AK^{1-\alpha}L^{\alpha-1} = \alpha A\left(\dfrac{K}{L}\right)^{1-\alpha}$가 된다.

따라서 노동의 투입량이 5% 증가할 때, 자본의 투입량도 5% 증가한다면, $\left(\dfrac{K}{L}\right)$는 불변이므로 노동의 한계생산물도 불변이다.

⑤ 틀린 내용이다.

A가 1% 증가하고 노동과 자본의 투입량이 모두 동일하게 2% 증가할 때, α와 관계없이 총생산량의 증가율은 $1\% + (\alpha \times 2\%) + (1 - \alpha) \times 2\% = 3\%$가 된다.

B국의 총생산함수는 $Y = AK^{\frac{1}{4}} L^{\frac{3}{4}}$ 이다. 2015년 B국의 총생산 증가율이 4%, 총요소생산성 증가율이 2%, 노동량 증가율이 1%일 경우, 성장회계에 따른 2015년 자본량 증가율은? (단, Y는 총생산, A는 총요소생산성, K는 자본량 L은 노동량이다.) ▶ 2016년 감정평가사

① 1% ② 2% ③ 2.5%

④ 4% ⑤ 5%

출제이슈 성장회계
핵심해설 정답 ⑤

경제성장의 요인인 노동, 자본, 기술이 각각 경제성장에 기여하는 상대적 크기를 비교함으로써 경제성장에서 어떤 요인이 특히 중요한 역할을 하는지 분석하는 것을 성장회계라고 한다.

특히 Cobb – Douglas 생산함수에서 성장회계방정식은 다음과 같다.

1) $Y = AK^{\alpha} L^{1-\alpha}$, Y : 생산량, K : 자본, L : 노동, A : 기술수준 혹은 총요소생산성, $0 < \alpha < 1$

2) 자연로그로 변형 : $\ln Y = \ln A + \alpha \ln K + (1-\alpha) \ln L$

   시간에 대하여 미분 : $\hat{Y} = \hat{A} + \alpha \hat{K} + (1-\alpha) \hat{L}$

3) $Y = AK^{\alpha} L^{1-\alpha}$에서 $MP_L = AK^{\alpha}(1-\alpha)L^{-\alpha}$이며, 이는 노동의 보수이다.

   노동의 총보수는 $LMP_L = AK^{\alpha}(1-\alpha)L^{1-\alpha} = (1-\alpha)Y$가 된다.

4) $Y = AK^{\alpha} L^{1-\alpha}$에서 $MP_K = A\alpha K^{\alpha-1} L^{1-\alpha}$이며, 이는 자본의 보수이다.

   자본의 총보수는 $KMP_K = A\alpha K^{\alpha} L^{1-\alpha} = \alpha Y$가 된다.

5) $\hat{Y} = \hat{A} + \alpha \hat{K} + (1-\alpha) \hat{L}$, α : 자본의 분배몫, $1-\alpha$: 노동의 분배몫

   경제성장률 = 총요소생산성증가율 + (자본분배몫 × 자본증가율) + (노동분배몫 × 노동증가율)

위의 5)에 따라서 설문을 검토하면 다음과 같다.

설문에서 경제성장률이 4%로 주어져 있으므로 다음이 성립한다.
4% = 2% + (0.25 × 자본증가율) + (0.75 × 1%)

따라서 이를 풀면, 자본증가율은 5%가 된다.

갑국의 생산함수는 $Y = AK^{\frac{1}{3}}L^{\frac{2}{3}}$ 이다. 노동자 1인당 생산량증가율이 10%이고 총요소생산성증가율은 7%일 경우, 성장회계에 따른 노동자 1인당 자본량 증가율은? (단, Y는 총생산량, A는 총요소생산성, K는 자본량 L은 노동량이다.)

▶ 2015년 감정평가사

① 3%　　　　　　　② 4.5%　　　　　　　③ 6%

④ 7%　　　　　　　⑤ 9%

출제이슈　성장회계
핵심해설　정답 ⑤

경제성장의 요인인 노동, 자본, 기술이 각각 경제성장에 기여하는 상대적 크기를 비교함으로써 경제성장에서 어떤 요인이 특히 중요한 역할을 하는지 분석하는 것을 성장회계라고 한다.

특히 Cobb-Douglas 생산함수에서 성장회계방정식은 다음과 같다.

1) $Y = AK^{\alpha}L^{1-\alpha}$, Y : 생산량, K : 자본, L : 노동, A : 기술수준 혹은 총요소생산성, $0 < \alpha < 1$

2) 자연로그로 변형 : $\ln Y = \ln A + \alpha \ln K + (1-\alpha) \ln L$

　시간에 대하여 미분 : $\widehat{Y} = \widehat{A} + \alpha \widehat{K} + (1-\alpha) \widehat{L}$

3) $Y = AK^{\alpha}L^{1-\alpha}$에서 $MP_L = AK^{\alpha}(1-\alpha)L^{-\alpha}$이며, 이는 노동의 보수이다.

　노동의 총보수는 $L MP_L = AK^{\alpha}(1-\alpha)L^{1-\alpha} = (1-\alpha)Y$가 된다.

4) $Y = AK^{\alpha}L^{1-\alpha}$에서 $MP_K = A\alpha K^{\alpha-1}L^{1-\alpha}$이며, 이는 자본의 보수이다.

　자본의 총보수는 $K MP_K = A\alpha K^{\alpha}L^{1-\alpha} = \alpha Y$가 된다.

5) $\widehat{Y} = \widehat{A} + \alpha \widehat{K} + (1-\alpha) \widehat{L}$, α : 자본의 분배몫, $1-\alpha$: 노동의 분배몫

　경제성장률 = 총요소생산성증가율 + (자본분배몫 × 자본증가율) + (노동분배몫 × 노동증가율)

6) $\widehat{Y} = \widehat{A} + \alpha \widehat{K} + (1-\alpha) \widehat{L}$ 의 양변에서 노동증가율을 뺀다.

　$(\widehat{Y} - \widehat{L}) = \widehat{A} + \alpha(\widehat{K} - \widehat{L}) \rightarrow \hat{y} = \widehat{A} + \alpha \hat{k}$

7) 1인당 소득의 증가율은 총요소생산성 증가율 + (자본의 분배몫 × 1인당 자본의 증가율)이므로

　1인당 소득의 증가는 결국 1인당 자본의 축적 또는 기술진보에 의하여 가능하다.

위의 7)에 따라서 설문을 검토하면 다음과 같다.

1인당 소득의 증가율 = 총요소생산성 증가율 + (자본의 분배몫 × 1인당 자본의 증가율)

10% = 7% + ($\frac{1}{3}$ × 1인당 자본의 증가율)이 성립한다. 따라서 1인당 자본의 증가율은 9%가 된다.

갑국의 생산함수는 $Y = AL^{0.6}K^{0.4}$ 이다. 총요소생산성 증가율은 5%이고, 노동량과 자본량 증가율은 각각 −2%와 5%일 경우, 성장회계에 따른 노동량 1단위당 생산량 증가율은? (단, Y는 총생산량, A는 총요소생산성, L은 노동량, K는 자본량이다.) ▶ 2022년 감정평가사

① 5%   ② 5.5%   ③ 6.2%

④ 7.2%   ⑤ 7.8%

출제이슈 성장회계
핵심해설 정답 ⑤

경제성장의 요인인 노동, 자본, 기술이 각각 경제성장에 기여하는 상대적 크기를 비교함으로써 경제성장에서 어떤 요인이 특히 중요한 역할을 하는지 분석하는 것을 성장회계라고 한다.

특히 Cobb-Douglas 생산함수에서 성장회계방정식은 다음과 같다.

1) $Y = AK^{\alpha}L^{1-\alpha}$, Y : 생산량, K : 자본, L : 노동, A : 기술수준 혹은 총요소생산성, $0 < \alpha < 1$

2) 자연로그로 변형 : $\ln Y = \ln A + \alpha \ln K + (1-\alpha)\ln L$

   시간에 대하여 미분 : $\hat{Y} = \hat{A} + \alpha \hat{K} + (1-\alpha)\hat{L}$

3) $Y = AK^{\alpha}L^{1-\alpha}$에서 $MP_L = AK^{\alpha}(1-\alpha)L^{-\alpha}$이며, 이는 노동의 보수이다.

   노동의 총보수는 $LMP_L = AK^{\alpha}(1-\alpha)L^{1-\alpha} = (1-\alpha)Y$가 된다.

4) $Y = AK^{\alpha}L^{1-\alpha}$에서 $MP_K = A\alpha K^{\alpha-1}L^{1-\alpha}$이며, 이는 자본의 보수이다.

   자본의 총보수는 $KMP_K = A\alpha K^{\alpha}L^{1-\alpha} = \alpha Y$가 된다.

5) $\hat{Y} = \hat{A} + \alpha \hat{K} + (1-\alpha)\hat{L}$, α : 자본의 분배몫, $1-\alpha$: 노동의 분배몫

   경제성장률 = 총요소생산성증가율 + (자본분배몫 × 자본증가율) + (노동분배몫 × 노동증가율)

6) $\hat{Y} = \hat{A} + \alpha \hat{K} + (1-\alpha)\hat{L}$ 의 양변에서 노동증가율을 뺀다.

   $(\hat{Y} - \hat{L}) = \hat{A} + \alpha(\hat{K} - \hat{L}) \rightarrow \hat{y} = \hat{A} + \alpha \hat{k}$

7) 1인당 소득의 증가율은 총요소생산성 증가율 + (자본의 분배몫 × 1인당 자본의 증가율)이므로

   1인당 소득의 증가는 결국 1인당 자본의 축적 또는 기술진보에 의하여 가능하다.

설문에서 노동량과 자본량 증가율은 각각 −2%와 5%로 주어졌으므로 1인당 자본의 증가율은 7%가 된다. 이제 위의 7)을 활용하여 풀면 다음과 같다.

1인당 소득의 증가율 = 총요소생산성 증가율 + (자본분배몫 × 1인당 자본의 증가율) = 5% + (0.4 × 7%)

따라서 1인당 소득의 증가율은 7.8%가 된다.

경제성장모형에서 갑국의 총생산함수가 $Q = AL^{0.75}K^{0.25}$일 때, 옳지 않은 것은? (단, Q는 생산량, L은 노동량, K는 자본량, 시장은 완전경쟁시장이다.)　　▶ 2020년 감정평가사

① 자본탄력성은 0.25이다.

② 노동분배율은 자본분배율보다 크다.

③ A는 총요소생산성이다.

④ 노동량, 자본량 및 총요소생산성이 각각 10%씩 증가하면 생산량은 10% 증가한다.

⑤ 총생산함수는 규모에 대한 수익불변이다.

출제이슈 생산함수의 특징과 성장회계
핵심해설 정답 ④

갑국의 총생산함수가 $Q = AL^{0.75}K^{0.25}$일 때, 노동분배율은 0.75, 자본분배율은 0.25가 된다.

① 옳은 내용이다.

갑국의 총생산함수가 $Q = AL^{0.75}K^{0.25}$일 때, 성장회계에 따르면 다음이 성립한다.

경제성장률 = 총요소생산성증가율 + (자본분배몫 × 자본증가율) + (노동분배몫 × 노동증가율)

특히, 다른 모든 조건이 불변일 때 자본분배몫은 경제성장률을 자본증가율로 나눈 값이므로 이를 생산의 자본탄력성으로 해석할 수 있으며, 설문에서 자본분배몫은 0.25이므로 자본탄력성도 0.25가 된다.

② 옳은 내용이다.

갑국의 총생산함수가 $Q = AL^{0.75}K^{0.25}$일 때, 노동분배율은 0.75이고 자본분배율은 0.25이므로 노동분배율이 자본분배율보다 크다.

③ 옳은 내용이다.

갑국의 총생산함수가 $Q = AL^{0.75}K^{0.25}$일 때, A를 총요소생산성 혹은 솔로우 잔차라고 한다. 총요소생산성은 자본과 노동 이외에 경제의 성장에 기여하는 것들을 망라하여 포함하고 있다. 예를 들면, 기술수준, 경제 및 사회제도, 산업의 구조 등이며 이들은 모두 경제의 생산성에 영향을 미칠 수 있다.

④ 틀린 내용이다.

갑국의 총생산함수가 $Q = AL^{0.75}K^{0.25}$일 때, 성장회계에 따르면 다음이 성립한다.

경제성장률 = 총요소생산성증가율 + (자본분배몫 × 자본증가율) + (노동분배몫 × 노동증가율)

따라서 제시된 자료(노동량, 자본량 및 총요소생산성이 각각 10%씩 증가)를 대입하면 다음과 같다.

경제성장률 = 10 + 0.25 × 10 + 0.75 × 10 = 20(%)가 된다.

⑤ 옳은 내용이다.

갑국의 총생산함수는 $Q = AL^{0.75}K^{0.25}$로서 전형적인 1차동차 생산함수이며 규모에 대한 수익불변의 특성을 보인다.

모든 시장이 완전경쟁적인 B국의 총생산량이 $Y = AL^{1-\theta}K^{\theta}$으로 결정될 때, 다음 설명 중 옳지 않은 것은? (단, Y는 총생산량, A는 총요소생산성, L은 노동투입량, K는 자본투입량, $0 < \theta < 1$이다.)

▶ 2013년 감정평가사

① 노동소득분배율은 $1 - \theta$이다.
② 자본소득분배율은 θ이다.
③ 총생산함수는 규모에 대한 수익불변이다.
④ 총요소생산성이 증가하면, 노동소득분배율 대비 자본소득분배율의 상대적 비율이 증가한다.
⑤ 생산요소가 증가하지 않을 경우 총생산량의 증가율은 총요소생산성 증가율에 의해서 결정된다.

출제이슈 생산함수의 특징과 성장회계
핵심해설 정답 ④

①, ②, ③ 모두 옳은 내용이다.
거시경제 총생산함수가 $Y = AL^{1-\theta}K^{\theta}$임을 고려하면, 노동소득분배율은 $1 - \theta$, 자본소득분배율은 θ임을 쉽게 알 수 있다. 총생산함수는 1차동차의 함수로서 규모에 대한 수익불변의 특징을 가진다.

Cobb - Douglas 생산함수에서 성장회계방정식은 다음과 같다.
1) $Y = AK^{\alpha}L^{1-\alpha}$, Y : 생산량, K : 자본, L : 노동, A : 기술수준 혹은 총요소생산성, $0 < \alpha < 1$
2) $Y = AK^{\alpha}L^{1-\alpha}$에서 $MP_L = AK^{\alpha}(1-\alpha)L^{-\alpha}$이며, 이는 노동의 보수이다.
   노동의 총보수는 $LMP_L = AK^{\alpha}(1-\alpha)L^{1-\alpha} = (1-\alpha)Y$가 된다.
3) $Y = AK^{\alpha}L^{1-\alpha}$에서 $MP_K = A\alpha K^{\alpha-1}L^{1-\alpha}$이며, 이는 자본의 보수이다.
   자본의 총보수는 $KMP_K = A\alpha K^{\alpha}L^{1-\alpha} = \alpha Y$가 된다.
4) $\hat{Y} = \hat{A} + \alpha\hat{K} + (1-\alpha)\hat{L}$, α : 자본의 분배몫, $1 - \alpha$: 노동의 분배몫

위의 내용에 따라서 ④, ⑤를 검토하면 다음과 같다.

④ 틀린 내용이다.
   성장회계 $\hat{Y} = \hat{A} + \alpha\hat{K} + (1-\alpha)\hat{L}$에 의하면, 총요소생산성이 노동소득분배율과 자본소득분배율에 영향을 받지만, 총요소생산성이 노동소득분배율 대비 자본소득분배율의 비율에 영향을 주는 것은 아니다.

⑤ 옳은 내용이다.
   성장회계 $\hat{Y} = \hat{A} + \alpha\hat{K} + (1-\alpha)\hat{L}$에 의하면, 생산요소가 증가하지 않을 경우 $\hat{K} = 0$, $\hat{L} = 0$이므로 $\hat{Y} = \hat{A}$가 되어 총생산량의 증가율은 총요소생산성 증가율에 의해서 결정된다.

갑국의 총생산함수가 $Y = AK^{0.4}L^{0.6}$이다. 갑국 경제에 관한 설명으로 옳은 것을 모두 고른 것은? (단, Y는 생산량, A는 총요소생산성, K는 자본량, L은 노동량으로 인구와 같다.)

▶ 2019년 감정평가사

ㄱ. 생산량의 변화율을 노동량의 변화율로 나눈 값은 0.6으로 일정하다.

ㄴ. A가 3% 증가하면, 노동의 한계생산도 3% 증가한다.

ㄷ. 1인당 자본량이 2% 증가하면, 노동의 한계생산은 1.2% 증가한다.

ㄹ. A는 2% 증가하고 인구가 2% 감소하면 1인당 생산량은 2.8% 증가한다.

① ㄱ, ㄹ   ② ㄴ, ㄷ   ③ ㄷ, ㄹ

④ ㄱ, ㄴ, ㄹ   ⑤ ㄱ, ㄷ, ㄹ

출제이슈 생산함수의 특징과 성장회계
핵심해설 정답 ④

경제성장의 요인인 노동, 자본, 기술이 각각 경제성장에 기여하는 상대적 크기를 비교함으로써 경제성장에서 어떤 요인이 특히 중요한 역할을 하는지 분석하는 것을 성장회계라고 한다.
특히 Cobb – Douglas 생산함수에서 성장회계방정식은 다음과 같다.

1) $Y = AK^\alpha L^{1-\alpha}$, Y : 생산량, K : 자본, L : 노동, A : 기술수준 혹은 총요소생산성, $0 < \alpha < 1$
2) $Y = AK^\alpha L^{1-\alpha}$에서 $MP_L = AK^\alpha(1-\alpha)L^{-\alpha}$이며, 이는 노동의 보수이다.
3) $\hat{Y} = \hat{A} + \alpha \hat{K} + (1-\alpha)\hat{L}$, α : 자본의 분배몫, $1 - \alpha$: 노동의 분배몫
4) $\hat{Y} - \hat{L} = \hat{A} + \alpha(\hat{K} - \hat{L})$, α : 자본의 분배몫

설문을 검토하면 다음과 같다.

ㄱ. 옳은 내용이다.
    $\hat{Y} = \hat{A} + 0.4\hat{K} + 0.6\hat{L}$이므로 생산량의 변화율을 노동량의 변화율로 나눈 값은 0.6으로 일정하다.

ㄴ. 옳은 내용이다.
    $MP_L = 0.6A\left(\dfrac{K}{L}\right)^{0.4}$, $\widehat{MP_L} = \hat{A} + 0.4(\hat{K} - \hat{L})$이므로 A가 3% 증가하면, 노동의 한계생산도 3% 증가한다.

ㄷ. 틀린 내용이다.
    $\widehat{MP_L} = \hat{A} + 0.4(\hat{K} - \hat{L})$이므로 1인당 자본량이 2% 증가하면, 노동의 한계생산은 0.8% 증가한다.

ㄹ. 옳은 내용이다.
    $\hat{Y} - \hat{L} = \hat{A} + 0.4(\hat{K} - \hat{L})$이므로 A는 2% 증가하고 인구가 2% 감소하면, 1인당 생산량은 2.8% 증가한다.

A국의 총생산함수가 $Y = K^{\frac{1}{2}} L^{\frac{1}{2}}$ 이다. 이에 관한 설명으로 옳은 것을 모두 고른 것은? (단, Y는 국민소득, K는 자본량, L은 노동량으로 인구와 같다.) ▶ 2016년 감정평가사

ㄱ. 총생산함수는 규모에 따른 수익불변의 성질을 가진다.
ㄴ. 1인당 자본량이 증가하면 1인당 국민소득은 증가한다.
ㄷ. 자본량이 일정할 때, 인구가 증가하면 1인당 국민소득은 감소한다.

① ㄱ   ② ㄴ   ③ ㄱ, ㄷ
④ ㄴ, ㄷ   ⑤ ㄱ, ㄴ, ㄷ

출제이슈 생산함수의 특징과 성장회계
핵심해설 정답 ⑤

ㄱ. 옳은 내용이다.

총생산함수는 $Y = L^{\frac{1}{2}} K^{\frac{1}{2}}$ 로서 콥–더글라스 1차동차 생산함수이며 규모수익불변의 성격을 가진다.

ㄴ. 옳은 내용이다.

총생산함수 $Y = L^{\frac{1}{2}} K^{\frac{1}{2}}$ 를 규모수익불변의 성질을 이용하여 변형하면 $y = \left(\dfrac{K}{L}\right)^{0.5} = k^{0.5}$ 가 되는데, 이를 해석하면 1인당 자본량이 증가할 경우 1인당 소득이 증가함을 알 수 있다.

ㄷ. 옳은 내용이다.

총생산함수 $Y = L^{\frac{1}{2}} K^{\frac{1}{2}}$ 를 규모수익불변의 성질을 이용하여 변형하면 $y = \left(\dfrac{K}{L}\right)^{0.5} = k^{0.5}$ 가 되는데, 이를 해석하면 자본이 일정할 때, 인구가 증가할 경우 1인당 소득이 감소함을 알 수 있다.

폐쇄경제인 B국의 총생산함수가 $Y = AK^\alpha L^{1-\alpha}$이다. 전염병으로 인하여 L이 갑자기 감소함으로써 발생하는 변화에 관한 설명으로 옳은 것을 모두 고른 것은? (단, A와 K는 일정하며, Y는 총생산, α는 0과 1 사이의 상수값, A는 총요소생산성, K는 자본량, L은 노동량으로 인구와 같다.) ▶ 2016년 감정평가사

ㄱ. 총생산은 증가할 것이다.
ㄴ. 1인당 생산은 증가할 것이다.
ㄷ. 자본의 한계생산은 증가할 것이다.
ㄹ. 노동의 한계생산은 증가할 것이다.

① ㄱ, ㄴ 　　② ㄱ, ㄷ 　　③ ㄴ, ㄷ
④ ㄴ, ㄹ 　　⑤ ㄷ, ㄹ

출제이슈 생산함수의 특징과 성장회계
핵심해설 정답 ④

ㄱ. 틀린 내용이다.

총생산함수가 $Y = AK^\alpha L^{1-\alpha}$일 때, A와 K가 일정한 경우, 노동이 감소하면 총생산은 감소한다.

ㄴ. 옳은 내용이다.

총생산함수 $Y = AK^\alpha L^{1-\alpha}$를 규모수익불변의 성질을 이용하여 변형하면 $y = A\left(\dfrac{K}{L}\right)^\alpha = Ak^\alpha$가 된다. 따라서 A와 K가 일정한 경우, 노동이 감소하면 1인당 생산은 증가한다.

ㄷ. 틀린 내용이다.

총생산함수가 $Y = AK^\alpha L^{1-\alpha}$일 때, 자본의 한계생산은 $MP_K = A\alpha K^{\alpha-1}L^{1-\alpha} = \alpha A\left(\dfrac{L}{K}\right)^{1-\alpha}$가 된다. 따라서 A와 K가 일정한 경우, 노동이 감소하면 자본의 한계생산은 감소한다.

ㄹ. 옳은 내용이다.

총생산함수가 $Y = AK^\alpha L^{1-\alpha}$일 때, 노동의 한계생산은 $MP_L = A(1-\alpha)K^\alpha L^{-\alpha} = (1-\alpha)A\left(\dfrac{K}{L}\right)^\alpha$가 된다. 따라서 A와 K가 일정한 경우, 노동이 감소하면 노동의 한계생산은 증가한다.

내생적 성장이론

장기적으로 경제성장을 촉진시킬 수 있는 방법으로 옳은 것을 모두 고른 것은?

▶ 2023년 감정평가사

ㄱ. 투자지출을 증가시켜 실물 자본을 증가시킨다.
ㄴ. 저축률을 낮추어 소비를 증가시킨다.
ㄷ. 교육 투자지출을 증가시켜 인적 자본을 증가시킨다.
ㄹ. 연구개발에 투자하여 새로운 기술을 개발하고 실용화한다.

① ㄱ, ㄴ   ② ㄴ, ㄷ   ③ ㄷ, ㄹ
④ ㄱ, ㄷ, ㄹ   ⑤ ㄱ, ㄴ, ㄷ, ㄹ

출제이슈 경제성장의 요인
핵심해설 정답 ④

ㄱ. 옳은 내용이다.
기업이 현재 보유하고 있는 자본량(예 공장, 건물, 기계, 차량, 재고 등)이 최적의 자본량에서 괴리되어 있을 때 이를 메우기 위해서 자본량을 조정하는 것을 투자라고 한다. 투자를 통해서 자본량이 축적되면 장기에 경제성장의 원동력이 되기도 한다.

ㄴ. 틀린 내용이다.
저축률이 낮아지고 소비가 증가할 경우 단기적으로 총수요가 증가하여 총생산이 증가할 수 있으나 저축률의 하락은 저축의 감소를 가져와 결국 투자가 감소하기 때문에, 자본의 축적을 저해하여 장기적으로 경제성장을 저해할 가능성이 크다.

ㄷ. 옳은 내용이다.
교육 부문에 투자지출을 증가시킬 경우 높은 생산성의 인적 자본이 증가하여 경제성장을 촉진시킬 수 있다. 특히 인적 자본을 강조하는 내생적 성장이론으로서 인적자본모형에 의하면 자본을 물적자본과 인적자본으로 구분하는데, 인적자본을 기계설비등의 실물자본과 구별되는 개념으로서 교육이나 기능훈련 등으로 습득되어 인간에 체화되는 자본이며, 기술 및 지식과는 구별되는 것으로 본다. 인적자본의 증가에 의해서 물적자본 및 노동의 생산성이 지속적으로 향상될 수 있다. 자본을 이렇게 인적자본으로 확장할 경우 자본의 수확체감이 일어나지 않을 수 있다. 인적자본과 실물자본이 동시에 축적된다면, 실물자본의 생산성이 지속적으로 상승하여 자본의 수확체감현상이 발생하지 않을 수 있고, 지속적인 경제성장이 가능하다.

ㄹ. 옳은 내용이다.

연구개발 부문에 투자지출을 증가시켜 새로운 기술을 개발하고 실용화할 경우 경제성장을 촉진시킬 수 있다. 특히 연구개발을 강조하는 내생적 성장이론으로서 $R\&D$모형에 의하면 일국의 기술수준은 외생적으로 주어진 것이 아니며, 내생적으로 자본과 노동의 투입에 의해서 생산될 수 있는 것으로 상정한다. 즉, 경제 내의 노동을 두 종류로 구분하는데, 경제 내에 재화를 생산하는 생산부문과 기술을 생산하는 연구개발부문에 투입되는 것으로 본다. 이를 통해 축적된 기술 및 지식의 수준이 노동의 효율성을 결정하며, 노동의 효율성 즉 지식 및 기술은 경제 내에서 지속적으로 증가가능하며 경제는 성장하게 된다.

성장이론에 관한 설명으로 옳은 것을 모두 고른 것은? ▸2025년 감정평가사

> ㄱ. 내생적 성장모형에서는 1인당 생산의 장기성장률이 모형 안에서 결정된다.
> ㄴ. 내생적 성장모형에서는 기술진보가 인구규모의 감소함수이다.
> ㄷ. 솔로우(Solow)의 성장모형에서 기술진보는 외생적으로 결정된다.
> ㄹ. 솔로우의 성장모형에서 저축과 투자는 단기적으로 서로 일치하지 않는다.

① ㄱ, ㄴ   ② ㄱ, ㄷ   ③ ㄱ, ㄹ
④ ㄴ, ㄷ   ⑤ ㄴ, ㄹ

출제이슈 솔로우 모형과 내생적 성장이론
핵심해설 정답 ②

내생적 성장모형에서는 기술진보가 내생적으로 결정되고, 기술진보는 연구개발을 담당하는 인력의 규모와 밀접한 양(+)의 상관관계를 가진다. 솔로우 성장모형에서 저축과 투자는 항상 일치해야 한다.

경제성장이론에 관한 설명으로 옳은 것은? ▶ 2018년 감정평가사

① 내생적 성장이론(endogenous growth theory)에 따르면 저소득국가는 고소득국가보다 빨리 성장하여 수렴현상이 발생한다.
② 내생적 성장이론에 따르면 균제상태의 경제성장률은 외생적 기술진보 증가율이다.
③ 솔로우 경제성장 모형에서 황금률은 경제성장률을 극대화하는 조건이다.
④ 솔로우 경제성장 모형에서 인구증가율이 감소하면 균제상태에서의 1인당 소득은 감소한다.
⑤ 솔로우 경제성장 모형에서 균제상태에 있으면, 총자본스톡 증가율과 인구증가율이 같다.

출제이슈 솔로우 모형과 내생적 성장이론
핵심해설 정답 ⑤

① 틀린 내용이다.
저소득 국가들이 선진국보다 빨리 성장하여 결국은 저소득 국가들과 선진국 간에 소득 수준이 비슷해지는 성질이나 현상을 수렴성 혹은 수렴현상이라고 한다.

수렴성이 나타나는 이유는 솔로우 모형에서 가정하고 있는 생산함수의 수확체감의 법칙 때문이다.
즉, 1인당 자본 축적 수준이 높은 부유한 국가에서는 자본의 한계생산성이 낮다. 그러나 1인당 자본축적 수준이 낮은 가난한 국가에서는 자본의 한계생산성이 높다. 따라서 부유한 나라보다는 가난한 나라에서 자본축적의 유인이 커질 뿐만 아니라 부유한 나라에서 가난한 나라로 자본이 이동하게 되어 더욱 자본축적의 속도가 빨라진다. 결국, 두 나라 모두 장기 균제상태로 가게 되는데 균제상태에서 1인당 자본량과 1인당 생산량은 각각 같은 수준으로 수렴하게 된다.

솔로우 모형에서 수렴성이 나타나는 것과는 달리, 내생적 성장이론에서는 국가 간 소득 격차가 시간이 흐름에 따라 감소하지 않을 수 있다. 이는 자본의 한계생산이 체감하지 않기 때문에 수렴현상이 나타나지 않게 되는 것이며, 국가 간 소득격차가 유지될 수 있는 근거는 내생적 성장이론에 따라서 조금씩 차이가 있는데 다음과 같다.

ⅰ) AK모형에 의하면, 자본을 지식자본 및 인적자본으로 포괄하는 개념으로 확장할 경우 자본의 수확체감이 일어나지 않을 수 있다.

ⅱ) 인적자본모형에 의하면, 자본을 물적자본과 인적자본으로 구분하는데 인적자본의 증가에 의해서 물적자본 및 노동의 생산성이 지속적으로 향상될 수 있다. 인적자본과 실물자본이 동시에 축적된다면, 인적자본에 의하여 실물자본의 생산성이 지속적으로 상승하여 자본의 수확체감현상이 발생하지 않을 수 있고, 지속적인 경제성장이 가능하다.

ⅲ) R&D모형에 의하면, 지식의 수준이 노동의 효율성을 결정하며, 노동의 효율성 즉 지식 및 기술은 경제 내에서 지속적으로 증가 가능하므로 자본의 한계생산이 감소하지 않게 된다. 한편 학자에 따라서는 자본의 한계생산은 감소하나 지속적인 기술진보가 생산함수의 지속적인 상방이동을 가져오기 때문에, 지속적으로 소득과 생산의 증가가 가능하다고 주장한다.

② 틀린 내용이다.

내생적 성장이론 중 특히 R&D모형에 의하면, 균제상태의 경제성장률은 외생적 기술진보 증가율이 아니라 내생적으로 결정된 기술진보율이 결정하게 된다.

③ 틀린 내용이다.

일국의 경제가 어느 한 균제상태에 도달하게 되면, 1인당 자본의 변화가 없으며 1인당 자본이 일정하게 유지되어 매우 안정적인 상태이다. 따라서 균제상태에서는 1인당 소비가 지속된다는 특징이 있다. 이러한 균제상태의 최적성을 판단함에 있어서 무조건 1인당 소득이 높다고 하여 좋은 것이 아니라 1인당 소비 수준이 높아야 후생이 커지는 것이다. 솔로우 모형에서 황금률이란 경제성장률을 극대화하는 것이 아니라 1인당 소비를 극대화하는 상태를 의미한다.

④ 틀린 내용이다.

인구증가율이 하락하여 1인당 필요투자선이 하방 이동하면, 균제상태에서 1인당 자본이 증가한다.

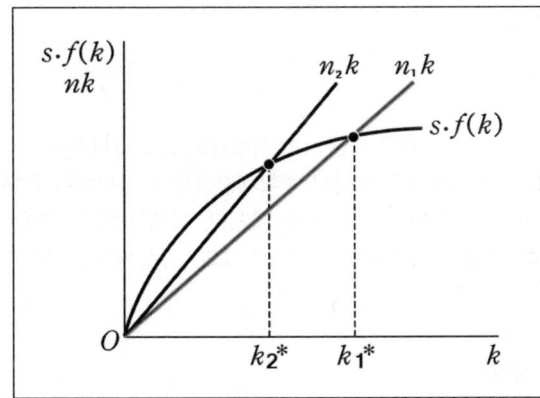

즉, 인구가 감소하여 1인당 자본유지를 위해서 투자가 적게 소모되므로 결국 1인당 자본은 증가하게 되고 1인당 생산은 증가한다. 그러나 이러한 성장률의 상승은 일시적이며, 결국 경제는 균제상태에 도달하게 되고, 1인당 생산의 증가율은 다시 0이 된다. 한편 인구증가율의 하락은 1인당 생산은 증가시키지만, 경제의 규모를 감소시키기 때문에 경제전체의 성장률은 하락한다. 왜냐하면, 1인당 생산 $y(=\frac{Y}{L})$의 증가율 = Y의 증가율 − L의 증가율 = Y의 증가율 − n = 0 ∴ 총생산 Y의 증가율 = n이기 때문이다.

⑤ 옳은 내용이다.

솔로우 모형의 균제상태에서는 1인당 자본과 1인당 생산 모두 불변이며, 1인당 자본과 1인당 생산의 증가율이 모두 0이다. 그러나 총자본, 총생산은 모두 인구증가율(n)과 같은 속도로 증가한다.

1인당 자본 $k(=\frac{K}{L})$의 증가율 = Y의 증가율 − L의 증가율 = Y의 증가율 − n = 0

∴ 총생산 Y의 증가율 = n

경제성장모형인 $Y = AK$모형에서 A는 0.5이고 저축률은 s, 감가상각률은 δ일 때 이에 관한 설명으로 옳은 것은? (단, Y는 생산량, K는 자본량, $0 < s < 1$, $0 < \delta < 1$이다.)

▶ 2022년 감정평가사

① 자본의 한계생산은 체감한다.
② $\delta = 0.1$이고 $s = 0.4$이면 경제는 지속적으로 성장한다.
③ 감가상각률이 자본의 한계생산과 동일하면 경제는 지속적으로 성장한다.
④ $\delta = s$이면 경제는 균제상태(steady-state)이다.
⑤ 자본의 한계생산이 자본의 평균생산보다 크다.

출제이슈 AK모형
핵심해설 정답 ②

자본을 물적자본뿐만 아니라 인적자본을 포괄하는 개념으로 확장할 경우 자본의 수확체감이 일어나지 않을 수 있다. 즉, AK모형은 지식을 자본의 한 형태로 보거나, 또는 인적자본을 통해서 수확체감현상이 발생하지 않도록 고안된 모형이다. 자본의 외부경제성을 도입하여 개별적인 기업의 생산은 수확체감하지만, 경제전체의 생산은 수확불변을 보이도록 하기도 한다. 따라서 이 모형은 한계생산감소의 가정을 완화하여 다음과 같은 생산함수를 가정한다.

$$Y = AK \quad \text{(단, } Y : \text{생산, } K : \text{자본, } A : \text{고정된 상수)}$$

이때, 자본의 한계생산은 A로서 감소하지 않고 고정되어 있다. 자본의 한계생산이 감소하지 않기 위해서는 자본 K를 광의로 확장하여 물적자본, 인적자본, 지식자본을 포괄할 경우로 해석한다. 위의 생산함수로부터 자본축적의 방정식을 도출하면 다음과 같다.

1) $\dot{K} = sY - \delta K = sAK - \delta K$

   (단, $\dot{K}$: 자본의 축적, s : 저축률, δ : 감가상각률, A : 고정된 상수)

   만일 $sA > \delta$인 경우에는 자본의 축적에 따라서 지속적인 경제성장이 가능하다. 즉 외생적인 기술진보가 없더라도 저축률이 일정수준으로 유지될 수 있다면 생산이 지속적으로 증가할 수 있다. 단, 엄밀하게는 이 모형에도 기술이 지식자본, 인적자본으로 포섭될 수 있기 때문에, 기술진보를 고려 안 한다기보다는 수확체감이 일어나지 않도록 고안된 모형이다. 즉, 지식을 자본의 한 형태로 보고 있다.

2) $\dot{k} = sAk - (n + \delta)k$

   (단, $\dot{k}$: 1인당 자본의 축적, s : 저축률, n : 인구증가율, δ : 감가상각률, A : 고정된 상수)

   만일 $sA > n + \delta$인 경우에는 1인당 자본도 지속적으로 증가하여 자본의 축적만으로도 지속적인 경제성장이 가능하게 된다. 이는 생산요소의 축적만으로 지속적 성장이 가능함을 의미한다. 이때 저축률은 성장률을 결정하는 중요한 요소이며, 저축률을 증가시키는 다양한 정부정책이 지속적인 경제성장을 가져올 수 있다.

위의 내용에 따라서 설문을 검토하면 다음과 같다.

① 틀린 내용이다.

AK 모형에서 자본의 한계생산은 A로서 감소하지 않고 고정되어 있다.

② 옳은 내용이다.

AK 모형에서 자본의 축적은 다음과 같다.

$\dot{K} = sY - \delta K = sAK - \delta K, \ \dot{k} = sAk - (n+\delta)k$

(단, $\dot{K}$: 자본의 축적, s : 저축률, δ : 감가상각률, A : 고정된 상수, $\dot{k}$: 1인당 자본의 축적, n : 인구증가율)

만일 $sA > \delta$이거나 $sA > n + \delta$인 경우에 자본의 축적에 따라서 지속적인 경제성장이 가능하다.

설문에서 $A = 0.5$, $\delta = 0.1$, $s = 0.4$로 주어진 경우, $sA = 0.2 > \delta = 0.1$이므로 자본의 축적에 따라서 지속적인 경제성장이 가능하다.

③ 틀린 내용이다.

AK 모형에서 $sA > \delta$인 경우에는 자본의 축적에 따라서 지속적인 경제성장이 가능하다. 따라서 감가상각률이 자본의 한계생산과 동일하면 경제는 지속적으로 성장한다는 지문은 틀린 것이 된다.

④ 틀린 내용이다.

AK 모형에서 균제상태는 $sA = n + \delta$인 경우에 달성되므로 $\delta = s$이면 균제상태라는 지문은 틀린 것이 된다.

⑤ 틀린 내용이다.

AK 모형에서 자본의 한계생산은 A로서 감소하지 않고 고정되어 있다. 따라서 자본의 한계생산과 자본의 평균생산이 동일하다.

경제성장모형에서 생산함수가 $Y = AK$일 때, 다음 설명 중 옳은 것만을 모두 고른 것은?
(단, Y는 생산량, A는 생산성 수준이며 0보다 큰 상수, K는 자본량) ▶ 2011년 감정평가사

ㄱ. 자본의 한계생산물은 일정하다.
ㄴ. 자본량이 증가할 때, 생산량은 증가한다.
ㄷ. 노동량이 증가할 때, 생산량은 증가한다.
ㄹ. 자본의 증가율과 생산량의 증가율은 같다.

① ㄱ, ㄴ   ② ㄱ, ㄴ, ㄹ   ③ ㄱ, ㄷ, ㄹ
④ ㄴ, ㄷ, ㄹ   ⑤ ㄱ, ㄴ, ㄷ, ㄹ

출제이슈 AK 모형
핵심해설 정답 ②

ㄱ. 옳은 내용이다.
　자본의 한계생산은 $MP_K = A$로서 일정하다.

ㄴ. 옳은 내용이다.
　생산함수가 $Y = AK$이므로 자본량이 증가할 때 생산량은 증가한다.

ㄷ. 틀린 내용이다.
　생산함수가 $Y = AK$이므로 노동량과 생산량은 무관하다.

ㄹ. 옳은 내용이다.
　성장회계방정식은 $\hat{Y} = \hat{A} + \hat{K}$ 가 되고 A가 생산성 수준으로서 고정된 상수라고 주어졌으므로 자본의 증가율과 생산량의 증가율은 같다.

PART

03

국제경제학

국제무역이론

Issue 01 자유무역의 효과

> A국에서는 교역 이전 X재의 국내가격이 국제가격보다 더 높다. 교역 이후 국제가격으로 A국이 X재의 초과수요분을 수입한다면, 이로 인해 A국에 나타나는 효과로 옳은 것은? (단, 공급곡선은 우상향, 수요곡선은 우하향한다.)
>
> ▶ 2022년 감정평가사
>
> ① 교역 전과 비교하여 교역 후 생산자잉여가 감소한다.
> ② 교역 전과 비교하여 교역 후 소비자잉여가 감소한다.
> ③ 생산자잉여는 교역 여부와 무관하게 일정하다.
> ④ 교역 전과 비교하여 교역 후 총잉여가 감소한다.
> ⑤ 총잉여는 교역 여부와 무관하게 일정하다.

출제이슈 국제무역의 효과
핵심해설 정답 ①

설문에 주어진 정보를 이용하여 현재 시장상황을 묘사하면 다음의 그래프와 같다.

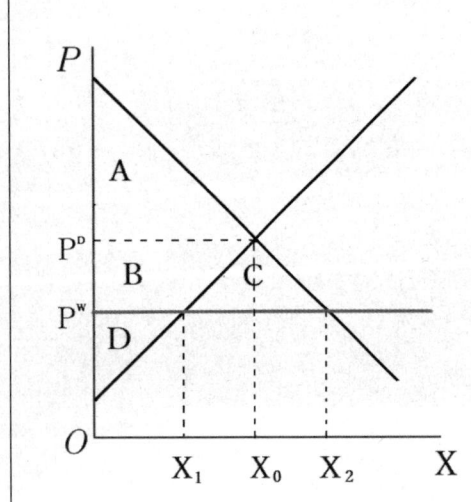

① 무역 이전의 상황
　ⅰ) 소비자잉여 : A
　ⅱ) 생산자잉여 : $B + D$
　ⅲ) 사회총잉여 : $A + B + D$

② 무역 이후의 상황
　ⅰ) 소비자잉여 : $A + B + C$
　ⅱ) 생산자잉여 : D
　ⅲ) 사회총잉여 : $A + B + C + D$

③ 무역 전후의 비교
　ⅰ) 소비자잉여 : $B + C$ 만큼 증가
　ⅱ) 생산자잉여 : B 만큼 감소
　ⅲ) 사회총잉여 : C 만큼 증가

1) **무역 이전의 상황**

무역 이전에 국내가격은 P^D 수준이며 X_0 수준에서 생산과 소비가 이루어지고 있다. 이때 소비자잉여는 A, 생산자잉여는 $B+D$ 그리고 사회총잉여는 $A+B+D$가 된다.

2) **무역 이후의 상황**

무역 이후에 국내가격은 세계가격 수준인 P^W으로 하락한다. 이때, 국내생산량은 X_1 수준으로서 무역 이전보다 감소하며 국내소비량은 X_2 수준으로서 무역 이전보다 증가한다. 국내생산량과 국내소비량의 차이는 수입으로 메워질 것이다. 무역 이후에 소비자잉여는 $A+B+C$, 생산자잉여는 D, 사회총잉여는 $A+B+C+D$가 된다.

3) **무역 전후의 비교**

무역 이전과 이후를 후생 관점에서 비교하면 먼저 소비자잉여는 $B+C$만큼 증가하지만 생산자잉여는 B만큼 감소하며, 사회총잉여는 C만큼 증가한다.

위의 내용에 따라서 설문을 검토하면 다음과 같다.

① 옳은 내용이다.

교역 전과 비교하여 교역 후 생산자잉여는 감소한다.

② 틀린 내용이다.

교역 전과 비교하여 교역 후 소비자잉여는 증가한다.

③ 틀린 내용이다.

생산자잉여는 교역 여부와 관계가 있으며, 수입에 따라서 감소한다.

④ 틀린 내용이다.

교역 전과 비교하여 교역 후 총잉여는 증가한다.

⑤ 틀린 내용이다.

총잉여는 교역 여부와 관계가 있으며, 수입에 따라서 증가한다.

갑국과 을국의 무역 개시 이전의 X재와 Y재에 대한 단위당 생산비가 다음과 같다. 무역을 개시하여 두 나라 모두 이익을 얻을 수 있는 교역조건($\frac{P_X}{P_Y}$)에 해당하는 것은? (P_X는 X재의 가격이고, P_Y는 Y재의 가격이다.)

▸2015년 감정평가사

	X재	Y재
갑국	5	10
을국	8	13

① 0.45　　　　② 0.55　　　　③ 0.65
④ 0.75　　　　⑤ 0.85

출제이슈 리카도 비교우위론, 유형1 : 단위노동투입량으로 비교우위 판정
핵심해설 정답 ②

리카도 무역이론에서 교역방향의 결정은 비교우위에 의하여 다음과 같다.

구분	X재	Y재	상대가격	비교우위 판정
A국 (갑국)	$a_X = 5$	$a_Y = 10$	$(\frac{P_X}{P_Y})^A = (\frac{a_X}{a_Y})^A = \frac{5}{10}$	$(\frac{P_X}{P_Y})^A = \frac{5}{10} < (\frac{P_X}{P_Y})^B = \frac{8}{13}$, X재 비교우위
B국 (을국)	$a_X^* = 8$	$a_Y^* = 13$	$(\frac{P_X}{P_Y})^B = (\frac{a_X}{a_Y})^B = \frac{8}{13}$	$(\frac{P_X}{P_Y})^A = \frac{5}{10} < (\frac{P_X}{P_Y})^B = \frac{8}{13}$, Y재 비교우위

단, a_X, a_Y, $1/a_X$, $1/a_Y$는 다음과 같다.
X재의 단위노동투입량 a_X : X재 1단위를 만드는 데 필요한 노동투입량, $1/a_X$: X재 생산 시 노동 1단위의 생산성
Y재의 단위노동투입량 a_Y : Y재 1단위를 만드는 데 필요한 노동투입량, $1/a_Y$: Y재 생산 시 노동 1단위의 생산성

1) 단위노동투입량과 단위당 생산비

1단위를 생산하는 데 있어서 필요한 노동투입량에 대하여 지불해야 하는 보수가 단위당 생산비가 된다. 즉, 예를 들어 노동 1단위당 보수가 임금 W라면, 단위당 생산비는 단위노동투입량에 임금 W를 곱한 금액이 된다. 결국 단위노동투입량의 비율은 단위당 생산비의 비율과 완전히 동일하다.

2) 비교우위의 판정

단위노동투입량의 비율은 단위당 생산비의 비율과 완전히 동일함을 활용하여 분석하면 다음과 같다.

X재의 A국(갑국) 상대가격 $(\frac{P_X}{P_Y})^A = (\frac{a_X}{a_Y})^A = \frac{5}{10} < B$국 상대가격 $(\frac{P_X}{P_Y})^B = (\frac{a_X}{a_Y})^B = \frac{8}{13}$ 이므로 A국 (갑국)은 X재 생산에 비교우위를 가진다.

3) 교역조건

① 양국이 교역을 시작하게 되면 교역조건은 양국의 상대가격비율 사이에서 결정된다.

② $(\frac{P_X}{P_Y})^A = (\frac{a_X}{a_Y})^A = \frac{5}{10}$ 와 $(\frac{P_X}{P_Y})^B = (\frac{a_X}{a_Y})^B = \frac{8}{13}$ 사이에서 결정된다.

③ 교역조건이 양국의 상대가격비율 사이에서 결정되는 이유는, 교역조건은 수출재와 수입재 사이의 상대가격 이므로 그 교역조건이 자국의 상대가격보다 크거나 작아야만 무역의 이득이 발생할 수 있기 때문이다.

따라서 양국 모두 무역으로부터 이득을 얻고 무역이 발생하기 위해서는 교역조건$(\frac{P_X}{P_Y})$이 $\frac{5}{10} \sim \frac{8}{13}$, 즉 $0.5 \sim 0.62$에서 결정되어야 한다. 이의 한 예로서 ② 0.55가 교역조건으로 타당하다.

헥셔-올린 이론

산업내 무역이론

A국은 자본이 상대적으로 풍부하고 B국은 노동이 상대적으로 풍부하다. 양국 간의 상품이동이 완전히 자유로워지고 양 국가가 부분특화하는 경우, 헥셔-올린(Hecksher-Ohlin)모형과 스톨퍼-새뮤엘슨(Stolper-Samuelson)정리에서의 결과와 부합하는 것을 모두 고른 것은?

▶ 2012년 감정평가사

ㄱ. 두 국가의 자본가격은 같아진다.
ㄴ. B국 자본가의 실질소득이 증가한다.
ㄷ. A국 노동자의 실질소득이 감소하는 반면, B국 노동자의 실질소득은 증가한다.

① ㄱ   ② ㄱ, ㄴ   ③ ㄱ, ㄷ
④ ㄴ, ㄷ   ⑤ ㄱ, ㄴ, ㄷ

출제이슈   스톨퍼-사무엘슨 정리
핵심해설   정답 ③

헥셔-올린 이론의 가정은 다음과 같다.

1) 노동, 자본 2개 생산요소
2) 양국의 기술체계, 생산함수는 동일
3) 양국의 선호체계, 후생함수는 동일
4) 양국은 요소부존도 차이(노동풍부국, 자본풍부국)
5) 양국의 상품시장, 요소시장은 완전경쟁적(재화가격과 요소가격에 대한 가격수용자)
6) 산업 간 생산요소의 이동은 자유(산업 간 생산요소의 보수는 일치)
7) 두 재화의 요소집약도는 상이(노동집약재, 자본집약재)
8) 운송비, 관세 등 무역장벽은 없다(무역 후 양국의 상품가격은 동일).
9) 생산함수는 규모에 대한 보수 불변

위의 가정하에서 헥셔-올린의 결론은 노동풍부국은 노동집약재에 비교우위가 있어서 노동집약재를 특화하여 수출하고, 반대로 자본풍부국은 자본집약재에 비교우위가 있어서 자본집약재를 특화하여 수출한다는 것이다. 요소가격균등화 정리에 의하면, 무역으로 인한 국가 간 재화의 자유로운 이동으로 인하여 양국의 요소가격은 같아지는데, 양국 간 임금-임대료 비율이 같아질 뿐만 아니라, 요소의 절대가격도 국가 간 동일해진다. 한편, 스톨퍼-사무엘슨 정리에 의하면, 한 재화의 가격 상승은 이 재화 생산에 집약적으로 사용되는 요소의 실질보수를 상승시키고 그렇지 않은 다른 요소의 실질보수를 하락시킨다.

요소가격균등화 정리가 무역이 국가 간 요소가격(예 국가 간 노동가격, 국가 간 자본가격)에 미치는 영향이라면, 스톨퍼 – 사무엘슨 정리는 무역이 풍부, 비풍부 요소가격에 미치는 영향이다(예 풍부요소인 노동가격, 희소요소인 자본가격).

위의 내용에 따라서 설문을 검토하면 다음과 같다.

ㄱ. 옳은 내용이다.

　무역으로 인한 국가 간 재화의 자유로운 이동으로 양국의 요소가격은 같아지는데, 양국 간 임금 – 임대료 비율이 같아질 뿐만 아니라, 요소의 절대가격도 국가 간 동일해진다. 따라서 두 국가의 자본가격은 같아진다.

ㄴ. 틀린 내용이다.

　B국은 노동과 자본만을 사용하여 노동집약재와 자본집약재를 생산하며, 자본에 비해 상대적으로 노동이 풍부한 나라이므로, 무역이 발생할 경우 헥셔 – 올린 정리에 의하여 노동풍부국 B국은 노동집약재를 수출하고 자본집약재를 수입한다.

　무역으로 인하여 수출재인 노동집약재의 가격이 상승하여 노동집약재의 생산이 증가한다. 이로 인해 노동에 대한 수요가 증가하고 노동임금이 상승한다. 노동임금 상승에 따라서 생산은 자본집약적 방식으로 변화하고 이 과정에서 노동의 한계생산성은 상승하고 노동임금도 상승하게 된다. 결국 무역으로 인하여 노동의 실질보수는 상승한다.

　반대로 무역으로 인하여 수입재인 자본집약재의 가격이 하락하여 자본집약재의 생산이 감소한다. 이로 인해 자본에 대한 수요가 감소하고 자본임대료가 하락한다. 자본임대료 하락에 따라서 생산은 자본집약적 방식으로 변화하고 이 과정에서 자본의 한계생산성은 하락하고 자본임대료도 하락하게 된다. 결국 무역으로 인하여 자본의 실질보수는 하락한다.

ㄷ. 옳은 내용이다.

　위 ㄴ에서 분석한 내용에 따르면, A국 노동자의 실질소득이 감소하는 반면, B국 노동자의 실질소득은 증가한다.

　A국은 노동과 자본만을 사용하여 노동집약재와 자본집약재를 생산하며, 노동에 비해 상대적으로 자본이 풍부한 나라이므로, 무역이 발생할 경우 헥셔 – 올린 정리에 의하여 자본풍부국 A국은 자본집약재를 수출하고 노동집약재를 수입한다.

　무역으로 인하여 수출재인 자본집약재의 가격이 상승하여 자본집약재의 생산이 증가한다. 이로 인해 자본에 대한 수요가 증가하고 자본보수가 상승한다. 자본보수의 상승에 따라서 생산은 노동집약적 방식으로 변화하고 이 과정에서 자본의 한계생산성은 상승하고 자본보수도 상승하게 된다. 결국 무역으로 인하여 자본의 실질보수는 상승한다.

　반대로 무역으로 인하여 수입재인 노동집약재의 가격이 하락하여 노동집약재의 생산이 감소한다. 이로 인해 노동에 대한 수요가 감소하고 노동임금이 하락한다. 노동임금 하락에 따라서 생산은 노동집약적 방식으로 변화하고 이 과정에서 노동의 한계생산성은 하락하고 노동임금도 하락하게 된다. 결국 무역으로 인하여 노동의 실질보수는 하락한다.

 05 관세정책

 06 비관세 무역정책

 07 경제통합

소규모 개방경제에서 수입소비재 A재에 관세를 부과할 때, 이 시장에 나타날 경제적 효과에 관한 설명으로 옳은 것은? (단, 국내 수요곡선은 우하향, 국내 공급곡선은 우상향하며, A의 국제가격은 교역 이전의 국내가격보다 낮다.)

▶ 2013년 감정평가사

① 국내 소비자의 잉여는 증가한다. ② 국내 생산자의 잉여는 감소한다.
③ 국내 소비는 감소한다. ④ 국내 생산자의 생산량은 감소한다.
⑤ 국내의 사회적 총잉여는 증가한다.

출제이슈 관세부과의 효과
핵심해설 정답 ③

관세의 효과는 다음과 같다.

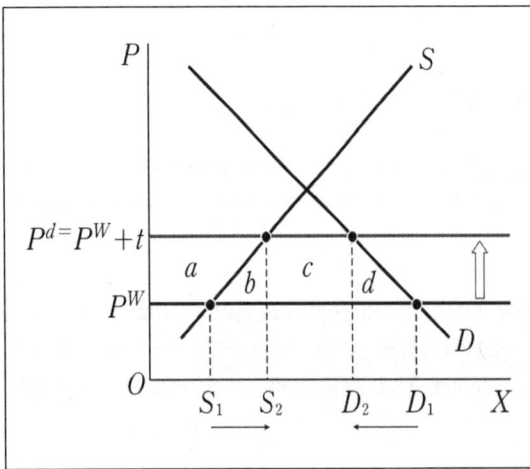

① 국제시장가격 : P^W 동일

② 국내시장가격 : P^W에서 P^W+t로 상승

③ 국내생산량 : S_1에서 S_2로 증가

④ 국내소비량 : D_1에서 D_2로 감소

⑤ 소비자잉여 변화 ΔCS : $a+b+c+d$만큼 감소

⑥ 생산자잉여 변화 ΔPS : a만큼 증가

⑦ 자중손실 : $-(b+d)$

위의 내용에 따라서 설문을 검토하면 다음과 같다.

① 틀린 내용이다.
　위의 그래프에서 국내 소비자의 잉여는 $a+b+c+d$만큼 감소한다.

② 틀린 내용이다.

위의 그래프에서 국내 생산자의 잉여는 a만큼 증가한다.

③ 옳은 내용이다.

위의 그래프에서 국내 소비는 D_1에서 D_2로 감소한다.

④ 틀린 내용이다.

위의 그래프에서 국내 생산자의 생산량은 S_1에서 S_2로 증가한다.

⑤ 틀린 내용이다.

위의 그래프에서 국내의 사회적 총잉여는 자중손실의 크기 $(b+d)$만큼 감소한다.

보호무역을 옹호하는 주장의 근거가 아닌 것은? ▶ 2023년 감정평가사

① 자유무역으로 분업이 강력하게 진행되면 국가 안전에 대한 우려가 발생할 수 있다.

② 관세를 부과하면 경제적 순손실(deadweight loss)이 발생한다.

③ 환경오염도피처가 된 거래상대국으로부터 유해한 물질이 자유무역으로 인해 수입될 가능성이 높다.

④ 정부가 신생 산업을 선진국으로부터 보호해서 육성해야 한다.

⑤ 자유무역은 국내 미숙련근로자의 임금에 부정적 영향을 줄 수 있다.

출제이슈 보호무역의 근거와 관세의 효과

핵심해설 정답 ②

관세를 부과하면 아래와 같이 경제적 순손실이 발생한다. 경제적 순손실의 발생은 해당 국가의 사회후생을 감소시키기 때문에 관세부과를 통한 보호무역을 옹호하는 근거로 타당하지 않다.

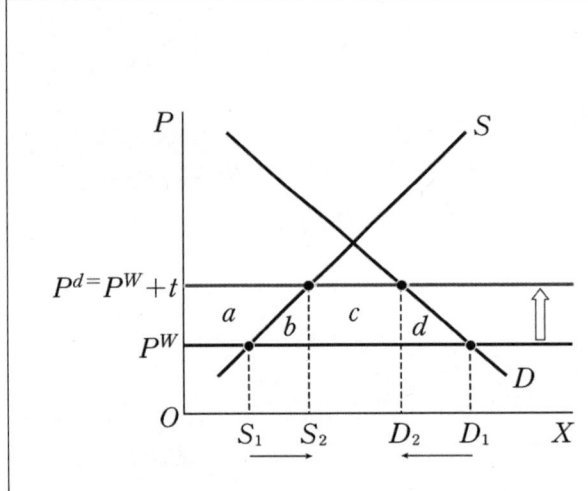

① 국제시장가격 : P^W 동일

② 국내시장가격
  : P^W에서 $P^W + t$로 상승

③ 국내생산량
  : S_1에서 S_2로 증가

④ 국내소비량
  : D_1에서 D_2로 감소

⑤ 소비자잉여 변화 ΔCS
  : $a + b + c + d$만큼 감소

⑥ 생산자잉여 변화 ΔPS
  : a만큼 증가

⑦ 자중손실 : $-(b+d)$

관세의 부과로 인하여 소비자잉여가 감소하고 생산자잉여는 증가하며 정부의 관세수입이 증가하지만, 사회후생의 손실이 $-(b+d)$만큼 발생한다. 따라서 선지 ②는 관세를 통한 보호무역의 근거가 될 수 없다.

선지 ②를 제외한 나머지는 ① 국가안보, ③ 환경보호, ④ 국내 신생산업 보호, ⑤ 국내 저임금노동자 보호의 차원에서 보호무역을 옹호하는 근거가 될 수 있다.

 **01** 국제수지표

> ▶ 2016년 감정평가사

한국의 경상수지에 기록되지 않는 항목은?

① 한국에서 생산된 쌀의 해외수출
② 중국인의 한국 내 관광지출
③ 한국의 해외빈국에 대한 원조
④ 한국 노동자의 해외 근로소득 국내송금
⑤ 한국인의 해외주식 취득

출제이슈 국제수지표의 계정별 이해
핵심해설 정답 ⑤

국제수지표는 일정 기간 동안에 일국의 거주자와 여타국의 거주자들 사이에 발생한 모든 경제적 거래를 체계적으로 분류한 표를 의미한다. 국제수지표는 다음과 같이 경상수지와 자본금융계정으로 구성되어 있다.

1) 경상수지

① 상품수지 : 상품의 수출과 수입
② 서비스수지 : 서비스의 국가 간 거래(운송, 여행, 통신, 보험, 지재권 사용료, 정부서비스 등)
③ 본원소득수지 : 우리가 외국에서 벌어들인 소득과 외국인이 우리나라에서 벌어간 소득(근로소득, 이자소득, 배당소득 등)
④ 이전소득수지 : 대가 없는 송금, 구호 및 원조를 위한 식량, 의약품, 국제기구 출연금 등

2) 자본금융계정

① 자본수지
　ⅰ) 토지, 지하자원 등 비생산유형자산 거래
　ⅱ) 채무면제, 해외이주비, 투자보조금(고정자산 취득과 관련) 지급 등

② 금융계정

ⅰ) 직접투자 : 해외기업에 대한 경영참여 등과 같은 장기적인 대외투자

ⅱ) 증권투자 : 외국과의 주식 및 채권거래

ⅲ) 파생금융상품투자 : 외국과의 파생상품거래

ⅳ) 기타투자 : 직접투자, 증권투자, 파생금융상품투자에 포함되지 않는 외국과의 모든 금융거래(대출, 차입, 외상수출입 시 발생하는 무역신용 등)

ⅴ) 준비자산 : 중앙은행의 외환보유액의 변화(중앙은행이 외환시장에서 외환 매입, 매도)

위의 내용에 근거하여 경상수지에 기록되는 항목인지 설문을 검토하면 다음과 같다.

① 경상수지

한국에서 생산된 쌀의 해외수출은 상품수지로서 경상수지에 해당한다.

② 경상수지

중국인의 한국 내 관광지출은 서비스수지로서 경상수지에 해당한다.

③ 경상수지

한국의 해외빈국에 대한 원조는 이전소득수지로서 경상수지에 해당한다.

④ 경상수지

한국 노동자의 해외 근로소득 국내송금은 본원소득수지로서 경상수지에 해당한다.

⑤ 자본금융계정

한국인의 해외주식 취득은 증권투자로서 자본금융계정에 해당하며 경상수지에 해당하지 않는다.

국제수지표의 경상수지에 포함되는 거래가 아닌 것은? ▶ 2015년 감정평가사

① 외국인의 국내주식 구입
② 해외교포의 국내송금
③ 재화의 수출입
④ 정부 간 무상원조
⑤ 외국인의 국내관광 지출

출제이슈 국제수지표의 계정별 이해
핵심해설 정답 ①

① 외국인의 국내주식 구입은 증권투자로서 자본금융계정에 해당한다.

② 해외교포의 국내송금은 무상의 증여성격인 경우 이전소득수지로서 경상수지에 해당한다.

③ 재화의 수출입은 상품수지로서 경상수지에 해당한다.

④ 정부 간 무상원조는 이전소득수지로서 경상수지에 해당한다.

⑤ 외국인의 국내관광 지출은 서비스수지로서 경상수지에 해당한다.

국제거래 중 우리나라의 경상수지 흑자를 증가시키는 것은? ▶ 2012년 감정평가사

① 외국인이 우리나라 기업의 주식을 매입하였다.

② 우리나라 학생의 해외유학은 증가하였다.

③ 미국 기업이 우리나라에 자동차 공장을 건설하였다.

④ 우리나라 기업이 중국기업으로부터 특허료를 지급받았다.

⑤ 우리나라 기업이 외국인에게 주식투자에 대한 배당금을 지급하였다.

출제이슈 국제수지표의 계정별 이해

핵심해설 정답 ④

① 자본금융계정에서 금융계정에 해당하며 강학상 자본수지 개선에 해당한다.

② 경상수지에서 서비스수지에 해당하며 경상수지 악화에 해당한다.

③ 자본금융계정에서 금융계정에 해당하며 강학상 자본수지 개선에 해당한다.

④ 경상수지에서 서비스수지에 해당하며 경상수지 개선에 해당한다.

⑤ 경상수지에서 본원소득수지에 해당하며 경상수지 악화에 해당한다.

국제수지표의 금융계정(financial account)에 포함되는 거래가 아닌 것은? ▶2018년 감정평가사

① 한국 기업이 외국인 투자자에게 배당금을 지불한다.
② 한국 기업이 베트남 기업에 대해 50% 이상의 주식지분을 매입한다.
③ 외국 금융기관이 한국 국채를 매입한다.
④ 한국 금융기관이 외화자금을 차입한다.
⑤ 한국은행이 미국 재무성채권을 매입한다.

출제이슈 국제수지표의 계정별 이해
핵심해설 정답 ①

① 경상수지에 해당한다.
한국 기업이 외국인 투자자에게 배당금을 지불하는 경우, 이는 본원소득수지로서 경상수지에 해당한다.

② 자본금융계정에 해당한다.
한국 기업이 베트남 기업에 대해 주식지분을 매입하는 경우, 이는 증권투자로서 금융계정에 해당한다. 다만, 장기적으로 경영권 참여가 목적인 경우 직접투자로 고려될 수 있다.

③ 자본금융계정에 해당한다.
외국 금융기관이 한국 국채를 매입하는 경우, 이는 증권투자로서 금융계정에 해당한다.

④ 자본금융계정에 해당한다.
한국 금융기관이 외화자금을 차입하는 경우 이는 기타투자로서 금융계정에 해당한다.

⑤ 자본금융계정에 해당한다.
한국은행이 미국 재무성채권을 매입하는 경우 이는 기타투자 및 준비자산으로서 금융계정에 해당한다. 참고로 준비자산이란 통화당국이 국제수지 불균형을 직접 보전하거나 또는 외환시장 개입을 통해서 국제수지 불균형을 조정하기 위해 사용되는 자산을 말한다. 이는 금, SDR, 달러화뿐만 아니라 각종 외화자산(예금 및 증권)도 포함된다. 한국은행의 외환보유액 변화는 바로 준비자산의 변화이다. 구별할 것으로 시중은행이 보유하고 있는 외환은 준비자산이 아닌 기타투자로서 금융계정에 해당한다.

국제수지 결정이론

갑국의 국민소득(Y)은 소비(C), 민간투자(I), 정부지출(G), 순수출(NX)의 합과 같다. 2016년과 같이 2017년에도 조세(T)와 정부지출의 차이($T-G$)는 음(−)이었고, 절대크기는 감소하였으며, 순수출은 (+)이었지만, 절대크기는 감소하였다. 이로부터 유추할 수 있는 2017년의 상황으로 옳은 것을 모두 고른 것은?

▶ 2018년 감정평가사

ㄱ. 국가채무는 2016년 말에 비해 감소하였다.
ㄴ. 순대외채권은 2016년 말에 비해 감소하였다.
ㄷ. 민간저축은 민간투자보다 더 많았다.
ㄹ. 민간저축과 민간투자의 차이는 2016년보다 그 절대크기가 감소하였다.

① ㄱ, ㄴ   ② ㄱ, ㄷ   ③ ㄴ, ㄷ
④ ㄴ, ㄹ   ⑤ ㄷ, ㄹ

출제이슈 국제수지와 국민소득
핵심해설 정답 ⑤

폐쇄경제에서 국민소득은 다음과 같이 결정된다.
$Y = C + I + G$ (단, C : 소비, I : 투자, G : 정부지출)

한편 수출입을 고려한 개방경제에서 국민소득은 다음과 결정된다.
$Y = C + I + G + X - M$ (단, C : 소비, I : 투자, G : 정부지출, X : 수출, M : 수입)

위의 식을 다음과 같이 변형해 보자.

1) 소득 − 지출 접근법
$AD = C + I + G$ (AD : 국내총지출)를 도입하면 $Y - A = X - M$이 된다.

이는 (소득 − 지출) = (수출 − 수입)임을 의미하므로 소득이 지출보다 크다면, 수출이 수입보다 크다는 뜻이 된다.

2) 저축 − 투자 접근법
$Y = C + I + G + X - M$ (단, C : 소비, I : 투자, G : 정부지출, X : 수출, M : 수입)에서
$Y \equiv C + S + T$로서 항등식이다.

따라서 개방경제의 국민소득 결정식을 변형해 보면 다음과 같다.
$S + T + M = I + G + X$가 되어 $(S - I) + (T - G) = (X - M)$이 된다.

이는 (저축 – 투자) = (수출 – 수입)임을 의미하며, 저축이 투자보다 크다면, 수출이 수입보다 크다는 뜻이다.

한 나라의 국내저축이 증가할 때, 국내투자에 변화가 없다면, (저축 – 투자) = (수출 – 수입)에서 순수출이 증가함을 의미한다. 또한 투자되는 자본보다 더 많이 저축될 경우 그 초과자본은 유출되어야만 수출증가가 가능해진다는 뜻이다.

국제수지 결정식 (저축 – 투자) = (수출 – 수입)에서 만일 저축이 투자보다 크면, 투자를 초과하는 만큼의 자본이 해외로 유출되어야만 순수출이 증가할 수 있음을 의미한다. 한편, 이를 보정적 거래 관점에서 보면, 자율적 거래로 발생한 경상수지가 복식부기원리에 의한 보정적 거래에 의해 상쇄된다. 특히 해당 보정적 거래는 자본수지로 기록되므로 경상수지와 반대방향의 보정적 거래의 자본수지가 된다. 따라서 순수출은 보정적 거래로서의 순자본유출과 매칭이 되므로 주의해야 한다.

위의 내용을 바탕으로 설문을 검토하면 다음과 같다.

먼저 설문에서 2017년에 조세(T)와 정부지출의 차이($T-G$)는 음(–)이었고, 절대크기는 감소하였으며, 순수출은 (+)이었지만, 절대크기는 감소하였다. 이와 함께 개방경제의 국민소득과 국제수지의 관계식을 고려하여 설문을 검토하면 다음과 같다.

$$(S-I) + (T-G) = (X-M)$$
$$\qquad (-) \qquad\quad (+)$$

ㄱ. 틀린 내용이다.
국가채무는 재정적자의 누적액을 의미한다. 따라서 2017년에 ($T-G$)는 음(–)이었기 때문에 2017년에도 재정적자가 지속적으로 누적되어 국가채무는 2016년에 비해 증가하였음을 의미한다.

ㄴ. 틀린 내용이다.
순수출은 (+)이므로 순대외채권의 증가를 의미한다. 그런데 2016년에 비해 2017년의 순수출이 절대크기는 감소하였으므로 순대외채권은 2016년의 증가분에는 미치지 못한다. 따라서 2017년의 순대외채권 증가분은 2016년의 증가분에 비해 줄어들지만, 2017년의 순대외채권의 누적액은 증가한다.

ㄷ. 옳은 내용이다.
다음 식에서 보듯이 ($T-G$)는 음(–)이고, 순수출은 (+)이었으므로 저축은 투자를 상회함을 의미한다.
$$(S-I) + (T-G) = (X-M)$$
$$\qquad (-) \qquad\quad (+)$$

ㄹ. 옳은 내용이다.
민간저축과 민간투자의 차이는 다음과 같다. 2016년보다 그 절대크기가 감소하였다.
$$(S-I) = (X-M) - (T-G)$$
$$\qquad\quad (+) \qquad (-)$$

2016년에 비해 2017년은 순수출은 (+)이지만, 절대크기는 감소하였다. 그리고 재정적자는 (–)이지만 절대크기는 감소하였다. 따라서 이를 종합하면, 저축과 투자의 차이가 감소하게 된다.

국민소득 항등식을 기초로 하여 경상수지가 개선되는 경우로 옳은 것을 모두 고른 것은?

▶ 2017년 감정평가사

ㄱ. 민간소비 증가   ㄴ. 민간저축 증가

ㄷ. 민간투자 감소   ㄹ. 재정적자 감소

① ㄱ, ㄴ   ② ㄴ, ㄷ   ③ ㄴ, ㄹ

④ ㄱ, ㄷ, ㄹ   ⑤ ㄴ, ㄷ, ㄹ

출제이슈 국제수지와 국민소득

핵심해설 정답 ⑤

개방경제의 국민소득 결정식을 변형해보면 다음과 같다.
$S + T + M = I + G + X$ 가 되어 $(S-I) + (T-G) = (X-M)$ 이 된다.

이는 (저축 − 투자) = (수출 − 수입)임을 의미하며, 저축이 투자보다 크면, 수출이 수입보다 크다는 뜻이다.

한 나라의 국내저축이 증가할 때, 국내투자에 변화가 없다면, (저축 − 투자) = (수출 − 수입)에서 순수출이 증가함을 의미한다. 또한 투자되는 자본보다 더 많이 저축될 경우 그 초과자본은 유출되어야만 수출증가가 가능해진다는 뜻이다.

국제수지 결정식 (저축 − 투자) = (수출 − 수입)에서 만일 저축이 투자보다 크면, 투자를 초과하는 만큼의 자본이 해외로 유출되어야만 순수출이 증가할 수 있음을 의미한다. 한편, 이를 보정적 거래 관점에서 보면, 자율적 거래로 발생한 경상수지가 복식부기원리에 의한 보정적 거래에 의해 상쇄된다. 특히 해당 보정적 거래는 자본수지로 기록되므로 경상수지와 반대방향의 보정적 거래의 자본수지가 된다. 따라서 순수출은 보정적 거래로서의 순자본유출과 매칭이 되므로 주의해야 한다.

위의 내용을 바탕으로 설문을 검토하면 다음과 같다.

개방경제의 국민소득 결정식을 변형하면 $(S-I) + (T-G) = (X-M)$ 이 된다.
이때, 경상수지가 개선되기 위해서 민간저축이 투자보다 크거나 재정적자가 감소하여야 한다.

ㄱ. 틀린 내용이다.
　　민간소비가 증가하면 민간저축이 감소하므로 경상수지가 악화된다.

ㄴ, ㄷ, ㄹ. 모두 옳은 내용이다.
　　민간저축이 증가하거나, 민간투자가 감소하거나 재정적자가 감소하는 경우 $(S-I) + (T-G) = (X-M)$ 의
　　좌변을 모두 증가시키기 때문에 경상수지는 개선된다.

개방경제의 국민소득계정에 관한 설명으로 옳은 것을 모두 고른 것은? ▶ 2012년 감정평가사

ㄱ. 국민소득이 소비, 투자, 정부지출의 합보다 큰 경우에 순수출은 반드시 양(+)이 된다.
ㄴ. 민간투자가 민간저축보다 더 큰 경우에 순수출은 반드시 양(+)이 된다.
ㄷ. 정부세금 수입이 지출보다 더 큰 경우에 순수출은 반드시 양(+)이 된다.

① ㄱ   ② ㄴ   ③ ㄷ
④ ㄱ, ㄴ   ⑤ ㄴ, ㄷ

PART · 03

출제이슈 국제수지와 국민소득
핵심해설 정답 ①

폐쇄경제에서 국민소득은 다음과 같이 결정된다.
$Y = C + I + G$ (단, C : 소비, I : 투자, G : 정부지출)

한편, 수출입을 고려한 개방경제에서 국민소득은 다음과 같이 결정된다.
$Y = C + I + G + X - M$ (단, C : 소비, I : 투자, G : 정부지출, X : 수출, M : 수입)

ㄱ. 옳은 내용이다.
수출입을 고려한 개방경제에서 국민소득은 다음과 같이 결정된다.
$Y = C + I + G + X - M$ (단, C : 소비, I : 투자, G : 정부지출, X : 수출, M : 수입)
따라서 국민소득이 소비, 투자, 정부지출의 합보다 큰 경우에 순수출은 반드시 양(+)이 된다.

ㄴ. 틀린 내용이다.
개방경제의 국민소득 결정식을 변형해 보면 $S + T + M = I + G + X$가 되어 $(S - I) + (T - G) = (X - M)$이 된다. 따라서 민간투자가 민간저축보다 더 큰 경우에 순수출의 부호는 정부저축의 크기에 달려있다. 만일 민간투자가 민간저축보다 더 크고 정부저축도 음수라면 순수출은 음(−)이 될 수 있다. 따라서 반드시 순수출이 양(+)이라는 것은 틀린 내용이다.

ㄷ. 틀린 내용이다.
개방경제의 국민소득 결정식을 변형해 보면 $S + T + M = I + G + X$가 되어 $(S - I) + (T - G) = (X - M)$이 된다. 따라서 정부세금 수입이 지출보다 더 큰 경우에 순수출의 부호는 민간저축의 크기에 달려있다. 만일 정부세금 수입이 지출보다 더 크지만 민간저축이 절댓값 측면에서 재정흑자보다 훨씬 더 마이너스 방향으로 크다면 순수출은 음(−)이 될 수 있다. 따라서 반드시 순수출이 양(+)이라는 것은 틀린 내용이다.

재정적자가 증가한 경우 민간저축에 변화가 없었다면, (   )에 들어갈 내용을 순서대로 옳게 연결한 것은?

▶ 2013년 감정평가사

- 투자와 순수출의 합계가 (ㄱ   )하였다.
- 정부저축이 (ㄴ   )하였다.
- 국민저축이 (ㄷ   )하였다.

① ㄱ : 감소, ㄴ : 감소, ㄷ : 감소
② ㄱ : 감소, ㄴ : 감소, ㄷ : 증가
③ ㄱ : 증가, ㄴ : 증가, ㄷ : 감소
④ ㄱ : 증가, ㄴ : 감소, ㄷ : 감소
⑤ ㄱ : 증가, ㄴ : 증가, ㄷ : 증가

출제이슈 국제수지와 국민소득
핵심해설 정답 ①

개방경제의 국민소득 결정식을 변형해보면 다음과 같다.
$S + T + M = I + G + X$ 가 되어 $(S - I) + (T - G) = (X - M)$ 이 된다.

이는 (저축 – 투자) = (수출 – 수입)임을 의미하며, 저축이 투자보다 크다면, 수출이 수입보다 크다는 뜻이다.

한 나라의 국내저축이 증가할 때, 국내투자에 변화가 없다면, (저축 – 투자) = (수출 – 수입)에서 순수출이 증가함을 의미한다. 또한 투자되는 자본보다 더 많이 저축될 경우 그 초과자본은 유출되어야만 수출증가가 가능해진다는 뜻이다.

국제수지 결정식 (저축 – 투자) = (수출 – 수입)에서 만일 저축이 투자보다 크면, 투자를 초과하는 만큼의 자본이 해외로 유출되어야만 순수출이 증가할 수 있음을 의미한다. 한편, 이를 보정적 거래 관점에서 보면, 자율적 거래로 발생한 경상수지가 복식부기원리에 의한 보정적 거래에 의해 상쇄된다. 특히 해당 보정적 거래는 자본수지로 기록되므로 경상수지와 반대방향의 보정적 거래의 자본수지가 된다. 따라서 순수출은 보정적 거래로서의 순자본유출과 매칭이 되므로 주의해야 한다.

위의 내용을 바탕으로 설문을 검토하면 다음과 같다.

개방경제의 국민소득 결정식의 변형인 $(S - I) + (T - G) = (X - M)$에서 만일 설문에서처럼 재정적자가 증가한 경우 민간저축에 변화가 없었다면, 순수출은 감소함을 의미한다.
그리고 재정적자가 증가하였으므로 정부저축은 감소함을 의미하고, 정부저축이 감소하고 민간저축이 불변이라면 국민저축이 감소함을 의미한다.

Issue 03 환율의 의의

> 원/달러 환율의 하락(원화 강세)을 야기하는 요인으로 옳은 것은?　▶ 2017년 감정평가사
>
> ① 재미교포의 국내송금 감소
> ② 미국인의 국내주식에 대한 투자 증가
> ③ 미국산 수입품에 대한 국내수요 증가
> ④ 미국 기준금리 상승
> ⑤ 미국인 관광객의 국내 유입 감소로 인한 관광수입 감소

출제이슈 환율변화의 원인
핵심해설 정답 ②

① 환율상승

　재미교포의 국내송금 감소는 외환유입의 감소를 초래하므로 환율상승의 원인이 된다.

② 환율하락

　미국인의 국내주식에 대한 투자 증가는 외환유입을 가져오므로 환율하락의 원인이 된다.

③ 환율상승

　미국산 수입품에 대한 국내수요 증가는 외환에 대한 수요를 증가시키므로 환율상승의 원인이 된다.

④ 환율상승

　미국 기준금리 상승은 국내의 외화자본이 미국으로 유출되므로 환율상승의 원인이 된다.

⑤ 환율상승

　미국인 관광객의 국내 유입 감소로 인한 관광수입 감소는 외환유입의 감소를 초래하므로 환율상승의 원인이
된다.

> **자국통화를 지속적으로 저평가(undervaluation)할 때, 나타나는 현상으로 옳은 것은?**
>
> ▶ 2014년 감정평가사
>
> ① 자국통화의 공급이 감소된다.
> ② 디플레이션이 발생한다.
> ③ 국내재화와 서비스의 가격이 상승한다.
> ④ 자국 이자율이 하락한다.
> ⑤ 외환보유고가 고갈된다.

출제이슈 평가절하의 효과
핵심해설 정답 ③, ④

환율변화의 효과는 다음과 같다.

1) 원/달러 환율이 상승할 경우, 달러의 가치가 상승하고 상대적으로 원화의 가치는 하락하게 된다.

상대적으로 커진 달러가치에 의하여 외국의 수입수요는 증가한다. 환율의 상승에 따라서 우리나라가 수출하는 재화의 달러표시가격이 하락하므로 외국에서 수입이 증가한다. 이는 우리나라의 수출증가를 의미한다.

반대로 상대적으로 하락한 원화가치에 의하여 우리나라의 수입수요는 감소한다. 환율의 상승에 따라서 우리나라가 수입하는 재화의 원화표시가격이 상승하므로 우리나라에서 수입이 감소한다.

따라서 우리나라의 수출은 증가하고 수입은 감소한다. 수출과 수입에 의하여 발생하는 외환의 흐름은 외환공급의 증가와 외환수요의 감소로 나타난다.

2) 원/달러 환율이 하락할 경우, 달러의 가치가 하락하고 상대적으로 원화의 가치는 상승하게 된다.

상대적으로 작아진 달러가치에 의하여 외국의 수입수요는 감소한다. 환율의 하락에 따라서 우리나라가 수출하는 재화의 달러표시가격이 상승하므로 외국에서 수입이 감소한다. 이는 우리나라의 수출감소를 의미한다.

반대로 상대적으로 상승한 원화가치에 의하여 우리나라의 수입수요는 증가한다. 환율의 하락에 따라서 우리나라가 수입하는 재화의 원화표시가격이 하락하므로 우리나라에서 수입이 증가한다.

따라서 우리나라의 수출은 감소하고 수입은 증가한다. 수출과 수입에 의하여 발생하는 외환의 흐름은 외환공급의 감소와 외환수요의 증가로 나타난다.

설문에서 자국통화를 지속적으로 평가절하한다는 것은 곧 환율 상승을 의미한다. 이를 위해서는 외환시장에서 외환당국이 지속적으로 외환을 매수해야 한다. 이 과정에서 본원통화가 공급되어 통화량 공급이 증가하여 물가가 상승하게 된다. 통화량 공급의 증가로 이자율은 하락한다.

> 한국과 미국의 연간 물가상승률은 각각 4%와 6%이고 환율은 달러당 1,200원에서 1,260원으로 변하였다고 가정할 때, 원화의 실질환율의 변화는? ▸ 2019년 감정평가사
>
> ① 3% 평가절하　　　　② 3% 평가절상　　　　③ 7% 평가절하
> ④ 7% 평가절상　　　　⑤ 변화 없다.

출제이슈 실질환율
핵심해설 정답 ③

1) 실질환율의 개념

명목환율은 자국통화와 외국통화의 교환비율로서 이는 외국화폐 1단위와 교환되는 자국화폐의 양으로 표시할 수 있다. 쉽게 말하면 외국화폐의 가격이 명목환율이다. 구매력 평가설에 의하면, 명목환율은 양국의 물가수준에 의하여 결정된다. 그러나 현실에서 환율은 양국의 구매력을 충분히 반영하지 못하는 경우가 많다. 따라서 양국의 구매력의 차이를 나타내는 척도가 필요한데 이를 실질환율이라고 하며, 자국상품과 외국상품의 교환비율을 의미한다. 실질환율은 외국상품 1단위와 교환되는 자국상품의 양으로서 $q = \dfrac{e P^*}{P}$로 표시할 수 있다.

실질환율은 외국재화의 자국재화에 대한 상대가격으로서 실질환율의 상승은 외국재화의 상대가격이 상승하는 것이고 실질환율의 하락은 외국재화의 상대가격이 하락하는 것이다. 따라서 실질환율은 자국 재화의 수출경쟁력을 의미하며, 높을수록 수출경쟁력이 높다.

2) 실질환율의 변화

실질환율은 $q = \dfrac{e P^*}{P}$ 이며 이를 변화율로 표시하면, $\hat{q} = \hat{e} + \widehat{P^*} - \hat{P}$가 된다. 이를 해석하면 다음과 같다.
먼저 양국에 물가수준에 변화가 없는 경우 명목환율이 상승하면 실질환율은 상승하고 명목환율이 하락하면 실질환율은 하락한다.

자국의 물가수준이 내려가더라도 자국의 명목환율이 같은 비율로 하락한다면 실질환율은 불변이다. 즉, 자국의 물가수준이 내려가도 수출경쟁력이 강화되는 것은 아니고 불변인 것이다. 한편 자국의 물가수준이 오르더라도 자국의 명목환율이 같은 비율로 상승한다면 실질환율은 불변이다. 즉, 자국의 물가수준이 올라도 수출경쟁력이 악화되는 것은 아니고 불변인 것이다.

위의 내용에 따라서 설문을 분석하면 다음과 같다.
한국과 미국의 연간 물가상승률은 각각 4%와 6%이고 환율은 달러당 1,200원에서 1,260원으로 변하였다고 하였으므로 명목환율은 5% 상승하였다. 따라서 실질환율의 변화율은, $\hat{q} = \hat{e} + \widehat{P^*} - \hat{P}$에 의하여 $\hat{q} = 5 + 6 - 4 = 7(\%)$이므로 7%가 상승한 것이다. 이는 원화의 실질환율이 7% 평가절하된 것으로 해석할 수 있다.

원/달러 명목환율, 한국과 미국의 물가지수가 다음과 같다. 2013년을 기준연도로 하였을 때, 2014년의 원/달러 실질환율의 변화는?

▶ 2015년 감정평가사

	2013년	2014년
원/달러 명목환율	1,000	1,100
한국의 물가지수	100	105
미국의 물가지수	100	102

① 불변
② 3% 하락
③ 3% 상승
④ 7% 하락
⑤ 7% 상승

출제이슈 실질환율
핵심해설 정답 ⑤

명목환율은 자국통화와 외국통화의 교환비율로서 이는 외국화폐 1단위와 교환되는 자국화폐의 양으로 표시할 수 있다. 쉽게 말하면 외국화폐의 가격이 명목환율이다. 구매력 평가설에 의하면, 명목환율은 양국의 물가수준에 의하여 결정된다. 그러나 현실에서 환율은 양국의 구매력을 충분히 반영하지 못하는 경우가 많다. 따라서 양국의 구매력의 차이를 나타내는 척도가 필요한데 이를 실질환율이라고 하며, 자국상품과 외국상품의 교환비율을 의미한다.

실질환율은 외국상품 1단위와 교환되는 자국상품의 양으로서 $q = \dfrac{e P^*}{P}$ 로 표시할 수 있다.

실질환율은 외국재화의 자국재화에 대한 상대가격으로서 실질환율의 상승은 외국재화의 상대가격이 상승하는 것이고, 실질환율의 하락은 외국재화의 상대가격이 하락하는 것이다. 따라서 실질환율이 높을수록 수출경쟁력이 높게 되고, 실질환율은 자국 재화의 수출경쟁력을 의미한다.

1) 한국의 물가상승률
한국의 물가지수는 100에서 105로 상승하였으므로 5% 상승하였다.

2) 미국의 물가상승률
미국의 물가지수는 100에서 102로 상승하였으므로 2% 상승하였다.

3) 명목환율의 변화율
명목환율은 1,000에서 1,100으로 상승하였으므로 10% 상승하였다.

4) 실질환율의 변화율
위에서 구한 자료를 실질환율 변화율의 산식에 대입하면 다음과 같다.
실질환율의 변화율은 $\hat{q} = \hat{e} + \widehat{P^*} - \hat{P} = 10 + 2 - 5 = 7(\%)$ 이므로 실질환율은 7% 상승한 것이다.

국내물가가 4% 상승하고 외국물가가 6% 상승했으며 명목환율이 10% 하락한 경우에 실질환율의 하락 정도는? (단, 명목환율은 외국화폐 단위당 자국화폐의 교환비율이다.)

▶ 2012년 감정평가사

① 4%　　　　　　② 6%　　　　　　③ 8%

④ 10%　　　　　　⑤ 12%

출제이슈 실질환율
핵심해설 정답 ③

1) **실질환율의 개념**

명목환율은 자국통화와 외국통화의 교환비율로서 이는 외국화폐 1단위와 교환되는 자국화폐의 양으로 표시할 수 있다. 쉽게 말하면 외국화폐의 가격이 명목환율이다. 구매력 평가설에 의하면, 명목환율은 양국의 물가수준에 의하여 결정된다.

그러나 현실에서 환율은 양국의 구매력을 충분히 반영하지 못하는 경우가 많다. 따라서 양국의 구매력의 차이를 나타내는 척도가 필요한데 이를 실질환율이라고 하며, 자국상품과 외국상품의 교환비율을 의미한다. 실질환율은 외국상품 1단위와 교환되는 자국상품의 양으로서 $q = \dfrac{e P^*}{P}$ 로 표시할 수 있다.

실질환율은 외국재화의 자국재화에 대한 상대가격으로서 실질환율의 상승은 외국재화의 상대가격이 상승하는 것이고, 실질환율의 하락은 외국재화의 상대가격이 하락하는 것이다. 따라서 실질환율이 높을수록 수출경쟁력이 높게 되고, 실질환율은 자국 재화의 수출경쟁력을 의미한다.

2) **실질환율의 변화**

실질환율은 $q = \dfrac{e P^*}{P}$ 이며 이를 변화율로 표시하면, $\hat{q} = \hat{e} + \widehat{P^*} - \hat{P}$ 가 된다. 이를 해석하면 다음과 같다.

먼저 양국에 물가수준이 변화가 없는 경우 명목환율이 상승하면 실질환율은 상승하고, 명목환율이 하락하면 실질환율은 하락한다.

자국의 물가수준이 내려가더라도 자국의 명목환율이 같은 비율로 하락한다면 실질환율은 불변이다. 즉, 자국의 물가수준이 내려가도 수출경쟁력이 강화되는 것은 아니고 불변인 것이다.

한편 자국의 물가수준이 오르더라도 자국의 명목환율이 같은 비율로 상승한다면 실질환율은 불변이다. 즉, 자국의 물가수준이 올라도 수출경쟁력이 악화되는 것은 아니고 불변인 것이다.

위의 내용에 따라서 설문을 분석하면 다음과 같다.
자국과 외국의 물가상승률은 각각 4%와 6%이고 명목환율이 10% 하락하였다. 따라서 실질환율의 변화율은 $\hat{q} = \hat{e} + \widehat{P^*} - \hat{P}$ 에 의하여 $\hat{q} = -10 + 6 - 4 = -8(\%)$ 이므로 실질환율은 8% 하락한 것이다.

다음 (　) 안에 들어갈 내용이 순서대로 올바른 것은? ▶ 2011년 감정평가사

> *J*-curve 효과는 환율이 (　ㄱ　)하면 '한국의 경상수지가 초기에는 (　ㄴ　)되고 시간이 경과된 후에는(도) (　ㄷ　)되는 효과가 나타나는 것'을 의미한다(단, 환율은 미국달러에 대한 원화의 환율 : ₩/$, 양국의 물가수준은 불변).

① ㄱ. 상승, ㄴ. 악화, ㄷ. 개선
② ㄱ. 상승, ㄴ. 개선, ㄷ. 개선
③ ㄱ. 상승, ㄴ. 악화, ㄷ. 악화
④ ㄱ. 하락, ㄴ. 악화, ㄷ. 개선
⑤ ㄱ. 하락, ㄴ. 악화, ㄷ. 불변

출제이슈 *J* − curve 효과
핵심해설 정답 ①

환율상승 시 수출금액은 수출재화가격 하락과 이에 따른 수출수요 증가에 의해 결정된다. 만일 수출재 재화가격 하락효과보다 수출수요 증가가 큰 경우에는 수출금액이 증가할 것이다. 그런데 이런 경우는 바로 수출수요가 수출 재화가격에 대하여 탄력적인 경우에 해당한다.

환율상승 시 수입금액은 수입재화가격 상승과 이에 따른 수입수요 감소에 의해 결정된다. 만일 수입재재화가격 상승효과보다 수입수요 감소가 큰 경우에는 수입금액이 감소할 것이다. 그런데 이런 경우는 바로 수입수요가 수입 재화가격에 대하여 탄력적인 경우에 해당한다.

환율상승 시 수출금액 증가·감소 효과와 수입금액의 감소·증가 효과를 모두 고려하여 환율상승이 경상수지를 개선시키는지 여부가 결정된다. 특히 마샬 − 러너조건에 의하면 환율상승 시 경상수지가 개선되기 위해서는 외국의 수입수요탄력성(외국의 자국수출재에 대한 수요탄력성)과 자국의 수입수요탄력성의 합이 1보다 더 커야 한다.

환율상승에 따라서 수출공급이 늘어나기 위해서는 생산이 증가해야 한다. 그러나 현실에서는 곧바로 생산이 증가하지 못하고 상당한 시간이 소요될 수 있다. 이에 따라 환율이 상승하더라도 단기적으로는 수출이 늘지 못하고 외화표시 수출가격만 하락하게 되어 국제수지가 악화될 수 있다. 그러나 점차로 생산이 증가하고 수출이 증가하게 되면 일시적으로 악화되었던 국제수지는 차츰 개선되어 가는데 이를 *J* − curve 효과라고 한다.

Issue 04 환율결정이론 1 – 구매력 평가설

구매력 평가설이 성립할 때, 다음 설명 중 옳지 않은 것은?   ▶ 2013년 감정평가사

① 자국의 통화량이 증가할 때, 실질환율은 변화하지 않는다.
② 외국의 양적완화정책으로 외국의 물가가 상승하면, 자국의 실질 순수출이 증가한다.
③ 양국 물가상승률의 차이가 명목환율의 변화율에 영향을 준다.
④ 양국 간 무역에서 재정거래(arbitrage)에 의한 수익을 얻을 수 없다.
⑤ 양국 물가수준의 상대적 비율이 명목환율에 영향을 준다.

출제이슈 구매력 평가설
핵심해설 정답 ②

① 옳은 내용이다.

실질환율은 자국상품과 외국상품의 교환비율이므로 외국상품 1단위와 교환되는 자국상품의 양을 의미하며 실질환율은 $q = \dfrac{e\,P^*}{P}$ 로 표시할 수 있다. 구매력 평가설이 성립하면, 실질환율이 1이다. 따라서 구매력 평가설이 성립하면, 자국 통화량이 증가하더라도 실질환율은 불변이다.

② 틀린 내용이다.

위 ①에서 살펴본 바대로, 구매력 평가설이 성립하면, 외국의 양적완화정책으로 외국의 물가가 상승하더라도, 실질환율은 불변이다. 따라서 자국의 실질 순수출은 실질환율의 영향을 받기 때문에 실질환율이 불변인 한은 실질순수출도 불변이다.

③ 옳은 내용이다.

구매력 평가설에 의하면 환율 $e = \dfrac{P}{P^*}$ 즉 자국물가와 외국물가의 비율이 된다. 따라서 명목환율의 변화율은 자국의 물가상승률과 외국의 물가상승률의 차이에 의하여 결정된다.

④ 옳은 내용이다.

무역에 따른 규제, 운송비, 각종 거래비용 등이 없는 상황에서 가격이 신축적인 경우, 국가 간에 무역이 완전히 자유롭다면, 동일한 재화에 대한 자국의 가격과 외국의 가격이 같아지는 일물일가의 법칙이 성립한다. 따라서 양국 간 무역에서 재정거래(arbitrage)에 의한 수익을 얻을 수 없다.

⑤ 옳은 내용이다.

구매력 평가설에 의하면 환율 $e = \dfrac{P}{P^*}$ 즉 자국물가와 외국물가의 비율이 된다. 따라서 양국 물가수준의 상대적 비율이 명목환율에 영향을 준다.

구매력 평가설에 관한 설명으로 옳지 않은 것은? ▶ 2011년 감정평가사

① 구매력 평가설에 의하면 일물일가의 법칙이 성립될 수 있도록 환율이 결정된다.

② 절대적 구매력 평가설에 의하면 국내 인플레이션율과 해외 인플레이션율은 항상 같다.

③ 절대적 구매력 평가설이 성립하면 실질환율이 1이 된다.

④ 무역장벽이 높을수록 구매력 평가설의 현실설명력은 감소한다.

⑤ 비교역재(non-tradable goods)의 존재가 구매력 평가설의 현실설명력을 떨어뜨리는 요인이 된다.

출제이슈 구매력 평가설
핵심해설 정답 ②

① 옳은 내용이다.

무역에 따른 규제, 운송비, 각종 거래비용 등이 없는 상황에서 가격이 신축적인 경우, 국가 간에 무역이 완전히 자유롭다면, 동일한 재화에 대한 자국의 가격과 외국의 가격이 같아지는 일물일가의 법칙이 성립한다.

만일 모든 재화에 대하여 일물일가의 법칙이 성립한다면, 자국과 외국 모두 소비패턴이 동일하고 모든 재화에 대한 가중치가 동일한 경우 환율은 양국의 물가, 즉 구매력에 의해서 결정된다. 이를 구매력 평가설이라고 한다.

② 틀린 내용이다.

구매력 평가설에 의하면 환율은 $e = \dfrac{P}{P^*}$ 즉 자국물가와 외국물가의 비율이 되는데, 국내 인플레이션율과 해외 인플레이션율이 항상 같다는 것은 아니다.

③ 옳은 내용이다.

실질환율은 자국상품과 외국상품의 교환비율이므로, 외국상품 1단위와 교환되는 자국상품의 양을 의미하며 실질환율은 $q = \dfrac{e\,P^*}{P}$ 로 표시할 수 있다. 따라서 구매력 평가설이 성립하면, 실질환율이 1이 됨을 알 수 있다.

④, ⑤ 모두 옳은 내용이다.

일물일가의 법칙이 성립하고 장기적으로 물가가 신축적인 상황에서 구매력 평가설이 성립한다고 가정하면, 구매력 평가설에 의한 환율이 이론상 명목환율이 되어야 한다. 다만, 실제 현실에서는 국가 간 교역에 있어서 무역장벽이 존재할 뿐만 아니라 비교역재가 존재하기 때문에 구매력 평가설이 성립하기 어려운 한계가 분명히 있다.

소규모 개방국가인 A국과 B국의 통화량 증가율은 매년 각각 5%와 3%이다. 두 국가의 실질 GDP 증가율은 매년 2%로 일정하고 여타 면에서도 서로 동일하다. 이때, 두 국가의 장기균형에 관한 설명으로 옳지 않은 것은? (단, 두 국가의 명목환율은 A국 통화 1단위와 교환되는 B국 통화의 양으로 정의한다.)

▶ 2014년 감정평가사

① 명목환율은 하락할 것이다.

② A국의 물가상승률이 B국보다 더 높을 것이다.

③ B국의 명목이자율이 A국보다 더 낮을 것이다.

④ A국의 명목 GDP 성장률이 B국보다 더 높을 것이다.

⑤ A국은 무역수지 흑자, B국은 무역수지 적자가 발생할 것이다.

출제이슈 명목환율과 실질환율, 구매력 평가설 및 기타 거시경제변수 간 관계

핵심해설 정답 ⑤

① 옳은 내용이다.

통화량 증가율과 물가상승률은 비례하므로 A국과 B국의 통화량 증가율이 매년 각각 5%와 3%이면, A국의 물가상승률이 B국의 물가상승률보다 더 높을 것이다. 그리고 장기에 있어서 명목환율의 변화율은 자국 B국 물가의 상승률과 외국 A국 물가의 상승률의 차이에 의하여 결정된다. 따라서 A국의 물가상승률이 B국의 물가상승률보다 더 높을 것이므로 명목환율의 변화율은 음수가 되므로 명목환율은 하락할 것으로 예상된다.

② 옳은 내용이다.

통화량 증가율과 물가상승률은 비례하므로 A국과 B국의 통화량 증가율이 매년 각각 5%와 3%이면, A국의 물가상승률이 B국의 물가상승률보다 더 높을 것이다.

③ 옳은 내용이다.

장기에 있어서 물가상승률은 기대인플레이션과 동일하다. 따라서 위 ②에서 A국의 물가상승률이 B국의 물가상승률보다 더 높을 것이므로 A국의 기대인플레이션은 B국보다 더 높을 것이다. 그리고 기대인플레이션은 명목이자율과 비례하므로 A국의 명목이자율은 B국보다 더 높을 것이다.

④ 옳은 내용이다.

두 국가의 실질 GDP 증가율이 동일하다면, 두 국가의 명목 GDP 성장률은 물가상승률에 의하여 결정된다. 따라서 위 ②에서 A국의 물가상승률이 B국의 물가상승률보다 더 높을 것이므로 A국의 명목 GDP 성장률이 B국보다 더 높을 것이다.

⑤ 틀린 내용이다.

장기에 있어서 환율의 결정은 구매력에 의하여 이루어지며, 이 경우 실질환율은 항상 일성하게 된다. 따라서 양국의 순수출은 불변으로 유지될 것이다.

2015년과 2020년 빅맥가격이 아래와 같다. 일물일가의 법칙이 성립할 때, 옳지 않은 것은?
(단, 환율은 빅맥가격을 기준으로 표시한다.) ▶ 2020년 감정평가사

2015년		2020년	
원화가격	달러가격	원화가격	달러가격
5,000원	5달러	5,400원	6달러

① 빅맥의 원화 가격은 두 기간 사이에 8% 상승했다.
② 빅맥의 1달러 당 원화 가격은 두 기간 사이에 10% 하락했다.
③ 달러 대비 원화의 가치는 두 기간 사이에 10% 상승했다.
④ 달러 대비 원화의 실질환율은 두 기간 사이에 변하지 않았다.
⑤ 2020년 원화의 명목환율은 구매력 평가 환율보다 낮다.

출제이슈 구매력 평가설과 빅맥환율
핵심해설 정답 ⑤

① 옳은 내용이다.
　2015년의 빅맥의 원화가격은 5,000원, 2018년의 빅맥의 원화가격은 5,400원이므로 두 기간 동안 8% 상승하였음을 알 수 있다.

② 옳은 내용이다.
　2015년 빅맥가격을 이용한 구매력 평가설에 의한 환율 $e = 1,000$(원/달러)이고, 2018년에는 $e = 900$(원/달러)이므로 두 기간 동안에 10% 하락하였음을 알 수 있다.

③ 옳은 내용이다.
　위 ②에서 빅맥 구매력 평가설에 의한 환율이 10% 하락하였다는 것은 달러 대비 원화의 가치가 역으로 10% 상승하였음을 의미한다.

④ 옳은 내용이다.
　실질환율은 자국상품과 외국상품의 교환비율이므로 외국상품 1단위와 교환되는 자국상품의 양을 의미하며 실질환율은 $q = \dfrac{e P^*}{P}$로 표시할 수 있다. 따라서 구매력 평가설이 성립하면, 실질환율은 두 나라 물가수준의 차이에 관계없이 항상 1이 됨을 알 수 있다. 빅맥환율은 구매력 평가설을 적용한 환율이므로 역시 실질환율은 변화가 없음을 알 수 있다.

⑤ 틀린 내용이다.
　일물일가의 법칙이 성립하고 장기적으로 물가가 신축적인 상황에서 구매력 평가설이 성립한다고 가정하면, 구매력 평가설에 의한 환율이 이론상 명목환율이 되어야 한다. 다만, 실제 현실에서는 국가 간 교역에 있어서 무역장벽이 존재할 뿐만 아니라 비교역재가 존재하기 때문에 구매력 평가설이 성립하기 어려운 한계가 분명히 있다. 참고로 만일 설문에서 명목환율을 따로 제시하는 경우에는 제시된 명목환율과 구매력 평가설에 의한 환율을 비교하여 통화의 고평가 혹은 저평가 여부를 분석해야 한다.

현재 한국과 미국의 햄버거 가격이 각각 5,000원, 5달러인 경우, 이에 관한 설명으로 옳은 것을 모두 고른 것은? (단, 햄버거를 대표상품으로 한다.) ▶ 2024년 감정평가사

> ㄱ. 현재 구매력평가 환율은 1,000(원/달러)이다.
> ㄴ. 변동환율제도하에서 현재 환율이 1,100(원/달러)이다. 장기적으로 구매력평가설이 성립하고 미국의 햄버거 가격과 환율이 변하지 않는다면, 장기적으로 한국의 햄버거 가격은 상승한다.
> ㄷ. 변동환율제도하에서 현재 환율이 1,100(원/달러)이다. 장기적으로 구매력평가설이 성립하고 한국과 미국의 햄버거 가격이 변하지 않는다면, 장기적으로 환율은 상승한다.

① ㄱ ② ㄷ ③ ㄱ, ㄴ
④ ㄴ, ㄷ ⑤ ㄱ, ㄴ, ㄷ

출제이슈 구매력 평가설과 빅맥환율
핵심해설 정답 ③

만일 모든 재화에 대하여 일물일가의 법칙이 성립한다면, 자국과 외국 모두 소비패턴이 동일하고 모든 재화에 대한 가중치가 동일한 경우 환율은 양국의 물가 즉 구매력에 의해서 결정된다. 이를 구매력 평가설이라고 한다.

구매력 평가설에 의하면 환율 $e = \dfrac{P}{P^*}$ 즉 자국물가와 외국물가의 비율이 된다. 문제에서 햄버거가 대표상품이고, 한국 햄버거가격이 5,000원, 미국 햄버거가격이 5달러라고 하였으므로 구매력 평가설에 의한 환율은 1,000원/달러가 된다.

만일 현재 환율이 1,100원/달러라면, 5달러를 가지고 미국에서 햄버거를 사는 것보다는 한국에서 구매하게 되면 500원의 차익을 얻을 수 있다. 따라서 이러한 차익을 노리고 한국의 햄버거 수요가 늘게 되고, 미국의 햄버거 가격과 환율이 변하지 않는다는 전제하에 결국 한국 햄버거 가격은 상승한다.

각 나라의 빅맥가격과 현재 시장환율이 다음 표와 같다. 빅맥 가격을 기준으로 구매력 평가설이 성립할 때, 다음 중 자국통화가 가장 고평가(overvalued)되어 있는 나라는?

▶ 2017년 감정평가사

	빅맥가격	현재 시장환율
미국	3달러	-
영국	2파운드	1파운드 = 2달러
한국	3,000원	1달러 = 1,100원
인도네시아	20,000루피아	1달러 = 8,000루피아
멕시코	400페소	1달러 = 120페소

① 미국　　　　　② 영국　　　　　③ 한국
④ 인도네시아　　⑤ 멕시코

출제이슈 구매력 평가설과 빅맥환율

핵심해설 정답 ②

무역에 따른 규제, 운송비, 각종 거래비용 등이 없는 상황에서 가격이 신축적인 경우, 국가 간에 무역이 완전히 자유롭다면, 동일한 재화에 대한 자국의 가격과 외국의 가격이 같아지는 일물일가의 법칙이 성립한다.

만일 모든 재화에 대하여 일물일가의 법칙이 성립한다면, 자국과 외국 모두 소비패턴이 동일하고 모든 재화에 대한 가중치가 동일한 경우 환율은 양국의 물가, 즉 구매력에 의해서 결정된다. 이를 구매력 평가설이라고 한다.

구매력 평가설에 의하면 환율은 $e = \dfrac{P}{P^*}$ 즉 자국물가와 외국물가의 비율이 된다.

혹은 $e = \dfrac{1/P^*}{1/P} = \dfrac{\text{외국화폐의 구매력}}{\text{자국화폐의 구매력}}$ 이 된다.

설문에서 주어진 빅맥가격은 각국에서 판매되고 있는 빅맥의 국가별 가격을 의미한다.

빅맥가격을 이용하여 구매력 평가설에 의한 환율을 구하면 $e = \dfrac{P}{P^*}$ 와 같이 구할 수 있다.

이때 환율은 1달러를 각국의 화폐로 표현한 것을 의미한다.

동일한 빅맥이 미국에서는 3달러, 영국에서는 2파운드, 한국에서는 3,000원, 인도네시아에서는 20,000루피아, 멕시코에서는 400페소로 판매되고 있다. 이를 고려하여 빅맥환율을 구하면 다음과 같다.

국가 (화폐단위)	시장환율	빅맥환율		시장환율과 빅맥환율 비교	
		빅맥 가격	빅맥 환율		
미국(달러)	–	3	–	–	–
영국(파운드)	0.5 (파운드/달러)	2 파운드	2/3 = 0.67	시장환율 < 빅맥환율	빅맥환율 대비 고평가
한국(원)	1,100 (원/달러)	3,000원	3,000/3 = 1,000	시장환율 > 빅맥환율	빅맥환율 대비 저평가
인도네시아 (루피아)	8,000 (루피아/달러)	20,000 루피아	20,000/3 = 6,667	시장환율 > 빅맥환율	빅맥환율 대비 저평가
멕시코(페소)	120 (페소/달러)	400 페소	400/3 = 133.3	시장환율 < 빅맥환율	빅맥환율 대비 고평가

위의 표를 분석하면 다음과 같다.

1) **영국 파운드화**

① 영국 파운드화의 시장환율은 0.5 파운드/달러인데, 빅맥환율은 0.67 파운드/달러이다.

② 영국 파운드화의 시장환율은 빅맥환율에 비하여 낮으며 이는 영국 파운드화가 고평가되어 있음을 알려준다.

③ 빅맥환율을 기준으로 할 때, 영국 파운드화의 시장환율은 (0.67 – 0.5)/0.67 = 약 25% 낮은 상황이다.

2) **멕시코 페소화**

① 멕시코 페소화의 시장환율은 120 페소/달러인데, 빅맥환율은 133 페소/달러이다.

② 멕시코 페소화의 시장환율은 빅맥환율에 비하여 낮으며 이는 멕시코 페소화가 고평가되어 있음을 알려준다.

③ 빅맥환율을 기준으로 할 때, 멕시코 페소화의 시장환율은 (133 – 120)/133 = 약 10% 낮은 상황이다.

3) **고평가된 통화**

따라서, 문제에서는 가장 고평가되어 있는 통화를 묻고 있으므로 빅맥환율을 기준으로 할 때, 시장환율과 빅맥환율의 차이 비율이 가장 큰 영국 파운드가 가장 고평가되었다고 할 수 있다.

Issue 05 환율결정이론 2 - 이자율 평가설

현재 우리나라 채권의 연간 명목수익률이 5%이고 동일 위험을 갖는 미국채권의 연간 명목수익률이 2.5%일 때, 현물환율이 달러당 1,200원인 경우 연간 선물환율은? (단, 이자율 평가설이 성립한다고 가정한다.) ▶ 2019년 감정평가사

① 1,200원/달러   ② 1,210원/달러   ③ 1,220원/달러

④ 1,230원/달러   ⑤ 1,240원/달러

출제이슈 무위험 이자율 평가
핵심해설 정답 ④

국가 간에 자본이동이 완전히 자유롭다면, 자국의 원화예금수익률(투자수익률)과 외국의 외화예금수익률(투자수익률)이 같아지는데 이를 이자율 평형 혹은 이자율 평가라고 한다. 이는 재화시장의 일물일가법칙이 국제금융시장에 적용된 것으로 볼 수 있다.

이자율 평가설에 의하면, 이자율 평가가 성립하여 양국의 기대예금수익률이 같아질 때, 더 이상 재정차익거래가 불가능하게 되어 외환시장 균형이 달성되고 환율이 결정된다. 이자율 평가가 성립하면 $i = i^* + \dfrac{e^e - e}{e}$ 가 성립한다.

특히, 위의 이자율 평가는 외국의 외화예금기대수익률에 예상환율상승률이 포함되어 있어서 위험을 내포하고 있다. 따라서 유위험 이자율 평가라고도 한다.

한편, 위험을 내포하고 있는 경우 선물환율을 이용하여 위험을 제거할 수 있다. 이와 같이 이자율 평가에 선물환율을 사용하여 양국의 기대수익률이 동일해지는 것을 무위험 이자율 평가 혹은 커버된 이자율 평가라고 한다.

따라서 무위험 이자율 평가식은 예상환율상승률 대신에 선물환율을 사용하므로

$i = i^* + \dfrac{F - S}{S}$ (단, F : 선물환율, S : 현물환율)와 같이 표현된다.

위의 내용에 따라서 풀면 다음과 같다.

설문에서 현재 한국의 채권수익률이 5%이고, 미국의 채권수익률은 2.5%이다. 현재 환율은 달러당 1,200원이다. 이를 무위험 이자율 평형조건식 $i = i^* + \dfrac{F - S}{S}$ (단, F : 선물환율, S : 현물환율)에 대입하면 다음과 같다.

무위험 이자율 평가설에 따라서 $0.05 = 0.025 + \dfrac{F - 1,200}{1,200}$ 가 되고, $F = 1,230$(원/달러)가 된다.

> 한국과 미국의 인플레이션율이 각각 3%와 5%이다. 구매력평가설과 이자율평가설(interest parity theory)이 성립할 때, 미국의 명목이자율이 5%이라면, 한국의 명목이자율은? (단, 기대인플레이션율은 인플레이션율과 동일하다.)
>
> ▶ 2024년 감정평가사
>
> ① 1%　　　　　　② 2%　　　　　　③ 3%
> ④ 4%　　　　　　⑤ 5%

출제이슈 구매력평가설과 이자율평가설
핵심해설 정답 ③

피셔방정식, 구매력 평가설, 이자율 평가설이 성립하는 경우 양국의 실질이자율은 동일하게 된다.

1) 미국, 피셔방정식

　먼저, 미국의 경우, 인플레이션율이 5%이고, 명목이자율이 5%이므로 피셔방정식에 의하여 5 = 0 + 5가 성립하므로 실질이자율은 0%가 된다.

2) 양국의 실질이자율

　양국의 실질이자율은 동일하므로 한국의 실질이자율도 0%가 된다.

3) 한국, 피셔방정식

　이제 한국의 경우, 인플레이션율이 3%이고, 실질이자율이 0%이므로 피셔방정식에 의하여 3 = 0 + 3가 성립하므로, 명목이자율은 3%가 된다.

> 한국과 미국의 명목이자율은 각각 3%, 2%이다. 미국의 물가상승률이 2%로 예상되며 현재 원/달러 환율은 1,000원일 때 옳은 것을 모두 고른 것은? (단, 구매력 평가설과 이자율 평가설이 성립한다.)
>
> ▶ 2020년 감정평가사
>
> ㄱ. 한국과 미국의 실질이자율은 같다.
> ㄴ. 한국의 물가상승률은 3%로 예상된다.
> ㄷ. 원/달러 환율은 1,010원이 될 것으로 예상된다.
>
> ① ㄱ   ② ㄴ   ③ ㄱ, ㄴ
> ④ ㄴ, ㄷ   ⑤ ㄱ, ㄴ, ㄷ

출제이슈 구매력 평가설과 이자율 평가설
핵심해설 정답 ⑤

먼저 설문에서 한국과 미국의 명목이자율은 각각 3%, 2%이고 미국의 물가상승률이 2%로 예상되며 현재 원/달러 환율은 1,000원으로 주어져 있다.

① 이자율 평가설에 의하여

$i = i^* + \dfrac{e^e - e}{e}$ 이므로 $0.03 = 0.02 + \dfrac{e^e - e}{e}$ 이 되고, 예상환율상승률은 $\dfrac{e^e - e}{e} = 0.01$ 이 된다.

② 구매력 평가설에 의하여

$\widehat{e^e} = \widehat{P^e} - \widehat{P^{*}}^e = \pi^e - \pi^{e^*}$ 이므로 $\widehat{e^e} = \pi^e - \pi^{e^*}$, $0.01 = \pi^e - 0.02$ 가 된다.
따라서 한국의 예상물가상승률은 $\pi^e = 0.03$ 이 된다.

③ 피셔방정식에 의하여

한국과 미국의 명목이자율은 각각 3%, 2%이고 한국과 미국의 물가상승률이 3%, 2%로 예상되므로 한국과 미국의 실질이자율은 모두 0%가 된다.

위의 내용에 따라서 설문을 검토하면 다음과 같다.

ㄱ. 옳은 내용이다.
위에서 살펴본 바와 같이 피셔방정식, 구매력 평가설, 이자율 평가설이 성립하는 경우 양국의 실질이자율은 동일하게 된다.

ㄴ. 옳은 내용이다.
$\widehat{e^e} = \widehat{P^e} - \widehat{P^{*}}^e = \pi^e - \pi^{e^*}$ 이므로 $\widehat{e^e} = \pi^e - \pi^{e^*}$, $0.01 = \pi^e - 0.02$ 가 된다.
따라서 한국의 예상물가상승률은 $\pi^e = 0.03$ 이 된다.

ㄷ. 옳은 내용이다.

한국과 미국의 명목이자율은 각각 3%, 2%이고 현재 원/달러 환율은 1,000원으로 주어져 있으므로 이를 이자율 평가설의 산식 $i = i^* + \dfrac{e^e - e}{e}$ 에 대입한다.

이자율 평가설에 의하여 $0.03 = 0.02 + \dfrac{e^e - 1,000}{1,000}$ 이 성립하므로 $e^e = 1,010$이 된다. 위에서 이미 예상환율 상승률이 1%임을 구했으므로 그것을 활용하여도 같은 결과를 얻는다.

이제 위에서 풀어낸 내용을 좀 더 일반적으로 정리하기 위해 피셔방정식, 구매력 평가설, 이자율 평가설 간의 관계를 분석하면 다음과 같다.

1) 피셔방정식

$i = r + \pi^e$ (단, i : 명목이자율, r : 실질이자율, π^e : 예상물가상승률)

외국을 고려하면 다음과 같다. $i^* = r^* + \pi^{e^*}$ (단, i^* : 명목이자율, r^* : 실질이자율, π^{e^*} : 예상물가상승률)

이제 자국과 외국을 동시에 고려하면 다음과 같다. $(i - i^*) = (r - r^*) + (\pi^e - \pi^{e^*})$ 가 된다.

2) 구매력 평가설

$e = \dfrac{P}{P^*}$ 이며 이를 변화율 형태의 상대적 구매력 평가설로 바꾸면 $\hat{e} = \hat{P} - \hat{P}^* = \pi - \pi^*$ 가 된다.

여기에 예상을 고려하면 $\hat{e^e} = \widehat{P^e} - \widehat{P^e}^* = \pi^e - \pi^{e^*}$ 이므로 $\hat{e^e} = \pi^e - \pi^{e^*}$ 가 된다.

3) 이자율 평가설

$i = i^* + \dfrac{e^e - e}{e}$ 이므로 $i - i^* = \dfrac{e^e - e}{e}$ 가 된다.

$i - i^* = \dfrac{e^e - e}{e}$ 은 예상환율상승률이므로 $i - i^* = \hat{e^e}$ 가 된다.

4) 위의 식을 정리하면 다음과 같다.

① 피셔방정식 $(i - i^*) = (r - r^*) + (\pi^e - \pi^{e^*})$

② 구매력 평가설 $\hat{e^e} = \pi^e - \pi^{e^*}$

③ 이자율 평가설 $i - i^* = \hat{e^e}$

②와 ③을 ①에 대입하면 $\hat{e^e} = (r - r^*) + \hat{e^e}$ 가 된다. 따라서 $r = r^*$ 가 된다.

5) 결론적으로 피셔방정식, 구매력 평가설, 이자율 평가설이 성립하는 경우 양국의 실질이자율은 동일하게 된다.

소규모 개방경제의 재화시장 균형에서 국내총생산(Y)이 100으로 고정되어 있고, 소비 $C=0.6Y$, 투자 $I=40-r$, 순수출 $NX=12-2\epsilon$이다. 세계이자율이 10일 때, 실질환율은? (단, r은 국내이자율, ϵ은 실질환율, 정부지출은 없으며, 국가 간 자본이동은 완전하다.)

▶ 2020년 감정평가사

① 0.8   ② 1   ③ 1.2
④ 1.4   ⑤ 1.5

출제이슈 국가 간 자본이동의 효과
핵심해설 정답 ②

1) 국내이자율

국가 간 자본이동은 완전하기 때문에 국내이자율과 세계이자율은 일치한다. 따라서 국내이자율은 10이 된다.

2) 재화시장의 균형

① 개방경제에서 재화시장의 균형은 총생산과 총수요가 일치해야 하므로 다음과 같다.
$Y=C+I+NX$이므로 $Y=0.6Y+40-r+12-2\epsilon$가 성립해야 한다.

② 이때, 국내이자율은 위에서 구한 10이고 총생산은 100임을 고려하자.
따라서 $100=60+40-10+12-2\epsilon$이 성립한다.

위의 식을 정리하면 실질환율은 $\epsilon=1$이 된다.

Issue 06 $IS-LM-BP$ 모형

> 고정환율제도하에서 자본이동이 완전한 경우 정부지출과 조세를 동일한 크기만큼 증가시켰을 때 장기 거시경제 균형의 변화에 관한 설명으로 옳지 않은 것은? ▶ 2014년 감정평가사
>
> ① 물가 상승   ② 명목임금 상승
> ③ 재화와 서비스에 대한 총수요량 불변   ④ 실질 GDP 불변
> ⑤ 순수출 불변

출제이슈 고정환율제도에서 재정정책의 효과
핵심해설 정답 ⑤

정부지출과 조세를 동일한 크기만큼 증가시키면 국민소득이 증가하므로 확대재정정책의 의미를 갖는다. 고정환율제도에서 확대재정정책이 실시되면, 국민소득이 증가하고 이자율이 상승한다. 국내이자율이 국제이자율보다 상승하여 해외로부터 자본이 유입되고 국제수지 흑자가 되어 이로 인하여 환율하락 압력이 나타난다. 고정환율제도이므로 중앙은행은 고정환율을 유지하기 위해 외환시장에 개입하여 외환을 매입하고 자국통화를 매도하므로 통화량은 증가한다. 통화량 증가로 이자율이 하락하고 투자가 증가하여 국민소득이 증가한다. 확대재정정책으로 상승했던 이자율이 다시 하락하여 원래의 이자율로 회귀하고 국민소득은 크게 증가한다. 한편 국민소득 증가는 수입을 증가시켜 순수출을 감소시킴으로써 경상수지를 악화시킨다.

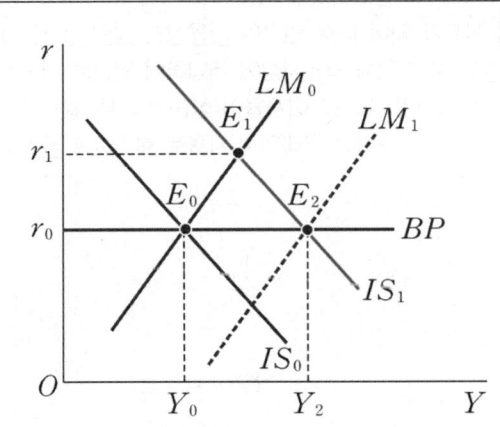

① 최초균형 E_0, 국내금리 = 국제금리 = r_0
② 확대재정정책 $IS_0 \rightarrow IS_1$
③ 대내균형 $E_0 \rightarrow E_1$ (이자율 상승, 소득 증가)
④ 대외불균형 : 국내금리 r_1 > 국제금리 r_0
⑤ 자본 유입, 국제수지 흑자, 환율하락 압력
⑥ 고정환율을 유지하기 위해 외환시장에 개입
⑦ 외환매입, 자국통화매도, 국내통화량 증가
⑧ $LM_0 \rightarrow LM_1$으로 이동하며, 이자율 하락
⑨ LM의 이동은 국내금리가 높은 한은 계속, 국제수지(BP)가 균형이 될 때까지 계속
⑩ 새균형 E_2는 국민소득 증가, 이자율 불변

앞서 살펴본 바대로 통화량 증가로 물가는 상승하고 명목임금도 상승한다. 장기가 되면, 물가기대도 상승하면서 총공급곡선이 좌상방으로 이동하여 물가는 더욱 상승하게 된다. 결국 실질 GDP는 원래의 수준으로 돌아가게 되어 불변이다.

소규모 개방경제의 먼델-플레밍(Mundell-Fleming)모형에서 정부의 재정긴축이 미치는 영향으로 옳은 것은? (단, 초기의 균형상태, 완전한 자본이동과 고정환율제, 국가별 물가수준 고정을 가정한다.)

▶ 2023년 감정평가사

① IS곡선 우측이동 ② 국민소득 감소 ③ LM곡선 우측이동
④ 통화공급 증가 ⑤ 원화가치 하락

출제이슈 고정환율제도에서 재정정책의 효과
핵심해설 정답 ②

먼저 고정환율제도에서 "확대"재정정책의 효과는 다음과 같다.

확대재정정책이 실시되면, IS 곡선이 우측으로 이동하면서 국민소득이 증가하고 이자율이 상승한다. 국내이자율이 국제이자율보다 상승하여 해외로부터 자본이 유입되고 국제수지 흑자가 되어 이로 인하여 환율하락 압력(평가절상압력)이 나타난다. 고정환율제도이므로 중앙은행은 고정환율을 유지하기 위해 외환시장에 개입하여 외환을 매입하고 자국통화를 매도하므로 통화량은 증가한다(LM곡선 우측이동). 통화량 증가로 이자율이 하락하고 투자가 증가하여 국민소득이 증가한다. 확대재정정책으로 상승했던 이자율이 다시 하락하여 원래의 이자율로 회귀하고 국민소득은 크게 증가한다.

이제 반대로 고정환율제도에서 "긴축"재정정책의 효과는 다음과 같다.

긴축재정정책이 실시되면, IS 곡선이 좌측으로 이동하면서 국민소득이 감소하고 이자율이 하락한다. 국내이자율이 국제이자율보다 하락하여 해외로 자본이 유출되고 국제수지 적자가 되어 이로 인하여 환율상승 압력(평가절하압력)이 나타난다. 고정환율제도이므로 중앙은행은 고정환율을 유지하기 위해 외환시장에 개입하여 외환을 매도하고 자국통화를 매수하므로 통화량은 감소한다(LM곡선 좌측이동). 통화량 감소로 이자율이 상승하고 투자가 감소하여 국민소득이 감소한다. 축소재정정책으로 하락했던 이자율이 다시 상승하여 원래의 이자율로 회귀하고 국민소득은 크게 감소한다.

변동환율제를 채택한 A국이 긴축재정을 실시하였다. 먼델 – 플레밍 모형을 이용한 정책 효과에 관한 설명으로 옳은 것을 모두 고른 것은? (단, 완전한 자본이동, 소국개방경제, 국가별 물가수준 고정을 가정한다.)

▶ 2021년 감정평가사

ㄱ. 원화가치는 하락한다.　　　　ㄴ. 투자지출을 증가시킨다.
ㄷ. 소득수준은 변하지 않는다.　　ㄹ. 순수출이 감소한다.

① ㄱ, ㄴ　　　　　② ㄱ, ㄷ　　　　　③ ㄱ, ㄹ
④ ㄴ, ㄷ　　　　　⑤ ㄴ, ㄹ

출제이슈 변동환율제도에서 재정정책의 효과
핵심해설 정답 ②

변동환율제도하에서 긴축재정정책의 효과는 다음과 같다.

① 변동환율제도에서 긴축재정정책이 실시되면, 국민소득이 감소하고 이자율이 하락한다.
② 국내이자율이 국제이자율보다 하락하여 해외로 자본이 유출되고 국제수지 적자가 되어 이로 인하여 환율상승 압력이 나타난다.
③ 변동환율제도이므로 환율은 상승하고 이로 인해 순수출이 증가한다.
④ 순수출 증가로 국민소득이 증가하고 이자율이 상승한다. 결국 원래의 국민소득과 이자율로 회귀한다.
⑤ 따라서 변동환율제도에서 긴축재정정책이 실시되어도 국민소득과 이자율은 불변이다.

위의 분석내용에 따라서 설문을 검토하면 다음과 같다.

ㄱ. 옳은 내용이다.
　　변동환율제도에서 긴축재정정책이 실시되면, 이자율이 하락한다. 따라서 국내이자율이 국제이자율보다 하락하여 해외로 자본이 유출되고 국제수지 적자가 되어 환율은 상승하여 원화가치는 하락한다.

ㄴ. 틀린 내용이다.
　　변동환율제도에서 긴축재정정책이 실시되어도 종국적으로 국민소득과 이자율은 불변이다. 따라서 투자는 불변이다.

ㄷ. 옳은 내용이다.
　　변동환율제도에서 긴축재정정책이 실시되어도 종국적으로 국민소득과 이자율은 불변이다.

ㄹ. 틀린 내용이다.
　　변동환율제도에서 긴축재정정책이 실시되면, 이자율이 하락한다. 따라서 국내이자율이 국제이자율보다 하락하여 해외로 자본이 유출되고 국제수지 적자가 되어 환율은 상승하여 순수출이 증가한다.

자본 이동이 완전한 먼델 – 플레밍(Mundell – Fleming)모형에서 A국의 정부지출 확대정책의 효과에 관한 설명으로 옳은 것은? (단, A국은 소규모 개방경제이며, A국 및 해외물가수준은 불변, IS곡선은 우하향, LM곡선은 우상향)

▶ 2020년 감정평가사

① 환율제도와 무관하게 A국의 이자율이 하락한다.
② 고정환율제도에서는 A국의 국민소득이 증가한다.
③ 변동환율제도에서는 A국의 국민소득이 감소한다.
④ 고정환율제도에서는 A국의 경상수지가 개선된다.
⑤ 변동환율제도에서는 A국의 통화가치가 하락한다.

출제이슈 고정 및 변동환율제도에서 재정정책의 효과
핵심해설 정답 ②

1) 먼저, 고정환율제도에서 재정정책의 효과는 다음과 같다.

고정환율제도에서 확대재정정책이 실시되면, 국민소득이 증가하고 이자율이 상승한다. 국내이자율이 국제이자율보다 상승하여 해외로부터 자본이 유입되고 국제수지 흑자가 되어 이로 인하여 환율하락 압력이 나타난다. 고정환율제도이므로 중앙은행은 고정환율을 유지하기 위해 외환시장에 개입하여 외환을 매입하고 자국통화를 매도하므로 통화량은 증가한다. 통화량 증가로 이자율이 하락하고 투자가 증가하여 국민소득이 증가한다. 확대재정정책으로 상승했던 이자율이 다시 하락하여 원래의 이자율로 회귀하고 <u>국민소득은 크게 증가</u>("②")한다. 한편 국민소득 증가는 수입을 증가시켜 순수출을 감소시킴으로써 <u>경상수지를 악화</u>("④")시킨다.

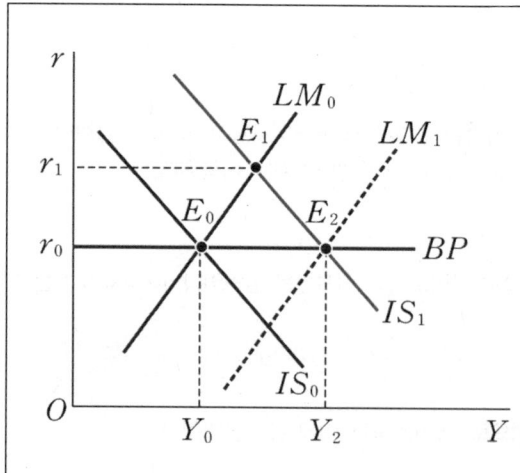

① 최초균형 E_0, 국내금리 = 국제금리 = r_0
② 확대재정정책 $IS_0 \rightarrow IS_1$
③ 대내균형 $E_0 \rightarrow E_1$(이자율 상승, 소득 증가)
④ 대외불균형 : 국내금리 r_1 > 국제금리 r_0
⑤ 자본 유입, 국제수지 흑자, 환율하락 압력
⑥ 고정환율을 유지하기 위해 외환시장에 개입
⑦ 외환매입, 자국통화매도, 국내통화량 증가
⑧ $LM_0 \rightarrow LM_1$으로 이동하며, 이자율 하락
⑨ LM의 이동은 국내금리가 높은 한은 계속, 국제수지(BP)가 균형이 될 때까지 계속
⑩ 새균형 E_2는 국민소득 증가, 이자율 불변

2) 변동환율제도에서 재정정책의 효과는 다음과 같다.

변동환율제도에서 확대재정정책이 실시되면, 국민소득이 증가하고 이자율이 상승한다. 국내이자율이 국제이자율보다 상승하여 해외로부터 자본이 유입되고 국제수지 흑자가 되어 이로 인하여 환율하락 압력이 나타난다. 변동환율제도이므로 환율은 하락("⑤")하고 이로 인해 순수출이 감소하여 경상수지는 악화된다. 순수출 감소로 국민소득이 감소하고 이자율이 하락한다. 결국 원래의 국민소득과 이자율로 회귀한다. 따라서 변동환율제도에서 확대재정정책이 실시되어도 국민소득과 이자율은 불변("①", "③")이다.

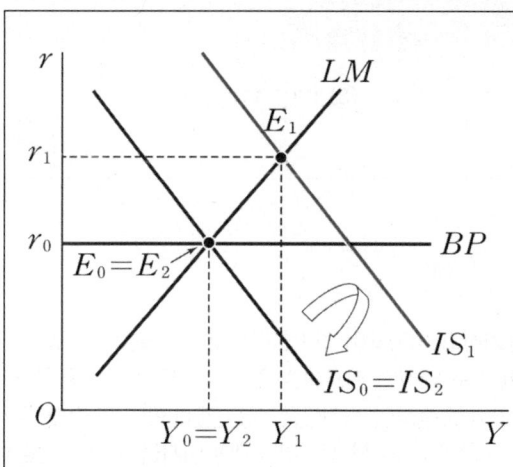

① 최초균형 E_0, 국내금리 = 국제금리 = r_0
② 확대재정정책 $IS_0 \rightarrow IS_1$
③ 대내균형 $E_0 \rightarrow E_1$(이자율 상승, 소득 증가)
④ 대외불균형 국내금리 r_1 > 국제금리 r_0
⑤ 자본 유입, 국제수지 흑자, 환율하락 압력
⑥ 중앙은행은 외환시장에 개입하지 않는다.
⑦ 환율하락으로 순수출 감소
⑧ $IS_1 \rightarrow IS_2$ 이동, 국민소득 감소, 이자율 하락
⑨ IS의 이동은 국내금리가 높은 한은 계속,
   국제수지(BP)가 균형이 될 때까지 계속
⑩ 새균형 E_2는 국민소득 불변, 이자율 불변

국가 간 자본이동이 완전히 자유롭고 변동환율제를 채택하고 있는 소규모 개방경제에서 확장적인 통화정책을 시행하였다. 국내물가 및 외국물가가 고정되어 있는 단기에서의 경제적 효과로 옳은 것을 모두 고른 것은?

▶ 2013년 감정평가사

ㄱ. 국민소득 증가
ㄴ. 경상수지 악화
ㄷ. 자본유입 증가

① ㄱ   ② ㄴ   ③ ㄱ, ㄷ
④ ㄴ, ㄷ   ⑤ ㄱ, ㄴ, ㄷ

출제이슈 변동환율제도에서 통화정책의 효과
핵심해설 정답 ①

변동환율제도에서 확대통화정책이 실시되면, 국민소득이 증가하고 이자율이 하락한다. 국내이자율이 국제이자율보다 하락하여 해외로 자본이 유출되고 국제수지 적자가 되어 이로 인하여 환율상승 압력이 나타난다. 변동환율제도이므로 중앙은행의 개입은 없으며 환율은 상승하고 이로 인해 순수출이 증가(경상수지 개선)한다. 순수출 증가로 총수요가 증가하여 국민소득이 증가하고 이자율이 상승한다. 확대통화정책으로 하락했던 이자율이 다시 상승하여 원래의 이자율로 회귀하고 국민소득은 크게 증가한다. 따라서 변동환율제도에서 통화정책은 효과가 크다.

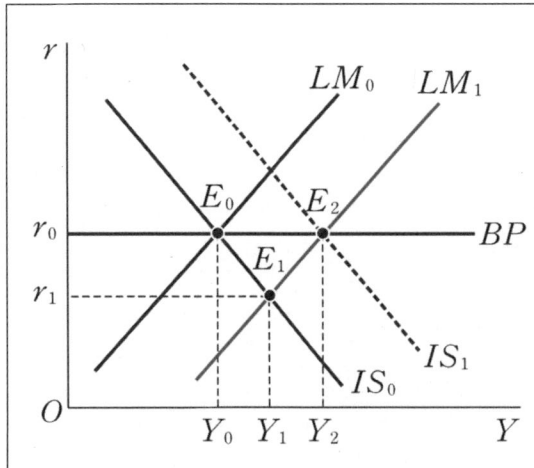

① 최초균형 E_0, 국내금리 = 국제금리 = r_0
② 확대통화정책 $LM_0 \rightarrow LM_1$
③ 대내균형 $E_0 \rightarrow E_1$ (이자율 하락, 소득 증가)
④ 대외불균형 국내금리 r_1 < 국제금리 r_0
⑤ 자본유출, 국제수지 적자, 환율상승 압력
⑥ 중앙은행은 외환시장에 개입하지 않는다.
⑦ 환율상승으로 순수출 증가
⑧ $IS_0 \rightarrow IS_1$ 이동, 국민소득 증가, 이자율 상승
⑨ IS의 이동은 국내금리가 낮은 한은 계속, 국제수지(BP)가 균형이 될 때까지 계속
⑩ 새균형 E_2는 국민소득 증가, 이자율 불변

자본이동이 완전한 소규모 개방경제의 먼델－플레밍(Mundell－Fleming)모형에서 변동환율제도인 경우, 긴축 통화정책을 시행할 때 나타나는 경제적 효과를 모두 고른 것은? (단, 물가수준은 고정이다.)

▶ 2022년 감정평가사

ㄱ. 소득 감소　　　　　　　　　ㄴ. 경상수지 개선
ㄷ. 자국 통화가치 절하　　　　　ㄹ. 해외자본 유입

① ㄱ, ㄴ　　　　　　② ㄱ, ㄷ　　　　　　③ ㄱ, ㄹ
④ ㄴ, ㄷ　　　　　　⑤ ㄷ, ㄹ

출제이슈 변동환율제도에서 통화정책의 효과
핵심해설 정답 ③

1) 변동환율제도에서 긴축통화정책의 효과는 다음과 같다.

① 변동환율제도에서 긴축통화정책이 실시되면, 국민소득이 감소하고 이자율이 상승한다.
② 국내이자율이 국제이자율보다 상승하여 해외로부터 자본이 유입되고 국제수지 흑자가 되어 이로 인하여 환율하락 압력이 나타난다.
③ 환율하락 압력이 나타나게 되면, 변동환율제도이므로 환율은 하락하고 이로 인해 순수출이 감소한다.
④ 순수출 감소로 국민소득이 감소하고 이자율이 하락한다.
⑤ 긴축통화정책으로 상승했던 이자율이 다시 하락하여 원래 이자율로 회귀하고 국민소득은 크게 감소한다.

따라서, 설문에서 실질소득은 감소하고 해외자본이 유입되는 것이 옳다.

2) 참고로, 변동환율제도에서 확대통화정책의 효과도 같이 비교하도록 하라.

① 변동환율제도에서 확대통화정책이 실시되면, 국민소득이 증가하고 이자율이 하락한다.
② 국내이자율이 국제이자율보다 하락하여 해외로 자본이 유출되고 국제수지 적자가 되어 이로 인하여 환율상승 압력이 나타난다.
③ 환율상승 압력이 나타나게 되면, 변동환율제도이므로 환율은 상승하고 이로 인해 순수출이 증가한다.
④ 순수출 증가로 국민소득이 증가하고 이자율이 상승한다.
⑤ 확대통화정책으로 하락했던 이자율이 다시 상승하여 원래 이자율로 회귀하고 국민소득은 크게 증가한다.

자본이동이 완전한 소규모 개방경제의 먼델–플레밍모형하에서 변동환율제인 경우, 중앙은행이 통화량을 증가시킬 때 발생하는 단기적 효과에 관한 설명으로 옳은 것을 모두 고른 것은? (단, 국내외 국가의 물가는 고정)

▶ 2025년 감정평가사

　ㄱ. 순수출 증가
　ㄴ. IS곡선의 우측 이동
　ㄷ. LM곡선의 우측 이동
　ㄹ. 자국화폐의 평가절상

① ㄱ, ㄴ　　　　　　　② ㄱ, ㄷ　　　　　　　③ ㄴ, ㄷ
④ ㄴ, ㄹ　　　　　　　⑤ ㄷ, ㄹ

출제이슈 변동환율제도에서 통화정책의 효과
핵심해설 정답 없음

통화량 증가 → LM곡선 우측 이동 → 이자율 하락 → 자본유출 → 환율상승 또는 자국화폐의 평가절하 → 순수출 증가 → IS곡선 우측 이동 다음은 국가 간 자본이동이 완전한 소규모 개방경제의 모형이다. 해외이자율이 10으로 항상 일정할 때, 중앙은행이 통화량을 20만큼 증가시킨다면 통화량 증가 전과 후의 균형국민소득의 차이는? (단, Y는 국민소득, C는 소비, I는 투자, G는 정부지출, X는 수출, M은 수입, L^D는 실질화폐수요, L^S는 명목화폐공급, P는 물가수준, r은 국내이자율, 국내이자율 수준은 해외이자율 수준과 같다.)

▶ 2011년 감정평가사

- $Y = C + I + G + (X - M)$ (생산물시장의 균형)
- $C = 50 + 0.8Y$
- $I = 100 - 4r$
- $G = 50$
- $X = 30$
- $M = 30$
- $L^D = \dfrac{L^S}{P}$ (화폐시장의 균형)
- $L^D = 0.2Y - 2r$
- $L^S = 100$

① 0 ② 20 ③ 40
④ 80 ⑤ 100

출제이슈 $IS - LM - BP$ 모형과 통화정책

핵심해설 정답 없음(환율제도에 따라 답이 달라지는데도 환율제도가 설시되지 않았음)

1) IS곡선의 도출

주어진 자료를 생산물시장 균형식 $Y = C + I + G + (X - M)$에 대입하여 IS곡선을 구하면 다음과 같다.

$Y = 50 + 0.8Y + 100 - 4r + 50 + (30 - 30)$ 따라서 $Y = 1,000 - 20r$이 된다.

2) LM곡선의 도출

주어진 자료를 화폐시장 균형식 $L^D = \dfrac{L^S}{P}$에 대입하여 LM곡선을 구하면 다음과 같다. 단, L^S가 주어졌으나 이를 $\dfrac{L^S}{P}$로 선해하여 풀기로 한다.

$0.2Y - 2r = 100$ 따라서 $Y = 10r + 500$이 된다.

3) $IS-LM$ 균형

$$Y = \frac{2,000}{3} = 666.67, \quad r = \frac{50}{3} = 16.67$$

4) 대내외 균형의 판단

위에서 구한 $IS-LM$ 균형은 대내균형으로서 $Y = \dfrac{2,000}{3} = 666.67$, $r = \dfrac{50}{3} = 16.67$ 이나 해외이자율은 10 으로서 대외불균형 상태에 있음을 알 수 있다. 따라서 국내이자율이 해외이자율보다 높은 상태로서 해외로부터 자본이 유입되어 환율하락 압력을 받게 된다.

5) 대외불균형의 조정

① 고정환율제도

ⅰ) 통화량 증가 이전
환율하락 압력이 있을 때, 고정환율을 유지하기 위해서는 정책당국이 외환시장에 개입해야 한다. 이 과정에서 정책당국이 외환을 매입하고 국내통화량은 매도하기 때문에 국내통화량이 증가하여 아래 그래프와 같이 LM곡선이 우하방으로 이동한다.

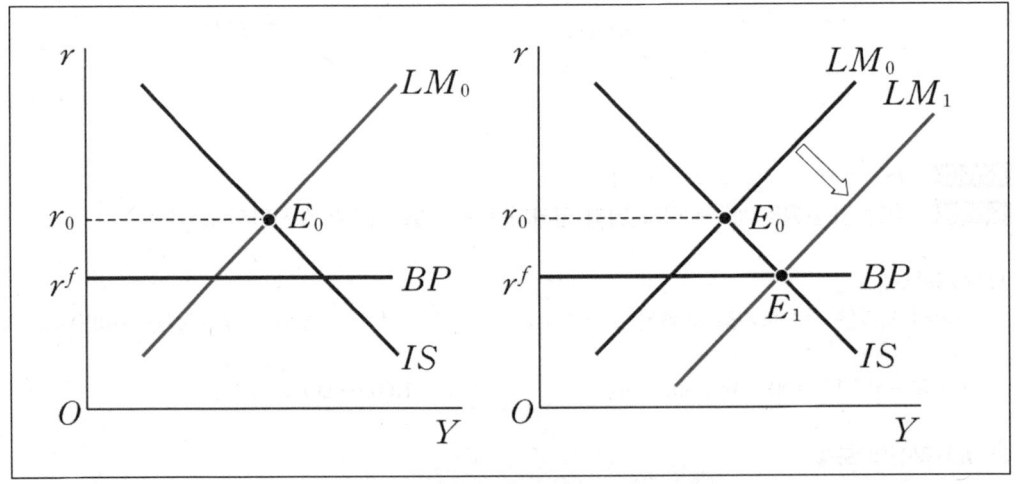

$IS-LM-BP$ 모형에서 균형으로의 조정

결국 새로운 대내균형은 해외이자율 10 수준에서 기존의 IS곡선과 이동한 새로운 LM곡선이 모두 만나게 된다.

따라서 기존의 IS곡선인 $Y = 1,000 - 20r$ 에 해외이자율 10을 대입하면 균형을 구할 수 있다. <u>따라서 균형은 $Y = 800$, $r = 10$이 된다.</u> 기존의 LM곡선 $Y = 10r + 500$이 우측으로 이동하면서 $Y = 10r + 500 + k$ 가 된다.

그리고 이 새로운 곡선 LM은 $Y=800$, $r=10$을 통과한다.

따라서 새로운 LM곡선은 $Y=10r+500+200=10r+700$임을 알 수 있다.

ⅱ) 통화량 증가 이후

기존 LM곡선 $Y=10r+500$에서 통화량이 20만큼 증가하게 되면 $0.2Y-2r=100+20$이 되어 $Y=10r+600$이 된다.

따라서 IS곡선 $Y=1,000-20r$과 통화량 증가 이후 LM곡선 $Y=10r+600$의 교점을 구하면 $Y=\dfrac{2,200}{3}=733.33$, $r=\dfrac{40}{3}=13.33$이 되어 여전히 해외이자율보다 국내이자율이 더 높다.

이때, 환율하락 압력이 있기 때문에 고정환율을 유지하기 위해서는 정책당국이 외환시장에 개입해야 한다. 이 과정에서 정책당국이 외환을 매입하고 국내통화량은 매도하기 때문에 국내통화량이 증가하여 LM곡선이 우하방으로 이동한다. 결국 새로운 대내균형은 해외이자율 10 수준에서 기존의 IS곡선과 이동한 새로운 LM곡선이 모두 만나게 된다.

따라서 기존의 IS곡선인 $Y=1,000-20r$에 해외이자율 10을 대입하면 균형을 구할 수 있다. <u>따라서 균형은 $Y=800$, $r=10$이 된다.</u>

ⅲ) 통화량 증가 이후 국민소득 비교

통화량 증가 이전에는 불균형이 조정되어 $Y=800$, $r=10$에서 대내외균형이 달성되고
통화량 증가 이후에도 불균형이 조정되어 $Y=800$, $r=10$에서 대내외균형이 달성된다.
따라서 통화량 증가 전후에 국민소득에 차이가 없다.

② 변동환율제도

ⅰ) 통화량 증가 이전

환율하락 압력이 있을 때, 변동환율제도에서는 환율이 하락하여 아래 그래프와 같이 IS곡선이 좌하방으로 이동한다.

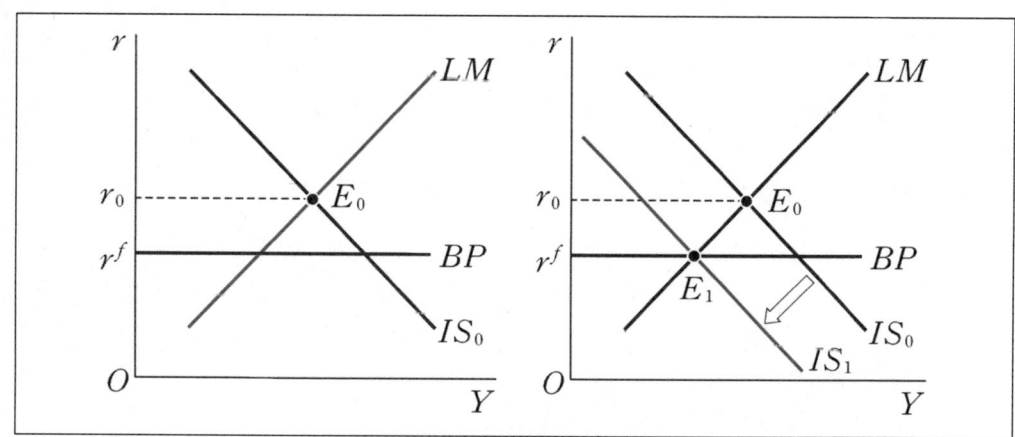

$IS-LM-BP$ 모형에서 균형으로의 조정

결국 새로운 대내균형은 해외이자율 10 수준에서 기존의 LM곡선과 이동한 새로운 IS곡선이 모두 만나게 된다.

따라서 기존의 LM곡선인 $Y = 10r + 500$에 해외이자율 10을 대입하면 균형을 구할 수 있다. 따라서 <u>균형은 $Y = 600$, $r = 10$이 된다.</u>

ii) 통화량 증가 이후

기존 LM곡선 $Y = 10r + 500$에서 통화량이 20만큼 증가하게 되면 $0.2Y - 2r = 100 + 20$이 되어 $Y = 10r + 600$이 된다.

따라서 IS곡선 $Y = 1,000 - 20r$과 통화량 증가 이후 LM곡선 $Y = 10r + 600$의 교점을 구하면 $Y = \dfrac{2,200}{3} = 733.33$, $r = \dfrac{40}{3} = 13.33$이 되어 여전히 해외이자율보다 국내이자율이 더 높다.

환율하락 압력이 있을 때, 변동환율제도에서는 환율이 하락하여 IS곡선이 좌하방으로 이동한다.

결국 새로운 대내균형은 해외이자율 10 수준에서 기존의 통화량 증가 이후 LM곡선과 이동한 새로운 IS곡선이 모두 만나게 된다.

따라서 기존의 통화량 증가 이후 LM곡선인 $Y = 10r + 600$에 해외이자율 10을 대입하면 균형을 구할 수 있다. 따라서 <u>균형은 $Y = 700$, $r = 10$이 된다.</u>

iii) 통화량 증가 이후 국민소득 비교

통화량 증가 이전에는 불균형이 조정되어 $Y = 600$, $r = 10$에서 대내외균형이 달성되고,
통화량 증가 이후에도 불균형이 조정되어 $Y = 700$, $r = 10$에서 대내외균형이 달성된다.
따라서 통화량 증가 전후에 국민소득이 100만큼 증가한다.

2018년 갑국은 자본이동이 완전히 자유로운 소규모 개방경제이다. 변동환율제도하에서 갑국의 거시경제모형이 다음과 같을 때, 정책효과에 관한 설명으로 옳지 않은 것은? (단, Y, M, r, e, p, r^*, p^*는 각각 국민소득, 통화량, 이자율, 명목환율, 물가, 외국이자율, 외국물가이다.)

▶ 2018년 감정평가사

소비함수 : $C = 1,000 + 0.5(Y - T)$

투자함수 : $I = 1,200 - 10,000\,r$

순수출 : $NX = 1,000 - 1,000\,\epsilon$

조세 : $T = 1,000$

실질환율 : $\epsilon = e\dfrac{p}{p^*}$

실질화폐수요 : $L^D = 40 - 1,000\,r + 0.01\,Y$

실질화폐공급 : $L^S = \dfrac{M}{p}$

$M = 5,000$, $p = 100$, $p^* = 100$, $r^* = 0.02$

① 정부지출을 증가시켜도 균형소득은 변하지 않는다.
② 조세를 감면해도 균형소득은 변하지 않는다.
③ 통화공급을 증가시키면 균형소득은 증가한다.
④ 확장적 재정정책을 실시하면 e가 상승한다.
⑤ 확장적 통화정책을 실시하면 r이 하락한다.

출제이슈 $IS - LM - BP$ 모형과 다양한 정책의 효과
핵심해설 정답 ⑤

설문을 검토하면 다음과 같다.

① 옳은 내용이다.
변동환율제도에서 정부지출 증가의 효과를 분석하면 다음과 같다.

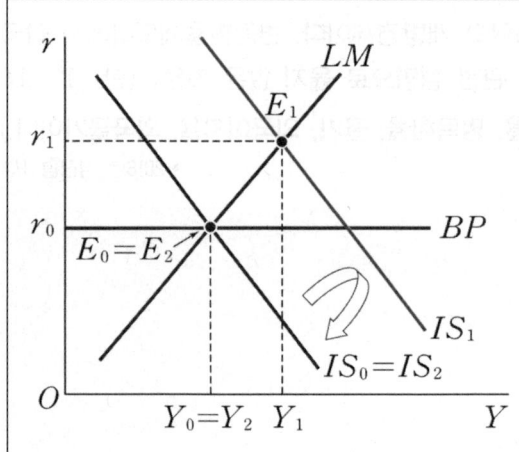

① 최초균형 E_0, 국내금리 = 국제금리 = r_0
② 정부지출의 증가 $IS_0 \rightarrow IS_1$
③ 대내균형 $E_0 \rightarrow E_1$(이자율 상승, 소득 증가)
④ 대외불균형 국내금리 r_1 > 국제금리 r_0
⑤ 자본 유입, 국제수지 흑자, 환율하락 압력
⑥ 중앙은행은 외환시장에 개입하지 않는다.
⑦ 환율하락으로 순수출 감소
⑧ $IS_1 \rightarrow IS_2$ 이동, 국민소득 감소, 이자율 하락
⑨ IS의 이동은 국내금리가 높은 한은 계속, 국제수지(BP)가 균형이 될 때까지 계속
⑩ 새균형 E_2는 국민소득 불변, 이자율 불변

변동환율제도에서 정부지출이 증가하면, 국민소득이 증가하고 이자율이 상승한다. 국내이자율이 국제이자율보다 상승하여 해외로부터 자본이 유입되고 국제수지 흑자가 되어 이로 인하여 환율하락 압력이 나타난다. 변동환율제도이므로 환율은 하락하고 이로 인해 순수출이 감소하여 경상수지는 악화된다. 순수출 감소로 국민소득이 감소하고 이자율이 하락한다. 결국 원래의 국민소득과 이자율로 회귀한다. 따라서 변동환율제도하에서 확대재정정책이 실시되어도 국민소득과 이자율은 불변이다.

② 옳은 내용이다.

조세를 감면하면 민간의 가처분소득이 증가하여 소비가 증가한다. 이에 따라 IS곡선이 $IS_0 \rightarrow IS_1$과 같이 우상방으로 이동하면서 국민소득이 증가하고 이자율이 상승한다. 따라서 조세를 감면해도 위 ①에서 분석한 바와 동일하므로 균형소득은 변하지 않는다.

③ 옳은 내용이다.

변동환율제에서 통화공급 증가의 효과를 분석하면 다음과 같다.

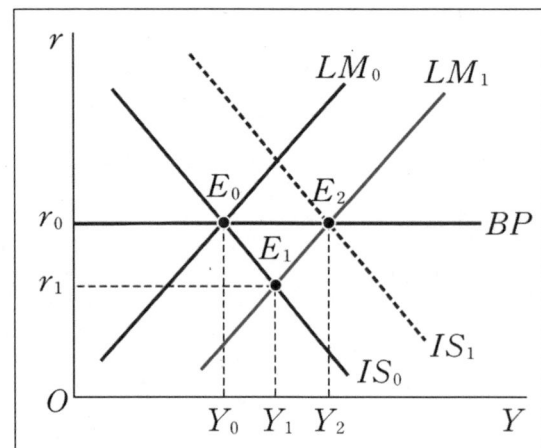

① 최초균형 E_0, 국내금리 = 국제금리 = r_0
② 통화공급의 증가 $LM_0 \rightarrow LM_1$
③ 대내균형 $E_0 \rightarrow E_1$(이자율 하락, 소득 증가)
④ 대외불균형 국내금리 r_1 < 국제금리 r_0
⑤ 자본유출, 국제수지 적자, 환율상승 압력
⑥ 중앙은행은 외환시장에 개입하지 않는다.
⑦ 환율상승으로 순수출 증가
⑧ $IS_0 \rightarrow IS_1$ 이동, 국민소득 증가, 이자율 상승
⑨ IS의 이동은 국내금리가 낮은 한은 계속, 국제수지(BP)가 균형이 될 때까지 계속
⑩ 새균형 E_2는 국민소득 증가, 이자율 불변

변동환율제도에서 통화공급이 증가하여 LM곡선이 우측으로 이동하면, 국민소득이 증가하고 이자율이 하락한다. 국내이자율이 국제이자율보다 하락하여 해외로 자본이 유출되고 국제수지 적자가 되어 이로 인하여 환율상

승 압력이 나타난다. 변동환율제도이므로 중앙은행의 개입은 없으며 환율은 상승하고 이로 인해 순수출이 증가한다. 순수출 증가로 국민소득이 증가하고 이자율이 상승한다. 화폐수요의 감소로 하락했던 이자율이 다시 상승하여 원래의 이자율로 회귀하고 국민소득은 크게 증가한다.

④ 옳은 내용이다.

확장적 재정정책을 실시하면 위 ①의 분석에서 본 바와 같이 환율은 하락한다. 다만, 여기서 주의할 것은 설문에서 실질환율을 $\epsilon = e\dfrac{p}{p^*}$와 같이 외국 입장에서 제시하였다는 점이다. 즉 쉽게 말하면, 전통적인 환율표시는 달러의 가격(명목환율), 외국제품의 가격(실질환율)인데 설문에서는 원화의 가격(명목환율), 자국제품의 가격(실질환율)으로 표시되었다는 것이므로 위 ①의 분석을 역으로 해석하면 된다. 따라서 위 ①의 분석에서는 환율이 하락한다고 하였으므로, 설문에서 제시한 표시방식을 사용하여 역으로 해석하면 환율은 상승한다고 할 수 있다.

⑤ 틀린 내용이다.

확장적 통화정책을 실시하면 위 ③의 분석에서 본 바와 같이 이자율은 불변이다.

고정환율제인 먼델 – 플레밍 모형에서 해외이자율이 상승할 경우, 자국에 나타나는 경제변화에 관한 설명으로 옳은 것은? (단, 자국은 자본이동이 완전히 자유로운 소규모 개방경제국이다.)

▶ 2017년 감정평가사

① 환율은 불변이고, 생산량은 감소한다.

② 환율은 불변이고, 무역수지는 증가한다.

③ 환율은 불변이고, 국내투자수요가 증가한다.

④ 환율에 대한 하락압력으로 통화량이 증가한다.

⑤ 국내이자율이 하락함에 따라 국내투자수요가 증가한다.

출제이슈 $IS-LM-BP$ 모형과 해외이자율의 상승

핵심해설 정답 ①

고정환율제도에서 해외이자율이 상승할 경우 국내이자율이 국제이자율보다 낮으므로 해외로 자본이 유출되고 국제수지 적자가 되어 이로 인하여 환율상승 압력이 나타난다. 고정환율제도이므로 중앙은행은 고정환율을 유지하기 위해 외환시장에 개입하여 외환을 매도하고 자국통화를 매입하므로 통화량은 감소한다. 통화량 감소로 이자율이 상승하고 투자가 감소하여 국민소득이 감소한다. 이에 따라서 설문을 검토하면 환율은 불변이고 생산은 감소한다.

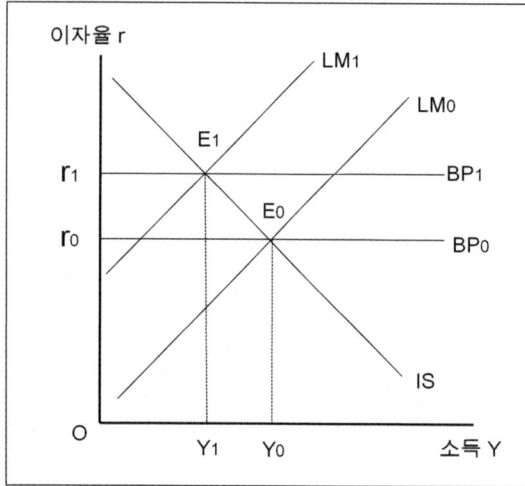

① 최초균형 E_0, 국내금리 = 국제금리 = r_0
② 해외이자율 상승 $BP_0 \rightarrow BP_1$
③ 대내균형 E_0
④ 대외불균형 : 국내금리 $r_0 <$ 국제금리 r_1
⑤ 자본 유출, 국제수지 적자, 환율상승 압력
⑥ 고정환율을 유지하기 위해 외환시장에 개입
⑦ 외환매도, 자국통화매입, 국내통화량 감소
⑧ $LM_0 \rightarrow LM_1$으로 이동하며, 이자율 상승
⑨ LM의 이동은 국내금리가 낮은 한은 계속, 국제수지(BP)가 균형이 될 때까지 계속
⑩ 새균형 E_1은 국민소득 감소, 이자율 상승

이자율 차이에 의해 나타난 자본수지 적자는 국내 통화량 감소를 초래하여 이자율을 상승시켜서 다시 국제수지는 균형을 이룬다. 즉, 이자율 차이에 의해 나타난 국제수지 불균형은 통화량 변화에 의하여 균형을 회복한다는 뜻이다.

추가적으로 이 문제에서 논란이 될 수 있는 것은 경상수지인데, 이자율 차이에 의해서 나타난 자본수지 적자는 통화량 감소 및 이자율 상승에 의하여 신속하게 조정되어 국제수지는 균형을 되찾는다. 다만, 이 과정에서 최초 자본수지 적자가 나타났을 때는 경상수지가 불변이지만, 통화량 변화에 따라 국민소득이 조정되고 이에 따라서 경상수지가 개선된다. 이렇게 어느 시점에서 경상수지를 고려하느냐에 따라 논란의 여지는 있으니 참고 바란다.

참고로 변동환율제도에서 해외이자율이 상승할 경우를 분석하면 다음과 같다.

변동환율제도에서 해외이자율이 상승할 경우 국내이자율이 국제이자율보다 낮으므로 해외로 자본이 유출되고 국제수지 적자가 되어 이로 인하여 환율상승 압력이 나타난다. 변동환율제도이므로 중앙은행의 개입은 없으며 환율은 상승하고 이로 인해 순수출이 증가한다. 순수출 증가로 총수요가 증가하여 국민소득이 증가하고 이자율이 상승한다.

이자율 차이에 의해 나타난 자본수지 적자는 환율 변화에 의해 나타난 경상수지 흑자에 의해 상쇄되어 국제수지는 균형을 이룬다. 즉, 이자율 차이에 의해 나타난 국제수지 불균형은 환율 변화에 의하여 균형을 회복한다는 뜻이다. 이 과정에서 자본수지 적자에 따른 통화량 감소는 경상수지 흑자에 따른 통화량 증가에 의해 상쇄되어 국내 통화량은 불변이다. 따라서 LM 곡선은 불변이다.

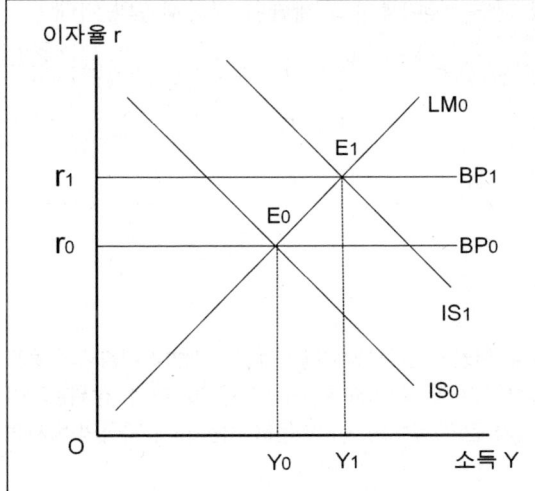

① 최초균형 E_0, 국내금리 = 국제금리 = r_0
② 해외이자율 상승 $BP_0 \rightarrow BP_1$
③ 대내균형 E_0
④ 대외불균형 : 국내금리 r_0 < 국제금리 r_1
⑤ 자본 유출, 국제수지 적자, 환율상승 압력
⑥ 중앙은행은 외환시장에 개입하지 않는다.
⑦ 환율상승으로 순수출 증가
⑧ $IS_0 \rightarrow IS_1$ 이동, 국민소득 증가, 이자율 상승
⑨ IS의 이동은 국내금리가 낮은 한은 계속, 국제수지(BP)가 균형이 될 때까지 계속
⑩ 새균형 E_1은 국민소득 증가, 이자율 상승

Issue 07 국제통화제도

고정환율제를 채택하고 있는 정부가 시장균형환율보다 높은 수준의 환율을 설정했다고 할 때, 즉 자국통화가치를 균형수준보다 낮게 설정한 경우, 옳은 것을 모두 고른 것은?

▶ 2024년 감정평가사

ㄱ. 투기적 공격이 발생하면 국내 통화공급이 감소한다.
ㄴ. 투기적 공격이 발생하면 외환보유고가 감소한다.
ㄷ. 자본이동이 완전히 자유로운 경우, 중앙은행은 독립적으로 통화공급을 결정할 수 없다.
ㄹ. 투자자들이 국내통화의 평가절상을 기대하게 되면, 국내통화로 계산된 외국채권의 기대수익률이 하락한다.

① ㄱ, ㄴ   ② ㄱ, ㄹ   ③ ㄴ, ㄷ
④ ㄷ, ㄹ   ⑤ ㄴ, ㄷ, ㄹ

출제이슈 환율제도
핵심해설 정답 ④

개방거시경제의 목표를 통화정책의 자주성, 자본이동의 자유성, 환율의 안정성이라고 한다면, 개방거시경제의 목표를 모두 달성하는 환율제도는 없다는 것으로서 크루그만의 삼자택일의 딜레마(trilemma) 혹은 불가능한 삼위일체라고 한다. 이는 환율을 안정적으로 유지(고정환율 유지)하고, 국가 간 자유로운 자본이동을 허용하며, 자국의 독자적인 통화정책을 보장하는 환율제도는 없다는 의미이다.

외국채권의 기대수익률은 외국채권의 자체의 수익률뿐만 아니라 환율 특히 예상환율에 의하여 결정된다. 만일 국내통화가 절상될 것으로 기대된다면, 환율이 하락할 것으로 예상되어 외국채권의 기대수익률은 하락한다.

참고로, 외국채권의 기대수익률 혹은 외화예금의 기대수익률은 다음과 같이 도출할 수 있다.

1원을 외국에 외화로 예금할 경우 먼저 1원을 외화로 환전하는 과정이 필요하다. 즉 환율이 e라고 하면, 1원을 $\frac{1}{e}$ 달러로 환전하여 외국에 예금할 경우 1년 후 원리합계가 $\frac{1}{e}(1+r^*)$ 달러라고 하자. 이제 달러를 다시 원화로 환전하면 $\frac{1}{e}(1+r^*) \times e^e$ 원이 된다. 이때 e^e는 미래의 예상환율이 된다.

따라서 수익률은 $\frac{e^e}{e}(1+r^*) - 1 + r^* - r^* = r^* + \frac{e^e}{e} - 1 + (\frac{e^e}{e}r^* - r^*)$ 이 된다.

이때 $(\frac{e^e}{e}r^* - r^*) = r^*(\frac{e^e - e}{e})$ 은 작은 값이므로 무시하면, $r^* + \frac{e^e - e}{e}$ 가 되므로 외국의 외화예금 기대수익률은 $r^* + \frac{e^e - e}{e}$ 가 된다. 이때, 환율하락이 예상되면, e^e 가 작아지므로 외화예금의 기대수익률 $r^* + \frac{e^e - e}{e}$ 는 하락한다.

박문각 감정평가사

조경국 경제학원론
1차 | 15년간 단원별 기출문제집

제4판 인쇄 2025. 11. 20. | **제4판 발행** 2025. 11. 25. | **편저자** 조경국

발행인 박 용 | **발행처** (주)박문각출판 | **등록** 2015년 4월 29일 제2019-0000137호

주소 06654 서울시 서초구 효령로 283 서경 B/D 4층 | **팩스** (02)584-2927

전화 교재 문의 (02)6466-7202

이 책의 무단 전재 또는 복제 행위를 금합니다.

정가 44,000원
ISBN 979-11-7519-003-0

저자와의
협의하에
인지생략

MEMO